人·民·文·库
人文科学·撰著

秦汉史

（修订本）

田昌五　安作璋　主编

人民出版社

《人民文库》出版前言

人民出版社是党的第一家出版机构，始创于1921年9月，重建于1950年12月，伴随着党的历史、新中国的发展、改革开放的巨变一路走来，成为新中国出版业的见证和缩影！

“指示新潮底趋向，测定潮势底迟速”，这十四个大字就赫然写在人民出版社创设通告上，成为办社宗旨。在不同的历史时期，出版宗旨的表述也许有所不同，但宗旨的精髓却始终未变！无论是在传播马列、宣传真理方面，还是在繁荣学术、探索未来方面，人民版图书都秉承这一宗旨。几十年来，特别是新中国成立以来，人民出版社出版了大批为世人所公认的精品力作。有的图书眼光犀利，独具卓识；有的图书取材宏富，考索赅博；有的图书大题小做，简明精悍。它们引领着当时的思想、理论、学术潮流，一版再版，不仅在当时享誉图书界，即使在今天，仍然具有重要影响。

为挖掘人民出版社蕴藏的丰富出版资源，在广泛征求相关专家学者和老一辈出版家意见的基础上，我社决定从历年出版的2万多种作品中（包括我社副牌东方出版社和曾作为我社副牌的三联书店出版的图书），披沙拣金，精选出一批在当时产生过历史作用，在当下仍具思想性、原创性、学术性以及珍贵史料价值的优秀作品，汇聚成《人民文库》，以满足广大读者的阅读收藏需求，积累传承优秀文化。

《人民文库》第一批以20世纪80年代末以前出版的图书为主，

分为以下类别：（1）马克思主义理论，（2）中共党史及党史资料，（3）人文科学（包括撰著、译著），（4）人物，（5）文化。首批出版100余种，准备用两年时间出齐。此后，我们还将根据读者需求，精选出20世纪90年代以来的优秀作品陆续出版。

由于文库入选作品出版于不同年代，一方面为满足当代读者特别是年轻读者的阅读需要，在保证质量的前提下，我们将原来的繁体字、竖排本改为简体字、横排本；另一方面，为尽可能保留原书风貌，对于有些入选文库作品的版式、编排，姑仍其旧。这样做，也许有“偷懒”之嫌，但却是我们让读者在不影响阅读的情况下，体味优秀作品恒久价值的一片用心。

在社会主义文化大发展大繁荣的今天，作为公益性出版单位，我们深知人民出版社在坚持社会主义文化前进方向，为人民多出书、出好书所担当的社会责任。我们将从新的历史起点出发，再创人民出版社的辉煌。

《人民文库》编委会

目 录

Contents

第二章 西汉前期的政治和经济（公元前202年——前141年）

绪　论

本书所写的是秦汉时期的历史,故书名《秦汉史》。这个时期包括秦朝、西汉、新朝、东汉共四个朝代。如果从公元前221年秦始皇最后并灭六国算起,至公元220年汉献帝禅位为止,这个时期共441年。为了不致割断历史脉络,本书将追溯秦国的由来和发展,特别是商鞅变法至秦始皇统一六国的历史,下限则推至魏、蜀、吴三国鼎立局面的形成。

秦汉是中国封建社会奠基的时代,后代的许多社会制度都渊源于秦汉,特别是秦到西汉时期。因此,秦汉史历来都是学者所重视和研究的领域。新中国建立以后,史学界讨论的五个重大历史问题,即:古史分期问题、封建土地制度问题、农民战争问题、汉民族形成问题、资本主义萌芽问题,有四个涉及秦汉时期。此外,还有学者认为中国资本主义萌芽于战国秦汉。由此可见秦汉史受重视的程度。所以,在以往的断代史研究中,秦汉史的文章和论著也是比较多的。

如此说来,重新编写一部《秦汉史》是不是还有必要呢?曰:有。其主要原因是:秦汉史的研究虽受到重视,发表了不少有价值的文章和著述,但秦汉社会制度的渊源至今仍是一个不解之谜。近年来随着新资料的出土,对这个问题有所突破,但步履蹒跚,进展不大。这样,秦汉社会制度的头绪就处于若明若暗之中,其发展线索也就难以理清了。本书将致力解决这些问题,重新谱写秦汉史。

一般认为,秦汉社会制度肇自春秋战国之间的社会变革,但具体论证出入颇大,且多不能自圆其说。究其原因,在于都没有抓到这次社会变革的要害。

社会制度的更替,即一种社会制度代替另一种社会制度,固然源于社会生产力的发展和生产关系的变化,但其转变的关键却在于政治上层建筑的变革,即政治改革或政治革命。这种政治改革或政治革命,就是马克思所说的社会革命。在阶级社会中,社会革命总是伴随着武力进行的。研究秦汉社会制度,其前提就是春秋战国之间的政治变革。

中国古代社会和世界古代一样,都存在过城市政治国家,唯中国古代为宗族城市国家而已。在这种宗族城市国家中,执掌政权的是各级宗主。他们构成古代的贵族,而其族人则为平民。二者合称国人,古代国家就是他们的国家。古代世界的阶级分野,除贵族和平民外,是按自由人和奴隶来划分的。奴隶有不同的等级,其最高者即为臣僚。他们是分属于各级贵族,为贵族服务的,如小臣、有司,等等。从经济上说,他们是奴隶主而非奴隶;但从政治上说,他们是其主人的仆役。春秋战国之间的政治变革就是由他们来完成的。所以,这次社会革命的标志是专制君主取代原来的宗主,官僚政治取代原来的贵族政治。结果形成了封建专制主义的中央集权国家,代替了以往的宗族城市国家。

当然,这种社会革命是有其经济基因的。在封建统治的经济基础——个体小农经济尚未出现的时候,社会的变动只能是新的宗族城市国家代替旧的宗族城市国家,而不可能由封建国家取而代之;臣僚也只能向贵族转化,而不可能向封建官僚转化。到了春秋战国之间,个体小农经济开始成为社会的基础,宗族离散瓦解,封建国家遂有可能取代宗族城市国家。战国时期各国的兴亡盛衰,就是以对宗族贵族的剥夺程度和对农民的重视程度为转移的。秦朝的统一和建立,其秘密就在这里。

古代城市国家,也可以叫做国家城市,其基础是国家公民。中国古代国家是以宗族国人为基础的。国人中的劳动者一般说都从事农业,所以古代的城市实质上是农业城市。但这种农民是国家公民而非封建农民。随着分封制的凌替和郡县制的发展,宗主贵族的覆灭和国人的分化瓦解,城市成了封建统治的中心,封建统治的基础也相应地转移到广大的农村。所以,封建国家代替宗族城市国家是一次深刻的社会革命。

如前所说,社会革命就是一种社会制度代替另一种社会制度。这次社会革命引起的社会制度的变化是多方面的。首先,随着封建国家取代宗族城市国家,宗族城市国家土地所有制相应地变为封建国家土地所有制。从表面看来,这种变化并不大,实则不然。宗族国家的土地是以封国封邑为界限按井田制计量的,现在则以县为单位实行提封制。提封制的计量单位和井田制并无区别,但过去在国与野实行的两种不同的土地分配制度和剥削方式被废除了;除山泽道路邑居外,耕地是按一夫百亩统一分配的。这就意味着国家城市的消失和新的城乡关系的确立。城市居民一般已不再参与土地分配了。

战国时期,齐、秦和三晋对农民都实行授田制,即将国家所有的土地分配给农民耕种。其方法是:先以县为单位提封,对土地进行统算,或地方百里提封九万顷,或地方百里提封十万顷。然后除去三分之一或五分之二的山泽道路邑居之地,其余六万顷为耕地。耕地有好有坏,或良田一夫授予百亩,恶田授予二百亩,固定耕作;或上、中、下田分别授予百亩、二百亩、三百亩,轮换耕作。由于生产力有所提高,计算土地时用小亩,实耕地则用大亩。小亩即周制六尺为步,步百为亩。大亩不等,如以二百四十步计算,则合四十多亩。这是一个农家所能负担的最大耕作量。

这种受田农民不同于通常所说的自耕农,他们是一种国家课役农民。政府对耕作的好坏和产量是有规定的,超出规定标准者有奖,低于规定标准者要受罚。所课之物有粟米、布帛、刍稾、货币以至家畜家禽。此外,他们还要负担繁重的兵役和徭役。所以,这种农民一般说来还处于农奴和半农奴状态。当然,各国的情况不尽相同,但他们不是自由农民,则是可以断言的。否则,他们就不会“逃事伏匿,附托有威之门,以避徭赋”,或“为人佣耕”了。

从宗族城市国家转变为封建国家的过程是一个财产和权力再分配的过程。原来的宗族封国封邑逐个地消灭了,只有官邑、禄邑和勋功邑保留下来,并发展为封建的食邑食税制度。有的虽名为封邑,但和以前的宗族封邑也不尽相同了。得到食邑和田宅的是一批新的官僚勋贵和军功地主,他们同时也是封建统治阶级。受他们剥削的多数是农民,同时还有奴隶。从这方面说,秦国的变革最彻底,三晋和齐国稍次之,楚国和燕国仍保留着浓厚的传统宗族封邑制度。这是秦国最后得以实现统一的根本原因之一。

但在工商业方面,情况则有所不同。三晋和齐国保留的传统宗族奴隶制的因素较少,工商业既有官营,也有私营的。因而见于记载的战国时期的大工商主多为三晋和齐国人。秦国的工商业是由国家垄断的,有相当庞大的官营奴隶制经济,私营工商主只是个别的。楚国和燕国的情况有类于此,而且有的商人同时就是封君。不过,传统的宗族奴隶制并不是发展着的形态,而是日趋衰落或者说萎缩的形态。

私人工商主和牧主的出现,是和那时的授田制有关系的。那时的可耕地是按良、恶田或上、中、下田的比例折合分配的,非耕地如山林川泽亦然。而且折合比例更高,如五当一、十当一,以至百而当一,等等。得到这种土地的人,就有可能成为工商主或牧主。当然,此外还有从事囤积居奇、倒买倒卖的大商人。这些大工商主和牧主大多是奴隶主,因为人口是受政府控制的,他们要进行生产和经营,除雇工外就只好买奴婢了。奴婢是主人的私产,只要交赀税,政府是不过问的。不过,各国都程度不同地实行抑制商人的政策,其主要原因乃在于“商人兼并农人”,威胁封建统治的根基。所以,私人工商奴隶制经济也是难得充分发展的。

古代社会的田制、军制和社会组织是合而为一的。中国古代为族邦社会,故各级宗主以至平民都可以按其等级占有土地。军队是按宗族系统组织的。宗族系统和宗国乡里也是一致的。封建社会代替族邦社会,这三者都发生了相应的变化。土地是在封建贵族、官僚、军功地主以及农民中进行分配的,分配之后如固定下来,传之子孙即为世业。军队是从农民中征发的,不服兵役的农民也得服徭役。农民是按乡里编制的,城市中的市民则按市里编制。全部社会结构都进入了一个更高的阶段。所以,战国时期的社会变化不是个别的局部的现象,而是全部社会结构的新旧更替。这个更替过程至秦始皇兼并天下之后而最后完成,在全国建立了统一的封建社会制度。

所谓统一的封建社会制度,最根本的有两条:一条是建立了统一的郡县行政建制和官僚政治体制;另一条是确立了统一的封建法度。即:“海内为郡县,法令由一统”。秦始皇主要是靠这两条实行封建专制主义统治的。从这种意义上可以说,中国封建社会的开端应以商鞅变法为标志,而集其大成者则是秦始皇帝。

秦始皇废除分封制,推行郡县制,这是对战国以来发生的社会变革的总结,也是对夏、商、周三代的宗族制度的彻底否定。只有采取这种果断措施,才能涤荡宗族制的残余,将城乡居民按地域进行编制,建立官僚政治体制。而可贵的是,秦始皇在这方面是不私其亲的。这样,秦始皇就可以依靠中央的官僚机构和郡、县、乡、里的官僚网进行封建专制统治了。

但是,秦始皇并不是完全凭个人意志,随心所欲地宰制天下的。他凭的是什么呢?秦国自商鞅变法以来的传统法令,传统法令所无的或需要更订的,则以皇帝的诏令下达之。例如,秦始皇三十一年“令黔首自实田”,就是宣布结束战国以来的授田制,让百姓自占土地。秦始皇兼并天下后实行的“器械一量,同书文字”,统一度量衡,统一货币,等等,无不见诸秦之律令或诏令。从这种意义上说,秦始皇是“有法可依,有法必依,执法必严,违法必究”的。官吏违法,同样要受到论处。秦始皇发配到边境去的“诸尝逋亡人、赘婿、贾人”以及“狱吏之不直者”,都是依法从事的。所谓“骊山徒”亦然。从云梦睡虎地出土秦简看,秦每攻取一地,都要推行秦法。秦始皇兼并六国之后,必尽除六国之法而行秦法,以巩固封建的大一统。秦法令繁苛,确属事实。但无可否认,秦始皇的统一是法令的统一。所谓以法为教,以吏为师,目的就在于统一法度。至于法令的实行程度,则是另外一个问题,不能以此否认秦始皇是按法度进行统治的。

历来有争议的所谓焚书坑儒案件,并不涉及儒法两家之争,而是出于推行法令的需要。民间所藏法家之言同样要焚毁,原因就在于它同样有碍于推行法令。当时被坑杀的四百六十多位儒生,不仅方士居多,其中的儒生也是由于诽谤秦始皇被坑杀的,不涉及他们的学术思想和观点。对时政也可提出不同见解,但没有因政见不同而被杀的。在被坑杀的儒生中,就没有提出过不同政见的博士官。至于焚书坑儒是否得当,可否采取其他措施,这是有待研究的。不过,要求对诽谤者和妖言惑众者采取宽容态度,对秦始皇就未免苛求了。要知道,秦始皇是一个信奉阴阳家言的封建专制皇帝,当了皇帝还想成仙,是不允许人对他有所非议的。

秦朝二世而亡,但秦朝的政治体制和各种法度却以多少改变了的形式保留了下来。所谓汉承秦制,基本上是正确的。如萧何次律令就本于秦律,张苍定历律亦然,叔孙通制朝仪也是以秦仪为蓝本的。唯韩信申军法不得其详,不过兵役徭役制度没有多少改动,则是可以肯定的。其他如行政建制、中央和地方官制,就更不必说了。汉初分封诸侯王并没有改变自县以下的基层行政建制,和古代的分封制有着本质的区别。所以,从统一的封建社会制度来说,秦汉是一脉相承的。汉初除分封诸侯王与秦有别外,不过是由一批新的军事封君地主的统治代替秦朝的官僚勋贵和军功地主而已。

如此说来,秦汉到底有什么实质性的差别呢?曰:差别还是有的。秦法令繁苛,汉初逐步予以剔除;秦赋役繁重,汉初有所减轻;秦朝的征戍和兴作在汉初就更少见了。加以不复授田、土地私有、农民的处境大有改善,他们已是真正的自耕农民了。因此就出现了“汉兴七十年间,国家无事,非遇水旱之灾,则民人给家足”的景象。

但是,随着社会经济的复兴,问题也接踵而来了。诸侯王坐大之后为害于内,匈奴为害于外,互为声援,姑且勿论。而且,社会上出现了一批可与封君比入的“素封”之家。所谓素封之家,主要包括两类人:一类是大工商奴隶主和牧主,另一类是靠兼并土地起家的宗族豪强。这批素封之家的兴起有种种原因,如租赁山林川泽和非耕地进行经营,文景时入粟拜爵以至入羊入奴婢为郎,等等。他们不仅“武断乡曲”,而且“室庐舆服僭于上,无限度”。有些甚至成了土皇帝,“二千石莫能制”。国家是一种秩序的力量。如不解决这些严重的社会问题,汉朝就有土崩瓦解之势。然而,尊奉黄老之学的贵胄世家却贵因循而轻改作,无视甚至阻挠解决这些问题。非常之举必待非常之人,汉武帝应时而出焉。

武帝即位之初,由于信奉黄老之学的窦太后尚在,故一切无所改作。窦太后死后,武帝开始了改革的大业。要改革,就必须有一批改革的人才。这时的丞相府只是墨守成规,率由旧章,无所作为。于是,武帝重用身边的一批郎官、博士、将军,形成了内朝(又称中朝),参决国家大事,进行各项改革。首先,继景帝平定吴楚七国之乱并削弱诸侯王权力之后,再度削除诸侯王的势力,将诸侯王完全置于中央的控制之下;其次,将全国分为十三州部,设州刺史检察强宗豪右之田宅逾制者,派酷吏搏击豪强,将关东高赀豪强迁于茂陵就近控制;第三,实行算缗、告缗令和七科谪,剥夺工商奴隶主的产业并将他们流放于边疆;第四,将铸币权收归中央,实行盐铁官营和酒类专卖,均输平准,垄断工商业;第五,检查不法地方官吏,整顿吏治,这是刺史的主要任务;第六,用兵匈奴,沟通西域,开辟西南和南方;如此等等,开创了空前的封建大一统的局面。

有趣的是,汉武帝的改革是从采纳董仲舒的罢黜百家、独尊儒术之议开始的,其中的底蕴是什么呢?这个问题仅仅就董仲舒的思想体系是说不清楚的。问题的社会实质是:商鞅变法时的“明尊卑爵秩第级各以差次,名田宅臣妾衣服以家次”,在汉初仍然是适用的,到武帝时已无用了。汉初的问题主要是诸侯王国势力,贾谊建议“众建诸侯而少其力”,晁错建议“削藩”,都是针对这个问题的。武帝即位之后面临的问题,除诸侯王的残余势力以外,主要是那些素封之家。董仲舒的建议主要是针对这些没有封君名号的封君来的。这就是说,对地方豪强确立上下尊卑的等级秩序,要他们遵守法度,服从朝廷和郡县长吏的管束,限制他们的田宅和奴婢,打击他们的不法行为。至于那些商贾之家,他们从来是不能进入封建等级行列的,就根本不在话下了。因此,董仲舒所说“春秋大一统者,天地之常经,古今之通谊也”,对汉武帝可谓正中下怀。一方面,这里包含着“尊王攘夷”之义,可以外事四夷;另方面,可以在内部重新确立统一的礼义法度。这就是汉武帝制礼作乐,设立学官,推行教化,乃至春秋决狱的全部真实意义。但是,汉武帝完全明白,仅仅靠礼乐教化是不能解决现实社会问题的。所以,在倡导儒学教化的同时,对现实问题仍是以法令为准绳的。正如汉宣帝所说:“汉家自有制度,本以霸王道杂之。奈何纯任德教,用周政乎!”故武帝至宣帝,对现实社会问题都是德治与法治并重的。

封建法令总的说来是为统治农民而设的。由于汉武帝“外事四夷,内兴功利”,殚尽民力民财,以致“海内虚耗,户口减半”,在其晚年关东爆发了农民起义。汉武帝于镇压农民起义之后,下诏罪己,表示不再远征,思富养民。此后历昭、宣二帝,农民负担大为减轻,又出现了太平盛世的景象,历史上号称“昭宣中兴”。

汉武帝的改革仅仅维持到宣帝为止。自元帝以后又出现了新的变化。元帝偏任德教,放宽对私人工商业的政策和对地方宗族豪强的政策。此后,社会上又出现了一批资累巨万的大商人。宗族豪强的势力更是急剧膨胀。加以自武帝起官、商合一,一些宗族豪强同样可以居官经商。官僚、地主、商人,或合为一体,或互相勾结,或彼此转化。结果,土地兼并加剧,农民破产流亡或沦为奴婢佃客,在太平年代出现了严重的社会危机。当时一些清正的官吏和儒生虽然一再呼吁限制豪强势力,确立封建等级秩序,但毫无效果。人们对汉家朝廷逐渐绝望,最后把希望寄托在王莽身上,于是出现了王莽代汉的局面。

王莽代汉,改国号曰新,表示要进行改革,开创一个新时代。王莽的改革,就其社会经济内容而言,主要的有两条:一条是“更名天下田曰王田,奴婢曰私属,皆不得买卖”;凡“口不满八而田过一井者,分余田予邻里乡党”。第二条是五均六筦,全面控制山林川泽和工商业。在此基础上,按五等爵建立封建等级秩序;按五服说确立与少数民族的关系。应当承认,王莽的改革尽管带有复古色彩,但确实是针对当时的社会问题而发的。之所以带有复古色彩,是由于王莽以古文经,特别是以《周礼》作为改革的理论根据。这在那个时代来说是不足为怪的。当时的一些大学问家和思想家如扬雄、桓谭、刘歆以至稍后的王充等,不都是信奉古文经学吗?甚至东汉末年的仲长统,还主张实行井田制呢!

然而王莽改制却失败了,其故安在?看来最根本的是:王莽企图在农工商业中全面实行国有制经济(即王有制),这在秦统一之前犹可,现在已经行不通了。他又屡改币制,引起社会经济生活的混乱;挑起和匈奴的大规模武力冲突,劳师动众。结果,原有的社会问题没有解决,又出现了新问题,于是爆发了一场农民大起义。

东汉皇朝是在地方豪强的支持下利用农民起义建立起来的,自然不可能触动地方宗族豪强的利益。建武年间,刘秀下令"度田",引起"大姓兵长"的武力反抗,只好草草收场。章帝时集诸儒于白虎观,讨论五经异同,表面上是仿宣帝石渠阁故事。然宣帝时尚有利用儒学约束豪强之义,这次提出的三纲六纪却是为豪族说法的。宗族豪强自西汉文景以来,经过曲折的发展,终于取得了合法的社会地位,成为豪族门阀。这些豪族门阀的特征是什么呢?

首先,他们都聚族收宗,有强大的宗族。宗族少者千余家,多者数千家以至上万家。他们都是依靠自己的宗族称雄于一方的。

其次,他们都有众多的奴婢和佃客。佃客或来自依附农民,或来自投靠他们的宾客。靠着众多的奴婢和佃客以及宗族,他们发展田庄经济,进行农业、手工业、林业、渔业以至牧业生产。同时,他们还把触角伸入城市,经营商业,并在城乡从事高利贷活动。

第三,他们都拥有私人武装,即家兵和部曲。平时用以防范盗贼,战时则筑坞壁营堡以自卫。在赤眉绿林起义时,不少地方都有这样的营堡。

第四,他们操纵选举,把持仕途,结成社会政治关系网。其中有些还垄断学术文化,结成文化关系网。这两张网交错一起,就形成门生故吏关系。如汝南袁氏、弘农杨氏,都是门生故吏遍天下。

中国古代的宗族至秦统一而全部覆亡,现在又成为一种强大的社会势力了。当然,汉代的宗族势力并不是从古代宗族直接发展而来的,尽管其中有古代宗族和六国贵族的后裔。而且,二者的性质有本质的区别:前者以宗族城市国家和宗族奴隶制为其特征,后者则是以宗族部曲佃客制为特征。所以,中国古代的宗族和国家政权是一体的,汉代的宗族势力尽管倾动朝野,仍然是一种从属于封建政权的力量。只是到了黄巾起义之后,他们才成为封建割据势力。

在豪族门阀的把持操纵下,选举凌替,士林混杂,官场腐败。因此,在东汉末出现了“清议”。清议的主要内容是品评人才,自然也涉及当朝的官吏。后来由于触动了当权宦官的势力,遂发生了“党锢”之祸。

清议本来是为突破豪族门阀的政治文化垄断而发的,结果却被当权宦官以党人之罪禁锢起来,这是什么原因呢?

东汉皇朝建立之后,刘秀就解除了那些功臣宿将的权力,给以优厚的待遇,把他们供养起来。所以,东汉的开国功臣中没有专制朝政的。不仅如此,东汉的公卿大臣,虽名位尊显,也是没有实权的。自汉武帝以来,决策归于中朝,丞相不过奉命执行而已。到这时,行政权力集中于尚书台,尚书台分曹办事,就无须通过丞相府了。监察权则归御史中丞,集中于御史台(即宪台);另外在京师和三辅设司隶校尉。而尚书台和御史台则直属于皇帝。这种专制主义的中央政治体制在东汉初年尚无问题,到后来因皇帝幼小,母后当权,权力就落到外戚手里。而当朝皇帝长大之后,又要依靠宦官从外戚手里夺回权力,于是权力又归于宦官。如此循环往复,无论外戚当权还是宦官当权,都是豪族门阀势力所不满的。东汉的外戚主要是刘秀的开国功臣马援家族、窦融家族、邓禹家族、梁统家族之后,这样就形成了刘、邓、马、窦、梁五大家族争夺中央权力的局面。到了东汉后期,外戚势衰,宦官独擅朝政,并向地方伸展势力。本来是针对豪族门阀的清议,就很自然地集中在当权宦官的身上了。黄巾起义之后,宦官被锄杀净尽,封建割据势力蜂起,清议之士不得不投靠割据势力,这是他们始料所不及的。

在宗族豪强势力取得合法社会地位之后，一切封建负担自然要落到广大农民身上，这在东汉初年是不成问题的。一方面，由于大乱之后，土地荒芜，农民有土可耕，而政府对宗族豪右侵占土地又有所限制；另一方面，由于裁并郡县，减少吏员，节省财政开支，加以兵革不起，农民担负的赋税、兵役和徭役大为减轻。所以，光武、明、章之世，又出现了太平盛世的景象。

但自和帝之后，情况有所变化。一方面，豪强侵凌，并以各种方式规避赋役；另方面，连续对羌人用兵，耗费巨大，农民负担加重；加以当权外戚和宦官对人民的残酷掠夺，很快出现了社会危机，爆发了连绵不断的农民起义。

汉代的赋税、兵役和徭役是根据提封田参照垦田亩数按人户征收的。编户齐民都要出赋役。逃亡户的赋役由所在编户负担。所以早在西汉时期就出现了这样的情况：有些贫苦农民一方面要对政府服役纳税，另方面又要向豪强交租服役；"后亡者为先亡者服事"，相率逃亡，弃田而去。东汉的情况也是如此，而且更加严重。光武在一些郡国罢都试和都尉官，只是把地方兵交郡县守令，并不意味着免去农民的兵役和徭役。否则，当时的民谣："丈夫何在？西击胡"，就不可理解了。东汉时期的户口和垦田顷亩始终未超过西汉的最高数字，而且升降曲线颇大，这一方面和豪族门阀的隐匿户口不无关系，另一方面也是和政府的赋役轻重分不开的。农民逃亡就成为流民，流民聚集并组织起来就爆发农民起义。

安帝以后少数民族的起义和反抗大多也是由政府和地方豪强激起的。例如，南方和西南的少数民族原来是享有优惠政策的，后来政府以他们"可比汉人"，照汉族的编户齐民一样纳税服役，他们就造反了。对西北的氐人和羌人更是如此，轻则进行"赋敛"，重则进行掠夺和屠杀。所以氐羌人不断起而反抗，直至黄巾起义。黄巾起义实质上是汉族人民和各兄弟民族的联合起义，这是前所未有的。

黄巾起义动摇了东汉朝廷的封建专制主义统治，州郡牧守和豪族门阀势力乘机争夺权力，实行地方割据，进行军阀混战。东汉朝廷只有依靠地方势力苟延残喘了。汉献帝初为董卓所劫持，后被曹操挟持和利用，如此二十余年，最后禅位于魏文帝曹丕。吴、蜀相继称帝，形成了三国鼎立的局面。

在东汉末年的军阀混战中，社会经济遭到空前的大破坏，人民大量死亡，这是封建专制统治和豪族门阀势力恶性发展的必然结果。当然，一些地方豪强也不免于难，他们或存或亡，或死或逃，七零八落，完全失去了昔日的威势。所以，待到他们重新联结起来时，也只能建立一个短命的西晋王朝。

总观秦汉时期的历史，大致上可以作这样的概括：从整个中国封建社会的历史来说，这个时期属于初级阶段。就这个时期本身来说，从春秋战国之际封建专制主义中央集权国家代替宗族城市国家，到汉武帝以前为其早期阶段。这个阶段的主要特征，就社会制度而言，是郡县制代替宗族封国封邑制，官僚政治体制代替传统贵族政治体制，以提封田代替井田制，对土地进行再分配并确立封建等级制。按理，这个阶段应至秦统一而结束，但由于秦法烦苛以及大征戍、大兴作等等，引起农民起义，所以延续到汉初武帝之前。其间曾出现过项羽裂土封王和汉初分封诸侯王的现象，但这充其量不过是战国时期七国并立的重演，而非重复周代的宗族分封制。在这个阶段中，传统的宗族奴隶制演变为官府奴隶制而趋于衰落，出现了大工商奴隶主和牧主。但由于商人兼并农人，侵蚀封建统治的根基，所以始终都受到封建政府的限制和打击，没有成为支配社会的力量。

从汉武帝的改革到王莽改制失败，是秦汉历史的中期阶段。这个阶段的主要特征是：加强中央集权，消除封建分裂势力；实行工商业垄断经营，摧毁私营工商奴隶主的力量；限制并打击地方宗族豪强，重新确立封建等级秩序；抗击匈奴，沟通西域，开拓疆土，扩大郡县制。这里边的中心环节是限田限奴婢，而其背景则是农民问题。秦汉时期的赋税、兵役和徭役，是根据提封田、参照垦田数、按人户征收的，可以说是一种人丁与土地的混合赋役。如不对豪强进行限制，就会出现王莽所说的情况：“汉氏减轻田租，三十而税一，常有更赋，罢癃咸出，而豪强侵凌，分田劫假，厥名三十税一，实什税五也。”所以，对田宅奴婢不加限制，同样会破坏封建统治的根基。

从东汉到三国鼎立，是秦汉历史的晚期阶段。在这个阶段中，官僚地主商人已经合流，形成豪族门阀田庄经济。所以这个阶段的主要特征，是豪族门阀势力的恶性发展，封建专制的强化以及由此引起的宦官和外戚的争夺权力。因而，作为其反面出现的，则是连绵不绝的农民起义和少数民族的反抗。结果，统一的封建皇朝瓦解，出现了分裂割据的局面。自此以后，中国历史又进入一个新的阶段。

第一章
统一的秦皇朝
（公元前221年——前202年）

第一节　秦国的由来和称霸一方

一、秦族的来源和秦国的建立

秦国的祖先生于东方，而其后世则崛起于西方。传说帝颛顼之苗裔孙名女脩者，她吞玄鸟卵而生子大业，是为秦之始祖。颛顼即高阳氏，从秦公大墓出土器物铭文之“高阳有灵”可知，秦人的确是奉颛顼为祖神的。大业有子大费，“与禹平水土”，“佐舜调驯鸟兽，鸟兽多驯服，是为伯翳。舜赐姓嬴氏”。①这位伯翳也就是和禹子启争位的那位伯益。传说他是皋陶的儿子，故有云大业为皋陶者。而皋陶为少皋子，后来秦人“立西畤，祠白帝”，祭的就是少皋金天氏。这些神话传说人物，除“大业取少典之子，曰女华”外，几乎全是东方古夷人系统的。所谓“大业取少典之子”，则曲折地反映了秦人西迁后之史影。②

“大费生子二人：一曰大廉，实鸟俗氏；二曰若木，实费氏。其玄孙曰费昌，子孙或在中国，或在夷狄。”由此可知，伯翳之后分为两支：大廉和若木。前者为鸟俗氏，即信奉鸟神的氏族部落；后者为费氏，即后来之费国，其地当今

---

① 《史记·秦始皇本纪》。下引文同此者不注。

② 据《国语·周语》：“少典娶于有蟜氏，生黄帝、炎帝”，则少典为西方氏族部落。

山东费县境。析而言之,则有徐氏、郯氏、莒氏、终黎氏(钟离)、运奄氏、菟裘氏、将梁氏、黄氏、江氏、脩鱼氏、白冥氏等等。它们多半建国,延续到春秋时期。

费昌生当夏代末年,曾助汤灭夏,为商汤之御者,属于臣族。“大廉玄孙曰孟戏、中衍”,在帝太戊时也同样成为臣族。自此以后,它们世代有功,得受封为诸侯。“其玄孙曰中潏,在西戎,保西垂。生蜚廉。蜚廉生恶来。”所谓“或在夷狄”,主要指这一支。例如,中潏之父胥轩已杂于西戎,被称为戎人了。

“恶来有力,蜚廉善走,父子俱以材力事殷纣。周武王之伐纣,并杀恶来。”蜚廉走死,葬于霍太山。他的另一个儿子季胜生孟增,“孟增幸于周成王,是为宅皋狼”,即后来汉代西河郡之皋狼县。其孙造父“以善御幸于周穆王”,“穆王以赵城封造父,造父族由此为赵氏”。这就是后来赵国的祖先。

蜚廉之后仍居西垂者,传五世至大骆,因造父之故也蒙姓赵氏。大骆嫡子成继保西垂,另一子“非子居犬丘,好马及畜,善养息之。犬丘人言之周孝王,孝王召使主马于汧渭之间,马大蕃息。”于是“邑之秦,使复续嬴氏祀,号曰秦嬴”(今甘肃秦安县)。

秦嬴传三世至秦仲。其时,“周厉王无道,诸侯或叛之。西戎反王室,灭犬丘大骆之族。周宣王即位,乃以秦仲为大夫,诛西戎。西戎杀秦仲。”秦仲有子五人,长子庄公。周宣王就召集庄公兄弟,予兵七千人,让他们讨伐西戎,西戎败走。宣王于是将秦仲原有地并大骆犬丘之地授予庄公,为西陲大夫,居西犬丘。至是,西垂这一支全归秦嬴,其地当今天水至秦安一带。

庄公死,长子世父当立。世父为其祖秦仲报仇,将兵出击西戎,让位于其弟襄公。襄公二年,西戎包围犬丘,虏走世父。襄公徙都于汧(今陕西汧源)。七年春,因周幽王立褒姒为后,以其子伯服为太子,废申后和太子宜臼。申姜为申侯之女,申侯乃与西戎、犬戎攻宗周。宗周原与各国诸侯约定,有危难就在骊山上点燃烽火求援,由于幽王无故点燃烽火戏弄诸侯以博褒姒一笑,这次诸侯救兵均未至。西戎、犬戎攻杀幽王于骊山下,宗周灭亡。平王东迁洛邑(成周)。秦襄公率兵救周,力战有功;又护送平王东迁。平王封襄公为诸侯,赐之岐以西之地。同他约誓说:"戎无道,侵夺我岐、丰之地,秦能攻逐戎,即有其地。"秦襄公由此列为诸侯,得"与诸侯通使聘享之礼"。为此,襄公特以"骍驹(赤马黑鬃)、黄牛、羝羊各三"头在西畤祭祀上帝,表示秦国正式建立了。

二、统一关中和秦穆公独霸西戎

秦襄公八年建国,时当周平王元年(公元前770年),建国后即"备其甲兵,以讨西戎"①。十二年,"伐戎而至岐",死于军中。其子文公继位,回"居西垂宫"。三年,"文公以兵七百人东猎",为伐戎进行准备。四年,"至汧渭之会",以其先非子之故,卜建都邑于此(今眉县东北)。十六年,"文公以兵伐戎,戎败走。于是文公遂收周余民有之,地至岐,岐以东献之周"。至是,秦地西至今天水地区,中跨宝鸡,东至岐山,初具规模。文公十三年,"初有史以纪事,民多化者";二十年,针对秦国内存在着家族和宗族,"法初有三族之罪",以巩固内部。文公时还有一些神话,说明秦应天命而兴,它已是一个当之无愧的诸侯国了。

文公死后,其孙宪公继位②。宪公的业迹有二:一是徙都平阳(今岐山县西),二是"遣兵伐荡社"。三年,"与亳战,亳王奔戎,遂灭荡社"。十二年,又"伐荡氏,取之"。荡社亦作汤社,是商朝西方封国之孑遗,其地在今西安南。这说明,秦国已越过岐山向东发展自己的势力了。

宪公有子三人:武公、德公和出子。宪公死后,武公当立。大庶长弗忌、威垒、三父等人废掉太子武公而立出子为君,第六年又令人贼杀出子,复立武公。

---

① 《诗·小戎》毛氏传。

② 《史记·秦始皇本纪》作宁公。此从宝鸡出土秦公钟、镈铭文改。

武公三年，“诛三父等而夷三族，以其杀出子也”。

武公的业迹主要有：元年，“伐彭戏氏，至于华山下”，向东开拓疆土。十一年，“初县杜、郑”。其地一在今西安偏东南一些，一在今华山县境。彭戏氏为戎人，杜、郑都是原宗周畿内之国，现在全被秦国吞并了。武公还向西扩展国土。十年，“伐邽、冀戎，初县之”。两地均在今天水地区，邻近西垂，现在都成了秦国之县了。武公还“灭小虢”，其地在今宝鸡虢镇，是文王母弟虢季留下来的。随着疆土的不断扩大，秦国的奴隶制也相应发展。武公卒，“初以人从死，从死者六十六人”，实行了野蛮的人殉制度。

武公死后，其弟德公继位，迁都于雍（今凤翔南郊）。这里原是宗周之离宫，秦国也在此兴起，其势力东达于河。梁伯和芮伯都从黄河边前来朝见。

德公有子三人：长子宣公、次子成公、少子穆公，依次继位。宣公时“与晋战河阳，胜之”；成公时，梁伯和芮伯又来朝见。河阳在河东黄河之北，秦国的触角伸展得更远了。因此，到穆公时秦国终于称霸一方，号称五霸之一。

秦穆公，名任好。他早期的活动是东向发展，争霸中原。晚期因东向发展受阻，乃向西发展，独霸西戎。穆公继位后，齐桓公的霸业已近尾声，晋国刚从内战中恢复过来，楚国乘虚进图中原，这些都为秦国的东向发展提供了机遇。穆公元年，“自将伐茅津，胜之”。这地方在今之茅津渡附近，黄河北岸，原为茅津戎所在地。晋献公也在扩张势力，他先后灭耿、灭魏、灭霍、灭虞、灭虢，又打败骊戎和赤狄皋洛氏，并入狐戎等，颇有振兴气象。因此，秦国要东进为夫人，就是秦、晋结好的一个重要标志。

晋献公娶齐桓公女，生太子申生和秦穆夫人；又娶狐戎之女（狐姬），生公子重耳和夷吾；后来进攻骊戎，骊戎献上骊姬姊妹，生奚齐和卓子。献公晚年宠幸骊姬，时夫人齐姜已死，遂以骊姬为夫人，而以奚齐为太子，托荀息为傅。为申生巩新城（绛），出夷吾居蒲，重耳居屈。后又逼死申生，驱逐夷吾和重耳。献公死后，大臣里克先后杀死奚齐、卓子和荀息。时夷吾逃亡在梁国，求援于秦，助其回国，许回国即位后将河外八城（黄河和北洛水之间）献给秦国。

秦穆公遂派百里奚以兵送夷吾于晋,是为晋惠公。惠公所以能够回国,还由于以重赂约大臣里克和丕郑为内应,“命里克以汾阳之田百万,命丕郑以负蔡之田七十万”。但惠公回国后即“背内外之赂”,并逼死里克,杀掉丕郑及其党羽。丕郑子豹奔秦,说秦伐晋,穆公没有答应。

不久,晋国发生饥荒,求粟于秦。穆公问于群臣。丕豹主张乘机伐晋。公孙支和百里奚主张给予救济。理由是:各国都会遭受天灾,相互救济是应该的;再说晋君虽然背弃信义,其民人是无罪的。百里奚曾仕于虞国,晋献公灭虞时俘虏了他,用作秦穆夫人的陪嫁奴隶。他从秦国逃亡至楚,“穆公闻百里奚贤”,乃以五羖羊皮赎之,“授之国政,号曰五羖大夫”。百里奚又荐其友人蹇叔,穆公厚礼聘之,以为上大夫。这次穆公终于采纳了百里奚和公孙支的建议,给予晋粟,“以船漕车转,自雍相望至绛”,解救了晋之饥荒。

两年后“秦饥,请粟于晋”。晋惠公不仅不予秦粟,反而兴兵伐秦。“穆公发兵,使丕豹将,自往击之”。双方大战于韩原(今韩城西南),结果晋军覆没,惠公被俘。穆公下令国中说:“齐(斋)宿,吾将以晋君祠上帝”。周王派人来求情,秦穆夫人也苦苦哀告,他这才改变主意,待以国君之礼,订立盟约。晋惠公“献其河西地,使太子圉河东。”

太子圉到秦国后,秦妻以宗女,以固结其心。但他由于怨恨秦国灭掉其母家梁国,又想及时取得晋国君位,终于只身逃走。晋惠公死后,他继位为晋怀公。在这种情况下,秦穆公与群臣商议,决定迎公子重耳入秦,派兵护送他回国夺取君位。

公子重耳在晋献公时逃奔于赤狄,晋惠公派人刺杀他,他又从赤狄逃走,辗转流亡到卫国、曹国、齐国、宋国、郑国,最后到了楚国,长达十九年。他做梦都想回国夺取君位。这时秦穆公派人迎接他,可谓正中下怀。他回国后追杀晋怀公,即位为晋文公,成为春秋时有名的霸主。

晋文公回国之初遇到了一点小麻烦,惠公的余党要谋害他,在秦穆公帮助下很快就解决了。从此,秦晋结成了紧密的联盟关系。就在这一年(前636

年)，周王室发生内乱，王子带用狄人攻襄王，襄王出奔于郑。次年，周王派人告难于秦、晋。“秦穆公将兵助晋文公入襄王，杀王弟带”，平定了王室内乱，双方都取得了尊王攘夷的旗号。

晋文公回国后，赏赐从臣，革新内政，加强军备，以图霸业。穆公二十八年(前632年)，晋文公大败楚军于城濮，战后在践土会盟，秦国也派人参加了。但中原霸主的地位却落入晋文公之手，秦穆公只是配角而已。三十年，秦晋联军围郑，郑人离间秦晋，秦国遂留下戍卒，撤军回国。自是，秦晋联盟出现了裂痕。

穆公三十二年冬，晋文公卒。秦在郑戍将杞子传来信息，说他掌握着郑国北门的钥匙，秦可潜师袭取郑国。秦穆公陷入中原霸主的迷梦，决定派孟明视、西乞术、白乙丙率兵出征。百里奚和蹇叔苦谏，穆公不听。二人哭送三帅，穆公还怪他们有意败坏军心呢！秦军趾高气扬，过周之北门，傲慢无礼，轻率前进。路上碰到郑国商人弦高，弦高急中生智，矫称君命以十二头牛犒劳秦师。秦师以为郑国有备，遂灭掉晋之边邑滑(今偃师东北)而还。这时晋襄公正在服丧，不禁大怒，说“秦侮我孤，因丧破我滑”。当即身着丧服，发兵与姜戎截击秦师于殽(今渑池西南)，“大破秦军，无一人得脱者。虏秦三将以归”。经文公夫人巧说，襄公将秦三将放回。穆公素服郊迎，复其官秩，厚加待遇，准备复仇。

三十四年，再度使孟明视等伐晋，不利。三十六年，又“使将兵伐晋，渡河焚船，大败晋人，取王官及鄗，以报殽之役。晋人皆城守不敢出。于是穆公乃自茅津渡河，封殽中尸，为发丧，哭之三日。”并誓于军中，表明不用百里奚、蹇叔之谋，铸成如此大过。不过，仇算是报了，争霸中原之梦也破灭了。

穆公争霸中原不成，于是向西扩张领土。这期间，戎王派由余入秦访问，穆公知其贤能，就用离间其君臣的方法迫使由余归秦。三十七年，“秦用由余谋伐戎王，益国十二(或云十四)，开地千里，遂霸西戎”。后来秦在其地设陇西、北地二郡。周天子派召公过以金鼓相贺，承认秦穆公的霸业。

穆公在位三十九年，死后以人殉葬，“从死者百七十七人，秦之良臣子舆氏三人名曰奄息、仲行、鍼虎，亦在从死之中。秦人哀之，为作歌《黄鸟》之诗”。当时的有识之士以此知道秦国不能再东征了。

穆公之后，历康公、共公、桓公，秦晋时战时和，双方互有胜负。这时，楚庄王称霸中原，秦联楚制晋。仍敌不过晋国。桓公二十六年（前577年），晋厉公会合刘康公、成肃公、鲁公、齐侯、宋公、卫侯、郑伯、曹伯、邾人、滕人伐秦，战于麻隧，秦师大败。诸侯军“追至泾而还”。后来，“晋悼公强，数会诸侯，率以伐秦，败秦军。秦军走，晋兵追之，遂渡泾，至棫林而还”，已快深入到秦之腹地了。

从秦桓公五传至厉共公，国力日衰，其间可书者只有：吴攻入楚都郢时，秦以兵车五百乘驰援；北伐义渠，虏其王；东伐大荔，取其王城。然而，南郑（今成固）反归蜀，后来收回；义渠后来报复，兵至渭南，可见其力量之萎缩了。

从厉共公六传至出公，“秦以往者数易君，君臣乖乱，故晋复强，夺秦河西地”。秦国只好沿洛水筑堑，采取守势。正如后来秦孝公所说：“会往者厉、躁、简公、出子之不宁，国家内忧，未遑外事，三晋攻夺我河西地，诸侯卑秦，丑莫大焉！”

为什么称霸一方的秦国会衰落到这步田地？说是外部环境不利吧！晋国连续发生内战，先是赵、韩、魏、智四家攻灭范、中行氏，继而韩、赵、魏三家又并灭智氏，而秦国均无力涉足其间，反而受到三晋的侵逼，大有一蹶不振之势。其根本原因在于：三晋经过改革强盛起来，而秦国的奴隶制社会已发展到了尽头，再不改革就没有出路了。

第二节　商鞅变法和秦国的扩张

一、商鞅变法和秦国的勃兴

秦国的改革是从献公开始的。在此之前，虽有“简公六年，令吏初带剑”；

"七年,初租禾"[1],但收效甚微。献公即公子连,曾为质于魏,了解魏国的改革。"出子二年,庶长改迎灵公之子献公于河西而立之。杀出子及其母,沉之渊旁"。献公元年(前384年),"止从死",废除了秦国史上近三百年的人殉制度。二年,迁都栎阳,准备东伐。七年,"初行为市",发展商品经济。十年,"为户籍相伍"[2],实行五家为伍的编户制,作为征收赋役的依据。经过一番准备,二十一年,"与晋战于石门(三原县北),斩首六万。天子贺以黼黻"。二十三年,"与魏晋战少梁(今韩城南),虏其将公孙座"。改革初见成效。

献公二十四年死,子孝公继位。这时关东有六个强国和秦国相并立,即:齐、楚、魏、燕、韩、赵。淮、泗之间,尚有十几个小国。楚、魏与秦接界。"魏筑长城,由郑滨洛以北,有上郡。楚自汉中,南有巴、黔中。"挡住了秦国东下的出路。"秦僻在雍州,不与中国诸侯之会盟,夷翟(狄)遇之"。孝公想光大穆公、献公之功业,于是下令求贤变法,说"宾客群臣有能出奇计强秦者,吾且尊官,与之分土"。为了表示决心,孝公东出兵围陕城(今河南陕县),西斩戎之獂王(今天水地区)。偏处洛邑的周天子似乎感到一线希望,在次年致胙于秦孝公。

商鞅听到秦孝公求贤变法的消息,西向入秦,托内侍宦官景监求见孝公。他原是卫国诸庶孽公子之后,故姓公孙氏为公孙鞅,亦曰卫鞅。后因在秦受封为商君,才叫商鞅。"鞅少好刑名之学",在魏相公叔痤门下为中庶子,深受器重。公叔痤临终前把他推荐给魏惠王,代己为相。惠王嫌其年少位卑,不用。商鞅于是带着李悝《法经》到了秦国,以期施展才智,成就功业。

商鞅头几次进见孝公谈论国事,均不见用;最后说以强国之术,深深打动了孝公。但孝公又怕变法会遭到非议,难以推行,乃在朝中进行讨论。果然,甘龙和杜挚出面反对,主张因袭传统礼法。商鞅驳斥了他们的意见,要求以强

---

① 《史记·六国年表》。

② 《史记·秦始皇本纪》附《秦纪》。

国利民为目的实行改革。最后，孝公任命商鞅为左庶长，发布了变法的命令，在秦国进行了比较彻底的封建制的改革。

商鞅变法大致分两次集中进行。头一次在秦孝公三年（前359年），其主要内容是：

一、实行什伍连坐法，奖励告奸，严惩匿奸。“令民为什伍，而相牧司连坐。不告奸者腰斩，告奸者与斩敌首同赏，匿奸者与降敌同罚”①。什伍，即五家为伍，十伍为里。里相当于行政村，一般为五十家。什伍连坐，一家有罪，同伍者皆受罚，同里者也受牵连。在战场上则以五人为伍，十人为什，互相连坐。这样，就用严酷的手段保证了社会治安和军队的战斗力。

二、整顿军赋，奖励公战，严禁私斗。“民有二男以上不分异者，倍其赋。有军功者，各以率受上爵；为私斗者，各以轻重被刑”②。这里说的“赋”指军赋，包括服役当兵。所以，有两个男子而不分户的要加倍征收，扩大兵源。在战场上立功的授予军功爵。军功爵共二十级。一级曰公士，斩得一个甲首即可得到。“爵一级者，益田一顷，益宅九亩，益除庶子一人”③。“庶子”就是没有爵秩而为有爵秩者服定额无偿劳役的人。依此递增，至第五级爵大夫，则可相应增加田宅和庶子。“故秦人功赏相长也，五甲首而隶五家”④。从第六级爵官大夫以上至第二十级彻侯，就可按等级食邑食税了。所以从第八级爵公乘以上，可以与县令、丞相亢礼。因为县令也不过秩六百石至千石、甚至不过秩三百石至五百石而已。可见，秦国对军功的赏赐是很优厚的。相反，私自进行仇杀或械斗，就要受刑了。其结果自然是：“民勇于公战，怯于私斗”，形成了风气。

三、重本抑末，奖励耕织，禁止末业游食。“大小僇力本业，耕织致粟帛多

---

① 《史记·商君列传》。

② 《史记·商君列传》。

③ 《商君书·徕民》。

④ 《荀子·议兵》。

者,复其身;事末利及怠而贫者,举以为收孥”①。本业指农业和与农业相结合的家庭副业。那时的不少国家对粮食的亩产量都有规定,超过限额的给予奖赏。“复其身”,就是免除其本身的徭役。相反,如果弃农经商,或懒惰游荡而贫穷的,则举以为收孥,即没收其本人为官奴婢。这样,就把农民牢牢地束缚在土地上,即《商君书》中所说的“地著”。应当指出,这项法令不适用于从事正当商业和手工业的人,对他们另有安排,是不能“举以为收孥”的。如然,整个社会经济生活岂不要陷于瘫痪吗?

四、破除宗族等级制度,建立军功等级制。“宗室非有军功,论不得为属籍。明尊卑爵秩等级各以差次,名田宅臣妾衣服以家次。有功者显荣,无功者虽富无所芬华”②。这里的等级完全是按有无军功和军功的大小来定的,不含其他因素。当然,获得军功爵不一定都要在战场上杀敌立功,如告奸也可以得到军功爵。其他功勋也准此而定。但有一点是很清楚的,无功者不能进入军功等级。即使是宗室成员,无军功也要除掉其公族籍,失去其宗法贵族身分。无功的富人就更不必说了。这样就用二十级军功爵确定了尊卑贵贱的等级。

这些法令自然要触犯那些宗室贵戚和原有富人的利益。所以,“令行于民期年,秦民之国都言初令之不便者以千数”。他们自己不敢犯法,就唆使太子犯法。商鞅深知,“法之不行,自于贵戚”,本想加法于太子;但又考虑到,太子作为嗣君,是不能施加刑罚的,于是“刑其傅公子虔,黥其师公孙贾”。自是,“秦人皆趋令”,莫敢犯者。“居三年,百姓便之”。变法取得显著成效。

魏国开始对秦刮目相待。秦孝公七年,“与魏惠王会杜平。八年,与魏战元里”,取其少梁。十年,商鞅从左庶长(10级)升为大良造(16级),“将兵围魏安邑,降之”。安邑是魏国之都城,秦国开始在这种形势下,为巩固并发展已有的变法成果,为逐鹿中原创造更有利的态势,商鞅进行了又一次比较集中

① 《史记·商君列传》。

② 《史记·商君列传》。

的变法改革,时在秦孝公十二年(前350年),其主要内容是:

一、继秦献公徙治栎阳之后,正式迁都咸阳。"作为筑冀阙宫庭于咸阳,秦自雍徙都之"。和献公徙治栎阳不同,这次是从旧都迁往新都。冀阙,古称象魏或魏阙,即宫廷门外的布告墙,在上面可以随时公布法令,通告全国。这样,咸阳就成了秦国的统治中枢,名符其实的首都。

二、在全国设立县、乡、里三级行政建制。"并诸小乡聚,集为大县"。县置令、丞,由国王任免。全国共设四十一县①。这样,秦国就建立了中央集权的官僚政治制度,而与以往灭国设县有本质的区别。

三、瓦解大家族,建立小家庭。"始秦戎翟之教,父子无别,同室而居"。过去的"民有二男以上不分异者,倍其赋",并没有完全瓦解掉这种大家族。这次则"令民父子兄弟同室内息者为禁",强制其析户而居,不分居者就要依法论处了。此后两年,"初为赋",就是按这种个体农民家庭收取户赋。

四、按地方百里提封九万顷或十万顷的标准,以县为单位计算出土地总面积,除去山泽道路邑居,其余的耕地按良田一夫百亩的标准授予农民。授定之后,设立阡陌封疆,不许私自更动。故"为田开阡陌封疆而赋税平"。每户农民所受土地相同,出同等的田租,就没有畸轻畸重的问题了。这样,开阡陌封疆只能解为设置阡陌封疆,以往解为掘掉井田的经界,是根本错误的。

五、统一度量衡。即:"平斗桶、权衡、丈尺"。后来秦国还专门作了标准器,并定期进行检核。不按标准器行事,则予以处罚。传世的商鞅方升,作于孝公十八年,可证。

商鞅变法,"行之十年,秦民大悦,道不拾遗,山无盗贼,家给人足。民勇于公战,怯于私斗,乡邑大治"。①这时"秦民初言令不便者有来言令便者",商鞅认为,他们都是"乱化之民","尽迁之于边城"。再后就没有人敢非议法令了。只有"公子虔复犯约,劓之"。从此,秦国成了全面实行封建法制的富强

① 此据《史记·秦始皇本纪》。《商君列传》作三十一县。《六国年表》作三十县。

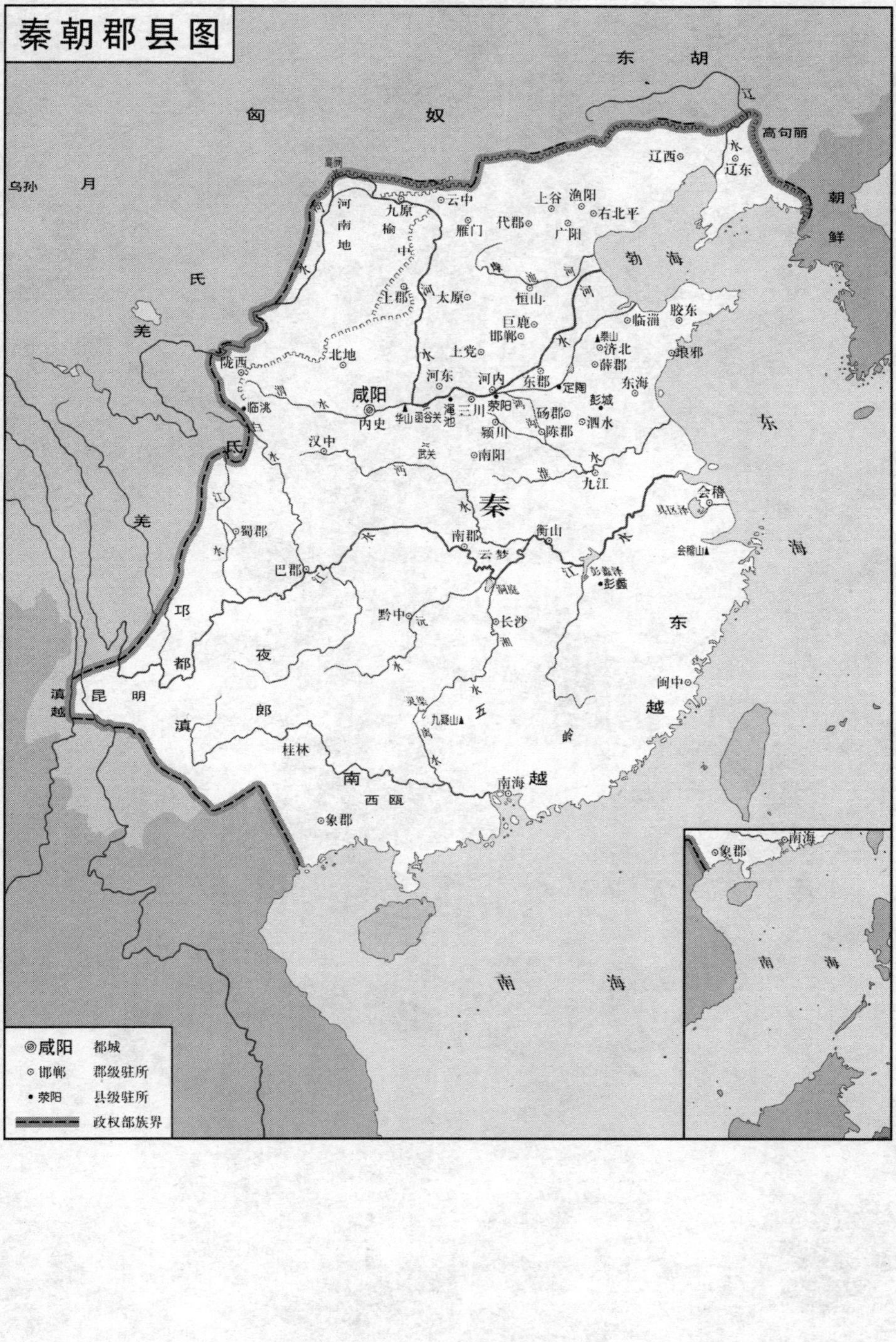
秦朝郡县图
东胡
匈奴
乌孙
月
氐
羌
高句丽
朝鲜
辽西
辽东
云中
九原
上谷
渔阳
右北平
雁门
代郡
广阳
河南地
上郡
太原
恒山
巨鹿
邯郸
上党
勃海
临淄
胶东
济北
薛郡
琅邪
北地
陇西
临洮
咸阳
内史
华山
函谷关
河东
河内
三川
荥阳
东郡
定陶
东海
彭城
砀郡
颍川
陈郡
泗水
汉中
武关
南阳
九江
秦
会稽
会稽山
衡山
南郡
云梦
蜀郡
巴郡
黔中
长沙
邛都
夜郎
滇
昆明
滇越
桂林
九疑山
五岭
南海
越
西瓯
象郡
闽中
东越
东海
南海
咸阳 都城
邯郸 郡级驻所
荥阳 县级驻所
政权部族界

国家,无敌于天下。“天子致伯”,“诸侯毕贺”。

魏国是秦国的正面敌人,故秦魏不两立。“非魏并秦,秦即并魏”。孝公二十一年,齐败魏于马陵。次年,商鞅奉命乘虚出师击魏,用诱骗方法俘虏魏将公子卬,大破魏军。魏献河西地于秦,并从安邑迁都大梁,避开秦国的锋芒。商鞅由此升为彻侯,食商、於十五邑,号为商君。

秦孝公二十四年,与魏、韩战于岸门,虏其将魏错。岸门在今长葛西北,秦国已能进入中原作战了。但就在岸门战后不久,孝公死,惠文王继位。由于商鞅变法期间,“日绳秦之贵公子”,“宗室贵戚多怨望者”,公子虔之徒诬告商君谋反。惠王发吏捕商君。商鞅走投无路,最后在封邑起兵反抗,兵败被擒,受到车裂的惨刑,在国都示众。不过,商君之法施行已久,不可更易了。

商鞅变法是秦国发展史上的一块里程碑。秦国由此从奴隶制社会转变为封建制社会。尽管此后的秦国还存在奴隶制的因素,特别是王室奴隶制经济被保留下来并有所发展,但它已是一个以封建小农经济为基础的封建制国家了。商鞅变法也是中国古代社会向封建社会转变中的一块里程碑。从此,诸侯割据称雄的封建国家逐步为统一的封建国家所代替,最后由秦始皇完成了统一之大业,建立了统一的封建专制主义的中央集权国家。

二、从惠王到昭王的扩张活动

秦惠文王前后共二十七年,初即位时年少,受宗室贵戚怂恿,捕杀商鞅;成年后很快摆脱了宗室贵戚的影响,先后任用公孙衍、张仪等,继续开拓疆土。秦惠文王五年(前353年),用阴晋人公孙衍为大良造,次年“魏纳阴晋”,秦更其名曰宁秦,即今之华阴县。七年,“公子卬与魏战,虏其将龙贾,斩首八万”。八年,“魏纳河西地”。公孙衍,魏人,官至犀首;公子卬就是商鞅俘虏过来的魏将公子卬,现在他们都为秦所用了。这里说的河西地,指阴晋以东、渭水之南、东至陕县的地区;上文所说河西则指渭水之北、洛水以东地区。故孝公时已“东地渡洛”,而惠文王九年则“与魏王会应。围焦,降之”。应在今平顶山,焦在今三门峡市西。十年,“张仪相秦。魏纳上郡十五县”。十三年,“使张仪伐取陕,出其人与魏”。至此,魏之河西地,包括今三门峡以西陕县至华阴,往北沿洛水与黄河之间至上郡,全部都落到了秦国手里。而且,惠文王九年,“渡河,取汾阴、皮氏”,在河东建立了据点。

秦国的东向扩张,引起了东方各国的惊惕。它们开始联合对抗秦国,称之谓“合纵”;而秦国则利用它们之间的矛盾,分化瓦解,各个击破,此之谓“连横”。惠文王后元二年,“张仪与齐、楚大臣会齧桑”;次年,“张仪相魏”,就是为了瓦解东方各国的合纵。后元七年,“韩、赵、魏、燕、齐帅匈奴共攻秦。秦使庶长疾与战修鱼,虏其将申差,败赵公子渴、韩太子奂,斩首八万二千”,大破各国联军。次年,“张仪复相秦”,目的已达,又回来了。这时,魏国已被慑服,秦国连续攻击韩、赵二国,对韩、赵,特别是韩国.进行了沉重的打击。

楚国没有参加这次“合纵”,但秦国对它并不放过,而且乘其孤立而攻之。惠文王后元十二年,“张仪相楚”。次年,“庶长章击楚于丹阳,虏其将屈匄,斩首八万;又攻楚汉中,取地六百里,置汉中郡”。秦国由此打开了通向东南的门户。

秦惠文王还南北两面开弓,远拓疆土。在北方:前元十一年“县义渠”,“义渠君为臣”。后元五年,“王游至北河”。十年,“伐取义渠二十五城”。到昭王时,义渠终于彻底灭亡。在南方:后元九年,“司马错伐蜀,灭之”。十一年,“公子通封于蜀”,以陈壮为相。十四年,“丹、犁臣,蜀相壮杀蜀侯来降”。到武王时诛陈壮,封王子煇于蜀。昭王时蜀侯煇又反,司马错平定之,以蜀为郡。

惠文王子武王继位二年(前309年),“初置丞相,樗里疾、甘茂为左、右丞相”。武王雄心勃勃,对甘茂说:“寡人欲容车通三川,窥周室,死不恨矣!”三年秋,“使甘茂、庶长封伐宜阳。四年,拔宜阳,斩首六万”。宜阳为韩之大县,可出材士十万。攻取宜阳就可进一步通三川了。但武王的梦想并未实现。他恃勇好胜,就在这一年,因举鼎绝膑,伤重而死,抱恨归天。其异母弟即位,是为昭襄王。

昭王母楚人，为惠文王妃嫔，号芈八子，后来才尊为宣太后。其异父弟魏冉从惠文王时即开始用事，握有实权，故史称“唯魏冉力能立昭王”。[1] 昭王即位后，以魏冉为将军，卫戍咸阳；其两同母弟，一为泾阳君，一为高陵君；而宣太后同父弟芈戎则受封为华阳君。由于大权掌握在宣太后和魏冉一伙手里，所以昭王二年，“庶长壮与大臣、诸侯、公子为逆，皆诛，及惠文后皆不得良死。悼武王后出归魏”。庶长壮，即季君公子壮，应是昭王之兄。显然，这是一次争位夺权的宫廷政变。在政变被粉碎后，“三年，王冠”。昭王开始亲政。

昭王要稳定内部，故早年对三晋无大作为，而稍事动作即引起各国合纵。十一年，“齐、韩、魏、赵、宋、中山六国共攻秦，至盐氏而还”。秦不得不割地予韩、魏请和。只有对楚国的斗争比较得手。昭王三年曾“与楚上庸”，但六年即使“庶长奂伐楚，斩首二万”；七年，“拔新城”（今河南襄城）。八年，齐、韩、魏合攻楚方城，赵破中山国，秦乘机“使将军芈戎攻楚，取新市”。九年，又使“奂攻楚，取八城，杀其将景快（缺）”。十年，楚怀王被迫入秦，秦竟留之不归。这是齐、楚关系破裂的结果，而三晋与秦对抗，则是由于齐国作后盾。

昭王早年对三晋和齐国无可奈何，还由于先后以严君疾、孟尝君、楼缓为丞相，极不得力。十二年，以魏冉为相，暂与楚和，转攻韩、魏。十三年，向寿攻韩，取武始；左更白起攻新城（今伊川西南）。十四年，“左更白起攻韩、魏于伊阙（今洛阳龙门），斩首二十四万，虏公孙喜，拔五城”。白起由此升为大良造。十五年，白起攻魏，取垣（山西垣曲东南）；攻韩，取宛。次年，左更司马错又攻魏的轵（河南济源东南）和韩的邓（孟县西）。十七年，魏被迫“予秦河西地方四百里”，韩“予秦武遂地方二百里”。[2] 这些地方均在河东，所谓河西乃东河

---

① 《史记·穰侯列传》。
② 《史记·六国年表》。

之西。秦国连年经营,至昭王二十二年,“河东为九县”。

昭王十九年(前288年),与齐湣王分别称为东、西帝。齐湣王旋去帝号,想以此孤立秦国,并乘机灭宋,岂料自己反被孤立起来。宋国是仅次于六国的大国,齐灭宋不能不引起六国的关注。昭王亦去帝号,并与三晋、楚、燕五国联合攻齐。燕军攻入临淄,几乎灭掉齐国。秦国从此确立了对六国的优势。

昭王二十四年,秦攻取魏安城。兵至大梁,韩、赵救魏,秦军撤退。自此,秦调整战略,转而攻楚。二十七年,司马错攻楚,赦罪人迁之南阳,从北线发动攻势;“又使司马错发陇西,因蜀攻楚黔中,拔之”。从南线展开攻势。次年,大良造白起攻楚,取鄢、邓。二十九年,白起攻取楚都郢,置南郡。楚顷襄王东迁于陈(河南淮阳)。白起因此受封为武安君。三十年,“蜀守若从南线伐楚,取巫郡,及江南为黔中郡”。至此,江汉平原并江南全部落入秦国手里。

在吞并楚国本土后,秦又转攻三晋。其中大战役有:昭王三十二年,“相穰侯攻魏,至大梁,破暴鸢,斩首四万,鸢走,魏入三县请和”。次年,“客卿胡伤攻魏卷、蔡阳、长社,取之。击芒卯华阳,破之,斩首十五万。魏入南阳以和”。这里说的南阳在今修武、获嘉县境,华阳当今密县。这两次战役共斩首十九万,对魏国是相当沉重的打击。接着,秦国将上庸和南阳(宛,原属韩)合置南阳郡,开始进攻韩国。四十三年,白起攻韩,拔九城,斩首五万。次年,攻取韩之南郡。又次年,王贲攻韩,取十城。四十六年,秦攻韩上党,上党守冯亭降赵,拉开了秦、赵之间的一场恶战。

赵自武灵王胡服骑射之后强盛起来,其子惠文王亦有所作为。秦昭王三十七年,围赵阏与,赵奢大破秦军,赐号为马服君。但十年之后到孝成王时,情况有所变化。一是赵奢已死,二是老臣蔺相如病重不复理事,只有名将廉颇和李牧健在。李牧在守边防御匈奴,故秦军来攻时以廉颇为将,距之于长平(山西高平西北)。秦将白起数挑战,廉颇坚守,双方对峙一年多,不分胜负。后来,孝成王中了秦的反间计,用只会纸上谈兵的赵括代廉颇为将。赵军出战,又中了白起的诱兵之计,被秦军拦腰截断,分割包围。昭王四十七年(前260年),赵军惨败,主将赵括被杀,全军四十多万人投降,白起只将少数少年放回,其余全都给活埋了。

昭王四十八年,秦军分三路继续攻赵:一路由王龁率领攻取皮牢;一路由司马梗率领攻取太原,并占有韩上党;第三路由王陵率领前攻邯郸,遇到赵军民的殊死抵抗。次年,由王龁代王陵为将,仍无能为力。又次年,魏信陵君无忌、楚春申君黄歇分别率军前来救赵,里应外合,大败秦军于邯郸下,为赵国挽回了颓势。

但秦国锐气未减。昭王五十一年(前256年),"将军摎攻韩,取阳城、负黍(河南登封),斩首四万;攻赵,取二十余县,首虏九万"。这时的西周君错误地估计形势,"与诸侯合纵,将天下锐兵出伊阙攻秦,令秦毋得通阳城"。秦派将军摎攻西周君,合纵瓦解。西周君只好俯首归降,尽献其邑三十六城、口三万于秦。西周灭亡,只剩下东周君在苟延残喘了。

昭王在位五十六年死,子孝文王继位不久亦死,其子庄襄王立。元年(前249年),"东周君与诸侯谋秦,秦使相国吕不韦诛之,尽入其国"。随之,蒙骜伐韩,韩献巩、成皋。秦界至大梁,初置三川郡。三年,蒙骜攻赵,定太原。三年,蒙骜攻取魏高都(山西晋城)、汲,进入河内;又攻取赵之榆次、新城、狼孟,得三十七城,初置太原郡。王龁再次攻占上党郡。蒙骜进军河外,信陵君发动魏、韩、赵、楚、燕五国合纵,率联军攻败秦军,秦军撤回。是年五月,庄襄王死,子政立,他就是后来完成统一大业的秦始皇帝。

第三节 秦皇朝的建立

一、六王毕 四海一

秦王政之父庄襄王,原名异人,为质于赵,孤困潦倒。濮阳大商人吕不韦在邯郸经商[1]，见到公子异人，认为"此奇货可居"，遂西入秦用巨额资财为之游说，孝文后华阳夫人收以为嗣，立为太子。华阳后楚人，故公子异人改名子楚。吕不韦在邯郸为子楚大立门户，并为他娶赵国豪家女为妻，生下秦王政。秦王政以昭王四十八年正月旦日生，故名正，初姓赵氏。庄襄王继位后，以吕不韦为丞相，封文信侯，食河南洛阳十万户。秦王政立，尊吕不韦为相国，号称"仲父"，执掌国政。"当是之时，秦地已并巴、蜀、汉中，越宛有郢，置南郡矣；北收上郡以东，有河东、太原、上党郡；东至荥阳，灭二周，置三川郡"。[2] 加以原秦国本土和陇西、北地、黔中等郡，对六国来说，秦国可谓三分天下有其二，而"诸侯服秦，辟若郡县"，由秦统一的条件基本成熟了。故吕不韦"招致宾客游士，欲以并天下"。

吕不韦门下食客数千人，"乃使其客人人著所闻，集论以为八览、六论、十二纪，二十余万言。以为备天地万物古今之事，号曰《吕氏春秋》"。[3]《吕氏春秋》以道家为宗，兼采儒、法、阴阳、兵、农等众家之说，试图建立一个统一的思想文化体系，为秦始皇的统一提供理论依据。所以，《吕氏春秋》又是秦王政的教科书。

但吕不韦当政时期，统一的活动进展并不大。只有"二年，麃公将卒攻卷，斩首三万。三年，蒙骜攻韩，取十三城"；又攻魏畼、有诡，于次年拔之。五年，蒙骜攻魏，取酸枣、燕、虚、长平、雍丘、山阳等二十城，初置东郡。次年，三晋与卫、燕五国合纵攻秦。秦出兵迎击，五国联军罢去。秦取卫都濮阳。这是东方诸国的最后一次合纵，合纵虽解体，但此后数年中秦与东方各国处于僵峙状态，彼此都没有重大的军事行动。

---

① 此据《战国策》。《史记·吕不韦列传》作"阳翟大贾"。
② 《史记·秦始皇本纪》。下同此者不注。
③ 《史记·吕不韦列传》。

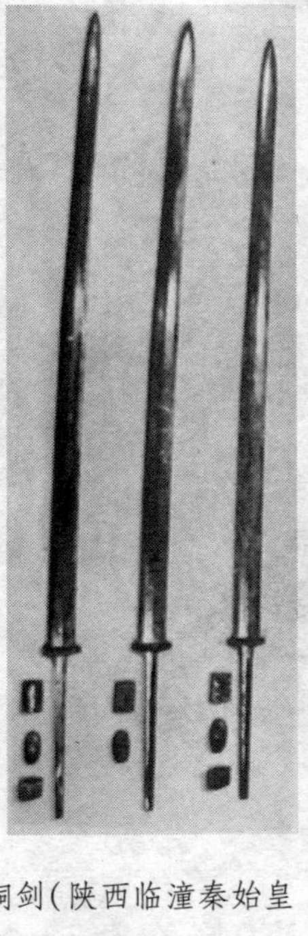

铜剑(陕西临潼秦始皇陵东侧兵马俑一号坑出土)

铜矛(陕西临潼秦始皇陵东侧兵马俑一号坑出土)

铜镞(陕西临潼秦始皇陵东侧兵马俑一号坑出土)

铜铍(陕西临潼秦始皇陵东侧兵马俑一号坑出土)

秦王政廿三年造弩机

之所以出现这种情况,其原因是:(一)秦国连续发生灾荒,如三年,“岁大饥”;四年十月,“蝗虫从东方来,蔽天。天下疫。百姓内粟千石,拜爵一级”。(二)国内政局不稳。在秦王政即位之初,“晋阳反”;八年,王弟长安君成蟜将兵击赵,在屯留发动叛乱。(三)更为严重的是:吕不韦荐嫪毐入宫为郎,嫪毐与太后淫乱,专擅国政。八年,“嫪毐封为长信侯。予之山阳地,令毐居之。宫室车马衣服苑囿驰猎恣毐。事无大小皆决于毐。又以河西、太原郡更为毐国”。嫪毐实际上成了国王,吕不韦不过是挂名相国而已。这样,“王年少,委国事大臣”,也就没有多少作用了。

这种局面直到秦王亲政后才为之改观。九年,王冠,带剑,开始亲政。秦王赴雍祭祖,嫪毐乘机在咸阳作乱,“矫王御玺及太后玺以发县卒及卫卒、官骑、戎翟君公、舍人,将欲攻蕲年宫”。秦王侦得他们的阴谋,“令相国昌平君、

秦十二字瓦当(维天降灵延元万年天下康宁)

(陕西省西安市出土)

昌文君发卒攻毐”。双方大战于咸阳。嫪毐败亡,车裂而死。“卫尉竭、内史肆、佐弋竭、中大夫令齐等二十人皆枭首”。同案被刑和流放者达数千家。事情牵连到吕不韦。十年,免去吕不韦相国之职,令其就封。十一年,又因东方诸侯派人来为吕不韦通欵说情,将吕不韦流放于蜀,吕不韦闻讯自杀。太后也被幽禁,经齐人茅焦陈说利害,她才被放出来。

将军俑头像(陕西临潼秦始皇陵东侧兵马俑一号坑出土)

秦王亲政后,任用李斯、尉缭、王翦、蒙恬等一批文武大臣,开始了统一六国的事业。李斯本吕不韦门下食客,秦王政罢免吕不韦时下了逐客令。李斯上书谏止,被留了下来。尉缭,大梁人,于同年入秦献策,劝秦王不惜重金,收买六国权臣为反间,轻取东方诸侯。秦王以尉缭为国尉,参议军国大事。

李斯建议秦王“先取韩以恐他国”,秦王乃使李斯取韩。韩王恐惧,与韩非商议对策。十四年,韩非入秦,建议秦王存韩而取他国,以韩为臣属。李斯与韩非同师荀子而才不及韩非。他怕秦王重用韩非,乃与姚贾合谋,以间谍罪将韩非害死。十二年,韩南阳假守腾以郡降秦,秦王以腾为内史。十七年(前230年),“内史腾攻韩,得韩王安,尽纳其地”,以为颍川郡。韩亡。

其实,这时的韩、魏都危在旦夕,灭亡已指日可待。在齐国势衰之后,秦国的主要敌手仍是赵、楚二国。赵国经长平之战,虽元气损伤,仍是不可小视的力量。所以秦王亲政之初,即首先以赵为打击对象,连续大举攻赵。十一年(前236年),秦派两路大军出击赵国,一路王翦攻占赵阏与、橑阳(今山西左权)。一路桓齮攻取了邺(今河北磁县南)、安阳(今河南安阳西南)二城。十三年(前234年),秦派将军桓齮攻赵平阳、武城(今河北磁县境),扈辄率赵军援救,秦军击杀扈辄,斩首十万。十四年,桓齮进攻赵赤丽、宜安(今河北石家庄东南),赵派大将李牧率师与秦军战于肥(今河北晋县西)下,大败秦军。桓齮兵败,畏罪奔燕。李牧因功被封为武安君。十五年,秦又大兴兵,派两军攻赵。一军攻至邺,一军至太原,攻取狼孟,后被李牧击破。李牧虽胜,而赵亦损失惨重,邯郸陷于孤立。

秦王政十八年(前229年),大兴兵攻赵。王翦将上党(《秦始皇本纪》为“上地”)郡兵,直下井陉(今河北井陉)。杨端和将河内郡兵围攻邯郸。赵派武安君李牧及司马尚率军抵抗秦军。秦以重金收买赵王宠臣郭开为反间,诬言李牧、司马尚欲谋叛乱,赵王于是改派赵葱和颜聚接替李牧、司马尚。李牧拒不受命,赵王捕杀李牧,废免司马尚。十九年,王翦大破赵军,赵王迁降秦,遂灭赵。秦王政至邯郸,把与母家有怨仇的人全部坑杀。赵的残余势力赵公子嘉率其宗族数百人逃窜至代郡,自立为代王。东与燕合兵,驻军上谷一带,继续进行抵抗。

秦将王翦引兵东临易水，准备攻燕。燕见韩赵已灭，祸将至燕，燕国危急。于是，燕太子丹孤注一掷，养壮士二十人，使荆轲等入秦以献燕督亢地图为名，乘机刺杀秦王政。秦王发觉，行刺未成，荆轲被肢解而死。秦王大怒，命王翦、辛胜大举攻燕。燕、代联合发兵抵抗，秦军在易水之西大败燕军。二十一年（前226年），秦更大增兵攻燕，取燕都蓟城，燕王喜迁都至辽东郡。秦将李信追击燕王喜甚急。燕王遂杀太子丹，献其首于秦，以解秦王之怒。

秦王政二十五年（前222年），秦大发兵，派王贲为将，攻进燕辽东郡，虏燕王喜。燕亡。遂回军攻代，虏代王嘉。至此，赵的残余势力也被扫荡以尽。

二十一年（前227年），秦将王贲攻楚，得胜后于次年还师攻魏，围困魏都大梁。魏人坚守不出，秦军引河沟水灌大梁，三月城坏。魏王假出降，于是魏亡。

秦既灭三晋，遂大举南向攻楚。出兵前秦王问攻楚需用多少兵力？王翦答要六十万人。李信少年得志，恃勇自傲，说二十万人就行了。秦王屡胜而骄，以为王翦怯懦而轻信李信，王翦谢病归乡，遂使李信及蒙恬将二十万人南攻楚。李信攻平舆（今河南平舆北），蒙恬攻寝（沈丘东南），大破楚军。李信又攻破楚之鄢郢，然后引兵与蒙恬会师于城父（今安徽亳县东南）。楚军尾随其后，"三日三夜不顿舍，大破李信军，入两壁，杀七都尉，秦军走"。① 李信惨败而归，这件事既激怒了秦王政，也教训了秦王政。二十三年，秦王请王翦率师出征，王翦仍持前议，秦王只得应允，征发全国所有甲士六十万人交王翦指挥，并亲自送至灞上饯行。王翦不负所望，与蒙武伺机攻占自陈至平舆的广大地区，迫近淮水。楚军狼狈东撤。楚将项燕不知楚王下落，立昌平君为王，起兵于淮南。二十四年（前224年），秦军奋勇东进，大破楚军于蕲南（安徽宿县东南）。昌平君死，项燕遂自杀。楚军向南逃窜，秦军尾随而前，攻入楚都寿春，虏楚王负刍。楚亡。王翦遂略定楚江南地，并降服当地越君，在原楚地设

---

①《史记·王翦列传》。

置郡县。

这样，东方六国中剩下的只有齐国了。当秦国大举进攻上述五国时，齐相后胜接受秦重金贿赂，并派使者多次入秦，秦又多予齐使者金，使者回齐后皆为反间，劝齐王建朝秦，不修攻守之备。秦相继攻破三晋和燕、楚诸国，齐国均坐视不救。待到五国分别破灭，齐国才"发兵守其西界，不通秦"，但为时已晚。二十六年(前221年)，秦使将军王贲从燕南攻齐，势如破竹，攻下临淄，虏齐王建，齐亡。

自秦王政十七年俘韩王安，至二十六年虏齐王建，前后十年之内，韩、赵、魏、楚、燕、齐六国依次灭亡，天下归于一统。秦王政立号为皇帝，建立了中国历史上第一个统一的封建皇朝。

秦皇朝的统一，是历史发展的必然结果。自春秋以降，由于社会经济的迅速发展，一批又一批宗族相继解体和灭亡，宗族城市国家逐渐被封建领土国家所代替，其结果是形成了七个大国。这七个大国中，社会制度的改革程度各不相同，而以秦国最为全面和彻底。秦国又拥有优越的地理条件，进可以攻，退可以守。故而最后由秦国兼灭六国，完成了统一大业。

要统一，这是历史的趋势和人民的愿望，当然最好是用和平的方式实现统一。但在当时的历史条件下，要和平统一是不可能的。各国的统治者都想扩张疆土，兼并他国。所以，统一只能通过连绵不断的兼并战争来实现。兼并战争给人民带来无数惨祸和社会灾难，但毕竟促进了历史的进步和统一的封建皇朝的建立。

统一和进步是不可逆转的。在秦灭六国之初，丞相王绾等以为诸侯初破，燕、齐、楚地处边远，不分设王国，就不足以镇抚其地，因而建议秦始皇立其诸子为王。秦始皇将这一建议交群臣讨论，群臣多表示赞同，只有廷尉李斯提出异议。他指出："周文武所封子弟同姓甚众，然后属疏远，相攻击如仇雠，诸侯更相诛伐，周天子弗能禁止"。当今海内一统，"皆为郡县，诸子功臣以公赋税重赏赐之"就够了。这样，"天下无异志，则安宁之术也"。秦始皇赞同李斯的意见，说“天下共苦战斗不休，以有侯王”。现在“天下初定，又复立国，是树兵也，而求其宁息，岂不难哉！”于是“分天下为三十六郡”，即：三川、河东、南阳、南郡、九江、楚郡、会稽、颍川、砀郡、泗水、薛郡、东郡、琅玡、齐郡、河间、河内、上谷、渔阳、右北平、辽西、辽东、邯郸、巨鹿、代郡、上党、太原、云中、雁门、上郡、陇西、北地、汉中、巴郡、蜀郡、黔中、长沙，不计内史共三十六郡。后来陆续增置，至四十二郡，以至四十八郡。可见，秦始皇的统一，标志着分封制的最后结束和郡县制的全面建立。这是中国古代的一次重大的社会变革，是对春秋以来的社会改革的总结。统一才能得到安宁，分裂就要发生战争，这是历史的经验。自此以后，统一成了中国历史的常态，分裂则是历史的变态，而短暂的分裂之后总是复归于更高的统一。中国历史就是这样发展过来的。

二、专制主义中央集权制度的建立

秦始皇并灭六国后，为适应新的大一统形势的需要，参照原来秦国的政治体制，建立了一套以皇帝为核心的官僚政治制度。其主要内容大致如下：

(一)皇帝制度

在并灭六国，实现统一之后，秦王政立即下令丞相、御史，说六国既灭，“天下大定。今名号不定，无以称成功，传后世，其议帝号”。他自以为功高五帝，德侔三皇，已再不能仅以秦王相称了。丞相王绾、御史大夫冯劫、廷尉李斯等欣然从命，说“今陛下兴义兵，诛残贼，平定天下，海内为郡县，法令由一统，自上古以来未尝有，五帝所不及”。更易名号是十分必要的，完全应该的。他们和博士官议论之后，说“古有天皇，有地皇，有泰皇，泰皇最贵”，因此上尊号为泰皇。秦王政决定：“去‘泰’，著‘皇’，采上古‘帝’位号，号曰‘皇帝’。”皇帝是传说中的三皇五帝的合称，既有三皇之德，又有五帝之功，功德无量，故位极尊崇，至高无上。这样就足以“称成功，传后世”了。皇帝之号既如此尊崇，所以对他的名字要避讳，如秦始皇名政，里正改称里典，有地方则改正字为端字；在文书中遇到皇帝字样或与之同义的辞，要另行顶格书写。这些，都为历代封建皇朝所沿用,成为定式。

杜虎符(陕西省西安市郊区出土)

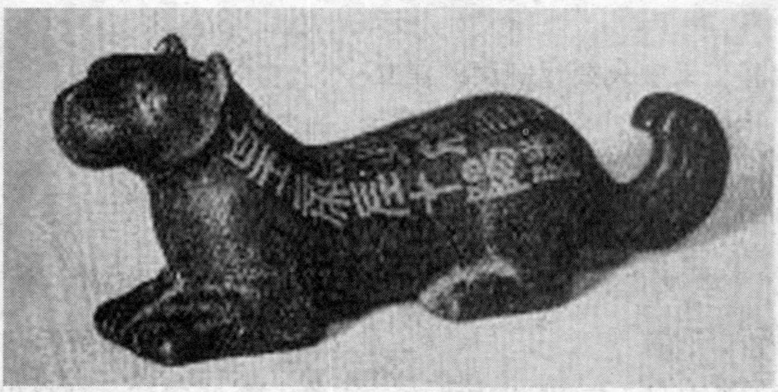

阳陵虎符(湖南宁乡月山铺出土)

秦始皇还认为,历史上的谥法是“子议父,臣议君”,背理绝伦,是不足为训的。于是,追尊庄襄王为太上皇,并下令说:“自今以来,除谥法。朕为始皇帝,后世以计数,二世三世至于万世,传之无穷”。所谓始皇帝,就是一世皇帝,简称秦始皇。

秦始皇还创立了与皇帝称号相一致的一些名物制度,以表示皇帝的独尊地位。如:“命为‘制’,令为‘诏’”——据《史记·秦始皇本纪·集解》引蔡邕曰:“制书,帝者制度之命也,其文曰‘制’。诏,诏书。诏,告也。”把皇帝的命令分为两类,一类是涉及制度的,叫“制”;一类是诏告臣民的令文,叫做“诏”。

这种特殊称谓及其区别，在三代是没有的，秦始有之。还有：皇帝“自称曰‘朕’”——《史记集解》引蔡邕曰：“朕，我也，古者上下共称之，贵贱不嫌，则可以同号之义也”。“至秦，然后天子独以为称。汉因而不改。”在古代上下贵贱皆可用“朕”以自称，至秦始皇始用作皇帝自称的专有名词，为皇帝所独占。又，“制曰‘可’”——《集解》引蔡邕曰：“群臣有所奏，请尚书令奏之，下有司曰‘制’，天子答之曰‘可’。”秦始皇帝批准臣下的奏议，用一“可”字。“可”字也成为皇帝的专用语。另外，还规定只有皇帝的印才能称“玺”。

秦所创非仅“皇帝”之名号，而是作为一种制度规定了皇帝拥有至高无上的权力。秦始皇帝集中了政治、军事、财政等一切大权，做到法令由一统，因之秦始皇所创皇帝制度是专制主义中央集权制的核心制度，是君主专制官僚政体的完备的系统的体系。

秦始皇大权独揽，亲理朝政，他不仅集权，而且勤于政事。《史记·秦始皇本纪》称：“丞相大臣皆受成事”，“天下之事无小大皆决于上，上至以衡石量书，日夜有呈，不中呈不得休息。”秦始皇不愧为中国封建社会中第一个大有作为的皇帝。

秦始皇还为改制称帝找到了理论根据，这就是阴阳家邹衍创立的五德终始说。秦人祖颛顼高阳氏，颛顼被称为北方之帝或黑帝，北方属水，属阴；上下东西南北按数字排列，其数为六。故“始皇推终始五德之传，以为周得火德”，秦以水德代周。“方今水德之始，改年始，朝贺皆自十月朔。衣服旄旌节旗皆上黑。数以六为纪，符、法冠皆六寸，而舆六尺，六尺为步，乘六马。更名河曰德水，以为水德之始”。这也是他急法峻刑的理论依据。刑主杀，阴也。

(二)中央政府机构和官僚体制

秦统一后，将原来秦国的中央政权组织机构加以调整、改进和扩充，使之成为新的统一皇朝的中央政权机构，建立了一套比较完备的中央政府官僚组织系统，在皇帝的操纵驾驭之下处理国家各类政务和事务，以实现对全国的统治。

丞相——金印紫绶。职责是“掌丞天子助理万机”。① 丞相在中央政府又为百官之长。丞相这个官名及其比较确定而规范的制度都是秦所创立的。秦武王二年(前 309 年),初置丞相,分为左、右,第一任丞相是樗里疾和甘茂。终秦之世一般是设左右二丞相。秦人尚右,然左丞相的地位似乎高于右丞相。三十七年(前 210 年)始皇出游,是左丞相李斯从、右丞相冯去疾留守。从当时“少子胡亥爱慕请从,上许之”的情况看,左丞相能随从皇帝出巡当是地位较高的表现,而且赵高、二世的阴谋活动就是通过李斯实现的,赵高也认为“不与丞相(按:指李斯)谋,恐事不能成。”根本没有把右丞相放在主要地位。而李斯也自认为荷国家重任,秦始皇是“以存亡安危”嘱托给他的。②

丞相是中央行政长官,是皇帝之下的关键人物。其地位和权力虽隆重,但在秦似乎并无一套庞大的相府组织机构。只在丞相之下有一些办事人员,为丞相属官。孙楷在《秦会要》中以为丞相属官有“侍中”、“舍人”等。在后来的发展过程中,有些人员则转为皇帝专用的近侍之官。如侍中“本秦丞相史,往来殿中,故谓之侍中,分掌乘舆服务,下至亵器虎子之属”。③ 舍人不少是六百石以上的“显大夫”一级的人物。从吕不韦被免黜后其舍人临丧的情况看,舍人似为半官半私性质的属员。

丞相虽位居百官之长,但不过是上承天子处理国家政务和事务而已,对重大国事没有决策权。当然,皇帝对丞相不放心而发生矛盾的现象,有时也是会产生的。

御史大夫——“位上卿、银印青绶,掌副丞相。”④地位仅次于丞相。二世元年东行郡县,“而尽刻始皇所立刻石,石旁著大臣从者名”,其列名顺序是

---

① 《汉书·百官公卿表》。

② 《史记·李斯列传》。

③ 《汉官仪》。

④ 《汉书·百官公卿表》。

“丞相臣斯、臣去疾、御史大夫臣德”。[1] 可以为证。御史大夫本由君主近侍官发展而来，故其职掌均属于耳目、监察、律令、文书、档案等事。《汉书·张苍传》说：张苍“自秦时为柱下御史，明习天下图书计籍”。可见郡国所上计簿为御史府所藏。秦派御史监郡，有监御史之称。又常充皇帝使者，成为皇帝耳目爪牙之吏。始皇三十六年（前211年）有“遣御史逐问”东郡陨石刻辞事件。御史大夫又是沟通皇帝与丞相的中转官。汉初仍如此。高帝十一年诏即有“御史大夫（周）昌下相国”云云。可见，御史大夫是握有一定实权的人物。

太尉——“金印紫绶，掌武事。”[2]现存秦文献上皆不见有太尉一官，只有“国尉”。《史记·秦始皇本纪》云：秦王政用尉缭“以为秦国尉，卒用其计策。”《正义》曰：“若汉太尉、大将军之比也。”按：秦国时称“国尉”，入秦朝或改称为太尉。其职为辅助皇帝以参理武事，并无军权。

上述三官，习惯上称为“三公”，是“公”一类的官。在其下为“卿”一类的官，一般说有“九卿”，其实不止此数。

奉常——掌宗庙礼仪。

郎中令——掌宫殿掖门户。

卫尉——掌宫门卫屯兵。

太仆——掌皇室车马。

廷尉——掌刑狱，是全国最高司法官。

典客——掌诸侯及四方归义蛮夷礼仪。

治粟内史——掌国家财政。

宗正——掌宗室亲属事务。

少府——掌皇室财政。

中尉——掌京师卫戍。

---

① 《史记·秦始皇本纪》。

② 《汉书·百官公卿表上》。

将作少府——掌治宫室。

詹事——掌皇后太子家事。

典属国——“掌蛮夷降者”。①

主爵中尉——掌列侯。

上列公卿均可参与中央廷议国家大政和决策,有时还有博士官参加。在廷议中,群臣各言其是,最后由皇帝裁决,颁布诏令,分头执行。这是正常的情况,也有不经廷议而由皇帝直接颁布诏书的时候。公卿以下,皆有属官掾史为之助理,分别执行各项具体政务或事务。

(三)地方政府组织

秦统一后,废除分封制,而将郡县制推行于全国,建立起系统的郡、县、乡三级地方政权机构。

郡是地方最高一级行政机构,设有守、尉、监。郡守又称郡太守,“掌治其郡”,是一郡的主要行政长官。有时设郡丞,为郡守助理。郡尉,“掌佐守典武职甲卒”,相当于郡守的军事助理。监御史,掌监郡,是负责一郡的监察任务的,一般由御史府委派。总的来说,郡一级的官僚机构是以郡守为核心组成的。

郡下辖若干县,少数民族地区与县相当的,则称为“道”。县级的主要行政长官称令或称长。按一般规定,满万户之县称“令”,不足万户者称为“长”。令长主治其县,分设丞、尉以为佐助。县丞佐令长处理县内政务与司法,县尉佐令长管理兵戍徭役,兼地方治安事务。

县下分辖若干乡。每乡设三老一人掌教化,属义务性质;设啬夫一人掌赋役、管听讼,有时设乡佐为之助理;设游徼掌循禁盗贼,维持社会治安。游徼由县级派出,在乡里掌权的实际上只有乡啬夫,亦即乡长。

乡下设里,里有里典(正);里中有伍,伍有伍老,使相司牧,互为担保。

---

① 《汉书·百官公卿表》。

另外,在城市和交通要道设亭,亭有亭长,一般管十里,掌交通治安,相当于乡游徼。

这样,秦朝就在地方上建立起一套自郡至里伍的系统而又严密的封建政权机构,为后世所沿用。秦始皇更名“民”曰“黔首”,通过这一套行政官僚机构,封建皇帝就可对全国黔首进行有效的专制统治了。

这一套以皇帝为核心的从中央到地方的官僚政治体系,不仅是对商鞅变法以来秦国政治体制的发展和集成,而且是对春秋以来的政治变革的全面总结。其特点首先是集权的,而不是像以往那样由天子、诸侯、卿大夫划地分国分邑而治;其次是统一的,即“海内为郡县,法令由一统”。除思想文化外,政治制度、法律制度、军事制度、土地管理和赋役制度等等,在全国都是一致的。第三是专制主义的,一切权力,包括政治、军事、财政等等,最终都统一集中于皇帝之手,由皇帝独揽大权。从中国历史的演化来看,这种统一的封建专制主义中央集权的官僚政治制度,尽管其本身存在着这样和那样的缺陷,仍不失其为巨大的历史进步,也可以说是中国历史发展中的一次大飞跃。那种不加分析地、盲目地全面否定封建专制主义中央集权政治的观点,是根本错误的。

三、巩固统一的各项政令

秦始皇为了巩固封建的大一统,颁布了不少政令,采取了一些有力的措施。这些政令和措施一般都产生了良好的社会效果,具有积极的历史意义和深远的影响。

(一)统一土地法令　确立土地私有制

古代中国存在着不同层次的宗族国家土地所有制,天子、诸侯、卿大夫各有分土。他们在自己的封土内,用方里而井进行计量,算出境内土地井数;再将耕地按九夫为井或十夫为沟,分配给国人和野人,分别对他们课取军赋和籍田劳役。这就是所谓井田制。

到春秋末、特别是战国时期,一方面由于大批宗族封邑、封国被消灭;另方面由于生产力的提高和小农经济的涌现,一些国家开始以个体小农为单位重新制土分民,“为国分田”,对国家土地进行再分配。即:按方百里进行提封,或提封九万顷,或提封十万顷,扣除山泽道路邑居之后,将耕地按一夫百亩授予农民。战国时期各国多数实行了这种授田制。

商鞅田制改革就是将国有土地提封之后,设立阡陌封疆,授予农民。这样,农民就直接成为国家的臣民,通名于上,列为编户,交租税,服徭役,以供军国之需。而农民有了土地,也就提高了生产积极性。再就是,实行军功赐田,以奖励战功,这又提高了军队的战斗力。所以,商鞅变法的基本内涵不外乎耕战,富国强兵,以取天下。

商鞅变法后,秦国的土地有两种基本的占有形态和经营方式:一部分是由国家机构直接占有经营管理,这一部分土地包括农田、牧场、苑囿以及山林川泽和未开垦的荒地,仍然是完全属于国家所有的;另一部分则是通过授田和军功赐田等方式而转归私人经营使用,这一部分土地虽属国家所有,但已归私人占有了。国家直接占有经营的土地,除山林川泽和荒地外,通常使用奴隶劳动,是一种历史遗留的形态。归私人占有经营的土地,则是从国有向私有转化的过渡形态。因为,一经授田或赐田,便划定顷田界畔,固定下来。田界不得任意移徙和逾越,否则要受法律制裁。“盗徙封”律条的设立,便是维护阡陌封疆的。田亩疆界是由政府划定的,表明土地仍属国家所有,但也把私人占有固定下来,保护了私人占有权。这种私人占有,只要不再换田易居或由国家收回,便会传之子孙,成为世业,转化为事实上的私有土地,即封建土地私有制。

秦始皇三十一年(前216年),“使黔首自实田”①,正式宣告了土地国有制下授田制的结束和土地私有制的确立。所谓“自实田”,即私人自行占垦经营,不限顷亩,只要是在政府规定的垦区内就行。这是商鞅田制改革的必然结

① 《史记·秦始皇本纪》《集解》引徐广曰。

果,同时也是处理六国田制的最佳方法。在战国时期,各国提封田的计算方法不同,有的甚至还杂以井田制的计算方法;亩制不同,有大亩和小亩等各种差别;还有家庭人口多少不等,东方有六口以至九口之家者。这些都行之已久,无法用秦制来统一的。"使黔首自实田",按占有土地的数量交税,按家庭人口出口赋和算赋,只要有统一的税率就可以了。自此,萌芽于战国的土地私有制迅速发展起来。

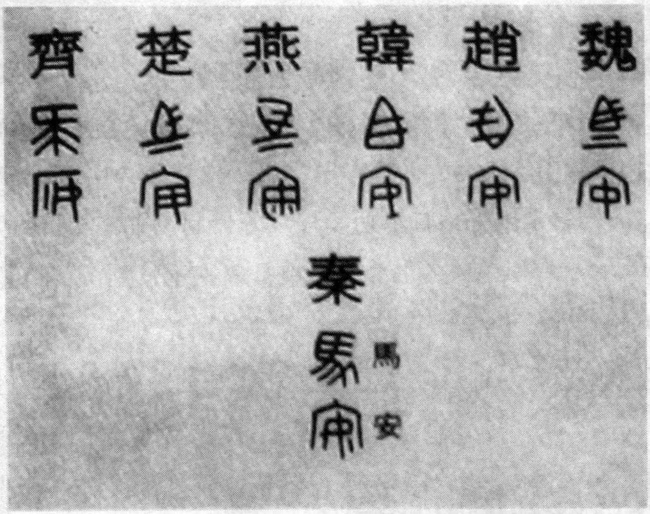

秦统一文字例

(二)统一文字

战国时期,七国"言语异声,文字异形",这对国家的统一是极其不利的。因此,秦始皇统一后便下令统一文字。"书同文"的标准,是以秦文为依据,"罢其不与秦文合者",并对秦文进行整理,作为标准文字通行于天下。标准文字主要有两种书体,即小篆和隶书。许慎在《说文解字序》中叙述了秦始皇统一文字的过程:

> 七国"言语异声,文字异形,丞相李斯乃奏同之,罢其不与秦文合者。斯作《仓颉篇》,中车府令赵高作《爰历篇》,太史令胡毋敬作《博学篇》,皆取史籀大篆,或颇省改,所谓小篆者也。是时秦烧经

书，涤除旧典，大发吏卒，兴戍役，官狱职务繁，初有隶书，以趣约易，而古文由此绝矣。”

秦统一文字之前，文字并无字体专名。这一点《说文解字序》说得很清楚：“自尔秦书有八体：一曰大篆，二曰小篆、三曰刻符，四曰虫书，五曰摹印，六曰署书，七曰殳书，八曰隶书。”显然自此后才据文字结构、书写方法，将字体分出类别来。小篆比之大篆、甲骨、金文就文字结构而言均属同一类，但字形笔画已颇有省改，并且规范化了。李斯作《仓颉篇》，赵高作《爰历篇》，胡毋敬作《博学篇》，三篇皆四言诗句，用标准小篆加以书写，由秦政府颁行天下，以教学童识字，同时作为统一标准文字形体责令实行。三篇字书就是秦文小篆范本。在这八体中除隶书之外，小篆比大篆及其他五种均较易书写，比隶书又较为庄重，故小篆常用于刻石纪功及权量等命制诏书。相传为李斯所写的《泰山刻石》、《琅邪台刻石》，今日仍可见其残石拓本，还有不断新发现的始皇权量诏版，由此不难看出秦统一文字——篆书的原始风貌。

另外，在秦国还有一种草篆，这就是后来隶书的来源。从程邈作隶书的说法来看，秦对隶之旧体似乎也做过一番统一整理的工作。所谓秦统一文字实际主要是统一了篆、隶两种字体。早期隶书已部分破坏了篆体结构，在用笔上变圆转为方折，在线条上变弧曲为直线，在结构上删繁就简，正如许慎所说“以趋约易”，故而在社会上较易流行，而篆书却被冷落。汉初隶书更加定型，完成了篆书隶变的大转变。从这里也可看出秦统一文字之功是不可泯没的。它不仅顺应了时势的发展，而且进一步促

小篆字砖（海内皆臣岁登成熟道毋饥人）

（秦朝都城的宫殿用砖）

进了大一统下政治经济文化诸事业的大发展。

（三）统一度量衡

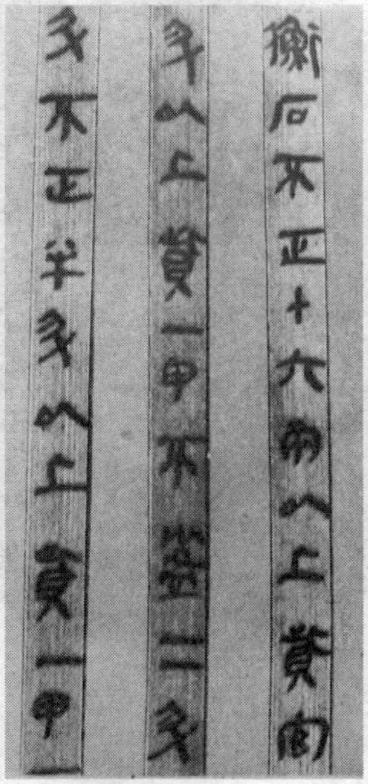

统一度量衡竹简（部分）

（湖北云梦睡虎地秦墓出土）

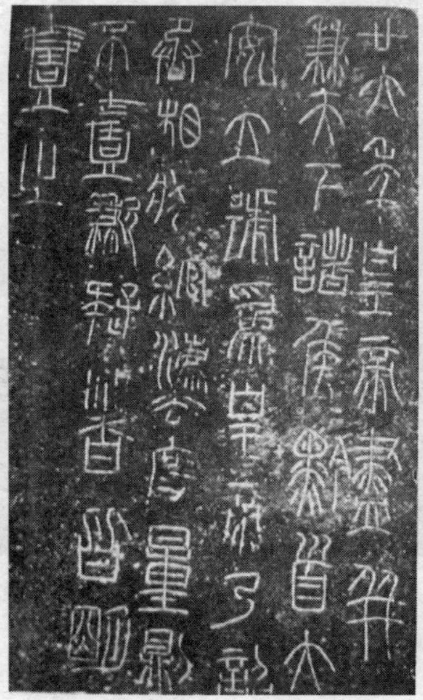

秦诏版（秦始皇统一度量衡制度的诏文）

（陕西咸阳长陵车站北出土）

战国时期，各诸侯国度量衡制度极不一致，单位、级数、大小、进位制度多不统一，以量制而言，秦以升、斗、桶为单位，取十进位制，齐国以升、豆、区、釜、钟为单位，姜齐时，是以“四升为豆，各自其四，以登于釜，釜十则钟”。田齐改为五升为豆，各自其五以登于釜，十釜为钟。[①] 三晋的计量亦各不同。秦在商鞅变法时，就已在秦国范围内“平斗桶权衡丈尺”，对度量衡进行了统一，且制作颁行了标准器。现存的有大良造商鞅方升，就是当时秦国通用的标准量器。秦的度量衡制度十分严格，政府设有专门机构来校正官府及工坊所用衡量之器，每年平正一次。规定“衡石不正，十六两以上，赀官啬夫一甲；不盈十六两

① 《左传》昭公三年。

两诏秦椭量（陕西省礼泉县南晏村出土）

铜权（权身刻有秦始皇二十六年统一度量衡的诏文和秦二世元年诏文）（甘肃秦安出土）

到八两，赀一盾。甬（桶）不正，二升以上，赀一甲；不盈二升到一升，赀一盾。斗不正，半升以上，赀一甲；不盈半升到少半升，赀一盾。半石不正，八两以上；钧不正，四两以上；斤不正，三朱（铢）以上；半斗不正，少半升以上；参不正，六分升一以上；升不正，廿分升以上；黄金衡羸（累）不正，半朱（铢）[以]上，赀各一盾。”①秦统一的当年，秦始皇下了在全国范围内统一度量衡的四十字诏书：“廿六年，皇帝尽并兼天下诸侯，黔首大安，立号为皇帝。乃诏丞相状、绾，法度量则不壹，歉疑者，皆明壹之。”诏书多加刻在原秦国行用的标准量器上，如现存秦孝公十八年所制的商鞅方升、昭王十三年制作的高奴禾石铜权都加刻有上述诏书。这说明，秦始皇统一度量衡乃是以原秦国度量衡制为准，甚至一些标准器具还有采用的自孝公变法以来所传世行用的统一标准器具，经过

① 《睡虎地秦墓竹简》中的《效律》。

一次统一检核之后，加刻二十六年诏以作为秦朝的标准器具发往各地使用。从出土秦简《效律》“为都官及县效律”可知，秦自商鞅变法以来，中央对各县皆当颁有统一的度量衡标准器。至今为止，有诏文的秦权在陕、甘、山西、河北、内蒙自治区、辽宁、吉林、山东、江苏等地均有出土，这都可以证明：秦始皇对统一度量衡事业是严肃认真的，推行是成功的，因而是符合社会经济的需要的。

（四）统一货币

战国时期，虽然商品经济有了很大的发展，交换频繁，但是货币制度却很不统一，这又是商业发展的极大障碍。当时，各诸侯国货币种类甚多，仅金属铸币，就有流行于齐、燕等地区的刀币，三晋的布币，周秦的圜钱。而刀币又有尖首刀、圆首刀、明字刀，布币则有空首布、平首布、尖足布、方足布、圆足布，圜钱也有方孔圜钱、圆孔圜钱等不同种类。这些都是地区性货币。商品经济的发展，要求货币制度的统一，但在当时要做到这一点是不可能的。秦灭六国，天下一统，始具备了统一货币制度的条件。《史记·平准书》说：“及至秦，中一国之币为二等，黄金以镒名，为上币；铜钱识曰半两，重如其文，为下币。而珠玉、龟贝、银锡之属，为器饰宝藏，不为币。”秦的统一货币具有划时代意义：

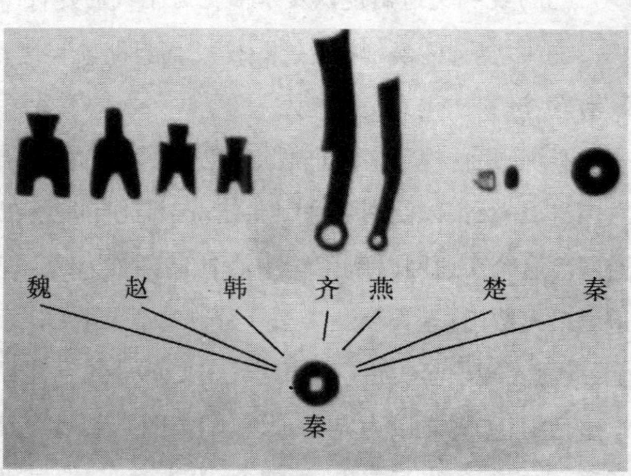

秦统一六国货币简图

半两钱(陕西耀县出土)

首先,实行金铜并用,既便于高额贮存,又便于日常流通。又明令把"珠玉、龟贝、银锡之属"排出流通领域,制止了货币混乱现象。其次,铜钱作为金属铸币,有了关于成色、重量、铸形(圆钱方孔)、钱面识文的法定标准,使之易于检校与稳定流通。所以铜钱作为通行全国的货币,从秦朝开始,此后行用二千余年而不废。

(五)统一交通制度以及水陆交通干线的建设

统一之前,诸侯割据,关卡林立,而且路轨尺度不一,这都阻碍了各地区间政治、经济和文化的交流与发展。

秦统一后,规定"车同轨"、"舆六尺",这是车轨的标准宽度。又下令拆除六国自设障碍,以便利陆路交通往来,与此同时还在全国范围内开辟了水路交通网。这个交通网以咸阳为中心伸向四面八方。首先应当提到的就是修驰道。汉人贾山《至言》说:"(秦)为驰道于天下,东穷燕、齐,南极吴、楚,江湖之上,濒海之观毕至。道广五十步,三丈而树(《补注》王先慎曰:三丈中央之地,惟皇帝得行,树之以为界也。《三辅黄图》云:汉令诸侯有制得行驰道中者,行旁道,无得行中央三丈也,不如令,没入其车马,盖沿秦制。)厚筑其外,隐以金椎，树以青松。为驰道之丽至于此。”①驰道遍布全国各地，道路宽广，规格要求甚高，工程艰巨。秦完成了贯通全国的陆路交通干线网的建设，意义重大，而人力物力之消耗自然也是惊人的。

秦还在北境修筑了直道。直道是为了防御匈奴的南侵，便于运兵转饷而修建的。秦始皇派蒙恬率军北击匈奴，全部收复了河南地，除了设县并修障塞之外，又于三十五年（前212年）修筑了从九原抵达甘泉的一条直道，长达千八百里，秦始皇病死沙丘，他的尸车就是“行从直道至咸阳”的。因直道通过山岭，故须“堑山堙谷”，工程极其浩大而艰巨。这条道路到汉武帝时还畅通无阻，成为重要的北方边防交通干线。司马迁到北边参观，就是走的这条道。他指出：“吾适北边，自直道归，行观蒙恬为秦筑长城亭障，堑山堙谷，通直道，固轻百姓力矣。”②

秦并天下，略定扬粤之地，置桂林、南海、象郡。为控制南越之地，秦朝在此开了一条“新道”，新道又名“越道”。秦末南海尉任嚣欲自保，即“兴兵绝新道，自备待诸侯变”。

秦统一后，还在西南边境修建五尺道。

从上述看来，秦统一后，极重视交通道路的建设，形成了以关中咸阳为中心的全国交通网，把全国各大城市、商业都会联系起来，对国家政治的统一、国防安全及经济、文化的发展，都起着重大的历史作用。

此外，还有水路交通的建设。秦本来就有开发与利用水利资源的传统。战国时曾有人提出，秦“以牛田，水通粮”，是其不可战胜的优势，统一之后，不仅利用旧有河道，尤其注意了运河之开凿。其中最值得注意的就是灵渠的开通。这是秦人在我国水利史上的重大建树。秦始皇发兵南攻百粤，为了解决运兵转饷的困难，乃使监禄凿灵渠以通粮道。灵渠在今广西兴安县西，全长三

① 《汉书·贾山传》。

② 《史记·蒙恬列传》。

十公里，凿断始安峤分水岭，沟通了湘漓二水，连接了珠江与长江，从而把珠江、长江、淮河、黄河四大水系联成一气，即由珠江通漓水，经灵渠入湘水，再至大江，复转邗沟入淮水，涉济水，经鸿沟入大河，形成了贯通我国南北的水路交通干线。灵渠在秦汉时期的政治、经济、文化以及军事方面一直起着重大作用。

(六)徙民

秦统一后，曾进行了多次大规模的迁民活动。被迁之民大致可分三类：

一是六国贵族及豪富之家。秦在兼并六国的过程中随时将六国贵族及豪富之家迁至边远地带。如灭赵后，把赵王迁流于房陵，迁赵地豪富于临邛(今四川邛崃)，以治铁起家的蜀卓氏，就是这时徙去的赵之"迁虏"。破魏后，将魏之豪家孔氏迁往南阳。秦兵入临淄，齐王建降，迁于共(西北陇东高原，具体不详)。秦迁徙这些贵族豪富的用意明显带有惩罚性，故谓之"迁虏"。因为这些人在地方上政治能量较大，社会联系广泛，又有较雄厚的经济实力，若久居当地，对新建的秦国地方政权将是极大的潜在威胁，故其迁徙豪富之家是与统一战争同时进行的。且多迁至巴蜀远方，来去必经一线栈道千里，这对秦政府来说是最安全保险的措施。除迁蜀外，也有迁往其他地区的。这类徙民的原则是：迁离本土以疏散之，以打击和削弱其政治、经济势力；或迁至易于控制的地区。秦始皇二十六年(前221年)统一全国后，更大规模地迁徙各地豪富，一次就迁徙十二万户到咸阳，进一步加强了对他们的控制。

二是徙民实边。二十九年(前218年)，"徙黔首三万户琅邪台下，复十二岁。"三十五年，"徙三万家丽邑，五万家云阳，皆复不事十岁。"三十六年，"迁北河榆中三万家，拜爵一级。"这类徙民为普通居民，一般附有优惠条件，或拜爵，或复除其徭役。又《越绝书》记载始皇三十七年至会稽，徙大越民置余杭。这是一种有计划的开发性移民。

三是迁徙罪人实边。始皇三十三年"使蒙恬渡河取高阙、[阳]山、北假中，筑亭障以逐戎人，徙谪实之初县。"《汉书·食货志》注引应劭曰："秦始皇遣蒙恬攘却匈奴，得其河南造阳之北千里，地甚好，于是为筑城郭，徙民充之,名曰新秦,四方杂错,奢俭不同。今俗名新富贵者为新秦,由是名也。”又,“略定扬越,置桂林、南海、象郡,以谪徙民,与越杂处。”这些徙民或罪人对充实、开发边疆,加强国防,巩固统一,民族融合以及文化交流皆有积极作用。

(七)统一法令与焚书坑儒事件

在秦始皇巩固统一的政令中,最根本的是统一法度。战国时期,“诸侯异政”而治,政治法律制度不尽相同。秦始皇并灭六国,自然要废除各国原有的礼义法度,推行自商鞅变法以来的秦国礼义法度,作到“海内为郡县,法令由一统”。所以,当时的郡县制与分封制之争,实质上是要不要统一法令的问题。这个问题在统一之初经过讨论,似乎已经解决了。但是,一种社会制度的建立,总不会一帆风顺的。八年后这个问题又被提了出来。三十四年(前213年),秦始皇设宴于咸阳宫,博士七十人前为寿,仆射周青臣进颂功德,说秦始皇威服“蛮夷”,“以诸侯为郡县,人人自安乐,无战争之患,传至万世”,是亘古未有的“盛德”。博士齐人淳于越当即提出反对意见,说殷周之所以享国长久,就在于“封子弟功臣,自为枝辅。今陛下有海内,而子弟为匹夫”,这是成问题的。“事不师古而能长久者,非所闻也”。“今青臣又面谀以重陛下之过,非忠臣”。始皇下其议于群臣,遭到李斯的痛斥,并由此引发了焚书事件。

李斯斥其为“愚儒”之见,说“五帝不相复,三王不相袭,各以治,非其相反,时变异也”。治国之道应随时代不同而变异,不能墨守古法,取法三代。他指出,以往天下纷争,诸侯并立,厚招游学。这些游士“语皆道古以害今,饰虚言以乱实,人善其所私学,以非上之所建立”,无法取得一致。“今天下已定,法令出一”,“诸生不师今而学古”,各以“私学而相与非法教。人闻令下,则各以其学议之,入则心非,出则巷议,夸主以为名,异取以为高,率群下以造谤”。“以非当世,惑乱黔首”。这是必须禁绝的。于是李斯提出焚书建议:(1)“请史官非《秦纪》皆烧之”。(2)“非博士官所职,天下敢有藏《诗》、

《书》、百家语者,悉诣守、尉杂烧之”。(3)有敢偶语《诗》、《书》者弃市。(4)“以古非今者族”。(5)凡违犯以上禁令,“吏见知不举者与同罪”。令下三十日不烧,黥为城旦。(6)有欲学法令者,以吏为师。(7)医药卜筮种树之书,不在焚禁之列。秦始皇完全采纳了这个建议,并据此下了焚书令,于是中国文化史上的一场浩劫便产生了。好则朝廷还有各种藏书,博士和诸生均未受到伤害。后来项羽入关,才把秦朝藏书付之一炬。

秦始皇下令焚书的目的是要统一法令。这在政治变革中是常有的事。战国时各诸侯国早有过恶其害己而尽去其籍者,只是程度不同而已。商鞅变法时也采取了“燔诗书而明法令”的措施。在秦朝统一前,荀子就主张“隆礼义而杀诗书”。这说明,随着政治上的统一的到来,必然要出现与之相应的统一的思想和文化,结束“诸侯异政”下百家争鸣的局面。所以,秦始皇焚书而以法为教,把《诗》、《书》、百家语作为禁书垄断起来,是历史发展的必然结果。秦皇如此,汉武亦然,只是手段略为缓和,具体内容有所不同而已。

秦始皇二十八年(前219年),他东游巡至琅邪,齐人徐市等上书,说海中有三神山,名曰蓬莱、方丈、瀛洲。山上居住着长生不老的仙人。他请求斋戒带领童男童女入海求仙。于是秦始皇欣然同意,派徐市带领数千童男女,入海求仙人。徐市久去不归,始皇急不可耐。三十二年(前215年),始皇东游至碣石,又派燕人卢生去寻求仙人羡门、高誓,又派韩终、侯功、石生求仙人不死之药。这些当然是徒劳无功。这时,卢生等编造了一套神秘的谎言来欺骗始皇,说他求仙人奇药之所以常不遇,是因为“类物有害之者”,人主应时为微行以辟害鬼,恶鬼避开,仙人就可得到。人主所居若为人所知,则害于神,就不能求得仙人。于是,秦始皇自称“真人”,令咸阳旁二百里内二百七十复道甬道相连。行动所至,有言其处者,罪死。听事、决事皆于咸阳宫。自此后秦始皇深居简出,行踪诡秘,神出鬼没。可见秦始皇已陷入迷信而不能自拔了。实则,方士施展各种法术千方百计求长生不死之药,那只不过是蒙混始皇而已。不过,根据秦律规定,献方技者,经过试验,无效就处以死刑,这些规定又有制约那些假以方技招摇撞骗者活动的一面。如今仙药终不可得，方士的骗术将要被揭穿，侯生、卢生之徒最后只好逃亡而去。秦始皇闻方士逃跑，大怒曰："吾前收天下书不中用者尽去之。悉召文学方士甚众，欲以兴太平，方士欲练以求奇药。今闻韩众去不报，徐市等费以巨万计，终不得，徒奸利相告日闻，卢生等吾尊赐之甚厚，今乃诽谤我，以重吾不德也。诸生在咸阳者，吾使人廉问，或为妖言以乱黔首。"于是派御史悉案问诸生，诸生"转相告引"牵连，秦始皇亲自判处犯禁者四百六十余人，皆坑之咸阳。这就是人们所常议论的"坑儒"事件。①

这个事件的缘起，是由于方士求长生不老药不得而亡去，更确切些说，先是因为方士卢生等的"诽谤"，而后又牵连到咸阳诸生"或为妖言以乱黔首"。卢生等在亡去前讲了一些话，这些话的中心内容有以下数点：(1)攻击秦始皇"天性刚戾自用，起诸侯，并天下，意得欲从，以为自古莫及己"。其实，始皇究竟是完成了一项亘古未有的统一大业，把这一点列为始皇罪状显然是错误的。(2)说"始皇专任狱吏，博士虽七十人，特备员弗用，丞相诸大臣皆受成事，倚办于上。上乐以刑杀为威"。秦始皇当然有其残暴的一面。但他们攻击的是秦行法治而不任儒术。(3)秦对献方技者"不验，辄死"。按，这项规定对方士招摇撞骗恰好有制裁作用，也正是卢生等的骗术及其活动不得施展的障碍。(4)"天下事无小大皆决于上，上至以衡石量书，日夜有呈，不中呈，不得休息"。这实在是秦始皇夙兴夜寐、勤于政事的一面，比昔日及后世不理朝政而只耽于淫乐的统治者来说还算是好的。基于上述原因，卢生等自言"未可为求仙药"，分明是求药不可得，反乱加诽谤，这正是江湖骗子掩人耳目的把戏。秦始皇对卢生逃走且又无端诽谤，自然大怒，又验问在咸阳的诸生，则"或为妖言以乱黔首"。方士、诸生虽不一样，但也有相通之处，就是以"妖言"惑众。不过，采取坑杀的手段未免太残酷了。从此，秦始皇失去了士人之心，成为秦朝灭亡的一个重要原因。

---

① 见《史记·秦始皇本纪》。

第四节　社会经济的发展

秦时的社会经济在不少方面都有所发展，只是由于秦之失政，而未能充分显示出来。

一、农业

秦始皇三十一年（前216年），“使黔首自实田”，这是秦国家立法第一次承认土地私有权。自此以后，土地私有制确立并迅速发展起来。然而终秦之世土地不甚集中，大土地占有者较少，农民一般尚能保有一小片份地。这是秦农业获得发展的基础。

秦政权当然是代表和保护地主阶级利益的政权，但是任何一个剥削阶级政权如果仅只顾及本阶级利益，而无视广大劳动者的利益，它是不可能长久存在下去的。秦自商鞅变法后的基本国策便是重视并奖励耕织、重本抑末，对个体小农采取扶植与保护的政策。秦对封建国有土地加以提封并实行授田制，造就了一个广大的个体小农阶层以及个体小农经济，为秦开辟了丰富的兵戍徭役赋税之源。个体小农成为秦并兼诸侯统一天下的基本力量，也成为统一后巩固统一的基本力量，这是秦政权的真正万里长城。可是秦的某些政策又自坏长城，小农不堪其苦，于是，秦朝也只能二世而亡了。

秦统一之初，农业生产还是有所恢复与发展。兼并战争结束，大量人口又重新回到土地上从事农业生产，社会秩序比较安定，人民属于自己的时间也比较多，可以较主动地安排生产和生活。正如三十二年碣石刻辞所说：“地势既定，黎庶无徭，天下咸抚。男乐其畴，女修其业，事各有序。惠彼诸产，久并来田,莫不安所。"①这诚然为歌功颂德之文,但也并非全系浮伪虚饰之词。

秦统一后,"决通川防",不仅便利了交通,而且改变了战国时各国"以邻国为壑"的状况,有利于农田水利灌溉。原来的水利工程如都江堰、郑国渠仍继续发挥其作用。秦始皇历次出巡,所到之处也兴修了不少水利工程。

为了发展农业生产,秦政府很重视耕牛的保护、饲养和繁殖。对厩苑所畜养的牛,都要定期进行考课,饲养好的,繁殖率高的,予以奖励,否则予以处罚,这些都有法律明文规定。② 此外,还鼓励私人田畜致富,乌氏(今甘肃平凉市西北)倮以畜牧为业,发展到"畜至用谷量马牛。秦始皇帝令倮比封君,以时与列臣朝请"③,以示鼓励。

秦虽短祚,但国家却积贮了大批粮食。见于记载的,如关中"仓粟多"。陈留"多积粟"。刘邦自汉中出三秦伐楚,萧何发蜀、汉米万船以助军粮。秦之敖仓存粮至楚汉战争时尚且取之不尽,等等。这些都反映了秦农业生产发展的状况。

尤其值得提及的是边疆新农业区的开发。自蒙恬斥逐匈奴之后,在河套地区开辟了北假、新秦(或曰新秦中)农业区,两次移民开发,到汉时这里已变成为膏埌殖谷之地。汉代把"新富贵者"叫"新秦",可见在这个地区由于经济的开发而产生了许多暴发户,亦可见此区域开发经济效益之良好。另一个农业先进地区巴蜀汉中的经济亦因移民而得到进一步发展。④

二、手工业

自战国以来就已发展的冶铁手工业在秦统一后又有了新的发展。冶铁有官营、民营两种。在官营冶铁业中,设有铁官来管理采铁和冶铁。按照秦律规

---

① 《史记·秦始皇本纪》。
② 《睡虎地秦墓竹简》中的《厩苑律》、《牛羊课》。
③ 《史记·货殖列传》。
④ 《华阳国志·蜀志》。

定,每年要考课一次,根据成绩好坏,进行赏罚。另外,对官府铁器的供应和使用也有具体办法,如果铁器损坏,也要分别情况加以处理,这些都说明秦政府对铁器的重视和铁器在生产上广泛使用的情况。私营冶铁业这时已由中原发展到边远地区。如卓氏本赵人,从事冶铁致富。秦破赵后,迁卓氏于蜀,卓氏至临邛后,在其地又办起了冶铁场。"运筹策,倾滇蜀之民"。程郑亦为山东迁虏,冶铁鼓铸,"贾椎髻之民,富埒卓氏"。秦之迁虏政策,旨在防范叛乱,但在客观上对蜀地开发,冶铁手工业的发展均有积极作用。

冶铜业是秦手工业中的重要部门,官府设有大规模的冶铸工场。技术力量甚强。秦统一后,"收天下兵聚之咸阳,销以为钟鐻,金人十二,重各千石,置廷宫中。"①铸作这么大的青铜器,秦人的冶铸能力实在惊人。1974 年以来在秦始皇陵两侧出土的铜车、铜马及青铜兵器,制造工艺都很精湛,质量优异。铜车马通长 328. 4 厘米,高 104. 2 厘米,总重 2200 多公斤。其中共有 740 件金质器物,817 件银质器物,运用了铸、铸接、铸焊接、嵌接、销接、空心冲凿等复杂的冶铸技术,制作精细,造型逼真,实为瑰宝。② 还有经铬化处理的青铜剑,至今不锈,锋利无比,亦为稀世之珍品。

在秦代,金、银、硃砂、水银等矿的开采业也有很大的发展。秦统一后进行币制改革,以黄金为上币,说明黄金有相当的储量;秦陵出土的铜车马使用了黄金约 3. 03 公斤,银约 4. 4 公斤,也说明金银的产量不低。巴寡妇清发展了祖上经营的丹穴事业,秦皇帝以为"贞妇而客之,为筑女怀清台"③以示优崇。又,秦始皇陵墓中,"以水银为百川江河大海"④,近年来勘探证实了秦陵地宫

① 《史记·秦始皇本纪》。

② 张立文:《秦陵二号铜车马》,《人文杂志》1984 年第 1 期。

③ 《史记·货殖列传》。

④ 《史记·秦始皇本纪》。

中心确有大量水银存在，分布面积达一万二千平方米，并构成几何图案①，说明秦时的水银开采水平和储存量都是很高的。

秦统一后，制陶业在原来的基础上有了巨大的发展。近年来在秦俑坑出土的大约八千件陶制兵马俑，是其突出的标志。这些陶制兵马俑，都是用黏土烧制的，火候高，质地硬，形体与真人真马相似，烧制难度较大，已被誉为"世界第八大奇迹"。

为了发展水陆交通，秦在兴修水陆交通网的同时，也兴起了造船业。1976年初，在广州发现秦统一岭南后造船工场遗址，有三个造船台，根据船台的长度、宽度计算，较大的二号船台，可建造宽六到八米，长三十米，载重量五十吨到六十吨的木船②，即此亦可见秦代造船业生产技术之高和规模之大。

秦建筑业也相当发达。"秦每破诸侯，写放其宫室，作之咸阳北坂上。"③又如万里长城、阿房宫、骊山墓的修建，这些工程都很宏大，反映了当时人力、物力以及技术力量的雄厚，也反映了秦代整个社会经济发展的水平。

三、商业

秦的商业很早就有所发展。"及秦文、[德]、缪居雍，隙陇蜀之货物而多贾。献公徙栎邑，栎邑北郤戎翟，东通三晋，亦多大贾"。④ 秦统一后，决通川防，夷去险阻，又统一了度量衡、货币制度，这些都促进了商业的发展。始皇二十六年，"徙天下豪富于咸阳十二万户"，若以每户五口人计算，就有六十万人，加上咸阳原有人口，当在百万以上，咸阳无疑是当时最大的都会，据考古工作者初步发掘和勘探证明，咸阳不仅有雄伟的宫殿，而且还有密集的手工业作

---

① 刘炳琦、白建钢：《秦始皇陵考古工作又有重大新突破》，《光明日报》1985年3月29日。

② 《广州秦汉造船工业遗址》，《文物》1977年第4期。

③ 《史记·秦始皇本纪》。

④ 《史记·货殖列传》。

坊和居民区,历年来大宗秦半两钱的发现,也证实了当时商品货币交换的频繁。

其他如临淄、邯郸、蓟、洛阳、宛、江陵、吴等地,远自战国就已成为一方商业都会,秦统一后虽一度衰落,但不久又兴盛起来。《史记·货殖列传》所列的都会,大多是从春秋战国时起,经秦代至西汉前期逐渐形成和兴盛起来的。

第五节 对边疆民族地区的统一

秦灭六国后,又集中力量略定边疆,进一步扩大统一事业,在中国的广阔土地上第一次建立了一个统一的多民族国家。

一、统一岭南

在我国东南及南方,是古代少数民族活动的区域,先秦时统称为"越"人。越是一个支属繁多的少数民族群体,故又有"百越"或"百粤"之称。越族人民有的已过着定居的农业生活,他们知道用简单的石锄耕种土地;有的还过着渔猎生活。一般地说,他们在经济文化上多处于相对落后的状态。

今浙江绍兴一带是于越之地。据说夏少康封其庶子于越,号曰无余,或号于越,始建越国。越王勾践即其后裔。越传至王无强时,为楚威王击败,"越以此散,诸族子争立,或为王,或为君,滨于江南海上,服朝于楚。"①秦王政二十五年(前222年),降服越君,设置了会稽郡,越之地纳入秦统一版图。

在今浙江南部瓯江流域以温州为中心,居住着东越人,东越又称东瓯或瓯越。在今福建福州一带,是闽越活动中心。在五岭以南是南越和西瓯活动区域。秦在灭楚后,统一了东瓯和闽越之地,设置了闽中郡。此后又对南越和西

① 《史记·越王勾践世家》。

瓯用兵。秦始皇命尉屠睢率领五十万大军分五路南下，一路塞镡城（今湖南靖县西南）之岭，一路守九嶷（今湖南宁远南九嶷山）之塞，一军下番禺（今广东广州），一路至南野（今江西南康南），一路集结于余干水（今江西余干县一带）。因转运军饷困难，秦始皇命监禄开凿了灵渠以通粮道，于是军力大增。秦军常受到越人袭击，"三年不解甲弛弩"。秦军东西瓯君译吁宋。而越人遂转入丛林中继续抵抗，"相置杰俊以为将"①，乘秦军屯守空地，旷日持久，士卒劳倦之际，越人出击，杀秦将尉屠睢。秦始皇三十三年（前 214 年），秦又大规模谪发"诸尝逋亡人、赘壻、贾人"增援岭南，终于统一了南越和西瓯地区，并于此设置了桂林、南海、象郡，使岭南正式归入秦朝版图，自此之后这个地区就成为我国不可分割的领土的一部分。秦始皇三十四年（前 213 年）又谪迁了一部分"治狱吏不直者"前去南越地区垦殖，与越人杂处，共同开发岭南。

二、统一西南少数民族地区

在西南地区今云南、贵州及四川南部一带，先秦时住着许多氏族和部落，统称为"西南夷"。南部以夜郎（今贵州桐梓一带）为最大；其西以滇（今云南昆明）为最大；在滇以北以邛（今四川西昌）为最大。这一带的人民皆从事"耕田，有邑聚"，过着农业定居的生活，多属濮族。再往西的地方称为嶲、昆明（今云南大理），多属羌族。在嶲之东北的一些部落中，以徙（四川天全）、筰（四川汶源）、冉駹（四川茂县）、白马（甘肃成县）等为最大，那里的人民有的从事农业，也有的经营畜牧，多属氐族和羌族。战国时，楚国曾使将军庄跻沿江而上略定巴、黔中郡以西地区。庄跻经且兰、夜郎，攻到滇池，使之悬属楚国。这时秦已夺取了楚的巴、黔中郡，庄跻之归路被阻而不通，于是还归滇，变易服饰，依从当地风俗，称为滇王。秦蜀郡守也曾经营过这个地区。秦统一六国后，派常颎略通此地，修栈道。因道广五尺，故名曰"五尺道"。五尺道的开

① 《淮南子·人间训》。

通,便利了交通,密切了与内地的联系。秦于其地"颇置吏焉",加强了对这一地区的统治,从此西南夷地区归入秦朝版图,成为我国不可分割的领土的一部分。

三、征伐匈奴

匈奴是居住在我国北方边境的一个强大的游牧民族,战国时期,匈奴人已处在从原始社会向奴隶社会的过渡阶段,对财富和奴隶的贪欲,促使匈奴族的首领率领骑兵多次南下侵扰,并乘内地混战之机,占领河套("河南地")地区,秦灭六国后,对匈奴采取积极防御和攻势。秦始皇三十二年(前 215 年),巡视北边,并派蒙恬率领三十万大军出击匈奴,夺回河南地。三十三年(前 214 年),继续"斥逐匈奴,自榆中并河以东,属之阴山,以为四十四县",建置了九原郡。"又使蒙恬渡河取高阙、阳山、北假中,筑亭障以逐戎人。"徙民三万户以充实之,初县。这次大规模移民,不仅有利于防御匈奴的侵扰,而且对边境的开发和民族的融合,均具有深远的意义。

秦除用兵驱逐匈奴收复河南地外,并修城防列亭塞以为屏障。战国时期,与匈奴相临的秦、赵、燕三国为防御匈奴的骚扰侵害皆筑有长城。秦于昭王时伐取义渠,设立了陇西、北地和上郡,"筑长城以拒胡"。而"赵武灵王亦变俗胡服,习骑射,北破林胡、楼烦,筑长城,自代并阴山下至高阙为塞。而置云中、雁门、代郡"。其后,燕有贤将秦开,击破东胡,却之千余里。燕亦筑长城,自造阳至襄平,置上谷、渔阳、右北平、辽西和辽东郡以拒胡。秦灭六国后,即以原三国北边旧长城为基础,同时又依地形险要补修了若干地段。联接成为西起临洮东至辽东(今朝鲜平壤),蜿蜒万余里的长城防线,其工程之浩大与艰巨,实为世界之最。这是中华民族性格与文明高度发展的象征。

秦灭六国,其后又略定边疆,"固定四极",建立了第一个幅员辽阔而又统一的多民族国家。它的疆域已是"东至海暨朝鲜,西至临洮、羌中,南至北向

秦末农民战争形势图
九原
云中
雁门
代郡
韩广
广阳
上郡
太原
勃海
胶东
武臣
邯郸
巨鹿
狄县
田儋
临淄
东阿
上党
安阳
薛郡
琅邪
北地
河东
新安
平阴
荥阳
大梁
定陶
胡陵
丰邑
沛县
刘邦
东海
周文
戏
咸阳
函谷关
渑池
三川
吴广
陈留
砀郡
彭城
下邳
坝上
峣关
蓝田
颍川
陈胜
陈郡
大泽乡
吴广
下城父
蕲县
武关
丹水
南阳
汝阴
广陵
九江
邾宗
东城
葛婴
会稽郡
项梁
项羽
具区泽
南郡
衡山
英布
彭蠡泽
无诸
洞庭
•大泽乡 陈胜、吴广起义地点
刘邦 起义领袖
起义爆发地
陈胜、吴广进军路线
刘邦进军路线
项梁、项羽进军路线

户,北据河为塞,并阴山至辽东"。① 这样一个版图辽阔的多民族封建国家的建立,在中国历史发展上开启了新的一页。此后,各民族便在统一政权之下,共同创造发展了中国的政治经济文化,加速了民族与国家的发展步伐。同时,民族的团结,国家的安定统一,也就成为各族人民的共同愿望与历史大势,任何政治分裂势力与民族分裂势力便成为人们指责讨伐的对象。中华民族国家的统一成为历史的常态,分裂割据成为暂时的也是不得人心的现象。

第六节　从秦末农民战争到楚汉战争

一、秦的暴政

秦始皇对于统一的、多民族的、专制主义中央集权的封建国家的建立和巩固作出了重大贡献,这是应该肯定的。但是,他的某些行动和措施又使社会生产力遭受大破坏;他专断自恣、草菅人命,又是一个极端残酷的暴君。

(一)大规模巡游全国

秦始皇二十六年统一六国,自二十七年至三十七年病死沙丘,其间就有五次全国性大规模巡游,而每次出巡都带有众多的文武官僚以及庞大的车马仪仗队,沿途供办消耗巨大,劳民伤财不可胜计。

第一次西巡陇西北地一带。统一六国的次年即二十七年,秦始皇便出巡陇西北地诸郡县。沿泾水至北地郡,出鸡头山(今宁夏回族自治区径源北)过回中(今陕西陇县西),入陇西郡,又沿渭水回到咸阳。

第二次东巡。秦始皇二十八年东巡郡县,先至邹峄山(今山东邹县南),立石,刻辞颂秦功德,又登封泰山,禅梁父(今山东泰安南),自此东北行至勃海以东,过黄(今山东黄县东)、腄(今山东福山东南),穷成山(今山东成山

① 《史记·秦始皇本纪》。

峄山刻石(峄山在今山东邹城市西南)(北宋拓本,原石已失传)

角),登之罘(今山东之罘岛)。又南至琅邪,留饮三月,作琅邪台,立石颂秦功德。并于此派遣徐市发童男童女数千人,入海求仙人。秦始皇自琅邪还过彭城(今江苏徐州),使千人入泗水寻求没失的周鼎,结果没有得到。于是又西南行渡淮水,至衡山,浮江而上,至湘山祠,遇到大风,几乎不得渡江。当他向随行博士询问知道是舜妻湘君神作怪,大怒,遂派三千刑徒伐倒湘山之树,把湘山搞成了一座秃山。然后,由武关回到咸阳。

第三次东巡。秦始皇二十九年,又东巡。途经阳武博浪沙(今河南中牟西北)时,遭到韩国贵族张良与大力士的阻击,"误中副车",秦始皇下令"天下大索十日",一无所获。又继续东行至之罘,再南至琅邪,折转回归,道经上党,返回咸阳。

第四次巡行东、北。秦始皇三十二年又出巡,再至碣石(今河北乐亭附近),复沿北方边郡、巡视边塞,经右北平、渔阳、上谷、代、雁门、云中诸郡返回咸阳。这次巡游所到之处皆三晋、齐、燕旧地，道路关山障碍重重。秦始皇向全国下了“坏城郭、决通川防”的诏令。这倒是一件有意义的事情。秦始皇对此亦颇为自豪，并将此事写进了碣石门刻辞中去，以记其功。此次巡行归来后，即派蒙恬发兵三十万人正式出击匈奴。

第五次是出巡东南及东方。秦始皇三十六年发生了一连串使他惊恐不安的事情。如，白昼之间有坠星陨石下东郡，有人在上面刻上了“始皇帝死而地分”①的话，“死”与“地分”是他最伤神的事情。这意味着他生命的结束和秦皇朝的垮台。秦始皇下令把陨石旁的人全部杀掉，并焚坏了陨石，除此之外别无妙法，只能忧心忡忡，无可奈何。这年的秋天，又传出了“今年祖龙死”的咒语。“始皇卜之，卦得游徙吉。”②于是在三十七年便又开始了第五次大规模出巡。如此重大的影响全国的行动竟建立在一次占卜的基础之上，这正是秦政治腐朽的表现。表明秦始皇已丧失了原来的生气，变成了一个魔鬼式人物。

这次出巡，左丞相李斯随从，右丞相冯去疾留守。少子胡亥也一同随秦始皇前往。这次出巡路线甚长，且迂迴曲折。十月从咸阳出发，十一月至云梦（今湖北武汉、江陵及湖南岳阳之间的湖泊沼泽区），望祀虞舜于九疑山。然后浮江东下，过丹阳（今安徽马鞍山市东），至钱塘（今浙江杭州），临浙江，因“水波恶”不宜行船，乃西行百二十里，由“狭中渡”江，上会稽山，祭大禹，望于南海，并于会稽山上刻石记功，然后自会稽北还过吴，从江乘（今江苏南京市东）渡江，北至琅邪。再北上至荣城山，又到之罘，转而西归。至平原津，秦始皇病。七月死于沙丘平台（今河北广宗西北）。

秦始皇五次出游全国，目的虽各有不同，但主要不外以下几点：第一通过巡游四方，宣扬秦始皇帝的成功与威德，镇服人民。当时，“黔首未集”，这是

---

① 《史记·秦始皇本纪》。

② 《史记·秦始皇本纪》。

最大的问题。所以二世说:“先帝巡行郡县,以示强,威服海内。”①可见,秦始皇出巡,政治目的是首要的。当然,也有游山玩水的一面。第二,寻求仙人及长生不老之奇药。秦始皇晚年迷信神仙,自号真人,放弃称“朕”。他几次出游沿海一带,实冀得仙人、仙药,以期长生不老。第三,出巡中也做了些整齐四方风俗的事,这在石刻中都有反映。用先进的封建文化去改造一切不合时宜的陋风恶习,以维护社会秩序的安定,这一点还是应该肯定的。不过秦始皇十年间五次大出巡,为此而消耗的人力与物力是惊人的,由此而加给人民的负担也是极为沉重的,多次出巡中,其事虽偶有可述者,然总归是虐民害物之暴政。

(二)繁重的租赋徭役与苛法峻刑

秦的租赋徭役剥削原来也是有一个常规制度的,就其法定常制而言,虽然也很重,但一般说来,直接生产者尚可忍受。秦始皇末年,租赋徭役剥削的常制已被完全破坏。秦二世时,右丞相冯去疾总结为“戍、漕、转、作、事”②五大徭役。

戍役为诸徭役之首,是最重的徭役。秦始皇派蒙恬将兵北击匈奴,并屯防北境,用众三十万人,又南戍五岭用众五十万人,此两项即有八十万之多,京师屯卫尚不计在内。戍卒不仅守卫边境,而且还要负担一切城障边防的苦役。对此汉人记忆犹新。如《汉书·严安传》说:秦王“使蒙恬将兵以北攻强胡,辟地进境,戍于北河。又使尉屠睢将楼船之士攻越,使监禄凿渠运粮深入越地。……行十余年,丁男被甲,丁女转输,苦不聊生,自经于道树,死者相望。及秦皇帝崩,天下大畔(叛)。”

漕、转等运输之役也很繁重。《汉书·主父偃传》说:秦皇帝“发天下丁男以守北河”,“又使天下飞刍挽粟,起于黄、腄、琅邪负海之郡,转输北河,率三十锺而致一石。”既称“飞刍挽粟”可见其急如星火,不可稍待,这对于季节性

---

① 《史记·秦始皇本纪》。

② 《史记·秦始皇本纪》。

的农业生产必然是极大的破坏。又,“三十锺而致一石”,也是惊人的耗损。

秦各项土木工程的兴作以及各种杂役也使民不堪命,筑长城、修驰道这类有利于交通和国防安全的工程,虽然也使用了大量的人力和物力,但还有其积极意义。至于统治者为了生前和死后的享乐而大造豪华淫侈的宫殿楼堂所和坟墓则是徒耗民力。如秦每破诸侯,便模仿其宫室,大兴土木,“关中计宫三百,关外四百余”①,其中阿房宫最大,“东西五百步,南北五十丈,上可以坐万人,下可以建五丈旗,周驰为阁道,自殿下直抵南山,表南山之巅以为阙,为复道,自阿房渡渭,属之咸阳。”②又修筑骊山墓,“下锢三泉,上崇山坟,其高五十余丈,周回五里有余,石椁为游馆,人膏为灯烛,水银为江河,黄金为凫雁,珍宝之藏,机械之变,棺椁之丽,宫馆之盛,不可胜原,又多杀宫人,生薶工匠,计以万数。”③仅此两项工程,即动员了七十余万人,穷年累月,旷日持久,耗费民脂民膏不可胜计。人民不仅要付出极大的劳役代价,同时还要负担极沉重的租赋剥削。正如董仲舒所说:秦“田租、口赋、盐铁之利,三十倍于古。”④其结果必然是“男子疾耕不足粮饷,女子纺绩不足帷幕。”以致“百姓靡弊,孤寡老弱不能相养,道路死者相望。”⑤

秦时人民不但要负担沉重的租赋徭役剥削,而且还受到“苛法峻刑”的残酷压迫。“秦法繁如秋荼,而网密于凝脂。”⑥民摇手触禁,随时随地都有可能犯罪,而一人犯罪,又株连甚广。照汉人所说,至秦末,天下已成为一座大监狱,所谓“囹圄成市、赭衣塞路。”⑦在一个大约二千多万人口的国家里,刑徒经常保持在一百万左右,被刑人数占总人口的百分之五以上,成年男子有相当多

① 《史记·秦始皇本纪》。
② 《史记·秦始皇本纪》。
③ 《汉书·楚元王传》。
④ 《汉书·食货志》。
⑤ 《史记·平津侯主父列传》。
⑥ 《史记·商君列传·集解》引《新序》。
⑦ 《汉书·刑法志》。

铁桎(陕西临潼郑庄秦石料加工场遗址出土)

束颈的铁钳(陕西临潼郑庄秦石料加工场遗址出土)

恐怕都是判过刑的。而且刑法酷烈,多为亏残肢体的肉刑。一个小小的范阳县令,十年之间"杀人之父,孤人之子,断人之足,黥人之首,不可胜数"①,只此一例,即可见一斑。

① 《史记·张耳陈余列传》。

(三)二世的昏庸残暴

秦始皇未正式确立太子。至平原津病,始皇平时恶言死事,群臣亦莫敢言死事。病益重而不起之时,方才作玺书赐公子扶苏,命其"与丧会咸阳而葬"。意思就是要由扶苏继承皇帝位。书写成加盖玺印封好,留在中车府令赵高行符玺事所,尚未及授使者发出。七月丙寅,始皇死于沙丘平台。这时,丞相李斯考虑到秦始皇病死在外,又没有明确立太子,"恐诸公子及天下有变,乃秘之,不发丧。棺载辒凉车中,故幸宦者参乘,所至上食,百官奏事如故,宦者辄从辒凉车中可其奏事。"①只有公子胡亥、李斯、赵高及所幸宦者五六人知其死。赵高因过去曾教胡亥学书及律令,二人关系甚密。赵高鼓动胡亥阴谋夺取皇位,并胁迫李斯听从其阴谋。李斯为长保自己的富贵禄位,参与了胡亥夺取帝位的阴谋活动,他们一同"破去始皇所封书赐公子扶苏者,而更诈为丞相斯受始皇遗诏沙丘,立子胡亥为太子。更为书赐公子扶苏、蒙恬,数以罪,赐死。"②结果扶苏自杀,蒙恬下阳周狱待罪。此后仍按原计划巡行,从井陉、抵九原,行经直道回到咸阳。这时才宣布发丧。胡亥袭位为二世皇帝。

二世胡亥的能力虽远不及始皇,而其昏庸残暴则有过之。胡亥即位以后即以赵高为郎中令,常侍中用事。他曾向赵高说:"吾既已临天下矣,欲悉耳目之所好,穷心志之所乐……长有天下……其道可乎?"于是赵高便借机怂恿二世用严刑峻法诛锄异己。其理由是:"夫沙丘之谋,诸公子及大臣皆疑焉,而诸公子尽帝兄,大臣又先帝之所置也。今陛下初立,此其属意怏怏皆不服,恐为变。"因此要"严法而刻刑,令有罪者相坐诛,至收族,灭大臣而远骨肉;贫者富之,贱者贵之。尽除去先帝之故臣,更置陛下之所亲信者近之。"二世完全听信赵高之言,"乃更为法律。于是群臣诸公子有罪,辄下高,令鞫治之。"除了杀大臣蒙毅、蒙恬等外,又有"公子十二人僇死于咸阳市,十公主矺死于

① 《史记·秦始皇本纪》。

② 《史记·秦始皇本纪》。

杜。财物入于县官,相连坐者不可胜数。"①公子高欲奔逃,恐被收族,于是上书二世,请从始皇帝死葬郦山脚下。胡亥允准,并"赐钱十万以葬"。从此以后,"法令诛罚日益刻深,群臣人人自危,欲畔者众"。②

秦二世为了显示自己威风,也模仿秦始皇巡行郡县。二世元年(前 209 年)春天,东行郡县,到碣石,并海,南至会稽,而尽刻始皇所立刻石。又远至辽东而还。二世回到咸阳,下令继续修造阿房宫,又征调材士十五万人屯卫咸阳,令教射狗马禽兽。因为消费巨大,咸阳粮秣不足,便下令各郡县转输菽粟刍藁,"皆令自赍粮食,咸阳三百里内不得食其谷"。③

秦始皇的暴政,秦二世不仅完全继承下来,而且是法令诛罚日益刻深,"税民深者为明吏,杀人众者为忠臣","赋敛愈重,戍徭无已"。

秦灭东方六国,统一天下,从此"共苦战斗不休,攻伐无已时"的战国局面结束了,这是符合社会发展实际需要的,人民对这个统一皇朝寄予希望,正如贾谊在《过秦论》中所说:"今秦南面而王天下,是上有天子也。既元元之民冀得安其性命,莫不虚心而仰上,当此之时,守威定功,安危之本在于此矣。"严安上汉武帝书中也指出:秦"一海内之政,坏诸侯之城,销其兵铸以为钟虡,示不复用,元元黎民得免于战国,逢明天子,人人自以为更生。"④当秦统一之初,人民的普遍社会心态,确乎如贾、严所言,人人自以为获得新生("更生")。新的政权完全可以借人民的"虚心仰上"的心态,去做一番"守威定功"的大事业。但事实却令人大失所望。秦始皇统一天下,"其道不易,其政不改",暴虐无道,二世即位,非但不改弦更张,反而"重之以无道,……繁刑严诛,吏治刻深,赏罚不当,赋敛无度。……蒙罪者众,刑戮相望于道,而天下苦之。自君卿

① 《史记·李斯列传》。
② 《史记·李斯列传》。
③ 《史记·秦始皇本纪》。
④ 《汉书·严安传》。

以下至于众庶,人怀自危之心,亲处穷苦之时,咸不安其位。”①总之,秦统一后的所作所为多方面地违反了劳动人民的利益,把饱尝战国之苦的劳动人民又重新置于更残酷的剥削统治之下。甚至统治阶级内部也离心离德,惶惶不安。

秦的统治再也不能继续下去了,七月,陈胜揭竿而起,天下云集响应,终于推翻了暴秦的统治。

二、陈胜、吴广起义

(一)大泽乡揭竿起义

秦二世元年(前209年)七月,秦政府下令谪发闾左贫民去戍守渔阳(郡治在今北京密云),有九百名被征发的戍卒屯驻在大泽乡(今安徽宿州东南)。陈胜、吴广也在被征发队伍中,而且做了屯长。

陈胜,字涉,阳城(今河南商水)人。吴广,字叔,阳夏(今河南太康)人。陈胜出身贫贱,史书上说他是“瓮牖绳枢之子,甿隶之人”②,他曾为人佣耕,有一次在田垄上休息时,他向同伴说:“苟富贵,无相忘!”追求富贵,改变受压迫、剥削的现状,这就是陈胜的“鸿鹄之志”。③

屯驻于大泽乡的九百名戍卒,遇到了大雨,道路不通,无法行军。估计已经误了规定到达的日期。按照秦法规定,戍卒延误行戍日期者,皆当斩首。在这生死存亡的紧急关头,陈胜、吴广二人商量说:“今亡(逃亡)亦死,举大计亦死,等死,死国可乎?”④他们认为反正都是死,不如举大计起义。陈胜还分析了当时的形势,认为“天下苦秦久矣”,如乘此时起义,天下“宜多应者”。还认为秦二世不当立,当立为太子继承帝位的应是公子扶苏。而扶苏反被二世杀害。楚将项燕,屡立战功,又爱士卒,现在存亡未可知,今诚诈自称公子扶苏、

---

① 贾谊:《过秦论》。
② 贾谊:《过秦论》。
③ 《史记·陈涉世家》。
④ 《史记·陈涉世家》。

项燕，为天下首倡起义，一定能得到很多人的响应。吴广同意陈胜的意见。他们抬出扶苏以同当时的暴君秦二世对立，抬出项燕以争取楚地人民的拥护，充分反映了陈胜、吴广的智慧与斗争艺术。

陈胜、吴广定下起义策略之后，又去到卜者那里占问，卜者鼓励他们说："足下事皆成，有功，"并启发他们"卜之鬼"，假借鬼神之力，以树立在群众中的威信。于是他们便用朱砂在帛绢上写了"陈胜王"三字，放到人们所捕的鱼腹中，戍卒买鱼烹食，得帛书"陈胜王"三字，非常奇怪。陈胜又使吴广于夜间到戍卒驻营地附近的神祠丛中，点起灯烛，装作狐狸叫："大楚兴，陈胜王。"戍卒们更是惊恐。第二日，大家就议论纷纷，皆指目陈胜。这样便在思想上、舆论上都已做了引发起义的准备工作。

"吴广素爱人，士卒多为用者"，他乘带领戍卒的秦尉酒醉时，故意多次说自己要逃走，来激怒秦尉。秦尉果然笞辱吴广，吴广便乘机夺取了秦尉的剑，杀死秦尉。并在陈胜的帮助下，又杀死另一秦尉。这时，陈胜把广大戍卒召集起来，慷慨陈词："公等遇雨皆已失期，失期当斩。藉弟令毋斩，而戍死者固十六七。且壮士不死即已，死即举大名耳，王侯将相宁有种乎！"大家一致赞同，说："敬受命"。他们光着右臂，为坛而盟，祭以尉首。陈胜自立为将军，吴广为都尉。国号"大楚"，"斩木为兵，揭竿为旗"，在大泽乡燃起了中国历史上第一次农民大起义的烽火。

(二)陈胜称王和"张楚"农民政权的建立

陈胜、吴广起义后，迅速攻占了大泽乡，并率兵攻占了蕲县。陈胜令符离人葛婴率部分起义军向蕲县以东发展。自率大部向西北进军，接连攻取了铚(今安徽宿州西南)、酂(今河南永城)、苦(今河南鹿邑)、柘(今河南柘城)、谯(今安徽亳州)诸城邑，一直推进到陈县境内，这时，已组成为一支拥有战车六七百乘，骑兵千余，步兵数万人的大军。陈郡守、县令皆早已逃窜，只留下郡丞带兵在陈县城丽谯门中与起义军接战，结果被起义军杀掉，起义军占据了陈县。陈胜号令召集当地三老、豪杰们一起来会商大事，他们一致说："将军身披坚执锐,伐无道,诛暴秦,复立楚国之社稷,功宜为王”。[1] 于是陈胜自立为楚王,号为“张楚”。很显然,“伐无道,诛暴秦”就成为动员和团结全国反秦起义力量共同进行反秦斗争的纲领口号。

因为“天下苦秦久矣”,所以陈胜首倡“伐无道,诛暴秦”,立刻便得各地响应,“当此之时,诸郡县苦秦吏者,皆刑其长吏杀之,以应陈胜”[2],起义烽火遍地。陵人秦嘉、铚人董緤、符离人朱鸡石、取虑人郑布、徐人丁疾等起义于淮北,将东海郡守庆围困在郯县(今山东郯城北)。曾做过秦泗水亭长的沛县人刘邦原来押送刑徒去咸阳,到丰县西泽中把刑徒放走,自己逃亡隐于芒砀山中。陈胜起义后,刘邦在沛县城内人民帮助下占领了沛县,立为沛公。六县(今安徽六安)英布(因受过黥刑,又名黥布)曾带领骊山刑徒,逃往长江中为“群盗”。这时也与番阳县令吴芮聚众数千人起义。沛县人王陵聚众数千人起义,据有南阳(今河南南阳一带)。昌邑人彭越也在巨野泽中聚众数千人响应。陈胜、吴广领导的起义军已成为全国反秦斗争的中心力量,在他们的推动与号召下,“天下云集响应,赢粮而景从。”[3]形成了“天下为之糜沸螘动,云彻席卷方数千里”的局面。

在农民起义反秦革命斗争大潮推动与裹胁下,社会上层人物,六国贵族分子,甚至秦部分官吏也都行动起来,或投奔义军或举兵反秦。如魏国名士张耳、陈余,原为逃避秦政府的追捕,变姓名,隐遁于陈,当陈胜的起义军占领陈后,他们便跑去参加了起义军。“鲁诸儒持孔子之礼器往归陈王”[4],孔子的八世孙孔鲋还做了陈涉的博士。上蔡人房君蔡赐投奔义军为陈王上柱国。韩国贵族张良也在下邳一带“聚少年百余人”,后来加入了刘邦的队伍。秦东阳令

① 《史记·陈涉世家》。
② 《史记·陈涉世家》。
③ 贾谊:《过秦论》。
④ 《史记·儒林列传》。

史陈婴在县中起义群众的胁迫之下,也带头起事,“县中从者得二万人”[1],就连秦会稽守殷通这样的高级官吏,看到“江西皆反”,也认为已到“天下亡秦之时”,为免“后则为人所制”,亦欲“发兵”。[2] 但为楚贵族后裔项梁、项羽叔侄所杀,项氏遂起兵于吴。这些都反映了在农民起义大潮的推动下,统治阶级内部也已成分崩离析之势。

(三)起义军的胜利进军和六国贵族的分裂活动

陈胜攻下陈后,即以陈为根据地,分别向南、北、西方面发展。令武臣、张耳、陈余北攻赵地,魏人周市攻魏地,又派汝阴人邓宗向东南进攻九江郡(郡治寿春,即今安徽寿春);而以主力大军向西进攻,主力分三支:一支由假王吴广率领攻荥阳;一支由宋留率领,取道南阳(今河南南阳),扣武关;一路由周文率领,西向关中,直取咸阳。三路西征军均以咸阳为主攻目标。

各路大军胜利进军,发展迅速。吴广率军迅速西进围攻东西通道上的战略重镇荥阳。在这里率秦军防守的是秦丞相李斯之子三川郡守李由。秦军死守,双方相持不下。

周文一路进军神速。周文原曾做过项燕军的“视日”(军中占卜时日吉凶的小官),又曾在春申君门下为属吏。因而“习兵”。一路发展很快,“行收兵至关”时,已成为拥有“车千乘,卒数十万”的庞大军队。进兵咸阳,屯兵于戏(今陕西临潼东)。

宋留一路西征军,进军也很顺利,攻取了南阳,准备入武关。

由于起义军的迅速发展与胜利进军,秦皇朝统治已面临覆灭境地。

但是,正在革命形势迅速发展的情况下,起义军内部也暴露出一些弱点和问题,如有的主帅与部将不和。当吴广围荥阳而被阻时,田臧却以“假王骄”为名,“矫王令”将吴广诛杀,这是大错。最严重的问题还是起义军内部出现

---

① 《史记·项羽本纪》。
② 《史记·项羽本纪》。

了分裂现象。陈胜首倡“伐无道,诛暴秦”揭竿起义,号令天下,革命洪流汹涌澎湃,当此大浪淘沙之际,未免泥沙俱下,鱼龙混杂。一些六国旧贵族也投身起义队伍,他们对促使秦皇朝的迅速孤立和崩溃有一些作用。但他们同时又是起义军内部的分裂破坏势力。张耳原在魏公子无忌门下为客,后又做了魏的外黄令。陈余,好儒术,与张耳“相与为刎颈交”。二人都是秦诏书购求迫捕的六国头面人物,也是有代表性的六国贵族残余势力,其反秦的目的与陈胜、吴广等农民起义者完全不同。当陈胜攻下陈后,张耳、陈余便投到陈胜队伍。他们极力反对陈胜称王,而坚决主张“遣人立六国后”,认为陈胜“今始至陈而王之”,是“示天下私”。陈胜未听其言,而断然自立为王,创立了农民革命政权,使革命领导权掌握在农民起义领袖手中,并且作出了“务在入关”,直捣咸阳,直接推翻秦政权的战略部署。这些都反映了陈胜政治上的坚定性和智慧性。

张耳、陈余反对陈胜称王,主张立六国后不成,便欲进一步图谋独立。陈余曾游历赵地,与当地贵族豪杰关系密切,便请求陈王给予他一部分军队,到赵地活动,实际上是打着为陈王“北略赵地”的幌子而到河北借机实现其“立六国后”的政治目的。陈胜虽未能识破其阴谋,但对陈余等是不相信的。他派自己的老朋友武臣为将军,邵骚为护军,率卒三千人,北略赵地。张耳等每到一处,便与当地旧贵族余孽勾结起来,鼓动他们要“因天下之力,……报父兄之怨,而成割地有土之业”①,并封残杀人民的刽子手范阳令徐公为侯,使其“乘朱轮华毂”游行燕赵之地,以示对秦降官的优待。于是赵地“不战以城下者三十余城”。当陈胜派出的西征军失利的时候,张耳、陈余反策动武臣脱离陈王节制,或立赵后。武臣听信其言而自立为赵王,以陈余为大将军,张耳为右丞相。陈王得此消息,大怒,“欲尽族诛武臣等家属,而发兵击赵”,相国房君以为“不如因而贺之,使急引兵西击秦”。陈王接受了房君之计。“使使者

① 《史记·张耳　陈余列传》。

贺赵,令趣发兵西入关”。哪知张耳、陈余等目的并不在此。此时,他们又挑拨武臣与陈王关系说:“王王赵,非楚意也,特以计贺王。楚已诛秦,必加兵于赵。计莫如毋西兵,北徇燕地,以自广也。……楚虽胜秦,不敢制赵。若楚不胜秦,必重赵。赵乘秦之弊,可以得志于天下。”武臣因此不发兵西进,而遣韩广北攻燕地。韩广至燕又被“燕故贵人豪杰”[①]立为燕王。原齐国王族田儋也起兵自立为齐王,又发兵击败陈胜派出的周文军。于是“燕、赵、齐、魏,皆自立为王”[②],这些贵族势力的分裂割据,不听陈胜指挥,就使周文军孤立无援,坐待秦军残酷镇压而失败。

(四)秦对起义军的疯狂镇压和农民起义军的暂时受挫

农民起义军攻占陈县,秦二世得到了使者的报告,便召集博士诸儒讨论此事。博士三十余人都说,这是造反,应“急发兵击之。”二世不愿听到这个“反”字,他觉得在其治下,哪敢有反者。故对诸生所言极不高兴。待诏博士叔孙通说道:“诸生言皆非也,……明主在其上,法令具于下,使人人奉职,何足置之齿牙间。郡守尉今捕论,何足忧。”[③]言为造反者,皆被二世令御史逮捕审问。言为盗贼者皆免罪,并赐叔孙通帛二十匹,衣一袭,拜为博士。叔孙通深知二世昏庸腐朽而又暴虐,今见农民起义,秦将灭亡,便逃亡归家,加入了起义军。

当周文西征军数十万之众逼近咸阳屯兵戏下之时,二世方才大惊失色,慌忙问计于群臣:“奈何?”少府章邯认为:“盗已至,众强,今发近县不及矣。郦山徒多,请赦之,授兵以击之。”[④]于是,二世大赦天下,“免郦山徒,人奴产子”,并把他们武装起来,使章邯率领去镇压起义军。另外,还把北方的边防军王离部内调与章邯部等共同镇压起义军。

---

① 《史记·陈涉世家》。
② 《史记·高祖本纪》。
③ 《史记·刘敬叔孙通列传》。
④ 《史记·秦始皇本纪》。

周文军虽进展势如破竹，但是孤军深入，缺乏后援，终为章邯击败，撤退出关，至曹阳，坚守二三个月。复退至渑池（今河南渑池西），为章邯击败，周文自杀。这支西征主力军失败了。

当周文失败之际，起义军内部却又发生了田臧杀吴广的事件。吴广一军遂由田臧带领，西进迎击秦军，敖仓一战，田臧又牺牲。章邯进兵荥阳，田臧部将李归等又被击败战死。这支西征起义军也失败了。

起义军邓说部又在郯为章邯别将击破，邓说军散走入陈。伍徐部在许为章邯击破，其军亦散走入陈。这时起义军中心陈便暴露在秦军面前了。章邯进攻陈，陈王上柱国房君战死。驻军陈西的张贺部又受章邯军攻击。陈王亲自出城督阵，战败，张贺牺牲。陈王东南退走汝阳（今安徽阜阳），又东北至下城父（今安徽涡阳东南），为其御庄贾所杀。这位首举反秦义旗的农民起义领袖牺牲了。农民起义军受挫失利，反秦革命战争也暂时进入了低潮。

陈王派出的另一路西征军宋留部，在占领南阳地区后，继续西进，还未入武关，听到了陈王已牺牲的消息，南阳又为秦军夺去，不能入关，便东走新蔡（今河南新蔡），在这里投降了秦军。宋留被传送至咸阳，处以车裂之刑。

陈王死后，将军吕臣（陈王原来的涓人）又组织了一支"苍头军"，在新阳（今安徽界首北）继续反击秦军，攻下了陈，杀叛徒庄贾，恢复了陈王所开创的农民军大楚政权旗号。秦军左右校领兵再度攻陈，吕臣撤出，重整义军，并与英布领导的一支农民军会合，共同进击秦左右校。在青波（今河南新蔡县西）大破秦军，再次收复陈县，恢复了大楚旗号。

陈胜的失败，除了来自贵族分子的分裂破坏之外，也与陈胜的骄傲自满，生活逐渐腐化，脱离群众有关。陈胜称王后，老朋友去见他，多言其往事。有人向陈王反映说："客愚无知，颛妄言，轻威。"①陈王竟把老朋友杀掉了。这位曾经讲过"苟富贵，毋相忘"的佣耕者，现在变了，不仅忘记了贫贱之交，而且

① 《史记·陈涉世家》。

反目为仇,滥杀无辜,结果造成“诸陈王故人皆引去,由是无亲陈王者。”他的妻父说他:“怙强而傲长者,不能久焉。”也不辞而去。陈王偏听偏信,以朱房为中正,胡武为司过,主司群臣。“诸将徇地,至,令之不是者,系而罪之,以苛察为忠,其所不善者弗下吏,辄自治之。”对于如此胡作非为的朱房、胡武之徒,陈王反信用不疑。“诸将以其故不亲附”。还有,陈胜往往处事不公,赏罚过当。故人葛婴本忠于陈王,只是在不了解情况下做过错事,曾立襄强为楚王,但等到听说陈胜称王以后,即杀襄强,归报陈王。而陈王竟不容情,将葛婴诛杀。张耳、陈余等在河北拥武臣自立为赵王,脱离陈胜节制。陈胜未能采取有力斗争措施,反“遣使贺赵,……而封耳子张敖为成都君,趣赵兵亟入关”①,但没有达到目的,反而开启了各地自立称王自保的恶例。田臧假陈王之命擅杀统帅吴广,陈王反“使使赐田臧楚令尹印,使为上将。”②上述陈胜的一些缺点错误,都足以使他日渐脱离人民群众而陷于孤立。陈胜失败的教训也是很深刻的。

但陈胜的历史功绩却是伟大的,其首创之功不可磨灭。一个曾为人佣耕者“率罢敝之卒,将数百之众”,敢于起而攻击一统天下的强秦,打破“王侯将相有种”的历史传统,这不仅是一次伟大的农民革命战争,也是一次贫苦农民思想上的大解放。陈胜领导戍卒“斩木为兵,揭竿为旗”,以“锄耰白梃”,打败了拥有“良将劲弓”的秦军,号令天下达六月之久,陈胜、吴广虽未能领导起义军最后推翻秦朝统治,但却使秦统治土崩瓦解。“陈胜虽已死,其所置遣王侯将相竟亡秦,由涉首事也。”③陈胜、吴广是“亡秦”革命事业的首事者和领袖。陈胜的名字不仅在当时是全国反秦农民的旗帜,而且在整个历史上也是后代农民革命斗争的一面旗帜。

---

① 《史记·陈涉世家》。
② 《史记·陈涉世家》。
③ 《史记·陈涉世家》。

三、反秦斗争的继续发展与秦朝灭亡

(一)秦统治者内部的倾轧和残杀

以胡亥为首的秦统治者对农民起义一味采取残酷镇压手段,虽一时收到一些效果,但却不能根本阻止农民起义的继续发展,因为引起农民起义的原因和条件仍然没有丝毫改变。经过一番镇压之后,却是"盗贼益多,而关中卒发东击盗者毋已"。面对"关东群盗并起,秦发兵诛击,所杀之甚众,然犹不止"的现实,右丞相冯去疾、左丞相李斯、将军冯劫都认为"盗众,皆以戍、漕、转、作事苦,赋税大也",劝谏二世"请且止阿房宫作者,减省四边戍转。"妄图以此来阻止农民起义的发展。可是昏庸透顶的二世却大为恼火,说:"今朕即位二年之间,群盗并起,君不能禁,又欲罢先帝之所为,是上毋以报先帝,次不为朕进忠力,君何以在位?"①于是将冯去疾、李斯、冯劫下狱治罪。冯去疾、冯劫自杀。郎中令赵高"责斯与子由谋反状"。"榜掠千余,不胜痛,自诬服。"二世元年七月,"具斯五刑,论腰斩咸阳市。"②并夷其三族。李斯"持爵禄之重,阿顺苟合",上书劝二世行"督责之术",以"税民深者为明吏","杀人众者为忠臣"。这种督责之术,也就是对人民的残酷剥削加上严刑峻法的残酷统治。李斯与胡亥乃一丘之貉,他在统治者内部的政治倾轧中被杀,毫不足惜。不过这种残杀事件却充分说明胡亥统治集团的彻底腐朽性。他们虽然仍在拼命疯狂镇压农民起义,但秦统治的寿命已处在苟延残喘之中。

(二)项羽、刘邦领导反秦战争的新阶段

广陵人召平,受陈王之命进攻广陵(今江苏扬州西北),未能下,得知陈王败走的消息,秦兵又将袭来,召平便渡江与已占有江东的项梁联系,假传陈王之命,拜项梁为陈王上柱国。令曰:"江东已定,急引兵西击秦。"项梁虽贵族

---

① 《史记·秦始皇本纪》。
② 《史记·李斯列传》。

出身，但奉陈王旗号，接受其节制。“乃以八千人渡江而西”。渡江之后，项梁又与占据东阳的陈婴起义军联系，陈婴“以兵属项梁”。项梁渡过淮水之后，英布所部起义军也合并到项梁义军中，这时，项梁所部总共有六七万人，在下邳（今江苏睢宁北）结营屯兵。

当陈王初立之时，秦嘉等起义响应。陈王使武平君畔为将军监秦嘉等部，秦嘉拒不受命，而自立为大司马，反假陈王之命杀了武平君畔。当项梁集结义兵于下邳之时，秦嘉已立景驹为楚王，驻军于彭城（今江苏徐州）东，准备阻止项梁西进。项梁坚决维护陈王的统一领导，对部下说：“陈王先首事，战不利，未闻所在。今秦嘉倍陈王而立景驹，逆无道。”于是发兵进击秦嘉，秦嘉军败走，项梁追之胡陵（今山东鱼台东南），激战一日，秦嘉败死，这支起义军余部合并入项梁军中。项梁驻军胡陵，正欲引兵西进。秦章邯军攻栗县（今河南夏邑）。项羽派别将朱鸡石、余樊君率军进攻章邯军。余樊君英勇战死，而朱鸡石军败，亡走胡陵。项梁杀掉临阵脱逃的朱鸡石，驻兵于薛（今山东滕县东南），其时已有兵十余万众。沛公刘邦攻丰不拔，闻项梁兵众，于是“从骑万余”至薛会见项梁请兵。项梁拨兵卒五千人，五大夫将十人支援刘邦，以加强刘邦军的力量。刘邦还军攻取丰邑（今江苏丰县）。这时，项羽又攻取了襄城（今河南东部）。当项梁得到陈王已牺牲的确凿消息后，便召集所有部将会合于薛商讨大事。居巢人范增往见项梁，劝他“立楚之后”。项梁采纳了他的建议，把楚怀王的孙儿从民间找来，立以为楚怀王（义帝），时在秦二世二年六月（前 208 年），任陈婴为上柱国，与怀王都于盱台（今江苏盱眙北），项梁自号为武信君。项梁、项羽掌握起义军的领导权，成为起义军的实际领袖。

章邯军在镇压了陈胜起义军后，继续北进，围魏王咎于临济（今河南封丘东）。魏咎派周市告急于齐、楚请求援救。楚派项它，同齐王田儋率军随周市前往救魏，结果失败。田儋、周市被杀于临济城下，魏咎自杀。田儋弟田荣收集余众东走东阿（今山东阳谷东北），章邯尾随围困东阿。项梁先已攻下亢父，此时正值大雨滂沱之际，阴霾连月不开。当听到田荣被围困急之时，项梁急率军往救,大破章邯于东阿,并乘胜西进。这时刘邦、项羽也攻占了城阳(今山东菏泽东北),大破秦军于濮阳(今河南濮阳南)东,迫使秦军收缩散卒入濮阳,秦军引黄河水环绕作为壁垒以自保。项羽、刘邦遂引兵南攻定陶(今山东定陶西北),定陶未下,又西转攻雎丘(今河南杞县),大破秦军,击斩三川郡守李由。还攻外黄,项梁自东阿乘胜西进,到达定陶,再次大破秦军。至此,项梁率楚军屡败秦军,战果辉煌,但在凯歌频传声中,作为义军最高统帅的项梁却"益轻敌,有骄色",而卒亦"少惰"。① 战胜而将骄卒惰,历来为兵家所忌。秦在屡败于义军之后,"悉起兵益章邯",拼命反扑,进袭定陶,项梁战死。定陶之败,项梁牺牲,是义军的极大损失,使战局发生了很大变化。当此不利形势之下,项羽、刘邦迫不得已与吕臣军俱东撤,退保彭城。吕臣军彭城东,项羽军彭城西,刘邦军砀。楚怀王亦自盱眙徙彭城,并把项羽、吕臣所部义军合并起来,由自己亲自统帅。以吕臣为司徒,以其父吕青为令尹,以刘邦为砀郡长,将砀郡兵。大军适时集结退保于彭城,这还是正确的。反秦战争又进入一个新的阶段。

项梁军败,项羽等东走彭城,使章邯也错误估计了形势,他"以为楚地兵不足忧,乃渡河击赵"。② 章邯引军至邯郸,把当地居民徙于河内,拆除了当地城廓。赵王歇与张耳皆退走巨鹿。秦军王离、涉间部围困巨鹿,章邯军其南,并筑甬道以供应王离军需给养。赵岌岌可危,屡派使者向楚请援。在这种新的形势下,楚义军做了新的战略部署,一方面派宋义为上将军,项羽为次将、范增为末将率军北救赵;又令刘邦西进入关。反秦战争进入了一个新的决战时期。

(三)巨鹿之战

秦将王离率大军围困巨鹿。赵将陈余北收常山之兵,得数万人,军于巨鹿

① 《史记·项羽本纪》。
② 《史记·项羽本纪》。

之北,此所谓河北之军。陈余自以为兵少,不敢与秦军接战,只是筑壁固守。赵将张敖也收集代地之兵,得万余人,驻扎在陈余军旁,亦未敢与秦军战。巨鹿被困,城中粮尽兵少,危在旦夕。楚宋义率援军行至安阳(今山东曹县东北),逗留四十六日不进,也同样畏于秦军威势。项羽主张,秦军围赵王于巨鹿,楚应急引兵渡河,与赵军里应外合,两相夹攻,必能战胜秦军。宋义却提出坐视秦、赵胜败,以待时机的错误主张;他说:"今秦攻赵,战胜则兵罢,我承其敝;不胜,则我引兵鼓行而西,必举秦矣。"并下令军中:"猛如虎,狠如羊,贪如狼,强不可使者,皆斩之。"当时正值天寒大雨,军无现粮,士卒冻饥,或食芋菽。而宋义却饮酒高会。项羽愤慨地指斥宋义说:不与赵并力攻秦,反说"承其敝",而秦强赵弱,赵必败,秦更强,"何敝之承";且楚兵新败于秦,"埽境内而专属于将军,国家安危,在此一举。今不恤士卒而徇其私,非社稷之臣。"①于是,项羽杀掉了宋义,楚怀王因使项羽为上将军。

项羽杀宋义后,即火速进兵河北。二世三年(前207年)十一月,项羽先遣英布和蒲将军率二万义军渡漳水北上攻秦军,随后,项羽率领全军渡漳水北进,他"破釜沉舟",烧毁军营,每人只带三日粮食,"以示士卒必死,无一还心"。表现了农民起义军为正义而战的决心和勇往直前的英雄气概。大军渡河北进,迅速包围了王离军,经过九次激战,多次切断了章邯甬道,使王离军缺乏粮饷。结果秦将苏角被杀,王离被虏,涉间不降,自焚而死。当时,前来援赵的诸侯兵在巨鹿下结寨屯兵的有"十余壁",无敢纵兵出战者,皆从壁上观战,见楚战士无不"一以当十","呼声动天",勇猛杀敌。全歼王离军后,项羽召见诸侯将,他们"入辕门,无不膝行而前,莫敢仰视"。项羽由此始成为诸侯上将军,"诸侯皆属焉"。

秦军屡次失败,王离军覆灭,改变了河北战局。章邯军棘原(巨鹿南),项羽军漳南,双方虽相持未战,但章邯军却屡次退却。秦二世派人谴责章邯。章

---

① 《史记·项羽本纪》。

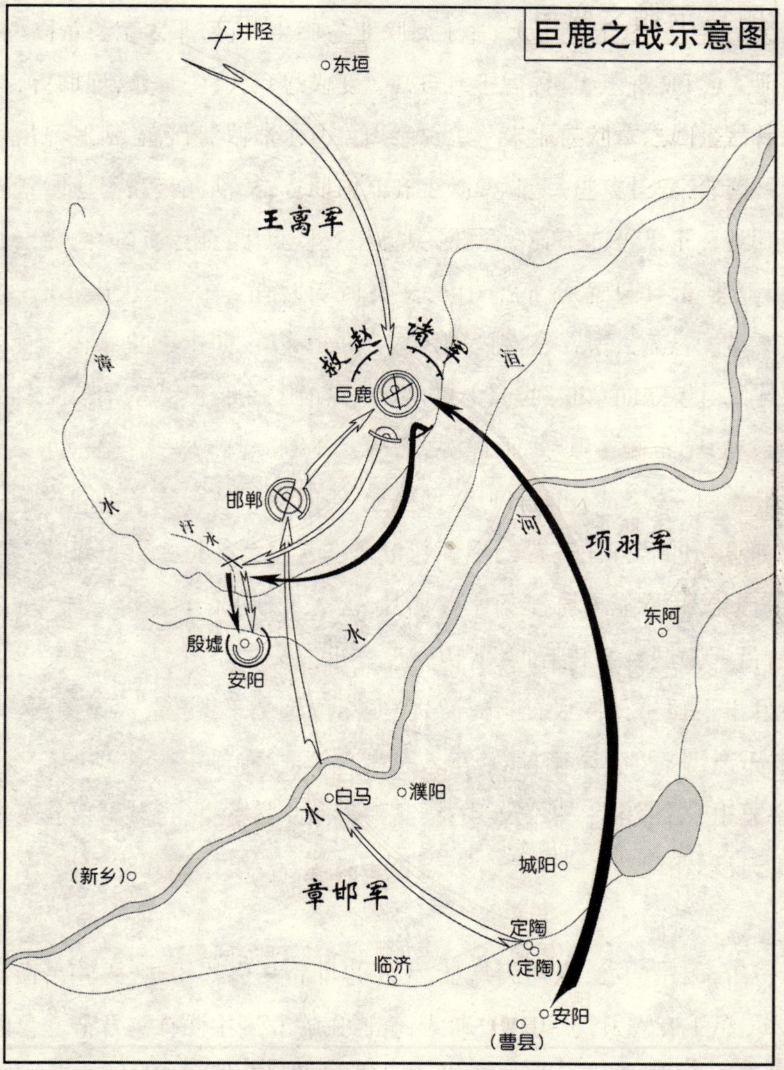

巨鹿之战示意图
井陉
东垣
王离军
救赵
诸军
巨鹿
漳
水
洹
邯郸
汙水
河
项羽军
殷墟
安阳
水
东阿
白马
濮阳
水
城阳
(新乡)
章邯军
定陶
(定陶)
临济
安阳
(曹县)

邯恐惧不安,便派长吏司马欣至咸阳请示回报。结果留住司马门三日,赵高仍不接见,对章邯等“有不信之心”。司马欣绕路逃回河北,对章邯说:“赵高用事于中,下无可为者。今战能胜,高必疾妒吾功;战不能胜,不免于死。愿将军熟计之。”①陈余也给章邯写信指出:章邯在秦的处境是“有功亦诛,无功亦诛”,劝其“还兵与诸侯为从,约共攻秦,分王其地,南面称孤”。② 章邯动摇了,“阴使侯始成使项羽,欲约,约未成”,项羽急令蒲将军日夜引兵渡过三户,在漳南与秦军战,再次破秦军。项羽率大军在汙水上,又大破秦军。章邯走投无路,于二世三年(前207年)七月,在洹水南殷墟(今河南安阳)上,将二十余万秦军投降了项羽。

秦在河北投入重兵三十余万,是秦主力军所在,巨鹿一战,全部被消灭。至此秦皇朝军力消耗殆尽,大势已去,已无力抗拒义军打击。因而巨鹿之战是关乎农民起义军反秦战争成败全局的决定性战役。此一战消灭秦军主力,为推翻秦朝统治奠定了根基,亦为刘邦入关创造了条件。

(四)刘邦入关和秦朝灭亡

刘邦所率一支义军人数不多,在进发途中,不断收集陈王和项梁的散卒加以补充。由砀进至城阳与杠里,破秦二军。二世三年(前207年)十月又在成武(今山东成武)南攻破秦东郡尉军及王离军。十二月,至栗,遇刚武侯,夺并其军,得四千余人。并与魏将皇欣、魏申徒武蒲军联合,进攻昌邑。昌邑未拔,转而西攻,过高阳。这时,高阳监门郦食其求见刘邦,并建议他攻取“城中积粟数千万石”的陈留。刘邦采纳此议,袭取陈留,得秦积粟,使军需粮饷获得很大补充。

三月,义军西攻开封,破秦将杨熊于白马(今河南滑县南),再破杨熊于曲遇(今河南中牟东)东,杨熊败走荥阳。二世杀杨熊。

---

① 《史记·项羽本纪》。
② 《史记·项羽本纪》。

四月,刘邦领导这支义军又南攻颍阳,下颍川,西北出轘辕关(今河南登封西北),攻平阴,以绝河津。又南与秦军战于洛阳东,因战不利,故南出轘辕险关,至阳城(今河南登封东),收整军队。六月,与秦南阳郡守𬺈战于犨(今河南鲁山东)东,大破秦军,南阳守𬺈退保宛(今河南南阳)。刘邦弃宛不攻,引兵过而西进。张良劝谏道:"沛公虽欲急入关,秦兵尚众,距险。今不下宛,宛从后击,强秦在前,此危道也。"①刘邦采纳张良建议。更换旗帜,于夜间急引兵绕道而还,黎明时分,将宛围了三重,南阳守𬺈迫不得已而降。南阳积粟甚多,刘邦据此又得到充分补给。在降下南阳之前,南阳守舍人陈恢出城向刘邦建议:"莫若约降,封其守,因使止守,引其甲卒与之西。"刘邦接受这个建议,受降之后,封南阳守𬺈为殷侯,封陈恢千户。由此引兵而西,"无不下者"。刘邦进军至丹水(今河南淅川西南),秦高武侯戚鳃投降,东南还攻胡阳(今河南新野东南),又转向西北攻下郦(今河南南阳北)、析(今河南西峡),一路势如破竹直抵武关。乘秦守将不备,突袭而攻克武关。

赵高杀掉丞相李斯,独揽大权,他屡次向二世保证说:"关东盗毋能为也。"当秦主力军在河北被消灭,关东大抵"尽畔秦吏应诸侯"的时候,赵高与秦二世的矛盾日益加深。赵高恐二世将他诛杀,便装病不朝,秦二世"使使责让(赵)高以盗贼事"。赵高更加恐慌,便与他的女婿咸阳令阎乐,弟弟郎中令赵成阴谋杀掉二世。赵成、阎乐带吏卒千余人闯入望夷宫,对二世说:"足下骄恣,诛杀无道,天下共畔足下,足下其自为计"。二世至此才如梦初醒,对其旁一宦者说:"公何不早告,乃至于此!"宦者说:"臣不敢言,故得全,使臣早言,皆已诛,安得至今?"二世要见赵高,不得允许。又说:"吾愿得一郡为王。"不许。又提出"愿万户侯","愿与妻子为黔首,比诸公子。"②皆不得允准。二世遂自杀。这是他应得的下场。

---

① 《史记·高祖本纪》。

② 《史记·秦始皇本纪》。

赵高杀二世后，立始皇之孙公子婴为秦王。并派人同义军联系，欲灭秦宗室而分王关中，子婴遂又杀掉赵高。

刘邦入武关，进兵至峣关下，用张良之计，暂且按兵不动，以五万人益张旗帜于山上，为疑兵；同时以重宝收买秦将，“秦将果畔，欲与连和俱西袭咸阳”。刘邦又用张良计，乘秦军松懈无备而急率军绕过峣关，攻击秦军，大破秦军于蓝田，遂乘胜进军至灞上。公元前206年10月，苟延残喘了四十六天的秦王子婴，不得不“素车白马，系颈以组，封皇帝玺符节”，在轵道旁投降了农民起义军。欲“传之无穷”的秦皇朝，仅存了十五个年头，便在农民起义军打击下，宣告灭亡了。

四、楚汉战争与汉朝的建立

秦末农民战争推翻秦朝统治之后，六国贵族残余势力在全国实行了分封制。项羽后入关，刘邦发兵相拒。项羽破关而入，与刘邦会于鸿门，想杀掉刘邦。刘邦逃脱。项羽遂主持分封。分封的结果把全国划分为十九个割据区域。项羽自立为西楚霸王，王梁、楚之地九郡，都彭城。其余分立十八王。当初楚怀王曾与诸将约，“先入关中者王之。”至是项羽背约，封刘邦为汉王，王巴、蜀、汉中，都南郑（今陕西汉中）。三分关中封秦降将，以牵制刘邦：章邯为雍王，王咸阳以西，都废丘（今陕西兴平东南）；长史司马欣，为秦栎阳狱掾时，曾开释项梁，故立司马欣为塞王，王咸阳以东至河，都栎阳（今陕西高陵东北）；都尉董翳，因劝章邯降楚，故立董翳为翟王，王上郡，都高奴（今陕西延安北）。把原魏王豹迁为西魏王，王河东，都平阳（今山西临汾西）。张耳嬖臣申阳，曾攻下河南，迎楚兵于河上，故立申阳为河南王，都洛阳。韩王成维持旧地盘，都阳翟（今河南禹县）。赵将司马卬定河内，屡立战功，故立为殷王，王河内，都朝歌（今河南淇县）。徙赵王歇为代王。赵王相张耳从入关，故立张耳为常山王，王赵地，都襄国（今河北邢台）。当阳君黥布为楚将，常冠军，故立布为九江王，都六（今安徽六安北）。番君吴芮率百越佐诸侯攻战，又随从入关,故立吴芮为衡山王,都邾(今湖北黄冈北)。共敖将兵击南郡,功多,因立共敖为临江王,都江陵(今湖北江陵)。徙燕王韩广为辽东王。燕将臧荼从楚救赵,因从入关,故立臧荼为燕王,都蓟(今北京南)。徙齐王田市为胶东王,都即墨。田都因救赵并从入关,故立田都为齐王,都临菑(今山东临淄北)。田安下济北数城降项羽,故立田安为济北王,都博阳(今山东泰安东南)。陈余弃将印去,又不从入关。只环封南皮三县。番君将梅锠功多,封十万户侯。

分封符合贵族割据称王之意愿,代表了他们的利益;但分封又难以完全满足他们的欲望,故分封之后,不可能相安无事,不可能维持长期和平的局面。

公元前206年四月,诸侯皆罢戏下,各就封国。五月,分裂割据的混战便首先由田荣挑起。当秦将章邯杀其从兄田儋于临济城下,田荣收儋余众败走东阿时,项梁闻讯,立即引兵援救,大败章邯军,解除了东阿之危。章邯失败而西走,项梁继续追击。而田荣却引兵回齐,击逐齐王田假,田假亡走楚。当项梁要田荣联兵西向共击秦军之时,田荣却提出楚必杀田假才肯出兵,楚不肯杀田假,而田荣终不出兵,致使项梁寡不敌众而有定陶之败。因此项羽不分封田荣为王是有道理的。田荣得知消息后,遂留田市,不许其去胶东就封;并发兵拒绝田都就国,把田都赶跑。田市畏惧项羽,逃去胶东,田荣追杀之于即墨,而自立为齐王。又发兵西击杀济北王田安,并王三齐之地。田荣又赠彭越将军印,令其反于梁地以进攻项羽。又发兵助陈余反于赵地。陈余与齐兵共击常山王张耳,张耳败走归附刘邦。陈余迎故赵王歇自代入为赵王,歇因立陈余为代王。燕王臧荼击杀辽东王韩广,并王其地。于是在项羽统治下的关东地区又出现了分裂割据战争的形势。

当项羽分封之初,刘邦怨项羽背约,即欲进攻项羽,被萧何劝阻,刘暂时忍而未发,赴南郑就国,同时烧绝栈道,表示无东向之意,以此麻痹项羽。公元前206年八月,汉王刘邦用韩信之计,从故道北进,暗渡陈仓(今陕西宝鸡东),突袭雍王章邯,章邯败走,汉王围之于废丘。塞王司马欣降汉,国除,以其地为渭南、河上郡。翟王董翳降汉,国除,以其地为上郡。关中落入刘邦之手,这是楚汉战争的前奏。项羽得知刘邦已并吞关中，齐、梁又叛，便以故吴令郑昌为韩王以拒刘邦东下。九月，刘邦遣将军薛欧、王吸出武关，因借王陵之兵于南阳，入沛迎其家属，项羽发兵拒之于阳夏(今河南太康)，使之不得东进。

刘邦占据关中之后，使张良徇取韩地，并令张良作书致项羽，表示"汉王失职，欲得关中，如约即止，不敢东"①出关。项羽遂无西进之意，而专力北击田荣。公元前205年冬，项羽率军北进至城阳(今山东巨野西)，田荣兵败，逃到平原(今山东平原南)，为平原民所杀，由此亦可见田荣之不得民心。而项羽"遂烧夷齐城郭室屋，皆坑田荣降卒，系虏其老弱妇女"。进军至北海(今山东潍坊南)，"多所残灭"，引起"齐人相聚而叛之"。② 于是，田荣弟田横收齐散亡之卒得数万人，又起于城阳。

当项羽出兵攻齐之际，公元前205年十月，刘邦东出函谷至陕(今河南三门峡西)，河南王申阳降。又使韩太尉韩信击韩，项羽所立韩王郑昌降，十一月，立韩信为韩王。刘邦返回关中，徙都栎阳。又派军占据陇西郡。三月，刘邦东向自临晋(今山西大荔东)渡过黄河，魏王豹降，虏殷王司马卬。刘邦乘项羽攻齐未归之机，"以故得劫五诸侯(常山、河南、韩、魏、殷)兵"③，凡五十六万人，东攻楚。四月，刘邦攻入楚都彭城，"收羽美人货赂，置酒高会。"④项羽闻讯，留其将继续攻齐，而自率精兵三万人南从鲁(今山东曲阜)出胡陵(今山东滕县西南)，至萧(今安徽萧县西北)切断汉军归路，凌晨至彭城，大破汉军，汉军皆走，在抢渡谷、泗水时，十余万人葬身水底。余众向南溃逃，楚军又追击至灵璧(今安徽濉溪西北)。当汉军抢渡濉水时，又被楚军截杀，汉军十余万人皆入濉水，淹死者不计其数，濉水为之不流。楚军围汉王三重。这时大风突起，折木扬石，楚军大乱，刘邦才乘机与数十骑逃走。五月，刘邦退

① 《史记·项羽本纪》。
② 《史记·项羽本纪》。
③ 《史记·高祖本纪》。
④ 《汉书·高帝纪》。

回荥阳,萧何征“发关中老弱未傅者悉诣军”,韩信亦收兵来会。刘邦又重振旗鼓。自此后,楚汉长期相持于荥阳、成皋之间,互有胜负,汉不能东,楚亦不能西。

当刘邦败于彭城之后,魏王豹“绝河津,反为楚。”①前205年八月,刘邦派韩信率军进攻魏王豹。九月,俘虏魏豹,平定魏地,置河东、太原、上党郡。

前204年十月,韩信率三万之众,东下井陉攻赵。赵王、陈余聚兵号称二十余万于井陉口。赵广武君李左车劝说陈余应“深沟高垒,坚营勿与战”。他又指出汉军所通过的井陉之道,“车不得方轨,骑不得成列,行数百里,其势粮食必在其后。”而自愿请奇兵三万人,出他道绝其辎重。如此则可使韩信陷于“前不得斗,退不得还”的境地。不出十日,可得韩信、张耳之首。否则必为其所擒。陈余不用李左车之策。韩信遂引兵而下井陉,采取背水为阵的战法,大破赵军,杀陈余,俘赵王歇,立张耳为赵王以镇抚赵地,又获得军队粮饷供应地,扩大了后方。四月,刘邦用陈平之计,离间了项羽与范增的关系,项羽因而怀疑范增,遂使范增大怒而去,发病死。项羽在其军内亦日渐孤立。五月,刘邦入关,有一个辕生献计道:“汉与楚相距荥阳数岁,汉常困。愿君王出武关,项王必引兵南走,王深壁,令荥阳、成皋间且得休息。使韩信等得辑河北赵地,连燕齐,君王乃复走荥阳。如此,则楚所备者多,力分。汉得休息,复与之战,破之必矣。”②这计划是要在更大范围内调动项羽,牵着项羽的鼻子走,把项羽引向南方,乘机抓紧北线的进攻,稳定河北,联合燕、齐,形成对项羽的包围,然后自正面成皋、荥阳突击,这样就使项羽力量分散,顾此失彼,陷入疲于奔命的被动挨打局面。刘邦接受了这个建议,出兵宛(今河南南阳)、叶(今河南叶县西南)间。自此,楚汉相持于荥阳、成皋的对峙局面渐被打破,刘邦在军事上转入主动的阶段。

---

① 《汉书·高帝纪》。

② 《汉书·高帝纪》。

项羽得知刘邦军在宛，果然引兵南向，刘邦坚壁不与战。这时，彭越又渡过濉水，插入彭城东，下邳一战，杀楚将薛公。项羽不得不派终公留守成皋，而亲自率军东攻彭越。刘邦乘机自宛、叶北进，又占领成皋。六月，项羽破彭越，得知刘邦复据成皋的消息，又急引兵而西占据荥阳，进围成皋。两月之间项羽往来作战，顾此而失彼，疲于奔命。八月，刘邦临河南向，高垒深堑，屯兵于小修武（今河南获嘉东），而使卢绾、刘贾率军二万人，骑兵数百，从白马津（今河南滑县东）渡过黄河，助彭越焚烧楚军积聚，攻下睢阳（今河南商丘南）、外黄（今河南开封东）十七城，插入荥阳、彭城之间。九月，项羽令曹咎固守成皋，而亲率军东攻彭越。项羽军事上更加被动。前203年十月，刘邦攻破成皋，曹咎自杀。韩信用蒯通计突袭破齐，项羽派龙且以号称二十万大军救齐，十一月，韩信杀龙且，又击杀齐王广。至此，韩信已占据齐地，从北线完成了对楚的包围，“而彭越、田横（田横在韩信破齐后，自立为齐王，奔彭越）居梁地，往来苦楚兵，绝其粮食。”①刘邦又派人说服英布归汉。项羽连续损兵折将，其处境更加艰难。

二月，刘邦用张良计，立韩信为齐王，使其为汉尽力攻楚。此时，“汉兵盛食多，项王兵罢食绝”②，楚汉双方力量对比发生了根本变化。八月，项羽被迫与刘邦讲和，以鸿沟为界，中分天下，以西为汉，以东为楚。约定之后，项羽以为无事，“乃引兵而东归”。③ 刘邦采用张良、陈平之议，“因其机而遂取之”。发兵追击项羽。前202年十月，刘邦进军至阳夏（今河南太康），并约定韩信、彭越共击楚军。但当刘邦军至固陵（今河南太康南）时，韩信、彭越按兵不动，刘邦被项羽打得大败，只得入壁深沟自守。张良献计道：“楚兵且破，信、越未有分地，其不至固宜。君王能与共分天下，今可立致也。即不能，事未可知。

---

① 《汉书·高帝纪》。
② 《史记·项羽本纪》。
③ 《史记·项羽本纪》。

君王能自陈以东傅海，尽与韩信；睢阳以北至谷城（今山东阳谷东）以与彭越，使各自为战，则楚易败也。”①刘邦采纳了张良的建议，派使者告知韩信、彭越。韩信、彭越皆还报：请今日立即进兵。于是，韩信、彭越、刘邦等各路大军会击项羽。十二月，至于垓下（今安徽灵璧南），围之数重。项羽率骑从者八百余人连夜突围南走，渡淮后只剩百余人，至阴陵（今安徽定远西北）迷路，陷大泽中，为汉军所追及。项羽东走东城（定远东），只有二十八骑。最后自刎于乌江（今安徽和县东北）。历时四年之久的楚汉战争结束了。二月甲午，刘邦即皇帝位于汜水之阳，建立了西汉皇朝。

楚汉战争是项羽、刘邦两个封建势力集团之间为争夺全国统治权而进行的斗争。用当时人的话讲就是“争权天下”。② 就实力而言，当初刘邦集团远非项羽集团之敌手。最终的结局却是刘胜项败，其原因是：第一，秦亡后，刘邦主张封建统一，在他占领的地方皆以为郡县，符合历史发展趋势，带有进步性。项羽成为封建割据势力的代表，实行霸主分封制，在政治上带有落后性。第二，刘项之间强弱消长变化的关键在于民心之得失。刘邦入关后，与关中父老“约法三章”，除秦苛法。在自汉中还定三秦后，又开放“秦苑囿园池，皆令人得田之。”③在战争中除个别情况下，刘邦很少屠城，故有“宽厚长者”之称。项羽于国计民生一无建树，在战争中又有许多过分残暴的行动，如杀降、屠城等，带有很大破坏性。正如韩信说：“项王所过无不残灭者，天下多怨，百姓不亲附，特劫于威强耳，名虽为霸，实失天下心，故曰其强易弱。”④第三，刘邦有稳固的根据地，项羽则没有安定巩固的后方。这除去政治因素之外，关键在于地理位置。四塞之地，易守难攻。居高临下，可控制东西南北。强则可以出关攻城略地，弱则可以闭关自保。就经济而言，关中殷富，“关中之地于天下三

① 《史记·项羽本纪》。
② 《史记·淮阴侯列传》。
③ 《史记·高祖本纪》。
④ 《史记·淮阴侯列传》。

分之一,而人众不过什三,然量其富什居其六。”①秦就是立足关中,南控巴蜀,东向以灭六国的。在楚汉战争中,刘、项相抗拒数岁。刘邦常多次失军亡众,而萧何常及时从关中发兵增援,又转漕关中给食不乏。刘邦之屡仆屡起,就是有关中作为强大可靠的后盾。项羽都彭城,其所据地盘虽大,周围却无险可守,常四面受敌,必须多方用兵。项羽虽屡胜刘邦,而自己兵饷消耗甚大,补给困难。他虽也曾看到关中地位的重要,但估计远远不足。他之所以立三秦王,就是欲据此以抗拒刘邦。但三秦王为败军之将,秦民父兄多怨恨之。故刘邦能出故道,暗渡陈仓,轻而易举地占据关中。向使项羽亲自坐镇关中,刘邦恐将老死于汉中,至少形势不会迅速出现楚汉战争之结局。第四,刘邦在斗争中注意多种斗争形式的有机配合,而项羽则失之于单纯个人的军事行动。项羽尊楚怀王为义帝,以后又杀掉他。楚怀王本是一无足称道的人物,却被刘邦利用为对项羽斗争的旗号。刘邦、项羽相持于广武间,刘邦数项羽有十大罪过,其中三条是关于义帝的。刘邦在得知义帝被杀,袒而大哭,为义帝发丧,他初次率诸侯王兵东向攻入彭城,打的旗号就是“愿从诸侯王击楚之杀义帝者”。这实是一种“挟天子以令诸侯”的策略,用现代术语说,就叫政治斗争。其实,刘邦也并不真把义帝放在眼里,有义帝尊号在,刘邦怎能称皇帝。项羽不杀掉他,刘邦终究也会把他杀掉的。第五,在军事与政治上刘邦采取了较主动而又灵活机动的战略与策略。刘邦除正面于荥阳、成皋与项羽争锋之外,又东南联合英布、彭越,北联燕、齐,组成对楚的战略包围,南出宛、叶,使项羽多备分力以至于防不胜防。项羽在战役上常常获胜,而在战略上却十分被动。在楚汉战争中,韩信是个关键人物,项羽是有所认识的,只是到了韩信下齐,楚损兵折将,龙且被杀后,项羽才做拉拢韩信的工作,可是为时已晚。不过此时韩信尚处在犹豫观望之中,“右投则汉王胜,左投则项王胜”。② 项羽如能及时采用适

① 《史记·货殖列传》。
② 《史记·淮阴侯列传》。

当办法联络韩信,未始不可以成功。惜项羽见不及此,最后的机会也丧失了。第六,刘邦善于用人,项羽则刚愎自用,不善于发现人才和使用人才。有不少谋臣良将原本是项羽旌下,而却一个个被刘邦争取过去,如韩信、陈平便是。刘邦集团人才济济,而项羽则日渐孤立,有一范增尚不能用,轻信离间,以致最后众叛亲离。可见匹夫之勇终不能成就大事。

由于上述种种原因,楚汉战争最后刘胜项败的结局就是势所必然的了。

第二章

西汉前期的政治和经济

（公元前202年——前141年）

西汉皇朝从公元前202年刘邦称帝开始到公元8年王莽代汉结束，总计210年历史，其政治、经济、文化、民族关系的发展演变经历了三个历史阶段：从刘邦称帝开始到汉景帝去世（公元前141年），中经惠帝、高后、文帝三朝，是西汉政治、经济的复苏和发展时期；从汉武帝即位（前140年）到汉宣帝去世（前49年）即武帝、昭帝、宣帝时期是西汉国势鼎盛时期；从汉元帝（前48年即位）经成帝、哀帝、平帝到王莽废孺子婴（公元8年），是西汉皇朝的衰亡时期。本章即叙述西汉前期的历史状况。

第一节　西汉的建立及其稳定

一、定都长安

汉五年（前202年）十二月，垓下之战，项羽败亡之后，刘邦立即返回定陶，趁韩信不备，驰入韩信军营，解除其兵权，把韩信由齐王改封为楚王，都于下邳（今江苏邳州西南），其余的割据武装也迅速被扫平。此时天下复归于统一，普天之下，莫非汉王之土了，"汉王"之称已不足以表达刘邦的尊贵和权威，更不能区别刘邦与其功臣之间的君臣尊卑关系，必须改变称号。于是，在楚汉战争中陆续被刘邦封为王的韩信、英布等人和众大臣遂主动上书请求刘邦称帝。称帝是刘邦的夙愿,其早年在关中服役看到秦始皇出巡时的威武雄壮的场面,就曾发出“大丈夫当如此也”的感叹。时过境迁,曾经横扫天下、使海内为一统的秦皇朝覆灭了,战无不胜、所向披靡的楚霸王项羽在逐鹿天下的过程中最后自刎乌江,自己由一个泗上亭长而成为真正的“大丈夫”,急于称帝的迫切心情可以想见。所以,刘邦假意推辞一番之后,即接受群臣的“劝进”,也顾不上什么礼仪制度、宫廷设施,就在汜水北岸(今山东菏泽定陶县官堌堆)于二月甲午日正式称帝,是为汉高帝。

“汉并天下”瓦当(陕西临潼栎阳出土)

刘邦称帝于定陶,只是临时稳定统治秩序的需要。在对内部关系稍作调整以后,当年五月即移驻洛阳。洛阳是西周的陪都、东周的首都,是中原大都会。刘邦到洛阳以后,即选调官员,修缮宫室,准备把洛阳作为汉皇朝的首都。其时,有齐人娄敬成陇西(今甘肃东部地区),途经洛阳,面见刘邦,认为不宜定都洛阳,而应定都关中。他说:

“今陛下起丰沛,收卒三千人,以之径往而卷蜀汉,定三秦,与项羽战荥阳,争成皋之口,大战七十,小战四十,使天下之民肝脑涂地,父子暴骨中野,不可胜数,哭泣之声未绝,伤痍者未起,而欲比隆于成康之时,臣窃已为不侔也。且夫秦地被山带河,四塞以为固,卒然有急,百万之众可具也。因秦之故,资甚美膏腴之地,此所谓天府者也。陛下入关而都之,山东虽乱,秦之故地可全而有也。夫与人斗,不搤其亢,拊其背,未能全其胜也。今陛下入关而都,案秦之故地,此亦搤

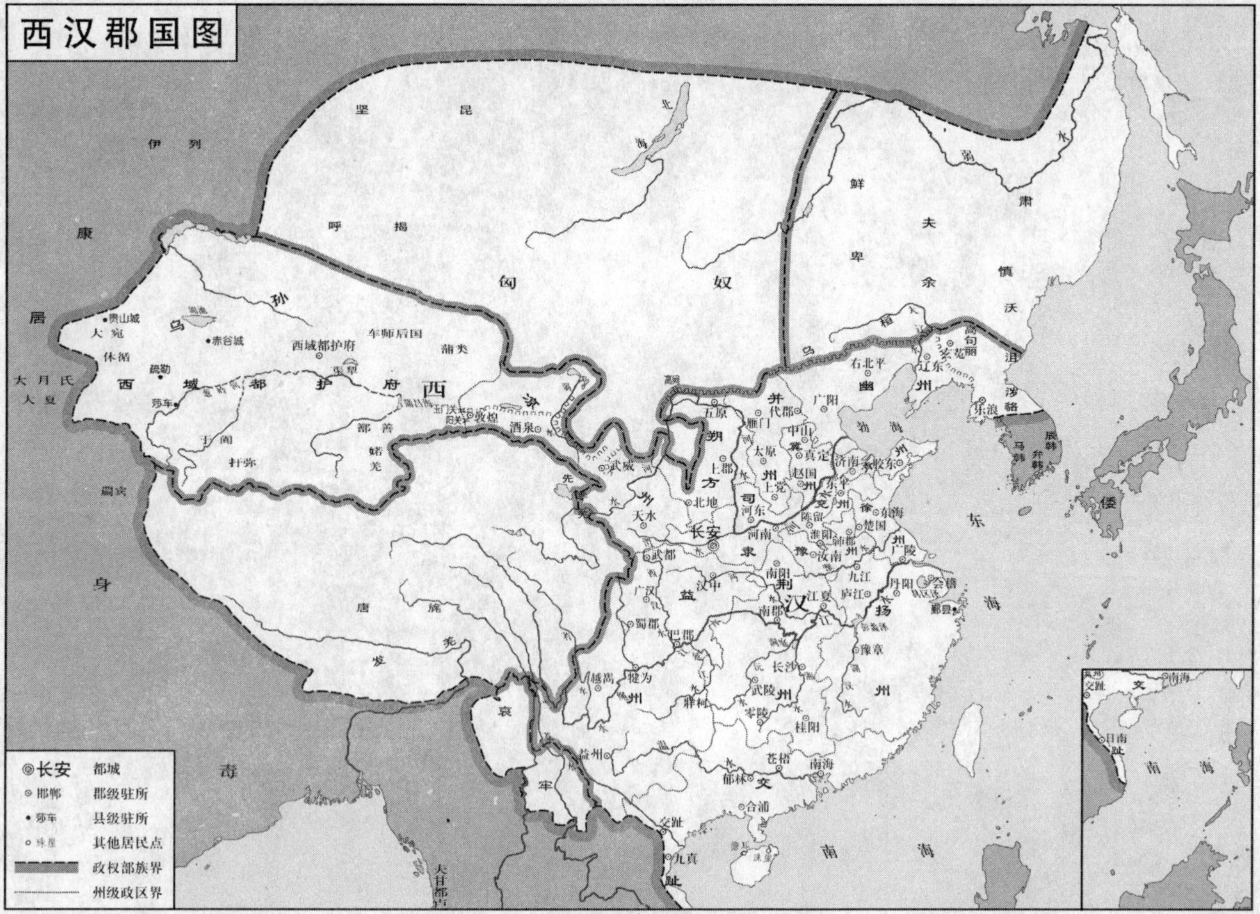
西汉郡国图
◎长安 都城
⊙邯郸 郡级驻所
•莎车 县级驻所
○ 其他居民点
政权部族界
州级政区界
坚昆
伊列
呼揭
康居
匈奴
鲜卑
夫余
乌桓
肃慎
沃沮
大宛
贵山城
赤谷城
乌孙
车师后国
西域都护府
蒲类
休循
疏勒
西域都护府
大月氏
大夏
莎车
于阗
扜弥
鄯善
婼羌
罽宾
身毒
唐旄
发羌
哀牢
凉州
酒泉
敦煌
玉门关
阳关
武威
天水
朔方
五原
上郡
北地
长安
司隶
河东
河南
并州
代郡
雁门
太原
上党
冀州
中山
真定
赵国
广阳
幽州
右北平
辽东
玄菟
高句丽
乐浪
濊貊
渤海
青州
济南
胶东
兖州
东平
陈留
徐州
东海
楚国
豫州
淮阳
汝南
沛郡
荆州
南阳
南郡
江夏
长沙
武陵
零陵
桂阳
扬州
九江
广陵
庐江
丹阳
会稽
豫章
鄞县
益州
武都
汉中
广汉
蜀郡
巴郡
犍为
越巂
牂柯
益州
交州
苍梧
南海
郁林
合浦
交趾
九真
日南
马韩
辰韩
弁韩
倭
东海
南海

天下之亢而拊其背也。”①

娄敬的政治眼光是十分敏锐的，其分析极为深刻。刘邦想建都洛阳的原因之一就是因为洛阳曾经是周朝的都城，又有交通上的便利。娄敬则一针见血地指出，洛阳地处平原，乃四战之地，而刘邦争夺天下所依靠的是秦地的便利、秦人的支持，大小战争都在中原展开，中原地区经济上破坏严重，更主要的是无数的关东男女死于楚汉之争，项羽的旧部、原来六国的遗属都在关东地区，他们对汉皇朝未必真心拥戴；而在战争中分封的诸侯王如楚王韩信、淮南王英布、梁王彭越等都在洛阳以东和南北地区，一有风吹草动，洛阳安全就成问题。与洛阳相比，关中则优越得多：一是刘邦在关中有统治基础，早在刘邦初入关中时，刘邦即为统治关中做准备，从咸阳还军灞上以后，“召诸县父老豪杰曰：‘父老苦秦苛法久矣，诽谤者族，偶语者弃市。吾与诸侯约，先入关者王之，吾当王关中。与父老约，法三章耳：杀人者死，伤人及盗抵罪。余悉除去秦法。诸吏人皆案堵如故。凡吾所以来，为父老除害，非有所侵暴，无恐！且吾所以还军灞上，待诸侯至而定约束耳。’乃使人与秦吏行县乡邑，告谕之。秦人大喜，争持牛羊酒食献饷军士。沛公又让不受，曰：‘仓粟多，非乏，不欲费人’。人又益喜。唯恐沛公不为秦王”。② 项羽入关以后，纵兵虏掠，焚烧咸阳宫室，大火三月不息，将满腔仇恨发泄完毕以后，撕毁楚怀王的约定，封刘邦为汉王，王汉中，而将关中分封给投降项羽的三个秦朝将领。两相对比，关中吏民自然怀念刘邦。所以当刘邦起兵汉中，占领关中，东向和项羽争夺天下以后，秦人是坚决地和刘邦站在一边，没有关中吏民的支持，刘邦是不可能取得最后胜利的，刘邦统一天下依靠的就是秦人之力。二是关中乃周秦故地，土地肥沃，人口殷富，所受战争破坏较小，经济基础优于关中。三是有形势之利，北接黄土高原，西靠陇西丘陵，南有秦岭，东有黄河、殽山，四面有天然屏障，只能从设定

① 《史记·刘敬列传》。

② 《史记·高祖本纪》。

的关隘出入，易守难攻，即使关东叛乱，也难以威胁朝廷的安全。刘邦虽然觉得娄敬说得有理，但是，开国元勋都是关东人，光宗耀祖是他们共同的理想，对家乡有着特殊的感情，不愿意远离家乡，以秦二世而亡为由反对建都关中。只有张良力排众议，指出洛阳附近“不过数百里，田地薄，四面受敌，此非用武之国也”。而关中地势险要，物产丰富，“左殽函，右陇蜀，沃野千里，南有巴蜀之饶，北有胡苑之利，阻三面而守，独以一面东制诸侯。诸侯安定，河渭漕转天下，西给京师；诸侯有变，顺流而下，足以委输。此所谓金城千里，天府之国也”。[①] 听了张良的分析，刘邦乃拜娄敬为奉春君，赐姓刘，下令迁都关中。

刘邦车驾到达关中以后，先住于栎阳，命少府在秦都咸阳以东的长安乡建筑新宫，至高帝七年（前 200 年），规模粗具，遂徙都长安。从此以后，长安就成为西汉全国政治经济文化中心。

二、恢复统治秩序

从陈胜首义，经楚汉之争，到西汉建立，七年战争，举国上下，满目疮痍，城池化为丘墟，良田一片荒芜，百姓转死流亡，户口所存，十之二三，摆在西汉皇朝面前的当务之急是恢复生产，安定民生，稳固统治。对此，刘邦君臣是有着清醒的认识的。早在暂都洛阳时，刘邦就下诏采取一系列措施，恢复秩序，稳定民生。其主要内容有：

（一）复员军队，“兵皆罢归家”。[②] 战争结束后，已无必要继续保留一支庞大的军队。否则，国家要支出大量的军费，若为不轨之徒所操纵，更有害于新政权，而农业生产正需要劳动力。“兵皆罢归家”一举两得，减少了国家财政支出，又提供了劳动力，同时满足了士兵回家安居乐业的愿望。

（二）优抚士卒，鼓励关东士兵定居关中，规定“诸侯子在关中者，复之十

① 《史记·留侯世家》。

② 《汉书·高帝纪下》。

二岁,其归者半之”①。诸侯子即战国时东方诸侯国人,复即免除徭役。这是对复员士兵的优待。凡跟随刘邦入关而定居关中者,免除十二年徭役;返回故里者,免除六年徭役。其时关中人口不足,京师缺乏拱卫,故鼓励人们定居关中。

(三)恢复秦朝百姓的故爵田宅。“民前或相聚保山泽,不书名数,今天下已定,令各归其县,复故爵田宅,吏以文法教训辨告,勿笞辱”。② 这主要是针对秦朝关中吏民而言。“故爵田宅”即秦朝授予的军功爵和土地住宅。秦时关东百姓服役关中,多受秦朝吏卒欺凌,及至秦亡,东方士卒往往乘胜报复,故秦民多逃亡山泽,聚众自保,这不仅使大片土地抛荒,而且是致乱之源,不利于社会安定和巩固新政权。诏令规定,逃亡人口只要回到原籍,仍然享有原来的爵位和土地,地方官吏按照规定办理相关登记手续,不得虐待羞辱。此令对稳定民心,发展生产都是有好处的。

(四)免奴为民。“民以饥饿自卖为人奴婢者,皆免为庶人。”③这些“自卖为人奴婢者”本来是普通百姓,是国家的编户齐民,因为战乱无以为生而沦为奴隶,所以要将他们免为庶人,不仅改善他们的生活和社会地位,提高其生产积极性,而且扩大国家的赋役来源。

(五)推行军功爵制,按功劳行田宅。“军吏卒会赦,其无罪而无爵及不满大夫者,皆赐爵为大夫。故大夫以上赐爵各一级,其七大夫以上皆令食邑,非七大夫以下皆复其身及户勿事。”④从军吏卒不但得到爵位,而且“甚多高爵”,并按功劳分配田宅,免其徭役,以示优惠。这些人自然就成了新政权的拥护者和统治基础。

此外,刘邦还实行了徙豪富以实关中的政策。他接受娄敬建议,于公元前

① 《汉书·高帝纪下》。

② 《汉书·高帝纪下》。

③ 《汉书·高帝纪下》。

④ 《汉书·高帝纪下》。

198年十一月,“徙齐楚大族昭氏、屈氏、景氏、怀氏、田氏五姓关中,与利田宅。”共约十余万口①,刘邦这次徙豪族与秦不同。秦始皇统一全国后,曾“徙天下豪富于咸阳十二万户。”②其目的是加强对他们的统治,剥夺其财产,使他们远离故土,消除其政治影响,以绝其复国之根基。刘邦之徙豪固然是防止六国宗室之后为乱关东,但是,采用的是拉拢政策,是为了依靠他们巩固统治,视之为国家干城,故利其田宅,使之归心。二者方式不同,效果迥异:秦始皇激化了秦政权和东方六国贵族的矛盾,陈胜、吴广振臂一呼,他们便利用自己的传统影响起兵复国,刘邦则赢得了他们的拥护,成为他们的代理人。

至此,西汉的社会秩序基本稳定了。百姓各事产业,只要假以时日,经济即可恢复发展。但是,朝廷上的秩序仍然杂乱无章,君不君、臣不臣的现象相当严重。刘邦出身泗上亭长,萧何、曹参出身胥吏,韩信家贫无行,常从人寄食,周勃是吹鼓手,樊哙以屠狗为业,彭越以强盗起家,黥布是囚徒,陈平是游士,只有张良是破落贵族出身。他们都曾是秦朝的编户齐民,彼此之间本无尊卑之分,也不习封建礼仪,及至刘邦称帝,仍一如既往,因而在朝会之时,经常出现“群臣饮酒争功,醉或妄呼,拔剑击柱”③的混乱现象,根本不把刘邦这个皇帝的尊严放在眼里。“高祖患之”而又无可奈何,这时曾屡受其辱的一群儒生把他从窘境中解脱了出来,其代表人物就是叔孙通。

叔孙通,薛人(今山东薛城),精通儒家经典和礼仪制度,曾为秦朝博士,义兵起,先投项梁,后随义帝,刘邦攻占彭城后,率领弟子百余名加入刘邦麾下。其时戎马倥偬,刘邦需要的是冲锋陷阵、斩将搴旗的勇士,因而叔孙通向刘邦推荐的都是一些鸡鸣狗盗之徒,偶尔为刘邦出出主意,对于儒家思想学说、礼仪制度闭口不提。刘邦称帝定陶时,叔孙通才首次运用自己的知识为刘

---

① 《汉书·高帝纪下》、《娄敬传》。

② 《史记·秦始皇本纪》。

③ 《汉书·叔孙通传》。

邦制定一套简单得不能再简单的朝仪，因为刘邦君臣都起自草莽，认识不到朝仪的重要性，对儒生们还存在反感情绪。到长安以后，刘邦深感群臣无礼时，叔孙通意识到施展自己特长的时机成熟了，遂上言："夫儒者难与进取，可与守成。臣愿征鲁诸生，与臣弟子共起朝仪。"①得到刘邦允许之后，他先到鲁地征集懂得礼仪制度的儒生三十余人，加上原来的弟子百余名，参照秦朝礼仪，根据刘邦君臣的文化特点，制订了一套简便易行的朝仪，在野外排练了一个多月，请刘邦视察通过以后，于汉七年，在新落成的雄伟壮丽的长乐宫中，举行了群臣朝见皇帝的大典。大典之日，东方微明，朝中车骑列阵，卫卒各执兵刃，旌旗排列，环匝四周，殿下郎中数百人挟台阶而立，然后由谒者引导群臣上殿，以秩位高低为序，文东武西，相向而立于殿门之外。然后刘邦在仪仗队的引导和护卫之下乘辇升殿，落座以后，百官按号令参拜，而后依次上前祝贺。刘邦则依序赐酒，各有定数，数尽而罢。举朝上下，庄严肃穆，君臣尊卑，等级分明。整个过程，没有一个人敢欢哗失礼，昔日的混乱场景一去不复返了。朝会之后，刘邦情不自禁地感叹说："吾乃今日知为皇帝之贵也。"②叔孙通因此而为奉常，专司礼仪法式，汉代诸仪皆出其手。

通过以上措施，朝野秩序安定下来了。

三、剪除异姓王、分封同姓王

汉制，爵分二等，大者王，小者侯，均裂土建国，以赏元勋的开国之功。刘邦在楚汉战争中和称帝以后，或被迫，或自愿，先后封了八个功臣为王：

一为赵王张耳，大梁（今河南开封）人，和刘邦曾是故交，先为陈胜校尉，攻下赵地三十余城，佐武臣为赵王；秦亡之后，受项羽封为常山王，治襄国（今河北邢台），被陈余击败，投刘邦。汉四年，立为赵王，五年（前202年）死，子敖嗣。

---

① 《汉书·叔孙通传》。
② 《汉书·叔孙通传》。

二为韩王信，韩国宗室之后，随刘邦入汉中，还定三秦，略定韩地，汉二年封为韩王，后降楚，旋归汉。五年（前 202 年）王颍川，刘邦与之剖符为信；六年徙王太原，治马邑（今山西马邑）。

三为楚王韩信，淮阴人（今江苏淮安），出身贫贱，先从项梁、项羽叔侄，不得重用，转投刘邦，因萧何推荐而为大将，为刘邦论楚汉短长，制定夺取天下的方略，还定三秦，北取赵燕，东伐三齐，屡建奇功。汉四年二月，刘邦立韩信为齐王，治临淄（今山东临淄），五年正月夺韩信军，六月改封于楚，王淮北，治下邳（今江苏邳州西南）。

四为淮南王英布，六（今安徽六安）人，因坐法受黥刑，故又称黥布，曾率骊山徒逃亡为盗，陈胜起兵，布以众反秦，后投项氏叔侄，受项羽封为九江王，治六。楚汉成皋对峙时，因随何游说而归汉，汉四年七月立为淮南王。

五为梁王彭越，昌邑（今山东金乡西）人，常在巨野泽中打渔为生，兼为盗。秦末聚众起兵，归附刘邦，略有魏地。楚汉战争中，彭越常阻断项羽粮道，汉四年七月，立为梁王。

六为燕王臧荼，本为楚故将，受楚封为王，后降汉，受汉封为燕王，治蓟（今北京西南）。

七为燕王卢绾，丰人，和刘邦同里，二人同日生，长大后为刎颈之交，乡人多以此为贺。刘邦起兵，绾以宾客的身份跟随左右，备受亲幸。汉五年九月，臧荼以谋反被俘，绾继立为燕王。

八为长沙王吴芮，秦时为番阳令，颇得民心，号称番君，秦末率越人反秦，受项羽封为衡山王，治邾（湖北黄冈）。后佐汉有功，改封长沙王，治临湘（今湖南长沙）。

在封王的同时，又封一百余人为列侯。始封之日，群臣争功，各不相让。高帝以萧何功最高，封为酂（今河南永城西北）侯，食邑八千户，位第一。众人不服，认为“臣等身披坚执锐……攻城略地，大小各有差。今何未尝有汗马之劳，徒持文墨议论，不战，顾反居臣等上，何也？”刘邦回答说：“夫猎，追杀兽兔者狗也，而发踪指示兽处者人也。今诸君徒能得走兽耳，功狗也。至如萧何，发踪指示，功人也。且诸君独以身随我，多者两三人，今萧何举宗数十人皆随我，功不可忘也。”①这才平息了众议。刘邦把萧何比做猎人，把其他功臣（主要指武将）比做猎狗，未免有些尖酸刻薄，但揆诸当时的实际情况，他的话是正确的。其次封张良为留侯（今江苏沛县东南），食邑万户。封曹参为户牖侯。其余依次行赏，共封一百三十七人，食邑各有等差。

刘邦迁都关中以后，东方基本上是那些异姓王的天下：楚王韩信占有今淮北、苏北广大地区，淮南王英布有今安徽南部、湖北北部、江西北部的广大地区，梁王彭越有现在山东、河北、河南三省交界的广大地区，燕王臧荼有今河北北部、辽宁西部的许多地方，赵王张耳有今河北、河南交界广大地区，而以邯郸为中心，韩王信占有以今太原为中心的山西北部和内蒙古南部的广大地区，势力最小的长沙王吴芮也有今湖南和江西的部分地区。当时国土的大部分都在异姓王的控制之下，中央直接管辖的只有关中和巴蜀地区。这些异姓王，国土跨州兼郡，自置百官，自领军队，更兼武略过人，对中央政权构成严重威胁。

高帝之封异姓王，除了长沙王吴芮、燕王卢绾以外，均出于无奈，是为了换取他们的归心、合力进攻项羽而被迫封他们为王。如楚王韩信、淮南王彭越在受封之前，都是重兵在握，与汉则汉胜，与楚则楚赢；若割据一方亦足以和楚、汉抗衡。为了击败项羽，必须满足他们的称王要求。但是，统一以后，这些功臣的利用价值已经消失，相反成为皇权的威胁，自己卧榻之旁，岂容他人酣睡？必须除之而后安。

首当其冲的是军功最高的楚王韩信。韩信和萧何、张良并称为汉初三杰，军功位列第一，高帝对他疑虑也最多，在垓下决战之前，刘邦被迫封韩信为齐王，辖齐地七十余城。所以，垓下战事一结束，刘邦直奔韩信军营，在没有任何征兆的情况下，解除了韩信的军权，就是防止韩信拥兵自重，割据一方。改封

---

① 《史记·萧相国世家》。

韩信为楚王以后，刘邦并没有放松对韩信的警惕，而是注视着韩信的一举一动，寻找时机而除之。果然，不久高帝即发现项羽故将钟离眜藏匿在韩信帐下。钟离眜虽是项羽部将，但和韩信私交甚好，出于义气，韩信迟迟不奉诏，这就增加了高帝迅速除掉韩信的决心。高帝六年十月（前201年），有人上告，谓韩信出巡县邑，常列兵相随，意欲谋反。刘邦欲兴兵讨伐，而患力不能胜，乃用陈平计，伪游云梦（今湖北云梦），令诸侯王会于陈（今河南淮阳），以便乘机逮捕韩信。韩信自徙封淮阴之后，就知道高帝怀疑自己，听到高帝出游云梦的消息后，更是心存疑惧，但自以为无罪，遂往陈谒驾。钟离眜明白韩信与高帝关系之微妙，遂自刎以清除韩信见驾的障碍。韩信以为有钟离眜首级作为见面礼，加上以往的功劳，可以打消刘邦的疑虑了。但他哪里知道，刘邦是醉翁之意不在酒，韩信到陈之后，未及陈情就被逮捕。韩信抚今追昔，叹道："果若人言：'狡兔死，走狗烹；高鸟尽，良弓藏；敌国破，谋臣亡。'天下已定，我固当烹！"①但当时要说韩信谋反，还缺乏证据，高帝遂改封其为淮阴侯，徙于长安，就近加以控制。高帝十年，赵相国陈豨反于巨鹿（今河北巨此），高帝亲征，韩信舍人因与韩信不和，密告吕后说韩信欲为陈豨内应，吕后用萧何计，使人诈言陈豨已死，令韩信入宫向吕后致贺，然后擒杀韩信于长乐宫，诛灭三族。

其次是韩王信。韩王信王颍川，其地"北近巩、洛，南迫宛、叶，东有淮阳，皆天下劲兵处也。"②高帝怕其图谋不轨，遂改徙太原以备匈奴。高帝六年秋，匈奴大军围韩王信于马邑，信遣使与匈奴谈判和解。高帝发兵来救，怀疑韩王信私通匈奴，责备他不全力抵抗，鉴于前车之鉴，韩王信惧诛而投降匈奴，成为汉边之大患。七年冬，高帝率兵讨伐韩王信，进攻匈奴，被围于平城白登山，用陈平计始得脱围（详第五节）。十一年，汉将柴武斩韩王信。

赵王张耳死后，子敖嗣，尚鲁元公主。汉七年，高帝从平城败回，途经赵

① 《史记·淮阴侯列传》。

② 《史记·淮阴侯列传》。

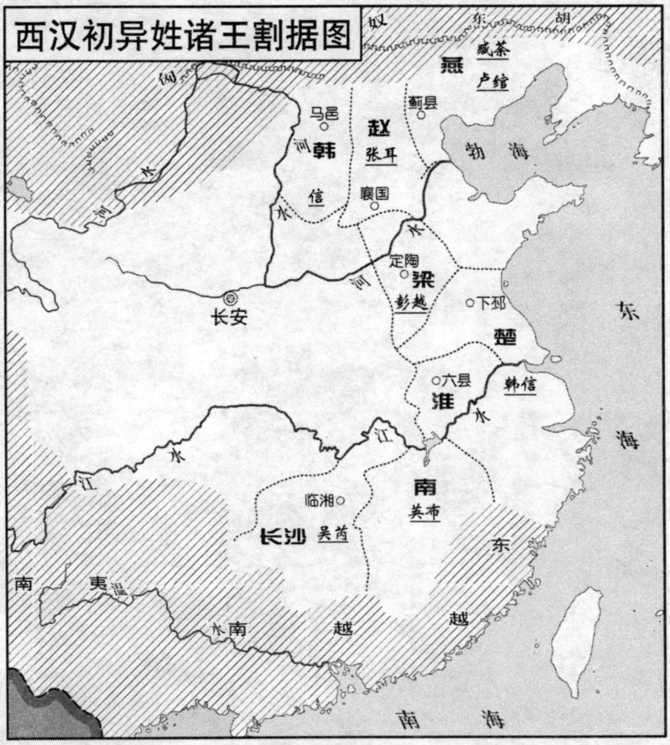

西汉初异姓诸王割据图

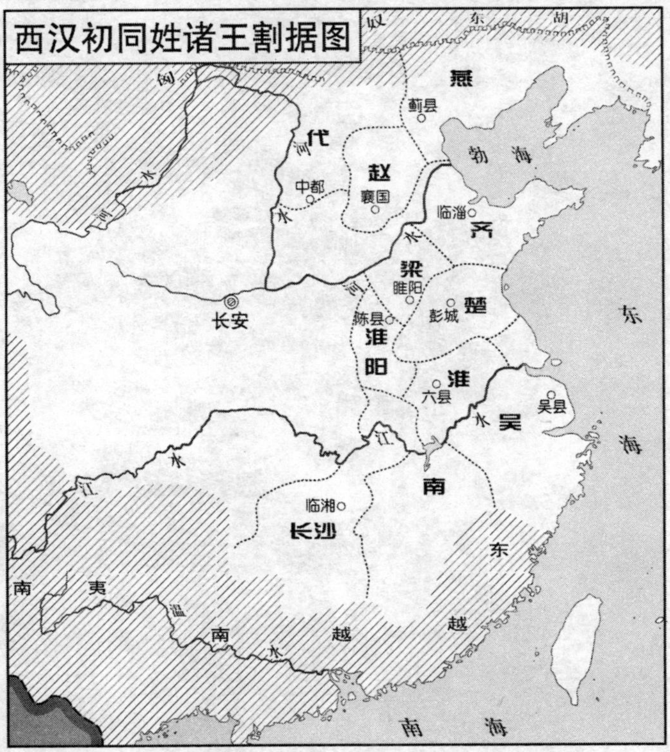

西汉初同姓诸王割据图

国,张敖事以子婿之礼,却遭到高帝谩骂,其客贯高等人不忿,谋反未果,张敖、贯高等被捕至长安,后查明张敖不知此谋,赦为宣平侯。

高帝十年,征梁王彭越兵以击陈豨,彭越称病,另派使者领兵随从,高帝大怒,扈辄劝彭越反,越不从,其太仆有罪惧诛,遂密告彭越谋反,废越为庶人,迁往蜀地。在赴蜀途中,遇吕后,越哭诉无罪,请吕后说情,愿回故乡昌邑为民。吕后伪装同意,至洛阳,对高帝说,迁彭越于蜀,等于放虎归山,不如诛之以绝后患。于是杀彭越,剁为肉酱,传示诸侯王,灭其宗族。

英布见韩信、彭越被杀,恐惧不安,私下召集军队以防不测,其中大夫贲赫与英布有隙,遂上告英布谋反。英布见事已如此,遂反。高帝将兵讨伐,英布兵败被杀。

随后卢绾也因谋反被黜。高帝平陈豨之叛,令卢绾从东方进攻陈豨,陈豨向匈奴借兵,卢绾看到异姓诸王大部被除,自身难保长久,也想借匈奴力量牵制汉朝,遂遣使让匈奴攻燕,然后以此为借口不出兵攻陈豨。陈豨被平之后,高帝得到真情,遣使召卢绾入朝,卢绾称病不至。其时高帝已病,见卢绾不奉诏,以为卢绾果然背叛自己,即令樊哙领兵攻燕。卢绾念及和高帝情分,带着家人和几千骑兵在长城下观望,想等高帝病愈后入朝请罪,不料高帝一病不起,他知道朝中再也不会有人原谅自己了,遂投匈奴。

至此,高帝所封八个异姓王,只有长沙王吴芮,地小势弱,对汉廷不构成威胁,得以延续下来,至文帝时以无子国除。

铲除异姓王的目的是建立刘氏天下。刘邦认为秦始皇虽建立一个统一的嬴氏天下,但没有王同姓子弟,陈胜一反,没有人来支持,结果孤立而亡,即"惩戒亡秦孤立之败"。他认为,秦始皇"窃自号为皇帝,而子弟为匹夫,内亡骨肉本根之辅,外亡尺土藩翼之卫"。① 所以在消灭异姓王的同时,刘邦又大封宗室子弟为王。

---

① 《史记·诸侯王表》。

高帝一朝,共封十一个同姓王。他们是:

(一)荆王刘贾(刘邦从父兄,即刘邦叔父之子),随刘邦起兵反秦,在楚汉战争中,曾率兵深入楚地,断绝楚军粮道,参与垓下之战。高帝六年(前201年)十二月,废楚王韩信,将原楚国分为二国,以淮东五十二城封予刘贾,都吴(今江苏吴县)。高帝十一年,淮南王英布叛乱,进攻荆国,刘贾阵亡。

(二)楚王刘交(刘邦少弟),自幼好读书,多才艺;灭秦后,被封为文信君,随侍刘邦左右,甚得亲信。楚王韩信被废黜后,和刘贾同时被封,为楚王,都彭城(今江苏徐州市),有薛郡、东海、彭城三十六县,他到封国以后,招徕学士,一时之间,使彭城成为东方的文化重镇。

(三)代王刘喜(刘邦次兄)①,原为宣信侯,高帝六年受封为代王,王云中、雁门、代郡五十三县。不久,匈奴南下,刘喜临阵脱逃,被刘邦废为合阳侯。

(四)吴王刘濞(刘喜之子),原为沛侯。高帝十一年(前196年),荆王刘贾被英布所杀,无后,而刘濞时年二十,随刘邦破英布有功,被封于吴,都广陵(今江苏扬州),有三郡五十三城。

(五)齐王刘肥(高帝子),高帝六年(前201年)立,都临淄(今山东临淄),有胶东、胶西、临淄、博阳、城阳等七十余城。

(六)赵王如意(高帝子),高帝九年(前198年)立,是其宠姬戚夫人所生,高帝九年,张敖被废除,被封为赵王,都邯郸(今河北邯郸)。

(七)淮阳王友(高帝子),十一年(前196年)立,都陈(今河南淮阳)。②

(八)淮南王刘长(高帝子),十一年(前196年)淮南王英布叛乱,立刘长

① 按:刘邦共有兄弟四人:长兄伯,早卒;次兄喜,于高帝六年被封为代王,事见《汉书·高帝纪》"以云中、雁门、代郡五十三县立兄宣信侯喜为代王"。《汉书·楚元王传》谓"汉六年……封次兄仲为代王"。则"次兄仲"和"宣信侯喜"应是同一个人,"仲"是按照排行对"喜"的别称;刘邦原名刘季,"季"得自于排行顺序,即排行第三,而不是字。《汉书·高帝纪》注荀悦云"讳邦,字季",以季为字是错误的。

② 刘友于孝惠帝元年(前194年)被吕后徙封为赵王,故《汉书·高五王传》、《诸侯王表》又称为赵王友。

为淮南王，都寿春（今安徽寿县）。

（九）梁王刘恢（高帝子），十一年（前196年）立，都睢阳（今河南商丘）。

（十）代王刘恒（高帝子），十一年（前196年）立，都晋阳（今山西阳曲县）。

以上所封同姓王，因为刘喜、刘恒是先后封为代王，故同时存在的同姓王国，最多时是十个。至此，高帝兄弟子侄悉封为王，各治一方，唯有长兄伯之子刘信一人为侯，因为高帝微时，其母待高帝刻薄，且其兄早死，没有什么功劳。至此，刘氏家天下建成了，为防止别人横生枝节来抢夺，高帝临终前，与诸大臣相约："非刘氏而王者，天下共诛之。"以保证刘家皇祚永存不替。

异姓王除尽，同姓王封毕，但宗室子弟坐享其成，并无斩将搴旗之功，也无运筹帷幄之才，能否保证世代相传，高帝是有所忧虑的，他隐隐地感觉到有某种力量在威胁着刘家江山。高帝十二年，平定英布叛乱，荣归故里，和当年做泗上亭长时的旧相识及众乡亲父老子弟欢聚一堂，抚今追昔，不禁慷慨高歌："大风起兮云飞扬，威加海内兮归故乡，安得猛士兮守四方！"表露了他的忧患心情。这次出征回来不久，于当年五月即病死于长安。

四、吕后称制与吕氏集团的覆灭

刘邦共有八个儿子：吕后生刘盈，曹夫人生刘肥，薄姬生刘恒，戚夫人生刘如意，赵姬生刘长，另有刘友、刘恢、刘建为其他姬妾所生。按照嫡长子继承制，吕后是刘邦的结发妻子，刘盈是吕后的长子，于是刘邦在称汉王之后，就立刘盈为太子。刘邦晚年宠爱戚夫人，爱屋及乌，认为刘盈仁弱，"不类己"，怕将来难以摆脱吕后的控制，不保刘氏江山，几次想另立戚姬子赵王如意为太子，但几次都未能如愿。这是因为：第一，废嫡立庶，违背了皇位继承的基本原则，群臣一致反对，大臣如张良等更是想方设法确保刘盈的太子之位。第二，刘邦定天下，吕后也有一份功劳，史称吕后"为人刚毅，佐高祖定天下，所诛大臣多吕后力”。① 吕后一门,追随高帝,南征北战,长兄吕泽,次兄吕释之都以战功封侯,高帝出征异姓诸王时,京师所依,主要是吕后。故在高帝时,吕后已形成一股势力,元老重臣和吕后在战争中都有着非同一般的关系;而戚夫人对汉家江山无尺寸之功,不过凭借其色相博得刘邦的欢心而已,得不到朝臣的支持。第三,如意年幼,不足以担当一国之主的重任。所以高帝虽知刘氏江山受到吕氏威胁,却也无可奈何。至于说刘盈之不废,得力于“商山四皓”之帮助②,实在是齐东野语,不足为信。

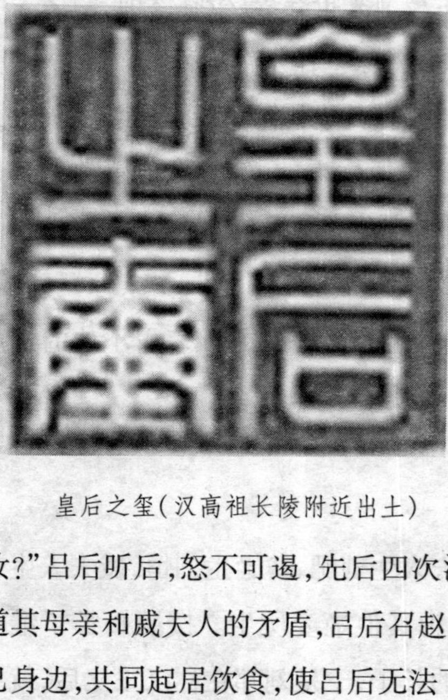
皇后之玺(汉高祖长陵附近出土)

惠帝既立,吕氏以太后身份操纵政权。她首先想到的就是除掉情敌兼政敌——戚夫人,先将戚夫人囚禁于永巷,“髡钳,衣赭衣,令舂”。此时,如意为赵王,已经到了赵国,戚夫人想起刘邦在世时的风光,现在沦为囚徒,想到赵国和儿子团聚都不可能,自然是不胜伤悲,一边舂米一边唱道:“子为王,母为虏,终日舂薄牡,常与死为伍!相离三千里,当使谁告汝?”吕后听后,怒不可遏,先后四次派遣使者将赵王如意召回长安。惠帝知道其母亲和戚夫人的矛盾,吕后召赵王的目的是要将其处死,就让如意随从自己身边,共同起居饮食,使吕后无法下手。公元前194年十二月,吕后乘惠帝早上外出习射、如意因年幼未起床之机,派人将年仅九岁的如意毒死。而后将戚夫人斩去手足,戳瞎双眼,熏聋耳朵,饮以哑药,放在厕所内,名为“人彘”。

① 《史记·吕太后本纪》。

② “商山四皓”事见《史记·留侯列传》,司马光《资治通鉴》不采此事,表示已经怀疑了。

然后让对戚夫人持同情态度的惠帝前往观赏。惠帝见吕后如此残忍，自己又无能为力，遂以饮酒为乐，国家大事均由吕后决定。

为了专擅朝政，吕后在杀掉戚夫人母子以后，开始有计划地消灭那些对自己专权可能构成威胁的刘氏诸王。如意死后，将淮阳王刘友迁为赵王，不久将刘友活活饿死。又将梁王刘恢迁为赵王，再逼死刘恢。

吕大官印封泥（济南章丘洛庄汉墓出土）

在刘氏诸王中，齐王刘肥势力最大，有齐地七十余城，吕后自然也要除之而后安。惠帝二年（前193年），齐王刘肥入朝，惠帝对齐王执家人礼，因齐王年长，使坐上座，吕后大怒，欲用毒酒杀齐王，幸亏惠帝保护，刘肥才没有被当场毒死。后来齐王接受臣下建议，主动把自己封地中的城阳郡献给吕后的女儿鲁元公主，作为她的食邑，又尊鲁元公主为齐王太后，表示对吕后的忠心，才全身而退，回到自己的封国。吕后又派人杀掉燕王刘建之子，夺其国。

吕内史印封泥（济南章丘洛庄汉墓出土）

惠帝在位七年，于公元前188年病死。惠帝皇后无子，吕后取后宫美人子立为太子。惠帝死后，太子为帝，史称少帝，年幼，吕后临朝称制。吕后四年（前184年），少帝知道自己不是皇后亲生，口出怨言，被吕后废掉，另立惠帝子恒山王刘弘为傀儡皇帝。

编钟和编磬（济南章丘洛庄汉墓出土）

从惠帝继位开始，吕后就开始培植吕氏的势力。惠帝死后，正式提出分封吕氏子弟为王，又担心违反高帝“非刘氏而王者，天下共诛之”的遗训，乃先问右丞相王陵，王陵果然以高帝遗命为根据，反对王吕氏子弟。吕后不悦，复问左丞相陈平、绛侯周勃，陈平、周勃等见吕后权力在手，阻止无益，不如先做个顺水人情，待机而动，回答说，“高帝定天下，王子弟；今太后称制，王昆弟诸吕，无所不可。”①吕后大喜，以王陵为太傅，剥夺他的实权，排除分封吕氏子弟的干扰。先后封长兄周吕侯吕泽之子吕台为吕王，台弟产为梁王，次兄建成侯吕释之子吕禄为赵王，吕台子吕通为燕王；追尊父吕公为吕宣王，兄周吕侯为悼武王，又封六个子弟为列侯。除追封的两王外，吕氏一门凡四王六侯。

吕后剪宗室，王诸吕，必然引起宗室和群臣的反对。右丞相陈平和太尉周勃原本有隙，将相不和。因诸吕专权，二人在陆贾的调解下，团结一致。陈平不惜重金，使陆贾游说朝臣公卿，准备对付吕氏集团。朱虚侯刘章借行酒令之机，以耕田为喻，说：“深耕溉种，立苗欲疏，非其种者，锄而去之。”②讽喻吕氏专权不是正宗，向吕后发出了警告。吕氏集团和宗室功臣的斗争日趋表面化了。

---

① 《史记·吕太后本纪》。

② 《汉书·高五王传》。

吕后八年(前180年)七月,病重,临终前为控制京师,防止功臣、宗室对吕氏集团发难,"令赵王吕禄为上将军,军北军;吕王产居南军",并诫吕禄吕产说"高帝已定天下,与大臣约:'非刘氏王者,天下共击之'。今吕氏王,大臣弗平,我即崩,帝年少,大臣恐为变。必据兵卫宫,慎毋送丧,毋为人所制"。①

吕后死后,诸吕计划诛杀功臣以绝后患。朱虚侯刘章之妇是吕禄之女,因而刘章知道了诸吕的阴谋,立即通知齐王刘襄,起兵进攻长安,诛诸吕,刘章和诸功臣做内应。齐相召平反对齐王起兵,被杀。齐王布告天下,说明起兵的目的是"诛不当为王者"。消息传到长安,相国吕产派颍阴侯灌婴领兵迎击齐军,行至荥阳,驻军不前,和齐王联合,告谕诸侯,静观诸吕动态。吕禄、吕产想发兵诛刘氏宗室及功臣,一则信心不足,畏于周勃、刘章的威望;二则怕齐王的军队,而犹豫不决。周勃和陈平计议,劫持郦商,令其子郦寄游说吕禄放弃北军。郦寄和吕禄友善,吕禄听信了他的话,想归将印于周勃,一时放松了警惕,给了周勃以可乘之机。及至吕产等知道灌婴已与齐王联合的消息时,周勃已假借符节(汉制无符节不得入军营,其时襄平侯纪通掌符节,私予周勃),进入北军。又使郦寄矫诏令吕禄把北军交给周勃,回到自己封国去。吕禄不识真假,交出印信。周勃遂下令军中说:"为吕氏右袒,为刘氏左袒,"士兵都左袒。周勃又令朱虚侯刘章监宫门,不许吕产入宫,以防南军有变。吕产不知道吕禄已离开北军,想入未央宫发动南军叛乱,被阻于殿外。周勃令朱虚侯率军千余人诛杀吕产,夺取南军,随后将吕氏宗族,不管老少,一律处死。吕氏集团被彻底消灭。

诸吕既灭,群臣以为少帝非惠帝子,是吕氏所立,心向吕氏,怕将来报复,不如另立新君。有的主张立齐王刘襄,大部分人反对,认为齐王母、舅均恶,如立为帝,会重现外戚专权的局面,不如立代王刘恒。计议已定,选派使者迎代王入京。代王郎中令张武以为朝中多高帝故将,诈而无信,劝刘恒称病不往,

---

① 《史记·吕太后本纪》。

以观其变。中尉宋昌则分析秦末以来天下形势,指出人心思定,欲归刘氏,即使朝中大臣有异志,百姓也不会同意,劝刘恒立即动身。刘恒遂入京即帝位,是为汉文帝。汉朝政权,自惠帝以来,几经易主,内依朝臣,外靠宗室,至此稳定下来了。

五、黄老政治与文景时期的繁荣

赫赫不可一世的秦皇朝,转瞬间灰飞烟灭。刘邦从一个泗上亭长,数年间成为一代君主。是什么原因促成这一历史变化?秦朝为何速亡?汉朝怎样久安?这是汉初君臣时常思考的问题。高帝出身亭长,受的是秦朝政治文化的熏陶,重武轻文,以为自己是马上得天下,只要有武力就行了。陆贾见天下已定,建议刘邦以《诗》、《书》的礼乐教化治国,刘邦破口大骂:"乃公居马上得之,安事《诗》、《书》?"陆贾反唇相讥说:"马上得之,宁可以马上治之乎?且汤武逆取而以顺守之,文武并用,长久之术也。……向使秦已并天下,行仁义,法先圣,陛下安得而有之?"刘邦尽管不喜欢《诗》、《书》所提倡的道德说教,但是他亲眼目睹了秦朝的灭亡,没有秦始皇、秦二世的举众暴措、荼毒百姓,就没有陈胜、吴广的起兵,也就没有汉家天下。要避免秦朝夭折的命运,就要吸取秦朝短命的教训。所以,刘邦在听了陆贾的批评以后,就令他"试为我著秦所以失天下,吾所以得之者,及古成败之国。"①陆贾遂奏上《新语》十二篇,指出秦之灭亡在于刑罚严酷,徭役繁重,致使民不堪命,起而亡之。当务之急是实行无为而治,与民休息。陆贾的《新语》深得刘邦赞赏,每奏一篇,未尝不称善,左右皆呼万岁。遂据以为制定政策的指导思想,从而开启了黄老政治的先河,陆贾是汉初弘扬黄老学说的第一人。

黄老之学形成于战国,黄指黄帝,属后人假托,老指老子。其学说吸取老子的无为思想,摈弃其小国寡民、绝圣弃智的政治主张,既言无为,也言刑名。

---

① 《汉书·陆贾传》。

刑即法律制度,名即国家君臣名分。在国家君臣名分、法律制度既定的前提下,通过教育,使万民归心,自觉地遵守和维护等级秩序,尽各自的义务;而国家也尽量地减少兵徭之役,让百姓有足够的时间从事生产,安居乐业。

刘邦起自民间,深知百姓疾苦,目睹民心向背,了解百姓的需求,所以称帝以后,尽管东征西讨,忙于平定异姓王,但在可能的条件下,尽量注意节省民力。如迁都关中,兴建长安城,就是量力而行,分阶段施工;萧何兴建未央宫,高帝责备萧何"治宫室过度",意思是不要过分扰民。惠帝、吕后时,以曹参为相,更是以"无为"见称。曹参原为齐相,曾召集齐地长者儒生,询问治国方略,怎样才能安集百姓,诸生人言各异,不知所是。后闻胶西有一位盖公,善治黄老之术,遂向他请教。盖公教曹参"治道清静而民自定。"曹参以其术治齐,九年而齐国大治。曹参继萧何为相国,"举事无所变更,一遵萧何之约束,择郡国吏长大讷于文辞,谨厚长者,即召除为相史。吏言文刻深,欲务声名,辄斥去之。日夜饮酒,卿大夫以下吏及宾客见参不事事,来者皆欲有言,至者,参辄饮以醇酒,度之欲有言,复饮酒,醉而后去,终莫得开说,以为常。"惠帝感到奇怪,使中大夫曹窋(曹参子)私下询问缘由,参怒而笞之。惠帝责问其故,曹参回答说,陛下贤能不如高帝,我不如萧何,"高皇帝与萧何定天下,法令既明具,陛下垂拱,参等守职,遵而勿失,不亦可乎?"惠帝称善。及曹参死,"百姓歌之曰:萧何为法,讲若画一;曹参代之,守而勿失。载其清静,民以宁一。"①高后临朝,也是如此,史称"孝惠、高后之时,海内得离战国之苦,君臣俱欲无为,故惠帝拱己,高后女主制政,不出房闼,而天下晏然,刑罚罕用,民务稼穑,衣食滋殖。"②文帝"本好刑名之言"③,又以外藩入继大统,对宗室大臣采取优容政策,淮南王谋反,仅处以流刑。吴王刘濞称病不朝,文帝明知他对朝廷不

① 《汉书·曹参传》。

② 《汉书·高后纪》。

③ 《汉书·儒林传序》。

满,却赐予几杖,嘱其安心养病。大臣张武受贿当刑,文帝另加赏赐以愧其心。对百姓则尽量减少徭役,奖励耕织,提倡节俭。“损膳食,不听乐,减外徭卫卒,止岁贡;省厩马以赋县传,去诸苑以赋农夫,出帛十万余匹以赈贫民……赦罪人,怜其亡发,赐之巾;怜其衣赭书其背,父子兄弟相见也,而赐之衣。平狱缓刑,天下莫不喜悦。”①文帝在位二十三年,“宫室苑囿车骑服御无所增益。有不便,辄弛以利民。尝欲作露台,召匠计之,值百金。上曰:‘百金,中民十家之产也。吾奉先帝宫室,常恐羞之,何以台为?’身衣弋绨。所幸慎夫人衣不曳地,帷帐无文绣,以示敦朴,为天下先。治霸陵,皆瓦器,不得以金银铜锡为饰;因其山,不起坟”。② 又除妖言诽谤罪,除肉刑。所有这一切都是在黄老思想指导下进行的,其目的当然是为了巩固汉朝统治,但却也给人民带来了益处。景帝即位,尤好黄老,不任儒者,“窦太后好黄帝老子言,景帝及诸窦不得不读老子书,尊其术。”③有“王生者善为黄老言,处士也,尝召居廷中。”④直不疑“学老子言”,后被拜为御史大夫,汲黯、郑当时好黄老,景帝时均受到重用。

高、惠、文、景时期特别是文、景两朝,是西汉黄金时代,由于清静无为,国家少事,政治清平,赋税徭役较轻,国家经济、人民生活和汉初相比,都有了明显的变化,司马迁在《史记·平准书》中对此有两段生动的描述:“汉兴,接秦之弊……自天子不能具钧驷,而将相或乘牛车,齐民无藏盖”。“至今上(汉武帝)即位数岁,汉兴七十余年之间,国家亡事,非遇水旱之灾,民则人给家足,都鄙廪庾皆满,而府库余货财,京师之钱累巨万,贯朽而不可校。太仓之粟陈陈相因,充溢露积于外,至腐败不可食。众庶街巷有马,阡陌之间成群。”前后对比,确实不可同日而语。然而,在这一片繁荣的背后,也存在着许多问题。因为在无为政治下,放任自流,法网疏阔,也给许多犯罪不法行为提供了契机。

---

① 《汉书·贾山传》。

② 《汉书·文帝纪》。

③ 《汉书·外戚传上》。

④ 《汉书·张释之传》。

故司马迁接着又说："当此之时，网疏而民富，役财骄溢，或至兼并豪党之徒以武断于乡曲，宗室有土，公卿大夫以下，争于奢侈，室庐舆服僭于上，无限度。物盛而衰，固其变也。"这"物盛而衰"的变化在封建社会里是不可避免的，但就当时社会生产和生活的总体水平而言，无疑是大大地提高了。

第二节　财政政策和经济发展

西汉前期，高、惠、文、景诸帝都采取了一系列措施，鼓励生产，发展经济。到景帝末年，农业、手工业、商业都出现了空前繁荣的景象。

一、农业政策和农业的发展

汉初统治者吸取秦朝对农民无限度地榨取导致迅速灭亡的教训，他们在农业政策上重视发展生产，有限制地收取赋税、征用劳役，这表现在四个方面：

一是奖励农耕，解决农民生产中的具体困难。高帝时复员军队，按军功行田宅，复除徭役；并召还流民，复故爵田宅。实行授田制，凡是在籍人口，按照名籍，有军功者按照军功高低授田，没有军功者，按照每夫百亩的标准授田，实现劳动力和土地的有效结合，尽快恢复农耕。惠帝时，凡是尽力农耕，产量过人者，则免除其徭役。文帝亲自执耜耕作"藉田"，"以给宗庙粢盛"，"皇后亲桑以奉祭服"，①以示天下先。当农民垦荒或者耕种缺乏籽种时，有官府借贷；农民所借官府籽种因为歉收而不能归还时，则予以免除。又于十二年置"孝悌力田"作为民之表率。景帝即位仍之不改，又明令禁止官吏征调民夫从事采矿冶炼劳作，保证农业生产的正常进行。

---

① 《汉书·文帝纪》。

算赋、口赋木牍(湖北江陵凤凰山出土)

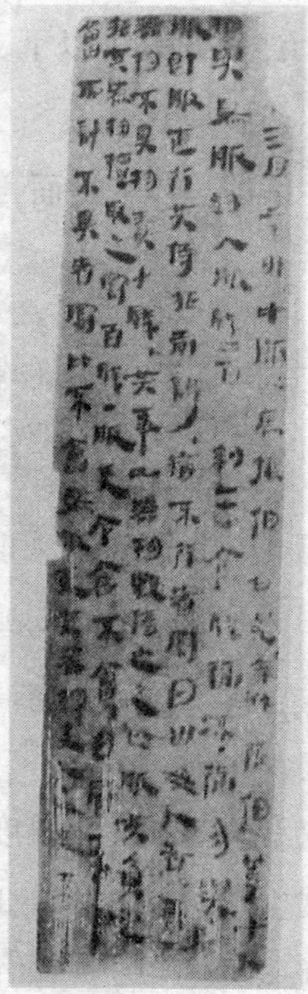

服约(徭役)木牍(湖北江陵凤凰山出土)

二是减轻田税劳役。“汉兴,……约法省禁,轻田租,什五而税一,量吏禄,度官用,以赋于民。”①这是量出为入的政策,汉初君臣提倡节俭,所出有一定限制,自然也就减轻了对农民的剥削。文帝时偃武修文,“民赋四十,丁男三年而一事。”②文帝二年、十二年先后减免田税的一半;十三年(前167年)下诏“其除田之租税”,即全部免除田税③,直到景帝二年(前155年)才恢复征收田税,将原来的十五税一,改为三十税一,成为定制。其间十三年没有田税。田税的减免虽然照顾了田多人少的地主的利益,但对占有小块土地的农民也

① 《汉书·食货志上》。
② 《汉书·贾捐之传》。
③ 《汉书·文帝纪》。

有好处。

三是放宽对土地的限制,允许人口流动以开垦荒地。土地原来属于国有,农民没有垦种的自由,秦始皇三十一年(前216年)曾“使黔首自实田”①,即要求农民安心农亩、尽力于官府所授土地之上,以免土地抛荒;而山川林泽苑囿,仍在国家控制之下。秦末战乱,人民迁徙流亡,劳动力和土地分离,所以汉初复民故爵田宅,同时按军功、名籍授田宅。其时人少地多,虽不存在土地不足问题,但还有土质好坏之分,人们都想垦耕那些出力少而收益多的肥沃之地,而有的地区人口集中,土地还不足使用,所以萧何奏请开放上林苑,让农民耕垦采猎,高帝不允,并下何于廷尉狱中。文帝后元六年,“弛山泽”②,即放松对山泽的管制,与民共利。景帝即位,令郡国“或硗狭,无所农桑繫畜;或地饶广,荐草莽,水泉利,而不得徙。其议民欲徙宽大地者,听之”③。秦和汉初都有农民移徙的情况,但那时或因天灾人祸,农民被迫流亡;或由政府强制迁

---

① 《史记·秦始皇本纪》《集解》引徐广语。对“使黔首自实田”有不同理解。一般理解为是让黔首自行申报土地数量,国家承认其对所申报土地的所有权,是土地私有化的标志。这是以秦实行土地私有制为前提所做出的逻辑推论,也不符合“实”字的文意。“申报”在秦汉法律上有专门称谓,称之为“占”,云梦秦简《编年记》记载十一号墓墓主人喜于秦始皇(秦王政)十六年(前231年)“自占年”(《睡虎地秦墓竹简》,文物出版社,1978年,第7页)。《史记·秦始皇本纪》同年记作“初令男子书年”,二者所记一事,即命全国男子申报年龄。秦律《傅律》规定“匿敖童,及占㾙不审,典、老赎耐。”此“占”即申报。而“实”并无申报之意。《说文》“实,富也,从宀从贯,货贝也。”在先秦文献中用做财富、富裕、物资、充满、果实、事实等意,从来没有“申报”之例,解“自实田”为“自己申报土地数量”显然是改字解经。但是,也不能按照字面将“使黔首自实田”解作“让黔首自由充实土地”。因为秦朝实行普遍授田制,按照户籍统一授田,土地多少和身份一致,庶民每夫一顷,有军功者按照爵位高低增加授田数量,根本不允许自由占田。所以,合理的解释是使黔首安心于官府所授予的土地之上,耕好各自的土地,不得弃农经商或者从事农业生产以外的活动。这是针对六国地区民众而言的,六国私营工商业发达,秦统一以后,以农为本,以商为末,将秦制推行全国,统一授田制。六国的生产传统被迫改变,民众不安心农亩,秦始皇故有是诏,号召农民安心农事。

② 《汉书·文帝纪》。

③ 《汉书·景帝纪》。

徙,都没有允许农民可以随便离开土地瘠薄的狭乡向土地广饶且有水利的宽乡迁徙。有如此规定,标志着国家对土地人口管理的放松,目的是“农桑繫畜”。

四是以法律的方式规范田间管理,维护农田水利交通设施,保护畜牧业和自然资源。先秦时代,各国都曾程度不同地采取措施发展农业和畜牧业。秦自商鞅变法以后就有专门的《田律》对亩积大小、阡陌系统、除草修桥等等作出了专门的规定。① 汉初也颁布《田律》,改进秦律内容,使之更加切合实际。如张家山汉墓竹简《田律》规定:

> “田广一步,袤二百四十步,为畛,亩二畛,一佰(陌)道,百亩为顷,十顷一千(阡)道,道广二丈。恒以秋七月除千(阡)伯(陌)之大草。九月大除道□阪险;十月为桥,修波(陂)堤,利津梁。虽非除道之时而有陷败不可行,辄为之。”
>
> “禁诸民吏徒隶,春夏毋敢伐材木山林,及进(壅)隄水泉,燔草为灰,取产(麛麝)卵彀,毋杀其绳重者,毋毒鱼……”。
>
> “诸马牛到所,皆毋敢穿井,穿井及置它机能害人、马牛者,虽未有杀伤也,耐为隶臣妾。杀伤马牛,与盗同法。杀人,弃市。伤人,完为城旦舂”。
>
> “马、牛、羊、彘彘食人稼穑,罚主金,马、牛各一两,四𧱏彘若十羊、彘当一牛,而令拆(?)稼偿主。县官马、牛、羊,罚吏徒主者”。②

律文明确规定二百四十步为亩,亩与亩之间有田埂即“畛”为界,百亩和千亩之间设阡、陌,统一阡陌的高度和宽度。每年七月除去阡陌上的杂草;九月统

---

① 关于商鞅变法后秦国田律,见四川省博物馆、青川县文化馆:《青川出土秦更修为田律木牍》,《文物》1982年第1期。李均明、林梅村:《散见简牍合辑·四川青川县郝家坪50号秦墓木牍》,文物出版社1990年版,第50页。

② 张家山汉墓竹简整理小组:《张家山汉墓(二四七号)竹简》,文物出版社2001年版,第166—167页。

一整修阡陌及排水桥梁系统，平时发现阡陌桥梁损坏者，随时修理。春夏季节，不准砍伐林木，不准筑堤断水，不准猎杀有孕野兽，不准用药毒鱼。放牧时节，不准挖掘陷阱、设置机关伤害人畜，违背者虽然没有造成后果，也"耐为隶臣妾"；若杀伤马牛，按照盗窃罪论处，"杀人，弃市。伤人，完为城旦舂"。当然，若马牛羊等牲畜在放牧过程中糟蹋庄稼，也要按规定赔偿。

由于上述农业政策的推行，加以汉初七十余年，内外少事，社会安定，人人安居乐业。史称当时"百姓无内外之徭，得息肩于田亩，天下殷富，粟至十余钱，鸣鸡吠狗，烟火万里，可谓和乐者乎？"太史公进一步评论说："文帝时，会天下新去汤火，人民乐业，因其欲然，能不扰乱，故百姓遂安，自年六七十翁，亦未尝至市井，游敖嬉戏，如小儿状。"①这田园牧歌式的生活场景，自然因为司马迁的生花妙笔而增加了魅力，是文景时代自给自足的小农经济的形象写照。

西汉初期，地广人稀，资源丰富，人们不需要付出很大的劳动改进耕作方式，所获得的产品也能满足生活需要。按当时一般标准，五口之家，耕百亩之田，每亩产量在1—1.5石之间②，土地肥沃者或超过此数，反之亦不足此数。地广人稀之处，一家所耕或不止百亩，反之亦然。因为国家授予农民的百亩土地是良田，在田恶之处，授予的土地数量是不止一百亩的，而是增加授予数量以调节土地质量的差异。所以，从耕作技术上看，耕种良田的技术标准和耕种恶田的技术标准是有区别的，前者要精耕细作，后者只能采用漫田法，或者休耕法。

汉初，农业发展很不平衡。关中"膏壤沃野千里"，"于天下三分之一，而人众不过什三，然量其富，什居其六"，是天下财富汇聚之所。"三河在天下之中，若鼎足，王者所更居也，建国各数百千岁，土地小狭，民人众，都国诸侯所聚

---

① 《史记·律书》。

② 汉代一百亩相当于现在的31.2亩，每升约合现在的1/5升，每石约为现在的2/5石，也就是2升。

会，故其俗纤俭习事”。齐地少农耕之地，多盐碱沙碛而近海，故盛产渔盐，“巴蜀亦沃野，地饶卮、姜、丹砂、石、铜、铁、竹林之品。”长江中下游及淮南地区，水土温湿，多山林水网虫瘴之处，农业落后于黄河流域，“楚越之地，地广人稀，饭稻羹鱼，或火耕而水耨，果隋蠃蛤，不待贾而足。地势饶食，无饥馑之患，以故呰窳偷生，无积聚而多贫。是故江淮以南，无冻饿之人，亦无千金之家”。① 北方中山、雁门以北，接近游牧经济区，半农半牧，边地则和塞外无殊，主要是畜牧，不少地区以骑马射猎为业，男寡耕稼之利，女乏机织之饶，农业远远落后于中原地区。

农业发展不平衡，原因很多。一是历史传统。黄河流域是华夏文明重心，人口密度大，开发早，有悠久的农业传统。当然这是以地理条件为前提的，如燕齐之地，开发也很早，但限于地处丘陵，沙质土壤，农业难以发展起来，而以桑麻、渔盐、畜牧见长。二是气候限制。北方雁代地区，气候苦寒，宜于畜牧。南方长沙以南，气候温湿，易染疾病，人口稀少而物产丰富，渔猎采集即可维持生活，故其气候虽宜农业特别是水田，也没有中原发达。三是统治者的扶持。如关中地区，除其自然条件外，汉初诸帝的屡次移民关中也是一个重要因素。在当时关中缺乏的是劳动力，移民关中，增加了关中的劳动人口，促进了关中农业经济的发展。

畜牧业和经济作物种植业是农业经济的重要补充，在谷物种植不发达的地区，牧业和经济作物往往比较发达。汉初牛马极少，政府立法鼓励养马，保护畜牧业主的合法权益。在边地设置牧师苑，作为官家养马场，各地农民则因地制宜，发展畜牧业，特别是北方，今天的山西、陕北、河北北部、辽宁一带畜牧极发达，凡养马多者和种粮多者一样可以免除徭役，牧民们有一套比较完整的牧畜饲养技术和知识，出现了专职的相马、相牛人。经济作物如桑麻果蔬，早就受到重视，班固说理想的治民之道是使农民从二十岁开始

---

① 《史记·货殖列传》。

授予百亩土地，六十岁归还官府，国家按照统一标准征收赋役，保证农耕的同时，“还庐树桑，菜茹有畦，瓜瓠果蓏置于疆易，鸡豚狗彘毋失其时，女修蚕织，则五十可以衣帛，七十可以食肉”①，这只是小规模的家庭副业。西汉前期，已出现了专门的经济作物种植户，司马迁在《史记·货殖列传》中曾概括地叙述说西汉前期全国各地出现许多“无秩禄之奉、爵邑之入”而在经济上可以和千户侯等的“素封”之家，这些“素封”之家都是畜牧业主或者是经济作物种植户，“陆地牧马二百蹄，牛蹄角千，千足羊，泽中千足彘，水居千石鱼陂，山居千章之才。安邑千树枣，燕、秦千树栗；蜀、汉江陵千树橘；淮北、常山以南，河济之间千树荻；陈、夏千亩漆；齐、鲁千亩桑麻；渭川千亩竹；及名国万家之城，带郭千亩亩钟之田，若千亩卮茜千畦薑韭：此其人皆与千户侯等”。可见经济作物种植遍布大江南北、黄河两岸，形象地说明西汉前期以农为主、诸业并举的经济发展特点。

二、弛山泽之禁与手工业的进步

汉初农业的发展，促进了手工业的进步；同时，农产品的丰富，满足了手工业者生活需要。另外，农业所需之各种生产工具要靠手工业供给，二者互相促进，使汉初手工业出现繁荣的景象。

秦朝，政治上实行中央集权的同时，经济上也严格控制私人手工业，所谓“上农除末”集中表述了秦始皇的经济指导思想。②“上农除末”就是禁止农民弃农经商，打击私营工商业主，不仅把东方六国的大手工业者剥夺净尽之后迁离故土，而且手工业各个重要部门如盐、铁、酿酒、铸币等也全由官府垄断，即使市场贸易也多由官府控制，结果窒息了民间经济活力。西汉前期，在黄老思想指导之下，国家对山川林泽的控制松弛，社会各个阶层有开发经济资源的

① 《汉书·食货志上》。

② 《史记·秦始皇本纪》。

可能。“汉兴,海内为一,开山泽之禁。是以富商大贾,交易之物莫不通,得其所欲,而徙豪杰诸侯强族于京师”。[1] 各种手工业生产由民间自由经营,被封闭了的能量迸发出来了,商品生产堂而皇之地进入了生产流通领域,成为致富的途径,司马迁说“用贫求富,农不如工,工不如商,刺绣文不如倚市门”[2],反映了当时商品生产、商品观念已影响到社会生活的各个方面。

西汉前期手工业主要有如下几个部门:

(一)纺织业。纺织是我国传统的手工业,男耕女织是理想的田园生活方式,但“男耕女织”之织主要是为了自己穿衣之用。汉初之纺织目的已不限于此,而成为某些地区农民的主要生产手段。如齐地“膏壤千里,宜桑麻,人民多文采布帛渔盐。”邹鲁地区“颇有桑麻之业……好贾趋利”[3],因为这些地区多丘陵,土多含砂,桑麻成为重要经济作物,纺织业发达是其特点,其产品不仅在市场流通,且供应皇室享用,皇室专于齐地设三服官。其余著名者如蜀地纺织品享誉颇高。蜀锦已有名声。他们所从事的主要是商品生产。

纺织是最普遍的手工业,为了获取利润,竞相改进技术,产品质量不断提高,花样翻新,品种繁多。1972 年在湖南长沙马王堆西汉前期墓葬中出土的纺织品有绢、纱、绮、锦、刺绣、麻布等多种丝麻织品,一件成品汇集了织、绣、绘、印等多种工艺,饰有各种动物、云纹、卷草以及天上、人间、地下的神话世界图,其小的一件素纱禅衣,重量只有四十九克,完全可以和现在的高级尼龙纱相媲美。根据墓中出土的织物分析,当时已采用提花技术,使用提花装置——簧;印花技术也十分先进,有几件织物要套印八次才能完成。[4] 如果仅仅把纺织作为家庭副业,是难以达到这样先进工艺的,普通农家也无力购置这样先进

① 《史记·货殖列传》。
② 《史记·货殖列传》。
③ 《史记·货殖列传》。
④ 《马王堆汉墓研究》,第 353—355 页。

的织机。

(二)漆器制造业。漆器是重要生活用品,漆器制造历史悠久,现在各地已出土了大批的战国漆器。西汉前期是漆器大发展时期,规模大、种类多、质量高,在日常生活中已完全取代了先秦时代的青铜器。长沙马王堆两座汉墓中总计出土了五百余件漆器,几十个品种,有“盛食物的鼎、盒、盘(食盘)、盆,有盛酒的钟、圆壶、方壶,有日常生活用具的屏风、几、案、卮杯、耳环、匕、勺,有盥洗用具的匜、沐盆,有陈放梳妆用具的圆奁盒、方奁盒;还有属于文娱用品的琴、陆博以及兵器中的物品等。”①漆器分木胎、竹胎、夹纻胎三种。木胎的制作分三种方式:一为镟木制法,选出适宜的木材,镟出外形,凿空或剜削腹腔;二为斫木制作,将木料削斫成器;三是卷木制法,把薄木片卷成器形,接口处或用钉接,或用金属片包卷衔接,再用金属片包扣口沿、底边。夹纻是先用泥做成器形,再用麻布或帛缠绕若干层,铺以黏合剂成为胎骨,然后在胎骨上髹漆;待漆干后,去掉泥胎,再于内面髹漆。竹胎,即用竹子作胎,镂成器形,雕以花纹然后漆彩绘。这三种制作方法根据需要灵活采用。

马蹄形小漆盒(江苏扬州凤凰沟出土)

漆器都有花纹,其颜色有黑、朱红、深棕、金和白色,其成分为朱砂、氧化铁、石绿等。颜色艳丽,光洁美致,至今还灿烂如新。

漆器制造业的主要原料是生漆,为了满足社会需要,不少地方都种有大片漆林,范围遍及黄河中下游和渭水流域、珠江流域以及巴蜀等地。《史记·货殖列传》云:“山东多鱼盐,漆、丝、声色。”《盐铁论·本议》云“兖、豫之漆、丝、

① 《马王堆汉墓研究》,第356—357页。

双层九子漆奁(长沙马王堆一号墓出土)

絺、纻","陇蜀之丹漆旄羽"。散见于漆器铭文上的地名有野王(今河南沁阳)、番禺(今广州)、咸阳(今陕西咸阳)、许市(今河南许昌)①。长沙马王堆汉墓中出土的漆器,主要是成都市产品,铭文有"成市"、"南乡"、"北市"等,"成市"即成都市,南乡、北市是作坊属地名称。漆器产区和生漆产品均在一起,产漆地区即产漆器,反之亦然。

(三)盐铁矿冶业。盐铁是人们日常生活生产必需品,是当时最重要的手工业生产部门。战国时各国盐铁政策不统一。在秦国,国家控制山泽等矿冶资源,盐铁基本官营;东方各国则把山川林泽除特别重要的以外,按一定比例折合成良田分给农民,这些山林川泽或盐碱之地不宜农耕,但有的地区却有盐铁资源,当地农民因以发展盐铁矿冶业,煮盐炼铁采钢,铸造生产生活用具,行销各地,遂成巨富。秦统一以后,视以盐铁业起家的豪富为不安定的社会因素,剥夺其财产,迁之于异乡,私营盐铁业受到沉重打击,但并没有剥夺盐铁业者致富的途径。他们远离故土,迁往荒山野岭之地,仍重操旧业,私人盐铁业者又有所抬头。西汉立国,复故爵旧宅,承认百姓故有财产的合法性,各安本

① 铭文分别见于《文物考古工作三十年》,文物出版社1979年版,第332、302页。

铁铧(辽宁辽阳三道壕出土)

铁二齿耙(河北满城出土)

业,继之以经济放任政策,“开关梁,弛山泽之禁”①,鼓励人民致富,盐铁业迅速发展起来了。庶人经营盐铁,官僚贵族也经营盐铁,以盐铁致富的比比皆是。著名的如蜀地卓氏,原是赵国人,被秦迁于蜀之临邛,“即山鼓铸,运筹策,倾滇蜀之民,富致僮千人,田池射猎之乐,拟人君”。南阳孔氏,原是魏人,被秦迁于南阳,“大鼓铸,规陂池,连车骑,游诸侯……家致富数千金。”鲁地邴氏,“以铁冶起,富至巨万”。齐地刁间驱使奴隶,“使之逐渔盐商贾之利,或连车骑,交守相……起富数千万”②等等。吴王刘濞也煮海水为盐,采铜铸钱而富比天子。

煮盐业也好,矿冶业也好,经济作物种植业也好,都要有相应的资源。在授田制之下,土地归国家统一控制,不存在自由占有使用问题,否则农民必然会抛弃其百亩之地而自由开垦,必然导致社会秩序的大混乱。所谓“弛山泽

① 《史记·货殖列传》。

② 《史记·货殖列传》。

铁镢(河南渑池出土)

之禁”是指放松而不是放弃对山川林泽的控制，并不等于私人任意开发使用。这些盐业主、矿冶业主的资源并非自由占有而来，而是有其制度的依据。主要有两条途径：一是通过授田获得，在授田制之下，法律规定的是每夫百亩良田，对于地处恶田的农民来说，则增加授田数量以调节质量的不足，其增加多少则因地而异，或加倍、再倍，以至于十倍、二十倍，对于那些池沼、丘陵地带来说，增加的更多，以至于百倍。班固在叙述井田制之下的授田制时，标准是上田百亩、中田二百亩、下田三百亩，而“山林籔泽原陵淳卤之地，各以肥硗多少为差”①，这“多少为差”之“差”显然不是上、中、下土地数量的级差。井田制是否如此，另当别论，但这透露了战国和西汉时代的授田制之下山林川泽的分配原则。银雀山汉墓竹书《守法守令十三篇·田法》有云：

铁镰刀(广州出土)

“恒山林者，县得治之……大林之用焉，五而当一。山有木，无大材，然后

① 《汉书·食货志上》。

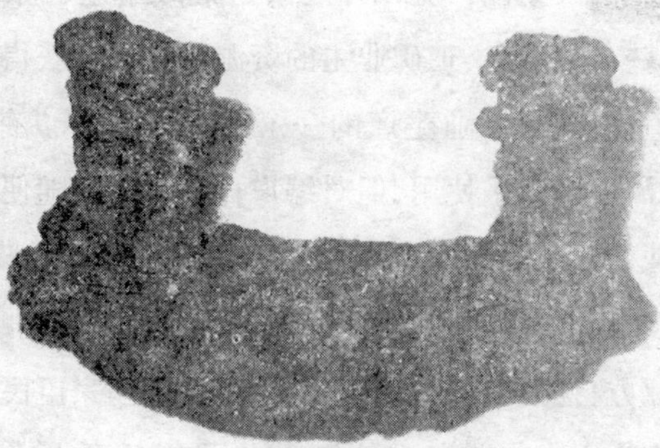

铁锄刃(广州出土)

> 斤斧得入焉，九而当一。秃……□□蒹(镰)得入焉，十而当一。秃尺(斥)津……罔(网)得入焉，七而当一。小溪浴(谷)古(罟)不得入焉，百而当一。美沉泽蒲苇……□□石，百而当一……百而当一”。①

《管子·乘马》讨论“地均”之法及土地分配方案时云：

> “地之不可食者，山之无木者，百而当一。涸泽，百而当一。地之无草木者，百而当一。樊荆杂处，民不得入焉，百而当一。薮，镰缧得入焉，九而当一。蔓山，其木可以为材，可以为轴，斤斧得入焉，九而当一。汎山，木可以为棺，可以为车，斤斧的入焉，十而当一。流水，网罟得入焉，五而当一。林，其木可以为棺，可以为车，斤斧得入焉，五而当一。泽，网罟得入焉，五而当一。命之曰地均”。

《管子·乘马》是战国齐国学者的著作，银雀山竹简《守法守令十三篇》也是战国齐国学者著作，目的是供当政者分配土地时参考，反映了当时授田制的一般精神。所谓的“十而当一”、“百而当一”云云都是山林川泽、池沼碱卤之地和

---

① 银雀山汉墓竹简整理小组：《银雀山汉墓竹简(壹)》，文物出版社1985年版，第146页。

良田的折算比例。西汉立国,"弛山泽之禁",延续了这一原则,尽管其折算比例不得而知。那些畜牧业主、工矿业主的资源就是这样获得的。

用奴隶生产是汉代手工业生产的一个特点,蜀卓氏"有僮千人",僮即奴隶。因为山川林泽可以开采使用,但对编户百姓却不能随便役使,用来为自己开矿煮盐,因为他们都是国家编户,是国家赋税力役的承担者,若要驱使农民为自己生产,必须出相当的价钱雇佣,要让他们有能力交纳赋税,交钱代役,养家活口,而且要双方自愿。而奴隶在汉代是不具备国家臣民资格的,他们不入国家户籍,只是作为主人的财产而存在,主人可以任意役使,所以一般工商主都尽量使用奴隶,其来源一是家贫自卖为奴,二是被人掠卖为奴。这样尽管一次付钱可能多一些,但可以让他们长期为自己创造财富,只要不让他们冻死饿死就行了。所以汉代工商主包括盐铁业主在内大多是奴隶主,特别是盐铁业主,拥有奴隶最多。

当时的盐,有海盐、池盐、井盐、岩盐数种。《史记·货殖列传》云:"夫天下物所鲜所多,人民谣俗,山东食海盐,山西食盐卤,岭南、沙北固往往出盐,大体如此矣。"张守节《正义》云:"谓西方咸土也。坚且咸,所出石盐即池盐。"石盐即岩盐。池盐指盐湖水经过煮制后产生的盐。巴蜀地区所产为井盐。盐的质量以海盐最佳,池盐次之,其余杂质较多。但古时交通不便,海盐太贵,各地因地制宜,所以制盐业遍及全国各地。

西汉前期,任民冶铸,所以冶铁较战国时代又有很大发展,在人们日常生活和生产过程小铁器逐步代替了铜器。对冶铁依赖性最强的是农业,《盐铁论·禁耕》谓"铁器者,农夫之死士也。"这是就汉初以来普遍状况而言的,农具如犁、耙、锄、铲等等都是铁制的。其次是手工业生产工具,兵器以及人民日常生活用具如针、刀、锁、剪刀等等,特别是煮盐用的牢盆也是铁制的。铜固然可制作牢盆,但造价太高,且铜可铸币,所以当时多用铁牢盆。正因为盐铁和人民日常生活关系最密切,史书上才把盐铁并举。

(四)铸币业。货币既是商品交换的支付手段,也是财富的象征,是国家

三铢铜钱（榆荚钱）（汉高祖时铸）

控制社会经济、调节农业和手工业、商业结构，调整物价的重要手段。秦朝统一货币制度，钱分两等：黄金为上币，以镒为单位；铜钱为下币，外圆内方，重半两①。西汉初年在形制上继承秦朝制度，仍然是黄金和铜钱并行，仅仅是改黄金以斤为单位，但钱的重量和铸币权则屡变。一是铸造新币。高帝时，"以为秦钱重难用，更令民铸荚钱"。因新钱形状似榆荚，故名荚钱，实际重量是三铢，只有秦钱的四分之一重，而钱文仍然是半两。所谓秦钱重难用只是托辞，并非改币的真正原因。因为铜钱是称量货币，不似现代纸币仅仅是价值符号，其价值与重量是相称的，重量大，购买力就大，反之亦然。秦钱半两，耗铜量

八铢半两铜钱（吕后时铸）

① 镒，古代重量单位，重 20 两，一说 24 两。铢，也是古代重量单位，24 铢等于旧制一两。

刘濞半两铜钱(中国历史博物馆藏品)

大,而汉初立国,官手工业不发达,国家没有足够的铜来铸币,市场货币流通量少,一般农民缺乏货币,不利于战争年代的小宗商品交流,遂改大为小,改重为轻,原来的一枚可以改为四枚,仍表明其重量为半两,在流通领域中与秦半两通用,同时允许民间铸钱以满足部分工商业者的逐利欲望。但一则秦钱和荚钱差别太大,人们必然择重舍轻,二则荚钱太薄,很快就磨损锈蚀,三则不轨逐利之民,乘铸币之便,操纵市场,致使物价腾飞,民不堪命。所以到刘邦称帝以后,官府收回铸币权,禁止民间私铸,颁布钱律,严厉打击私铸行为;到高后二年(前186年)则废除荚钱而改铸八铢钱,六年(前182年),

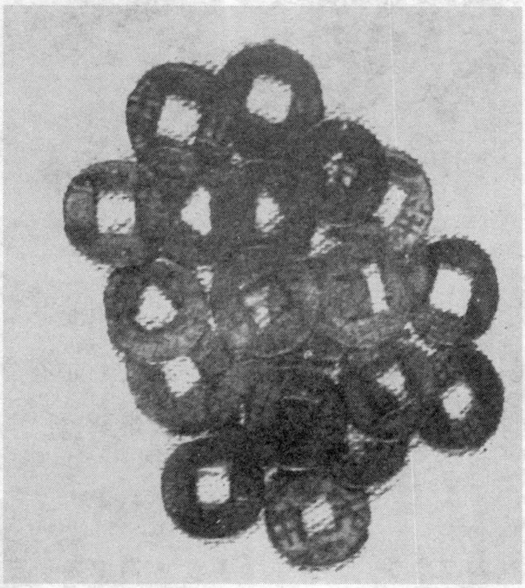

邓通半两铜钱(中国历史博物馆藏品)

改行五分钱即五铢钱,文仍为半两。但无论是八铢还是五分钱,改变的只是钱的重量,铸币权则一直是由官府垄断。我们从《钱律》关于八铢钱的规定可以了解吕后时的货币制度:《钱律》规定“钱径十分八寸以上,虽缺铄,文章颇可智(知),而非殊折及铅钱也,皆为行钱。金不青赤者,为行金。敢择不取行钱、金者,罚金四两”。“故毁销行钱以为铜、他物者,座臧(赃)为盗”。“为伪金者,黥为城旦舂。”①“钱径十分八寸”即指八铢钱的大小而言,只要大小符合标准,有轻微缺损、不是铅质的假钱,都正常流通。黄金杂质不是太多、颜色不是青色的都可以使用,都是“行钱”,以缺损、质量不好为由故意不使用“行钱”者属于违法行为,处以罚金。销毁铜钱为其他物品者以盗窃论处。造假钱、假金者,黥为城旦舂。对于盗铸钱者,不仅盗铸者本人要受罚,家人、邻居、基层官吏都要连坐:

“盗铸钱及佐者,弃市。同居不告,赎耐。正典、田典、伍人不告,罚金四两。或颇告、皆相除。尉、尉史、乡部、官啬夫、士吏、部主者弗得,罚金四两。”

“智(知)人盗铸钱,为买铜、炭,及为行其新钱,若为通之,与同罪”。

“捕盗铸钱及佐者死罪一人,予爵一级。其欲以免除罪人者,许之”。

“盗铸钱及佐者,智(知)人盗铸钱,为买铜、炭,及为行其新钱,若为通之,而能颇相捕,若先自告、告其輿,吏捕,颇得之,除捕者罪”。

“诸谋盗铸钱,颇有其器具未铸者,皆黥以为城旦舂。智(知)为买铸钱具者,与同罪”。②

① 张家山汉墓竹简整理小组:《张家山汉墓(二四七号)竹简》,第159、160页。
② 张家山汉墓竹简整理小组:《张家山汉墓(二四七号)竹简》,第160—161页。

私造钱币,无论主从,包括故意使用私造钱币者,一律弃市。能自首、检举和主动逐捕他人者则免责。盗铸未遂者,黥为城旦舂。家人、同伍、里典、田典知情不举,罚金四两。主动逐捕盗铸者有赏,抓住那些应判死刑的罪犯赏爵一级。不要赏赐,可以用应得的赏赐赎免家人其他罪责。

二是官府放弃铸币垄断权,允许民间私铸。文帝五年(前175年)改革币制,改用四铢钱,同时宣布废除盗铸钱令,允许私人铸币。之所以如此,是因为国家储铜少,私人矿冶业兴起,经济日益发展,对钱币需要量增加,官府无法满足,物贱钱贵,于是盗铸钱币的事屡有发生,法不胜禁,与其禁而不止,不如废除盗铸钱法,允许私铸,只要规定新钱的质量标准,把好质量关,既可以满足那些铸钱者的愿望,同时也解决了货币供求矛盾。而社会普遍铸钱,铸钱的利润也会相对降低。所以,文帝之废除盗铸钱令,并不是完全的放任,对私人所铸造的货币是有质量标准的。此后,铸钱业成为合法的产业而迅速兴起,成为手工业的重要部门。

钱是最直接的财富,有了钱就有了一切。所以当时的矿业主、地主、官僚、商人等等,只要有条件无不以铸钱为发财的捷径。那些即山鼓铸开矿采铜者更是以铸钱为务,农民也尽可能地弃农采矿,铸钱致富。贾谊指出:"今农事弃捐而采铜者日蕃,释其耒耨,冶镕炭炊,奸钱日多,五谷不为多。"①邓通因文帝之赏赐蜀严道铜山,铸钱致富;吴王刘濞在孝惠高后时就招致天下亡命,因豫章郡铜山私自铸钱,文帝时更是大张旗鼓地冶铸,于是"吴、邓钱布天下。"

铜钱是称量货币,其价值决定于其质量和重量。文帝五年以前,钱的实重低于钱文,而在流通过程中,仍按半两使用,利润就高得多,所以很多人盗铸以牟利。文帝解除禁令,听任自由铸钱,货币数量增多,不似以前那样物贱钱贵,铸钱之利相应减少。为了获取利润,就要设法降低铸币成本,就要掺假。当时

① 《汉书·食货志下》。

规定铸币用铜,兼用锡,劣币就掺以铁和铅。贾谊指出:"法使天下公得顾租铸铜锡为钱,敢杂以铅铁为它巧者,其罪黥。然铸钱之情,非淆杂巧则不可赢"。[①] 结果是流通的货币质量参差不齐,市场秩序混乱。所以景帝中元六年(前144年)"定铸钱伪黄金弃市律"。在文帝五年以前,禁止私铸货币,而对制造劣质黄金者的处罚较轻,"为伪金者,黥为城旦舂"。景帝则加大了对制造劣币伪金者的惩处力度。黄金自秦时作为上币使用,是货币的一种,一斤黄金值铜钱一万,伪造黄金可以牟大利,故制定专门法律严禁制造劣币伪金。[②] 但既允许自由铸币,假币劣金就不是一纸法令所能禁止的。

私人铸币,解决了货币供给不足的矛盾。利润相对降低,铸伪钱又为法所不容,那么行业内部势必展开竞争,以质量取胜,保证信誉,扩大发行量。发行越多利润也就越大。这就要改进技术,提高质量。根据日本学者加藤繁的研究,战国时的货币(刀、布)铅的成分占百分之五十至六十;秦半两及汉八铢钱铅的成分占百分之十二点五至三十;文帝以后四铢钱除少数含铅达百分之二十以外,多数含铅量在百分之一以下。[③] 这一方面说明冶铜技术的进步,另一方面也说明作伪的减少,质量的提高。

私人铸币业的发展,固然有助于繁荣社会经济,促进了矿冶业的进步,同时也带动了其他手工业、商业的发展。但也有不利因素。一是币制混乱。在文帝五年以前,政府垄断铸币权,但币品屡变,各种重量的货币并行,已很混

---

① 《汉书·食货志下》。

② 《汉书·景帝纪》应劭注:"文帝五年,听民放铸,律尚未除。先时多作伪金,伪金终不可成,而徒损费,转相诳耀,穷则起为盗贼,故定其律也。"孟康曰:"民先时多作伪金,故其语曰'金可作,世可度',费损甚多而终不成,民亦稍知其意,犯者希,因此定律也。"师古曰:"应说是。"今按:二说皆非。"定铸钱伪黄金弃市律"即制定颁布该律,凡是制造劣质黄金货币者一律弃市。如果作伪不成,犯者希,根本无制定的必要:若因作伪不成起为盗贼自有盗律治之,与铸钱无涉,也无必要制定此律。正确的解释只能是作伪金劣钱者多,扰乱市场,故不得不立法止之。

③ 加藤繁:《中国经济史考证》第一卷《关于西汉前期的货币特别是四铢钱》。

乱;放铸之后,虽有统一规定,但各地手工业主“各隐屏而铸作”①,形制、钱文、质量、重量势难一致,外加伪钱劣币和以前旧币,以至于“民用钱,郡县不同;或用轻钱,百加若干;或用重钱,平称不受。法钱不立,吏急而一之乎,则大为繁苛,而力不能胜;纵而弗呵乎,则市肆异用,钱文大乱。”②反而不利于商品流通的正常进行。二是地方各自铸钱,富过公室,加速了土地兼并,冲击个体农民,这些人因其财势,称霸乡里,目无王法,扰乱社会秩序,削弱中央的统治权威,一些诸侯更以其富厚,不把汉廷放在眼里,如吴王刘濞就是依靠其经济实力举兵叛乱的。这些问题直到汉武帝中期才彻底解决。

三、商业的发展和抑商政策

西汉立国,“海内为一,开关梁,弛山泽之禁,是以富商大贾周流天下。”国家统一,社会安定,开放关梁,为商业的发展提供了极佳的环境,而农业、手工业的繁荣为社会提供了大批产品,商业因之迅猛地发展起来。

首先是市场的繁荣。司马迁曾有过一段形象的描述,“通邑大都,酤一岁千酿,醯酱千瓨,浆千甔,屠牛羊彘千皮,贩谷粜千钟,薪稾千车,船长千丈,木千章,竹竿万个,其轺车百乘,牛车千两,木器髤者千枚,铜器千钧,素木铁器若卮茜千石,马蹄躈千,牛千足,羊彘千双,僮手指千,筋角丹砂千斤,其帛絮细布千钧,文采千匹,榻布皮革千石,漆千斗,糵麹盐豉千荅,鲐鮆千斤,鲰千石,鲍千钧,枣栗千石者三之,狐鼦裘千皮,羔羊裘千石,旃席千具,佗果菜千钟,子贷金钱千贯,节驵会:贪贾三之,廉贾五之,此亦比千乘之家,其大率也。”③一个市场,大到奴隶车船,小到瓜果蔬菜,无论是海中特产,还是地下珍异,应有尽有,有坐贾,有行商;有以货易钱的,也有专事高利贷的;有买卖公平的,也有哄

① 《汉书·食货志下》。
② 《汉书·食货志下》。
③ 《史记·货殖列传》。

抬物价,欺行霸市的。市场之繁荣与复杂,着实令人叹为观止。

其二为商品生产的发展。商品生产是指为了交换而进行的生产活动。一户农民,耕田百亩,自给有余时才出卖产品,这不是商品生产。战国时诸侯割据,关卡林立,商品流通范围有限,商品生产也就受限制。秦朝统一为时甚短,即陷入战乱,只有西汉皇朝才具备大规模商品生产的条件。据前引司马迁所记,北自长城脚下,南达南海之滨,东起东海沿岸,西至巴蜀地区,遍布商品生产者,各因地所宜,或渔或牧,或桑或麻,或漆或树,这些都是为了交换而种植牧养的,从事的是商品生产。而这些仅是就各地特产而言的,至于那些五花八门的手工业主更是通行全国各地,他们所从事的当然是商品生产。

其三是商业城市的繁荣。西汉立国初期,人口锐减,名都大邑衰落,如曲逆本有三千多家,战后只有不到千人,刘邦就发出了"大矣哉"的感叹。到了景帝末年,全国各地则形成众多商业城市,最大的首推长安。长安地处关中中心,是西汉首都,达官显贵、富豪大家聚居于此,而关中物产丰富,故成为最大的商业城市,我们从其城市规模可以看出它的经济繁荣情况。《三辅黄图》云:"汉旧仪曰:长安城中经纬各长三十二里十八步,地九百七十二顷,八街九陌,三宫、九府、三庙、十二门、九市、十六桥"。"庙记云:长安市有九,各方二百六十步,六市在道西,三市在道东;凡四里市,至九州之人,在突门夹横桥大道,市楼皆重屋。又曰:旗亭楼在杜门大道南,又有当市楼者有令署以察商贾货财买卖贸易之事,三辅都尉掌之。直市在富平津西南二十五里,即秦文公造,物无二价,故以直市为名。"这是后人追记的。但长安城修于惠帝时,其基本规模前后当无多大变化。所谓九市就是九个贸易市场,按商品性质分类,同类商品集中于一地,各市都设亭管理,收取商税,维持治安。其余著名的商业都会,如成都,是巴蜀地区商品集散地,当时人以一睹成都市井繁华为快,武帝时僰道令犯罪,临刑前就曾遗憾地说:在四川当官,竟然没看到成都市之景象,以为是一生中最大的憾事。洛阳,居天下之中,"东贾齐鲁,南贾楚梁"。东西南北的贸易都经过这里,是关东地区最大的商业都会。临淄,是齐鲁地区的经济中心,"人众殷富,巨于长安"。这些都是大的商业都会。此外如宛市(今河南南阳)、江陵(今湖北江陵)、番禺(今广州)、合肥(今安徽合肥)、邯郸(今河北邯郸)、吴市(今江苏苏州)等都是地区性商业都市。

其四是富商大贾众多。在当时工和商多数是合一的,凡经营手工业、经济种植业、畜牧业的都经营商业,上述大手工业者如冶铜炼铁煮盐者都是如此,蜀地卓氏、程郑,宛地孔氏是其佼佼者。除此以外,专门从事长途贩运、囤积居奇者也为数不少,如关中著名的田氏、韦氏、栗氏、杜氏,都富至巨万。宣曲任氏在秦末战乱中,囤积粮食,成为屈指可数的大富翁,传至数世。洛阳人师史,转车百数,行商遍于郡国,无所不至,有钱七千万,洛阳小民竞相仿效,以长久经商为荣。每一商业城市都有许多富商大贾,司马迁曾概括地指出:"若至力农畜,工虞商贾,为权利以成富,大者倾郡,中者倾县,下者倾乡里者,不可胜数。"①

商业的发达必然冲击着社会各个方面,生活方式、社会观念无不随着变动,而受冲击最严重的则是农业。这表现在如下几个方面:

一是商人兼并农民。商人的致富手段就是通过不等价交换获取巨额利润,农民人数最多,是消费主体,所受的剥削也就最重。晁错曾指出:"今农夫五口之家,其服役者不下二人,其能耕者不过百亩,百亩之收不过百石。春耕夏耘,秋获冬藏;伐薪樵,治官府,给徭役;春不得避风尘,夏不得避暑热,秋不得避阴雨,冬不得避寒冻,四时之间亡日休息。又私自送往迎来,吊死问疾,养孤长幼在其中。勤苦若此,尚复被水旱之灾,急政暴赋,赋敛不时,朝令而暮改,当具有者半贾而卖,亡者取倍称之息,于是有卖田宅鬻子孙以尝债者矣。而商贾大者积贮倍息,小者坐列贩卖,操其奇赢,日游都市,乘上之急,所卖必倍。故其男不耕耘,女不蚕织,衣必文采,食必粱肉;亡农夫之苦,有仟佰之得。因其富厚,交通王侯,力过吏势,以利相倾,千里游敖,冠盖相望,乘坚策肥,履

① 《汉书·货殖列传》。

丝曳缟。此商人所以兼并农人，农人所以流亡者也。”[1]农民是封建国家一切财政开支和各种劳役兵役的主要担负者，商人兼并农民，使他们卖田宅、鬻子孙，离乡背井，逃亡他方，既扰乱了社会秩序，也减少了国家的税源和兵源，同时加速了土地集中的过程，促进了大地主的发展和小农的分化。

商人的高利贷剥削，不仅对农民如此，对达官贵人也不放过，如桥姚在北边以牧致富，吴楚七国之乱，长安有些列侯封君要从军平叛，向桥姚借钱，桥姚以为东方胜负未分，诸侯封邑都在关东，怕一旦失败自己亏本而不借。只有无盐氏贷出千金，利息是百分之一千，七国乱平，一岁之中，无盐氏成为关中首富。对封君贵族如此，对普通百姓可想而知。

二是促使农民弃农经商。农民终年辛苦，还是穷困不堪，甚至卖儿卖女，为了求得生存，除了四处逃亡，铤而走险之外，便是弃农经商，所谓“背本趋末，食者甚众。”[2]如洛阳“贫人学事富家，相矜以久贾，数过邑门不入”。即使那些书香门第也经不起金钱的诱惑，弃文经商者大有人在。如鲁地邴氏因冶铁富至巨万，“贳贷行贾遍郡国，邹鲁以其故多去文学而趋利者，以曹邴氏也。”[3]除从商以外，有条件有能力者就是采铜铸钱。结果是钱多了，粮食并没增加，却相应减少。有识之士深为此担忧，贾谊就曾两次上书文帝：一次是建议“驱民而归之农，皆著于本”。把农民从市场上，从矿山里，从冶炉边以及经商世家那里吸引到土地上来。另一次是建议把铜锡资源收归国有，垄断铸钱材料，改为官铸。前者只能是书生之论，除非农业劳动收入和经商相等或高于经商才能办到。后者则不失为解决币制混乱、打击私人铸钱业、驱民归农的一条有效措施，但不合文帝放任政策，未被采纳，直到汉武帝中期才付诸实践，但其主观意图和客观效果都有异于贾谊所论。

---

① 《汉书·食货志上》。
② 《汉书·食货志上》。
③ 《史记·货殖列传》。

三是形成以功利为中心的社会风气。人人经商,人人求富,金钱成为人们追求的最高目标,"利"成为决定人们行为方式的最终力量。司马迁引用的几句民谣一针见血地指出了这一点:"天下熙熙,皆为利来,天下攘攘,皆为利往。"①

商品经济对社会的冲击特别是对农业的冲击,早已被人们所认识,所以战国时李悝、商鞅变法都实行抑商政策。秦统一后仍然"上农除末",限制商人发展。西汉之初,高帝依然采取抑商政策,只是抑制的程度较秦放松而已,其内容有三项:一是"重租税以困辱之"。② 即加重征收商税和商人人口税。例如人口税(即算赋)商人要加倍交纳,和奴隶相同。要说明的是,奴隶不是作为编户齐民纳算赋的,而是作为主人的财产登记于官府的,奴隶可以创造财富,可以增值,故要纳算赋,不等于纳算赋就有了人身自由,奴隶的算赋当然也是由其主人交纳。二是在政治上贬低商人的社会地位,高帝八年令"贾人毋得衣锦绣绮縠絺纻罽,操兵,乘骑马。"③把商人打入贱民行列,使百姓不屑与之为伍,以削减商人队伍。三是不准商人当官。这些措施,到了孝惠、高后时有所改变。孝惠、高后之时,以为天下初定,不宜采取高压政策,一切放任,"复弛商贾之律,然市井之子孙亦不得仕宦为吏"。此后,只剩下高帝所定的最后一条即商人子孙不得为吏了。文帝时又开关梁、弛山泽,进一步放宽了对经商的限制。既然商人仕途无望,遂全力积财求富。利之所在,亦即权之所在,政治权力只是经济权力的集中体现,商人握有诱人的金钱,何愁权势?他们交通王侯,力过吏势。所以汉初诸帝虽然屡次下诏重农抑商,然而正如晁错所说:"今法律贱商人,商人已富贵矣;尊农夫,农夫已贫贱矣。"④规律如此,制度使然,几许感召,岂能济事?

① 《史记·货殖列传》。
② 《史记·平准书》。
③ 《汉书·高帝纪下》。
④ 《汉书·食货志下》。

第三节　政治与法律制度

班固《汉书·百官公卿表》说:"秦兼天下,建皇帝之号,立百官之职,汉因循而不革,明简易,随时宜也。"这是就汉初的基本制度而言的,并不是照搬秦制。事实上,汉之与秦,是有因有革,即使在刘邦立国之初,戎马倥偬之际,也并不是全袭秦制;后世诸帝也各因时变,有所兴革,而秦始皇所定各项制度因此才得以发展完善。

一、中央和地方官制

西汉前期中央官制的基本框架和秦朝无异,不同的是改变了一些官职名号,充实了某些官僚机构,强化了某些官僚机构的职能。

中央最高行政长官是丞相,金印紫绶,秩万石,高帝十一年为表示对萧何的尊宠,改名相国,惠帝以后复名丞相。其职权"掌丞天子,助理万机"。① 陈平曾述其职责说:"宰相者,上佐天子理阴阳、顺四时,下育万物之宜,外镇抚四夷诸侯,内亲附百姓,使卿大夫各得任其职焉。"②大体说来,西汉前期之丞相权力是比较重的,确实是一人之下万人之上,择其要者,约有如下诸项:一为用人权。自秦时已然,秦昭王时范雎曾云:"今自有秩以上至诸大吏,下及王左右,无非相国之人者。"③汉初公卿大臣各级官吏多是功臣,空缺不多,丞相的这一权力无从表现,但仍然存在,如武帝时田蚡为相,"荐人或起家至二千石,权移主上。"④这显然是由汉初沿袭下来的。二为诛罚百官之权。文帝时,

① 《汉书·百官公卿表上》。
② 《史记·陈丞相世家》。
③ 《史记·范雎列传》。
④ 《汉书·田蚡传》。

申屠嘉为相,文帝宠臣邓通对其无礼,申屠嘉以不敬罪召邓通至丞相府欲杀之,因文帝遣使说情,邓通才免于一死。内史晁错有罪,申屠嘉奏请诛之,未准,申屠嘉对长史说:"吾当先斩以闻,乃先请,固误。"①内史是京畿地区最高长官,位列九卿,丞相可以先斩后奏,对其余百官可想而知。三是考课郡国,奏行赏罚。自战国开始,地方郡县长官要把该辖区内一年收成好坏、人口增减、治安状况上报中央,谓之上计,秦汉仍之。刘邦入关,萧何首先接收的是"秦丞相御史律令图书藏之。……汉王所以具知天下阸塞、户口多少、强弱之处、民所疾苦者,以何具得秦图书也。"②这种图籍就是考课郡国的依据。因上计事繁,丞相府设专人负责,如萧何为相,因张仓熟悉全国图书计簿,通晓历法,令张苍以列侯居相府,专司郡国上计事,称为计相。四是总领百官奏事朝议。有重大决策,由丞相召集群臣,共同商讨,然后由丞相把讨论结果上奏皇帝。如诸吕乱后,群臣共议迎立代王刘恒为帝,即由丞相陈平领衔上奏。以上诸项都是对群臣百官而言,即使对皇帝,丞相也不是唯命是从,当丞相认为皇帝命令不合时宜或有违制度时,甚至可以拒不执行。如景帝欲立皇后之兄王信为侯,丞相周亚夫认为"高帝约,非刘氏不得王,非有功不得侯,不如约天下共击之。今信虽皇后兄,无功侯之,非约也。上默然而沮。"③

丞相权重事繁,相府吏员也较他官为多,相府设长史总领诸事,分东西二曹,东曹负责督察地方不法事,西曹负责朝中事务及上报地方情况;每曹之下各有掾属,其人数因时而异,最多时达三百余人,多由丞相自行任命。

丞相权力过重,必然不利于皇权。汉初相权尊重,既有其历史传统,又有现实原因,皇帝虽然不快,一时也无可奈何,虽然有时也找借口打击一下相权,甚至免相,但并未从制度上予以削弱。这个问题直到汉武帝时期才彻底解决。

---

① 《汉书·申屠嘉传》。

② 《史记·萧相国世家》。

③ 《汉书·周勃传附周亚夫传》。

设御史大夫，作为丞相副手，银印青绶，位在丞相之下，列卿之上，分掌监察，“典正法度，以职相参，总领百官，上下相监临。”①主要属员为御史丞和中丞，秩千石，其中御史中丞最为重要，负责图籍秘书，外监察郡县。内领侍御史十五人，检查公卿奏牍，按章举劾。② 御史大夫官秩虽低于丞相，但权力却很重要，并非唯丞相之命是从，相反还起着制约相权的作用，奏事不必通过丞相，皇帝诏书都要通过御史大夫下达丞相，史书常把相府、御史府并称二府。

设太尉，掌管军事，金印紫绶，位比丞相。但太尉并不直接掌握军队，也没有发兵权，如诸吕为乱，南北军分别掌握在吕产、吕禄手中，周勃虽为太尉，没有符节不能入南北军，结果是采用欺骗的办法才取得北军，然后消灭诸吕。观西汉前期，太尉亦非常职，而是根据需要，有军事行动则设，无则罢。原因在于军队系国家安危，不能轻易予人，必须掌握在皇帝手中，有事时，皇帝一人难以周全，遂设太尉以佐之，事毕则罢。太尉任命一般由功高之臣担任，如周勃、周亚夫之为太尉，都起于军功。

太尉官位如此显赫，也并非完全虚设，其职权为备顾问，出谋划策参议全国武备建设。在当时，军政还没有完全分开，行政长官兼管军事，军事长官也可干涉行政事务，朝中大政，太尉也要参与。

丞相、太尉、御史大夫是中央最高官职，习惯上称为三公，分掌行政、军事、监察大权，是国家的政务官，其下分若干个职能部门，是国家的事务官，主要有：

太常，即秦奉常，景帝中元六年（前144年）更名太常，负责宗庙、陵寝的日常管理、祭祀、礼仪工作。在先秦时代，国之大事惟祀与戎，降至西汉，祭祀仍是国之大事，故多选那些饱学谨慎、通晓礼仪的人充任，其地位在列卿之首。

---

① 《汉书·朱博传》。

② 《汉书·百官公卿表》云御史中丞“外督部刺史”。按部刺史设于武帝时，似乎这是武帝以后的制度，其实这是后世制度笼统言其监察地方权力。秦时已有御史监郡制度，汉初不设郡监，改由御史大夫属下中丞监察地方。

下有属官若干,如太乐、太祝、太宰等,分司各项具体事务;又有博士,掌通古今,备顾问应对。当然博士不仅备太常顾问,也备皇帝、朝廷顾问。

郎中令,承秦制,武帝太初元年(前104年)改名光禄勋,负责朝廷内部警卫仪仗工作,属官有大夫、郎、谒者。大夫掌议论备顾问。郎守门户,警卫宫殿内诸门,皇帝外出充当侍卫,又分议郎、中郎、郎中等,其中议郎和大夫性质相同,不属于侍卫人员,是议论之官。谒者主要充当行礼时的司仪。其中大夫、郎都无定员,郎最多时可达千人。

卫尉,承秦制,景帝初一度改名中大夫令,后元元年(前143年)复名卫尉,负责守卫宫门,属官有公车司马、卫士、旅贲三令丞等。其中公车司马负责天下上书奏事和司马门防卫。卫士分屯于各宫墙垣之内,负责检查日常出入宫廷者的身份,以备不测。"旅"意为众,"贲"同奔,旅贲令即传递信息之官的首领。

太仆,承秦制,负责皇室车马及国家养马业。汉初少马,缺少骑兵,故国家一方面鼓励民间养马,另一方面建立国营养马场曰牧师苑,归太仆掌管。

大理,秦名廷尉,景帝中元六年更名大理(武帝建元四年复名廷尉),掌管刑法,是最高的司法官。地方疑狱大案,上报廷尉,廷尉仍不能判结,则先提出处理意见,由皇帝裁决。属官有廷尉正和左右监,分管衙中日常公务和刑犯羁押工作。

宗正,承秦制,具体负责皇族和外戚成员的封爵赏赐和日常事务,皇室和外戚犯法罪当髡以上都由宗正审理,一般司法机关不能过问。此职多由皇室成员担任,属员有都司空令、内官长、丞,诸公主家令、门尉等。

大行令,秦名典客,景帝中元六年更名大行令(武帝太初元年改名大鸿胪),负责各少数民族和诸侯王入朝进见的接待礼仪工作①,郡国上计吏来京

① 《汉书·百官公卿表》谓典客"掌诸归义蛮夷",语义含混,后人谓为掌外族事务,其实不然,少数民族事务由典属国负责。据其他史传,典客当是负责各族朝见时之礼仪接待工作。

住宿游览也归其掌管。

大农令，即秦治粟内史。景帝后元元年更名大农令（武帝太初元年更名大司农），负责全国农业、手工业生产、国家财政收支，主要属员初设两丞，武帝以后属员增多。

少府，承秦制，负责山海池泽之税，以供皇室开支，是皇室的最高财政官，皇室成员及其服务吏员的衣食住行均归其负责。

中尉，承秦制（武帝太初元年更名执金吾），负责京畿诸县及京城的治安保卫，是京师地区最高军事长官。属官有丞、侯、司马、千人等，武帝太初以后，职掌有变化。

以上诸官，统称列卿，秩均中二千石，是中央官职的主体，其余次要的还有将作少府（景帝中六年改名将作大匠）专司宫室建筑；典属国掌少数民族事务，以及掌太子家事的东宫诸官，等等，此不备举。

地方行政，一方面沿袭秦的郡县制，另一方面又实行分封制。刘邦先封异姓王，后又大封同姓王，中央直辖区只有十五个郡，其余均在诸王手中。虽然王国之内也是实行郡县制，但多出了一套王国官制。

郡设郡守，景帝中元二年改名太守，是一郡最高军政长官，下设郡丞协助郡守管理民政事务，设都尉辅佐郡守管理军事。地处边远之郡有守土之责，军务较重，一都尉不足以胜任军事，另设长史一人管兵马，或增设都尉一至二人。

郡守秩二千石，都尉秩比二千石，郡丞和长史秩均六百石，故都尉、郡丞、长史虽同为郡守佐官，但都尉权、秩均高于丞、长史。郡丞、长史一切听命于郡守，都尉则否。都尉是一郡军队的直接统帅，社会治安、征兵练兵等都由都尉全权掌握，其统属于郡守者，一是接受郡守检查，二是发兵权在郡守手中，发兵所用的虎符由郡守掌管。都尉、郡丞和长史都由朝廷任命。

郡守掌管全郡的军民政务，事务泱繁，职大任重，故下设诸多机构，有众多属吏，各有专职。其属员主要有功曹、主簿和列曹。功曹相当于郡府的秘书长，总理郡府各项事务，而以选拔郡吏、荐举人才为核心。主簿主要为郡守处理日常文书,起草教令,训读文书,送往迎来,为郡守拾遗补缺。列曹是郡守府具体办事部门的统称,有户曹,主户籍,兼及狱讼事;仓曹,主粮食保管事;有金曹、市掾,主货币盐铁、市场管理事;有集曹,主各县年终考核上计事;有法曹,主司法;有田曹,主农业生产事,主要是劝农;有水曹,主水利,等等。各曹属员都由郡守自行任命。各郡设置状况也不完全统一,因时因地而异。

郡以下设县,根据地区大小、户口多少、治理难易和治绩好坏,分别设县令、县长。县的面积"大率方百里,其民稠则减,稀则旷"。① 万户以上为大县,设令;万户以下为小县,设长。县令秩千石至六百石,县长秩五百石至三百石。令、长下设县丞、县尉以佐之。县令(长)、丞、尉的权职划分、属员设置略同于郡,只是规模较小而已。在有少数民族地区设道,与县平级。

县之下设乡,按照面积和户口分为大、小乡。大乡设有秩、小乡设啬夫,主理一乡政务,如调解民事纠纷、审理普通民事案件、收取赋税、征发徭役、登记户籍等;另设三老管教化,游徼负责社会治安,乡佐协助啬夫、有秩,乡师负责文教,等。三老属于荣誉职务,不领国家俸禄,只享受特殊礼遇。其余乡吏都是国家公职人员,领取俸禄。

乡虽然是基层政权,却是国家权力运作的基础,国家所有政令法律,都要通过乡政权实施;所有赋税徭役都要通过乡政权征发收取,是亲民的权力机构,乡吏素质、能力直接影响着国家行政效率和秩序,国家制订专门法律规范其行政程序和职能。张家山汉简《户律》专门规定每年八月乡部啬夫及相关属吏要核校户籍,有迁移变动者要在十日内办好所有乡部变更手续,上报县廷。否则,超过十天者罚金四两。当平民以遗嘱的方式析产分居时,乡啬夫等要亲自为立遗嘱人写遗嘱,以保证意思的真实并上报县廷,而后监督该遗嘱的实施;不为立遗嘱人写遗嘱、扣留遗嘱,也要罚金,等等②。说明了国家对乡政

① 《汉书·百官公卿表上》。

② 张家山汉墓竹简整理小组:《张家山汉墓(二四七号)竹简》,第175—179页。

权建设的重视程度。

乡下设里，这是最基层的行政组织。若干家为一里，里与里毗邻而立，彼此之间有墙垣相隔；里设里门一个或若干个不等，里门钥匙有里正保管，定时开门，有里监门专职看守，所有里民必须在统一时间出入。里民按照身份，编在相应的里内，五家为伍，伍有伍长，彼此之间，相互监督，相互保护，一人违法，同伍连坐，里正也要受罚，以防止奸盗不法行为。里设里正为一里之长，负责里内治安，执行乡部命令，另有里师负责教化里民，等。

在基层行政系统中，另有专门负责邮驿和地方治安的机构，谓之亭，直属于县，设有亭长等小吏，负责迎送官员、递送公文、逐捕盗贼。

封国官制有王国、侯国两种。因为汉代的王相当于西周的诸侯，所以历史上把汉代的王称为诸侯王。汉初诸侯王辖地辽阔，占地多达数郡几十城，王是一国的最高统治者，金印盭绶，下设太傅主教导国王，不预政事；设内史治民事，设丞相或相国负责王国百官事，设御史大夫为丞相副手，设中尉负责一国军事。其余列卿大夫之设如卫尉、郎中令、廷尉、少府、宗正、太仆、博士等和中央相同，各有属员，职务划分略同于汉廷，只是规模略小而已。

汉初，在分封诸王的同时，就在法律的层面限制王国权力，诸侯王必须遵守汉法，以保证君臣尊卑的名实一致，如诸侯王不得使用天子仪制，没有中央虎符不得擅自发兵，王国官吏要按照中央法令设置，王国不得召纳亡命和中央争夺人口，诸侯王要定期入朝觐见，等等。然而，汉初王国是名副其实的国中之国，与中央是国与国的关系，彼此疆界严格清楚。① 诸侯王有治理王国的全权，王国官员除太傅、丞相等少数二千石官员由汉廷代置以外，其余诸官均由王自行任用，王享有一国完全的军政诸权，可以为所欲为，这是汉初王国势力

---

① 张家山汉简《贼律》云“以城邑亭障反，降诸侯，及守乘城亭障，诸侯人来攻盗，不坚守而弃去之若降之，及谋反者，皆腰斩。其父母、妻子、同产，无少长皆弃市。”（《张家山汉墓（二四七号）竹简》，第133页）说明汉中央与诸侯王国之间有严格的疆界。

迅速膨胀的制度原因。自景帝平定吴楚七国叛乱之后,削减诸侯王国封地,剥夺诸侯王的治国权,主要官吏均由汉廷任命派遣,王国军政事务有汉廷派遣的相负责,省去御史大夫、廷尉、少府、宗正、博士诸官,减少大夫、谒者、郎等官的数量,王国官职吏员大为减少。

侯国相当于县,官职较少。负责诸侯家事者有家丞、行人、洗马等。列侯是侯国的最高统治者,具体政务由令负责,其属员和普通县略同,其封地则远小于县。在西汉前期,侯国官吏都由列侯任免,武帝以后有变化。①

二、法律制度

公元前206年,刘邦初入咸阳,为取得关中百姓的支持,下令废除秦朝苛法,约法三章:"杀人者死,伤人及盗抵罪"。这只是安抚人心的权宜之举,但对于当时秦民来说,有此约法无疑同于大赦,对刘邦的成功起了重要作用。还定三秦之后,因为三章之法不足以御奸,萧何乃根据秦律内容,结合现实需要,"取其宜于时者,作律九章"。② 后人根据"作律九章"将萧何所作之律称为《九章律》,并认为《九章律》就是在李悝《法经》之盗、贼、囚、捕、杂、具之外,增加了户(婚姻赋税)、兴(征发徭役)、厩(畜牧)三章而成。实际上秦律内容丰富,仅云梦秦简所见律名就有三十篇之多,③这些律令都是在商鞅变法以后陆续制定的,秦统一以后仍然实行,并推行于全国。同时根据形势变化,制定

---

① 《汉书·高帝纪》十二年诏:"而重臣之亲或为列侯,皆令自置吏,得赋敛"。这是西汉前期的事,武帝时改令长为相,由中央任命,主治民,对侯不称臣,仅纳税于侯,侯无自治权。

② 《汉书·刑法志》。

③ 云梦秦简所见秦律名称有:《田律》、《厩苑律》、《金布律》、《关市律》、《仓律》、《工律》、《工人程》、《均工律》、《徭律》、《司空律》、《军爵律》、《置吏律》、《效律》、《传食律》、《内史杂》、《尉杂》、《行书》、《属邦》、《除吏律》、《游士律》、《除弟子律》、《中劳律》、《藏律》、《公车司马律》、《傅律》、《敦表律》、《戍律》、《捕盗律》、《厩律》、《效盈不备之律》、《赍律》等。均见睡虎地秦墓竹简整理小组:《睡虎地秦墓竹简》,文物出版社1978年版。

新的法律，湖北云梦龙岗秦墓出土的秦律就是统一以后颁布的新律。可见，商鞅虽然是李悝的学生，但其所定律令并不受《法经》之六篇限制。萧何之“作律九章”也不是在李悝《法经》之六篇基础上增加而成，而是选择秦律之宜于时者，其具体篇目也不一定就是九章，所谓“作律九章”只是概数，或者是指某一次采择的秦律而言，随着时间的推移而不断地予以修订。刘邦称帝不久，就命叔孙通制定朝仪，颁为律，谓之《傍章律》十八篇，系增删先秦及秦朝礼仪而成。

汉初刑罚多取秦律，可分为五大类：死刑、肉刑、徒刑、罚金、迁刑。死刑有三：斩首、腰斩、磔。肉刑有四：黥（在脸上刺字）、劓（割鼻）、刖（砍去左右脚）、宫（又称腐刑，破坏人的生殖机能）。徒刑有五年、四年、三年、二年、一年之分；又有是否戴刑具、是否剃去头发之别；又根据事役不同而有不同刑名等等。另有经济处罚，即罚金，多至数斤、少至一两；迁刑是将犯人迁往边远地区。同时沿袭了秦的连坐法、夷三族等刑罚。

惠帝继位以后，黄老思想正式成为汉家执政的指导思想，表现在法律方面就是减省刑罚，惠帝四年（前 191 年），废除秦朝的《挟书律》。高后元年（前 187 年），除夷三族罪、妖言令（即妖言惑众罪），同时不断颁布新的律令。目前可见吕后二年以前的汉律有二十七种：《贼律》、《盗律》、《具律》、《告律》、《捕律》、《亡律》、《收律》、《钱律》、《置吏律》、《均输律》、《传食律》、《田律》、《□市律》、《行书律》、《复律》、《赐律》、《户律》、《效律》、《傅律》、《置後律》、《爵律》、《兴律》、《徭律》、《金布律》、《秩律》、《史律》。另有《津关令》一种；议罪案例二十二件，供官员审理案件时参照执行，和律令有同等的法律效力，称为《奏谳书》。值得注意的是《奏谳书》所载二十二个案例中有两件是春秋时事，相当于举案说法性质，有秦始皇时三件案例，是案件记录①。说明汉初立法不

① 关于吕后二年之前颁布的法律条文及《奏谳书》详细内容，见张家山汉墓竹简整理小组：《张家山汉墓（二四七号）竹简》，文物出版社 2001 年版，第 133—232 页。

完全是继承秦法，只要是“宜于时者”都为我所用。

文帝继位，继续减省刑罚的方针。文帝元年（前179年）除连坐法，二年除妖言诽谤罪，认为此罪之立，百姓群臣不敢尽情议评朝政，不能广开言路。五年除盗铸钱律，即放任私人铸钱。十三年（前167年）除肉刑，代以笞刑。这是西汉前期法律的一次重大改革，起因是齐太仓令淳于意有罪当刑，其女缇萦上书陈情：认为人死不能复生，肢体伤残不能再完，即使想改过自新也没有机会，故愿意自己入官为奴婢，以赎其父之罪。文帝感其孝心，亦觉得所言成理，下令除宫刑以外，罢黥、劓、刖诸肉刑。规定：“当完者为城旦舂，当黥者髡钳为城旦舂，当劓者，笞三百；当斩左趾者笞五百，当斩右趾及杀人先自告、及吏坐受贿枉法、守县官财物而即盗之、已论命复有笞罪者，皆弃市。”①即用徒刑、死刑代替肉刑；同时对鬼薪、白粲、司寇等徒刑予以减免。髡即剃发，钳即带铁镣，城旦舂是四岁刑，男子旦起治城，曰城旦；女子舂米，曰舂，均不着刑具。“髡钳为城旦舂”即髡钳之后为城旦舂。笞即打板子。文帝的本意是减刑，但此举的结果适得其反。行刑用的竹板子没有具体规定，法吏多以重者为之，犯人再强健也难以支撑三五百下，刑者多死，侥幸不死者也落下残疾。贪赃枉法、监守自盗等不一定就是死罪，结果也是弃市，所以当时评论说：“外有轻刑之名，内实杀人。”②

景帝即位，再次改革刑罚：改笞五百为三百、三百为二百。中元六年（前144年）再次减轻笞刑，笞三百为二百，笞二百为一百；又定箠令：规定竹片长五尺、宽一寸，最薄的一端半寸，削平竹节；行刑时只准打臀部，中间不得换人。此后犯人可以苟活性命了。晁错为内史，更改律令三十余章悉被采纳。中元二年（前148年），改磔为弃市，允许以腐刑代替死刑。

法律是维护统治的工具，随着统治的需要，可以减省刑法，也可以增加。

---

① 《汉书·刑法志》。
② 《汉书·刑法志》。

《人民文库》第一批书目

马克思主义理论

《〈资本论〉注释》(三卷本) 〔苏〕卢森贝著 赵木斋/朱培兴等译
《〈资本论〉入门》(上、下册) 〔日〕河上肇著 仲民译
《马克思主义史》(四卷本) 庄福龄主编
《马克思以后的马克思主义》 〔英〕戴维·麦克莱兰著 林春等译
《当代西方马克思主义》 〔英〕佩里·安德森著 余文烈译
《保卫马克思主义》 〔德〕梅林著 吉洪译
《马克思主义的人道主义》 〔法〕加罗蒂著 刘若水等译
《共产国际史纲》 〔苏〕索波列夫等著 吴道宏等译

中共党史及党史资料

《中国共产党第一次代表大会档案资料》 中央档案馆编
《“一大”前后——中国共产党第一次代表大会前后资料选编》(一、二、三卷) 中国社会科学院现代史研究室/中国革命博物馆党史研究室选编
《中国共产党第二次至第六次全国代表大会文件汇编》 中央档案馆编
《六大以前——党的历史材料》 中共中央书记处编
《六大以来——党内秘密文件》(上、下) 中共中央书记处编
《遵义会议文献》 中共中央党史资料征集委员会/中央档案馆编
《十一届三中全会以来重要文献选读》(上、下册) 中共中央文献研究室编
《中国共产党中央委员会关于建国以来党的若干历史问题的决议》
《中国共产党的三十年》 胡乔木著
《中共党史重大事件述实》 中共中央文献研究室/中央档案馆《党的文献》编辑部编

人文科学

撰著

《大众哲学》 艾思奇著
《唯物辩证法大纲》 李达主编
《马克思主义哲学纲要》 韩树英主编
《中国哲学史大纲》(上卷) 胡适著
《中国哲学史新编》(上、中、下) 冯友兰著
《中国思想通史》(1—5卷) 侯外庐主编
《中国哲学史史料学》 张岱年著
《中国伦理学史》 蔡元培
《逻辑》 金岳霖著
《魏晋玄学论稿》 汤用彤著
《审美谈》 王朝闻著
《美学与意境》 宗白华著
《基督教哲学1500年》 赵敦华著
《希腊哲学史》(1—4卷) 汪子嵩/范明生/陈村富/姚介厚著
《乡土中国》 费孝通著
《价值体系的历史选择》 李从军著
《汉唐佛教思想论集》 任继愈
《中国封建社会经济史》(1—5卷) 傅筑夫著
《中国半封建半殖民地经济形态研究》 王亚南著
《广义政治经济学》(1—3卷) 许涤新著
《社会主义经济的若干理论问题(续集)》修订本 孙冶方著
《邓小平社会主义市场经济理论与中国经济体制转轨》 苏星主编
《社会主义再生产问题》 刘国光著
《中国通史》(1—12册) 范文澜/蔡美彪等著
《中国史稿》(1—6册) 郭沫若主编
《从鸦片战争到五四运动》(上、下册) 胡绳著
《新中国编年史(1949—2000)》 廖盖隆主编
《中国政治思想史》(上、下册) 吕振羽著
《中国民族简史》 吕振羽著
《中国资本主义发展史》(三卷) 许涤新/吴承明主编
《秦汉史》(修订本) 田昌五/安作璋主编

《元朝史》（修订本）（上、下册） 韩儒林主编
《帝国主义与中国政治》 胡绳著
《五四运动史》 彭明著
《马克思主义与中国革命》 黎澍著
《中国近三百年学术史》 梁启超
《中国历史研究法》 梁启超
《清代学术概论》 梁启超
《汉代学术史略》 顾颉刚
《唐代长安与西域文明》 向达著
《中国古代社会史论》 侯外庐著
《中国古代社会研究》 郭沫若著
《青铜时代》 郭沫若著
《十批判书》 郭沫若著
《第二次世界大战史》 朱贵生/王振德/张椿年等著
《世界通史》（六卷本） 崔连仲/刘明翰/刘祚昌/徐天新等主编
《美国通史》 刘绪贻/杨生茂主编
《中国教育改造》 陶行知

译 著

《精神哲学》 〔德〕黑格尔著 杨祖陶译
《历史哲学》 〔德〕黑格尔著 王造时译
《纯粹理性批判》 〔德〕康德著 蓝公武译
《狄德罗哲学选集》 〔法〕狄德罗著 陈修斋等译
《乌托邦》 〔英〕托马斯·莫尔著 戴镏龄译
《人类不平等的起源和基础》 〔法〕卢梭著 吴绪译
《论自由》 〔法〕茄罗蒂著 江天骥/陈修斋译
《狄慈根哲学著作选集》 〔德〕狄慈根著 杨东莼译
《车尔尼雪夫斯基选集》（上、下卷） 〔俄〕车尔尼雪夫斯基著 周扬等译
《费尔巴哈哲学著作选集》（上、下卷） 〔德〕费尔巴哈著 刘磊/荣振华/王太庆等译
《伯恩施坦文选》 〔德〕爱德华·伯恩施坦著 殷叙彝编
《考茨基文选》 〔奥〕卡尔·考茨基著 王学东编
《普列汉诺夫文选》 〔俄〕格奥尔基·瓦连廷诺维奇·普列汉诺夫著 张光明编
《卢森堡文选》 〔德〕罗莎·卢森堡著 李宗禹编
《葛兰西文选》 〔意〕安东尼奥·葛兰西著 李鹏程编
《布哈林文选》 〔俄〕尼古拉·伊万诺维奇·布哈林著 郑异凡编
《卢卡奇文选》 〔匈〕捷尔吉·卢卡奇著 李鹏程编
《鲍威尔文选》 〔奥〕奥托·鲍威尔著 殷叙彝编
《饶勒斯文选》 〔法〕让·饶勒斯著 李兴耕编
《托洛茨基文选》 〔俄〕列夫·达维多维奇·托洛茨基著 郑异凡编
《“泰晤士”世界历史地图集》 〔英〕杰弗里·巴勒克拉夫主编
《西行漫记》 〔美〕埃德加·斯诺著 董乐山译
《伟大的道路》 〔美〕艾格妮丝·史沫特莱著 梅念译 胡安其/李新校注

人 物

《马克思传》 〔德〕弗·梅林著 樊集译/持平校
《恩格斯传》 〔德〕海因里希·格姆科夫等著 易廷镇/侯焕良译
《列宁传》（上、下册） 〔苏〕彼·尼·波斯别洛夫主编 马京/华国译
《毛泽东自述》（增订本） 马连儒/柏裕江编
《宋庆龄——二十世纪的伟大女性》 伊斯雷尔·爱泼斯坦著 沈苏儒译
《唐太宗传》 赵克尧/许道勋著
《朱元璋传》 吴晗著
《雍正传》 冯尔康著
《秦始皇传》 张分田著
《武则天传》 雷家骥著

文 化

《诗论》 朱光潜著
《三松堂自序》 冯友兰
《文章例话》 叶圣陶著
《留德十年》 季羡林著
《读史札记》 吴晗著

文帝废除三族法不久,后元元年,因新垣平谋反,又恢复三族罪。又作酎金律(诸侯王献于朝廷用于祭祖之金曰酎金),具体规定酎金的成色、重量、形状,不如律者罚。景帝时,鉴于伪币流行,又作伪黄金弃市律。在封建社会里,法律的改变是以皇帝的意旨为根据的,皇帝可以随时更改法律,上述法律的变动都是如此。

因为法律的增减变动取决于皇帝意志,皇帝的命令诏书也就成为法律,称为令。根据命令发布时间的先后,有令甲、令乙、令丙之别。令是律的另一种形式。同样具有法律效力的还有案例,一些典型案例和经过钦定的特殊案例都可以作为后日审案的依据,作为律、令的补充,称为比。律、令、比是汉代法律的主体。

总括西汉前期法律演变趋势,在汉初是有选择地因袭秦律,自惠帝以后,是逐步减轻秦法之严苛。在执行过程中,文帝时君臣上下"论议务在宽厚,耻言人之过失。化行天下,告讦之俗易。吏安其官,民乐其业,蓄积岁增,户口寖息。风流笃厚,禁网疏阔"。① 甚至一年之间,"断狱数百,几致刑措。"②这虽属溢美之词,但当有一定根据。为防止官吏贪赃枉法、制造冤案,皇上也能带头守法。如文帝出行通过渭桥,桥下有人走出,惊动乘舆,廷尉张释之判云:"此人犯跸,当罚金。"文帝以为该犯惊驾,幸亏坐骑训练有素,自己才没有受伤,应当重治。张释之认为,此人是无意间惊驾"犯跸",按照法律应判罚金,而"法者,天子所与天下公共也。今法如是,更重之,是法不信于民也"。文帝最后还是同意了张释之的判决。又有人盗高庙座前玉环,张释之依法定为弃市,文帝则要处以族刑,最后也被张释之说服。③ 在法自君出的时代里,文帝能带头守法,对于维护法律权威和法制秩序无疑有着重要作用。西汉前期七

---

① 《汉书·刑法志》。
② 《汉书·文帝纪赞》。
③ 《汉书·张释之传》。

十年间,是汉代法治最好的时期。

法律是统治阶级意志的体现,是阶级统治的工具,在制定和执行过程中,对统治阶级就有种种优待。主要有如下诸项:一是量刑从轻。高帝七年规定:“令郎中有罪耐以上,请之。”①惠帝即位后下诏:“爵五大夫、吏六百石以上及宦皇帝而知名者有罪盗械者,皆颂系。上造以上及内外公孙耳孙有罪当刑及当为城旦舂者,皆耐为鬼薪白粲。”②即对六百石、爵五大夫以上以及皇亲等量刑从轻。文帝时贾谊上书认为公卿大臣有罪不能下吏审讯,只能皇上免官降用或者赐死,否则高官要受狱吏审讯,有失尊严。自此以后,大臣有罪均不受刑,轻者免降,重者赐死。二是买爵或入粟免罪。汉初继续秦朝二十级军功爵制,在和平年代,爵位可以用金钱购买。惠帝元年规定“民有罪,得买爵三十级以免死罪。”③当时一级爵两千钱,共六万钱即可赎命。文帝采纳晁错建议以粟抵罪。普通百姓是出不起这么多钱粮赎罪的,这些规定显然是有利于地主官僚,为他们欺压人民提供了保护伞。三是以爵抵罪。有爵位的官僚收受贿赂“夺爵为士伍,免之。无爵,罚金二斤,令没入所受”。④ 四是普遍施行赎刑,即直接以金钱抵罪,金钱数量因时而异,在吕后二年以前的标准是“赎死,金二斤八两。赎城旦舂、鬼薪白粲,金一斤八两。赎斩、府(腐),金一斤四两。赎劓、黥,金一斤。赎耐,金十二两。赎迁,金八两”。⑤ 有黄金者即可赎罪,无黄金者只有服刑,显然对富人有利,体现了西汉政权的阶级属性。

我国封建法律的特点之一是诸法合体,司法机关和行政机关不分,汉代也是如此。地方郡县守令既是行政长官,也是司法长官,判案是其经常的政务,其属下有决曹专职办理诉讼、刑讯事宜。在中央虽设廷尉专职司法,但遇到疑

① 《汉书·高帝纪下》。
② 《汉书·惠帝纪》。
③ 《汉书·惠帝纪》。
④ 《汉书·景帝纪》。
⑤ 张家山汉墓竹简整理小组:《张家山汉墓(二四七号)竹简》,第150页。

狱大案，都要奏请皇上裁决，或者会同其他要员审理，叫做“杂治”，所审之案大都是地方难决或皇帝命令审理的。从中央到地方都有监狱，中央的隶属廷尉，因其所理多是承诏而办的要案，故名为“诏狱”。

法律规定，诉讼有两种性质，一为官吏纠举犯罪，即官吏认为犯人犯法而治之；另一为当事人自诉或当事人的亲属代为告劾。判决书称为“鞫”；对判决不服，可以要求重新审讯，叫做“乞鞫”。遇有疑案一时难决者，可逐级上报直至奏请皇帝裁决。百姓遇有特殊情况也可以越级上诉，可以上书朝廷，如缇萦就是上书文帝而救父的。但在一般情况下，地方案件都由地方裁决，只是死刑要上报廷尉核准批复后，方能执行。一般的死刑都在秋后执行。

三、土地、赋税、徭役制度

汉初沿袭秦朝亩制，以二百四十步为亩，由国家按照每夫百亩的标准授予农民，有军功爵者按照军功爵高低依次增加授田。《田律》规定：

“田不可垦者，勿行，当受田者欲受，许之。”

“田不可垦而欲归，勿受偿者，许之。”①

“行”是授予的意思，不能耕种的土地不能授予农民，农民主动要求的例外。当农民因为土地不能耕种要求还给官府的，不得要求官府给予相应补偿。关于军功爵者的授田标准，《户律》有明确规定：

“关内侯九十五顷，大庶长九十顷，驷车庶长八十八顷，大上造八十六顷，少上造八十四顷，右更八十二顷，中更八十顷，左更七十八顷，右庶长七十六顷，左庶长七十四顷，五大夫二十五顷，公乘二十顷，公大夫九顷，官大夫七顷，大夫五顷，不更四顷，簪袅三顷，上造二顷，公士一顷半顷，公卒、士五(伍)、庶人各一顷，司寇、隐官各五十亩。不幸死者，令其后先择田，乃行其余。他子男欲为户，以为其□

① 张家山汉墓竹简整理小组：《张家山汉墓(二四七号)竹简》，第165、166页。

田予之。其已前为户而毋田宅、田宅不盈，得以盈，宅不比，不得。”①

这段律文规定了各个等级的占田标准和授田次序。按社会等级可分为三大类：军功爵者、庶人、特殊人群。军功爵共有二十级，第一级公士，二十级彻侯（汉武帝刘彻继位以后，因避讳改称列侯），律文规定了第一级到第十九级关内侯的赐田标准：第一级公士可占田一顷半，第十九级占田九十五顷。从第一级到第十九级之间又分为三个大的级差：从关内侯到左庶长是高爵，级差两顷；从左庶长到公大夫为第二个级差，级差悬殊，五大夫较左庶长一级之差占田少四十九顷，公乘较五大夫少五顷，公大夫较公乘少十一顷；公大夫以下大约就是低爵了，级差也是二顷。公卒、士伍、庶人的身份应有所区别，但在占田数量上都是一顷；司寇、隐官等刑徒是特殊人群，较庶人减半占田。授田时，要让死者的继承人（律文的“后”即法定继承人）优先选择土地，以示对其不幸的同情，然后再依次授予他人。如果分居立户，即从其原来家庭所占的土地中分割授予。② 那些虽然立户而无田宅或者占田不足者，依律授足；住宅不足者就不再补了。农民的住宅和土地一样也是由国家授予，其标准按区计算，每授一顷土地即授一区住宅。《户律》对此有着详细规定：

“宅之大，方三十步。彻侯受百五宅，关内侯九十五宅，大庶长九十宅，驷车庶长八十八宅，大上造八十六宅，少上造八十四宅，右更八十二宅，中更八十宅，左更七十八宅，右庶长七十六宅，左庶长七十四宅，五大夫二十五宅，公乘二十宅，公大夫九宅，官大夫七宅，大夫五宅，不更四宅，簪袅三宅，上造一宅半宅，公卒、士伍、庶人一宅，司寇、隐官半宅”。③

授田顷数和住宅区数相同，每授一顷土地即授予一区住宅。

---

① 张家山汉墓竹简整理小组：《张家山汉墓（二四七号）竹简》，第175—176页。

② 律文“他子男欲为户，以为其□田予之”。“田”之前缺文，含义不明，但从逻辑上分析应是其原家庭所占有的土地，随着立户分居而分割。

③ 《张家山汉墓（二四七号）竹简》，第176页。

田宅授予按照名籍进行，又可以称之为名田制，有严格的户口登记管理制度。《户律》规定：

> “民皆自占年，小未能自占，而毋父母、同产为占者，吏以□比定其年。自占、占子、同产年，不以实三岁以上，皆耐。产子者恒以户时占，其……罚金四两。”
>
> “恒以八月令乡部啬夫、吏、令史相集案户籍，副臧（藏）其廷。有移徙者，辄移户及年籍细徙所，并封。留弗移，移不并封，及实不徙数盈十日，皆罚金四两；数在所正、典弗告，与同罪。乡部啬夫、吏主及案户者弗得，罚金各一两。”①

“占”即申报，“自占年”即自我申报年龄。没有父母兄弟者由官吏推定。自占或者申报子女、兄弟年龄不实三岁以上，“皆耐”。户口申报和核校统一于每年八月进行，有乡啬夫率领相关官吏具体负责，办理新户和户口迁移手续，审定户籍档案。不按时办理者，“罚金四两”；正（里）典、田典知情不报，“与同罪”。这些档案包括每户的人口数量、年龄、户主、田宅数量及其位置顺序、租税数量等内容。所有这些，都要按其性质分别立籍，统一报到县廷收藏。《户律》规定：

> “民宅园户籍、年细籍、田比地籍、田命籍、田租籍，谨副上县廷，皆以匣若匮盛，缄闭，以令若丞、官啬夫印封，独别为府，封府户；節（即）有当治为者，令史、吏主者完封奏（凑）令若丞印，啬夫发，即集治为；臧（藏）□已，辄复缄闭封臧（藏）。不从律者，罚金各四两。其或为诈伪，有增减也，而弗能得，赎耐。”②

宅园户籍的内容是住宅园圃的综合登记簿，年细籍是每户人口年龄明细簿，田

---

① 《张家山汉墓（二四七号）竹简》，第177—178、179页。

② 《张家山汉墓（二四七号）竹简》，第178页。

比地籍是每户土地比邻状况,田命籍是每户授田的由来和数量[①],田租籍是每户应交纳的田租数量。所有这些在县廷有专门机构和人员保管,以县令、丞印封存,使用时要有主管官吏、令史等人共同验试无误后才能打开。若保管使用违背程序即"不从律者,罚金各四两",弄虚作假、增减簿籍,"赎耐"。

土地一经授予即固定在个人名下,归个人所有,可以继承,可以转让,可以买卖。《户律》云:"民欲先令相分田宅、奴婢、财物,乡部啬夫身听先令,皆参办券书之,辄上如户籍。有争者以券书从事;毋券书,毋听。所分田宅,不为户,得有之,至八月书户。留难先令、弗为券书,罚金一两。"[②]"先令"即遗嘱。土地和奴婢、财物一样有乡官里吏主持按照遗嘱分割继承。《户律》又规定:"授田宅,予人若卖田宅,不得更授"。"代户、贸卖田宅,乡部、田啬夫、吏留弗为定籍,盈一日,罚金各二两"。[③] 国家授予的土地如果被赠送他人或者卖出,不得重新授田。发生土地买卖时,乡部、田啬夫要及时办理土地关系变更手续,否则,超过规定时间一天"罚金各二两",说明官府是保护土地合法买卖的。

汉初田税按照授田顷数征收,其税率屡有变化。立国之初,一度采取十五税一制,不久因对异姓诸王连年用兵,用度不足,改用十税一制。到惠帝元年复十五税一。至文帝十二年,令百姓半出田税,次年令"除田之租税"。景帝元年"令田半租"[④],即三十税一,至此三十税一成为定制。三十税一是田税而

---

① 田命籍之命既可解做爵命之命,也可解作名,田命籍即田名籍,注明各户所授田宅的多寡及其根据如爵级等。《广雅·释诂三》:"命,名也。"司马贞《索隐》云:"命者,名也。"《史记·商君列传》云商鞅变法令全国"名田宅臣妾衣服以家次",所推行的授田制又称之为名田制。此田命籍借作"田名籍"更贴切。

② 《张家山汉墓(二四七号)竹简》,第178页。

③ 《张家山汉墓(二四七号)竹简》,第177页。

④ 《汉书·文帝纪》、《汉书·景帝纪》。《汉书·食货志》云:"孝景二年令民半出租,三十而税一也。"今从本纪。关于文帝前元十三年免田租,学术界有不同看法,一种认为是免当年田租,一种认为免至景帝元年,今按:后说是。《史记·汉兴以来将相名臣年表》记其事云:文帝十三年"除肉刑及田租税律戍卒令"。除肉刑和田租税律并举,肉刑既除,田租税律必除无疑。所谓田租税律,即缴纳田税之律。

非田租,田税是土地管理权的经济体现,亦即国家向土地所有者征收的土地税;田租是土地所有权的经济体现,也就是土地所有者地主向租种土地的农民所征收的地租,二者所代表的经济关系不同。从法理上说,农民的土地由国家授予,国家是土地所有权的持有者,农民所交纳的十五分之一、三十分之一的税收是田租而非田税,但在实质上,土地一经授予农民即归农民私有,也就确立了农民的土地私有权,国家对农民耕种的土地已变成行政意义上的管理关系,所以征收的是田税。当时五口之家,百亩之田,可收百石强,交税三石多一点,田税负担确实不重。至于田租率远高于税律,董仲舒说无地农民"或耕豪民之田,见税什伍"①,"见税什伍"即收取百分之五十的田租,租率远高于税率,通汉一代都是如此。

田税分为谷物和刍稿两大项,刍稿都是庄稼茎叶,用做饲料,刍是精饲料,稿是粗饲料。其方式是先由官方定下标准亩产量,再根据授田顷数、按照税率计算出每一顷应交纳的总数,定额征收,无论收成如何,耕种与否,都要完成额定的税收。当不需要实物时则折合成货币征收。张家山汉简《田律》云:

> "入顷刍稿,顷入刍三石,上郡地恶,顷入刍二石;稿皆二石。令各入其岁所有,毋入陈,不从令者罚黄金四两。收入刍稿,县各度一岁用刍稿,足其县用,其余令顷入五十五钱以当刍稿。刍一石当十五钱,稿一石当五钱"。
>
> "刍稿既贵于律,以入刍稿时平贾(价)入钱"。②

谷物、刍、稿是田税的不同形态,刍、稿按顷征收,谷物也是按顷征收。上郡地恶,每顷少收刍一石。其余各地都按照刍三石、稿二石的统一标准征收。刍稿只收新收获的庄稼茎叶,根据本地所需饲料量灵活决定征收实物数量,其余部分折合成货币征收,钱的数量每顷为五十五钱,刍一石折合十五钱,稿一石折

---

① 《汉书·食货志上》。

② 《张家山汉墓(二四七号)竹简》,第165—166、168页。

五钱。刍稿市场价高于法律规定的价格时,按"平价"即官府制定的价格折合交纳。

汉代赋税种类繁多,除田税以外,还有商税、人口税、资产税和山林川泽税等。商税是市场交易税,时称市租。汉初经济放任,商业发达,行商坐贾、城乡居民,会于一地,以其所有,易其所无,国家则设专官管理之,一是维护治安,调解纠纷;二是收取商税。收税办法,区别对待,对那些专业商人,单立户籍,谓之"市籍",定期收税。对那些交换产品的农民、小生产者只能临时征收。

除一般市场外,在军队屯驻区还设有军市,这也是沿袭战国传统,以方便军士生活。参与军市贸易的人也同样要交税,如文帝时,"魏尚为云中守,其军市租尽以飨士卒,出私养钱,五日一椎牛,飨宾客军吏舍人,是以匈奴远避,不近云中之塞。"①和普通的市不同,军市归驻军管辖,军市令由部队长官任命。魏尚为云中太守,总揽军政大权,而军权尤重,故过问军市市租的使用,把军市市租用于改善军队生活,是按制度办事,不贪不占,故为后人传颂。

汉代商税率不知多少,但商税是一宗大收入是可以肯定的。市场越大市税也就越多,如《史记·齐悼惠王世家》云:"齐临淄十万户,市租千金(《索隐》:'市租谓所卖之物出税,日得千金。')"汉代黄金一斤值一万钱,一个临淄市一天的市租达一千万钱,全国所得可以想见。

人口税是汉代最重要的税收,分为口赋和算赋两种。口赋是未成年人的人口税,《汉旧仪》谓"算民年七岁至十四岁,出口钱,人二十三。二十钱以食天子,其三钱者武帝所加,以补车骑马。"则在武帝以前口钱为二十钱。算赋是成年人的人口税,"民年十五以上至五十六岁出赋钱,人百二十为一算,为

① 《史记·冯唐列传》。

治库兵车马。"[1]这里记载的是汉昭帝以后的制度,在昭帝以前百姓年六十岁才免交算赋。

人口税大约始于战国,秦朝予以统一化。汉朝始于高帝四年(前 203年),"八月,初为算赋"。[2] 这里的算赋也含口钱,算可作动词,计算征收之意,所以史籍把收口钱算赋统称算民。一般的收算赋在八月,届时和户口登记检查一并举行,俗称八月算民,又称案比,具体工作由乡啬夫负责。算赋额也可以变动,遇有灾荒或某种庆典或者为了示恩于民,皇帝可以下令临时减免,如文帝曾一度下令每人只交四十钱,以后诸帝也都有临时减免的诏令。

人口税并非所有的人都交纳同样数额,因身份不同,税额亦有别。汉初对商人实行重税政策,商人算赋加倍。此外,为了鼓励人口增殖提倡早婚早育,惠帝六年规定:"女子年十五以上至三十不嫁,五算。"[3]还有对私家奴隶也加倍收算赋,这是由其主人交纳的。

资产税是家庭固定财产税,土地、房屋、车马、奴隶作价以后,累计每万钱收一算即百二十钱,谓之资算。以万钱起征,不足者免征。[4]

山林川泽之税是百姓使用山林川泽所纳的所得税。这些在原则上都归皇家所有,故使用时必须交税。细分则有矿产税、渔税、牧税等。矿冶资源都在山林之中,百姓如欲开采,如采铜炼铁,都要经过官府许可,即注册纳税,国家

① 《汉书·高帝纪上》注如淳引《汉旧仪》。

② 《汉书·高帝纪上》。

③ 《汉书·惠帝纪》。

④ 关于汉代资产税,见于直接记载的较少,西汉前期只有《汉书·景帝纪》载景帝后二年曾下诏曰:"今訾算十以上乃得宦,廉士算不必众。有市籍不得宦,无资又不得宦,朕甚愍之。訾算四得宦,亡令廉士久失职。"服虔注:"訾万钱,算百二十七也"。应劭注:"……十算,十万也,贾人有财不得为吏,廉士无资又不得宦,故减资四算乃得宦矣。"每算百二十钱是通用单位,此处的百二十七钱是百二十钱之误。因有关资算的记载仅此一条,故有人怀疑汉代有无资产税。今按:汉简中有许多记载戍卒及军吏家产的简文,如无资算制度则无必要。八月案比之时,也登记每户资产,然后决定为赋多少,为役先后,故汉初有资产税当无疑。

则设专官收取，如铁官、盐官在两汉之初即专司此事。① 张家山汉简《金布律》规定：

“诸私为卤盐、煮济、汉，及有私盐井煮者，税之，县官取一，主取五。采银租之，县官给橐，□十三斗为一石，□石县官税□□三斤。其□也，牢橐，石三钱。租其出金，税二钱。租卖穴者，十钱税一。采铁者五税一；其鼓销以为成器，有（又）五税一。采铅者十税一。采金者租之，人日十五分铢二。民私采丹者租之，男子月六斤九两，女子四斤六两”。②

因为简文漫漶，个别文字不清，但基本意思还是清楚的。对私营海盐、井盐业的税收标准是“县官取一，主取五”。采银业的税收分为使用国家的橐和自备橐两种标准；对出租矿井者出租额“十钱税一”。对采铁者收五分之一税，若将所采之铁制成器皿用具者再收五分之一。采铅者交纳十分之一。采金和丹砂的税收则是按人计算，采金者每人每天收“十五分铢二”即十五铢零二分；采丹砂者按月计算，男子每月交六斤九两，女子交纳四斤六两。这是吕后二年以前颁布实施的矿业税收标准，从理论上说，随着时间的推移还会有所调整。同理，放牧渔采所用也是皇家资源，也要交税。③

汉代财政分皇室和国家两个系统，上述各项税收也分属这两个系统。其中人口税、田税入国库，归大司农掌握；山林川泽之税，则供皇室使用，由少府掌握。各个诸侯王国的财政收支也是如此。④

---

① 秦即设铁官，汉初仍之。汉初封泥有“琅琊左盐”，“齐铁官印”、“齐铁官长”、“齐铁官丞”、“临淄左盐”，汉印有“海右盐丞”等。秦盐铁国家垄断，汉初放任私营而征其税，专以盐铁官司之。

② 《张家山汉墓（二四七号）竹简》，第 192 页。

③ 汉前期未有征渔、牧税的记载，但以后的大量文献记载了汉代存在这种税制，根据历史背景判断，这种税制应始于汉代前期。

④ 《汉书·食货志》：“山川园泽市肆租税之入，自天子以至封君汤沐邑，皆各为私奉养，不领于天子之经费。”私奉养即归王侯封君私人所有。

徭役分兵役和劳役两种。汉初凡男子自十七岁登记于役籍，叫做傅籍，表示成丁，叫做“正卒”，开始服役。① 景帝二年，“男子二十始傅”。② 正卒中经过挑选身强力壮者服兵役，其余服劳役。兵役分三种：郡兵、戍卒、卫士。男子傅籍以后，首先在本郡当兵一年，或步兵（材官）、或骑兵（骑士）、或水兵（楼船士），因地而异，一年期满，罢役返乡，国家有事，随时听调。戍卒是守边之兵，国家随时征内郡正卒戍边，为期一年，按期轮代，在制度上人人都有戍边一年的义务。卫士是戍卫京师宫廷者，属卫尉统率，时间一年，轮番调自郡县。正卒充卫士就不戍边，反之亦然。边郡之民守土任重，戍卒之役与郡兵之役往往合一。诸侯王国民只充戍卒，不当卫士，原因是防止诸侯王在中央卫士中安插亲信，于朝廷不利。

劳役包括国家兵役之外的各种役事，如修城筑路，挖渠引水，以及为前线运粮送草等等。制度上每人每年服役一月，叫做更役，服更役者又叫更卒。服更役者有时也包括女子，如惠帝三年正月，“发长安六百里内男女十四万六千人城长安，三十日罢。”五年春正月“复发长安六百里内男女十四万五千人城长安，三十日罢。”③更役为期一月，故三十日罢。服更役有两种方式：一是自行服役叫“践更”，一是出钱代役叫“过更”，代役钱因时而异，就目前所知，在西汉是月三百钱，到后来这逐步演变成为一项固定税收，即更赋，数额也有所

---

① 一般的释正卒为兵役之一，荀悦云：“傅，正卒也”，谓傅籍以后成丁为正卒。考察史实，荀悦为是，荀注见《史记·孝景本纪》注《索隐》引。

② 《史记·孝景本纪》，《汉书·景帝纪》同，颜师古注云：“旧法二十三，今此二十，更为异制也。”《汉书补注》引沈钦韩云：“本年十五以上出算赋，今宽之，至二十岁始傅，著于版籍也。”《文献通考·户口考》引徐氏说与师古同。今按：沈说近是。据秦简《编年记》秦时民年十七始傅，汉初仍之，景帝宽民力，改为二十始傅。这是指服役而言，与交算赋无关，汉代算赋始终是十五岁起征。故沈谓景帝放宽征算赋的年龄是错的，但说放宽年龄至二十始傅，是正确的，《汉旧仪》云：“民年二十三为正……”是昭帝后的制度。《盐铁论·未通》云昭帝即位“宽力役之征，二十三始傅，五十六而免。”《汉旧仪》成书于东汉初年，误把西汉后期的制度作为西汉通制。

③ 《汉书·惠帝纪》。

增加。①

以上诸项是制度规定的常制,在实际施行过程中,还有许多临时附加和变动。

封建社会是等级社会,人和人是不平等的,虽然在制度上看人人都要承担赋税徭役,但在实际上相当一部分人可以种种借口而减免。有的以身份免除,如皇室成员、军功贵族、三老、孝悌、力田等。② 有的以功劳复除,如高帝十一年规定"士卒从入蜀汉关中者,皆复终身",次年诏"吏二千石人蜀汉定三秦者皆世世复"。③ 丰沛是刘邦故乡,也免除一切徭赋;④至于各级官吏大都是没有赋税徭役的。有时为了提倡孝道,奖励高年,也减免年八十以上老人的家人部分算赋徭役,但这为数极少,以当时之生活条件、医疗水平,年过八十者实属寥寥。故各种减免的阶级性是很明确的,主要是为地主阶级着想,一切赋税徭役主要是由农民阶级负担。⑤

---

① 关于更赋问题和服更役方式,有不同理解。《史记·吴王刘濞列传》云吴王"居国以铜盐故,百姓无赋。卒践更,辄与平贾"。《集解》引《汉书音义》:"以当为更卒,出钱三百文,谓之过更。自行为卒,谓之践更。吴王为得民心,为卒雇其庸随时日与平贾也"。《正义》:"卒更有三品:卒更、践更、过更。古者正卒无常人,皆当迭为之,是为卒更。贫者欲得雇更钱者,次值者出钱雇之,月二千,是为践更。天下人皆值戍边三月(日之误),亦名为更,律所谓徭戍也。虽丞相子亦在戍边之调,不可人人自行三日戍,又行者出三百入官,官给戍者。此汉初因秦法而行之,后改为谪,乃戍边一岁"。今按:诸家解释,只有《集解》谓:"自行为卒,谓之践更"是对的,其余均误,秦汉不存在戍边三日制度,西汉也无一月两千代役钱,所谓更有三品之说不能成立。

② 《汉书·文帝纪》"文帝四年复诸刘有属籍者家无所与"。《高帝纪》"汉二年置乡三老,择乡三老一人为县三老,复勿徭戍。"《惠帝纪》四年"举民孝悌力田复终身勿事"。

③ 《汉书·高帝纪下》。

④ 《汉书·高帝纪》十二年"以沛为汤沐邑,复其民,世世无有所与。沛父兄请复丰,乃并复丰,比沛。"

⑤ 关于汉代赋税徭役的免除状况,详见《西汉会要》二——三。

第四节 皇权和封国的斗争

刘邦"惩戒亡秦孤立之败",在剪除异姓王的同时,把刘氏宗族子弟封为同姓王,在刘氏与吕氏的斗争中,同姓王确实起到了一定的作用;但外患既除,刘家天下一旦稳定下来,诸侯势力的发展壮大又威胁皇权,不利于统一。

一、诸侯王势力的膨胀与对策

汉初,诸侯王封地几占全国的三分之二,"自雁门以东,尽辽阳,为燕、代。常山以南,太行左转,度河、济,渐于海,为齐、赵。穀、泗以往,奄有龟、蒙,为梁、楚。东带江、湖,薄会稽,为荆吴。北界淮濒、略庐、衡,为淮南。波汉之阳,亘九嶷,为长沙。诸侯比境,周匝三垂,外接胡越"。关东之地多归诸侯王,"藩国大者,跨州兼郡,连城数十。"中央直辖者只有"三河、东郡、颍川、南阳,自江陵以西至巴蜀,北自云中至陇西,与京师内史凡十五郡。"①其中还有一百多个列侯公主的食邑。由此可见诸侯王领地广大。高帝时,诸侯王年龄尚轻,封土刚定,加上战争时期,民心未安,各自都忙于安定内部,无暇外顾,对中央政权不构成什么威胁。但到文帝时就不同了。经过惠帝、高后时的休整,经济恢复,人口繁衍,有了对抗中央的经济基础,如吴王刘濞,居国以盐铁铜冶致富,平时百姓无赋,有事征发徭役官府则予佣金,以收买民心。②因为汉初"过

---

① 《汉书·诸侯王表序》。高帝共封十个同姓王,其中荆吴为先后立国,实为一地,故《表》云:大启九国。

② 《汉书·荆吴王传》云:"其居国以铜盐故,百姓无赋,卒践更辄予平贾。"服虔注云:"以当为更卒,出钱三百,谓之过更,自行为卒,谓之践更。吴王欲得民心,为卒者雇其庸,随时月与平贾也。"平贾即官定佣价。"卒践更辄予平贾"即按照官价付给服役者。如解作"为卒者雇其庸"即官府雇工代替服役之卒,则过于麻烦,亦有违"卒践更辄予平贾"之本意。

秦”成为朝野上下的共同思潮,先秦诸子的余绪再度活跃,特别是在废除挟书律和妖言令以后,知识分子有了言论的自由,他们参与现实政治的要求日益迫切,但因为朝中大臣多出身行伍,鄙视士人,士人遂投到诸侯王国,壮大了诸侯王国的声威。又因为汉初的经济放任政策,商业发达,而汉法规定商贾子弟不得仕宦,在政治上没有出路,商贾就纷纷投到诸侯王门下,因其钱财,交结王侯,愈益增加了诸侯王的经济实力。为了增加劳动力,诸侯王则争相招徕流民,容纳亡命,甚至包庇罪犯,和中央争夺人口。而文帝以外藩入继大统,威信未立、羽翼不丰,国家大事,多予优容,这愈加助长了诸侯王的气焰,他们骄纵不法,渐有不臣之心。如淮南王刘长直呼文帝为“大兄”,与文帝同车而行,倨傲无礼,又私自椎杀辟阳侯审食其;在封国内擅自驱逐中央任命的傅、相等二千石官,任用私党,招徕亡命,自行封爵关内侯以下者近百人,居室仪仗均依皇帝仪式,不行汉法,根本不把文帝放在眼里。又如吴王刘濞,因其子被太子(即景帝)误伤而死,心怀不满,葬其子于长安(按制度,诸侯王子死应归国安葬),随后称病不朝。面对这种情况,文帝一味宽大,明知刘濞无病,却遣使赐予几杖,嘱其安心养病,给以不朝的特权。刘长虽然屡屡犯上,仍赦其罪,仅仅遣使赐书,予以训告而已。各个诸侯王无不恣意妄为,目无天子,终至酿成了淮南王刘长与济北王刘兴居之叛乱。

刘长是高帝的私生子,其母早亡,由吕后哺育成人,文帝时,高帝子只剩下他和文帝二人,故恃亲专横,文帝一再宽宥,他却变本加厉。文帝遂遣使致书,历数其不法行为,晓以名份,半是劝诫,半是警告,希望他能迷途知返。刘长得书后,更加不满,于文帝六年“令男子但等七十人,与棘蒲侯柴武、太子奇谋,以辇车四十乘反于谷口(县名,在西安西北),令人使闽越、匈奴”。阴谋泄露后,文帝尽诛与谋之人。对刘长处治,朝臣历数其罪愆:“废先帝法,不听天子诏,居处无度,为黄屋盖拟天子,擅为法令,不用汉法。及所置吏,以其郎中春为丞相,又聚汉诸侯人及有罪亡者,匿与居,为治家室,赐与财物爵禄田宅,爵或至关内侯,奉以二千石所当得”。刘长又“身自贼杀无罪者一人,令吏论杀无罪者六人;为亡命弃市诈捕命者以除罪;擅罪人,无告劾系治城旦以上十四人;赦免罪人死罪十八人,城旦以下五十八人;赐人爵关内侯以下九十四人"。外加谋反罪,刘长按律应当弃市。文帝改为流刑,迁于蜀,最后刘长绝食而死。对这场兄弟之间的权力之争,百姓歌之曰:"一尺布,尚可缝,一斗米,尚可舂。兄弟二人不相容。"①

济北王兴居是齐王刘肥之子,在诛灭吕氏集团斗争中有功,文帝即位,立为王,但所封不能满足其欲望,趋匈奴内侵之机,发兵叛乱,兵败被诛。

淮南、济北之叛,虽没有造成严重后果,而且淮南之乱和文帝优容骄纵有一定关系,但这是信号,预示着诸侯王国势力的继续发展,必然形成尾大不掉之势,威胁着中央的安全。一般朝臣大部漠然处之,仍然高枕无忧,但也有人洞察了这一严峻形势,并提出解决办法,贾谊就是其代表。

贾谊,洛阳人,博学多才,年二十被文帝召为博士,一年之间迁为太中大夫,他上《治安策》于文帝,指出各诸侯王"虽名为臣,实皆有布衣昆弟之心,虑无不帝致而天子自为者。擅爵人,赦死罪,甚者或戴黄屋,汉法令非行也。虽行不轨如厉王(刘长)者,令之不肯来,召之安可致乎? 幸而来致,法安可得加! 动一亲戚,天下环视而起,陛下之臣虽有悍如冯敬者,适启其口,匕首已陷其胸矣。"目前安定,是因为诸侯王根基还不够稳固,"大国之王幼弱未壮,汉之所置傅相方握其事,数年之后,诸侯之王大抵皆冠,血气方刚,汉之傅相称病赐罢,彼自丞尉以上遍置私人,如此,有异淮南、济北之为邪? 此时而欲为治安,虽尧舜而不能治。"他比喻当时的形势是"方病大肿,一胫之大几如腰,一指之大几如股,平居不可屈信,一二指搐,身虑亡聊。失今不治,必为痼疾。"必须立即采取措施,削弱诸侯王势力,即"众建诸侯而少其力",就是把王国一个分为几个,一个大国分为几个小国,以削弱其势力。贾谊对形势的分析是十分精辟的,其主张也是切实可行的,故深受文帝嘉许,欲委以重任。但朝中元

① 《汉书·淮南厉王长传》。

老如周勃、灌婴等人忌其才华,纷纷反对,谓"洛阳之人,年少初学,专欲擅权,纷乱诸事。"文帝不便得罪这帮开国元勋,只好作罢,先任贾谊为长沙王太傅,后改为梁怀王太傅,梁怀王不慎坠马而死,贾谊自以为为傅无状,未尽教导之责,抑郁而死,年三十三岁。

贾谊虽然怀才不遇,抑郁而死,但他的《治安策》毕竟影响了文帝。文帝先是徙淮阳王刘武为梁王,尽有其地以为中央之屏障;贾谊死后,又尽立齐悼惠王六子为王,迁淮南王刘喜于城阳(今山东莒县);而分淮南为三国,立厉王刘长三子为王。这些都是贾谊"众建诸侯而少其力"建议的实施。

文帝尚未把贾谊的主张进一步实施就去世了,其子继立,是为景帝。景帝早在为太子时,就痛恨诸侯王的专横不法,即位之后,采纳晁错的建议,实行削藩,遂发生了吴、楚七国叛乱。

二、七国之乱与诸侯王国的削弱

景帝即位,诸侯王欺其年少,更加骄横,御史大夫晁错遂上削藩之议。

晁错,颍川人,博学多才,兼通儒法,文帝时为太子家令,鉴于吴王刘濞的骄纵不法,曾上书文帝,建议削藩。削藩主张较贾谊"众建诸侯而少其力"又进了一步。"众建诸侯而少其力"只是分而治之,朝廷并不增加直辖地,削藩则把诸侯王的封地直接削归朝廷。景帝继位,晁错任御史大夫,再次提出削藩,景帝立即采纳了这一建议,先从势力较小的王国削起:削楚王刘戊之东海郡、赵王刘遂之常山郡,又削胶西王刘卬的六个县。景帝三年(前 154 年),晁错建议削吴,指出:"今削亦反,不削亦反。削之其反急,祸小;不削之,其反迟,祸大。"吴王刘濞获悉这一消息后,即举兵叛乱。刘濞亲自为使约定胶西王,然后遣使联络胶东、淄川、济南、楚、赵共同发兵西攻长安,赵王刘遂还遣使请匈奴发兵支持。景帝三年正月,刘濞首先起兵广陵(今扬州市),下令国中曰:"寡人年六十二,身自将。少子年十四,亦为士卒先。诸年上与寡人同,下与少子等,皆发。"得兵二十余万,又遣使闽、东越,使之起兵响应。为迷惑人心，刘濞传书诸王，打着诛晁错以清君侧的旗号，下令军中："能斩捕大将者，赐金五千斤，封万户；列将三千斤，封五千户，裨将二千斤，封二千户；二千石，千金，封千户；皆为列侯。其以军若城邑降者卒万人，邑万户，如得大将；……其小吏皆以差次受爵金"。①

叛军在汉军无备的情况下，进展顺利，刘濞率军渡过淮水，与楚军合一，击溃梁国主力，杀数万人，迫使梁王退守睢阳（今河南商丘南），胶西、胶东，淄川、济南等叛军则将齐国都城临淄包围，一时之间，东方半壁江山，均入叛军之手。

七国反叛的消息传到中央，景帝计议未定，和晁错有矛盾的爰盎认为七国是为诛晁错而来，只要杀晁错以谢七国，复其被削故地，赦其反罪，七国就会退兵，兵不血刃而战事息。景帝一时失察，采纳爰盎的主张，任命爰盎为太常，和宗正刘通一起出使吴王，表明自己态度，劝吴王退兵；随后丞相庄青翟等人落井下石，说晁错无臣子之礼、大逆不道，应当腰斩。景帝原本就准备牺牲晁错以换取战事的平息，立即批准了庄青翟的奏议，将尽心竭力"尊天子，安刘氏宗庙"的晁错莫名其妙地穿着朝衣被斩首于东市。

景帝以为晁错被斩，吴楚应该退兵了。从前线回来的谒者、校尉邓公告诉景帝，吴楚之反，目的根本不在晁错，杀晁错是绝对错误。景帝这才意识到自己的错误，但人死不能复生，对晁错之死，唯有叹息而已。爰盎曾经做过吴王的丞相，自以为凭借老关系和自己的三寸不烂之舌说动刘濞退兵，可算是大功一件。结果见了刘濞，碰了一鼻子灰，刘濞已经自称"东帝"，哪里还有什么奉诏退兵之意！并且将爰盎囚禁起来，最后爰盎灰溜溜地逃回。

既然叛军不愿意退兵，摆在景帝面前的只有武力镇压了。于是汉军兵分四路，以周亚夫为主帅，领三十六将击吴；曲周侯郦寄击赵；将军栾布攻击围齐之叛军；大将军窦婴驻于荥阳，监视齐兵，作为策应。

刘濞初起时，属下曾提出两种战略：一是分兵并进：一路从江淮西进，攻长

① 《汉书·吴王濞传》。

沙、淮南，自武关入关中；另一路渡淮而上然后西进。二是在战斗中取地为上，攻城次之，发挥吴军步卒利险轻捷的优势，以最快的速度、趁汉军未及准备直取洛阳武库，取得敖仓粮食，然后以黄河、太行山为屏障，可以尽有关东之地；否则，汉朝车骑兵一到，吴之步兵难以抗衡。从军事上看，这一方略是正确的，但刘濞均不采纳，而是渡淮，先并楚军，西取棘壁，进攻梁国；胶西、胶东、淄川则围攻齐国，都进行围城攻坚战。

周亚夫从蓝田、出武关，至荥阳，然后深沟高垒，避吴、楚军锐气，尽管梁国屡屡告急，景帝也诏亚夫救梁，但周亚夫仍坚壁不战，只是派轻兵切断吴、楚粮道以困扰之。吴、楚乏粮，军队斗志减退，最后饥死叛散，乃引兵而退，周亚夫率精兵大举追击，吴兵大败，刘濞与壮士千余人乘夜逃走，先至丹徒，再亡于越，为越人所杀。周亚夫以少量牺牲取得了平叛的决定性胜利。随后胶东、胶西、淄川王各领兵退回，胶西王自杀，胶东、淄川、济南王被诛。齐王被围时，一度欲议和，七国既平，亦俱诛自杀。

经过三个月的战争，七国之乱被平定了，地方割据势力遭到了毁灭性的打击，中央收回了叛国之地，壮大了中央实力。以后分封皇子，大国十余城、小国数城而已，同时规定"诸侯王不得复治国，天子为置吏"，剥夺了诸侯王的一切军政权力，王国军政由汉置之内史、相负责，诸侯王仅得享用封国内的租税而已；削减王国官属，降其秩位，"改丞相曰相，省御史大夫、廷尉、少府、宗正，博士官，大夫、谒者、郎诸官长丞皆损其员。"①自此以后，诸王国和一般郡县已无差别，从制度上杜绝了地方势力坐大的可能性。

第五节 民族关系与民族政策

我国是一个多民族的国家，周边各少数民族往往有自己相对独立的政权，

① 《汉书·百官公卿表》。

这些地方性的民族政权，有时对朝廷俯首称臣，有时则独立于中央统辖之外，有时处于战争状态，有时则和平友好，皆视二者的力量对比而定。西汉前期汉与匈奴、南越的关系就是如此。

一、匈奴的强盛与汉匈和战

秦朝覆亡，中原战乱，一度北退的匈奴又趁机越过蒙恬修筑的长城，进入中原边界。其时冒顿立为单于，东灭东胡，西破月氏，南服河套一带的楼烦、白羊诸部，北并浑窳、屈射、丁零、隔昆、新犁等部族。辖区东起辽东、西至西域、南括河套与燕代为界，有控弦之士三十万众。

“单于天降”瓦当（内蒙古包头召湾出土）

冒顿是匈奴族的杰出领袖，他在扩疆拓土、统一北方游牧地区的同时，整齐制度，建立比较完整的国家机构。单于之下，依次为左右贤王、左右谷蠡王、左右大将、左右大都尉、左右大当户、左右骨都侯，军政合一，以军事为主，凡成年男子都编为骑兵，所有官吏都是将领，单于是最高军事统帅，自左右贤王以下至大当户，统领万骑者有二十四人，称为万骑长。万骑长之下各置千骑长、百骑长、什长、裨小王、相封、都尉、当户、且渠等军官,各以部众多寡为别。单于把国土分为三部,按左右划分,东部由左贤王及左谷蠡王等左官将统领,面对上谷(治所在今河北怀来一带)以东地区,包括辽东、朝鲜在内。右贤王及右谷蠡王等右官将辖西部,面对上郡(治所在今陕西榆林东南)以西、包括西域地区。单于居中面对代郡(治所在今河北蔚县内)、云中郡(治所在今内蒙古托克托县内),驾驭左右。从十骑长到单于,形成一个金字塔,单于高居塔尖之上,自称"撑犁孤涂单于(撑犁意为天,孤涂意为子,单于为广大貌,言其像天那样广大的首领)",指挥其臣民,不时以阴山为依托,河套为跳板,突破汉朝防线,虏掳边民畜产。

高帝六年,韩王信降匈奴,领兵南侵。次年,高帝领兵三十二万御驾亲征匈奴。时逢天寒,雨雪交加,汉军不堪寒冷,冻伤坠指者十之二三。冒顿佯败,为诱兵之计,用老弱病残的士兵引诱汉军;高帝轻敌,以为匈奴不堪一击,领兵追击。奉春君刘敬(即娄敬)劝阻说:"两国相击,此宜夸矜见所长。今臣往,徒见羸瘠老弱,此必欲见短,伏奇兵以争利。愚以为匈奴不可击也。"刘邦不听,骂刘敬说:"齐虏,以舌得官,乃今妄言沮吾军。"①把刘敬下狱。而后率领三十二万大军追击匈奴,到达平城,冒顿趁刘邦和大部队脱离只有少量骑兵之际,以三十万骑兵包围刘邦于平城(今山西大同)附近白登山。刘邦内外隔绝,达七日之久,几陷绝境。最后陈平派人贿赂阏氏(单于正妻),请阏氏劝单于退兵说:"两主不相困,今得汉地,单于终非能居之。且汉主有神,单于察之。"②冒顿也因原先约定的韩王信的部队未能按时到来,汉朝援兵又陆续抵达,料不能胜,遂解围而去。刘邦脱险之后,立即将刘敬放出,说:"吾不用公言,以困平城。吾已斩先使十余辈言可击者矣。"封刘敬两千户,为关内侯。

平城之役以后,匈奴势力更加强盛,屡患汉边。刘邦明白难以武力征服匈

① 《汉书·刘敬传》。
② 《汉书·匈奴传上》。

奴,遂问计于刘敬,刘敬提出"和亲"的建议,也就是汉朝主动把公主嫁给单于,并送上厚礼,"彼知汉女送厚,蛮夷必慕,以为阏氏,生子必为太子,代单于。何者?贪汉重币。陛下以岁时汉所余彼所鲜数问遗,使辩士讽喻以礼节。冒顿在,固为子婿;死,外孙为单于。岂曾闻孙敢与大父亢礼哉?可毋战以渐臣也。"①刘敬"和亲"理由,显然勉强,是一厢情愿。但在当时的历史条件之下,汉朝需要的是休养生息,没有力量制止匈奴的侵扰,舍此而无他。所以刘邦接受了"和亲"的建议。但是,吕后不愿将唯一的女儿鲁元公主嫁给匈奴,只好以宗室女冒充公主,于高帝九年(前198年),刘敬奉宗室女出使匈奴,换得边境暂时的平安。此后惠帝三年、文帝六年、景帝元年和五年都先后送公主远嫁匈奴,双方约为兄弟,汉朝每年都要赠送大量的丝织品和美味珍肴给匈奴。

"和亲"政策是委曲求全之计。所谓的"约为兄弟"是不平等条约,汉朝付出的代价是巨大的,这从和约内容可以看出:

第一,汉朝以公主嫁给单于为阏氏,一次赠匈奴黄金千斤;每年奉送相当数量的絮、缯、酒、米、食物。文帝后元二年,又把絮、缯等物品改为贵重的金、帛、丝等物。这就是每年向匈奴纳贡。

第二,汉朝开放"关市",允许两族人民自由贸易,汉朝从匈奴购进皮毛马匹,匈奴则从内地购进生活用品及大量急需的金属,以供制造兵器之用。

第三,汉匈结为兄弟,相约以长城为界,北面游牧地带是匈奴领地,南面农业区是汉朝辖区,双方互不侵犯。

这三项内容,第一条显然不平等,匈奴等于变相掠夺。第二条从理论上讲是有利于民族文化交流的,是可行的,对双方都有好处,但在当时特定的历史环境之下,对汉朝也有其不利的一面,这就是大量的铜铁流入匈奴,匈奴用从汉朝购得的铜铁主要是用于造兵器,而这些兵器主要是用来侵扰汉朝的。因

① 《汉书·刘敬传》。

此不加限制地开放关市,并非有利无害。当然,汉朝也可以买得匈奴良马,发展骑兵,对付匈奴,利弊兼有。第三条如果双方都能遵守,只要匈奴一方能遵守也有利于双方经济的发展。因为汉朝根本无力北进,汉朝奉行第一条就是希望用金钱美女使匈奴遵守第三条。但匈奴还处于奴隶社会初期,带有许多原始社会末期的生活方式,掠夺是其获取生活资料的手段之一,特别是面对一个物产富饶的农业区,更乐于采用掠夺方式,获取财物和奴隶。其同意“和亲”,并非是向慕中原礼仪,中原礼仪文明大大超越了他们的社会阶段,而是为了获得汉朝财物。当奉送的财物满足不了其欲望时,就不管什么兄弟之约,甥舅之义,照样纵兵虏掠。

惠帝三年,冒顿单于派遣使者送书信给吕后,郑重其事地说:“孤偾之君,生于沮泽之中,长于平野牛马之域,数至边境,愿游中国。陛下独立,孤偾独立。两主不相乐,无以自虞,愿以所有易其所无。”这是以威胁、调戏的口吻要身为皇太后、早已当了祖母的吕后嫁给他,这是对大汉皇朝的嘲弄,其逼人之气焰,实在令人难以忍受。吕后勃然大怒,召集重臣,讨论杀掉匈奴使者、发兵讨伐匈奴事宜。樊哙主动请缨:“臣愿得十万众,横行匈奴中。”郎中季布反对说:“哙可斩也。”因为平城之役,高祖领兵三十二万,樊哙为上将军,结果是高祖陷入重围,樊哙并不能解高祖之围,现在说什么有十万之兵就能横行匈奴之中,显然是当面说空话。更何况战争的创伤远远没有平复,“歌吟之声未绝,伤痍者甫起”,岂可妄动干戈!依照当时汉朝国力,无法与匈奴对抗,樊哙的豪言壮语并不能改变汉朝的军事劣势。季布的分析是有道理的。但面对匈奴的无理和强横,如何处理?季布说:“夷狄譬如禽兽,得其善言不足喜,恶言不足怒也。”言下之意是要吕后不要计较匈奴的无理,继续和好。吕后采纳了季布的建议,回信说:“单于不忘弊邑,赐之以书,弊邑恐惧。退日自图,年老气衰,发齿堕落,行步失度,单于过听,不足以自污。弊邑无罪,宜在见赦,窃有御车二乘,马二驷,以奉常驾。”尽管是外交辞令,但吕后之卑词求和,可见一斑。单于看到吕后回信以后,感到自己太过张狂,也改变态度,回信道歉说:“未尝闻中国礼仪,陛下幸而赦之。"①汉匈关系重归安定。

不过,用"和亲"换来的安定是暂时的。文帝前三年(前 177 年)五月,匈奴右贤王进攻河南地,被汉军逐出。文帝六年(前 174 年)冒顿单于死,老上单于立,文帝选宗室女作为公主嫁给老上单于。送公主到单于廷的宦官中行说投降单于,并利用对汉朝内情的了解为匈奴精心策划对付汉朝的手段,不仅在军事上继续侵扰,而且在往来文书上指点单于如何轻辱汉朝。如劝匈奴不要使用汉朝的丝织品,不要食用汉朝的食物,不要学习汉朝的礼仪,以免形成对汉朝的依赖,而应该保持匈奴人固有的尚武传统以保持对汉朝的军事优势。又如汉朝给匈奴的文书用一尺之牍,问候语是"皇帝敬问匈奴大单于无恙"。而匈奴回书则用一尺二寸牍,回文用"天地所生日月所置匈奴大单于敢问汉皇帝陛下",表示地位高于汉皇帝,故意显露出对汉朝皇帝的轻视。汉朝边患更加严重。当时的陇西、北地、上郡、云中、上谷、辽东等郡(当今甘肃临洮、庆阳,陕西榆林,内蒙古托克托,河北怀来,辽宁辽阳一带地区)常遭侵扰,匈奴铁骑所过之处,蹂躏庄稼,抢掠财产,杀掠吏民,焚烧村庄,单是云中、辽东两郡,每年被杀掠的人口就在万人以上。匈奴根本不把和约放在眼里。文帝十四年(前 166 年),匈奴十四万骑大举南下,入朝那(今七甫平凉西北)、萧关(今宁夏固原县东南),杀北地都尉,掠杀吏民甚众,前锋直通雍(今陕西凤翔)、甘泉宫(在今陕西淳化县西北甘泉山),直接威胁到长安的安全。

显而易见,"和亲"不能带来安宁,相反却助长了匈奴的气焰和贪欲。要保持安宁,必须有强大的武力做后盾。汉朝君臣是明白的。刘敬在提出"和亲"的建议时就曾建议刘邦把关东大姓即六国宗室之后迁移关中,对内可以防止这些大姓为乱地方,对外可以增加防备匈奴的力量。但军事是以经济做基础的,经济力量不足,军队就无从强大。文帝一面与民休息,发展生产;一面采纳太子家令晁错的主张,加强边备。晁错分析了汉匈双方军事优劣,总结了

---

① 《汉书·匈奴传上》。

秦朝边备之得失,提出两项措施:一是“以蛮夷制蛮夷”,即利用归附汉朝的少数民族如胡人义渠诸部防御匈奴。因为匈奴长于骑战,适于山险之地,但武器低劣;汉军长于步战,适于平原之地,有武器之利。归附之胡人生活习俗、作战方式同于匈奴,配上先进的武器、边地之良马,就能提高战斗力,可以有效地阻止、反击匈奴的侵扰。二是移民实边,增加边地人口和军事力量。按当时的戍边制度,内郡人轮流戍边一年,不适应边地气候,不了解匈奴作战特点,等到适应了,也已期满应当返乡了,其战斗力受到限制。如果招募内地居民移居边地,官予田宅房屋,借予种粮农具,供给衣食,免其赋税,赐予高爵,直到自给为止,使之边耕田边戍边。这样久居边地,成为边民,熟悉匈奴作战特点,适应边地气候,保家和卫国相一致,戍边能力和主动性都优于一岁而更的内郡戍卒,既减少了百姓戍边之苦,又增强了边防能力。文帝采纳了晁错的这一建议,于十三年(前 167 年)罢戍卒令,就是募民实边的结果。当然,这只是消极防御。与此同时,也着手积极防御即反击的准备,大力发展养马业,鼓励私人养马、发展国营养马业,“民有车骑马一匹者,复卒三人”①,以扩大骑兵,景帝时扩大官营养马规模,在西边北边诸郡,建三十六个牧师苑即养马场,以满足军事需要。汉朝边备力量在逐步地增强,所以在景帝时代,匈奴“尽管时时小盗边”,但始终“无大寇”。双方的力量对比悄然改变。② 这些都为汉武帝的大规模反击匈奴奠定了基础。

二、赵佗称王南越及汉越通好

秦统一六国后,征服东南、岭南、西南的“百越”诸部,设郡统治。秦亡之后,这些地区的民族纷纷独立,只有今浙江、福建一带的闽越、东瓯的君长无诸和摇先是反秦,后佐刘邦攻项羽,受封为闽越王和东海王,其余诸部都脱离了

---

① 《汉书·食货志上》。

② 《汉书·匈奴传上》。

中央政权,其中以南越王赵佗势力最大。

南越位于今两广地区,秦置南海郡治之,郡治番禺(今广州市)。秦末战乱,南海郡尉任嚣病重,临终前召真定人(今河北正定)龙川县令赵佗,嘱其拥郡自立,保境安民,以观中国之变。赵佗遂杀秦朝官吏,断绝和中原关系,并桂林、象郡,统一岭南,自立为南越武王。

西汉之初,一是诸事纷繁,二是国力不继,关山阻隔,鞭长莫及,无力统一南越,乃派陆贾为使,劝赵佗归汉。赵佗初不为礼,陆贾晓以利害,最后赵佗受封为南越王,向汉称臣,其行政制度、度量衡等均采用汉制,双方贸易往来,各安其份。

高后时,误听人言,禁止出售铁器给南越,恐南越把铁器改铸兵器,不利于汉。赵佗在请求恢复往日的贸易无果的情况下,又听说自己在老家的宗族已经被朝廷杀光,遂背汉自立,称南越武帝,出兵进攻与其接壤的长沙国,破数县。高后命将征伐,因天气湿势,士兵多病,无功而返。赵佗遂贿赂闽越、西瓯,拥自己为共主,东西万余里,乘黄屋左纛,天子仪仗与汉朝等,俨然南方大国。

文帝即位,以德治国,对赵佗进行攻心战。首先为赵佗先人修墓,派人守坟,置陵邑,重赏赵佗宗族兄弟,实际上这是要赵佗知道不要忘记自己是中原人,同时表明,其宗族成员都受到特别的优待。然后派陆贾再使南越,谕意赵佗,表明汉朝对赵佗过去作为,既往不咎,从今以后,"通使如故",并赠送诸多衣物,劝他取消帝号,不要有二心,不要起边衅。赵佗大受感动,立即上书,表示自己是为高后所迫,出于无奈才称帝,实无反心,遂取消帝号,称臣纳贡,如诸侯礼,友好往来,终文、景之世,相安无事。

第三章

西汉皇朝的鼎盛时期

（公元前140年——前49年）

第一节 专制主义中央集权的加强

经过汉初数十年的休养生息，社会生产不仅恢复而且有了很大的发展，这就为汉武帝的雄才大略、文治武功以及西汉皇朝鼎盛局面的出现，奠定了坚实的基础。

一、继续削弱和打击王侯势力

自景帝平定吴、楚七国之乱，而后又做了王国制度上的改革，汉朝中央集权遂得以确立。但诸侯王所据领地疆域广大，仍是一股不可轻视的地方势力。武帝时，继续削弱和打击诸侯王势力，以加强中央集权。

武帝元朔二年（前127年），中大夫主父偃向汉武帝建议说："古者诸侯地不过百里，强弱之形易制。今诸侯或连城数十，地方千里，缓则骄奢，易为淫乱；急则阻其强而合纵以逆京师。今以法割削，则逆节萌起，前日晁错是也。今诸侯子弟或十数，而适嗣代立，余虽骨肉，无尺地之封，则仁孝之道不宣，愿陛下令诸侯得推恩分子弟，以地侯之。彼人人喜得所愿，上以德施，实分其国，

玉覆面(济南长清双乳山济北王墓出土)

必稍自销弱矣。"①不难看出主父偃"推恩分子弟"之策乃是在总结了过去同诸侯王国斗争的历史经验基础上提出的。诸侯疆域过大,对汉朝廷总是个大威胁,"合纵以逆京师"的事件已经发生多起。若朝廷明以法削之,则易招致叛乱,晁错之削藩与吴、楚七国之乱这段历史便是明证。主父偃总结了这段历史的教训,又吸取了贾谊的"众建诸侯而少其力"的历史经验,而提出"推恩"之策,下遂诸侯子弟之愿,上获"德施"之名,而"实分其国",这是一种不劳天子而使王国势力"自销弱"之法。汉武帝完全接受了主父偃的建议,于元朔二年颁下了推恩令:"梁王、城阳王亲慈同生,愿以邑分子弟,其许之。诸侯王请与子弟邑者,朕将亲览,使有列位焉。"可见,在这诏令未下之时,已有梁王、城阳王等事先承旨,请分子弟以邑了。诏令既下,"于是藩国始分,而子弟毕

① 《汉书·主父偃传》。

侯矣。”①

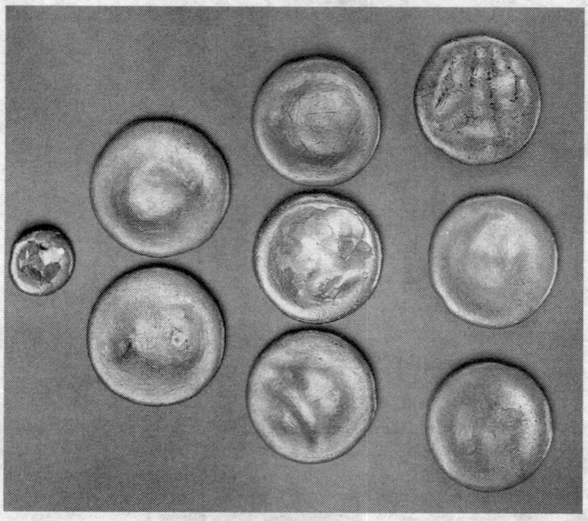

金饼(济南长清双乳山济北王墓出土)

“推恩分子弟”的具体办法是:令诸侯自裂地分其子弟为“侯”,而不是“王”。同时对所分子弟,“汉为定制封号。”②而更重要的一点则是推恩所分之侯国,在管理上并不属于原来的诸侯王国,而是“别属汉郡。”③这一点实是推恩之法的要害所在。推恩分子弟的结果,不仅使王国分析,势力范围缩小,而且扩大了汉天子直接管辖的地区。这个时期形势已是“燕、代无北边郡,吴、淮南、长沙无南边郡,齐、赵、梁、楚支郡名山陂海咸纳于汉。诸侯稍微,大国不过十余城,小侯不过数十里,……而汉郡八、九十,形错诸侯间,犬牙相临,秉其阨塞地利,强本干,弱枝叶之势,尊卑明而万事各得其所矣。”④所谓“强本干,弱枝叶”,用现代话说就是加强了中央集权,削弱了地方势力。这时汉天子与地方诸侯王的地位“尊卑”才彻底分“明”。经过推恩分子弟为侯之后,中

① 《汉书·武帝纪》。
② 《汉书·景十三王 中山靖王传》。
③ 《汉书·景十三王 中山靖王传》。
④ 《史记·汉兴以来诸侯王年表》序。

央集权比之以前显然是大为加强了。

汉武帝除了采取分割政策以大大削弱诸侯王的政治、经济权势之外，还常借细故将他们废掉。按照汉朝的制度，皇帝每年八月在宗庙举行大祭，叫做“饮酎”。届时，诸侯王们必须献纳黄金助祭，叫做“酎金”。皇帝亲临受献金，若金少不足斤两或成色恶劣，“王削县，侯免国。”①汉武帝常借此机会，将侯王们加以削地、夺爵。仅元鼎五年（前112年），列侯因献酎金不合格而被夺爵的就有一百零六人。

武帝还颁布了“左官之律”和“附益阿党之法。”②何谓“左官”？“左官”就是指仕于诸侯的官。汉时依古法尚右，“朝廷之列以右为尊，故谓降秩为左迁，仕诸侯为左官。”③“左官之律”的具体内容，文献阙如，今已不可考。不过从龚胜为郡吏、三举孝廉、以“王国人不得宿卫补吏”④来看，王国官员是不能与天子之官相比的。所以颜师古以为“左官犹言左道也。”⑤也只有这样才能限制诸侯扩大自己的政治势力，以达到集权中央的目的。

何谓“附益之法”？《汉书·诸侯王表序》注引张晏曰：“律郑氏说，封诸侯过限曰附益。或曰阿媚王侯，有重法也。”注引颜师古曰：“附益者，盖取孔子云‘求也为之聚敛而附益之’之义也，皆背正法而厚于私家也。”这二说表面不同，各有所侧重，而实质是一致的，总的是指惩治非法增加王国收入方面事宜的立法。成帝时，丞相、乐安侯匡衡，因擅自扩大封国面积而被廷尉劾奏为“专地盗土以自益”，主簿陆赐等被劾奏为“阿承衡意，猥举郡计，乱减县界，附下罔上，擅以地附益大臣，皆不道。”侯本人专地盗土称“自益”，他人擅以地给予而过限则称“附益”。陆赐“阿承衡意”就是所谓“阿媚王侯”。陆赐等所为

① 《汉书·武帝纪》元鼎五年注引如淳曰。
② 《汉书·武帝纪》元鼎五年。
③ 《汉书·诸侯王表》注引颜师古曰。
④ 《汉书·龚胜传》。
⑤ 《汉书·诸侯王表》注引颜师古曰。

应是在“附益之法”所惩治的范围内。“附益之法”是用以限制诸侯王经济势力的。

何谓“阿党”?《汉书·高五王传赞》注引张晏曰:“诸侯有罪,傅相不举奏,为阿党。”可见,阿党之法就是惩治王国官吏与王阿私结党以限制其政治势力。

汉武作“左官之律”,设“附益阿党之法”,便削弱了诸侯王的权势,限制了诸侯王政治、经济势力的发展。

汉武帝还常借各种理由将诸侯王国加以废除,其中因有罪而国除者就占了一个很大的比数。比较重大的行动,就是元狩年间(公元前122年—前117年)武帝惩治淮南王刘安、衡山王刘赐谋反事件。

淮南王刘安为人好书,鼓琴,不喜弋猎狗马驰骋,亦欲行阴德拊循百姓,沽名钓誉。招致宾客方术之士数千人著书立说。以血统而论,刘安为武帝从叔父,又因其辩博善为文辞,武帝对其甚加尊重。每宴见,谈说得失及方技赋颂,昏暮然后才散。

刘安在政治上亦颇多欲,称帝之心甚为浓重。其初入朝时,与太尉武安侯田蚡相善。武安侯亦讨好刘安,对安说:“方今上无太子,王亲高皇帝孙,……宫车一旦晏驾,非王尚谁立者!”刘安也深以高皇帝刘邦亲孙而自居,闻听此言大喜,因厚赠武安侯重宝。其群臣宾客亦多为江淮间轻薄之徒,以其父厉王长废迁途中绝食自杀事来激怒刘安。建元六年,彗星见,刘安遂生异想。或与之言:“先吴军时,彗星出,长数尺,然尚流血千里。今彗星竟天,天下兵当大起。”刘安心以为然。“欲益治攻战具,积金钱赂郡国”。游士亦妄作妖言,以阿谀刘安,刘安自喜,厚加赏赐。刘安不爱孽子不害。推恩令下达之后,刘安仍不封不害为侯。不害子刘建告发了刘安谋反事,武帝下公卿治其罪,所牵连与淮南王谋反列侯、二千石、豪杰数千人,皆以其罪之轻重受诛。

武帝命有司与诸侯王、列侯议淮南王罪。赵王彭祖、列侯让等四十三人皆曰:“淮南王安大逆无道,谋反明白,当伏诛。”胶西王端议曰:“安……当伏法。

论国吏二百石以上及比者，宗室近幸臣不在法中者，不能相教，皆当免，削爵为士伍，毋得官为吏。其非吏，它赎死金二斤八两，以章安之罪。”武帝使宗正以符节治刘安狱。未至，刘安自杀。国除为九江郡。①

淮南王刘安自武帝建元之初即图谋皇位，时欲叛乱，至元狩元年谋败自杀，历时长达近二十年，而终未成功。这是因为此时已绝非汉初的形势，诸侯王比之汉初，其力量更加微弱不堪，仅职官设置用人之权一项即足以限制之。四百石以下吏，王可以自除于国中，余皆需汉廷派遣。王国内遍布着朝廷耳目爪牙之吏，任何一个王国，叛乱未发，而其阴谋则早为汉廷所知。而此时汉廷集权的程度则更远高于汉初。汉廷与王国的力量悬殊太大。因之，若淮南等虽有皇帝野心，长期准备，然汉廷终未动一兵一卒，而只派一官吏治之，便结束了淮南国的命运。

衡山王刘赐乃淮南王安之亲弟，“闻淮南王作为叛逆具，亦心结宾客以应之，恐为所并”。元光六年，衡山王入朝，其谒者卫庆有方术，欲上书求事武帝。其时王国最反对其官吏求仕汉廷。刘赐怒，故劾庆死罪，然为衡山内史所阻，刘赐因又上书告内史，内史被治，具言刘赐之本意。刘赐又多次侵夺民田，坏人坟墓以为田。汉吏请逮制衡山王，武帝不许，为置吏二百石以上，以示惩诫。按照当时规定，诸侯王可自置四百石以下吏，今以衡山之恶，乃规定自二百石以上吏皆由汉置。衡山国只有自置小吏之用人权，这对刘赐权限之削夺是很严重的。刘赐亦因此而更加对汉廷不满，日图谋反事。

其实衡山王并非敢效淮南王觊觎天子之位，而是畏淮南起兵并其国，因欲乘淮南发兵已西之机，以起兵定江淮间而有之，其愿望亦不过如此而已。衡山王虽与淮南王为亲兄弟，然而矛盾却甚大，互不相让，现在为了一个共同的目的，也便消除了“前隙”，而共为“约束”作反叛的准备。因上书请废太子，而反为太子所告发其叛乱阴谋。元狩六年，公卿请遣宗正、大行与沛郡杂治衡山王

① 淮南事见《汉书·淮南王刘安传》。

刘赐,赐闻之,乃自杀。国除为衡山郡。①

济川王刘明为梁孝王之子,本封为桓②邑侯,梁孝王死后,景帝分梁为五国,尽立梁孝王五男为王,刘明因立为济川王。武帝建元三年(公元前138年),刘明射杀其中尉。有司请诛之,武帝不忍,因废为庶人,徙迁房陵。济川国除。③

燕王刘定国淫乱好杀,与其父康王姬奸,生有一男。夺弟妻为姬。又与子女三人为奸。定国欲诛杀其臣肥如令郢人,为郢人等所告发。定国因使谒者以他故捕杀郢人以灭口。至武帝元朔中郢人兄弟再次上书告发定国事。事下公卿廷议,皆言:"定国禽兽行,乱人伦,逆天道,当诛。"④武帝许之。定国自杀,国除。

齐厉王次昌与汉武帝之间的关系为主父偃所离间。偃言吕太后时齐欲反,吴楚时孝王亦欲为乱。今又闻齐王与其姊乱。于是武帝拜主父偕为齐相,且正其事。次昌畏罪自杀。国除。

江都王刘建,孝景帝之孙,武帝之侄。刘建在个人生活作风上属于家庭乱伦,与前言燕王刘定国、齐王刘次昌皆与子昆弟奸为同一类型。他还是一个有心理畸变的诸侯王,有一次,刘建游章台宫,令四女子乘小船,刘建用脚踏翻其船,四女子皆落水,致二人死亡。后游雷陂,天大风,建使郎二人乘小船入陂中,船翻,两郎溺水,攀船挣扎忽隐忽现。建临观大笑而不救,令皆溺死。宫人姬八子有过者,即令脱衣击鼓,或置树上,久者三十日乃得衣;或纵狼令啮杀之,刘建观而大笑;或闭而不给食,令饿死。凡杀无辜三十五人。建欲令人与禽兽交而生子,强令宫人与羝羊及狗交。刘建专为淫虐,自知罪多,国中多有欲告发者,建恐被诛,心内不安,因请人下神,祝诅武帝。并且放言:"汉廷使

① 衡山王事见《汉书·衡山王刘赐传》。

② 《汉书·诸侯王表》作"桓"。《梁孝王传》作"垣"。

③ 《汉书·诸侯王表》、《汉书·梁孝王传》。

④ 《汉书·燕王刘泽传》。

者即复来覆我，我决不独死！”刘建亦颇知淮南、衡山阴谋，遂作治兵器，图谋叛乱，并与越繇王闽侯通使往来，互相勾结，共约有急相助。待淮南事发，党与多连及刘建，刘建使人多以金钱贿赂绝其线索。然刘建并未就此敛迹，却“时佩其父所赐将军印，载天子旗出”。数岁后，事被发觉。汉廷议，“当以谋反法诛”。武帝诏遣宗正、廷尉至江都国问罪。刘建自杀，国除，地入于汉，为广陵郡。①

济东王刘彭离（梁孝王子）骄悍，喜杀人越货，常乘昏暮与其奴亡命少年数十人进行剽掠，杀人取财物以为好，所杀害仅发觉者即有百余人，举国皆知之，莫敢夜行。被杀之家上书汉廷告言，有司请诛，武帝弗忍，只是废为庶人，迁徙上庸，国除，为大河郡。时在元鼎元年。武帝时对于非谋反之诸侯王还是非常宽大的，只是废为庶人而不加诛杀。②

常山王刘勃，景帝孙，武帝侄。居父丧时私奸饮酒、博戏、击筑，与女子载车驰骋，环城过市，入狱视囚。有司请诛刘勃。武帝言：“勃无良师傅，不忍致诛。”有司又请废勿王，徙刘勃与其家属处房陵。武帝许之。时在武帝元鼎三年。③

济北王刘宽，坐与其父王后、姬奸，悖人伦，又祠祭祝诅武帝，有司请诛。刘宽自杀，国除为北安县，属泰山郡。时在武帝后元二年。④

以上因有罪而除者计九国。

还有因无后而除者有：清河王刘成（建元五年国除）、山阳王刘定（建元六年国除）、胶西王刘端（元封元年国除）、齐王刘宏（元封元年国除）。

以上无后国除者计四国。

武帝一朝，诸侯王有罪与无后而国除者合计十三国，近武帝世王国之半

① 《汉书·景十三王　刘建传》。
② 《汉书·文三王　梁孝王传》。
③ 《汉书·景十三王　刘勃传》。
④ 《汉书·淮南　衡山　济北王传》。

数。武帝处置王国真可谓如搓泥丸一般,虽有欲谋反者,皆无动一兵一卒,只以行政司法手段即速除其恶。此足可证武帝一朝,王国势力根本不能成为汉中央政权的威胁力量。汉武剪除同姓王不遗余力,其手段亦严酷,有司动辄请诛。这在历史上都是罕见的。这说明有司只是迎合武帝之心思行事,诸侯王始终为武帝所瞩目之目标。稍有不合,便加重治。因之有司也便常有矫枉过直之请,而武帝亦不加罪。只有主父偃一事较为复杂错综,另当别论之。

再说此时的诸侯王,本皆生长深宫,纨绔子弟,大多不过是酒囊饭袋、不学无术之辈,其社会政治经验皆极贫乏,行动极其幼稚。除极少数外,多数只知放荡淫乐而并无甚心计,且时时在汉吏的监视下多类辕下驹。少数虽欲图天子位,而寡谋事之能,虽有叛逆之心,而无一卒之功,动则就擒于汉吏之手,终落得自杀国除的下场。

至于对列侯们的处置那就更得心应手了。前已言之,仅就元鼎五年(前112年),列侯因酎金不合格而一次被夺爵者即有106人之多。这简直是大规模运动式的削夺列侯爵位。其他功臣列侯因罪而处死夺爵国除者也不乏其人,如武帝建元六年(前135年),乐平侯卫侈"买田宅不法,又请求吏罪,国除"。[①] 元光五年(前130年),曲逆侯陈何"坐略人妻弃市,国除"。[②] 元狩五年(前118年),慎阳侯乐买之"坐铸白金,弃市"。[③] 可见对功臣列侯严厉打击,不遗余力,并不姑息养奸。经汉武一再打击,此等先世功臣列侯竟所剩无几。司马迁说:"汉兴,功臣受封者百有余人。天下初定,故大城名都散亡,户口可得而数者十二三,是以大侯不过万家,小者五六百户。后数世,民咸归乡里,户益息,萧、曹、绛、灌之属或至四万,小侯自倍,富厚如之。子孙骄溢,忘其先,淫嬖。至太初百年之间,见侯五,余皆坐法陨命亡国,秏矣。网亦少密焉,

① 《史记·惠景间侯者年表》。
② 《史记·高祖功臣侯者年表》。
③ 《汉书·高惠高后文功臣表》。

然皆身无兢兢于当世之禁云。”[①]经汉初无为放纵政策的培养，这些功臣列侯的后代都富了，变得骄侈淫逸。正所谓“宗室有土，公卿大夫以下，争于奢侈，室庐舆服僭于上，无限度。物盛而衰，固其变也”。[②] 诸如此有土者，不论是宗室，还是功臣后，大多又在汉武帝的打击下，殒命亡国。汉初分封遗留下的祸根、赘瘤，至汉武帝时被彻底清除。王侯虽有而却不成体统。

汉武帝继续削弱王侯势力，使中央对地方的控制能力大大加强了。

二、镇压地方豪强势力

在汉初无为而治的政治气氛下，地主阶级获得了更大的发展，尤其豪强地主势力最为猖獗。正如司马迁所说：“当此之时，网疏而民富，役财骄溢，或至兼并豪党之徒，以武断于乡曲。”[③]这些兼并之徒，豪猾之民，多为自战国传下来的强宗巨族势力，其中也有新暴发户，“其并兼者，则陵横邦邑，桀健者，则雄张闾里。”[④]他们勾结游侠，结为死党，成为地方上的恶霸集团，甚而左右地方政治，这就严重地阻碍着汉政府统一政令的贯彻与执行。因而这些强宗巨族和豪强地主便当然成为汉中央集权所打击的对象。刘邦接受刘敬“强本弱末之术”，徙六国贵族及豪杰名家十余万口居关中。景帝时“济南瞯氏宗人三百余家，豪猾，二千石莫能制”，于是景帝拜中郎将郅都为济南太守，“至则诛瞯氏首恶，余皆股栗”。[⑤] 又，“符离王孟，亦以侠称江、淮之间。是时，济南瞯氏、陈周肤亦以豪闻。景帝闻之，使使尽诛此属。”[⑥]长安宗室外戚多犯法，汉

① 《史记·高祖功臣侯者年表》。清梁玉绳：《史记志疑》卷十一考证见侯“五”当作“六”，应包括江邹侯靳石。

② 《史记·平准书》。

③ 《史记·平准书》。

④ 《后汉书·酷吏传序》。

⑤ 《汉书·酷吏传》。

⑥ 《汉书·游侠传》。

景帝派宁成加以严惩。使“宗室豪杰人皆惴恐。”①

至武帝时,则更加严厉打击豪强。《汉书·酷吏传》说:“武帝即位,……(周阳)由居二千石中最为暴酷骄恣,……所居郡必夷其豪。”又《义纵传》说:“(义纵)为长陵及长安令,直法行治,不避贵戚,上(武帝)以为能,迁为河内都尉。至则族灭其豪穰氏之属,河内道不拾遗。”又《王温舒传》:“(王温舒)迁为河内太守。素居广平时,皆知河内豪奸之家。及往……捕郡中豪猾,相连坐千余家。上书请,大者至族,小者乃死,家尽没入偿臧。奏行不过二日,得可,事论报,至流血十余里。”

至昭、宣之世仍在继续打击豪强。宣帝时,赵广汉迁为颍川太守。郡中有“大姓原、褚宗族横恣,宾客犯为盗贼,前二千石莫能擒制。广汉既至数月,诛原、褚首恶,郡中震栗。”②

武、昭、宣三代,诛锄豪强不遗余力,武帝一朝尤甚,武帝设十三部刺史,以六条察事,六条之外则不加过问。六条中即有二条是直接涉及或间接涉及强宗豪右的,第一条所问即“强宗豪右田宅逾制,以强凌弱,以众暴寡。”第六条为“二千[石]违公下比,阿附豪强,通行货赂,割损正令。”③不仅直接打击豪强,而且限制官吏阿附豪强。经过严厉惩治,使“豪富莫必其族姓”④,势力大减,而吏治亦为之一肃。中央集权大为加强。

惩治豪富巨族除了剪除一法外,还采取了迁徙分化措施。豪强久居一地,宗族亲党庞大,其社会势力盘根错节,构成了一个个横行乡里、为非作歹的死党集团。如琢郡大姓东高氏、西高氏,“自郡吏以下皆畏避之,莫敢与牾。”⑤汉武帝时便禁止强宗大姓族居,以迁徙之法分化瓦解其庞大的势力集团。主父

① 《汉书·酷吏传》。

② 《汉书·赵广汉传》。

③ 《汉书·百官公卿表》监御史条注引《汉官典职仪》。

④ 《盐铁论·国病篇》。

⑤ 《汉书·酷吏严延年传》。

偃建议汉武帝说:“茂陵初立,天下豪杰兼并之家,乱众民,皆可徙茂陵,内实京师,外销奸猾,此所谓不诛而害除。”①武帝完全接受了这个建议。元朔二年(前127年)“徙郡国豪杰及訾三百万以上于茂陵。”太始元年(前96年)“徙郡国吏民豪杰于茂陵、云陵。”②史称武帝时“徙强宗大姓不得族居”③,即是指此而言。

三、设置十三部刺史加强监察制度

秦在地方各郡设监御史,掌监察郡。汉兴,废监御史,改由丞相临时分遣史到各郡进行监察,不常置。因之,这时就没有对地方上的专任监察官了。“武帝元封五年(前106年)初置部刺史,掌奉诏条察州,秩六百石,员十三人。”④这就是中国古代十三部刺史制度的创立。这时的部(州)并非地方一级行政区划,而是一个监察区。十三部计有:豫州、冀州、兖州、徐州、青州、荆州、扬州、益州、凉州、并州、幽州、朔方、交趾。部刺史的职掌,总起来说是监察地方郡国。具体为:刺史班宣,周行郡国,省察治状,黜陟能否,断治冤狱,以六条问事,非条所问,即不省。一条,强宗豪右田宅逾制,以强凌弱,以众暴寡。二条,二千石不奉诏书遵承典制,倍公向私,旁诏守利,侵渔百姓,聚敛为奸。三条,二千石不恤疑狱,风厉杀人,怒则任刑,喜则淫赏,烦扰刻暴,剥截黎元,为百姓所疾,山崩石裂,袄祥讹言。四条,二千石选署不平,苟阿所爱,蔽贤宠顽。五条,二千石子弟恃怙荣势,请托所监。六条,二千[石]违公下比,阿附豪强,通行货赂,割损政令也。”⑤六条之中,一条为直接监察豪强地主,余五条为监察郡国守相不法行为。刺史每年秋天出巡考察郡国,岁尽到京师回报,刺

① 《汉书·主父偃传》。
② 《汉书·武帝纪》。
③ 《后汉书·郑弘传》章怀注引谢承书。
④ 《汉书·百官公卿表》。
⑤ 《汉书·百官公卿表》监御史条注引《汉官典职仪》。

史实为皇帝耳目爪牙。刺史初设,在用人方面的特点为“以卑临尊”,其秩虽仅六百石,但却可以监临二千石守相。刺史秩低位卑,故一旦莅任,则大都竭尽心力,忠于职守。

此外,在武帝天汉年间,关东地区有小规模农民起义发生,为加强镇压,又增设“绣衣直指”一职(亦称直指绣衣使者,绣衣御史)。天汉二年(前99年),“泰山、琅玡群盗徐勃等阻山攻城,道路不通。遣直指使者暴胜之等衣绣衣杖斧分部逐捕。刺史郡守以下皆伏诛。”①绣衣直指的职掌为“出讨奸猾,治大狱”。② 其职虽为镇压农民暴动而设,但亦含有监察的性质,是最高统治者在遇到紧急事情时,临时委派而负有皇帝特殊使命的官③。

四、罢黜百家,尊崇儒术

汉初崇尚黄老“无为政治”,到武帝时代已不能适应历史发展的需要,于是儒家学遂被尊崇。

汉武帝即位之初,还因崇尚儒术而发生了一场风波。魏其侯窦婴,武安侯田蚡皆崇尚儒术,建元元年(前140年)丞相卫绾病免,以魏其侯为丞相,武安侯为太尉,赵绾为御史大夫、王臧(武帝为太子时曾任少傅,与赵绾是同学)为郎中令。在这之前,即建元元年冬十月,丞相卫绾就奏称:“所举贤良,或治申、商、韩非、苏秦、张仪之言,乱国政,请皆罢。”武帝批准了这个建议。到这时,又在好儒术的丞相窦婴等人的推动下,议立明堂,以“安东蒲轮束帛加璧”之重礼迎儒者鲁申公到长安主持其事。窦婴等又提出“以礼为服制”。窦太后好黄老之言,窦婴等“务隆推儒术,贬道家言”,二者必然发生矛盾。建元二年(前139年),御史大夫赵绾又请无奏事东宫即不向窦太后奏事。这便触怒

① 《汉书·武帝纪》。

② 《汉书·百官公卿表》“御史大夫”条。

③ 参见张维华:《汉史论集》,齐鲁书社1980年版,第88页。

了窦太后。因而罢逐赵绾、王臧等，免除窦婴丞相和田蚡太尉职务。赵绾、王臧皆下狱自杀。

建元六年（前135年）窦太皇太后死去，武帝亲政，次年即元光元年（前134年）"初令郡国举孝廉"。随后又诏令"贤良"对策。最使他满意的就是董仲舒的对策。董仲舒以儒家思想对策答问，最适合统治阶级的政治需要，因此为武帝所赏识。

董仲舒（约公元前179—前104年），广川（今河北枣强）人，精通公羊春秋，是当时的大儒。景帝时曾任博士。汉武帝初年，他以"贤良"对策，奏上著名的"天人三策"。他还著有《春秋繁露》一书。在他的理论中，把统治阶级的统治永久化，把君权神化。他说："道者万事亡弊，……道之大原出于天，天不变，道亦不变。"①他又说："唯天子受命于天，天下受命于天子。"②他特别强调"大一统"，说："春秋大一统者，天地之常经，古今之通谊也。"③他认为孔子的学说是最正确最完备的，是行动的指南，因而在他的对策中建议独尊儒术。他说："今师异道，人异论，百家殊方，指意不同，是以上无以持一统；法制数变，下不知所守。臣愚以为诸不在六艺之科、孔子之术者，皆绝其道，勿使并进。邪辟之说灭息，然后统纪可一，而法度可明，民知所从矣。"④在这里，董仲舒提出要确立儒家思想的正统地位，要把儒术定为独尊。

汉武帝建元五年（前136年）"置五经博士"。所谓置五经博士，就是为儒家经典《诗》、《书》、《易》、《礼》、《春秋》各置博士，让他们专意于传经讲学，宣传儒家学说。当时还设立了太学。董仲舒在对策中提出："故养士之大者，莫大乎太学。太学者，贤士之所关也。教化之本原也。……臣愿陛下兴太学，置

① 《汉书·董仲舒传》。
② 《春秋繁露·为人者天地篇》。
③ 《汉书·董仲舒传》。
④ 《汉书·董仲舒传》。

明师以养天下之士。”①元朔五年(前124年),丞相公孙弘又“请为博士置弟子员”。他建议:“为博士官置弟子五十人,复其身。太常择民年十八以上仪状端正者,补博士弟子。郡国县官(《汉书补注》引齐召南语以为“官”当为“邑”字之误)有好文学,敬长上,肃政教,顺乡里,出入不悖,所闻,令相相长丞上属所二千石。二千石谨察可者,常与计偕,诣太常,得受业如弟子。一岁皆辄课,能通一艺以上,补文学掌故缺;其高第可以为郎中,太常籍奏。即有秀才异等,辄以名闻。其不事学若下材,及不能通一艺,辄罢之,而请诸能称者。……请选择其秩比二百石以上及吏百石通一艺以上补左右内史、大行卒史,比百石以下补郡太守卒史,皆各二人,边郡一人。先用颂多者,不足,择掌故以补中二千石属,文学掌故补郡属,备员。”②公孙弘这个建议不仅为博士弟子确定了员额,而更重要的是为之开示出路,可以由此进入仕途,参与政治。汉武帝采纳了这个建议。于是,“自此以来,公卿大夫士吏彬彬多文学之士矣。”③自此之后,博士弟子员额不断增加,昭帝时举贤良文学,增博士弟子员满百人,宣帝末又加倍。元帝为设员千人,成帝时三千人。武帝还令郡国皆立学校官。这个制度是文翁创始的。景帝末文翁为蜀郡太守,他选其下属郡县小吏到京师受业于博士,学成归来后,即用为高职。他又在成都市中修起学官,招下县子弟以为学官弟子,为免除更徭,高者以补郡县吏,次者为孝悌力田,数年之后,人们争欲做学官弟子。因此,蜀地去京师就学的人员数量可与齐、鲁之地相比。武帝令天下郡国皆立学校官,就是推广文翁办学的经验。自武帝接受公孙弘建议为博士置弟子员,并广设学官,使学而优者仕,这样就把儒学与仕途联系起来,于是尊孔读经、学习儒术的人日益增多。儒学阵地日益扩大,渐渐取得正统地位。把一种学术与利禄直接挂起钩来,正是对这一种学术最有

① 《汉书·董仲舒传》。
② 《汉书·儒林传》。
③ 《汉书·儒林传》。

力不过的提倡。《汉书·儒林传赞》说得很清楚："自武帝立五经博士，开弟子员，设科射策，劝以官禄，迄今(平帝)元始，百有余年，传业者浸盛，支叶蕃滋，一经说至百余万言，大师众至千余人，盖禄利之路然也。"①

五、察举制度的确立与广开仕途

汉初，选用官吏大别有二途，一为来自军功。由于汉初的特殊情况，故在景帝前造成了"吏多军功"②的局面。而军功吏多不谙于政事，对于日益发展的封建政治显然是愈来愈不适应。二是由郎官入仕。郎官之选是吏之一大来源。做郎官的途径可"以訾为郎"。景帝后二年(前142年)曾下诏曰："今訾算十以上乃得宦，廉士算不必众。有市籍不得宦，无訾又不得宦，朕甚愍之。訾算四得宦。"③如张释之"以赀为骑郎，事孝文帝。"④司马相如"以赀为郎，事孝景帝为武骑常侍。"⑤还可以任子为郎，当时规定："吏二千石以上视事满三年，得任同产若子一人为郎。"⑥汉初选官路子很狭窄，而且弊端甚多，使很多人才被排挤在仕途之外。董仲舒在对策中指出："夫长吏多出于郎中、中郎、吏二千石子弟，选郎吏又以富赀，未必贤也。"再加上靠"积日絫久"晋升，就势必造成"[絫]日以取贵，积久以致官，是以廉耻贸乱，贤不肖浑殽，未得其真"的结果。因而他提出"小材虽絫日，不离于小官；贤材虽未久，不害为辅佐……使诸列侯、郡守、二千石各择其吏民之贤者，岁贡各二人以给宿卫，且以观大臣之能；所贡贤者有赏，所贡不肖者有罚。夫如是，诸侯、吏二千石皆尽心于求贤，天下之士可得而官使也。……毋以日月为功，使诸列侯实试贤能为上，

① 《汉书·儒林传序》。
② 《汉书·景帝纪》。
③ 《汉书·景帝纪》。
④ 《史记·张释之列传》。
⑤ 《汉书·司马相如传》。
⑥ 《汉书·哀帝纪》注引《汉仪注》。

量才而授官,录德而定位,则廉耻殊路,贤不肖异处矣。”①董仲舒提出改革选举制度,使朝廷能选得更多的而且是真正的有利于巩固封建统治的人才。汉初选举制度必须进行改革,到汉武帝时遂“有一个划时代的变动。”②这时除继续执行前期的一些选官办法之外,便是确立了新的察举制度。

在武帝之前,汉虽曾有察举之事,但无固定的察举制度。高祖十一年(前196年),刘邦曾下诏征求“贤士大夫”。诏中说:“今吾以天之灵,贤士大夫定有天下,以为一家,……贤人已与我共平之矣,而不与吾共安利之,可乎?贤士大夫有肯从我游者,吾独尊显之。布告天下使明知朕意。御史大夫昌下相国,相国酂侯下诸侯王,御史中执法下郡守,其有意称明德者,必身劝,为之驾,遣诣相国府,署行、义、年。有而弗言,觉,免。年老癃病,勿遣。”③这次举“贤士大夫”的标准是“行、义、年”,“与后来察举偏重知识的完全不同。”④后惠帝四年(前191年)“举民孝弟力田者,复其身。”⑤文帝二年(前178年)和文帝十五年(前165年)两次下诏郡国“举贤良能直言极谏者”⑥,这些还都是临时性的措施。察举形成一种选官制度,还是始自武帝。

武帝元光元年(前134年),“初令郡国举孝、廉各一人。”⑦是年,又诏贤良对策。元光五年(前130年)又下令郡国“征吏民有明当时之务习先圣之术者,县次续食,令与计偕。”⑧“起徒步,数年至宰相封侯”的公孙弘就是这次应选对策后而列为举首的。诚然,察举制度初设,地方执行起来未必认真,再加

---

① 《汉书·董仲舒传》。

② 参见劳干:《汉代察举制度考》,载前中央研究院《历史语言研究所集刊》第十七本。

③ 《汉书·高帝纪》。

④ 参见劳干:《汉代察举制度考》,载前中央研究院《历史语言研究所集刊》第十七本。

⑤ 《汉书·惠帝纪》。

⑥ 《汉书·文帝纪》。

⑦ 《汉书·武帝纪》。

⑧ 《汉书·武帝纪》。

制度本身尚待完善,故武帝元朔元年(前128年)又下诏严令郡国,察举势在必行,同时对制度做了一些补充规定。诏曰:"今或至阖郡而不荐一人,是化不下究,而积行之君子雍于上闻也。二千石官长纪纲人伦,将何以佐朕烛幽隐,劝元元,……且进贤受上赏,蔽贤蒙显戮,古之道也。其与中二千石、礼官、博士议不举者罪。有司奏曰:……令二千石举孝廉,……不举孝,不奉诏,当以不敬论;不察廉,不胜任也,当免。奏可。"①这个诏书在汉代选举制度史上相当重要,自此之后,察举相沿而为定制。

察举科目以孝廉为主,且为常制。其他还有茂材(西汉曰秀才,东汉避光武讳改为茂材,或茂才)、贤良方正与文学等科。

除了察举之外,武帝还用"征召"之法罗致人才。元狩六年(前117年)六月诏曰:"今遣博士大夫等六人,分循天下,……举独行之君子,征诣行在所。"②

又有令吏民"上书""自衒鬻"之法。武帝即位,"博开艺能之路,悉延百端之学,通一伎之士,咸得自效,绝伦超奇者为右,无所阿私。"③《汉书·东方朔传》说:"武帝初即位,……四方士多上书言得失,自衒鬻者以千数。"武帝常亲阅他们的上书,或令其"待诏"。东方朔初入长安,用三千奏牍,奏上一封长书,汉武帝费二月时间才阅读完毕,诏拜以为郎。于此亦可见武帝对选拔人才的重视。

武帝对于所选举的"尤异"人物,常给予不次之迁。元朔年间,命公孙弘代薛泽为丞相。这就突破了汉原先以列侯为丞相的惯例。公孙弘是先拜丞相,然后又封为列侯。为此武帝还特别下了诏书说明并加鼓励:"朕嘉先圣之道,广开门路,宣招四方之士,盖古者任贤而序位,量能以授官,……其以高成

① 《汉书·武帝纪》。
② 《汉书·武帝纪》。
③ 《史记·龟策列传》。

之平津乡户六百五十封丞相弘为平津侯。”①

武帝时对选举制度实行改革，以察举为核心，制定各种办法，广开仕途，搜求人才，把大批地主阶级优秀分子吸收到封建政权中来，史称“汉之得人，于兹为盛。”②这样便壮大了封建官僚队伍，增强了封建政权的统治能力，强化了中央集权。

六、中朝的出现与丞相权力的降落

中朝又称内朝。“大司马、左右前后将军、侍中、常侍、散骑、诸吏为中朝，丞相以下至六百石为外朝。”③《汉书·严助传》说：“上令助等与大臣辩论，中外相应以义理之文，大臣数诎。”师古注曰：“中谓天子之宾客，若严助之辈也。外谓公卿大夫也。”可见此时，事实上已有中、外朝之分。司马迁说：“乡者，仆亦尝厕下大夫之列、陪外廷末议。”④所谓“外廷”也就是“外朝”，可见在汉武帝时，不仅有此事实，而且有此称谓。⑤ 中朝官或为枢机之任，或为天子侍从近臣，因与天子极其接近，故在天子日益集权的情况下，自然就由这班人夺了外廷之权，尤其夺了丞相等参与国家大政方针的决策权，此后丞相只能奉命执行而已。

武帝时，中朝官权力日渐隆重，在国家事务中，渐与外朝分庭抗礼，并进而成为一个区别于外朝的名副其实的内朝机构，这是为什么？《汉书·严助传》说：“擢助为中大夫。后得朱买臣、吾丘寿王、司马相如、主父偃、徐乐、严安、东方朔、枚皋、膠仓、终军、严葱奇等，并在左右。是时征伐四夷，开置边郡，军

---

① 《汉书·公孙弘传》。

② 《汉书·公孙弘传》。

③ 《汉书·刘辅传》注引孟康曰。

④ 《汉书·司马迁传》。

⑤ 劳干：《论汉代的内朝与外朝》，载前中央研究院《历史语言研究所集刊》第十七本。

旅数发，内改制度，朝廷多事，娄举贤良文学之士，公孙弘起徒步，数年至丞相，开东阁，延贤人与谋议，朝觐奏事，因言国家便宜。上令助等与大臣辩论，中外相应以义理之文，大臣数诎。”武帝要集权，国家又多事，遂组织了一班子得心应手之人常置于左右，用以参与谋议国家大计，如此，由于政治实际的需要便出现了一个拥有相当实权的中朝。以中制外的局面渐渐形成。

秦及西汉初的丞相，其权力都是相当大的，是中央政府的首脑。不仅在国家行政上佐皇帝总理万机，而且能参与国家决策。尤其在景帝以前，其丞相率皆开国功臣，权力更为显赫。

汉武帝即位，欲集中一切大权于己，丞相权力日渐降落，中朝近臣渐获皇帝心腹重任。如，御史大夫张汤“每朝奏事，语国家用，日旰天子忘食。丞相取充位，天下事皆决汤。”①丞相石庆的处境是：“桑弘羊等致利，王温舒之属峻法，儿宽等推文学，九卿更进用事，事不决于庆，庆醇谨而已。”②可见这时的丞相已无实权，于国家大计制定多无关涉，只是取充员备位而已。九卿常不通过丞相而直接向皇帝奏事。对于丞相的任免与处置都带有很大随意性，武帝一朝用丞相十三人；其中卫绾、窦婴、许昌、薛泽等四人被免职。李蔡、严青翟等二人获罪自杀。赵周、公孙贺、刘屈氂等三人下狱处死。只有田蚡、公孙弘、石庆等三人善终于相位。田蚡为外戚，公孙弘行慎宽厚，石庆更以醇谨著称。石庆做太仆时，为武帝执鞭赶车子，“上问车中几马，庆以策数马毕，举手曰：‘六马’。”石庆就是这样一小心谨慎到如此地步的一个人，是一个“文深慎谨，无他大略”的丞相，故而能善终于相位。武帝朝最后一个丞相是田千秋，此人亦以“敦厚有智，居位自称”，是一个很圆滑的人物。武帝时的丞相自公孙弘以后皆无有什么建树。《汉书·公孙弘传》说：“其后李蔡、严青翟、赵周、石庆、公孙贺、刘屈氂，继踵为丞相。自蔡至庆，丞相客馆丘虚而已，至贺、屈氂时坏

① 《汉书·张汤传》。

② 《汉书·万石君传》。

以为马厩、车库、奴婢室矣。”此时丞相权位下降，且时有生命之虞，故有人竟不愿充其任，如公孙贺拜为丞相之时，“不受印绶，顿首涕泣”。

相权衰落，中朝官渐隆，“至昭宣之世，大将军权兼中外，又置前后左右将军，在内朝予闻政事，而由庶僚加侍中给事中者，皆自托为腹心之臣矣。此西京朝局之变。”①

七、加强军权

汉承秦制，郡国置材官，京师有南北军之屯。屯卫京师的卫卒，分别由卫尉和中尉掌管。卫尉掌宫门卫屯兵，当时号曰南军。中尉掌徼循京师，其所掌管的卫士，当时号曰北军。汉武帝时加强军权，对兵制做了一些改革。

直接保卫宫廷的卫士除了卫尉所领南军之外，尚有郎中令（光禄勋）统率之郎，“郎掌守门户，出充车骑，有议郎、中郎、侍郎、郎中，皆无员，多至千人。”②这部分人的出身都是比较高的。与来自农民更番服役的卫士不同。武帝时扩大了郎的员额。又增设了期门、羽林两个保卫机构。“期门，掌执兵送从，武帝建元三年初置，比郎，无员，多至千人。”③期门军的得名是因为：武帝“建元三年，微行始出，北至池阳，西至黄山，南猎长扬，东游宜春。……八九月中，与侍中常侍武骑及待诏陇西北地良家子能骑射者期诸殿门，故有‘期门’之号自此始。”④羽林，亦“掌送从，次期门，武帝太初元年初置，名曰建章营卫，后更名羽林骑。又取从军死事之子孙养羽林，官教以五兵，号曰羽林孤儿。”⑤羽林、期门军士的来源为陇西、天水、安定、北地、上郡、西河六郡良家子，身份地位较高。羽林、期门军中还出了一些著名的将领，这就是所谓“六

---

① 钱大昕：《三史拾遗》。
② 《汉书·百官公卿表》。
③ 《汉书·百官公卿表》。
④ 《汉书·东方朔传》。
⑤ 《汉书·东方朔传》。

郡良家子，选给羽林、期门，以才力为官，名将多出焉。”[1]羽林、期门为职业兵，与岁更之宿卫兵不同。羽林、期门之设无疑增强了宫廷禁卫军的力量。

中尉所领的南军系京师卫戍部队。武帝时为加强京城防卫，又增设八校尉：屯骑校尉，掌骑士。步兵校尉，掌上林苑门屯兵。越骑校尉，掌越骑。越骑是从内附越人中，选拔其才力超越者组成的。长水校尉，掌长水宣曲胡骑。胡骑校尉，掌池阳胡骑。射声校尉，掌待诏射声士。虎贲校尉，掌轻车士。这八校尉，“皆武帝初置，有丞、司马。”八校尉的秩级皆为二千石。其中胡骑校尉，不常置，故习惯上有时又称七校。另外，又增设城门校尉，其职为“掌京师城门屯兵，八屯，各有司马，十二城门侯。城门校尉的秩级为二千石。”[2]这支卫戍部队的设置是由于征和年间卫太子兵变，故武帝于征和二年七月“初置城门屯兵。”[3]总之，武帝时，京师城防、宫禁守卫皆有所加强。

汉武仍以征兵制为主，但为适应内外政治与军事对于兵士的大量需要，必须采取各种途径以扩大兵源。这些途径有的是发展了旧制、有的是开创了新源。谪发与以刑徒充兵皆为继承旧制。如武帝天汉四年，“发天下七科谪”。七科谪包括：吏有罪、亡命、赘壻、贾人、故有市籍者、父母有市籍者、大父母有市籍者，凡七科。又征发刑徒充军，武帝元封二年“遣楼船将军杨仆、左将军荀彘将应募罪人击朝鲜。[4] 值得一提的，是武帝时又新用募兵之法。曾下“诏书募击匈奴”者[5]，还曾募“勇敢士”。[6] 武帝开募兵之端，后募兵大增，扩大了兵源。昭帝时“募吏民”、“奔命”击西南夷，用兵益州。宣帝时亦曾发“应募”用兵西北。[7]

---

① 《汉书·地理志》。

② 以上关于八校尉、城门校尉见《汉书·百官公卿表》。

③ 《汉书·武帝纪》。

④ 《汉书·武帝纪》。

⑤ 《史记·淮南衡山列传》索隐引崔浩云。

⑥ 《汉书·武帝纪》。

⑦ 《汉书·赵充国传》。

八、加强法律统治

刘邦初入关，约法三章。其后三章不能满足统治者需要，于是相国萧何又采取部分秦律作律九章，叔孙通又增益九章律所不能包括者，作旁章十八篇。到汉武帝即位，由于“外事四夷之功，内盛耳目之好，征发烦数，百姓贫耗，穷民犯法，酷吏击断，奸轨不胜。于是招进张汤、赵禹之属，条定法令，作见知故纵、监临部主之法，缓深故之罪，急纵出之诛。其后奸猾巧法，转相比况，禁网浸密。律令凡三百五十九章，大辟四百九条，千八百八十二事，死罪决事比万三千四百七十二事。文书盈于几阁，典者不能遍睹。”①汉武帝时法令严酷，“缓深故之罪，急纵出之诛”，更促成酷吏的刑戮妄加，律条烦苛，且多牴牾，专主司法者尚不能遍睹，奸吏因缘为市，所欲活则傅生议，所欲陷则予死比”。②如此繁多的法律条文，烦苛的刑罚，主要是用来镇压人民的。

第二节 汉朝与边境各族的关系
中国和亚洲各国的经济文化交流

一、反击匈奴

汉在武帝前，对匈奴采取防御办法，有时又与匈奴互市，但这均不能杜绝匈奴的侵扰。远的不说，就在武帝建元之前的四年即景帝中元六年（前144年）六月，匈奴又入雁门，至武泉，入上郡，掠走汉在北边养马苑的马匹，杀死汉军吏卒二千人。武帝前对于匈奴的防御有深刻的教训，总是被动。晁错在上汉文帝书中就指出过：“胡人衣食之业不著于地，其势易以扰乱边境。……今使胡

① 《汉书·刑法志》。

② 《汉书·刑法志》。

人数处转牧行猎于塞下,或当燕、代,或当上郡、北地、陇西,以候备塞之卒,卒少则入。陛下不救,则边民绝望而有降敌之心;救之,少发则不足,多发,远县才至,则敌又已去。聚而不罢,为费甚大。罢之,则胡复入。如此连年,则中国贫苦而民不安矣。"[①]故汉初采取和亲、互市、防御诸方皆不能解决问题,匈奴侵扰仍为严重边患,这个问题又遗留给汉武帝。武帝继位之初,一方面仍然继续和亲政策,"明和亲约束,厚遇关市,饶给之,匈奴自单于以下,皆亲汉,往来长城下。"[②]但因为匈奴反复无常,侵扰仍未中止,故武帝同时做了充足准备,伺机给以军事上的反击。到元光二年(前133年),鉴于匈奴不断侵扰,便下了一个诏书,要臣下讨论举兵反攻匈奴的问题。诏书说:"朕饰子女以配单于,金币文绣赂之甚厚,单于待命加嫚,侵盗无已,边境被害,朕甚闵之,今欲举兵攻之,何如?"这个问题在大臣中引起激烈争论,御史大夫韩安国主和,他为刘邦平城之围吓破了胆,惧怕匈奴"轻疾悍疾之兵",认为"至如猋风,去如收电……难得而制",而中国之兵深入千里,人马乏食,难以获功。因而他反对击匈奴。大行王恢力驳韩安国之议,他认为匈奴所以侵盗不已,是因为汉无可使其恐惧之威。高帝所以不报平城之怨,是欲休天下之心。"今边境数惊,士卒伤死,中国槥车相望",实令人痛心。他又指出,"今以中国之盛,万倍之资",取"诱而致之边"的办法完全可以取胜,主张举兵击匈奴。[③] 武帝采纳了王恢的主张。

这次决定采取诱歼匈奴的办法,先使"马邑豪聂壹"亡入匈奴,将单于诱至邑,然后以伏兵袭击。汉派卫尉李广为骁骑将军,太仆公孙贺为轻车将军,大行王恢为将屯将军,太中大夫李息为材官将军,御史大夫韩安国为护军将军,监领诸将。率车骑材官三十余万,隐匿在马邑(今山西朔县)旁山谷中。约定于单于入马邑时纵兵袭击,王恢、李息负责从代击单于辎重。单于听信聂

---

① 《汉书·晁错传》。

② 《汉书·匈奴传》。

③ 参见《汉书·韩安国传》。

匈奴骑兵铜像(蒙古人民共和国诺音乌拉匈奴王墓出土)

胡汉交战图(微山县两城镇出土画像石)

壹之言,带十万骑入雁门武州塞(今山西左云),行至距马邑百余里处,发觉有诈,遂即退兵。汉兵追至塞,已不可及,王恢等皆罢兵。这次诱歼不成,汉武帝怒责王恢首谋击匈奴而又不主动出击单于辎重车,便将王恢交付廷尉议罪,判他"逗桡"①罪(即留兵屈弱不进),当斩,王恢自杀。自此之后,与匈奴和亲关

① 《汉书·韩安国传》。

系破裂。匈奴时常入侵,边患更重。然而匈奴贪于汉关市财物,汉政府亦不绝关市以缓和关系。元光六年(前 129 年)春,匈奴由上谷大举入侵,杀掠吏民很多。武帝派车骑将军卫青出上谷(郡治沮阳即今河北怀来东南)、骑将军公孙敖出代郡(郡治代县即今河北蔚县东北)、轻车将军公孙贺出云中、骁骑将军李广出雁门,四路各万人反击匈奴。这次出击除卫青小有胜利外,公孙敖及李广失败,公孙贺无功而还。自此之后匈奴大举入侵,汉积极反击,直至元狩四年(前 119 年),双方多次交战,其中较大战争有三次。

“乐哉破胡”瓦当

自元光六年秋公孙敖等出击失败,当年冬天,匈奴又复入侵,武帝派将军韩安国屯兵渔阳防守。次年,即元朔元年(前 128 年)秋,匈奴二万骑侵盗汉边境,杀辽西太守,掠虏二千余人。又败渔阳太守军,围将军韩安国。又入雁门杀掠千余

“四夷尽灭”瓦当

人。汉派卫青率三万骑出雁门、李息出代郡,击退入侵的匈奴。

元朔二年(前127年),匈奴又"入上谷、渔阳(郡治在今北京密云),杀略吏民千余人。"①汉派卫青、李息再出云中,西进至高阙,又继续西击至陇西,大败匈奴,俘虏数千人,获牲畜百余万,匈奴白羊、楼烦王奔逃而去。于是收复了自秦亡以来陷于匈奴七十余年的"河南"地。汉在此设置了朔方郡。这是汉第一次关系重大的胜利战争。战后,汉又修复了秦时蒙恬所筑边防要塞,并募移民十万口充实朔方。河南地的收复,使匈奴对长安的威胁解除了。

但是,这次挫败匈奴,并未能制止匈奴入侵。"其后,匈奴比岁入代郡、雁门、定襄、上郡、朔方,所杀略甚众。"②

元狩元年(前122年),匈奴又入侵上谷,杀数百人。次年,即元狩二年(前121年),汉派骠骑将军霍去病率大军远征。该年春,霍去病自陇西出兵,过焉支山(今甘肃山丹县境),深入匈奴千余里,攻至皋兰山(今兰州黄河西),大败匈奴,俘获匈奴浑邪王的儿子,收休屠王祭天金人。同年夏,霍去病再次西进远征,与公孙敖俱从北地出发,异道进军。东路张骞、李广俱从右北平出发,异道进军,战果不大。霍去病出北地二千余里,过居延海,至祁连山,虏得匈奴单桓王和酋涂王,击杀三万余人。匈奴单于欲诛杀居西方而屡为汉兵所败的浑邪王、休屠王。浑邪王与休屠王等商议欲降汉,后休屠王反悔,浑邪王杀休屠王,并合并其众,共四万余人投降了汉朝。武帝封浑邪王为漯阴侯。把投降的匈奴人分别安置在陇西、北地、上郡、朔方、云中五郡故塞外与黄河以南之间地区,"因其故俗为属国",号为五属国。这年大败匈奴,是汉对匈奴第二次决定性的大胜。后来于此地分置为酒泉(今甘肃酒泉)、张掖(今甘肃张掖)、敦煌(今甘肃敦煌)、武威(今甘肃武威)四郡。这就是著名的河西四郡,

① 《汉书·武帝纪》。

② 《汉书·卫青霍去病传》。

地处河西走廊，这便打开了通西域的要道。自那时起，“金城、河西并南山（今祁连山）至盐泽（今罗布泊）空无匈奴。”[①]因此，陇西、北地、上郡戍卒也减少了一半。

元狩三年（前120年）秋，匈奴入侵右北平（郡治在今河北平泉北）、定襄（郡治在今内蒙和林格尔北）二郡，各数万骑，杀掠千余人。次年，即元狩四年（前119年）春，武帝又发兵反击，这是对匈奴战争规模最大的一次。武帝发十万骑，私负从马凡十四万匹，令卫青、霍去病各领一半。另派数十万步兵转运者随其后，匈奴单于计划乘汉军渡过大漠，人马俱罢的时机袭击汉兵。于是，将其辎重向北移徙，以精兵集结于漠北，以待汉军。卫青自定襄出兵，出塞千余里，至漠北，见单于陈兵而待，于是卫青以武刚车（即兵车）自环为营，接战一日，至日暮时，大风起，沙砾击面，两军不相见，卫青纵左右翼包围单于，单于兵败，与数百骑突围逃去。卫青随其后，追击至天明，不得单于。遂至窴颜山赵信城，留军一日而还。霍去病自代郡、右北平出兵，深入二千余里，大败匈奴，功多于卫青。封狼居胥山、禅于姑衍，登临瀚海（贝加尔湖）而还。得匈奴首虏凡七万余，合卫青军所虏获总共九万余。经过这次大战后，“匈奴远遁，而幕南无王庭”。汉亦渡河自朔方以西至令居，随处通渠置田官屯垦备守。“自此以后，单于益西北，左方兵直云中，右方兵直酒泉、敦煌。”这样就改变了原来的边防形势，北边东部所受匈奴侵扰较之过去少多了。元鼎六年（前111年），武帝“遣浮沮将军公孙贺出九原，匈河将军赵破奴出令居，皆二千余里，不见虏而还。”[②]太初三年（前102年）春，武帝“遣光禄勋徐自为筑五原塞外列城，西北至卢朐，游击将军韩说将兵屯之。强弩都尉路博德筑居延。”[③]这样就建成了东起五原西至居延的边防城塞。这年秋天，匈奴又南侵入定襄、云中

① 《汉书·张骞传》。

② 《汉书·武帝纪》。

③ 《汉书·武帝纪》。

杀虏数千人，破坏徐自为所筑亭障；又侵入张掖、酒泉，杀都尉。此后不断入侵，汉亦出兵反击。终武帝之世，虽未彻底解除边患，但匈奴之强势已衰，边患大为减轻，改变了自秦末以来北方边境人民生命不保，“槥车相望”的景象。

武帝晚年悔征伐之事，转向休养生息。后元二年(前87年)死。昭帝即位，继续执行武帝晚年休息政策，不轻易出兵。宣帝时，匈奴内部发生了五单于争位的斗争，呼韩邪单于失败，于宣帝甘露元年(前53年)派使到汉求降，并送儿子为质。甘露三年(前51年)正月，呼韩邪单于入朝汉廷，汉令其所过七郡各发二千骑于道迎护。呼韩邪单于朝宣帝于甘泉宫，汉待以殊礼，赏赠甚厚。令其居漠南，保光禄城，并诏北边赈给谷食。与呼韩邪争位的郅支单于远遁，后亦遣使奉献于汉朝。

匈奴单于投降虽在汉宣之世，但基础还是武帝时奠定的。自匈奴单于降后，北方边患结束，出现了一个和平局面。《汉书·匈奴传赞》说：“至孝宣之世，承武帝奋击之威，直匈奴百年之运，因其坏乱几亡之阸，权时施宜，覆以威德，然后单于稽首臣服，遣子入侍，三世称藩，宾于汉庭。是时边城晏闭，牛马布野，三世无犬吠之警，黎庶无干戈之役。”

二、开通西域

汉时西域的概念其地理范围不断扩大。原指自玉门关(今甘肃敦煌西)、阳关(今甘肃敦煌西南)以西至葱岭之间地区，即“匈奴之西、乌孙(今新疆天山北路及中亚东部)之南，南北有大山(即今天山与昆仑山)，中央有河，东西六千余里，南北千余里，东则接汉，阸以玉门、阳关，西则限以葱岭。”①其后，范围不断扩大，葱岭以西、今中亚西亚一带也统称之为西域。

西域有三十六国，至西汉末哀、平之时分裂为五十余国。其人口状况可数者如下：

---

① 《汉书·西域传》。

国名	户	口	胜兵者
婼羌	450	1750	500
鄯善	1570	14100	2912
且末	230	1610	320
精绝	480	3360	500
戎卢	240	1610	300
扜弥	3340	20040	3540
渠勒	310	2170	300
于阗	3300	19300	2400
皮山	500	3500	500
乌秅	490	2733	740
西夜	350	400	1000
蒲犁	650	5000	2000
依耐	125	670	350
无雷	1000	7000	3000
难兜	5000	31000	8000
大月氏	100000	400000	100000
康居	120000	600000	120000
奄蔡			10 余万
大宛	60000	300000	60000
桃槐	700	5000	1000
休循	358	1030	480
捐毒	380	1100	500
莎车	2339	16379	3049
疏勒	1510	18647	2000
尉头	300	2300	800
乌孙	120000	630000	188800

国名	户	口	胜兵者
姑墨	3500	24500	4500
温宿	2200	8400	1500
龟兹	6970	81317	21076
乌垒	110	1200	300
渠犁	130	1480	150
尉犁	1200	9600	2000
危须	700	4900	2000
焉耆	4000	32100	6000
乌贪訾离	41	231	57
卑陆	227	1387	422
卑陆后国	462	1137	350
郁立师	190	1445	331
单桓	27	194	45
蒲类	325	2032	799
蒲类后国	100	1070	334
西且弥	332	1926	738
东且弥	191	1948	572
劫国	99	500	115
狐胡	55	264	45
山国	450	5000	1000
车师前国	700	6050	1865
车师后国	595	4774	1890
车师都尉国	40	333	84
车师后城长国	154	960	260①

① 资料来自《汉书·西域传》,另有罽宾、乌弋山离、安息,《传》只言为户口胜兵多而无具体数,故不列入。

人口在三十万以上的有大宛、乌孙、康居、大月氏,最多者六十三万人,少者不足二百人。西域诸国大多以种植、畜牧为生,“有城郭田畜”,与匈奴、乌孙异俗,皆服属于匈奴,受其役使。匈奴西边日逐王设置僮仆都尉控制西域,对西域奴役剥削很重。但西域诸国虽由于力量分散,无法摆脱匈奴控制和剥削,也并不亲附匈奴。正如《汉书·西域传》所说:“西域诸国,各有君长,兵众分弱,无所统一,虽属匈奴,不相亲附。”故匈奴也只“能得其马畜旃罽”,而却“不能统率与之进退”。

自玉门、阳关出西域有两道可通,一条从鄯善沿南山(今昆仑山)北,西行至莎车,是为南道;再西行翻过葱岭,可到达大月氏、安息(今伊朗)。另一条,从车师前王庭(今新疆吐鲁番西)沿北山(今天山)南面西行至疏勒,是为北道;再西逾葱岭,可达大宛、康居、奄蔡(今高加索)。

西域向称“匈奴右臂”,匈奴控制、掠夺西域,并以此作为南侵汉先进农业区域的基地。汉至武帝时,已经“养民五世,天下殷富,财力有余,士马强盛。”①故着手制止匈奴侵扰问题。为断“匈奴右臂”并统一西部与西北边疆,武帝始开通并经营西域。

(一)张骞通使西域

武帝建元年间,得匈奴降者,从其口供中得知大月氏怨恨匈奴。原来月氏居住在祁连与敦煌之间。匈奴老上单于击破月氏王,以其头为饮器,月氏遂西迁,赶走塞王,遂据其地(今新疆伊犁附近)。月氏后又被乌孙赶走,迁徙到大夏故地。这部分月氏人称为大月氏(在塔吉克斯坦共和国及阿富汗印度克什米尔之地)。留在原地的部分称为小月氏。武帝时,大月氏发展为中亚的一个大国。武帝得此消息后,因欲通使,联络大月氏共同对付匈奴。因为当时匈奴右方占据盐泽(今罗布泊),以东至陇西,南接羌,隔断了汉通西域的道路,汉欲通大月氏,必须经过匈奴势力所控制的范围。于是便招募能通使西域者。

---

① 《汉书·西域传赞》。

当时汉中人张骞以郎官毅然应募。汉政府派一百多人随从前往，建元三年（前138年），出发西行。

张骞出使西域汉武帝送别图（敦煌323窟壁画摹本）

当时河西走廊正被匈奴占领，张骞出陇西后，道经匈奴控制区，即被匈奴捉住，把他传送到单于庭（今内蒙古呼和浩特一带）。匈奴尽管千方百计加以威逼利诱，张骞坚决不投降，终持汉节不失。在匈奴被扣留十余岁，匈奴强迫妻以胡女，还生了孩子。后来张骞寻机逃出，率领随从，前往大月氏，西行数十日，到大宛。大宛闻汉财物丰富，欲通汉而求之不得，见张骞，甚喜。便答应张骞要求，派了翻译向导，把张骞送至康居，康居又送至大月氏。这时大月氏已征服大夏，此地肥饶，无寇盗，生活安逸，又觉得距汉遥远，已无报复匈奴之心。张骞又从大月氏来到大夏，联络大月氏的任务终不能完成。留居一年多，始东归，沿南山，欲从羌中回长安。结果又被匈奴捉住。留居一年多，单于死，匈奴内乱，张骞偕胡妻及堂邑父一同逃亡归汉。时在元朔三年（前126年）。这就是张骞第一次通使西域。

张骞为人做事坚忍不拔，又宽厚讲信用，很受西域诸国爱慕，这次出使历十三年，历尽千辛万苦，途中饥困乏食，幸赖善射的堂邑父猎获禽兽以充饥。当初出发时，一行百余人，最后归来的只有张骞与堂邑父二人。

张骞这次出使虽未达到联络大月氏的预期目的，但是了解到西域的一些

张骞通西域路线图

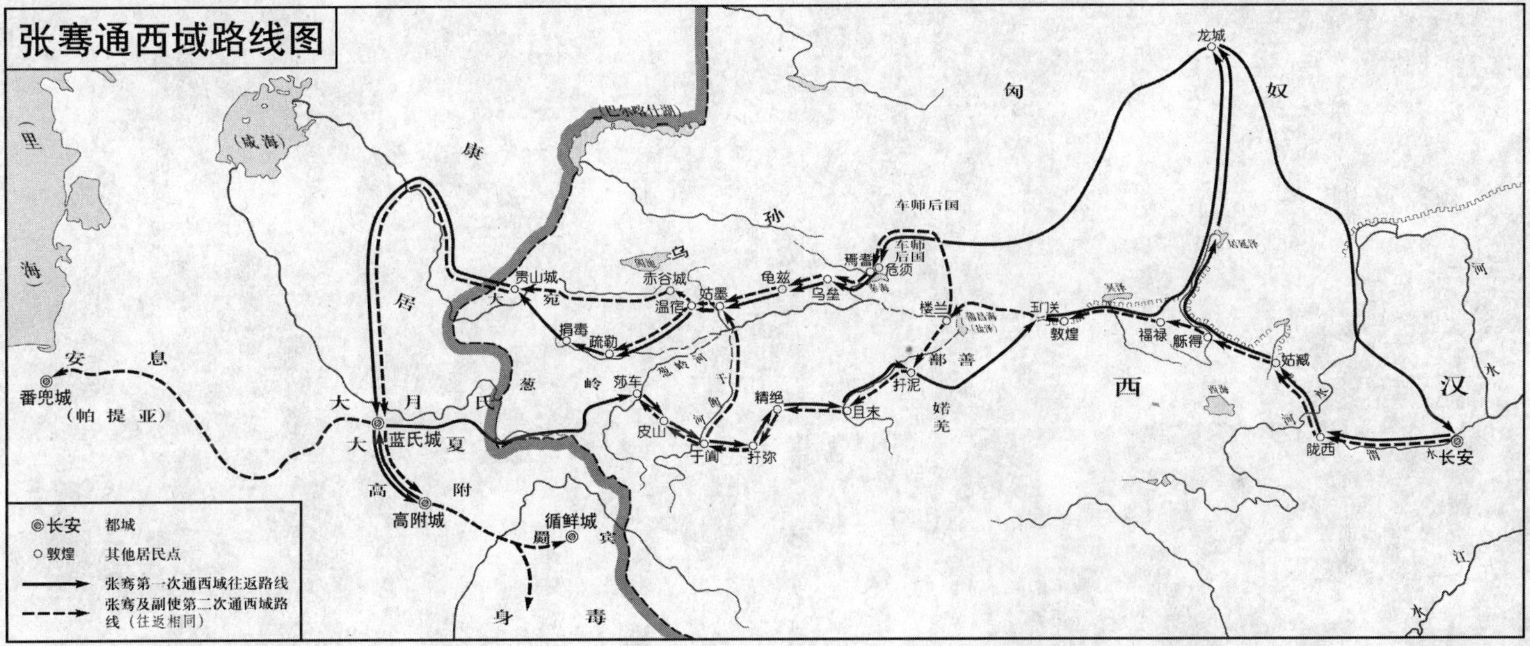

长安 都城
敦煌 其他居民点
张骞第一次通西域往返路线
张骞及副使第二次通西域路线（往返相同）
龙城
匈
奴
汉
长安
陇西
姑臧
觻得
福禄
敦煌
玉门关
西
楼兰
鄯
善
扜泥
婼
羌
且末
精绝
扜弥
于阗
皮山
莎车
车师后国
车师后国
焉耆
危须
乌垒
龟兹
姑墨
温宿
赤谷城
乌
孙
疏勒
捐毒
贵山城
大
宛
康
居
葱
岭
大
月
氏
蓝氏城
大
夏
高
附
高附城
循鲜城
罽
宾
身
毒
安
息
番兜城
（帕 提 亚）
（咸海）
（里
海）

山川地理、风土人情、物产、政治、军事等情况。他把这些情况向汉武帝做了报告,大开汉人眼界。另外还有一个意外的发现,张骞向汉武帝说"臣在大夏时,见邛竹杖、蜀布……大夏国人曰:'吾贾人往市之身毒。身毒在大夏东南可数千里。其俗土著,大与大夏同,而卑湿暑热云。其人民乘象以战。其国临大水焉'。以骞度之,大夏去汉万二千里,居汉西南。今身毒国又居大夏东南数千里,有蜀物,此其去蜀不远矣。"①身毒即今印度。由于张骞的发现使汉朝对印度这个地区有了初步了解。张骞是汉代开通西域道路的第一人。自"张骞凿空"之后,汉朝出使西域或去贸易的人越来越多。张骞对东西经济文化的沟通和交流做出了卓越的贡献。

元朔中,匈奴被赶到漠北,是后武帝多次向张骞询问关于大夏等国的情况。张骞告诉武帝说,他在匈奴中时,听说乌孙王号昆莫,其父难兜靡本与大月氏都是居住在祁连敦煌之间的小国。匈奴攻杀难兜靡而收养了昆莫。待昆莫长大后,匈奴单于又把他父亲原来的民众交由昆莫掌管。昆莫收养其民,逐渐强大,握有控弦之士数万人。单于死后,昆莫率其众远徙,赶走大月氏,占据了塞地(今伊犁河流域)。匈奴多次攻击昆莫,亦不能取胜。张骞向武帝提出,匈奴单于新败于汉,其浑邪王之地空无人烟,乌孙等又贪汉财物,可乘机以厚礼联络乌孙,招引他东来居于旧浑邪之地,与汉结为昆弟。如果能实现的话,就是"断匈奴右臂"。既与乌孙联盟,则其西之大夏等国皆可以招来而为外臣。② 武帝完全采纳了张骞的建议,拜张骞为中郎将,率领三百人,每人马各二匹,牛羊以万数,赍金币帛值数千巨万,又使领许多持节副使,以备随时派遣之用。

张骞这次出使比较顺利,很快到达乌孙。张骞向昆莫宣明汉朝旨意:乌孙若能东居浑邪地,汉便遣公主做昆莫夫人。乌孙王因国众分为三部分,自己又

---

① 《史记·大宛列传》。

② 《史记·大宛列传》。

年老,无力控制,再加离汉远,不了解汉之大小,离匈奴近,大臣畏惧匈奴,不愿东迁。尽管张骞多方解释,仍不得昆莫应允。于是张骞又分遣副使到大宛、康居、大月氏、大夏、安息、捐毒、于阗、扜罙及附近一些国家和地区进行联络。乌孙王虽未应允汉旨意,但也表示比较友好,派翻译和向导送张骞回国,并派使者数十人马数十匹随张骞入汉报谢,"因令窥汉,知其广大。"①时在元鼎二年(前115年)。

乌孙使者入汉"见汉人众富厚,归报其国,其国乃益重汉"。② 后来,乌孙终于与汉结为婚姻。武帝元封中,乌孙请尚汉公主,结为昆弟。于是汉遣江都王建女细君为公主,嫁乌孙昆莫以为右夫人。细君死后,汉又以楚王戊孙女解忧为公主,嫁乌孙。

（二）汉对西域的军事行动

自张骞出使西域后,东西之间交通频繁。张骞归国后,一年多便死了。在他死后一年多,其所派遣去各国的副使,也都带领当地使者陆续来到长安。汉派往西域的使者以及打着汉节旗号的商人相望于道,络绎不绝,"一辈大者数百,少者百余人。""汉率一岁中使多者十余,少者五六辈,远者八九岁,近者数岁而反。"③但匈奴却时常从中作梗,截杀汉使,为确保此道畅通无阻,汉必用兵于西域,与匈奴进行斗争。

楼兰(鄯善)、姑师(即车师)地当通西域孔道的东端,汉西出玉门关西行首经此地。楼兰、姑师苦于供给,常攻劫汉使,又屡为匈奴耳目,通风报信,令匈奴兵截击汉使臣。为确保通使安全,于是武帝派从骠侯赵破奴率领属国骑兵及郡兵数万人进攻姑师。首先俘虏了楼兰王,遂攻破姑师。并乘此向乌孙、大宛等国示威。于是汉又把边防亭障修至玉门关。

---

① 《史记·大宛列传》。
② 《史记·大宛列传》。
③ 《史记·大宛列传》。

大宛出产良马，藏在贰师城，汗血马尤其著名。武帝派人持千金及金马前去交换大宛汗血马。大宛不肯与，反而指令其东边的郁成截杀汉使。武帝得知此消息后，即派李广利为贰师将军，发属国六千骑，及郡国恶少年数万人，征伐大宛。时在太初元年(前104年)。

李广利率军西过盐水，当道小国因受匈奴控制，各坚城守，不肯供给汉军粮秣。攻之不能下，只有下者得食，不下数日则去。等到达郁成，只有数千人。攻郁成不下，李广利考虑更难以攻破大宛，便引兵而还。

太初四年(前101年)，李广利再次伐大宛。汉政府增发恶少年及边骑六万人，负私从者不在此数，另有牛十万头，马三万余匹，驴骡橐驼以万数。多带军粮和兵弩，天下骚动，传相奉伐大宛，凡五十余校尉。这次出兵，所至小国莫不奉迎，出食给军。只有轮台抗拒，汉军攻灭轮台，自此而西，一路无阻而至宛城。围城四十余日，宛以杀其王与出善马为条件而求和，李广利答应讲和。汉选其善马数十匹，中马以下牡牝三千余匹，与宛结盟而罢兵东归。

贰师将军胜利东归，沿途"诸所过小国闻宛破，皆使其子弟从军入献，见天子，因以为质焉"。① 攻破大宛，使汉在西域的威势增强。为了确保和发展这一有利形势，汉继续加强了对西域的控制，《汉书·西域传序》说："自贰师将军伐大宛之后，西域震惧，多遣使来贡献，汉使西域者益得职，于是自敦煌西至盐泽，往往起亭，而轮台、渠犁皆有田卒数百人，置使者校尉领护，以给使外国者"。汉把长城防线继续延修至盐泽，并屯田于轮台、渠犁，设置使者校尉领护。

武帝征和四年(前89年)，汉征破车师。车师当汉通西域大道，亦为匈奴进入西域之西冲。汉得车师，有利于巩固在西域的地位。

武帝开通西域具有很大的积极意义和进步作用，第一，开通西域，折断了匈奴右臂，对于制止匈奴侵扰和匈奴对西域的残酷蹂躏与统治有重大作用。

---

① 《史记·大宛列传》。

第二,通西域后,促进了东西经济文化上的交流。中国的冶铁铸造技术传到西域。“自大宛以西至安息国,……其地无丝漆,不知铸铁器。及汉使亡卒降,教铸作它兵器。”①汉在西域驻兵屯田,农业生产技术也传入西域。大宛城中本无井,全饮用河水。李广利征大宛,“闻宛城中新得秦人,知穿井。”②内地穿井技术传入大宛以及其他地区这是毫无问题的。汉武帝时凿龙首渠,“发卒万人穿渠,自征引洛水至商颜下,岸善崩,乃凿井,深者四十余丈。往往为渠,井下相通行水。水隤以绝商颜,东至山领十余里间。井渠之生自此始。”③今新疆吐鲁番一带的坎儿井,即来源于汉之井渠法。大宛等地的苜蓿、葡萄种植技术,葡萄酒的酿造技术也传入中原。“汉使取其实来,于是天子始种苜蓿、葡萄肥饶地。……则离宫别观旁尽种葡萄、苜蓿极望。”④西域的其他物产如胡桃、石榴、胡萝卜、大蒜、西瓜、芝麻、驴、骆驼、汗血马等此后也输入中国。通西域后,东西商路开辟,中国的丝织品沿这条路大宗运往西方,因有“丝绸之路”之称,中国亦被称为“丝国”。通过这条丝绸之路,东西文化也开始了交流,中国文化西传,西域及更远之西方的文化也渐传入中国。

(三)西域都护府的设置

车师地当通天山南北之孔道,汉得此地可由此而北进以攻匈奴右部,匈奴得此可由此而入南疆,阻止汉入西域,故车师为汉匈必争之地。汉武帝征和四年(前89年),汉取车师。至昭帝时,匈奴又派遣四千骑屯田车师。宣帝本始二年(前72年),命田广明、赵充国、田顺、范明友、韩增五将军率兵十五万骑,校尉常惠持节护乌孙兵共击匈奴。匈奴车师田者惊去,车师又通于汉。匈奴与车师王乌贵结为婚姻,遮截汉道通乌孙者。故地节二年(前68年)汉遣侍郎郑吉屯田渠犁,积谷以备攻车师。秋收后,郑吉发城郭诸国兵万余人,自与

① 《汉书·西域传》。
② 《史记·大宛列传》。
③ 《汉书·沟洫志》。
④ 《史记·大宛列传》。

所将田士千五百人共击车师，车师降汉。郑吉以功晋升为卫司马，为护鄯善以西使者，护南道。以后汉与匈奴又反复争夺车师，得而复失。神爵二年（前60年），匈奴日逐王先贤掸降汉，郑吉迎降，又得车师。此时汉在西域的统治地位才巩固起来。郑吉破车师、降日逐，威震西域，于是并护车师以西北道，故号曰都护，都护设置自此始。宣帝下诏嘉奖郑吉之功："都护西域骑都尉郑吉，拊循外蛮，宣明威信，迎匈奴单于从兄日逐王众，击破车师兜訾城，攻效茂著。其封吉为安远侯。""吉于是中西域而立莫府，治乌垒城，镇抚诸国，诛伐怀集之。汉之号令班西域矣，始自张骞而成于郑吉。"①汉统一西域，设立都护府治乌垒城，郑吉为第一任都护。都护相当于郡守，秩级为比二千石。副校尉为其副贰，亦比二千石。下有丞、司马、候千人。戊己校尉亦属都护。都护治西域班行"汉之号令"，可以征"发诸国兵"②，总管西域屯田事宜，并"使护西域三十六国"（按：后分为五十余国）。西域诸国接受汉印绶、人质、朝贡，确定了正式的统属关系与制度。《汉书·西域传》载都护"督录总领"所属"最凡国五十。自译长、城长、君、监、吏、大禄、百长、千长、都尉、且渠、当户、将、相、至侯、王皆佩汉印绶，凡三百七十六人。"西域都护府"诛伐怀集"，"镇抚诸国"，是汉在西域特别区的最高行政统治机构。这标志着今新疆天山南北包括巴尔喀什湖以东以南广大地区，自那时起，就已成为祖国领土的组成部分。

三、对卫氏朝鲜的征服

朝鲜半岛与中国东北接壤。中朝两国早在公元前一千多年以前，就有了经济文化的交流。战国时期关系更加密切。当时，燕、齐之地人民避乱，不断亡命朝鲜。汉初，燕人卫满聚众千余人，东走出塞，渡过浿水（今朝鲜清川江），入朝鲜，投依朝鲜王箕准。后来，卫满建立政权，自称朝鲜王，都王险（今

---

① 《汉书·郑吉传》。

② 《汉书·西域传》。

朝鲜平壤市南),统治着朝鲜半岛的西北部。

卫满传至孙右渠时,所引诱汉人亡入朝鲜者益众,但又阻拦半岛上的其他小国与汉交往。武帝元封二年(前109年),汉派涉何使朝鲜责让右渠,右渠不肯奉诏。涉何回归到浿水处,让御者刺杀了送行人员,归报武帝说是"杀朝鲜将",武帝不但不治其罪,反任涉何为辽东东部都尉。朝鲜怨恨涉何,发兵攻杀了涉何。

涉何被杀后,武帝发兵五万,分两路进攻朝鲜。一路由楼船将军杨仆率领,从齐地(山东半岛)渡渤海直攻王险;一路由左将军荀彘率领,自辽东南下,共征讨右渠。但是军事行动进展并不十分顺利。武帝又派卫山乘兵威去晓谕右渠。右渠请降,并遣太子入汉谢罪,献马五千匹,又送给汉军许多军粮,而且派万余军队携带武器护送。正欲渡浿水时,使者及左将军荀彘疑有诈,对太子说:既已降服,应命随从不要带武器。太子亦怀疑其中有诈,恐怕被杀,遂不渡浿水而回。武帝诛杀了卫山。

杨、荀两军围王险城数月不能攻下。杨仆倾向于约降右渠,朝鲜大臣亦与杨仆来往,但还未最后决定。而荀彘仍急攻王险,杨仆不与会战,荀彘疑杨仆谋反,遂与济南太守公孙遂同谋擅自拘捕了杨仆,夺并了他的军队。武帝知此事后,诛杀了公孙遂。

元封三年(前108年)夏,朝鲜内乱,其部下参杀右渠来降。但王险城未下,原来右渠的大臣成已又据城反攻汉军。后荀彘指使降人杀成已,遂定朝鲜。武帝将朝鲜置为四郡,即真番、临屯、乐浪、玄菟。昭帝始元五年,罢真番、临屯二郡。

四、闽越与南越的内属

东瓯、闽越、南越之地秦时即列为中国郡县,秦汉之际乘中国内地战乱政局不稳而又各自独立。汉初,受汉册封为王,但却时常相攻击不已,至汉武时复归于统一。

（一）东瓯政权的灭亡

秦末，无诸和摇率闽中郡之越人追随鄱阳令吴芮反秦，后又助刘邦攻项羽。故汉立无诸为闽越王，治闽中郡故地，都于东冶（《汉书》作冶，今福建福州）。孝惠三年（前 192 年）立摇为东海王，都东瓯（今浙江温州）故世俗又号东瓯王。

景帝时，吴王刘濞作乱，欲联合闽越、东瓯统一行动。闽越未动，东瓯支持吴王。吴王失败，东瓯受汉收买，杀吴王于丹徒（今江苏镇江东）。

吴王刘濞子子驹逃亡至闽越，常劝闽越攻击东瓯。武帝建元三年（前 138 年），闽越发兵围东瓯。东瓯粮尽，将要投降，同时派人告急于汉。武帝派严助持节发会稽郡兵，渡海救援东瓯。未到，闽越便退兵而去。东瓯自愿向汉廷请求举国迁徙内地，武帝批准，东瓯王率众四万余人北徙处江、淮之间。至此东瓯政权消灭。

（二）南越政权的消灭

汉武帝建元中，赵佗孙胡继立为南越王（即南越文帝）。此时闽越兴兵攻南越，南越王胡不敢擅兴兵，派人请汉廷诏许。武帝于是派王恢、韩安国为将军率兵往击闽越。兵尚未过岭，闽越王弟余善杀王郢投降，于是罢兵。南越王派太子婴齐入汉宿卫。

南越王胡死，太子婴齐继立。婴齐在长安时，取邯郸樛氏女，生子兴。婴齐即位后，立为太子。婴齐死，太子兴继立为王。汉武帝元鼎四年（前 113 年），遣使至南越“往谕王、王太后以入朝，比内诸侯”，南越王太后劝王及群臣“求内属”，“即因使者上书，请比内诸侯，三岁一朝，除边关”。武帝应允，“赐其丞相吕嘉银印，及内史、中尉、大傅印，余得自置。除其故黥劓刑，用汉法，比内诸侯。”①吕嘉叛乱，攻杀南越王、太后及汉使者。于是武帝“令罪人及江淮

① 《史记·南越列传》。

“文帝行玺”金印(广州象岗山南越王墓出土)

以南楼船十万师往讨之”①。

元鼎五年(前 112 年)秋,分四路大军出发,卫尉路博德为伏波将军,出桂阳(郡治在今湖南郴州),下涯水(今广东连江);主爵都尉杨仆为楼船将军,出豫章(郡治在今江西南昌),下横浦;故归义越侯二人为弋船,下厉将军,出零陵(郡治在今广西壮族自治区兴安东北),或下漓水(今漓江),或抵苍梧(今广西梧州);驰义侯发巴蜀罪人、夜郎兵,下牂柯江:最后会战番禺(今广东广州)。

元鼎六年(前 111 年)路博德及杨仆攻南越都城番禺,南越降,吕嘉等逃入海,后被捕获。南越政权自赵佗初王,五世九十三岁,至此灭亡。汉政府以其地分置为儋耳、珠崖、南海、苍梧、九真、郁林、日南、合浦、交阯等九郡。

(三)闽越政权的消灭

武帝建元六年(前 135 年),余善杀其兄闽越王郢降。武帝遂立无诸孙繇

① 《史记·南越列传》。

君丑为越繇王,余善自立为王,武帝以为余善虽多次伙同郢谋乱,而后首诛郢,不劳汉师,遂立余善为东越王,与繇王并存。于是,闽越又分为两部分。

元鼎五年(前112年),南越反,东越王余善请随楼船将军击吕嘉等。但迟迟不进兵,并暗中与南越联络。破南越后,楼船将军杨仆上书请便道击东越。武帝以为士卒劳倦,不许,令屯兵豫章梅岭待命。

元鼎六年(前111年),余善发兵进攻汉军,号将军驺力为"吞汉将军"。入白沙(今江西南昌东北)、武林(今江西余干北)、梅岭,杀汉三校尉。

余善刻"武帝"玺自立为帝。汉武帝遣横海将军韩说出句章(今浙江宁波西北),渡海从东方击东越;楼船将军杨仆出武林;中尉王温舒出梅岭;越侯为弋船、下濑将军,出若邪、白沙。元封元年(前110年)冬,皆攻入东越。繇王居股杀余善降,东越灭亡。奉闽越祭祀的越繇王居股,改封为东成侯。其国亦不复存。于是,武帝亦将闽越、东越之民"徙处江淮间"。①

东瓯、闽越、南越于武帝时又复统一于汉,对于中国经济、文化的发展有积极作用。南越内属对于中国发展海外贸易亦有促进作用。

五、开通西南地区

在今云南、贵州、四川南部和西部一带,居住着许多民族和部落,当时统称之为"西南夷"。其地族类众多,社会发展程度极不一致,彼此分散互不统一。在蜀之南所谓南夷"君长以十数",其中以夜郎为最大;其西为靡莫之族,其中以滇为最大;从滇以北地区"君长以十数",其中以邛都(今四川西昌一带)为最大:"此皆魋结,耕田,有邑聚"②,过着农业定居生活,社会发展水平较高。再以西的地区便是巂、昆明,"皆编发随畜迁徙,毋常处,毋君长"③,过着游牧

① 《史记·东越列传》。
② 《史记·西南夷列传》。
③ 《史记·西南夷列传》。

生活,社会发展水平还处在较为原始的"无君长"的时期。自巂以东北的部族君长以十数,其中以徙(今四川天全一带),筰都(今四川汉源一带)为最大。在筰之东北,"君长以十数",其中以冉駹为最大。其俗不一,或定居,或游牧。在冉駹的东北一带,以白马为最大,皆属于氐族。

"滇王之印"(云南晋宁石寨山出土)

自战国以来,尤其是秦曾经致力于西南地区的开通,并曾在某些地区设置了行政区划。汉初因中央集权力量与国家力量不强,遂使这一带在政治上与内地疏远,但是经济、文化、人员的交流却日益发展。史称:"巴蜀民或窃出商贾,取其筰马、僰僮、髦牛,以此巴蜀殷富。"①

建元六年(前 135 年),汉武帝派大行王恢等击东越,胜利后,王恢派番阳(今江西鄱阳)令唐蒙使南越。南越用蜀枸酱招待唐蒙。唐蒙询问枸酱的来路后,才知道是从牂柯江(今北盘江)运至南越都城番禺的。他回到长安后,又询问蜀地商人,商人说:只有蜀地出枸酱,多偷运到夜郎去卖。夜郎临近牂柯江,再由此转运至南越。唐蒙得此消息后,便向武帝上书建议开"通夜郎道"。武帝拜唐蒙为郎中将,率领千人,前往见夜郎侯多同。到后,唐蒙厚赐财物,并"约为置吏,使其子为令"。② 夜郎附近小城邑也贪汉财物,都愿意归顺。汉遂以此地置犍为郡(郡治在今四川宜宾西南)。武帝又派司马相如通邛、筰等地,这个地区皆愿如夜郎一样归汉,武帝在这里"置一都尉、十

① 《史记·西南夷列传》。
② 《史记·西南夷列传》。

余县”，隶属于蜀郡（郡治在今成都）。后因专力反击匈奴，武帝又罢通西夷邛、筰等地事，独置南夷夜郎两县、一都尉。

元狩元年（前122年）张骞根据他从西域了解到的情况，建议武帝经过蜀地通往身毒国。于是武帝派王然宇等人从西南夷地区出发寻求身毒国。到滇后，滇王尝羌留汉使者，为西进寻求道路，皆为昆明所阻隔，因而没有能开通到达身毒国的道路。

元鼎五年南越反，由犍为郡发南夷兵击南越，且兰君乘机反，杀使者及犍为郡太守。元鼎六年汉攻破南越，顺便攻破且兰，进而平定南夷，置以为牂柯郡。夜郎于是入朝，武帝以为夜郎王。汉又诛杀邛君、筰侯。冉駹归附，请为置吏。汉武帝以邛为越嶲郡（郡治在今四川西昌附近），筰都为沈犁郡（郡治在今四川汉源附近）、冉駹为汶山郡（郡治在今四川茂汶一带）、白马为武都郡（郡治在今甘肃西和一带）。

汉武帝派使者到滇告谕滇王入朝，他在同姓劳深、靡莫的支持下不肯归附，靡莫等还多次侵犯使者。元封二年（前109年）武帝发兵灭劳深、靡莫。滇王举国降，汉置以为益州郡，赐滇王王印，仍令治其民。从此西南地区大部分都归入汉的版图。

第三节　汉武帝时期的财政经济政策和措施

一、增加财政收入的各项措施

武帝即位之后，由于对外战争和内兴功利，消耗了大量的财富，财政日益困难。如：由于对东瓯和两粤的战争，而使“江淮之间萧然烦费”。由于开通西南地区，凿山通道千余里，而使“巴蜀之民罢焉”。由于反击匈奴“侵扰北边，兵连而不解，天下共其劳。……中外骚扰相奉”，造成“财赂衰耗而不澹”。“又兴十余万人筑朔方郡”，“转漕甚远，自山东咸被其劳，费数十百巨万，府库并虚。”还有大量的赏赐,如“卫青比岁十余万众击胡,斩首捕虏之士受赐黄金二十余万斤,而汉军士马死者十余万,兵甲转漕之费不与焉。”以致大司农“陈臧钱经用,赋税既竭,不足以奉战士”。修治河道,费用亦甚巨,如“缘河之郡隄塞河,辄坏决,费不可胜计。”关中朔方等地穿渠,“费亦各以巨万十数”。对于归降的少数民族,国家要进行安置,其衣食皆仰给于政府,国库不足,以至于“天子乃损膳,解乘舆驷,出御府禁臧以澹之”。由上述可见,国家几十年积蓄的财富到这时已消耗殆尽。与此相反,富商大贾却大发横财,他们“壻财役贫,转毂百数,废居居邑”,以至于使封君们“皆低首仰给焉”。他们冶铸煮盐,“财或累万金”,而却不肯“佐公家之急”,反使“黎民重困”。[①] 这就是当时所面临的严重的社会经济形势。汉武帝为挽救财政经济危机,制定并推行了一系列的政策与措施。

(一)统一币制

西汉货币制度基本承袭秦制,仍是铜钱和黄金两种。于金币的称量单位恢复了周制,周是以斤为单位,秦改为镒(重二十两),汉以一镒为一斤,即一金,值一万钱。

黄金虽非如铜钱般之铸币而以斤两为名,然而也应有一定形状,是一定形状和一定分量相结合的一种货币,但以斤两为准。不然汉武帝时献酎,何以知酎金之轻重分量不足。武帝太始二年,为纪念他往时郊见上帝,西登陇首,获白麟,渥洼水出天马,泰山又现黄金诸祥瑞事,因而下诏金币“宜改故名,今更黄金为麟趾袅蹏,以协瑞焉”。[②] 可见对金币既改形又改名,名为“麟趾袅蹏”(后世俗称之为马蹄金),形亦如之。既称“改”、“更”,可见原亦有定形。

在汉代,重大的赏赐以及巨额计算、支付都有用黄金为标准的。

① 参见《汉书·食货志》。
② 《汉书·武帝纪》。

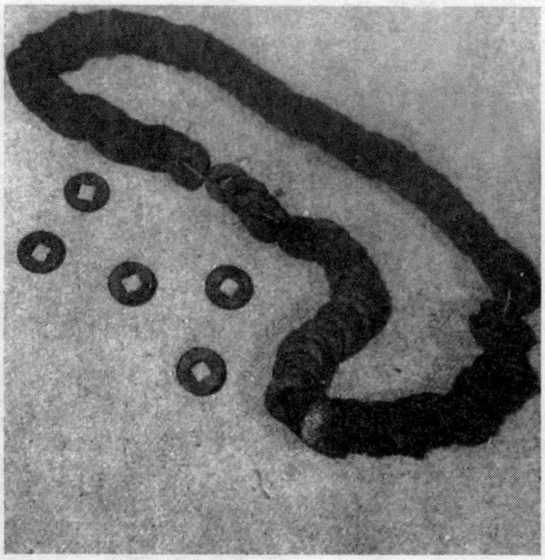

五铢铜钱(河南陕县后川出土)

关于铜钱,汉初曾多次改铸。“汉兴,以为秦钱重难用,更令民铸荚钱。”①荚钱又称榆荚钱,小如榆荚。榆荚钱重三铢,文曰“汉兴”②,或曰荚钱重一铢半,径五分。③ 可见榆荚钱比之秦所行径一寸二分,重十二铢的半两钱轻小多了。汉兴以秦钱重而改铸荚钱,高后二年(前186年),又患其太轻,行八铢钱。④ 高后六年(前182年)又行五分钱(或曰榆荚钱)⑤,汉文帝五年(前175年),又以五分钱太轻而更造四铢钱,文亦曰“半两”,这是一种最轻小的半两钱。文帝同时还废“除盗铸钱令”⑥,即“除钱律,民得铸钱”⑦,也就是“令民纵得自铸钱”。⑧ 汉初铸币权本来操在政府手里,不允许私铸。此禁一开必然造成质量低劣,奸伪为钱日多以及分量不足,“市肆异用,钱文大乱”的混乱现象。放铸之时,本来也规定“敢杂以铅铁为它巧者,其罪黥”。然而,“罪黥”比之禁铸钱时的死罪显然是处罚太轻,更重要的是,“铸钱之情非殽杂为巧,则不可得赢;而殽之甚微,为利甚厚”⑨,所以尽管有“罪黥”之罚,仍是伪钱泛

① 《汉书·食货志》。
② 《史记·平准书索隐》。
③ 王鸣盛:《十七史商榷》卷十二。
④ 《汉书·高后纪》。
⑤ 《汉书·高后纪》。
⑥ 《汉书·文帝纪》。
⑦ 《史记·汉兴以来将相名臣年表》。
⑧ 《史记·平准书》。
⑨ 《汉书·食货志》。

汉武帝“五铢”铜钱

滥。私铸获利之法必然是偷工减料,甚至有“盗摩钱质而取铅”者,奸伪之法无所不用其极,使“钱益轻薄而物贵”①,以致引起通货膨胀。文帝放纵私铸,使社会上流通的铜钱杂乱不一,“民用钱,郡县不同:或用轻钱,百加若干;或用重钱,平称不受”,造成“法钱不立”②,可见放铸铜钱的结果,使货币和金融都出现了极大的混乱。

文帝开铸钱之禁,民间铸钱蜂拥而起,竟至“农事弃捐,而采铜者日蕃,释其耒耜,冶熔炊炭”,影响了农业生产。地方私家大获奸利,成为巨富。如“吴以诸侯即山铸钱,富埒天子,后卒叛逆。邓通,大夫也,以铸钱财过王者。故吴、邓钱布天下。”③自文帝开放,三十一年后,此法再也不能继续下去了。景帝中元六年(前144年),国家又断然收回了铸币权,“定铸钱弃市律”。④

四铢钱行用三十五年,至武帝即位之初建元元年(前140年),废止而行三铢钱。三铢钱重如其文,与四铢钱文曰半两是不同的。建元五年(前136年),又“罢三铢钱,行半两钱”。⑤ 元狩四年(前119年)又销毁半两钱,更铸三铢钱。元狩五年(前118年)又罢三铢钱,更铸五铢钱。“周郭其质,令不可

① 《汉书·食货志》。
② 《汉书·食货志》。
③ 《汉书·食货志》。
④ 《汉书·景帝纪》。
⑤ 《汉书·武帝纪》。

得磨取铅。”元鼎二年(前115年),令京师铸钟官赤仄钱,因为钟官掌铸此钱,故又省称为“官赤仄”。此钱亦赤铜为其廓。以一当五铢钱五。纳赋税和给官用必须用“官赤仄”钱。后来官赤仄钱轻贱,民多不便,又废去。元鼎四年(前113年),“悉禁郡国毋铸钱,专令上林三官铸”五铢钱。[①] 铸钱既多,便令非上林三官钱不得流通。郡国以前所铸各种钱币皆废除不用并加销毁,输入其铜于上林三官。至此铸币权收归中央,铸币质量较高,钱加周郭,重如其文,磨铅盗铸困难,计其费不能相当。五铢钱分量大小适中,因而五铢钱制便从此确立并长期稳定下来。

武帝以后,五铢钱成为唯一的法钱。自武帝元狩五年(前118年)上林三官初铸五铢钱,至平帝元始中成钱二百八十亿万余。[②]

武帝时期,还铸作过银币及皮币。元狩四年(前119年)冬,“有司言关东贫民徙陇西、北地、西河、上郡、会稽凡七十二万五千口,县官衣食振业,用度不足,请收银锡造白金及皮币以足用。”[③]白金即银,铸白金三品及作皮币是为解决“用度不足”之财政困难。“白金有三品:其一曰重八两,圆之,其文龙,名曰‘白选’,直三千;二曰以重差小,方之,其文马,直五百;三曰复小,椭之,其文龟,直三百。”[④]皮币是用“白鹿皮方尺,缘以藻缋”制成,[⑤]规定票面价值为四十万。仅供王侯宗室朝觐聘享之用,市场并不流通。白金的实际价值与货币价值差距太大,故盗铸成风。尽管律定盗铸诸金钱罪皆死,而“盗铸白金者仍不可胜数”,造成“白金稍贱,民不宝用,……岁余,白金终废不行。”[⑥]白金转瞬即废,根本不能与黄金、铜钱相比。

---

① 《汉书·食货志》。
② 《汉书·食货志》。
③ 《汉书·武帝纪》。
④ 《史记·平准书》。
⑤ 《史记·平准书》。
⑥ 《史记·平准书》。

(二)盐、铁、酒的专卖

汉初,盐铁可以私营,而由政府收其税利。也就是说"民得占租鼓铸煮盐"。[①] 文帝实行宽松政策,"弛山泽之禁"[②],政府"无盐铁之利而民富"[③],盐铁税少,盐铁家暴富。至汉武帝元狩中,"大农上盐铁丞孔仅、咸阳言:'山海,天地之藏也,皆宜属少府,陛下不私,以属大农佐赋。愿募民自给费,因官器作鬻盐,官与牢盆。浮食奇民欲擅斡山海之货,以致富羡,役利细民。其沮事之议,不可胜听。敢私铸铁器煮盐者,钛左趾,没入其器物。郡不出铁者,置小铁官,使属在所县。'使仅、咸阳乘传举行天下盐铁,作官府,除故盐铁家富者为吏。"[④]汉政府采取大农所上孔仅、咸阳之议,实行盐铁国营政策,严令禁止民间私人冶铸铁器、煮盐,政府在全国各地设置了许多盐铁国营产销机构,还任用已致富的旧盐铁行家为盐铁官。仅就《汉书·地理志》所载设立盐官的有三十五处:

河东郡	安邑		㡉
太原郡	晋阳		昌阳
南　郡	巫		当利
巨　鹿	堂阳	琅邪郡	海曲
勃　海	章武		计斤
千乘郡			长广
北海郡	都昌	会稽郡	海盐
	寿光	蜀　郡	临邛
东莱郡	曲城	犍为郡	南安
	东牟	益州郡	连然
巴　郡	朐忍	五原郡	成宜

① 《盐铁论·水旱》。
② 《汉书·文帝纪》。
③ 《盐铁论·非鞅》。
④ 《汉书·食货志》。

陇西郡	
安定郡	三水
北地郡	弋居
上　郡	独乐
	龟兹
西河郡	富昌
朔方郡	沃壄
雁门郡	楼烦
渔阳郡	泉州
辽西郡	海阳
辽东郡	平郭
南海郡	番禺
苍梧郡	高要

设立铁官的有四十八处：

京兆尹	郑
左冯翊	夏阳
右扶风	雍、漆
弘农郡	宜阳
河东郡	安邑、皮氏、平阳、绛
太原郡	大陵
河内郡	隆虑
河南郡	
颍川郡	阳城
汝南郡	西平
南阳郡	宛
庐江郡	皖
山阳郡	
沛　郡	沛
魏　郡	武安
常山郡	都乡
涿　郡	
千乘郡	
济南郡	东平陵、历城
泰山郡	嬴
齐　郡	临淄
东莱郡	东牟
琅玡郡	
东海郡	下邳、朐
临淮郡	盐渎、堂邑
桂阳郡	
汉中郡	沔阳
蜀　郡	临邛
犍为郡	武阳、南安
陇西郡	
渔阳郡	渔阳
右北平	夕阳
辽东郡	平郭
中山国	北平
城阳国	莒
鲁　国	鲁
楚　国	彭城
广陵国	
胶东国	郁秩

齐铁官印封泥(吴式芬《封泥考略》)

琅邪左盐封泥(吴式芬《封泥考略》)

盐铁国营,在当时是有积极意义的。第一,充实了国家财源,缓解了国家"用度不足"的财政困难,有力地支持了对外战争。第二,把盐铁大利从私家手中夺归国家掌握,有力地摧抑了豪党并兼之徒。昭帝时的盐铁会议上,政府的代表指出:"夫权利之处,必在深山穷泽之中,非豪民不能通其利。异时盐铁未笼,布衣有朐邴,人君有吴王,皆盐铁初议也。吴王专山泽之饶,薄赋其民,赈赡穷乏,以成私威。私威积而逆节之心作。……今放民于权利,罢盐铁以资暴强,遂其贪心,众邪群聚,私门成党,则强御日以不制,而并兼之徒奸形成也。"①第三,实行盐铁国营,产品价格比较统一与稳定,改变原来私人任意哄抬物价的现象。正如盐铁会议上政府官员所说:"山海有禁而民不倾,贵贱有平而民不疑。县官设衡立准,人从所欲,虽使五尺童子适市,莫之能欺。"若不实行盐

① 《盐铁论·禁耕》。

铁国营,“则豪民擅其用而专其利。决市闾巷,高下在口吻,贵贱无常,端坐而民豪,是以养强抑弱而藏于跖也。”①从上述看来,盐铁国营政策的实行有利于中央集权和封建统治的巩固。

盐铁国营,自然也产生了一些弊端:产品运销费用较大,“百姓病苦之”②;官府卒徒生产积极性不高,单纯追求数量,降低了产品质量。由于“县官鼓铸铁器,大抵多为大器,务应员程,不给民用。民用钝弊,割草不痛。是以农夫作剧,得获者少,百姓苦之矣。”③“器多坚硁,善恶无所择”。吏数不在,器又难得。铁官之器卖不出去,甚至于派购于民。④

武帝天汉三年(前 98 年),汉政府又实行酒类专酿、专卖。这就是“初榷酒酤”,由“县官自酤榷卖酒,小民不复得酤。”⑤这也是为解决政府财政困难而采取的措施。

汉昭帝始元六年(前 81 年),“有诏书使丞相与所举贤良、文学语”,论议盐铁诸问题。会议之后,盐铁继续实行国营。当年秋七月,“罢榷酤官,令民得以律占租,卖酒升四钱”⑥,只是取消了酒的专卖,还规定了统一价格。

(三)缗钱令与告缗

元光六年(前 129 年)“初算商车”。⑦ 开始征收商贾的车税。后因国家用度日益困难,于元狩四年(前 119 年),公卿言:“异时算轺车贾人缗钱皆有差,请算如故。诸贾人末作贳贷买卖,居邑稽诸物,及商以取利者,虽无市籍,各以其物自占,率缗钱二千而一算。诸作有租及铸,率缗钱四千一算。非吏比者、三老、北边骑士,轺车以一算;商贾人轺车二算;船五丈以上一算。匿不自

---

① 《盐铁论·禁耕》。
② 《盐铁论·禁耕》。
③ 《盐铁论·水旱》。
④ 《盐铁论·水旱》。
⑤ 《汉书·武帝纪》天汉三年条并注引应劭曰。
⑥ 《汉书·昭帝纪》。
⑦ 《汉书·武帝纪》。

占，占不悉，戍边一岁，没入缗钱。有能告者，以其半畀之。贾人有市籍者，及其家属，皆无得籍名田，以便农。敢犯令，没入田僮。”①从这个缗钱令看，除了继续昔日算轺车及贾人之缗钱以外，又规定征税对象及范围：(1)凡商人从事末作、买卖、放债及囤积货物，虽无市籍，皆各以其财货自占，按其财货之价值，每二千抽税一算；(2)凡从事手工业生产而将其产品出卖者，每四千算一；(3)非吏而可与吏比者、三老、北边骑士等人的轺车，每车抽一算，商贾人轺车每车二算；(4)船长五丈以上者，抽税一算。缗钱令还规定了上述纳税人应自己申报财货资产，匿不自报及报而不实者，除了罚其戍边一年外，还要没收其全部资产，并不许有市籍者及其家属购买土地，如有违犯，田僮一概没收充公。很显然，这个缗钱令所打击的对象乃是富商大贾之家，他们发了横财，却不肯佐助国家之急。缗钱令下达后，豪富们又“皆争匿财”，只有卜式“数求入财以助县官”，武帝超拜卜式为中郎，赐爵左庶长，田十顷，以资鼓励并讽劝百姓效法。缗钱令既下，而又尊奖卜式，但“百姓终莫分财佐县官”。于是政府便根据缗钱令规定，又颁布了告缗令。元鼎三年(前114年)十一月“令民告缗者，以其半与之。”②当时，杨可主持其事，“告缗遍天下，中家以上大抵皆遇告，杜周治之，狱少反者。乃分遣御史廷尉正监分曹往，即治郡国缗钱，得民财物以亿计，奴婢以千万数，田：大县数百顷，小县百余顷，宅亦如之。于是商贾中家以上大率破，民偷甘食好衣，不事畜藏之产业，而县官有盐铁缗钱之故，用益饶矣。”③

很显然，实行缗钱令，国家可获得一部分税收，以充实财政。告缗之后，国家又获得了大量的财富。除了钱货而外，又得大量田宅以及奴婢。这样便充实了国家的物力与人力，缓解了财政危机。同时也打击了富商大贾，有利于抑制兼并势力，在一定程度上减少了对贫民的兼并压力。

---

① 《史记·平准书》。《汉书·食货志》作“没入田货”。

② 《汉书·武帝纪》。

③ 《史记·平准书》。

（四）均输、平准的实行

均输、平准之法，都是元封元年（前110年）由大司农桑弘羊建议推行的制度。

元鼎中，桑弘羊为大司农中丞时，就曾“稍稍置均输，以通货物。”①置均输的目的在于通货物。所谓均输，根据《史记·平准书》的《集解》引孟康曰：乃“谓诸当所输于官者，皆令输其土地所饶，平其所在时价，官更于他处卖之，输者既便而官有利。”可见，应输纳于官的物品，都是当地主要农产品。官吏根据当地市场情况为平时价，而运往他处卖掉，这样各地之间既得物资调剂，而官府又得差价利益。

均输之法，后来又进一步制度化，武帝元封元年（前110年），“桑弘羊为治粟都尉，领大农，尽代仅斡天下盐铁，弘羊以诸官各自市相争，物以故腾跃，而天下赋输或不偿其僦费，乃请置大农部丞数十人，分部主郡国，各往往县置均输盐铁官，令远方各以其物贵时（《食货志》作“其物如异时”）商贾所转贩者为赋，而相灌输。”②桑弘羊这个建议主要是针对当时运往京师的物品其转输费甚高，多有不便的情况，因而他提出设立一个机构，即中央置大农部丞，县置均输官专门管理均输之事，把远方的赋纳贡物运往贵处卖掉，不再运往京师，即于各地互“相灌输”。如此中央、地方各得其便。汉武帝完全采纳了桑弘羊的建议。

元封元年又设立平准。这个制度是“置平准于京师，都受天下委输。召工官治车诸器，皆仰给大农。大农之诸官尽笼天下之货物，贵即卖之，贱则买之。如此，富商大贾无所牟大利，则反本，而万物不得腾踊。故抑天下物，名曰‘平准’。”③在长安设立平准官，总汇天下委输，贱时买，贵时卖，能起到平抑

① 《史记·平准书》。
② 《史记·平准书》。
③ 《史记·平准书》。

物价的作用,使富商大贾无所牟取暴利,而利归朝廷。

均输、平准都有抑制豪富牟利,充实国家财政的积极作用。昭帝始元六年(前81年),诏举郡国贤良文学之士,问民所疾苦,贤良文学们提出"愿罢盐铁酒榷均输官,毋与天下争利"。桑弘羊"以为此国家大业,所以制四夷,安边足用之本,不可废也。"①可见均输平准之法亦与盐铁酒国营专卖一样夺了富商大利,而成为充盈国家财政之本。

汉武帝这些新的经济政策和财政措施一般说来,都有利于抑制大商人、大地主势力的发展,延缓了大地主对农民的兼并过程,在一定程度上缓和了阶级矛盾,从而巩固了汉朝中央集权和封建统治。

二、水利建设

(一)兴修水利

到武帝时期,兴修水利形成了一个高潮。全国各地修筑了许多沟渠,其中以关中六辅渠和白渠所得灌溉之利为最大。

元光中,郑当时为大司农,他向武帝建议穿漕渠以解决漕转关东粟的困难。原来关东漕粟由渭中西上,要通过九百余里的水道,费时六月才能完成。故郑当时建议引渭水穿渠起自长安,"并南山下,至河三百余里",这条渠道缩短了漕运距离,又易于漕转,三月即可完成。他又以为"渠下民田万余顷,又可得以溉田:此损漕省卒,而益肥关中之地,得谷。"②这是一举两得的事情。武帝批准了这个建议。令齐人水工徐伯主持其施工开凿事宜。"悉发卒数万人穿漕渠,三岁而通。"③大获漕运之便,亦颇得灌溉之利。

其后河东守番系言:"穿渠引汾溉皮氏、汾阴下,引河溉汾阴、蒲坂下,度

---

① 《汉书·食货志》。
② 《史记·河渠书》。
③ 《史记·河渠书》。

可得五千顷。……今溉田之,度可得谷二百万石以上。谷从渭上,与关中无异,而砥柱之东可无复漕。”武帝“以为然,发卒数万人作渠田。”①不过,后来因黄河移徙,渠田不利,耕者不能偿种,于是废掉,给予移徙此地的越人,稍收其税,入之于少府。

“其后庄熊罴言:‘临晋(今山西大荔东)民愿穿洛以溉重泉(今山西大荔西)以东万余顷故卤地。诚得水,可令亩十石。’于是为发卒万余人穿渠,自徵(今山西澄城南)引洛水至商颜山下。岸善崩,乃凿井,深者四十余丈。往往为井,井下相通行水。水颓以绝商颜,东至山岭十余里间。井渠之生自此始。穿渠得龙骨,故名曰龙首渠。作之十余岁,渠颇通。”②龙首渠的做法就是后世的坎儿井,这一技术在汉代就推广到西北地区。井渠法是水利工程发展史上的一个创举。

“自是之后,用事者争言水利,朔方、西河、河西、酒泉皆引河及川谷以溉田;而关中辅渠、灵轵引诸水;汝南、九江引淮;东海引巨定;泰山下引汶水;皆穿渠为溉田,各万余顷。佗小渠披山通道者,不可胜言。”③关中地区除六辅渠和灵轵渠外,还有成国渠、沣渠和白渠。

从上述看来,武帝一朝,在全国广大地区如今山东、安徽、甘肃、陕西等地均有规模大小不等的沟渠、陂池水利工程的建设。其中尤以六辅渠、白渠之灌溉量为大,而白渠居第一。

元鼎六年(前111年),左内史兒宽奏请穿凿六辅渠。六辅渠是修建在关中原郑国渠上流南岸旁的六条支渠,用以灌溉郑国渠所灌溉不到的高仰之地。六辅渠,当地人亦称为六渠或辅渠。

武帝太始二年(前95年),“中大夫白公奏请穿渠,引泾水,首起谷口,尾

---

① 《史记·河渠书》。
② 《史记·河渠书》。
③ 《史记·河渠书》。

入栎阳，注入渭中，袤二百里，溉田四千五百余顷。因名曰白渠。”①白渠渠口起自谷口（今陕西泾阳西北），尾入栎阳（今陕西临潼东北），注入于渭水。白渠是用抬高渠口水位之法，用以溉灌高仰之地的。白渠修成之后，民得丰饶，因而作歌颂曰：“田于何所，池阳、谷口。郑国在前，白渠起后。举臿为云，决渠为雨。泾水一石，其泥数斗。且溉且粪，长我禾黍。衣食京师，亿万之口。”②

（二）治理河患

汉时，黄河常泛滥成灾。文帝时，黄河决于酸枣（今河南延津西南），东溃金堤。武帝元光三年（前132年）春，黄河改道，从顿丘（今河南濮阳北）东南流。夏，黄河于瓠子（今河南濮阳西）决口，经瓠子河，东南注入巨野泽（今山东巨野、郓城之间），流通于淮、泗。受灾地区达十六郡之广。武帝发十万人堵塞决口，塞而复坏，无济于事。此后二十余年中，黄河下游常受其灾，农业歉收，而梁、楚之地尤甚。元封二年（前109年），武帝又征发数万人堵塞瓠子堤决口，他还亲自到瓠子决口视察，令随从官员自将军以下皆背负薪柴参加堵口工程。因东郡薪柴不足用，又把淇园之竹运来，用以堵口。这一次终于成功，把瓠子决口修复，并筑宫于瓠子堤坝上，名曰宣房宫。不久，黄河又于馆陶（今河北馆陶）决口，这一次治河没有采取堵口的办法，而是挖了一条屯氏河，东北经魏郡、清河、信都、勃海入海，屯氏河广深与大河相等，这是因势利导之法。屯氏河开通后，馆陶东北四五郡有时小被水灾，而兖州以南六郡却无水患。此后直到元帝永光五年（前39年），河决清河灵鸣犊口前，六七十年间黄河下游无甚大水患。可见此时对黄河的治理还是成功的。

三、西北屯田

汉武帝经营西北，除了采取军事行动之外，还开置屯田，且耕且守，二者相

① 《汉书·沟洫志》。

② 《汉书·沟洫志》。

辅相成。元狩四年(前179年),于漠北大败匈奴之后,"是后匈奴远遁,而幕南无王庭,汉渡河自朔方以西至令居,往往通渠置田官,吏卒五六万人,稍蚕食,地接匈奴以北。"①令居在今甘肃兰州以北永登一带。自令居东至朔方郡沿边塞一线往往通渠屯田,这里面就包括了著名的北假屯田。北假在今内蒙古库布齐沙漠以北,包头西北乌兰布和沙漠一带。

元狩以后,汉始大规模经营河西走廊,同时亦开始了河西大规模屯田。"初置张掖、酒泉郡,而上郡、朔方、西河、河西开田官,斥塞卒六十万人戍田之。"②

武帝经营西域,亦同时实行屯田,屯田区域主要在轮台、渠犁等地。"于是自敦煌西至盐泽,往往起亭,而轮台、渠犁皆有田卒数百人,置使者校尉领护。"③

汉自武帝开始的西北屯田具有不可低估的积极作用:屯田卒除了耕垦积谷而外,还参与作战,是一支重要的边防力量;屯田卒又是开发边疆的先锋队,其通渠屯垦及拓荒之功为进一步开发边疆创造了基础;屯田积谷为边防军政提供了物质条件,减少了内地向边方转运粮秣等给养之费;尤其重要者是把内地先进农业生产技术与经验推广到边疆,提高了当地生产力水平,促进了边疆经济的发展,如代田法、井渠法皆随西北垦殖事业的发展而传至边疆。

四、农业技术改革

武帝时,农业耕作技术有很大改革,这就是代田法的运用与推广。

武帝末年,搜粟都尉赵过,根据传统农业耕作技术,又总结吸收了当时劳

① 《史记·匈奴列传》。
② 《史记·平准书》。
③ 《汉书·西域传》。

动人民的耕作经验，进而提出了代田法。代田法的技术要求内容是："一畮三甽。岁代处，故曰代田，古法也。后稷始甽田，以二耜为耦，广尺深尺曰甽。长终亩。"①"甽"就是沟，高出的叫垄，沟垄相间，各宽一尺。种子播在甽中。"苗生叶以上，稍耨垄草，因隤其土以附[苗根]。"②每次中耕锄草都同时对根部培土，至盛暑时节，则"陇尽而根深"，庄稼能抗风旱。

二牛三人牛耕图（山东省金乡县香城堌堆出土画像石）

尤其应提到的是，代田法非仅限于耕作技术的改革，它还与生产工具的改革以及耕作动力组织的改善相配套进行，而这后二项也构成了代田耕作法的重要内容。代田法的"耕耘下种田器，皆有便巧"，用"二牛三人"的"耦犁"耕作。赵过使教田太常、三辅，大农专"置工巧奴与从事，为作田器。"③可见政府还专门为代田耕作生产制作农具。所谓"二牛三人"的"耦犁"乃是二人各牵一牛，一人扶犁，共计三人。④ 这就是崔实《政论》中所说的："今辽东耕犁，辕

① 《汉书·食货志》。
② 《汉书·食货志》。
③ 《汉书·食货志》。
④ 《汉书·食货志》。

长四尺，回转相妨，既用两牛，两人牵之，一人将耕。”崔实在《政论》中还提到赵过教人用耧犁。他说：“武帝以赵过为搜粟都尉，教民耕殖，其法：三犁共一牛，一人将之，下种挽耧皆取备焉。日种一顷，至今三辅犹赖其利。……今辽东，……一人下种，二人挽耧，……一日才种二十五亩，其悬绝如此。”贫民无牛怎么办？故平都令光曾教赵过以人挽犁之法，赵过任搜粟都尉期间奏请以光为丞，“教民相与庸挽犁。”[①]这种组织以人挽犁的耕作法，也能大大提高劳动生产率，提高耕作质量，从而能达到增产的目的。民相与庸挽犁，耕作量为“率多人者田日三十畮，少者十三畮，以故田多垦辟。”[②]赵过还将人力相与庸挽犁之法进行过试验，他组织离宫卒在“宫壖”弃地上运用此法进行耕种，结果是“课得谷皆多其旁田畮一斛以上。”[③]“二牛三人”的“耦犁”耕作，更能较大幅度增产，“一岁之收常过缦田畮一斛以上，善者倍之。”[④]以改革生产工具和改善耕作动力组织形式以及改革田间耕作技术为核心的代田法，使农业生产过程在整体上得到了改革，这是一项新技术，大大提高了农业生产力水平，比蹠耒而耕及缦田耕作无疑能大幅度增产，尤其适应于旱作区。汉朝政府大力推广此法，“令命家田三辅公田，又教边郡及居延城，是后边城、河东、弘农、三辅、太常民皆便代田，用力少而得谷多。”[⑤]居延汉简中有关于代田的记载，证明当时的广大西北地区确已实行了代田法。

---

① 中国农业科学院、南京农学院：《中国农业史》，科学出版社 1959 年版，第 153 页。还有另外一种说法，见范文澜：《中国通史简编》“二牛挽二犁，二人各扶一犁，一人牵引二牛，共二牛三人。”亦可通。

② 《汉书·食货志》。

③ 《汉书·食货志》。

④ 《汉书·食货志》。

⑤ 《汉书·食货志》。

第四节 武帝后期的社会危机和“昭宣中兴”

一、武帝后期社会危机的加深

汉武帝长期外事征伐,内兴功作,劳民而伤财。自元光二年(前133年),“始征伐四夷,师出三十余年,天下户口减半”①,“海内虚耗”。② 除了战争消耗之外,内兴功作之费亦不可计量,更加武帝炫耀性的大量赏赐,耗财无数。武帝好神仙,为求神仙而令郡国除道,缮治离宫别馆,名山神祠,都付出了极大代价。武帝多次巡游全国,到处祭祀名山大川诸神。为举行封禅大典,先举行了“振兵经旅”的活动。“行自云阳,北历上郡、西河、五原,出长城,北登单于台,至朔方临北河。勒兵十八万骑,旌旗径千余里”③,这又是毫无意义的惊人消耗。如此巨大的财政支出,尽管武帝采取了一些新的经济政策与财政措施来解决“用度不足”的问题,但最后的灾难仍然是要转嫁到劳动人民身上。人民除了负担沉重的兵戍徭役之外,还要负担极重的租赋征敛,生命财产都蒙受很大损失,因而在武帝晚年社会危机日益加深,阶级矛盾也日益加剧。徐乐曾向武帝上书指出当时就已存在土崩之势,他说:“臣闻天下之患,在于土崩,不在瓦解,古今一也。何谓土崩?秦之末世是也。……民困而主不恤,下怨而上不知,俗已乱而政不修,此三者陈涉之所以为资也。”“间者,关东五谷数不登,年岁未复,民多穷困,重之以边境之事,推数循理而观之,民宜有不安其处者矣。不安故易动,易动者,土崩之势也。”④

社会危机严重的征象首先表现在流民的大量出现。元封四年(前107

① 《汉书·五行志》。
② 《汉书·西域传·渠犁》。
③ 《汉书·武帝纪》。
④ 《汉书·徐乐传》。

年),“关东流民二百万口,无名数者四十万。”①流民的出现,除了由于天灾人祸所致而外,更深刻的原因便是导源于刻剥之政。武帝曾责备当时的丞相石庆说:“问百年民所疾苦,惟吏多私,征求无已,去者便,居者扰。”②重赋与徭役不已造成民多流亡。《盐铁论·未通》也说:“往者军阵数起,用度不足,以訾征赋,常取给现民,田家又被其劳,故不齐出于南亩也。大抵逋流皆在大家,吏正畏惮,不敢笃责。刻急细民,细民不堪,流亡远去,中家为之包出。”细民不堪忍受官吏刻剥之政,便只好流亡远去,成为游离于社会生产之外的破产无业流民,这是严重的社会危机。

武帝后期在许多地区都爆发了大小规模不等的农民起义,“南阳有梅免、百政,楚有段中、杜少,齐有徐勃,燕赵之间有坚卢、范主之属。大群至数千人,擅自号,攻城邑,取库兵,释死罪,缚辱郡守都尉,杀二千石,为檄告县趋具食;小群以百数,掠掳乡里者不可胜数。”③汉武帝急派专使御史中丞、丞相长史前去督责“犹弗能禁”,又派光禄大夫范昆、诸部都尉及故九卿张德等衣绣衣持节,以虎符发兵按军兴之法前去镇压,“斩首大部或至万余级”,又以法“诛通行饮食,坐相连郡,甚者数千人”,数岁之后才得其首领。而其“散卒失之,复聚党阻山川,往往而群,无可奈何。”④这些起义者的具体情况,因文献阙文,不得而知。只知道天汉二年(前99年),“泰山、琅邪群盗徐勃等阻山攻城,道路不通。”⑤武帝派直指使者暴胜之衣绣衣杖斧分部逐捕镇压,并诛杀一批镇压不力的地方官吏。在镇压这些起义者之后,汉政府还专门制定了“沈命法”:“群盗起不发觉,发觉而弗捕满品者,二千石以下至小吏主者皆死。”⑥制定此

① 《汉书·石奋传》附《石庆传》。
② 《汉书·石奋传》附《石庆传》。
③ 《汉书·酷吏传》。
④ 《汉书·酷吏传》。
⑤ 《汉书·武帝纪》。
⑥ 《汉书·酷吏传》。

法本欲督责地方官吏严加镇压，然而小吏畏诛，虽遇“有盗弗敢发”，反使“盗贼寖多”。[①] 实则，因社会危机加深，民穷困无聊，起为“盗贼”，虽镇压亦无济于事，因为造成“群盗纵横”的社会根源没有消除，这种严重的社会现实，迫使武帝晚年不得不与民更始，对内外政策进行一些调整。

二、轮台“哀痛之诏”

班固指出：“孝武之世，图制匈奴，……通西域，……设酒池肉林以飨四方之客，……及赂遗赠送，万里相奉，师旅之费不可胜计。至于用度不足，乃榷酒酤，筦盐铁，铸白金，造皮币，算至车船，租及六畜。民力屈，财用竭。因之以凶年，寇盗并起，道路不通，直指之使始出，衣绣杖斧，断斩于郡国，然后胜之。是以末年遂弃轮台之地，而下哀痛之诏，岂非仁圣之所悔哉！”[②]轮台“哀痛之诏”发布于武帝死的前二年，即征和四年（前89年）。汉武末年，悔征伐之事，故下诏罪己，改弦更张。

征和年间，搜粟都尉桑弘羊与丞相御史奏请遣屯田卒至故轮台以东，“益垦溉田，稍筑列亭，连城而西，以威西国，辅乌孙。”[③]而武帝非但没有批准，反下诏“深陈既往之悔”，他说：“前有司奏，欲益民赋三十助边用，是重困老弱孤独也。……今请远田轮台，欲起亭隧，是扰劳天下，非所以优民也。今朕不忍闻。……当今务在禁苛暴，止擅赋，力本农，修马复令，以补缺，毋乏武备而已。郡国二千石各上进畜马方略补边状，与计对。”[④]这就是著名的武帝征和四年轮台“哀痛之诏”。在这个诏书中，武帝不但罪己，而且指责了桑弘羊等“扰劳天下，非所以优民”的兴利之臣。武帝首先否定了“远田轮台，欲起亭隧”的扰劳天下之请。更重要的是全面调整国内外政策，规定今后的总方针为“禁苛

---

① 《汉书·酷吏传》。
② 《汉书·西域传赞》。
③ 《汉书·西域传·渠犁》。
④ 《汉书·西域传·渠犁》。

暴，止擅赋，力本农”，于边事则止修武备而已。这个方针的核心任务为转向于恢复发展农业生产，与民休息，思富养民。自诏书下后，由是不复出军，并封丞相车千秋为富民侯，任赵过为搜粟都尉，改革农业生产技术，推广代田之法，重视农业生产。

轮台诏具有重大的积极意义与作用，武帝下此诏，其意也是真诚的，不管其做出的程度如何，但毕竟是付诸实行了，这对于已处于濒临土崩之势的西汉统治来说是极其必要的，对于广大人民来说也是非常有益的。西汉统治由此转危为安。继起的昭、宣二代君臣以此为基础，并秉承此旨意，继续与民休息，遂使社会出现中兴之局。汉统治之所以危而复安，社会由动荡而中兴，这与汉武末年之断然改悔，下诏罪己，改弦易辙是分不开的。

三、霍光辅政与昭宣中兴

武帝病重，立刘弗陵为太子，年八岁。以霍光为大司马大将军，金日磾为车骑将军，太仆上官桀为左将军，搜粟都尉桑弘羊为御史大夫，同受遗诏辅少主，而政事壹决于霍光。霍光是骠骑将军霍去病异母弟。霍去病死后，霍光为奉车都尉光禄大夫，“出则奉车，入侍左右，出入禁闼二十余年，小心谨慎，未尝有过，甚见亲信。”①霍光长女为左将军上官桀之子安之妻，上官安之女为昭帝皇后，因而上官安亦封为骠骑将军。自武帝时，上官桀已位至九卿，位在霍光之上。此时，上官父子并为将军，又有椒房中宫之重，皇后为上官安之女，霍光乃其外祖，而反专制朝政，上官桀为要与霍光争权，因而极力反对霍光。

燕王旦以昭帝兄自居，心怀不满。桑弘羊自恃“为国兴利，伐其功，欲为子弟得官，亦怨恨光。”②于是上官桀、安及桑弘羊皆与燕王旦通谋，欲令盖长公主置酒请霍光，乘机伏兵格杀之，废昭帝，迎立燕王旦为天子。此阴谋被发

① 《汉书·霍光传》。
② 《汉书·霍光传》。

党,霍光尽诛上官桀、安、桑弘羊宗族。燕王旦、盖长公主皆自杀。昭帝将一切政事委任霍光。

昭帝死,无嗣。迎立武帝孙昌邑王贺。贺即位,行淫乱。霍光欲废贺,便召集群臣大会。于是皆叩头曰:“万姓之命在于将军,唯大将军令。”①霍光遂与群臣俱见太后奏请废昌邑王贺,而迎立武帝曾孙、戾太子孙刘询,是为宣帝。霍光自武帝后秉持万机,到宣帝即位,便要求归政。宣帝谦让不受,“诸事皆先关白光,然后奏御天子,光每朝见,上虚己敛容,礼下之已甚。”②霍光秉政前后二十年。

霍光虽号称“不学亡术,暗于大理”,然而当武帝托孤,燕王、上官等谋为叛逆,他能毅然拥幼主而摧灭逆党,稳镇朝纲,使不致酿成内乱,这还是应该肯定的。其首谋废淫乱之昌邑王贺,而迎立长在民间知社会下情的宣帝亦可谓得当。尤其应当指出的是,霍光虽擅权,使昭、宣帝为傀儡,然而却秉承武帝哀痛之诏,不扰民,与民休息。史称之为“昭、宣中兴”,究其实,这种局面的出现与霍光的作为有着直接关系。

“单于和亲”瓦当(内蒙古包头召湾出土)

班固说:“孝昭承孝武奢侈余敝,师旅之后,海内虚耗,户口减半,霍光知时务之要,轻徭薄赋,与民休息。至始元元凤之间,匈奴和亲,百姓充实。”③宣帝之治,“信赏必罚,综覈名

① 《汉书·霍光传》。
② 《汉书·霍光传》。
③ 《汉书·昭帝纪赞》。

实”,继续执行缓和阶级矛盾的宽政。

昭、宣时期的宽政主要有下列几个方面:

(一)重视农业生产,劝课耕桑。昭、宣二代都非常重视农业生产,懂得“以农桑为本”,在他们的治理下,使“耕桑者益众”。不少地方官吏都以劝民农桑为务,如宣帝时龚遂为勃海太守,他见齐俗奢侈,好末技,不事田作,便以身作则,躬率以俭约,劝民务农桑,“令口种一树榆、百本䪥、五十本葱、一畦韭,家二母彘、五鸡。民有带持刀剑者,使卖剑买牛、卖刀买犊。”劝民春夏必须至田野耕作,秋冬“益蓄果食菱芡。”“郡中皆有畜积,吏民皆富实。”①南阳太守召信臣亦务在富民,为民兴利。他“躬劝耕农,出入阡陌,止舍离乡亭,稀有安居时。行视郡中水泉,开通沟渎,起水门提阏凡数十处,以广溉灌,岁岁增加,多至三万顷。民得其利,畜积有余,信臣为民作均水约束,刻石立于田畔,以防分争。禁止嫁娶送终奢靡,务出于俭约。府县吏家子弟好游敖,不以田作为事,辄斥罢之,甚者案其不法,以视好恶。其化大行,郡中莫不耕稼力田,百姓归之,户口增倍,盗贼狱讼衰止。”②“宣帝垂意于治,数下恩泽诏书”。黄霸为颍川太守,选择良吏,宣传宣帝诏令,“使邮亭乡官皆畜鸡豚,以赡鳏寡贫穷者。然后为条教,置父老师帅伍长,班行之于民间,劝以为善防奸之意,及务耕桑,节用殖财,种树畜养,去食谷马。”③

(二)减轻徭役。这个时期的统治者减少了对外用兵,因而省减了兵戍徭役。宣帝甘露四年(前 54 年),由于匈奴单于称臣,“以边塞无寇,减戍卒什二。”这一年,大司农中丞耿寿昌建议设立常平仓。“令边郡筑仓,以谷贱时增其价而籴以利农,谷贵时减价而粜,名曰常平仓,民便之。”④如此既可防谷贱伤农,谷贵伤民,利于稳定物价;更因为常平仓特设于边郡,屯粮以给北边,因

① 《汉书·循吏·龚遂传》。
② 《汉书·循吏·召信臣传》。
③ 《汉书·循吏·黄霸传》。
④ 《汉书·食货志》。

而可以大省漕转之役费。内地漕转之役亦大为减少。如昭帝始元六年(前81年),减少漕运三百万石,用以休息民力。昭帝元凤三年(前78年),因民被水灾,又下诏减省四年转漕。宣帝五凤中,耿寿昌以为原来每年漕运关东谷四百万斛以给京师,须用六万人。他建议在三辅、弘农、河东、上党、太原郡籴谷足供京师,这样可以节省关东漕卒过半,①宣帝采纳了这个建议,"漕事果便",大省徭役。宣帝地节三年(前67年),下诏:"今复饬兵重屯,久劳百姓,非所以绥天下也。其罢车骑将军、右将军屯兵。"又诏:"郡国宫馆,勿复修治。"②地节四年(前66年)又下诏令自今以后免除"诸有大父母、父母丧"之家的一切徭役。

(三)减轻赋税。昭帝始元二年(前85年),因"往年灾害多,今年蚕麦伤",而"毋令民出今年田租。"③始元四年(前83年),废止了往日"令民共出马"的规定,"诸给中都官者"也减少了。④ 元凤二年(前79年),"颇省乘舆马及苑马,以补边郡三辅传马。"又免除了这年马口钱的征收。元凤四年(前77年),下诏:三年以前民所欠更赋全部免除勿收。又免收当年和下年的口赋。元平元年(前74年),诏令减免口赋钱十分之三。宣帝本始元年(前73年),"租税勿收。"⑤本始三年(前71年),"大旱。郡国伤旱甚者,民毋出租赋。三辅民就贱者,且勿收事",尽本始四年而止。⑥ 本始四年(前70年),"郡国四十九地震,或山崩水出。"下令免除受地震灾害严重地区的租赋。神爵元年(前61年),宣帝行幸河东,祠后土,下令"行所过毋出田租"。⑦ 五凤三年(前55年)减征口钱。甘露二年(前52年),减民算赋每算减收三十钱。甘露三年

① 《汉书·食货志》。
② 《汉书·宣帝纪》。
③ 《汉书·昭帝纪》。
④ 《汉书·昭帝纪》。
⑤ 《汉书·宣帝纪》。
⑥ 《汉书·宣帝纪》。
⑦ 《汉书·宣帝纪》。

(前 51 年),免征当年田租。

(四)安辑流民,赈贷困穷。民穷愁无聊,便要流亡,而流民的大量出现,对统治者来说是非常危险的。故统治者常采取赈赡穷乏及招引流民回归乡里的一些措施,用以安定社会秩序。如昭帝始元二年(前 85 年)三月,派遣使者赈贷贫民无种食者。秋八月,又下令"所振贷种食勿收责"。[①] 元凤三年(前 78 年),罢中牟苑赋与贫民,令民得以耕垦就食。并派使者"振困乏"。下令"三年以前所振贷,非丞相御史所请,边郡受牛者勿收责"。[②] 宣帝本始四年(前 70 年),因为收成不好,遣使者振贷困乏之民,又令太官损膳省宰,使乐府减乐人,令其归就农业。并令丞相以下至都官令丞入谷长安仓,助贷贫民。又减省了运谷入关的手续,规定凡"民以车船载谷入关者,毋得用传"。[③] 地节三年(前 67 年),为鼓励地方官吏招徕流民回乡里,下诏对劳徕不怠,使流民自占八万余口的胶东相王成进行嘉奖。又令"池籞未幸者,假与贫民",对于回归乡里的农民借给公田耕种,贷给口粮和种子,并免除算赋和徭役。地节四年(前 66 年),赈贷郡国被水灾民。又降低盐价。神爵元年(前 61 年),下令免收赈贷之物。

(五)慎重刑狱。宣帝地节四年(前 66 年),针对当时掠笞系囚以及因饥寒病死狱中的情况,下令郡国每年上报因掠笞及病死系囚的名、号、爵、里,由丞相御史对地方官根据这个项目加以考课。元康二年(前 64 年),下诏曰:"狱者万民之命,所以禁暴止邪,养育群生也。……今则不然,用法或持巧心,析律贰端,深浅不平,增辞饰非,以成其罪。奏不如实,上亦亡繇知。此朕之不明,吏之不称,四方黎民将何以仰哉!二千石各察官属,勿用此人。"[④]元康四年(前 62 年),下令对于年八十以上的老人,只要不是诬告杀伤人罪,其他皆

---

① 《汉书·昭帝纪》。
② 《汉书·昭帝纪》。
③ 《汉书·昭帝纪》。
④ 《汉书·宣帝纪》。

不治罪。五凤四年(前54年),派遣丞相、御史掾二十四人循行天下,"举冤狱,察擅为苛禁深刻不改者。"[①]宣帝时,设置廷平四人,平理刑狱,选于定国为廷尉,求明察宽恕的黄霸等任以为廷平。"季秋后请谳"。宣帝还常亲临宣室,"斋居而决事,狱刑号为平矣。"[②]

(六)重视吏治。昭帝、宣帝时期的统治者,为了不致"官逼民反",都比较重视吏治。昭帝始元元年(前86年),派遣故廷尉王平等五人持节巡行郡国,"举贤良,问民所疾苦、冤、失职者"。[③] 始元六年(前81年),"诏有司问郡国所举贤良文学民所疾苦"。[④] 宣帝由于"兴于闾阎,知民事之艰难",[⑤]亦知民苦官吏之邪枉。自霍光死后,宣帝亲理朝政,"厉精为治,五日一听事,自丞相已下各奉职而进。"[⑥]宣帝注重并善于综核名实。每拜刺史守相时,则亲临问其施政,然后考察其所行,并以与其所言相对照,"有名实不相应者,必知其所以然。"[⑦]宣帝很重视吏治,本始元年(前73年),"遣使者持节诏郡国二千石谨牧养民而风德化。"[⑧]元康四年(前62年),"遣大中大夫强等十二人循行天下,存问鳏寡,观览风俗,察吏治得失,举茂才异伦之士。"[⑨]五凤四年(前54年),"遣丞相御史掾二十四人循行天下,举冤狱,察擅为苛禁深刻不改者。"[⑩]宣帝认为"吏不廉平则治道衰",为了使吏"毋侵渔百姓",而增加勤事小吏的官俸。神爵三年(前59年)下令"益吏百石以下奉十五"。[⑪] 宣帝虽"数申诏

---

① 《汉书·宣帝纪》。
② 《汉书·刑法志》。
③ 《汉书·昭帝纪》。
④ 《汉书·昭帝纪》。
⑤ 《汉书·循吏传序》。
⑥ 《汉书·循吏传序》。
⑦ 《汉书·循吏传序》。
⑧ 《汉书·宣帝纪》。
⑨ 《汉书·宣帝纪》。
⑩ 《汉书·宣帝纪》。
⑪ 《汉书·宣帝纪》。

公卿大夫务行宽大,顺民所疾苦”,然而在执行起来并不那么如意,因而黄龙元年(前49年)下诏曰:“吏或以不禁奸邪为宽大,纵释有罪为不苛,或以酷恶为贤,皆失其中,奉诏宣化如此,岂不谬哉! 方今天下少事,徭役省减,兵革不动,而民多贫,盗贼不止,其咎安在?”他认为地方官吏所“上计薄,具文而已,务为欺谩,以避其课。”因而令“御史察计薄,疑非实者,按之,使真伪毋相乱。”①宣帝总是在力求了解下情,务使吏治清明。因此他很重视二千石官吏的选任。常说道:“庶民所以安其田里而亡叹息愁恨之心者,政平讼理也。与我共此者,其唯良二千石乎!”②对于卓有治绩的二千石官吏即郡国守相,则以玺书嘉奖,增秩赐金,或加官晋爵。因此,“汉世良吏,于是为盛,称中兴焉。”③王成、黄霸、朱邑、龚遂、郑弘、召信臣等皆为宣帝一朝著名循吏,“所居民实,所去见思,生有荣号,死见奉祀”。④

---

① 《汉书·宣帝纪》。
② 《汉书·循吏传序》。
③ 《汉书·循吏传序》。
④ 《汉书·循吏传序》。

第四章

西汉后期阶级矛盾的加剧和新朝代汉

（公元前48年——公元25年）

第一节 阶级矛盾的发展

一、土地、奴婢问题的日趋严重

汉武帝统治时期，西汉皇朝虽然在政治、军事、经济和文化方面都有很大的发展，但封建社会内部固有的矛盾也走向激化。武帝晚年已经意识到这一问题，因而有“轮台罪己之诏”的颁布。他辞世之后，当权的霍光等人小心翼翼地继续其缓和阶级矛盾的政策，后世史家就以“昭、宣中兴”概括了这近四十年比较稳定发展的历史。不过，“昭、宣中兴”并未从根本上解决西汉皇朝百年来积累的矛盾，宣帝以后的元、成、哀、平时期（前48年—公元5年）的五十多年间，西汉皇朝就在阶级矛盾和统治阶级内部矛盾的迅速激化中走向灭亡。而其中变化的关键是元帝统治时期。从指导思想上看，元帝开始改变武帝“内法外儒”的传统，而纯任儒术。还在他为太子时，就向宣帝建议：“陛下持刑太深，宜用儒生。”结果受到宣帝的斥责：“汉家自有制度，本以霸王道杂之，奈何纯任德教，用周政乎！”“乱我家者，太子也！”①宣帝不幸而言中。元帝继位后，其任用的高级官吏绝大部分都是儒生。他们与元帝一起，全面改变

① 《汉书·元帝纪》。

武帝以来的政策。如基本上放弃打击豪强和商人的政策,缩减官营事业。初元五年(前44年),罢"齐三服官、北假田官、盐铁官、常平仓"。① 又实行奖励高利贷的政策、对地主贵族的复除政策、卖官鬻爵以及大量赏赐勋戚贵宠的政策等,从而使商人豪强地主的势力迅速膨胀起来。在对外关系上,则采取收缩政策。初元三年(前42年),罢珠崖、儋耳二郡。由于元帝时政策的变化,一方面促使政治日益腐败,进一步激化了地主阶级与农民阶级的矛盾,另一方面也使地主阶级的力量迅速扩张,加快了其内部的分化。贵族官僚地主、儒家地主、世家豪族以及商人地主等,彼此间不断地进行着激烈的斗争和分化组合,使社会矛盾更加复杂化、尖锐化。

促成社会矛盾日益尖锐的首先是土地问题。本来,经过秦末农民战争以及汉初的政策调整,西汉前期的编户齐民大都得到一小块土地,再加上当时人口较少,封建剥削较轻,军功地主和豪族地主的贪欲多少受到一些限制,所以土地问题并不突出和严重。但是,由于土地是封建社会最重要的生产资料,是财富的象征和标志,因而不断增加土地就成为各类地主和富商大贾刻意追求的目标。兼并——一种凭借政治经济势力的强买和变相霸占——成为他们获取土地的主要手段。而势小力薄,在沉重的赋税徭役和天灾人祸冲击下不断破产的小农,就成为土地兼并的牺牲品。这样一来,封建土地私有化的不断加深与土地的不断集中相表里,成为封建社会的基本经济规律。在中国封建社会的历史上,除了大规模的农民起义和农民战争暂时对土地兼并有所抑制之外,封建统治阶级自身采取的任何政策和措施都无法阻止这一倾向的发展。在汉武帝时董仲舒就已经觉察到土地集中和贫富分化所引起的潜在危机,惊呼"富者田连阡陌,贫者无立锥之地","邑有人君之尊,里有公侯之富"②,希望汉武帝采取措施加以限制,但却没有引起汉武帝的注意。由于汉武帝及其

---

① 《汉书·元帝纪》。
② 《汉书·食货志》。

子孙没有采取任何限制兼并的措施,昭、宣之后土地兼并更加剧烈地发展。甚至皇帝也带头兼并土地作为自己的私田。谷永在一次上书中就直言不讳地批评汉成帝“弃万乘之至贵,乐家人之贱事;厌高美之尊称,好匹夫之卑字”,“置私田于民间,畜私奴车马于北宫”。① 皇帝带头,诸侯王、列侯、公主、外戚、功臣在其封地和封地以外的地方群起效尤,竞相兼并土地,“田宅无限,与民争利”。② 佞臣董贤二十二岁被任命为大司马,一次从哀帝那里获得二千顷土地的封赏。外戚王莽之家,一门十侯,五大司马,获爵位者几十人,一次次的封赏使大量的土地成了他们家的私产。元始三年(3 年),王莽一次就得到二万九千六百顷土地的赏赐。而在此前一年,他为了献媚元后,曾带头拿出三十顷土地以“赈济贫民”,可见其土地数量之多。除了通过封赏这种“合法”途径获得土地之外,他们更多地是通过强占、贱买等种种非法手段,千方百计地攫取土地。如王莽的叔父、红阳侯王立通过南郡太守李尚,“占垦草田数百顷,颇有民所假少府陂泽,略皆开发”。③ 除皇帝、贵族和外戚等占有大量土地外,一般官僚地主也利用权势和财力,大量兼并土地。成帝时丞相张禹就是一个特别热衷于兼并土地的官僚商人地主的典型。《汉书·张禹传》说他“为人谨厚,内殖货财,家以田为业。及富贵,多买田至四百顷,皆泾渭溉灌,极膏腴上贾”。到他年老时,又看中了平陵肥牛亭地方的土地,汉成帝竟答应了他的请求,下令“平陵徙亭它所”,将这块土地白白送给了他。遍布乡野的中小地主,也利用他们在地方上的权势,包揽词讼,侵吞小民,兼并土地。力量不断膨胀的富商大贾,更利用他们经营工商业和高利贷获得的大利,勾结官府,广置田宅,“关东富人益众,多规良田,役使贫民”。④ 土地兼并日益剧烈的结果,是大量农民的破产。这些失去土地的农民,除沦为地主的奴婢、依附佃农,受其役

① 《汉书·五行志》。
② 《汉书·哀帝纪》。
③ 《汉书·孙宝传》。
④ 《汉书·陈汤传》。

使外,就是大批地变成流民。西汉后期,流民问题,史不绝书,始终是令统治者头痛的社会问题。因为生产者与生产资料分离,一方面激化了地主与农民的矛盾,另一方面也减少了封建国家的赋税收入,激化了封建国家与大土地所有者的矛盾。

与土地兼并和农民的大批破产相联系,奴婢问题也是西汉后期阶级矛盾激化的一个重要原因。秦汉两代都处在中国封建社会的初期阶段,虽然封建的生产关系已在社会经济领域占了主导地位,但是,作为封建生产关系补充的奴隶制残余依然严重地存在着,不仅封建国家在官营工商业和军事徭役中大量使用奴隶劳动,而且在皇室、贵族、官僚、豪族地主和富商大贾那里,也役使着大量的奴婢从事各种各样的劳动。西汉后期,畜奴和买卖奴婢的现象更为严重,"置奴婢之市,与牛马同栏"①,成为司空见惯的事情。再加上封建法律日趋繁密苛酷,因犯罪而被罚做官奴的人数也不断增加。这个时期奴婢的数量究竟有多少?史籍中找不到明确的记载。翦伯赞的估计是数十万②,胡寄窗认为应在二百三十万左右③,还有人估计更多一些,总之是一个相当可观的数字。历史记载中提到的某些贵族、官僚、地主和富商所占有的奴婢数量之多是十分惊人的。如王氏五侯"僮奴以千百数"。④ 王商"宗族权势,合赀巨万,计私奴以千数"。⑤ 史丹"僮奴以百数,后房妻妾数十人"。⑥ 奴婢生活在社会最低层,服最重的苦役,吃最粗劣的食物,可以随便买卖,生活与生命均无保证。根据汉朝法律,主人只要向官府事先打个招呼,就可以任意杀死自己的奴婢而不用偿命。西汉后期,越来越多的农民因"犯罪"或破产而变成封建国

① 《汉书·王莽传》。

② 翦伯赞:《关于西汉的官私奴婢问题》,《历史研究》1954 年第 4 期。

③ 胡寄窗:《中国经济思想史》中册,上海人民出版社 1963 年版,第 150 页。

④ 《汉书·元后传》。

⑤ 《汉书·王商传》。

⑥ 《汉书·史丹传》。

家、贵族、官僚、地主和富商大贾的奴婢，必然产生极其严重的社会后果。一方面，这些奴婢的相当部分不事社会生产而为剥削阶级从事家内杂役，使社会必要劳动力减少，势必相应增加封建国家和地主阶级对非破产农民的剥削，另一方面，又使封建国家直接控制的服役纳税人数减少，严重地影响封建国家的财政收入。更重要的是，奴婢的大量存在和不断增加构成了阶级矛盾激化的重要因素。

二、统治阶级的残酷剥削、奢侈淫乐与政治的腐败

随着土地兼并的激烈发展和奴婢数量的不断增加，汉皇朝把越来越沉重的赋税和徭役加到还未破产的农民头上。汉武帝以后，官僚机构不断膨胀，国家的财政开支迅速增加。例如，汉初“漕转关东粟以给中都官，岁不过数十万石”，到武帝时就增至六百万石。① 哀帝时官僚总数达十三万零二百八十九员②，开支势必远远超过武帝时的总量。与此同时，后宫嫔妃和外戚中封侯获爵者不断增加，政府财政开支势必也要增加。所有这一切开支，自然都加到劳动人民特别是农民身上。汉代农民所负担的田租，虽然从景帝二年（前155年）规定三十税一后没再变动，但是，西汉后期，由于“强民有所隐藏，而弱民兼赋”，加上地方官额外的敲诈勒索，“乡部私求，不可胜供”，实际上农民所交的田租远远超过三十税一。“田虽三十而以顷亩出税，乐岁粒米狼戾而寡取之，凶年饥馑而必求足。加之以口赋更徭之役，率一人之作，中分其功。农夫悉其所得，或假贷而益之。是以百姓疾耕力作，而饥寒遂及已也。”③这说明，田租仍然是压在农民身上的沉重负担。同时还应该看到，即使田租完全按规定征收，真正得到实惠的也主要是大土地所有者。因为大量农民破产后变成

---

① 《汉书·食货志》。
② 《汉书·百官公卿表》。
③ 《盐铁论·未通》。

佃农或奴婢,地主对佃农的剥削通常超过十分之五。王莽改制令中讲的“豪民侵陵,分田劫假,厥名三十,实十税五”,就反映了当时地主对佃农剥削的真实情况。东汉的荀悦在《汉纪》中则进一步指出,西汉减轻田租实际上便利了豪强富人对土地的兼并:“古者什一而税,以为天下之中正也。今汉民或百一而税,可为鲜矣。然豪强富人,占田逾侈,输其赋大半。官收百一之税,民输大半之赋,官家之惠,优于三代,豪强之暴,酷于亡秦。是上惠不通,威福分于豪强也。文帝不正其本,而务除租税,适足以资豪强耳。”田租之外,汉代劳动人民还要交纳算赋和口赋,由于它们数额较大并且是不问财产多寡的单纯人头税,吃亏的自然是无地和少地的农民了。除此而外,昭、宣以后的西汉政府还经常有临时性的加征摊派,如成帝时,丞相翟方进就搞了不少名目的临时苛捐杂税。后来,汉成帝在罢免他的丞相职务时,宣布他的罪状是:“百僚用度各有数,君不量多少,一听群下言,用度不足,奏请一切增赋,税城郭堧及园田,过更,算马牛羊,增益盐铁,变更无常。”①

按照汉代徭役制度的规定,成年男子每年要为封建国家服徭役一月,一生服兵役二年。由于贵族、官僚及其他权势之家都享有免役的特权,而豪强地主和富商大贾又可以通过入粟、入钱买爵得到免役的权力,即使一般中小地主也可以交纳更赋而逃脱徭役。这样,汉代的徭役在实际上就大部分落到了贫苦农民的身上,“常有更赋,罢癃咸出”。更严重的是,西汉后期的统治者越来越不按政策办事,官府往往任意拖长服役的时间和年龄,有的在边境地区连续服役三年以上也得不到轮换。依照规定,五十六岁应该免除徭役,可在居延汉简里,居然可以看到五十六岁以上服役的老兵。武帝以后,虽然同匈奴的战争规模缩小,但终昭、宣之世,却一直没有停止下来。元帝时经过“昭君和蕃”,尽管停止了对匈奴的战争,可是与边境其他少数民族间的冲突仍然时有发生,不少青壮年男子长期出征,战死疆场,如珠崖之役,“护军都尉、校尉及丞凡十一

① 《汉书·翟方进传》。

人,还者二人,卒士及转输死者万人以上,费用三万万余"。[①] 越到西汉后期,兵役徭役就越发成为广大农民谈虎色变的沉重负担。

在《秦律》的基础上制定的《汉律》,是封建国家和整个地主阶级对劳动人民进行压迫和剥削的工具,鲜明地体现着地主阶级对农民阶级专政的本质。因此,即使封建国家大力表彰的那些所谓"循吏"也不过是严格按照地主阶级的法律办事而已。汉武帝一朝及其后,经过张汤、赵禹等人损益的汉代法律,律令愈益繁密,刑罚更加酷烈。从中央到地方,酷吏贪官,上下勾结,狼狈为奸,罗织罪名,贪赃枉法,严刑逼供,草菅人命,杀人如麻。元帝时,丙显为太仆十余年,"与官属大为奸利,臧千余万"。[②] 安定郡五官掾张辅怀虎狼之心,贪污不轨,"一郡之钱尽入辅家"。[③] 成帝时的将作大将陈万年"佞邪不忠,妄为巧诈,多赋敛,烦徭役,兴卒暴之作,卒徒蒙辜,死者连属,毒流众庶,海内怨望"。[④] 栎阳令"治行烦苛,适罚作使者千人以上;贼取钱财数十万,给为非法;卖买听任富吏,贾数不可知"。[⑤] 汉元帝自己在其诏书中也承认法律的繁密苛酷给百姓带来很大危害:"今律令烦多而不约,自典文者不能分明,而欲罗元元不逮,斯岂刑中之意哉!"[⑥]越来越多的劳动人民因触犯那些多如牛毛的律令而被治罪。"郡国被刑而死者岁以万数,天下狱二千余所,其冤死者多少相覆"。[⑦] 对此,以荒唐淫侈著称的汉成帝在其诏书中也发出了"殆苛暴深刻之吏未息,元元冤失职者众"[⑧]的悲叹。但是,由于地主和农民两个阶级的矛盾日趋激化,汉皇朝用以对付农民的刑罚当然不会减轻。此后,汉成帝接二连三

---

① 《汉书·贾捐之传》。
② 《汉书·丙吉传》。
③ 《汉书·王尊传》。
④ 《汉书·陈汤传》。
⑤ 《汉书·薛宣传》。
⑥ 《汉书·刑法志》。
⑦ 《汉书·刑法志》。
⑧ 《汉书·成帝纪》。

的诏书所反映的,恰恰是冤杀无辜这一现象的日甚一日的发展,“数敕有司,务行宽大,而禁苛暴,讫今不改。一人有辜,举宗拘系”。①“今大辟之刑千有余条,律令烦多,百有余万言,奇请它比,日以益滋,自明习者不知所由,岂不哀哉!”②

西汉后期,整个统治集团奢侈淫乐、腐化堕落之势已不可遏止。“日撞亡秦之钟,听郑卫之乐”③的汉元帝,耽于声色,大小政事都委任宦官石显,赏赐石显的钱财竟达一万万。后宫的嫔妃已达三千人,增加到十四个级别。皇帝不能遍幸,只好请画工图形,以便其按图召见。嫔妃们为了得见“圣颜”,千方百计贿赂画师,“多者十万,少者亦不减五万”。④ 宫人大增,费用自然也要增长,“故时齐三服官输物不过十笥,方今(元帝)齐三服官作工务数千人,一岁费数巨万。蜀广汉主金银器,岁各用五百万。三工官工费五千万,东西织室亦然”。⑤ 汉成帝的荒唐奢靡更是超过其父。他以歌伎赵飞燕为皇后,委政事于外戚王氏一家,自己终日追逐声色犬马。宫内的娱乐、园林、美女玩腻了,就昼夜微服出游,“与群小相随,乌集杂会,饮醉吏民之家”。臣子们奏事时往往找不到皇上。为了死后的享受,他下令停止已经营十年,花费巨亿的初陵,在霸城东二十里的低洼之地营建昌陵,“取土东山,与粟同价”,“因下为高,积土为山,发徒赵邑,并治宫馆,大兴徭役,重增赋敛,征发如雨,役百乾谿,费疑骊山,靡敝天下,五年不成而后反故”。⑥ 成帝荒唐一生,连个儿子也没有,由藩王而继大统的汉哀帝,其荒淫无耻较之成帝更有过之而无不及。年轻的郎官董贤,就因为胁肩谄笑,媚颜十足,几年之内被提升到位列三公的大司马。为了表示

① 《汉书·成帝纪》。
② 《汉书·刑法志》。
③ 《汉书·薛广德传》。
④ 《西京杂记》卷二。
⑤ 《汉书·贡禹传》。
⑥ 《汉书·谷永传》。

对他的厚爱,哀帝不仅为之建造了富丽堂皇的府第,还在初陵旁边为他预修了豪华的陵园。皇宫的器物他可以任意取用,国家武库的兵器他也可以随意拿来武装自己的卫士家兵。他经常与哀帝同枕共眠,享尽人间的富贵荣华。到哀帝去世,董贤夫妇在王莽的威逼下双双自杀时,从他家搜出的财物达四十三万万,相当于全国一年赋税收入的一半。

以诸侯王、列侯、外戚、公卿官僚等为代表的上层统治集团,一方面凭藉权势,拼命兼并土地,聚敛财富,一方面竞相挥霍享受,肆意淫乐。例如成、哀时期,外戚王氏一家贵倾朝廷。曲阳侯王根贪邪不正,"藏累巨万,纵横恣意",修建了皇宫般的宅第,游观射猎之时,猾奴被甲护卫,于离宫住宿,令水衡供应饮食,征百姓修缮道路。他的弟弟王凤也是"绾第僭于京师,嫱姬丽于宫掖。瑰赂南金,弥玩于王府;缇绣雕文,被饰于土木,高廊洞门,极夏屋之盛,文马朱轩,穷车服之靡,自古擅骄,未有如斯之例!"[①]王氏五侯"争为奢侈,赂遗珍宝,四面而至;后庭姬妾,各数十人,僮奴以千百数,罗钟磬,舞郑女,作倡优,狗马驰逐。"[②]王立父子甚至还"藏匿奸猾亡命,宾客为群盗"。[③] 一般官僚地主,也竞相效尤。大官僚张禹妻妾成群,"内奢淫,身居大第,后堂理丝竹管弦"[④],晚年牙齿脱尽,全靠人乳为生。史丹也是僮奴成群,妻妾数十,"内奢淫,好饮酒,极滋味声色之乐"。[⑤] 在奢靡之风愈演愈烈的情况下,拥有巨资的富商大贾更是一股推波助澜的势力。如成都的罗裒、临淄的姓伟、洛阳的张长叔、薛子仲,"赀亦至千万"。京师长安及近郊的杜陵、长陵、平陵等地方的樊嘉、挚纲、如氏、苴氏、王君房、樊少翁、孙大卿等,也都是资财千万的大商人。罗裒不仅垄断了巴蜀的盐井之利,而且还通过贿赂王根和元后的外甥淳于长,"依其

① 王嘉:《拾遗记》。
② 《汉书·元后传》。
③ 《汉书·元后传》。
④ 《汉书·张禹传》。
⑤ 《汉书·史丹传》。

权力,赊贷郡国,人莫敢负"。[①] 这些富商大贾一面通过种种手段大量吮吸着人民的膏血,一面过着奢靡淫逸的生活,败坏着社会风气。连荒淫之极的汉成帝也不得不发出这样无可奈何的哀叹:"方今世俗奢僭罔极,靡有厌足,公卿列侯亲属近臣,四方所则,未闻修身遵礼,同心忧国者也。或乃奢侈逸豫,广务第宅,治园池,多畜奴婢,被服绮縠,设钟鼓,备女乐,车服嫁娶葬埋过制,吏民慕效,寖以成俗,而欲百姓俭节,家给人足,岂不难哉!"[②]显然,包括皇帝在内的不少统治集团的人物也都看到了本阶级加速腐化的趋势,但谁也没有办法阻止这种趋势的发展,因为剥削阶级的本质使他们无力自拔。但是,统治阶级的加速腐化就意味着剥削的加剧,意味着劳动人民苦难的加深以及阶级矛盾的激化。

三、"七死"、"七亡"笼罩下人民的苦难与反抗

汉武帝以后,在土地兼并剧烈发展,封建剥削日趋沉重,封建法律更加繁密苛酷的情况下,广大劳动人民的生活自然是每况愈下。就在号称"中兴"的宣帝统治时期,不少地方已经出现"父子共犬羊之裘,食草莱之食"[③]的悲惨景象。元帝继位以后,劳动人民的处境更是艰难。初元二年(前 47 年),元帝在诏书中也不得不承认:"灾异并臻,连年不息。……间者岁数不登,元元困乏,不胜饥寒,以陷刑辟。"[④]御史大夫贡禹在奏疏中更具体地指出:"农夫父子,暴骨中野,不避寒暑,捽草杷土,手足胼胝。已奉谷租,又出稾税,乡部私求,不可胜供。故民弃本逐末,耕者不能半。贫民虽赐之田,犹贱卖以贾,穷则起为盗贼","今民大饥而死,死又不葬,为犬猪所食。人至相食。"[⑤]"今关东连年饥

---

① 《汉书·食货志》。
② 《汉书·成帝纪》。
③ 《汉书·魏相传》。
④ 《汉书·元帝纪》。
⑤ 《汉书·贡禹传》。

馑,百姓乏困,或至相食,此皆生于赋敛多,民所共者大,而吏安集之不称之效也。"①成帝时,劳动人民的生活状况进一步恶化:"建始元年以来,二十载间,群灾大异,交错蜂起,多于《春秋》所书。""百姓财竭力尽,愁恨感天,灾异屡降,饥馑仍臻。流散冗食,馁死于道,以百万数。公家无一年之畜,百姓无旬月之储,上下俱匮,无以相救。"②连汉成帝也不得不承认,他的统治面临着十分严峻的形势:"灾异数见,岁比不登,仓廪空虚,百姓饥馑,流漓道路,疾疫死者以万数,人至相食,盗贼并兴。"③谏大夫龚胜在一次上书中,直言不讳地说,百姓贫困的原因是由于"制度太奢,刑罚太深,赋敛太重"。④ 北地太守谷永则进一步指出:"诸夏举兵,萌在民饥馑而吏不恤,兴于百姓困而赋敛重,发于下怨离而上不知。"⑤但是,这时的西汉皇朝犹如一个病入膏肓的垂危老人,尽管不少人都看到了问题的症结所在,可是谁也没有办法来限制统治阶级的贪欲,因而也就无法改变这种严峻的局面。

到哀帝统治时期,"岁比不登,天下空虚,百姓饥馑,父子分散,流漓道路"⑥,更是年复一年的重现。司隶校尉鲍宣在一次上书中,以凝满血泪的笔触,描绘了劳动人民在"七死"、"七亡"的苦难境遇中绝望挣扎的情景:

> 凡民有七亡:阴阳不和,水旱为灾,一亡也;县官重责更赋租税,二亡也;贪吏并公,受取不已,三亡也;豪强大姓蚕食无厌,四亡也;苛吏徭役,失农桑时,五亡也;部落鼓鸣,男女遮逃,六亡也;盗贼劫略,取民财物,七亡也。七亡尚可,又有七死:酷吏殴杀,一死也;治狱深刻,二死也;冤陷无辜,三死也;盗贼横发,四死也;怨仇相残,五死也;

---

① 《汉书·匡衡传》。
② 《汉书·谷永传》。
③ 《汉书·薛宣传》。
④ 《汉书·龚胜传》。
⑤ 《资治通鉴·成帝元延元年》。
⑥ 《汉书·孔光传》。

岁恶饥饿，六死也；时气疾疫，七死也。民有七亡而无一得，欲望国治，诚难；民有七死而无一生，欲望刑措，诚难。此非公卿守相贪残成化之所致邪？

今贫民食菜不厌，衣又穿空，父子夫妇不能相保，诚可为酸鼻。陛下不救，将安所归命乎！①

鲍宣这个声泪俱下的陈奏，给我们留下了一幅西汉末年劳动人民苦难生活的图画。鲍宣不仅是一个诚实而清醒的臣子，更是地主阶级和汉皇朝长远利益的真正代表。他衷心希望在当时握有最高权柄的汉哀帝，运用自己的威权，惩处那些贪残的公卿守相，给百姓一个喘息之机。身为忠于刘氏皇朝的封建官吏，鲍宣只能提出这样的解救办法。但是，他看不到，贪官污吏的总根子就是汉哀帝。作为刘氏皇朝中腐朽势力的集中代表，他根本就无意也不可能解决这些问题，广大劳动人民为了从“七死”、“七亡”中求得生存，就只能采用暴力手段铤而走险了。

从元帝开始，史籍中就常有“盗贼并起”、“盗贼不禁”的记载，说明农民起义已经不断出现，至成帝时形成了一个高潮。

一个有象征意义的事件发生在建始三年（前30年）。这年夏天中雨水较多，七月的一天，虒上的一个小女孩呼喊着大水到来的消息，没有受到任何阻拦就到了宫室重地的未央宫。随着她的呼喊，官吏百姓纷纷跑上城墙。这场虚惊透出的是人心思乱的消息。

建始四年（前29年），距首都长安咫尺的终南山上，以傰宗为首的数百人的起义队伍，树起了反抗的战旗，搅得京师日夜不宁。成帝任命故弘农太守傅刚为校尉，率千余人的“迹射士”跟踪围捕，历时一年，仍无法消灭起义军。后来改任王尊为京辅都尉，行京兆尹事，督责兵卒戮力围剿，才把起义镇压下去。

河平三年（前26年）九月，东郡茌平（今山东东阿附近）侯毋辟兄弟五人

① 《汉书·鲍宣传》。

聚众起义。他们自称将军，率义军攻破县城，焚烧官府，逮捕官吏，夺取印绶。一时间，搞得东郡惶惶不安。

阳朔三年（前22年）六月，颍川（今河南禹县）铁官徒申屠圣等一百八十多人起义。他自称将军，指挥义军夺取武库兵器，杀掉官吏。他们采取游击战术，转战九郡，将围捕的官军打得落花流水。后来西汉政府遣丞相长史、御史中丞等中央大吏督兵围剿，才把起义镇压下去。

鸿嘉三年（前18年），益州广汉郡（今四川金唐）爆发了郑躬领导的起义。郑躬自称"山君"，率起义军夺取兵器，攻破官府，释放囚徒。所到之处，吸引了不少贫苦农民，第二年，队伍发展到一万多人，转战广汉郡四个县，使官军疲于奔命。后来，起义军在广汉太守赵护和益州刺史孙宝剿抚并用的两手政策下归于失败。

永始三年（前14年）十一月，尉氏（今属河南）儒生樊并等十三人起义。他们以奇袭手段杀死陈留太守，释放囚徒，夺取武库兵器，俘获一大批官吏，使全郡为之震动。但很快失败了。十二月，山阳（今河南焦作附近）铁官徒苏令等二百二十八人起义。他们自称将军，攻杀长吏，转战十九个郡国（一说四十个郡国），使东郡太守、汝南都尉等朝廷命官都做了刀下之鬼。这次起义虽然于第二年即被镇压下去，但他们"轻量大臣，亡所畏忌"，"匹夫与上争衡"①的反抗精神却使统治者心有余悸。

此后不久，地处首都西郊的右扶风鄠县（今陕西户县）爆发了梁子政领导的起义。他们占据终南山，与追剿的官军坚持了好几个月的战斗。

在黄河中下游地区接二连三发生起义的时候，长江流域的江夏（今湖北新洲）、南郡（今湖北江陵）也燃起了反抗的怒火。更使西汉统治者胆颤心惊的是祸起肘腋。京师贫苦市民的年轻一代组织起来，袭杀官员和官军，使一些官吏士卒一夜之间横尸街头。为了给自己壮胆，每逢夜暮降临，长安城头枹鼓

---

① 《汉书·梅福传》。

不绝。害怕遭袭击的官军一夕数惊，惶恐不安。

成帝死后，更加荒唐的汉哀帝在动荡不安中登上汉皇朝的宝座，西汉国势更是江河日下。

建平四年（前3年）正月，不少地方突然出现了"祠西王母"的活动。百姓三五成群，每人持稾一束或椒（麻秆）一支，辗转相传，道路之上，数以千计的男女，有的披发赤足，闯关越墙，着魔般行色匆匆地赶路。有的坐车骑马，日夜奔驰，经过三十六个郡国，将稾或椒传至京师。这年夏天，京师及附近的百姓纷纷聚会里巷阡陌，敲锣击鼓，歌舞呼号，祭祀这谁也说不清来路的西王母。① 这一颇具神怪色彩的事件说明，人民中郁积的反抗怒火可以借助任何事情喷发出来。在哀帝统治的六年中，虽然规模较大的农民起义缺乏记载，但遍布全国的零星起义却愈来愈多，不胜枚举，"盗贼浸多，岁以万数"。② 元寿二年（前1年）在汉皇朝统治腹心的三辅地区，农民起义军居然把汉武帝的茂陵也纵火焚烧了，其时，熊熊燃烧的大火映红了几十里外的未央宫，使统治者颤慄不已，惊恐万状。不久，活跃于陇西（今以临洮为中心的甘肃南部地区）、北地（今宁夏南部、甘肃东部地区）、西河（今陕西、山西交界地区）的数支起义队伍，"越州度县，万里交结，或从远方，四面会合，遂攻取库兵，劫略吏人"③，统治者费了很大力气，也未能完全把他们消灭，仅能阻止他们会合成更大规模的起义而已。

汉哀帝是一个短命的皇帝，即位不过六年就死去了，幼小的平帝继位，政权落到王氏外戚集团手中，社会危机进一步加剧，小规模的农民起义接连不断。元始三年（3年），阳陵（今西安北）任横等人起义，他们夺取兵器，攻破官府，释放囚徒，使长安为之震动。这次起义虽然很快被镇压下去，但其他地方

---

① 《汉书·哀帝纪》师古注认为西王母即元后寿考之象，恐不确。

② 《后汉书·梁统传》。

③ 《后汉书·梁统传》。

风起云涌的斗争却预示着更大的反抗风暴即将来临。对此,申屠刚在一次上书中忧心忡忡地说:“今(指平帝即位时)承衰乱之后,继重敝之世,公家屈竭,赋敛重数。苛吏夺其时,贪夫侵其财,百姓困乏,疾疫夭命。盗贼群辈,且以万数,军行众止,窃号自立,攻犯京师,燔烧县邑。乃至讹言,积弩入宫,宿卫惊惧,自汉兴以来,诚未有也。”①

西汉末年的农民起义虽然次数多、地域广、持续的时间也较长,但从总体上观察,还是处于比较低级的阶段。这主要表现在:第一,规模小,最大的不过万人,坚持时间最长的也仅仅年余。各支起义军大都囿于自己所在的地方,彼此之间缺乏联系,始终未能形成一支或几支足以推翻西汉封建统治的军事力量。第二,他们的斗争目标主要是解决眼前的生活问题,还没有提出推翻西汉皇朝的口号,更没有想到要建立一个与之对立或取而代之的政权。他们自立的最高名号是“将军”和“山君”。这说明大规模起义的条件还不够成熟。这些起义虽然一一失败了,但它们杀掉了一批在地方上为害酷烈的贪官污吏和地主富豪,局部地改造了地方的封建官府,从而使压迫剥削有不同程度的减轻,如孙宝在益州,肖育在南郡,都实行了一些缓和矛盾的措施,农民的处境有所改善。这些起义也推动了地主阶级内部矛盾的发展。不管王莽的“新政”应该如何评价,它的出现无疑是受了农民起义的推动。而且还应该看到,所有这些失败的起义,都是以后新朝大规模农民起义风暴的前奏。

四、地主阶级的改革与改制思潮

西汉皇朝自中期以后,由于以土地和奴婢问题为主要内容的社会危机日趋严重,农民起义接二连三地发生,使统治集团中的不少人也感到汉皇朝难以照旧统治下去。其中,维护刘氏皇统的一部分思想家和政治家提出了不少改革方案,希望通过调整政策达到缓和矛盾、挽救危机的目的。一部分对刘氏皇朝失

① 《后汉书·申屠刚传》。

去信心的思想家和政治家,则鼓吹通过易姓改制即建立一个新皇朝来摆脱危机。

还在汉武帝统治时期,董仲舒就已经觉察到土地和奴婢问题的严重性,并提出了“限民名田以澹不足,塞兼并之路”,“去奴婢,除专杀之威”①的限田限奴的建议,但在当时似乎没有引起任何反响。到西汉后期,土地和奴婢问题的严重性已经引起了不少人的关注。元帝时御史大夫贡禹多次上书,建议大量遣散宫女,并将国家控制的诸宫奴婢十万余人“免为庶人”。② 元帝仍置之不理。哀帝刚继位,大司马师丹就提出了限田限奴的建议。哀帝大概想给臣民一个与民更始的好印象,立即发出诏书说:“诸侯王、列侯、公主、吏二千石及豪富民多畜奴婢,田宅亡限,与民争利,百姓失职,重困不足。其议限列。”③于是师丹与丞相孔光等人一起,经过斟酌损益,拿出了一个限田限奴的方案:“诸王、列侯得名田国中,列侯在长安及公主名田县道,关内侯、吏民名田,皆无得过三十顷。诸侯王奴婢二百人,列侯、公主百人,关内侯、吏民三十人。年六十以上,十岁以下,不在数中。贾人皆不得名田、为吏,犯者以律论。诸名田畜奴婢过品,皆没入县官。……掖庭宫人年三十以下,出嫁之。官奴婢五十以上,免为庶人。”④显然,这是一个充分考虑了大土地所有者和奴婢占有者利益的方案,它在承认和照顾他们根本利益的前提下,在承认土地和奴婢买卖的前提下,要求对土地和奴婢的拥有量加以适当的限制。这个方案一公布,立即引起了巨大的社会反响,“时田宅、奴婢价为减贱”,它在一定程度上得到了广大劳动人民的拥护。如果这个方案真正得到贯彻执行,至少可以延缓土地集中和奴婢增加的速度,使尖锐的阶级矛盾趋于缓和。但它却遭到当时宗室贵族及哀帝外戚丁、傅等新暴发户的极力反对,“丁、傅用事,董贤隆贵,皆不便也”⑤,官僚

① 《汉书·贡禹传》。
② 《汉书·哀帝纪》。
③ 《汉书·哀帝纪》。
④ 《汉书·哀帝纪》。
⑤ 《汉书·食货志》。

地主和富商大贾也群起反对。哀帝本来就缺乏改弦更张的诚意和勇气,现在面对一片反对之声,只得下了一个"且须后"的诏书,将这个方案束之高阁。此后,哀帝不仅只字不再涉及土地和奴婢问题,而且以一次赏赐宠臣董贤二千顷土地表示了对那个改革方案的完全否定。这说明,尽管朝野不少有识之士看到土地和奴婢问题的严重性,并试图予以解决,但由于当时反对的力量异常强大,"积习已久,强者怙之"①,看来由刘氏皇朝的执政者进行改革之路是难以走通的。与此同时,以贡禹、谷永、薛宣等一大批臣子提出的诸如抑制外戚、惩罚奸佞、裁汰冗员、轻徭薄赋、节俭省刑、奖掖廉吏、拔擢贤才等建议,也通通变成了纸上具文。

面对刘氏皇朝的日益昏愦腐朽和劳动人民日益激烈的反抗,一部分儒生出身的地主阶级知识分子认为"汉德已衰"、"气数已尽",希望另有"贤德"的人来取代刘氏的帝位,以维护整个地主阶级的统治。就是当权的豪族地主和在经济上有很大势力的富商大贾也对刘氏皇朝失去了信心。他们希望通过一次和平的改朝换代以巩固地主阶级的统治。这样,在汉代中期以后,在朝野一部分人中便产生了"改制"的思潮。这种思潮与战国以来开始流行、中经董仲舒加以系统完善的"天人感应说"、"五德终始说"和"三统三正说"结合起来,在舆论上产生了越来越大的力量和影响。

还在汉昭帝元凤三年(前78年),春秋学家、符节令眭弘就借泰山莱芜山南"大石自立"和昌邑与上林苑"枯柳再生"之事,上书朝廷,说:"先师董仲舒有言,虽有继体守文之君,不害圣人之受命。汉家尧后,有传国之运,汉帝宜谁差天下,求索贤人,禅以帝位,而退自封百里,如殷周二王后,以承顺天命。"②当时秉政的大将军霍光看到这个要昭帝自动下台让位的上书后,立即指使廷尉以"妄设妖言惑众,大逆不道"的罪名将眭弘杀掉。汉宣帝时,儒生出身的

① 王夫之:《读通鉴论》卷五《哀帝》。

② 《汉书·眭弘传》。

司隶校尉盖宽饶以其廉洁的品行和雷厉风行的政风赢得了朝野的赞誉。他见宣帝倚重刑罚，任用宦官，十分不满，上书指责宣帝"方今圣道寖废，儒术不行，以刑余为周召，以法律为诗书"，又征引《韩氏易传》，大胆提出了"让位传贤"的建议："五帝官天下，三王家天下，家以传子，官以传贤，若四时之运，功成者去，不得其人则不居其位。"①当宣帝将其上书交朝中二千石以上官员讨论时，执金吾一口咬定盖宽饶是讽喻宣帝将皇位传给自己，当然是"大逆不道"。尽管有人出来为他说情，但盖宽饶最后还是落了个"引佩刀自刭北阙下"的下场。大概是眭弘和盖宽饶的惨死使后来人接受了教训，他们不再鼓吹"异姓受命"，改而宣传由汉朝皇帝自己来一次"再受命"。"再受命"虽然可以使汉朝皇帝易于接受，但其中隐含的那个"汉朝气数已尽"的观念仍然时刻使他们面临杀头的危险。元帝在位时，以治《齐诗》闻名被征为郎官的儒生翼奉，曾多次为元帝推衍灾异。有一次，他委婉地建议元帝用迁都的办法"与天下更始"："今汉取天下，起于丰沛，以兵征伐，德化未洽，后世奢侈，国家之费当数代之用，非直费财，又乃费士。孝武之世，暴骨四夷，不可胜数。有天下虽未久，至于陛下八世九主矣，虽有成王之明，然无周召之佐，今东方连年饥馑，加之以疫疾，百姓菜色，或至相食。地比震动，天气混浊，日光侵夺。繇此言之，执国政者岂可以不怀怵惕而戒万分之一乎！故臣愿陛下因天变而徙都，所谓与天下更始者也。天道终而复始，穷则反本，故能延长而无穷也。今汉道未终，陛下本而始之，于以永世延祚，不亦优乎！"②元帝虽然没有接受他的建议，但因为他处处为汉祚的绵延献计筹策，也没有责怪于他。汉成帝继位后，齐人甘忠可撰写了《天官历包元太平经》十二卷，在其中鼓吹"汉家逢天地之大终，当更受命于天"③。他招收门徒，传授自己的学说。后来被中垒校尉刘

① 《汉书·盖宽饶传》。

② 《汉书·翼奉传》。

③ 《汉书·李寻传》。

向告了一状,结果以“假鬼神罔上惑众”的罪名下狱致死。但他的几个弟子夏贺良等人依然私下传授这套理论。哀帝建平二年(前5年),经司隶校尉解光、黄门侍郎李寻和甘忠可弟子、时任长安令的郭昌等从中说项,久病乱求医的汉哀帝召见了夏贺良。夏建议他“改元易号”再受命:说“汉历中衰,当更受命。成帝不应天命,故绝嗣。今陛下久疾,变异屡数,天所以谴告人也,宜急改元易号,乃得延年益寿,皇子生,灾异息矣。”①哀帝决定试一试,于是下了“改元易号”的诏书:“惟汉兴至今二百载,历纪开元,皇天降非材之右,汉国再获受命之符,朕之不德,曷敢不通夫受天之元命,必与天下自新。其大赦天下,以建平二年为太初元年,号曰陈圣刘太平皇帝。”②过了一个多月,哀帝的宿疾如故,而因为建议被采纳而忘乎所以的夏贺良又提出更换当朝官吏的建议,遭到大部分朝官的激烈反对,哀帝也因其法术不灵而产生怀疑,下诏收回改制的成命,同时将夏贺良一伙交“廷尉杂治”。夏贺良及其党徒皆被冠以“执左道,乱朝政,倾覆国家,诬罔主上”的罪名被杀掉。夏贺良与汉哀帝共同导演的这幕“再受命”的喜剧仅仅一个多月就偃旗息鼓。至此,通过刘氏皇帝自己“再受命”而改变运气,摆脱危机的希望也在不少人心目中破灭了。人们转而把这种希望寄托在“易姓变号”的改朝换代上。恰在此时,在汉代政坛上新起的王莽成了众望所归的人物。

第二节 王莽改制

一、王莽代汉

王莽(公元前45年——公元23年),字巨君,济南人,是战国时齐国王族

① 《汉书·李寻传》。
② 《汉书·李寻传》。

田氏的后裔。由于他的姑母王政君是汉元帝的皇后，所以其家族在元、成时期成为最显赫的外戚贵族。在汉成帝时期，王氏家族一门十侯、五大司马，形成了势倾朝野的当权集团。这就为王莽代汉铺平了道路。而王莽幼孤，颇爱读诗书，结交儒学名士，好为"激发之行"，又使他在统治阶层中负有盛名，成为朝野注目的可以代汉的人物。绥和元年（前 8 年），当他三十八岁的时候，击败了有可能执政的王家外甥淳于长，代其叔父王根秉政，做了大司马大将军，掌握了汉皇朝的实权。后来，虽然由于哀帝的继位使他在与丁、傅外戚集团的斗争中一度受挫，被迫蛰居六年，但到元寿二年（前 1 年）哀帝死去，他又东山再起，重新当上大司马大将军。接着，他一面立九岁的汉平帝作为傀儡，一面清除政治上的反对派，"附顺者拔擢，忤恨者族灭"①，大权在握，成了事实上的汉朝皇帝。之后，他利用当时今文经学泛滥形成的对"天命符瑞"的迷信，精心导演了一幕代汉自立的闹剧，由事实上的皇帝变成了真正的皇帝。

元始元年（1 年），王莽胁迫元后封自己为太傅、"安汉公"，取得了当年周公在成王初期的权力。第二年，他把自己的女儿安排为汉平帝的皇后，进一步用双重裙带关系巩固了自己的权力和禄位。元始四年（公元 4 年），他又讽喻元后加封自己为"宰衡，位上公"。接着，再以"加九锡"的封赏使他具有了近于皇帝的威仪。

元始五年（5 年）十二月，王莽为了扫清他登上真龙宝座的障碍，以进寿酒为名鸩杀了年仅十四岁的汉平帝，选择了二岁的孺子婴为帝位继承人。紧接着，王莽又援引"周公践祚"的古例，挟持元后封他做"摄皇帝"。第二年五月，再晋为"假皇帝"。十一月，他借着梓橦无赖哀章献上的符命，将"孺子加元服，复子明辟"的誓言抛到九霄云外，于公元 9 年（始建国元年）元旦举行了登基大典，改国号为"新"，完成了代汉的最后一幕。

王莽的代汉之所以顺利地获得成功，最重要的原因是当时刘氏皇朝的腐

---

① 《汉书·王莽传》。

败无能造成了整个社会对改朝换代的向往。而王莽在执掌汉朝大权后的所作所为,又使他几乎成为社会各阶级所瞩望的代汉人选。

西汉在文、景、武几朝对食封的同姓诸侯王和军功地主采取削弱打击的政策,虽然对巩固和加强西汉皇朝的中央集权统治起了一定的作用,但也给商人地主势力的膨胀提供了某些有利条件。汉元帝以后,西汉皇朝开始走下坡路。经济上占有相当优势的商人地主势力也日益想在政治上大显身手。这种情况引起了儒宗地主和官僚豪强的不满。他们时刻准备对富商大贾进行反击。王莽正是作为这个集团的代表而执掌西汉朝政的。而王氏外戚集团几十年辅政的结果,迅速壮大了自己的力量,使之成为西汉末期的政治重心,从而为王莽的代汉创造了比较坚实的基础。

在王莽当政的汉平帝时期的五年中,西汉皇朝相对地保持了政治上的稳定和社会秩序的安宁。这一时期,王莽虽然事事专权,但却不像丁、傅外戚集团和董贤那么昏愦无能和贪婪侈靡。他对地主阶级的各个集团和阶层,除了政治上的反对派之外,大都采取了安抚或收买的政策。正因为如此,在历经哀帝当国的混乱之后,地主阶级的各阶层几乎都把稳定封建秩序的希望寄托于王莽。而王莽在平帝时的一些行政措施,也的确给了他们这种希望之光。所以,即使对王莽口诛笔伐的班固,对他这一时期的活动也发出了有节制的赞美之词:“孝平之世,政自莽出,褒善显功,以自尊盛。观其文辞,方外百蛮,亡思不服,休征嘉应,颂声并作。”①

在西汉一代,朝廷通过察举、征辟、荫子等办法选取官吏,这种权力一般都操在从中央到地方的各级官吏手里。汉武帝实行“罢黜百家,独尊儒术”的政策以后,在太学学习的博士弟子也成为官吏的重要来源。但因名额较少,且立为学官的又仅仅是今文的五经,这样,不少中小地主阶级的知识分子就不易跻入汉皇朝的庙堂。王莽当政以后,把古文经立为学官,大量增加博士弟子员名

① 《汉书·平帝纪》。

额，广建辟雍、学舍，征召“异能之士”，通过这些办法，为广大知识分子提供了更多的做官从政的机会。这样，王莽就在很大程度上扩大了统治基础，赢得了地主阶级各个阶层的好感。

对汉皇朝的宗室贵族，王莽在即真做皇帝之前就采取笼络手段，用爵位利禄进行收买。元始五年，王莽一次就在宗室贵族中封了三十六个列侯，其余的人也各有赏赐。一时显得王莽对他们的关心超过了刘氏皇帝，因而相当一批汉宗室贵族把王莽当成了他们利益的代表。所以当王莽即真做皇帝的时候，就出现了班固痛心疾首的现象：“汉诸侯王厥角稽首，奉上玺韨，惟恐在后，或乃称美颂德，以求容媚。”①。

土地兼并和越来越多的农民破产沦为奴婢，是西汉末期最严重的社会问题。在贵族官僚、各类地主和富商大贾拼命兼并土地和买奴蓄奴的恶浊风气里，王莽一反流俗，数让封邑，献田献钱，存问孤寡，赈济贫民，还曾逼使杀死奴婢的儿子自杀偿命。这在当时贫苦无告的劳动人民中自然产生了良好的印象，从而把改变自己悲惨处境的希望寄托在他的身上。元始四年(4年)，王莽下令在长安建立市常满仓，储备大量的谷物，以满足城市居民之需，这对于那些在水旱灾疫相继的岁月里因谷价昂贵而受到饥饿威胁的城市贫民，无疑也是一副有力的兴奋剂，他们自然也倾向于王莽。

当然，在已经形成的既定历史趋势下，王莽虚伪奸诈的品格和手段在代汉过程中无疑也发挥了重要作用。为了实现代汉的既定目标，他进行了长时期的准备工作，每一步行动都经过深思熟虑，找到相应的借口，千方百计地加以文饰，同时增强朝野对于改朝换代的心理承受能力。所以，等到他最后废掉孺子婴南面称孤时，除了个别刘氏贵族和忠于刘汉皇朝的地主官僚们进行微弱的反抗外，基本上没有遇到什么阻力。

王莽依靠外戚关系，使用各种手段，轻而易举地夺取了政权，兴高采烈地

---

① 《汉书·诸侯王表·序》。

登上了新朝皇帝的宝座。但是,他究竟能将这个皇帝位子占据多久,却不取决于他的手段如何高明,而是决定于他对西汉皇朝长期积累的社会矛盾采取什么样的解决办法。"周公恐惧流言日,王莽谦恭未篡时,向使当初身便死,一生真伪复谁知!"①诗人的愤怒来源于对王莽背叛"臣子事君以忠"的封建道德信条。其实,王莽篡汉本身并不构成什么罪恶。他的新朝所以成为一个短命王朝,是因为他制定的一系列解决社会矛盾的方案恰恰对这些矛盾起了火上加油的作用。

二、王莽的"新政"及其失败

王莽建立新朝以后,立即依照《周礼》等儒家经典设计了一套披着复古外衣的改制蓝图。主要内容有王田奴婢政策、五均六筦之法、币制改革、官制改革和制礼作乐等。

(一)王田奴婢政策

始建国元年(9年),王莽颁布了实行王田奴婢政策的法令:

> 古者,设庐井八家,一夫一妇田百亩,什一而税,则国给民富而颂声作。此唐虞之道,三代所遵行也。秦为无道,厚赋税以自供奉,罢民力以极欲,坏圣制,废井田,是以兼并起,贪鄙生,强者规田以千数,弱者曾无立锥之居。又置奴婢之市,与牛马同栏,制于民臣,颛断其命。奸虐之人因缘为利,至略卖人妻子,逆天心,诗人伦,缪于"天地之性人为贵"之义。……汉氏轻田租,三十而税一,常有更赋,罢癃咸出,而豪民侵陵,分田劫假。厥名三十税一,实什税五也。父子夫妇终年耕芸,所得不足以自存。故富者犬马余菽粟,骄而为邪;贫者不厌糟糠,穷而为奸。俱陷于辜,刑用不错。……今更名天下田曰"王田",奴婢曰"私属",皆不得买卖。其男口不盈八而田过一井者,

① 白居易:《放言五首》,《全唐诗》卷七。

分余田予九族邻里乡党。故无田，今当受田者，如制度。敢有非井田圣制，无法惑众者，投诸四裔，以御魑魅，如皇祖考虞帝故事。①

王莽在诏令中指出了西汉末年土地高度集中，赋役剥削严重，奴婢与牛马同栏的悲惨社会现实，说明他对面临的社会矛盾有着比较清醒的认识，也希望通过改制来解决这些问题。但是，由于王田奴婢政策本身违背了社会发展的客观规律，其失败又是必然的。从战国时起，中国的封建土地国有制通过授田制和军功赐田等方式逐步向土地私有制转变。此后，土地的私有化程度随着历史的发展而不断加深，因而出现了剧烈的土地兼并和封建庄园经济。到西汉末年，封建地主土地所有制已是占主导地位的土地所有制形式。

王莽的王田制，实质是要变地主阶级的土地私有制为封建的土地国有制。这个制度的基本要点是：土地所有权归国家，禁止土地买卖，“男口不盈八，而田过一井（九百亩）者”退出超额部分，无田农民按一夫一妇授田百亩。这个制度表面看起来似乎可以解决当时土地高度集中的问题，但实行起来却遇到许多难以克服的矛盾。第一，王田制尽管对大土地所有者作了妥协，规定只要男口盈八，土地就可达到或超过九百亩，但王田政策还是不可避免地遭到大土地所有者的反对。因为无论如何，那些膏腴万顷的大地主，总要有一部分或大部分土地被收归国有的。第二，从春秋末年起，田亩制度有很大变化，已不再是“方里而井，井九百亩”了。如赵过的代田就是二百四十步为亩，还有四百八十步为亩的。而且，田亩是按阡陌计算并设立疆畔道路的。所以，即使按一夫百亩计算并分配土地，也无法恢复井田制。何况，井田制到这时已是人言言殊，莫得其究竟了。第三，王田制缺乏相应的执行机构，核实土地和户口，进行土地分配。按照王莽的诏令，大户要把多余的土地自行分给九族邻里乡党，而他们的户口中往往包括族人、奴婢和依附农，无法核实有多少男口；核实了也无法析户析产。别说是奴婢了，依附农也是难以自立的。还有不少农民，土地

① 《汉书·王莽传》。

不足百亩,要不要补足其差额呢?第四,土地和户口是封建赋役制度的依据,改变田制就要相应地改变赋役制度。在王莽的王田制中,这些问题是没有解决、也是无法解决的。总而言之,王田制在实行过程中必然遇到的不可克服的矛盾将使王莽束手无策。最重要的是,到王莽的时代,地主土地私有制已经历了数百年的发展,土地占有情况十分复杂,想凭一纸命令重新授田,势必引起难以平息的混乱,给社会带来动荡和不安。而土地不准买卖的规定更难以行得通。因为自从地主阶级的土地私有制产生以后,土地买卖就成为它的必然伴侣。一方面,贵族官僚、豪族地主和富商大贾占有土地的欲壑是永远无法填满的,购买(这种购买往往与政治特权相结合,表现出强购,低价购进的兼并色彩)是他们经常使用的获取土地的方式。当王田政策公布之后,他们在奋力抵制的同时,必然是力图迅速卖出多余的土地。另一方面,拥有一小块土地的编户农民在赋役和高利贷的重压下走向破产的命运又是必然的。在荒年恶岁,他们不得不出卖自己的土地以抵偿债务;而在另外的情况下,他们中的有些人随着经济状况的好转又希望购进一些土地。王田政策公布后,一时地价低廉,他们中的殷实户自然愿意乘机买进土地。不准买卖土地的法令,既使大土地所有者不满,也使部分农民产生反感。因此,这一条款在实行过程中几乎遇到来自所有阶级和阶层的不满与反对。最后,由于王田制中有"男口不盈八"之类的灵活规定,就给执行政策的各级官吏以上下其手、营私舞弊、贪赃枉法的充分机会。这也不能不给政策的执行带来许多意想不到的困难。

从现有史料看,王莽的王田政策曾一度推行。地皇二年(21年),公孙禄在批评王莽的政策时就指出:"明学男张邯、地理侯孙阳造井田,使民弃土业。"①由于王田政策存在一系列难以克服的矛盾,强制推行的结果是引起了巨大的社会动乱:"制度又不定,吏缘为奸,天下謷謷然,陷刑者众"②,"农商

① 《汉书·王莽传》。
② 《汉书·王莽传》。

失业,食货俱废,民涕泣于市道。坐卖买田宅奴婢铸钱抵罪者,自公卿大夫至庶人,不可胜数。”①尽管王莽一开始就以严酷的法令惩办反对王田制的吏民,但由于这个政策既不符合客观实际,又无法满足农民的土地要求,再加上整个地主阶级的反对,这个政策很快就终止执行了。

从政策条文看,王莽的奴婢政策只对私奴适用、与官奴婢毫不相干。王莽实行这个政策的主观意图,是阻止劳动者主要是农民的进一步奴婢化,以解决农村劳动力的不足,从而保证封建国家的赋役剥削。但是,这个政策同样也存在不可克服的矛盾。改奴婢为“私属”,不准买卖,实质上是冻结现状,承认奴婢存在的合法性,最多不过是将奴婢改变为农奴而已。而且,在奴婢政策中并未规定奴婢后代的身份,他们的后代仍然是要当奴婢的,只不过世代奴婢改名世代“私属”罢了。一方面承认奴婢存在的合法性,另一方面又禁止奴婢买卖,这与王田政策一样是行不通的。既然土地集中的问题无法解决,就不能阻止农民脱离土地,而在使用奴婢仍然合法的情况下,也就无法阻止破产农民沦为奴婢。而且,由于贵族官僚、豪族地主和富商大贾像兼并土地一样热衷于奴婢的追求,在奴婢政策颁布之后,又必然使他们要求调整自己所拥有的奴婢数量。这样,奴婢买卖反而较平时更加兴旺。纵使法令禁止买卖奴婢,公开的买卖也必然转化成秘密的黑市交易。这从因买卖奴婢触犯刑律人数之多就可充分反映出来。奴婢所有者因王莽的政策损害了他们的利益而归怨王莽,奴婢也因这个政策没有从根本上改善其境遇而对王莽没有好感。所以王莽在始建国四年(12 年)宣布废除王田政策的同时,也取消了禁止买卖奴婢的法令。历史证明,一方面,王莽限制私人扩大奴婢占有的办法根本行不通,另一方面,他又通过十分酷烈的法令制造大量的国有奴婢,“吏民抵罪者浸重”。在新朝统治下,每天都有众多的人因触犯王田奴婢、五均六筦、铸钱等法令被罚作官奴。所以王莽事实上不仅没有取消奴隶制残余,反而使之扩大化了。

① 《汉书·食货志》。

王莽的王田奴婢政策,集中反映的是他作为封建帝王的利益,本质上是宗法地主的利益。它基本上是脱离实际的复古主义的空想,在实际上还不如一定程度的限田限奴方案更有现实意义,更不如西汉政府曾实行过的"假民公田"或"赋民公田"等措施对生产的发展有利。由于这个政策在一定程度上损害了豪族地主的利益,因而在他们看来王莽是"逆子";它同样更损害了广大农民的利益,所以在他们眼里王莽是灾星。这样,王莽自己就把自己孤立起来,当初拥护他上台的几乎所有阶级和集团都开始怀疑和反对他了,王莽也逐渐由踌躇满志变得一筹莫展。三年以后,始建国四年(12 年),代表豪族地主的区博上书说:"井田虽圣王法,其废久矣。周道既衰,而民不从。秦知顺民之心可以获大利也,故灭庐井而置阡陌,遂王诸夏,讫今海内未厌其弊。今欲违民心,追复千载绝迹,虽尧舜复起,而无百年之渐,弗能行也。天下初定,万民新附,诚未可实行。"[①]王莽眼看王田奴婢政策事实上业已破产,也只得下诏加以废止:"诸名食王田,皆得卖之,勿拘以法。犯私买卖庶人者,且一切勿治。"[②]这表明,王莽在被现实碰得头破血流之后,只得老老实实地向土地兼并者和奴婢所有者屈服了。明代学者邱浚对王田奴婢政策的失败提出了颇有见地的看法,他说:"井田既废之后,田不在官而在民,是以贫富不均。一时识治体者咸慨古法之善而卒无可复之理,于是有限田之议,均田之议,口分世业之法。然皆议之而不果行,行之而不能久。何也?其为法虽各有可取,然不免拂人性而不宜于土俗,可以暂而不可以常也。终莫若听民自便之为得也。"[③]恩格斯指出:"当某一个国家内部的国家政权同它的经济发展处于对立地位的时候——直到现在,几乎一切政治权力在一定的发展阶段上都是这样——斗

① 《汉书·王莽传》。
② 《汉书·王莽传》。
③ 《大学衍义补》十四《制民之产》。

争每次总是以政治权力被推翻而告终。”①王莽设计的王田奴婢政策，尽管至今还引起某些历史学家的赞叹，但由于它违背了客观经济规律，其失败是必然的。

王莽实行王田奴婢政策，本来是为了维护和巩固自己的统治，但结果适得其反：它不仅激化了新皇朝与广大劳动人民的矛盾，也加剧了统治阶级的内部斗争。原来拥护他代汉自立的剥削阶级的集团和阶层，看到王莽复古主义的狂想给自己带来意想不到的危害，因而逐渐对王莽产生离心倾向。后来在反对王莽的起义队伍中，混入一大批刘氏宗室贵族、豪族地主和富商大贾的代表，对王田奴婢政策不满是主要原因。广大农民和奴婢通过王田奴婢政策的推行和废止，也逐渐认清了王莽的真面目，从而打消了对他的幻想，开始酝酿对王莽的武装反抗。

（二）五均六筦之法

在颁布王田奴婢政策的第二年，王莽又颁布了他的城市经济政策：五均赊贷之法。五均是由政府对工商业经营和对物价进行统制与管理。它的执行集中在几个主要城市——长安、洛阳、邯郸、临淄、宛、成都。这些地方设立五均司市师，其主要任务是：第一，平抑物价；第二，以成本价格收购滞销的重要民用商品，使生产者不致受损；第三，经管赊、贷两种经济活动。王莽这些对工商业经济活动的管制措施，后来发展为六筦：即盐、铁、酒由政府专卖，铜冶钱布由国家铸造，山林湖沼由国家管理，五均、赊贷由政府办理。总起来看，这些国家对工商业等经济活动的管制措施，主要内容都是汉武帝的工商政策中所固有的，目的是抑制富商大贾的过分剥削，将工商利润收归国家。政策本身并不错，但执行的结果却证明它是一个以聚敛财富为目的的搜刮政策。这是因为，王莽任用的主持这些事业的官员，绝大部分是原来的大工商主。如拥资五千

① 恩格斯：《反杜林论》，《马克思恩格斯选集》第3卷，人民出版社1972年版，第222—223页。

万的临淄姓伟、家资十万的洛阳张长叔、薛子仲等人,都当上了经办六筦的羲和命士,进一步打破了汉初禁止工商业者做官的法令。这类人本来就是囤积居奇,贱买贵卖,哄抬物价并以高利贷对人民进行掠夺的老手,而今穿上政府官员的服装,便更加肆无忌惮地以权谋私、贪赃枉法、巧取豪夺。他们"乘传求利,交错天下,因与郡县通奸,多张空簿,府藏不实,百姓愈病"①。愈到后来,五均愈成了官僚、豪富互相勾结鱼肉人民的手段,六筦更成了剥削人民的工具。例如六筦规定的税收名目之繁多、制度之繁琐,就创下了空前的历史纪录:"工商能采金银铜连锡登龟取贝者,皆自占司市钱府,顺时气而取之。""又以周官税民:凡田不耕为不殖,出三夫之税;城廓中宅不树艺者为不毛,出三夫之布;民浮游无事,出夫布一匹。其不能出布者,冗作,县官衣食之。诸取众物鸟兽鱼鳖百虫于山林水泽及畜牧者,嫔妇桑蚕织纴纺绩补缝,工匠医巫卜祝及它方技商贩贾人坐肆列里区谒舍,皆各自占所为于其所在之县官,除其本,计其利,十一分之,而以其一为贡。敢不自占,自占不以实者,尽没入所采取,而作县官一岁。"②这其中有些税收项目是针对工商业者的,这当然是必要的。但更多的则是榨取劳动人民。农民因无力耕种要交税,离开土地的流民要交税,凡到山林湖池畜牧、打猎、渔采者,养蚕纺织的妇女,手工匠人、小商贩,以至巫、医、卜祝、方技等人,都要取其赢利的十分之一交税。由于这些人本小利微,这种税收对他们来说是不堪负担的。相反,对那些本大利丰的富商大贾就有利得多。天凤四年(17 年),王莽正式设立羲和命士,专门监督五均六筦的执行。同时,还下令重六筦之法:"每一筦下,为设科条防禁,犯者罪至死,吏民抵罪者浸众"。由于法令繁苛,"民摇手触禁,不得耕桑,徭役烦剧,而枯旱蝗虫相因。……吏用苛暴立威,旁缘莽禁,侵刻小民。富者不得自保,贫者无

① 《汉书·王莽传》。

② 《汉书·食货志》。

以自存，起为盗贼。”①纳言官冯常上书王莽，要求他停止执行五均六筦之法。王莽非但不听，还下令免除其职务。接着任命酷吏侯霸等分督六尉、六队，给予他们类似汉刺史那样的权柄，变本加厉地继续推行。直到地皇三年（22年），即王莽垮台的前一年，他才下令废除此法。但为时已晚，它所激化的阶级矛盾只有通过农民战争去求得暂时解决。

（三）币制改革

在王莽众多的经济改革措施中，货币改革是最混乱最荒唐的。从居摄二年（公元7年）他宣布进行第一次货币改革起，到地皇四年（23年）王莽灭亡，十多年间，他四次下诏改革币制，五次下诏重申币制改革的命令，而每次改革差不多都是以小易大、以轻易重，运用政治权力加重对人民的剥削。

新莽货币“大泉五十”、“布泉”、“货泉”（成都凤凰山出土）

新莽货币“大布黄千”（成都凤凰山出土）

第一，王莽的币制改革是以劫掠为手段，以聚敛财富为目的的。他宣布将黄金、白银收归国有，不予兑换，是一种公开的强盗行径，一种明火执仗的抢

① 《汉书·食货志》。

劫。同时,又以以轻易重的办法对百姓进行无偿掠夺,例如,在第一次币制改革时,用新铸的重十二铢的大泉兑换五十枚重五铢的钱,就是相差二十多倍的不等值兑换。以后的每次改革中,各种类型货币的比值都十分不合理。第三次改革中发行的货泉,重一铢的小泉值一,重十二铢的大泉就定值五十,比值相差四倍多。其布货中重十五铢的小布值一百,重二十三铢的次布则值九百,比值相差七倍多。类似例子不胜枚举。金属货币作为一般等价物之所以起价值尺度的作用,是由它本身含的金属重量决定的。同一种币材的货币,不管其种类有多少,每一种的金属含量与其价值量的比必须是相等的。币值大于金属量就等于货币贬值。王莽用任意规定币值的办法造成货币贬值,并用这种办法对工商业者和劳动人民进行劫掠。这就使货币失去价值尺度的作用。因此,尽管王莽使用严刑峻法强制推行新币,依然遭到劳动人民剧烈的反抗,私铸货币的事情层出不穷,什么办法也难以禁止。

第二,币材太滥,品类太杂,徒然制造了不少矛盾和混乱。在通常情况下,流通中存在两种不同币材的货币已与货币作为价值尺度的职能相矛盾。而王莽一次竟用五种不同的币材、六种不同的货币和二十八个品类同时投入流通,把早已被历史淘汰的龟、贝、羊皮等重新拿来使用,而各类货币之间的比价又无合理规定,也难以得出合理比价。这种币制改革给社会经济生活只能带来灾难性的后果。

第三,改革频繁,手续烦琐。社会经济生活要求一个长期使用的稳定货币,经常改革货币是币制政策的大忌。可是王莽在六年之中就进行了四次币制改革,其变动之速在中国封建社会的历史上创造了空前绝后的纪录。第四次币制改革以后,王莽为了防止废币和私钱的流通,还规定了非常烦琐的检查制度。官吏和百姓由一地到另一地,要检查布钱和符传(官府颁发的证明文件),否则,旅店不准住宿,关隘予以扣留。甚至政府官员出入宫门,也要检查验符。这样繁苛的禁令,必然给社会经济的正常运行,尤其是流通带来很大困难。

总之,王莽的币制改革完全凭自己的意志、愿望和行政命令办事,全然不顾货币运行的客观规律。在一次又一次地触了霉头之后,他却一次又一次地求助于苛法酷刑。第二次币制改革后紧接着颁布了流放法。第四次币制改革后又接着颁布了连坐法:"一家铸钱,五家坐之,没入为奴婢。"①虽然如此,工商业者和一般劳动人民对王莽的币制改革仍然进行着毫不妥协的反抗,盗铸和其他触犯禁令者比比皆是。结果是"民犯盗铸,伍人相坐,没入为官奴婢。其男子槛车,儿女子步,以铁锁锒铛其颈,传诣钟官,以十万数。到者易其夫妇,愁苦死者十六七。""每易一钱,民用破业。"②由于私铸钱犯罪者太多,于是出现了"徒隶殷积,数十万人,工匠饥死,长安皆臭"③的惨状。

由于王莽的币制改革从根本上违背了货币运行的客观规律,因而它失败的命运就是不可挽回的。正如彭信威在《中国货币史》中指出的:"中国历代币制的失败,多有别的原因,而不是制度本身的缺点。只有王莽的宝货制的失败,完全是制度的失败。"王莽的币制改革,不仅给当时的人民带来极大的损害,也是使其统治陷于崩溃的重要原因。可以这样说,王莽通过币制改革进行劫掠的目的基本达到了,直到临死前他府库里还存着六十万斤黄金。但另一个意想不到的结果也随之而来,这就是人民的起义与王莽的灭亡。

(四)政治改革

除了以上经济领域的改革之外,王莽在政治方面也进行了一系列的所谓改革。始建国四年(12 年)、天凤四年(17 年),王莽两次宣布裂地分封、授民授茅土,用理想化的周代分封制欺骗他的臣僚。实际上根本行不通。自秦皇朝在全国推行专制主义中央集权的行政体制以后,郡县制就是比较适合政情的地方行政体制。王莽异想天开地想在中央集权制度已经确立二百多年以

① 《汉书·王莽传》。
② 《汉书·王莽传》。
③ 《后汉书·隗嚣传》。

后,全面恢复西周的分封制,一下子在全国建立二千多个大小不等的封邑,实在是历史的大倒退。除了徒增烦扰,没有任何积极意义。实际上王莽也并不想把土地和人民真正授予他的爪牙。授封仪式举行后,他以"图簿未定"为理由,不让他们得到封地。这样一来,就使那些获得爵位而无实职的新贵们陷入窘境,生活无着,苦不堪言,从而对王莽产生了巨大的离心倾向,促成了统治集团的分裂。

天凤元年(14年),王莽仿照《周官·王制》数次下令更改中央和地方官制,如在中央建立了四辅、三公、四将、九卿、六监。四辅是太师、太傅、国师、国将,虽位冠百官,但无治事之权,是安置德高望重的老臣们的虚衔。三公是大司马、大司徒和大司空,虽承自汉制,但权力已大为削弱。四将是卫将军、前将军、更始将军和立国将军,皆为掌兵之官,其中更始将军最重要,多次衔王莽之命指挥重大的军事行动。九卿是丞相司直、大司马司允、大司空司若(以上称三孤),更名汉代的大司农为羲和,再更为纳言;大理为佐士;太常为秩宗;大鸿胪为典客;少府为共工;水衡都尉为予虞,以上为六卿,与三孤合称九卿。每一卿下置大夫三人,一大夫置元士三人,凡二十七大夫,八十一元士。九卿在三公领导下负责中央各部门的具体政务。另外,王莽又将汉代太仆更名为太御,卫尉为太卫,执金吾为奋武,中尉为军正,光禄勋为司中,又新置大赘官,"主乘舆服御物",以上为六监,亦称六司,专为皇帝宫廷服务。地方行政方面,在全国设九州,一百二十五郡,二千二百零三县,州牧成为一州的最高民政和军事长官,权力较汉代大大加强。郡的长官依据地理位置和重要程度称卒正、连率、大尹,后又加号将军,县令、长称县宰。他又数次下令重划行政区,增加官吏员额,实行官吏职务世袭和俸禄随地方税收浮动的制度。这一方面是稽古以示新,一方面是为满足臣僚们的贪欲和权势欲。王莽满以为,如此一来,其爪牙们必将人人心满意足,从而死心塌地为他效忠了。其实,王莽恰恰弄巧成拙:它既加重了对劳动人民的剥削,又加剧了王莽统治集团的矛盾,而官职和爵位的世袭更加速了王莽集团的腐败。尽管王莽的新朝改变的仅仅是汉朝的形式而没有改变豪族地主统治的本质，但贵族和官僚却凭空增加了许多。汉皇朝旧贵族依然如故，王莽朝的新贵族却陡然增加了一大批：从哀章之类的无赖到王盛之类的卖饼儿，转瞬之间，都蟒袍玉带地跻身于王莽的新贵之列了。这些饿狼似的统治者，每人都想谋个理想的位子肆意盘剥以满足私欲。王莽增加官位并实行世袭自然投其所好，但却给劳动人民带来更多的灾难。本来一县有一位县宰，现在一县分为六县，凭空又添上五位劫掠者，一国三公，十羊九牧，劳动人民的痛苦就可想而知了。加之王莽又时常更换官员，每一位新官到任后的第一件要事就是搜刮，而且恨不得洗劫一空。待到新的调令来到时，他们已是腰缠万贯，趾高气扬地准备到新地方重操屠刀了。但是，王莽的爪牙们却每每因地盘大小不一，地方贫富不等一面归怨王莽，一面进行数不清的明争暗斗，造成吏治败坏，贪赃枉法成风，犹如催化剂一样地加速了农民起义的爆发。

王莽上台以后，一直醉心于制礼作乐。从天凤二年(15 年)起，王莽纠合了一批公卿大夫、文人学士，从早到晚，坐而论道，力图根据《周礼》损益出一套新朝的礼乐制度。结果是议来议去，连年不决。由于王莽只着眼于这类装璜门面的繁文缛礼，致使中央和地方一般行政狱讼都无人管理。有的县，县官数年空缺，由郡守兼理。各级地方官吏贪残害民之事层出不穷。王莽为了监视郡县官吏而派到各地去的中郎将、绣衣执法，更是利用权势安插私人，与郡县守令互相勾结，横行无忌。而派往各州郡“劝农桑，班时令，案诸章”的十一公士，实际上以钦差大臣自居，颐指气使，收取贿赂，冤杀无辜。以上这些官吏，你来我往，竞相盘剥，搅得各地鸡犬不宁，怨声载道。

新朝建立后五六年间，一直没有制定官吏的俸禄制度，这样，一切贪污窃盗都在事实上取得了合法地位。直到天凤三年(16 年)，王莽才公布了一个极其烦琐的俸禄制度。规定从四辅公卿大夫到一般臣僚，共分十个等级，俸禄最低者一岁六十六斛，以上依此递增，到四辅岁入万斛。同时又规定，郡县守令等地方官的俸禄以该地方税收的多少为差。王莽以为只有如此，才能使群僚们人人忠于职守,兢兢业业,励精图治。殊不知,这实际上等于给了各级官吏以利用职权,敲诈勒索的特权。实行这种俸禄制度,不仅王莽国库里的钱粮布帛越积越多,而且官吏的口袋里也愈装愈满,但遭殃的却是劳动人民。俸禄制度所展示的王莽新朝,犹如一面大吸血网。王莽是一个高高在上的大饕餮者,他手下的官僚是大小不等的中小型饕餮者,群起劫掠,锱铢必尽,他们加给劳动人民的,只能是日甚一日的苦难。

公正地说,王莽在代汉前办了一些好事,他看到土地兼并的危害,奴婢问题的严重,注重吏治,发展教育,统一度量衡等,都应该得到历史的肯定。但是,由于王莽的政策违背了经济发展的客观规律,不能顺应生产力发展的要求;有些政策因用人不当而变质,因而先后宣告失败。王田奴婢政策因受到来自各个阶级的反抗早已停止执行,因而土地兼并只能更加剧烈地进行,私奴婢增加之势无法遏止,官奴婢又因苛酷的刑罚而大量增加。五均六筦在富商大贾摇身一变而来的羲和命士等的主持下,变成了对广大劳动人民残酷无情的劫掠,而频繁的货币改革则几乎变成了封建国家对劳动人民和工商业者的明火执仗的抢劫。所有这一切,都从不同方面加速了农民同主要生产资料土地的分离,加速了破产农民的奴婢化,导致市场交换无法正常进行,造成了社会经济生活的极度混乱,使社会生产遭到严重的破坏。这样一来,必然使西汉末年已经十分尖锐的阶级矛盾进一步激化。广大劳动人民除了以武装反抗死里求生外,再也没有别的道路可走了。

三、狭隘的大汉族主义的民族政策

中国自古以来就是一个多民族的国家,以经济、文化为纽带结合在一起的中华民族有着巨大的向心力和凝聚力。尽管在秦和西汉前期,虎踞中原的中央政权与周边少数民族,尤其是与匈奴发生过相当激烈的战争,但是,由于各族劳动人民之间有着和平交往的美好愿望,而经济文化的强大纽带还是使各民族走到和平相处、互通有无、共同发展的道路上来。汉昭帝恢复“和亲”政策后,汉匈之间就出现了“城关不闭、牛马蔽野、边境晏然”的局面。张骞奉汉武帝之命凿通西域以后,加强了汉与西域各少数民族的友好往来,著名的丝绸之路成为欧亚之间各国人民传播文化和友谊的国际通道。汉与东北、西南诸少数民族也都建立了和平友好的交往。这种民族关系,对于促进各民族经济文化的发展和边疆地区的开发,对于促进中华民族的巩固、扩大和发展都是有好处的。可是,王莽上台伊始,就继承历史上“内诸夏而外夷狄”的大汉族 主义政策,强调“天无二日,土无二王”,诬蔑少数民族首领称王是“违于古典,谬于一统”。出于专制主义和民族自大狂的需要,不惜诉诸武力把污辱和征伐加在周边少数民族头上。始建国元年(9 年),王莽派出十二个五威将,分别到匈奴、西域和其他周边少数民族地区,对其首领更换名称、印绶。如把西南的句町王以及西域三十多个国家的国王一律降为侯。他们到匈奴单于庭,授单于新的印信,把“玺”改成“章”。单于看了很不满意,执意索回旧的印玺。五威将陈饶当场把旧玺椎碎。单于大怒,出兵进犯内地,从此开启了王莽朝廷与匈奴持续多年的战争。而由王被贬为侯的西南、西域等诸国的首领,都先后宣布脱离新朝,并乘机骚扰边境。从此,新朝与周边民族就处于战争之中。可是,当那位在匈奴制造事端的陈饶回到长安以后,却得到了王莽加封的“威德子”的褒奖。王莽对周边民族轻开边衅,使他吞下了一枚致命的苦果:长年的边陲战争严重削弱了王莽的力量,加剧了国内的阶级矛盾,是其走向灭亡的重要原因。正如王夫之所指出的:“莽之召乱,自伐匈奴始,欺天罔人,而疲敝中国,祸必于此而发。”①

始建国二年(10 年)冬,王莽更匈奴单于名为“降奴服于”,极尽污蔑之能事。同时在东西绵延三千多里的边境上分六路出兵,对匈奴进行全面的讨伐战争。为了进行这场战争,王莽共募天下的囚徒、丁男、甲卒三十万人。从全国各地征调军需供应,自江淮一直到北部边防前线,道路之上,监督行军和运

① 《读通鉴论》卷五。

饷的使者，出征的士卒，运送军需物资的役夫，络绎不绝。这一不义战争，给全国人民带来空前的浩劫。三十万大军屯驻边境，勒索钱粮，抢劫财物，搅得那里鸡犬不宁。而王莽派到边郡监军的中郎将、绣衣执法等人，又与带兵将领互相勾结，索取贿赂，劫掠百姓，大肆敲剥，更使那里雪上加霜。内地各郡县则催征军需，锱铢必尽，不少农民和手工业者被逼得家破人亡，纷纷投入流民队伍，酝酿着反对王莽的起义。天凤六年(19 年)，已经进行了十年的对匈奴战争消耗了大量的民脂民膏，而为了继续这场不义战争，王莽再次下令在全国大征兵，大募天下丁男及死罪囚、吏民奴，起名"猪突豨勇"，作为前锋遣送边境。同时下诏征收天下吏民财产的三十分之一作为军赋，勒令公卿至郡县官吏都按俸禄差别保养军马。这样，王莽就借战争之机对全国人民进行了一场空前的大劫掠。

与对匈奴进行战争的同时，王莽也挑起了与东北、西域和西南的少数民族的战争。在东北，他指使严尤诱杀了高句骊侯驺，更其国名为下句骊，又破坏了与夫余、秽貊的友好关系。在西域，由于王莽政策的错误，再加上匈奴的威胁利诱，绝大部分国家都投靠了匈奴。西汉中后期一百多年中经过艰苦努力建立起来的中原与西域的友好关系，至此被彻底破坏。从此以后，直至东汉前期六十年间，内地通向西域的道路绝而不通。王莽对东北、西域和西南诸少数民族的战争，同样给各族人民带来难以想象的灾难。终年征发，民不堪命，青壮年战死在前线，老弱妇幼辗转沟壑。以对益州句町用兵为例，开始，"出入三年，疾疫死者什七，巴蜀骚动。"[①]接着，又发动二十万人进行更大规模的战争，"士卒饥馑，三岁余死者数万"。[②] 财物的征敛和损失更是惊人，"赋民财什取五，益州虚耗而不克"。[③] 后来更"调发诸郡兵谷，复訾民取十四，空破梁

① 《汉书·西南夷两粤朝鲜传》。

② 《汉书·西南夷两粤朝鲜传》。

③ 《汉书·西南夷两粤朝鲜传》。

州,功终不遂”。[①] 王莽对匈奴、东北、西域和西南诸少数民族的战争一直持续了十多年,基本上与新朝政权相始终。与王莽的愿望相反,这些祸国殃民,破坏民族友好关系的战争,不仅未能给他带来财富、威势和光荣,恰恰相反,它促使民族矛盾和阶级矛盾进一步激化,为大规模农民战争的爆发创造了条件,成为王莽政权灭亡的重要原因。在中国国内民族关系的历史上,王莽的新朝留下的无疑是极其黑暗的一页。

四、王莽暴政加速了农民起义的爆发

在封建社会里,地主阶级是封建生产关系的代表。当阶级矛盾和社会矛盾特别尖锐,生产关系阻碍生产力的发展时,代表统治阶级的国家可以在一定范围和一定程度上,对生产关系和上层建筑的某些环节加以调整,从而给生产力以继续发展的余地。但是,封建国家对生产关系和上层建筑的调整既是有条件的,又是有限度的。王莽实行“新政”,并非没有缓和阶级矛盾和社会危机的诚意,但结果却适得其反。王莽作为代表封建国家的最高统治者履行自我调节的失败,恰恰成为农民起义的催化剂。

失败的改革往往比不改革的结果更坏。由于王莽的“新政”几乎全部失败,因而旧有的矛盾不仅没有缓和反而更加尖锐。天凤元年(14 年),“缘边大饥,人相食”。[②] 之后,灾荒和疾疫就开始由边郡向内地蔓延。四方进入关中的流民达数十万,啼饥号寒之声震撼宫阙。面对这种情势,王莽也假惺惺地从事救灾工作,一方面“多遣大夫谒者分教民煮草木为酪,酪不可食,重为烦费”[③],用最荒唐的办法欺骗那些嗷嗷待哺的饥民。一方面对那些流入关中的流民,也煞有介事地设官赈济,但由于救济的钱粮本来就少得可怜,再加上大

① 《汉书·西南夷两粤朝鲜传》。

② 《汉书·王莽传》。

③ 《汉书·王莽传》。

小官员的贪污中饱，结果造成“饥死者十七八”的惨状。由于饥荒年复一年，粮价腾飞，“天下旱蝗，黄金一斤易粟一斛。”①就是昔日富饶的关中地区，也已经是“民庶涂炭，百不一在”②了。而且由于王莽总是想方设法把财富最大限度地集中在自己手里，也损害了部分小吏和富人的利益，使朝野上下都陷入了苦难之中：“民摇手触禁，不得耕桑，徭役烦剧，而枯旱蝗虫相因。又因制作未定，上自公侯，下至小吏，皆不得俸禄，而私赋敛，货赂上流，狱讼不决。吏用苛暴立威，旁缘莽禁，侵刻小民。富者不得自保，贫者无以自存，起为盗贼，依阻山泽，吏不能禽而覆蔽之，浸淫日广，于是青、徐、荆楚之地往往数万。战斗死亡，缘边四夷所系虏，陷罪，饥疫，人相食，及莽末年，而天下户口减半矣。”③《后汉书》的《刘平传》和《赵孝传》等，都以令人发指的笔触，记载了或一人或数以十计的人被宰杀而食的惨绝人寰的悲剧。

由于王莽的倒行逆施，到新朝末年，社会经济已经全面崩溃，挣扎在死亡线上、朝不保夕的劳动人民，除了用最激烈的斗争手段去争取生存的权利以外，再也没有其他的生路了。后来，在农民起义队伍里，冯衍曾对更始政权的尚书仆射鲍永讲了一大段话，对王莽暴政促成农民起义的爆发作了集中的概括，他说：“伏念天下罹王莽之害久矣。始自东都之师，继以西南之役，巴、蜀没于南夷，缘边破于北狄，远征万里，暴兵累年，祸拏未解，兵连不息，刑法弥深，赋敛愈重。众强之党，横击于外，百僚之臣，贪残于内。元元无聊，饥寒并臻，父子流亡，夫妇离散，庐落丘墟，田畴芜秽，疾疫大兴，灾异蠭起。于是江湖之上，海岱之滨，风腾波涌，更相骀藉，四垂之人，肝脑涂地，死亡之数，不啻太半，殃咎之毒，痛入骨髓，匹夫僮妇，咸怀怨怒。”④王莽篡政称帝不久，农民起义的星星之火就已经在边郡燃起。之后，越烧越旺，变成燎原之势，终于使王

① 《汉书·光武帝纪》。
② 《后汉书·杨彪传》。
③ 《汉书·食货志》。
④ 《后汉书·冯衍传》。

莽同他的新朝陷于灭顶之灾。伟大的农民起义和农民战争,继秦末以后,又一次显示了旋乾转坤的巨大威力。

第三节　新朝末年的农民战争与东汉皇朝的建立

一、赤眉起义

由于王莽的新朝是通过篡政的办法从刘氏皇室夺取的,因而对王莽的反抗首先来自刘氏贵族和拥刘派的官僚地主。从居摄元年(6年)到天凤三年(16年)的十年中,虽然也有零星的农民起义,但刘氏贵族和拥刘派官僚地主的反莽起事占了主导地位。其中主要的有:居摄元年安众侯刘崇在南阳的起兵、居摄二年东郡太守翟义的起兵和东郡都尉刘宇、武平侯刘璜的起兵、始建国元年(9年)徐乡侯刘快在即墨(今山东莱西县境)、汉宗室刘都在真定的起兵。这些反莽起事由于规模较小,行动分散,更加上缺乏群众基础,因而被王莽在反掌之间一一平定。

农民反抗王莽的起义最早爆发于居摄二年(7年)。这一年,距长安近在咫尺的槐里(今陕西兴平)爆发了赵明、霍鸿领导的起义。他们杀死右辅都尉和嫠县(今陕西武功与眉县之间)县令,队伍发展到十多万人,历时一年之久才被镇压下去。

天凤元年(14年)①,琅邪海曲(今山东日照)爆发了吕母领导的起义。吕母之子原为海曲县吏,为县令冤杀。吕母散尽家财,广结贫苦少年,以酤酒营利购买兵器,聚众百人,一举攻下海曲县城,杀死县令。这支义军很快发展成数万人的队伍,转战于琅邪附近海边,屡败官军。吕母死后,他们汇入赤眉军。天凤四年(17年)临淮(今江苏泗县附近)瓜田仪起义,在会稽(今江苏苏州)

① 《汉书·王莽传》记载为公元17年,此处从《后汉书·刘盆子传》。

地区坚持了数年之久的斗争。以上这些起义虽然大部分都失败了,但她们构成了新末农民大起义的前奏曲,预示着更大风暴的来临。

天凤四年(18 年),琅邪人樊崇在城阳国的莒(今山东莒县)聚众百人起义,他们以泰山为根据地,转战青、徐等地,不到一年即发展成上万人的大军。不久,琅邪人逄安、东海(今山东郯城)人徐宣、谢禄、杨音等也率领一支义军来归,接受樊崇领导,队伍扩大到数万人。这是新朝末年最纯朴的一支农民起义队伍。他们"以言辞为约束,无文书、旌旗、部曲、号令",规定了最简单明了的纪律:"杀人者死,伤人者偿创",他们也没有显赫而复杂的官号和爵级,"其中最尊者号三老,次从事、次卒史,汎相称曰巨人"。① 地皇三年(22 年),他们杀死王莽派到东方率兵围剿他们的太师羲仲景尚,接着,又与王莽派遣的更始将军廉丹、太师王匡指挥的十多万官军对战。樊崇为了使义军战士在与官军作战时易于识别,下令全军官兵一律将眉毛染成红色,由此,这支起义军在历史上就被称为"赤眉军"。廉丹、王匡统帅的官军纪律败坏,所过之地,烧杀抢掠,无所不为,关东地区的百姓深受其害。有一首民间歌谣说:"宁逢赤眉,不逢太师!太师尚可,更始杀我。"②由于人心向着赤眉军,赤眉军在与官军的战斗中连连获胜。无盐(今山东东平县境)一战,杀死廉丹,王匡落荒而逃,十数万官军土崩瓦解。接着,赤眉军攻莒城,战东海(今山东郯城),转而挥军南下西进,与莽军激战于彭城(今江苏徐州),沛郡(今安徽濉溪)、汝南(今河南上蔡),获得一系列胜利。之后,经郾(今河南郾城)、颍川(今河南禹县),入据陈留(今河南开封附近)。稍事休整后,又千里远袭,攻克鲁城(今山东曲阜)。再转军西向,攻破濮阳。这时,王莽新朝已宣告灭亡。从公元 17 年到 23 年,五年之中,赤眉军转战青、徐、豫、兖数州,屡破强敌,迭克名城,基本上消灭了新朝在这一地区的军事力量,有力地支援和配合了绿林军与河北诸路起义军

① 《后汉书·刘盆子传》。

② 《后汉书·刘盆子传》。

新莽末年农民战争形势图

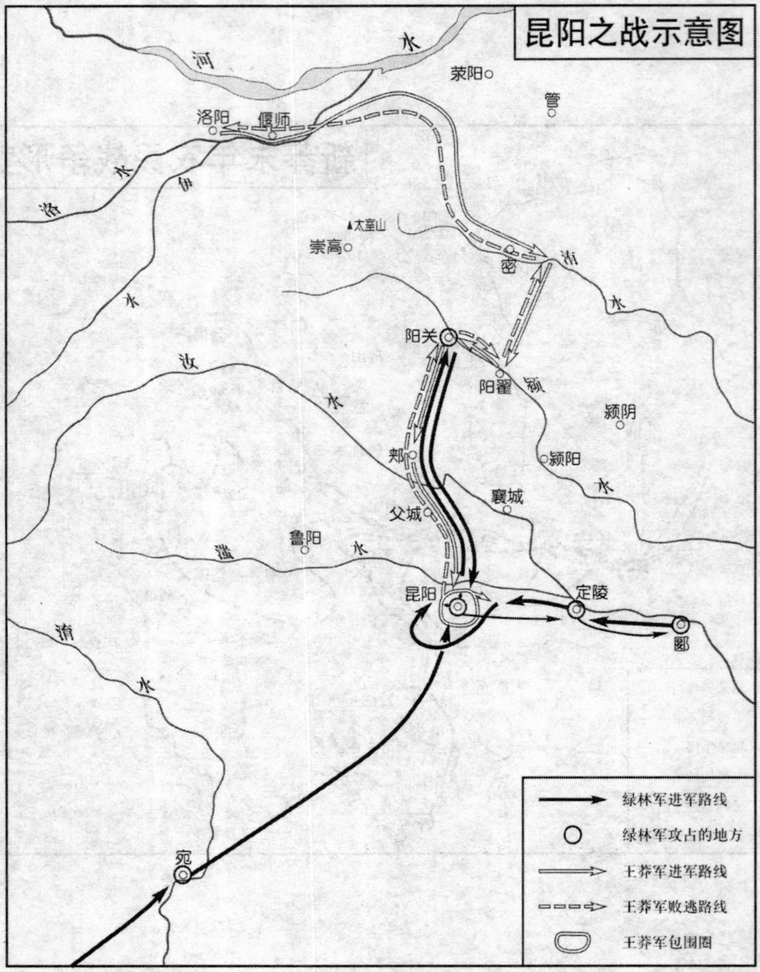
昆阳之战示意图
河
水
荥阳
管
洛阳
偃师
洛
水
伊
太室山
崇高
密
洧
水
阳关
阳翟
颍
颍阴
汝
水
郏
颍阳
水
襄城
父城
鲁阳
滍
水
昆阳
定陵
郾
淯
水
宛
绿林军进军路线
绿林军攻占的地方
王莽军进军路线
王莽军败逃路线
王莽军包围圈

对新朝官军的战斗，在推翻新皇朝的斗争中做出了不可磨灭的贡献。她自己也发展成百万人的大军。但是，由于新朝已经灭亡，各支起义队伍失去了共同的斗争目标，后来，赤眉军与绿林军由互相猜忌发展到互相火并，开始了新末农民战争中令人痛心的一页。

二、绿林起义与新莽政权的覆亡

在南郡（今湖北江陵）和南阳郡（今属河南）之间，有一座绿林山，附近劳动人民大都依阻山泽，靠渔采为业。天凤元年（14 年）以后，这里久旱不雨，百姓困苦不堪，群入野泽，掘凫茈而食。新朝官吏不仅不予赈济，反而强征山泽之税。天凤四年（17 年），新市（今湖北京山县境）人王匡、王凤乘机鼓动起义，被推为领袖。不久，马武、成丹、王常等人也加入起义队伍。他们以绿林山为根据地，四处出击，吸引大批贫苦百姓，队伍迅速发展壮大。地皇二年（21 年），绿林军与荆州地区的官军在云杜（今湖北京山）、竟陵（今湖北潜江）、安陆等地数次大败官军，获得大批战利品，队伍发展到五万多人。地皇三年（22 年），正当王莽派遣的纳言将军严尤、秩宗将军陈茂率军扑向南阳的时候，绿林山下疾疫流行，近半数义军战士染病死去。为了求得生存和进一步发展，起义军分成两支离开绿林山。一支由王常、成丹率领，南渡汉水，在南郡一带活动，称下江兵。一支由王匡、王凤、马武、朱鲔、张卬等率领，北上南阳，称新市兵。七月，平林（今湖北随县境）人陈牧、廖湛等领导千人起义，拉起一支队伍，称平林兵。从此，三支义军互为犄角，纵横驰骋于荆州所属的南郡、江夏和南阳三郡，使前来围剿的官军疲于奔命。不久，以刘玄、刘縯和刘秀等为首的南阳地主武装也加入了起义军。地皇四年（23 年）正月，起义军在淯阳（今河南新野县境）等地大败官军，基本上掌握了南阳一带战场上的主动权。二月，各路义军为了协同作战，共同推翻王莽政权，决定建立自己的政权。但这个政权的首领应该属谁？起义将领与南阳地主集团发生了分歧。南阳地主集团欲立工于计谋、有较强能力的刘縯为皇帝。农民领袖虽然也同意立汉宗室之人为帝，但不愿受南阳地主集团的代表刘縯的控制，他们选中了懦弱无能的刘玄。刘縯、刘秀为首的南阳地主集团很不高兴，故意寻出理由加以反对："诸将军幸欲尊立宗室，甚厚！然今赤眉起青、徐，众数十万，闻南阳立宗室，恐赤眉复有所立，王莽未灭而宗室相攻，是疑天下而自损权，非所以破莽也。春陵去宛三百里耳，遽自立，为天下准的，使后人得承吾敝，非计之善者也。不如且称王以号令，王势亦足以斩诸将。若赤眉所立者贤，相率而往从之，必不奇吾爵位；若无所立，破莽，降赤眉，然后举尊号，亦未晚也。"两种意见相持不下，最后张印拔剑击地定音。他们共推刘玄为天子，在淯水河畔举行登基仪式，建元更始，任命刘良为国三老、王匡为定国上公、王凤成国上公、朱鲔为大司马，刘縯为大司徒，陈牧为大司空，其余皆任为九卿将军。绿林军内部立皇帝的斗争，反映了农民领袖与南阳地主集团的矛盾，也埋伏下了日后更始政权内部分裂和火拼的种子。更始政权建立之后，挥军北上，向王莽统治的腹心地区进兵。四月，王莽派遣他最得力的爪牙大司空王邑去洛阳，与司徒王寻一起，纠合郡兵四十多万，号"虎牙五威兵"，扑向绿林军，妄图在河南地区一举消灭义军。这时候，王凤、刘秀等率领的一支义军，由南阳北上，连破昆阳（今河南叶县）、定陵（叶县东）和郾城。五月，王邑、王寻督兵从颍川出发，会合严尤、陈茂两支官军，兵锋直指义军据守的昆阳。由于莽军来势汹汹，人数且十倍于义军，有些义军将领缺乏战胜敌人的信心和决心，要求分散弃城南逃。只有刘秀沉着坚定，他分析形势说："今兵谷既少，而外寇强大，并力御之，功庶可立；如欲分散，势无俱全。且宛城未拔，不能相救，昆阳即拔，一日之间，诸部亦灭矣。今不同心胆，共举功名，反欲守妻小财物邪！"①刘秀说服了义军将领，使之坚定了据守昆阳的决心。然后，他安排王凤、王常率九千人坚守昆阳，自己则与五威将李轶率十三骑勇士，乘夜色冲出南门，到南方搬取援兵。王邑、王寻、严尤等指挥十万大军包围昆阳后，严尤向王邑建议说，昆阳城小而坚，攻克不易。

---

① 《后汉书·光武帝纪》。

义军领袖在宛城,应对昆阳取守势,集中兵力攻下宛城。这样,昆阳就会不战而降。严尤的战略思想虽然很厉害,但骄傲轻敌的王邑根本听不进去。他得意洋洋地说:“吾昔围翟义,坐不生得,以见责让。今将百万之众,遇城而不能下,非所以示威也。当先屠此城,蹀血而进,前歌后舞,顾不快邪!”①于是指挥莽军“围城数十重,列营百数,钲鼓之声闻数十里。”他们或掘地道,或用撞车,轮番猛烈攻城。城中“积弩乱发,矢下如雨”,连打水都必须“负户而汲”。但小小昆阳,犹如一枚钢钉,屹立不动,紧紧吸住了十多万大军。刘秀等到定陵和郾城以后,决定把这里征募的全部义军开赴昆阳参加决战。当有的义军将领要求留下部分士卒看守财物时,刘秀说:“今若破敌,珍宝万倍,大功可成;若无所败,首领无余,何财物之有?”②六月,刘秀率援军驰赴昆阳。他自率步骑千余人为前锋,向王邑派出的数千莽军奋力冲杀。刘秀一马当先,呼叫着冲进敌阵,斩首数十级。莽军败退,刘秀乘胜挥军再冲敌阵,斩杀数千人。原来对敌人还有些胆怯的将领,在刘秀勇敢精神的感召下,“胆气益壮,无不一当百”。接着,刘秀又与敢死之士三千人,在城西越水猛冲敌人防守最严的地段,打得莽军连连退避。王邑选取精锐将卒万余人,专门对付刘秀统帅的义军,又经过一番十分激烈的较量,莽军在一片混乱中败退。刘秀乘胜追击,杀死主将王寻。这时,城中义军亦鼓噪而出,内外夹击,呼声震天地。莽军兵败如山倒,争相逃命,人马互相践踏,百里战场,死伤枕藉。此时,天气骤变,暴风骤雨,电闪雷鸣,屋瓦横飞,滍水横流,溃败的莽军争渡逃命,数以万计的士卒淹死在河水中,积尸堵塞河道,河水为之不流。王邑、严尤和陈茂等人乘轻骑踏着死尸渡过滍水,逃往洛阳。四十多万莽军就这样一败涂地,义军取得了空前的大胜利,获得的军需物资堆积如山,搬运一月有余,尚未搬完。

---

① 《后汉书·光武帝纪》。

② 《后汉书·光武帝纪》。

昆阳之战是中国历史上著名的以少胜多的战役,是新末农民战争历史的转折点。这次战役消灭了王莽最主要的军事力量。如果说,在此之前,莽军还掌握着部分的军事主动权,在东、南、北三个战场都还能够进行局部反攻的话,那么,此次战役之后,它就完全丧失了军事上的主动权,在各个战场都陷入了被动挨打的局面。在此以前,王莽统治集团虽然已经是四分五裂,但臣下大规模离叛的事件尚未出现。昆阳之战以后,由于王莽的失败已成定局,王莽的中央和地方官吏纷纷倒戈相向,自谋出路。一时间,独立自保者有之,密谋政变者有之,投降义军者有之,很快出现一个鸟兽散的局面:“于是海内豪杰翕然响应,皆杀其牧守,自称将军,用汉年号,以待诏命,旬月之间,遍于天下。”①

昆阳之战以后,刘秀乘战胜之威,率兵北进,很快占领父城(今河南平顶山市附近)等五县,前锋进逼洛阳。更始帝刘玄调遣义军,兵分两路,向王莽的腹心地区进兵。一路由王匡率领,进攻王莽在东方的重镇洛阳,打开自东向西进攻长安的道路。一路由申屠建、李松率领,沿汉水向武关进发,打开由南方通向长安的道路。这时,析县(今属河南)人邓晔、于匡起兵响应义军,猛攻武关,降其都尉朱萌,攻右队(即弘农郡),杀其大夫宋纲。紧接着,又攻克湖县(今河南灵宝西),兵锋直逼长安。华阴一战,打败王莽“九虎”指挥的官军。邓晔开武关迎接义军,与李松率领的三千前锋部队汇合后,猛攻渭口京师仓。接着,兵分两路西进。一路由王宪指挥,进入左冯翊,下频阳(今陕西蒲城、耀县之间)、高陵,从北面进攻长安。一路由韩臣等率领,绕京仓西进,在新丰(今陕西临潼附近)打败波水将军窦融指挥的莽军,直抵长安城下。这时关中的大地主纷纷组织武装,自称汉将军,参加义军行列。数不清的各路义军将长安团团围住,四面攻击。九月一日,义军首先攻破长安东北的宣平门,突入城中,很快肃清城中残敌。第二天,攻入皇城,在渐台把王莽碎尸万段。九月五

① 《汉书·王莽传》。

日,李松、邓晔、赵萌、申屠建等统帅的义军主力到达长安,他们将王莽的首级传送更始帝刘玄驻地宛城,更始帝下令将其悬于城头,四乡人民潮水般涌来聚观,有人将王莽头颅取下来,用刀子切下王莽的舌头,以发洩对王莽善于说谎的切齿之恨。

王莽可以靠阴谋诡计篡夺汉皇朝的政权,也能够依靠自己手中的武装力量,镇压刘汉宗室贵族和拥刘派官僚地主的反叛,但是,由于他实行的一系列政策激怒了人民,在排山倒海的农民革命队伍面前,他的骗术和武力也就失去了效力。王莽暴政的覆灭,是继陈胜、吴广起义之后,农民战争在中国封建社会的历史上奏出的又一支响彻云霄的凯歌。

三、群雄并起的河北义军

正当赤眉军崛起海岱,绿林军驰骋江汉,打得王莽官军顾此失彼、狼狈不堪的时候,在黄河南北的平原和山野中,雨后春笋般地又出现了数十支农民起义队伍。他们“或以山川土地为名,或以军容强盛为号”,“众合数百万”①,到处扫荡新朝的地方武装,基本上消灭了王莽在这一带的军事力量。他们的斗争严重打击了王莽的统治,客观上支援了赤眉绿林两支起义军对王莽政权的斗争,在新莽末年的农民战争史上写下了光荣的一页。

河北起义军以活动于鄡(今河北束鹿县境)的铜马为代表,见于史籍记载的其他几支是:活动于鲁国(今山东曲阜)一带的檀乡;活动于平原(今属山东)一带的富平、获索;活动于馆陶(今属河北)一带的高湖、重连;活动于临平(今河北晋县)一带的五校;活动于常山(今河北石家庄附近)一带的大枪;活动于隆虑(今河南林县)一带的尤来;活动于河内(今河南武陟)一带的上江、大彤、铁胫、五幡;活动于轵(今河南济源)一带的青犊;活动于河、济一带的城头子路;以及活动于东海(今山东郯城)的刁子都等部。这些起义军,大者数

① 《后汉书·光武帝纪》。

十万,小者万余人。他们时聚时合,飘忽不定,打官府,劫仓库,杀官吏,掠财物,不断地同官军和各种类型的地主武装斗争。他们虽然沉重地打击了王莽政权,但缺乏建立自己政权和根据地的思想。建武二年(26 年)十一月铜马、青犊、尤来等余部曾共立孙登为“天子”,打算在上郡(今陕西延安)建立政权,但很快就垮台了。他们之中,除城头子路自称“都从事”,刘诩自称“校三老”之类的小吏外,其余各部首领连个名号也没有留下。他们拉起队伍的主要目的是解决生活问题。他们或据地自保,或四处游击,从来没有夺取全国政权的宏图远略,也没有主动联合成一支统一的大军。王莽政权灭亡以后,面对刘秀为首的新的封建政权的残酷镇压,他们也未能组织统一的有效的反抗。结果有的被屠杀,有的被打散,有的被招降,有的被收编,总之被各个击破,悲惨地走向失败。在这一过程中,刘秀运用镇压和欺骗的两手政策,通过大量招降、收编起义军壮大了自己的力量,因而获得了“铜马皇帝”的徽号。

四、刘秀在河北的活动与东汉政权的建立

刘秀是汉皇朝的宗室贵族,家居南阳蔡阳(今湖北枣阳白水乡),本人是一个豪族地主。曾在长安太学读书,又曾做过粮食投机商,“卖谷于宛”。地皇二十二年(22 年),与其兄刘缜共同在宛城起兵反莽,并加入绿林军。刘秀多谋善断,机智勇敢,体恤士卒,纪律严明。他统帅的部队很快成了一支战斗力很强、颇得民众拥护的劲旅。在战斗中,刘秀总是身先士卒,率队冲杀,因而成为义军中很负众望的将领。昆阳之战集中反映了他的军事才能。后来,在更始政权内部争夺权力的斗争中,面对刘玄杀死自己亲兄长刘缜的深仇大恨,他冷静分析形势,竭力掩饰自己的感情,“深引过”,“饮食言笑如平常”,从而蒙住了刘玄的眼睛,保住了自己的地位。十月,他奉命持节渡河,脱离牢笼,在河北独立发展:“所到郡县,辄见二千石,长吏、三老、官属,下至左史,考察黜陟,如州牧行部事。辄平遣囚徒,除王莽苛政,复汉官名,吏人喜悦,争持牛酒

迎劳。"①这些措施显示了刘秀超出赤眉绿林诸将领和更始君臣的卓越军事才能和政治谋略，在一定程度上赢得了民心，也使风雨飘摇中的王莽官吏归诚于他。更始二年(24年)正月，刘秀经邯郸、真定、北徇蓟(今北京市)的时候，虽然遭到地方实力派王郎、刘接的攻击，一时狼狈不堪，岌岌可危，但由于他的政策深得民心，很快战胜王郎，在以邯郸为中心的河北地区立住脚跟。不久，他拒绝接受刘玄给予的萧王的封典，正式脱离更始自行其是了。之后，在一年多时间内，他一面袭击更始政权的尚书令谢躬，吞并他统帅的绿林军，一面调兵遣将，东征西讨，全力对付以铜马为代表的河北各路起义军。他巧妙地运用镇压和怀柔的两手政策，连续消灭了铜马、高湖、重连、大彤、青犊等数十万义军，把他们改编成日后统一全国的基本军事力量。紧接着，他又北向击破尤来、大枪、五幡等部义军，基本上控制了河北地区，成为拥有数十万武装和广土众民的举足轻重的力量。由于他本人出身于豪族地主，做过太学生，他的手下又有着邓禹、任光、邳彤、刘植、耿纯、吴汉、寇恂、耿弇、陈俊、马武等一大批出身豪族、饱读诗书的文臣武将，这就使刘秀集团的政治经验、行政能力和军事谋略都显然优于其他任何军事集团。他在据有河北的地盘和掌握一支可观的军事力量之后，就在将领们的拥戴下，假借"刘秀发兵捕不道，四夷云集龙斗野，四七之际火为主"的赤伏符，于公元25年六月在鄗(今河北柏乡县境)即位做了皇帝，建立了东汉皇朝。十月，刘秀攻克洛阳，决定把这里作为都城。这时候，赤眉军已经攻入长安，消灭了更始政权。其他各地的割据者也在拼命经营自己的地盘，称帝称王者遍布全国，刘秀要想重新统一中国，还需做一番艰苦的努力。

五、绿林、赤眉军的相继失败与东汉的统一

公元23年建立的更始政权，内部矛盾重重，潜伏着许多危机。这个政权

① 《后汉书·光武帝纪》。

的支柱虽然是绿林军,但其中却混入了不少刘氏宗室贵族和拥刘的官僚地主。因而,其中不仅有贵族地主与农民将领的矛盾,也有贵族地主内部的矛盾。刘玄在与刘缜兄弟争夺皇位的斗争中,由于得到农民将领的支持而取得胜利,并在公元23年的六月将刘缜杀死,除掉了政敌。但是,刘玄本人并不代表农民利益,而且懦弱无能。既无开国帝王的气魄、眼光和政治谋略,又缺乏驾驭群臣的才能。当举行登基大典朝见群臣的时候,他"羞愧流汗,举手不能言"。更始二年(24年)二月,他在长安长乐宫朝见百官时,又是"羞怍,俛首刮席不敢视"。而在后至的将领拜见他的时候,他的问话竟是"虏掠得几何"①,这使昔日王莽宫廷的郎吏们也惊得目瞪口呆。

刘玄入主长安以后,既没有制定统一中国的方略,也没有调兵遣将进行统一天下的军事行动,更没有宣布扫除王莽积弊,与民更始的政策,而是忙于大封诸王和尽情享乐。他一下封了二十个占地广阔、权力很大的诸侯王,无形中增加了更始政权内部的分裂因素。由于他没有制定严格的纪律以约束将领和士兵,致使更始政权的吏治一败不可收拾。刘玄无视更始政权的矛盾和危机,而认为大功告成,可以尽情享受了。他将政事委给李松、赵萌,娶赵萌女为皇后,又接收王莽后宫的全部姬妾,"日夜与妇人饮讌后庭。群臣欲言事,辄醉不能见。时不得已,乃令侍中坐帷内与语"。② 赵萌专权放纵,随意杀戮部下,搞得朝政日非,诸将离心。那些被封为王的将领,李轶、朱鲔等擅命山东,王匡、张卬等专权三辅,他们任人唯亲,凭好恶滥赏爵位和官职。得到官职的人,日行市中,耀武扬威,横行无忌,以致怨声载道。时有民谣讽刺说:"灶下养,中郎将;烂羊胃,骑都尉;烂羊头,关内侯。"③很短的时间内,更始政权从上到下已是一片混乱,而农民军将领与刘氏贵族和官僚地主分子之间也互相猜忌

① 《后汉书·刘玄传》。
② 《后汉书·刘玄传》。
③ 《后汉书·刘玄传》。

和倾轧。有个地主分子李淑向刘玄建议："陛下定业，虽因下江平林之势，斯盖临时济用，不可施之既安，宜厘改制度，更延英俊，因才授爵，以匡王国。"①这样，更始政权内部就更加四分五裂，它很快丧失了昔日的战斗力，失败的命运也就不可挽回了。

当更始政权日趋腐化的时候，刘秀正打着"复汉兴刘"的旗子在河北东征西讨，而实力与绿林军相匹敌的赤眉军也正向长安进军。本来，在更始元年刘玄定都洛阳的时候，已进至陈留、淮阳一线的赤眉军领袖樊崇，曾应召带将帅二十余人到洛阳朝见更始帝，被封为列侯。但因为没有获得实质性的官位和权力，他们怏怏不乐，返回部队之后，就采取了与绿林军对立的立场。更始三年(28 年)正月，赤眉军南北两路汇合弘农后，即向刘玄的统治中心长安进军，经过两次激战，赤眉军乘胜抵达华阴。

在赤眉军步步进逼，长安岌岌可危之际，更始政权的内部斗争也尖锐起来。王匡、张卬从河东地区(今以临汾为中心的山西南部)被刘秀部将邓禹打败后，逃回长安。张卬与诸将密谋，认为赤眉军旦暮可至长安，与其困守长安一夜孤城，被动挨打，不如劫掠城中财物，弃城东归南阳，再谋发展。张卬劝说刘玄实行这一计划，被刘玄严词拒绝。刘玄命令王匡、陈牧、成丹、赵萌等率兵屯新丰(今陕西临潼附近)，抵抗赤眉军。张卬、廖湛、胡殷、申屠建等与御史大夫隗嚣合谋，打算乘立秋日更始出猎祭兽的机会，以武力将其劫持，逼迫他接受东归南阳的计划。此谋泄露后，刘玄杀死了申屠建。于是张卬与廖湛、胡殷等发兵劫掠市肆，焚烧宫门，与拥护刘玄的军队激战于宫中。刘玄大败，只得于第二日带车骑百余人东奔新丰归依赵萌。经此次事变，他对原绿林军将领王匡、陈牧、成丹等人更加不相信，又用阴谋手段杀害了陈牧和成丹。王匡一气之下，率军归长安，与张卬合军，同刘玄对战。李松、赵萌率军攻打据守长安的张卬、王匡，双方在长安内外，连战月余，力量都受到很大损失。王匡、张

① 《后汉书·刘玄传》。

印退出长安后,刘玄复入据长安。更始政权内部的这场斗争,实际上是原绿林军领袖与刘氏宗室贵族地主集团的火并。这场斗争严重削弱了更始政权的军事力量,给正在向长安进军的赤眉军创造了有利条件。

当赤眉军进至高陵的时候,王匡等率部迎降,连兵进攻长安。刘玄令李松出城迎战,李松兵败被俘。李松之弟李汎时任城门校尉,为了挽救其兄的生命,开城迎接赤眉军,于是赤眉军顺利地占领了长安。刘玄从长安逃至高陵,由于失败之势已成,他只得于建武元年(25 年)十月向赤眉军投降,被封为长沙王。不久,即被赤眉军首领谢禄缢杀于长安郊外。刘玄建立的更始政权仅仅经过三个年头便宣告灭亡了,而曾经作为这个政权支柱、在推翻王莽新朝的斗争中立下最大功勋的绿林军也基本上瓦解了。

赤眉军在更始元年与更始政权联合的希望破灭后,即采取了与之敌对的立场,决定进军长安。更始三年一月,在攻占弘农以后,赤眉军的领袖们为了健全组织,乃分万人为一营,共有众三十营,营置三老、从事各一人。然后浩浩荡荡杀奔华阴。这时,军中的齐巫假托城阳王刘章亡灵,声言"当为县官,何故为贼",意思是要赤眉军领袖们建国立号。被刘玄杀死的方望(他曾立孺子婴为帝对抗更始)之弟方阳乘机对樊崇等人说:"更始荒乱,政令不行,故使将军得至于此。今将军拥百万之众,西向帝城,而无称号,名为群盗,不可以久。不如立宗室,扶义诛伐,以此号令,谁敢不服?"①樊崇等深以为然。六月,至郑(今陕西华县),决定立刘氏宗族刘盆子为帝,自号建世元年。赤眉军初起时,经过泰山郡式县,将城阳王刘章的后人刘盆子及其二兄刘恭、刘茂收罗军中。刘恭后随更始帝,被封为式侯,刘盆子和刘茂则在赤眉军中跟随校尉卒史刘侠卿"主刍牧牛",号曰"牛吏"。樊崇等从军中找到城阳王后裔七十多人,又从这些人中选出与城阳王血统最近的刘盆子、刘茂和西安侯刘孝,以"探札"的办法选取皇位继承人。结果年纪最轻的十五岁的刘盆子被选中立为皇帝。史

① 《后汉书·刘盆子传》。

书记载，当刘盆子探札得符，群臣都在他面前跪拜称臣的时候，他"被发徒跣，敝衣赭汗，见众拜，恐畏欲啼"[①]，将札符"折弃之"。他虽然被硬立为皇帝，但仍不时与牧牛的伙伴们玩耍游戏。这一幕用"探札"确立皇帝的闹剧，不管今日看起来多么荒唐可笑，但却是最真实的历史。赤眉军建立了以刘盆子为皇帝的政权，义军领袖徐宣被推为丞相，樊崇为御史大夫，逢安为左大司马，谢禄为右大司马，自杨音以下皆封为列侯。

更始三年(25年)九月，赤眉军攻下长安后，刘盆子入居长乐宫。这时候，"诸将日会论功，争言欢呼，拔剑击柱，不能相一"。[②] 军队纪律也开始败坏，劫掠之事，时有发生，"盆子惶恐，日夜啼泣"。他的哥哥为之谋划，坚决要把皇帝位子让出来。樊崇等人不允许。赤眉军虽入据长安，但面临着十分严峻的形势：长安周围还被更始的旧部占据着，陇西一带是割据者隗嚣和窦融的天下。背后，尾随赤眉军进入关中的邓禹所率之兵也逼近长安。而筑堡自卫的地主武装更在长安四郊与赤眉军为敌。数十万赤眉军屯驻一座孤城，粮秣供应也难乎为继。赤眉军为了摆脱困境，决定放弃长安，向西进军。一方面扫除更始政权的残余势力，一方面筹集军粮。离开长安以前，他们掠取城中珍宝，然后放火焚烧宫室，雄伟壮丽的西汉皇城，顿时化为一片火海。这时，赤眉军"众号百万"，自终南山北麓迤逦西行，至郿(今陕西郿县境)，经过激战，杀死守城的更始将军严春，继而入安定(今宁夏固原)、北地(今甘肃庆阳)两郡，后经乌氏、泾阳(今甘肃平凉)转战至阳城、番须的时候，遇到大雪，"坑谷皆满，士多冻死"。[③] 向陇西进军，又遇到割据者隗嚣的截击，只得回军长安。这时候，邓禹率领的汉军已乘赤眉西进的机会占领长安。得到赤眉回军的消息以后，立即派兵在郁夷(今陕西宝鸡县境)阻击赤眉军，被赤眉军打败。邓禹只

① 《后汉书·刘盆子传》。
② 《后汉书·刘盆子传》。
③ 《后汉书·刘盆子传》。

得退兵立阳(今陕西淳化北)。九月,赤眉军再次进入被洗劫一空的长安城。不过,第二次进入长安的赤眉军面临着比前一次入长安时更为严峻的形势。半年之中,赤眉军在苦寒风雪中转战数千里,士卒疲惫不堪,又没有筹到粮食。虽然他们派兵发掘西汉皇帝的陵墓,收取不少宝物,但依然没有摆脱饥饿的威胁。而且,此时的长安,东、北两面有邓禹统帅的汉军进逼,南面有汉中延岑、更始将军李宝带领的两支军队的威胁,军事形势对赤眉军十分不利。为了打破敌人的包围,逄安率十万赤眉军进击屯驻杜陵(今西安市南)的延岑。两军方酣战中,邓禹乘长安空虚,率兵偷袭,打进城中,与谢禄指挥的赤眉军激战于稾街。结果邓禹失败,退出长安。与此同时,逄安也打败延岑军,逼降了李宝。但不久,逄安因麻痹大意,误中李宝与延岑联合夹击的阴谋,在又一次的激战中被打得大败,十万精锐之师死于混战之中,逄安仅与数千兵卒退回长安。此时,形势愈发对赤眉军不利,“三辅大饥,人相食,城廓皆空,白骨蔽野”①,关中的地主阶级更是“聚为营保”,“坚壁清野”,使赤眉军的粮食供应更加困难。建武二年(26 年)十二月,赤眉军只得退出长安,打算东返故乡,再谋发展。这时候,一年前号称百万之众的赤眉军,仅剩下二十万人。在东返的路上,由于饥饿的威胁和不断遭受汉兵的袭击,不少人离队逃跑了。

正在赤眉军归心似箭地急急东返之时,刘秀已经制定了聚歼计划:他命令破奸将军侯进屯兵新安(今河南渑池东),命令建威大将军耿弇屯兵宜阳(今河南宜阳西),在赤眉军东返时必经的两条大路上埋伏下重兵。建武三年(27 年)正月,邓禹率兵袭击进至湖(今河南灵宝西)的赤眉军,再次被赤眉军打败。闰正月,赤眉军进至崤底(今河南渑池西),遭到刘秀的征西大将军冯异指挥的汉军的突然袭击,损失惨重。刘秀得到赤眉军逼近的消息,立即亲自指挥大军在宜阳布阵堵截。赤眉军惊魂未定,又在宜阳遇上了刘秀指挥的大军,“惊震不知所为”,只得遣刘恭接洽投降。在得到“待汝以不死”的保证之后,

① 《后汉书·刘盆子传》。

刘盆子及丞相徐宣等三十余人“肉袒降”，“积兵甲宜阳城西，与熊耳山齐”。①还拥有十万之众的赤眉军就这样失败了。后来，樊崇、逄安等为了挣脱囚徒般的生活，曾密谋东山再起，举兵反抗东汉皇朝，但由于计事不密，更因为当时已不存在农民大起义的形势，他们的反抗活动只能以失败而告终，这两位曾经叱咤风云的农民领袖也牺牲在刘秀的屠刀之下。

赤眉军继吕母之后，崛起于海岱之间，在将近十年的岁月里，驰骋齐、鲁，血战黄、淮，苦斗关中，英勇顽强，所向披靡，最后发展成近百万人的大军，在推翻王莽新朝的斗争中做出了巨大的贡献。赤眉的主要领导者虽然大部分都是目不识丁的纯朴农民，但经过战争实践的锻炼，摸索出一套避实击虚、迂回奇袭的战略战术，在对王莽官军、更始汉军和刘秀军队的战斗中取得过一连串的胜利，为后来的农民战争积累了宝贵的经验。但是，由于赤眉军本身存在着许多难以克服的局限和不足，在推翻王莽政权之后没有找到一条成功地建立和巩固政权的道路。

王莽政权灭亡以后，全国出现了四分五裂的政治局面，阶级矛盾和社会矛盾也异常复杂和尖锐。赤眉、铜马等农民军要求继续进行反封建斗争但却失去了主要打击目标，而绿林军拥戴的更始政权变成了割据称雄的封建军事集团。这时候，不仅以统一全国为己任的刘秀所建立的皇朝是封建政权，而且全国各地以各种名目乘时而起的那些军事割据者所建立的，也是大小不等的封建政权。因此，新朝灭亡以后各个军事集团之间的斗争，虽然一部分还具有农民起义军反封建的性质，如赤眉、铜马等反抗刘秀镇压的斗争，但绝大部分则是统一与割据的斗争。而刘秀最后削平群雄、完成统一大业的最根本的原因，就在于他顺应了走向统一的历史潮流。

公元23年昆阳大捷之后，王莽政权覆灭的命运已成定局。在此情势下，各地的刘氏贵族、官僚和地主分子纷纷扯起反莽的旗帜。这些人或拥兵自重，

① 《后汉书·刘盆子传》。

或混入起义军,或归附刘秀,结局各有不同。更始政权占领长安以后,又有一批地方实力派人物拥兵割据,“是时长安政乱,四方背叛。梁王刘永擅命睢阳,公孙述称王巴蜀,李宪自立为淮南王,秦丰自号楚黎王,张步起琅邪,董宪起东海,延岑起汉中,田戎起夷陵,并置将帅,侵略郡县。”①刘秀建立东汉皇朝以后,面临着十分严峻的政治形势,一方面要镇压农民起义军余部,一方面要对付割据称雄的势力。从建武元年至建武十六年(25—40年),经过十多年的战争,刘秀镇压了以赤眉、铜马为代表的农民起义军,次第平定了渔阳的彭宠、秦郡的秦丰、梁地的刘永、齐地的张步、庐江的李宪、天水的隗嚣、巴蜀的公孙述、五原的卢芳,完成了统一全国的伟业,以刘邦事业继承者自居的刘秀,实际上建立的是一个新的皇朝。

刘秀重新统一中国的条件是新末农民战争创造的。这个战争以雷霆万钧之势推翻了拥有全国政权、掌握百万武装的新莽皇朝。刘秀乘战乱之机加入农民起义队伍,扩大了自己的影响,抓到了一支武装。与更始政权分道扬镳以后,又在经营河北的过程中,用软硬兼施的办法收编了大量的农民军,掌握了南向争夺天下的最重要的资本。

在新末农民战争中崛起的十数个封建武装集团之中,刘秀的确是其中的佼佼者。从封建正统史家的观点看,刘秀作为刘氏宗族的后裔,使其拥有战胜群雄的政治优势。其实,当时卷入农民起义队伍的刘氏后裔不下千百人,就他们与西汉天子的血缘关系而论,刘秀并不是最亲近的。因此,血统并不是他取得胜利的根本原因。刘秀高于其他割据者的地方,恰恰在于他有着超越所有其他人的政治眼光,实行了比其他人更高明的政策。他首先打出了废除新朝苛法的旗号,数次颁行释放奴婢的诏令,这些措施为他赢得了民心。对比之下,赤眉、绿林、铜马等农民起义军不仅在反莽战争中没有提出如此顺应民心的政策,而且在新朝灭亡以后,更失去斗争方向,逡巡犹豫,不知所措。其他割

① 《后汉书·光武帝纪》。

据的军事集团绝大部分也只是满足于据地自守，既提不出适应时代需要的政治纲领，又缺乏统一中国的宏图远略，在刘秀的有计划的军事进攻面前只能以失败而告终。

刘秀军事集团的文臣武将大部分出身于豪族地主，不少人还是经学世家，其文化素养、政治经验和军事谋略都明显高于其他任何集团。刘秀本人具有杰出的政治头脑和卓绝的军事才能，并且知人善任，善于集思广益，不仅在政治上制定了一系列的适合实际情况的政治经济政策，军事上也制定了一套正确的战略战术。在王莽政权灭亡之前，他指挥了著名的昆阳之战，创造了以少胜多的奇迹，在起义军中建立了很高的威信。其兄刘縯被杀后，他表现出惊人的镇定，不仅解除了刘玄的怀疑，免遭毒手，而且还取得信任。之后，他脱离刘玄，到河北地区单独发展势力。羽翼丰满后，即毅然同更始政权决裂。在自己的力量小于更始和赤眉军时，他埋头苦干，收集地主武装，逐次消灭或改编以铜马为代表的河北起义军。待到在河北建立起较巩固的根据地，有了一支可观的军事力量以后，他就揭出自己的旗帜，正式登基称帝。又利用“民心思汉”的倾向，把自己的一切行政措施都说成是“复高祖之业”，竭力制造汉朝中兴的气氛。然后，他挥军渡过黄河，攻取洛阳，建立自己的政治中心。他坐镇洛阳，一面注视着赤眉军和更始政权之间一亡一伤的火并，一面派出邓禹等将领率军队尾随赤眉军进入关中，相机寻找歼灭赤眉军的机会。再后，在赤眉回军山东的路上，他部署重兵，以逸待劳，最后轻而易举地在宜阳招降了赤眉军的十万兵马。至此，刘秀不仅消灭了他统一道路上最大的军事障碍，而且取得了黄河中游从关中到河北、河南的最富庶地区。从而使他在政治、经济和军事方面对其他割据者形成了绝对优势。而后，在十年左右的时间内，他用各个击破的办法，从容坚决地逐次消灭了各地方的割据者，成为逐鹿中原的胜利的英雄。

刘秀虽然不是农民起义军的领袖，但在侧身农民起义队伍的时候，又的确对农民战争的胜利发挥过别人无法取代的积极作用。尽管他最后镇压了赤眉、铜马等多支农民起义军,表现了地主阶级鲜明的阶级立场,可是他同时却又顺应“民心思汉”的历史趋势,利用农民战争创造的有利条件,充分发挥自己的主观能动性,完成了统一大业,成为一匡天下的英雄,做了封建社会又一个繁荣时期的导向人物,他的贡献是值得充分肯定的。

六、新莽末年农民战争的特点及其历史意义

新末农民起义是中国历史上第二次农民革命高潮,与陈胜、吴广领导的第一次农民革命高潮相比,有着许多新的特点。这次农民起义爆发的时间比较集中,两年之内,起义的地区几乎遍布全国。但力量却比较分散,始终没有形成一支统一的队伍。所有起义军的打击目标尽管都集中到王莽政权,但却又各自为战,缺乏战略战役的协同。其所以出现这种情况,是因为当时的社会矛盾经过长期的酝酿、积累、深化,已达到一触即发的程度,而王莽代汉之后实行的一系列政策又不啻给这些矛盾火上加油,因而许久以来郁积在劳动人民心头的怒火,顷刻之间就迸发出来了。但是,由于农民阶级作为小生产者本身就有分散性的特点,而当时一呼而起的农民起义队伍,其绝大部分斗争的直接目标又是为了争取生存,所以他们时起时伏,时聚时散,有的青黄不接时起义,到收割庄稼时又散归乡里。即使较大的起义军也带有浓重的乡土观念。河北起义军始终活动在自己的乡土,没有走遍全国打天下的壮志宏图。而赤眉军进入河南不久,士卒们就为思乡而饮泣。起义队伍存在的这些缺点,正好被刘秀加以利用,或血腥镇压,或欺骗收编,而归于失败。

这次农民起义的另一个显著特点,是几支较大的起义军都接受了“拥刘”的口号,因而使整个反莽的起事都笼罩在复汉兴刘的烟雾之中,“历观诸起事者,非自称刘氏子孙,即以辅汉为名,可见是时人心思汉,举天下不谋而同,是以光武得天下之易,起兵不三年,遂登帝位,古未有如此之速者,因民心之所

愿,故易为力也。"①在当时及其后封建史家的笔下,刘秀被美化成继承西汉皇统,再造新朝的"真命天子","拥刘"被描绘成新末农民战争的轴心,仿佛一切都在围绕着它旋转。"拥刘"的确是新末农民战争中客观存在的历史现象,不仅大部分反莽的刘汉宗室贵族和地主分子扯起了"拥刘"的旗帜,而且相当多的农民革命队伍也接受了"拥刘"的口号。这种情况安全是由当时的社会环境造成的。"人们自己创造自己的历史,但是他们并不是随心所欲地创造,并不是在他们自己选定的条件下创造,而是在直接碰到的、既定的、从过去承继下来的条件下创造。一切已死的先辈的传统,像梦魇一样纠缠着活人的头脑。当人们好像是在忙于改造自己和周围的事物并创造前所未闻的事物时,恰好在这种革命危机时代,他们战战兢兢地请出亡灵来给他们以帮助,借用它们的名字、战斗口号和衣服,以便穿着这种久受崇敬的服装,用这种借来的语言,演出世界历史的新场面。"②新末农民战争不是爆发于王莽代汉之前,而是勃兴于王莽代汉立新七年之后。事实上,王莽篡汉的宫廷政变刚刚发生时,并没有立即在广大劳动人民中激起什么感情和道德的义愤。其时对王莽篡汉的反抗主要是从刘汉宗室的王孙公子和维护汉皇朝正统的地主分子那里发出来的。而在受到王莽的无情镇压以后,这种反抗很快就销声匿迹了。刘汉皇朝作为偶像显示神奇的力量,恰恰是在农民战争的高潮中。"中外骚扰,远近俱发,假号云合,咸称刘氏"。③ 这种情况是由以下几种原因决定的。第一,由于新末农民起义和农民战争是在反对王莽封建暴政的统一目标下进行的,因而基础就显得相当广泛,成分也异常复杂。农民、手工业者和奴婢因惨遭王莽的虐政之害固然成为反莽斗争的主力军,但因为王莽政权是用政变的方式篡夺而来,所以,反对这个政权的,除了被剥削的劳苦大众外,还有刘汉宗室的王孙公

① 赵翼:《二十二史劄记·王莽时起兵者皆称汉后》。

② 《马克思恩格斯选集》第1卷,人民出版社1972年版,第603页。

③ 《后汉书·班彪传》。

子,维护刘汉正统的部分封建官吏、地主分子以及王莽政权内部因权力之争而分化出来的一部分自谋出路的地方实力派。这些人投机革命,浑水摸鱼,利用他们侧身于农民革命队伍的机会,运用他们的统治经验和组织能力,千方百计地窃夺农民起义军的领导权,用纵横捭阖的手段制造农民队伍内部的不和、分裂和残杀。力图把起义军变成他们改朝换代的工具。与此同时,刘汉宗室贵族和拥刘的地主官僚儒生,则经常不断地鼓吹"君权神授"的谶纬神学,制造大量的符瑞迷信来宣扬刘汉皇统的神圣和永恒。"刘氏当兴,李氏为辅"、"刘秀发兵捕不道,卯金修德为天子"的隐语四处流传,用以欺惑蒙骗广大劳动人民。他们声讨王莽的最重要的一条罪状就是"欺人孤寡,篡汉自立",因而恢复刘汉皇朝也就成了天经地义。但是,对这批乘革命之机而起的刘汉宗室贵族和官僚地主分子来说,不论他们对王莽的篡汉如何义愤填膺,声讨的檄文又是如何的慷慨激昂,他们的真实目的却是抢夺农民的胜利果实,建立以我为核心的新的封建皇朝。后来,刘秀对其他刘汉宗室贵族毫不留情的屠杀政策,已经揭穿了"复汉兴刘"口号背后的秘密。不过,由于刘汉正统思想的广泛传播和影响,部分农民领袖也相信了"刘氏复兴"的鬼话,并逐渐由反抗地主阶级的斗士转化为"辅汉兴刘"的忠贞臣子。绿林军的著名领袖王常由一个叱咤风云的革命英雄变成协助刘秀创建东汉皇朝的云台二十八将之一,就提供了一个生动的例子。据记载,刘缜加入绿林军以后,时时向王常"说以合从之利",灌输刘汉正统思想。王常大悟说:"王莽篡汉,残虐天下,百姓思汉,故豪杰并起。今刘氏复兴,即真主也,诚思出身以为用,辅成大功。"他还一再向起义军的其他将领宣传,强调只有复汉兴刘,才是"下顺民心,上合天意"。此后,他死心塌地地为刘秀卖命,屡建功勋。所以,后来有一天刘秀在大会群臣时,对他大加褒奖说:"此家率下江诸将,辅翼汉室,心如铁石,真忠臣也。"立即下令提拔他为"汉忠将军"。① 正是在极度泛滥的刘汉正统思想影响下,拥

① 《后汉书·王常传》。

刘的旗帜便在农民起义队伍中飘扬起来。第二,复汉兴刘的口号对广大劳动人民的确具有很大的迷惑性。西汉是在秦末农民大起义之后建立起来的一个封建皇朝,它的创立者是曾经做过农民起义军领袖而后又做了封建帝王的刘邦。在西汉皇朝的前期,曾经实行了一些"轻徭薄赋"、"约法省禁"、"节俭省刑"、"与民休息"等缓和阶级矛盾和社会矛盾,有利于发展生产的措施。由于农民和手工业者的辛勤劳动,汉代在文景时期一度出现封建经济高度发展的繁荣局面,农民和手工业者也有过相对安定的生活。这一切,在汉代劳动人民中自然留下了美好的回忆。再加上统治阶级的大力宣传,这种回忆代代相传,逐渐离开历史真实而趋向理想化。恰恰王莽在篡政以后把全国劳动人民推向苦难的深渊,这种悲惨的现实更加促进农民和手工业者怀念传说中的汉代盛世。这种社会的普遍心态,必然使农民起义队伍中滋生对刘汉宗室的不切实际的幻想,把刘氏后裔看做前朝的象征。由是,他们一方面把王莽的新朝看做苦难的根源,并以灭此朝食的决心力予铲除;另一方面又错误地把自己的幸福寄托于刘汉皇朝的重建。这样,农民军的拥刘就表现出明显的两重性。即它在一定程度上曲折地反映了当时农民阶级对一种理想化生活图景的向往和追求;又显示了起义的农民英雄还不能识别复汉兴刘口号的本质,错误地认为这种口号代表了自己的利益。第三,农民军同意立刘氏后裔做皇帝,也有策略上的考虑,即把反对王莽的力量在一个目标下联合起来,不要因为相互间的斗争削弱了向王莽政权的攻击力量。绿林军不立精明干练、刚毅果决的刘縯而立昏愦懦弱的刘玄,赤眉军在七十多个城阳王后裔中单单选中乳臭未干的牧牛童子作为皇帝的人选,自然也有便于控制的意思。

在封建社会里,任何农民起义和农民战争都无法取得最后胜利,失败是必然的。但是,作为封建社会农民与地主两个阶级斗争的最高形式,对历史发展所起的巨大推动作用却是任何其他力量所无法代替的。中国封建社会的农民,总是在最关键的时刻显示自己的力量,展现自己作为历史脊梁的雄姿。西汉末年,以土地兼并和大量自耕农民沦为奴婢为主要内容的阶级矛盾和社会矛盾日益尖锐,西汉皇朝危机四伏,风雨飘摇。不少地主阶级的有头脑的政治家和思想家,虽然看到了这些矛盾并制定了具体的限田限奴的方案,但结果都失败了。王莽以篡政为契机,希图通过一整套改制措施来缓和这些矛盾,但由于他从根本上违背了经济发展的客观规律,他的新政最后也以彻底失败而告终。当统治阶级面对日益激化的阶级和社会矛盾而束手无策时,起义的农民英雄起而用暴力手段为解决这些矛盾做了可贵的努力,并且取得了地主阶级任何集团都不可能取得的成果。

这次农民起义和农民战争经过英勇顽强的六年血战,终于推翻了王莽为首的封建皇朝,摧毁了从中央到地方的大部分新莽政权。"赤眉……攻郡县,杀长吏及府掾史"①,"贼暴纵横,残灭郡县"②,沉重地打击了封建统治,扫荡了社会上阻碍生产力发展的那些最腐朽的因素。尽管东汉皇朝建立以后,在残酷镇压农民军余部及新起的农民起义队伍的过程中,逐步在全国各地恢复被打乱的封建秩序,但是,它却不可能一下子把封建秩序恢复到农民起义之前的程度。这样,东汉皇朝初年的农民所处的社会环境,封建的束缚显然比以前松弛了。

在农民战争激烈进行的过程中,地方上的地主豪绅、富商大贾,有的死于农民军的枪刀之下,有的被洗劫一空,失去昔日的威风,更多的举宗流亡,徙往他乡。关中地区的地主富人迁往蜀地和陇西的就很多。"关中豪杰吕鲔等往往拥众以万数,莫知所属,多往归述,皆拜为将军"。③ 而在刘玄败亡以后,"三辅耆老士大夫皆奔归(隗)嚣"。④ 在农民战争洗礼过的地方,压在农民头上的地主老爷显著减少了。更重要的是,由于地主的大量被杀和逃亡,土地关系相对缓和。不少农民在战争中获得一小块土地,努力发展生产,成为东汉初期

① 《后汉书·独行·刘茂传》。
② 《后汉书·周党传》。
③ 《后汉书·公孙述传》。
④ 《后汉书·隗嚣传》。

社会经济走向繁荣的主要推动力。也有不少官私奴婢挣脱了枷锁，参加到起义军行列，成为了自由人。东汉以后，中国封建社会中的奴隶制残余逐步减少，不能说与这次农民战争没有关系。

最后，还应指出，这次农民战争创造了一种历史条件和社会环境，迫使新建皇朝的统治阶级一面暂时承认或容忍农民战争所获得的部分胜利成果，一面又不得不进行一些有利于社会安定和生产发展的政策调整，从而曲折地反映出农民战争的伟大作用。光武、明、章之世，是我国封建社会历史上又一个经济文化繁荣时期，当封建史家用浓墨重彩歌颂东汉初期皇帝圣明的时候，他们恰恰忽略了隐藏在这些皇帝背后的第一推动力——农民起义和农民战争。

第五章

东汉前期的政治和经济

（公元25年——105年）

第一节　东汉前期的政治

一、东汉初年缓和社会矛盾的政策

东汉光武帝刘秀在历史上号称“中兴之主”。东汉学者张纯说：“（光武）兴于匹庶，荡涤天下，诛锄暴乱，兴祖继宗。”①南宋学者陈亮则称赞：“自古中兴之盛，无过于光武。”②那么，刘秀是怎样完成他的中兴伟业的呢？史书上有一段记载，可以回答这个问题。建武十七年（41年）刘秀南巡回到家乡舂陵，置酒作乐。时宗室诸母因酣悦，相与语曰：“文叔少时谨信，与人不款曲，唯直柔耳，今乃能如此。”帝闻之大笑曰：“吾理天下，亦欲以柔道行之。”③所谓柔道，概而言之，也就是《后汉书·循吏传序》所说的“解王莽之繁密，还汉世之轻法。”换句话说，就是从西汉末、王莽新朝遗留下来的实际问题出发，通过改革，缓和阶级矛盾、民族矛盾和统治阶级内部的矛盾，以实现社会稳定，从而促进经济的恢复和发展。这就是历代史家所称誉的“光武中兴”的主要内容。

---

① 《后汉书·张曹郑列传》。

② 《龙川文集》卷五。

③ 《后汉书·光武帝纪》下。

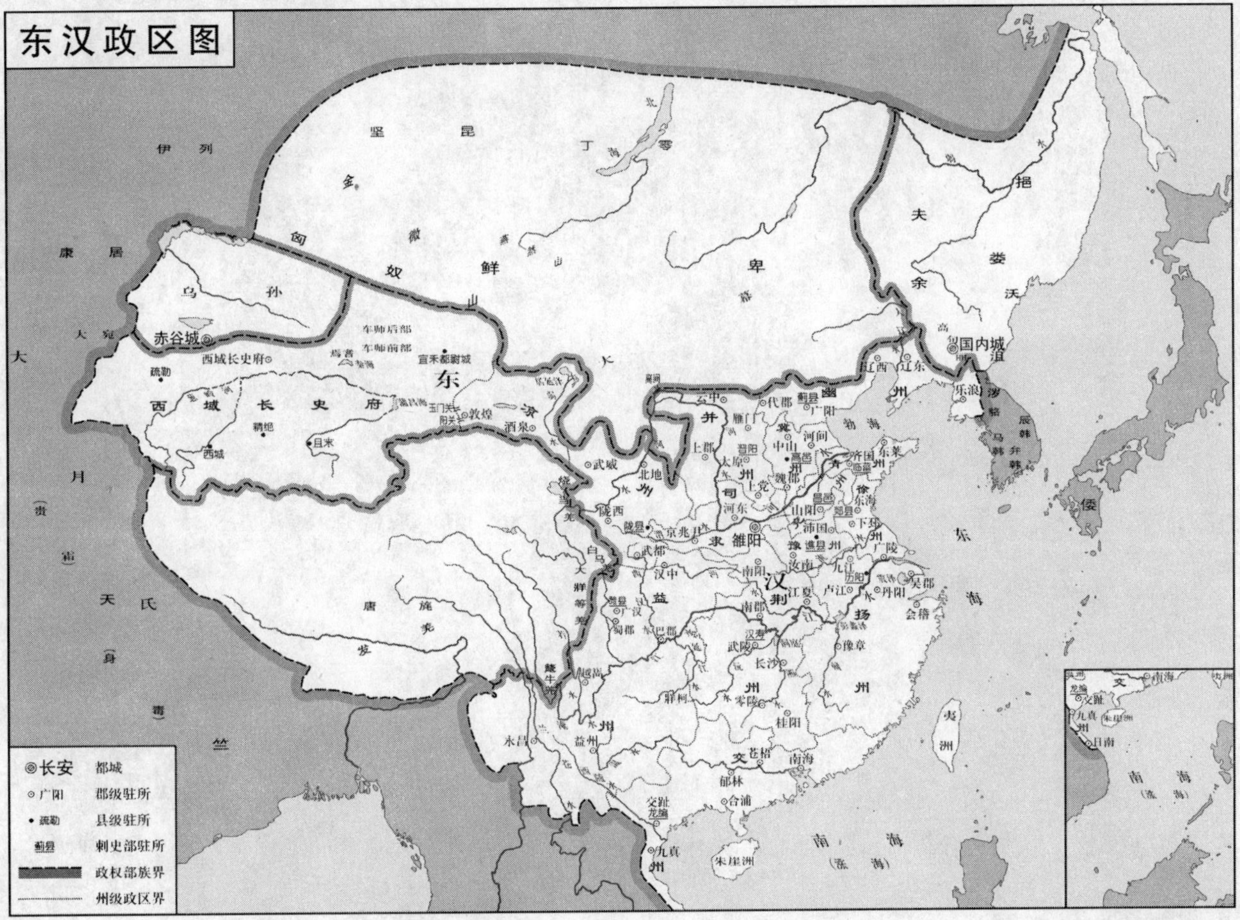
东汉政区图
◎长安 都城
◦广阳 郡级驻所
•疏勒 县级驻所
蓟县 刺史部驻所
政权部族界
州级政区界
雒阳
司隶
冀州
幽州
并州
青州
兖州
徐州
豫州
凉州
益州
荆州
扬州
交州
西域长史府
鲜卑
匈奴
乌孙
夫余
高句骊
挹娄
沃沮
国内城
赤谷城
西域长史府
疏勒
精绝
且末
车师后部
车师前部
焉耆
宜禾都尉城
玉门关
阳关
敦煌
酒泉
武威
北地
陇西
京兆尹
武都
汉中
广汉
蜀郡
巴郡
南阳
汝南
南郡
江夏
长沙
武陵
零陵
桂阳
南海
苍梧
郁林
合浦
交趾
九真
日南
朱崖洲
乐浪
辽东
辽西
代郡
广阳
上郡
云中
太原
上党
河东
中山
河间
山阳
沛国
齐国
东莱
东海
下邳
广陵
九江
庐江
丹阳
吴郡
会稽
豫章
永昌
益州
牂牁
越巂
犛牛羌
白马羌
大牂羌
唐旄
发羌
丁零
坚昆
伊列
康居
大宛
大月氏
(贵霜)
天竺
(身毒)
辰韩
马韩
弁韩
倭
夷洲
东海
渤海
南海
(涨海)

西汉后期累积起来的社会矛盾，主要是土地兼并和自耕农沦为奴婢问题，由于王莽改制的失败而更加激化，终于导致新莽政权的覆灭。东汉政权是在农民战争和封建割据战争的废墟上重新建立起来的地主阶级政权，这个政权除了继承原来的社会遗留问题外，所面临的就是荒芜的田园、残破的城市和饥饿的人民。史载建武二年（26 年），“野谷旅生，麻尗尤盛，野蚕成茧，被于山阜”①，就是当时社会经济残破状况的真实写照。东汉光武帝刘秀“长于民间，颇达情伪，见稼穑艰难，百姓病害”②，比较清醒地意识到社会的症结所在。为了恢复和发展生产，重建地主阶级的统治秩序，东汉初期的统治者，历光武、明帝、章帝、和帝四朝，陆续实行了一系列缓和社会矛盾的政策。

光武帝刘秀像

（一）省减刑法。西汉自萧何定《九章律》，经叔孙通、张汤、赵禹的充实，至汉武帝时，形成了一个完整的法律体系。王莽和东汉政权，都承认了汉律的有效性③，说明汉律在当时还是能基本上适应社会需要的。但是从汉武帝开始，汉律繁密芜杂的缺点就很突出了。“律令凡三百五十九章，大辟四百九条，千八百八十二事，死罪决事比万三千四百七十二事，文书盈于典阁，典者不能遍睹。”这样众多的条文，必然有前后不一致的地方，“罪同而论异，奸吏因

① 《后汉书·光武帝纪》。

② 《汉书·循吏传序》。

③ 《汉书·刑法志》、《王莽传》。

缘为市,所欲活则傅生议,所欲陷则予死比。"①王莽改制,滥用刑法,更是冤狱成灾。法律的繁密、混乱和严酷,也是王莽失败的重要原因。因此东汉光武帝刘秀一上台,就立即着手解决这些问题。

在立法方面,东汉初期在保存原有的汉律体系的基础上,力图体现从轻、从简的精神。建武二年(26 年)因"顷狱多冤人,用刑深刻",诏:"其与中二千石、诸大夫、博士、议郎议省刑罚。"建武三年(27 年)秋七月诏:"男子八十以上,十岁以下,及妇人从坐者,自非不道,诏所名捕,皆不得系,当验问者,即就验。女徒雇山归家"②,这样就缩小了从坐的范围。章帝时,司徒鲍昱奏定《辞讼比》七卷,《决事都目》八卷,以期"齐同法令,息遏人讼。"③和帝时,廷尉陈忠"奏上二十三条,为《决事比》,以省请谳之敝。又上除蚕室刑。解赃吏三世禁锢。狂易杀人,得减重论。母子兄弟相代死、听,赦所代者。事皆施行。"④

在司法方面,东汉政府从建武二年(26 年)开始实行大赦天下,以利于大规模地减少刑狱。值得注意的是建武六年(30 年)诏书:"三辅遭难,赤眉有犯法不道者,自殊死以下皆除之。"⑤对于同东汉政权为敌的赤眉军士兵也实行赦免政策,反映了东汉统治者缓和阶级矛盾的主观愿望。对于在押的死刑犯,也实行减刑。建武二十九年(53 年)"诏令天下系囚自殊死已下及徒各减本罪一等,其余赎罪输作,各有差。"⑥为了解决边境地区劳动力不足的问题,东汉政权从永平八年(65 年)开始,历章、和二帝,多次"募郡国中都官系囚,减罪一等,妻子自随,占著边县。"允许用徙边和输作赎罪,有利于保护和利用劳动力,有利于社会的安定。特别是对无钱赎罪的出身于中下层社会的罪犯,

---

① 《汉书·刑法志》。
② 《后汉书·光武帝纪》。
③ 《后汉书·鲍昱传》。
④ 《后汉书·陈忠传》。
⑤ 《后汉书·光武帝纪》。
⑥ 《后汉书·光武帝纪》。

无疑给了一个出路。

(二)释放和禁止虐杀奴婢。为了解决西汉以来奴婢过多的问题,保护自耕农的生产条件,缓和社会矛盾,东汉政权一建立,在消灭割据势力的统一战争的同时,就利用法律的手段颁布了一系列诏令,大规模地释放奴婢。建武二年(26年)五月癸未诏曰:"民有嫁妻卖子,欲归父母者,恣听之,敢拘执,论如律。"建武六年(30年)十一月丁卯诏:"王莽时吏人没入为奴婢不应旧法者,皆免为庶人。"建武七年(31年)五月甲寅,诏:"吏人遭饥乱及为青、徐贼所略为奴婢下妻,欲去留者,恣听之。敢拘制不还,以卖人法从事。"建武十二年(36年)三月癸酉,诏:"陇蜀民被略为奴婢自讼者,及狱官未报,一切免为庶人。"建武十三年(37年)冬十二月甲寅诏:"益州民自八年以来被略为奴婢者,皆一切免为庶人。或依托人为下妻,欲去者,恣听之,敢拘留者,比青、徐二州以略人法从事。"建武十四年(38年)十二月癸卯诏:"益凉二州奴婢,自八年以来自讼在所官,一切免为庶人。"①

从建武二年到十四年先后六次下诏释放奴婢,这在中国历史上是空前的。它涉及了罪犯奴隶、债务奴隶和被掳略为奴者。诏令覆盖面包括了全国大部分地区,特别是当时尚为地方割据势力控制的青、徐、陇、蜀。统一战争的胜利为释放奴婢创造了条件,而释放奴婢必然得到人民的拥护,又扩大和巩固了统一的成果。这样,从西汉后期以来一直困扰着社会的奴婢问题,随着战争的推进而得到缓和。法律关系的变动是经济关系的反映。奴隶劳动在中国封建社会初期曾作为封建剥削的补充形式而与封建的生产关系并存,但随着封建经济的发展,奴隶的大量存在已成为进一步发展生产力的巨大障碍了。到东汉,随着奴婢问题的基本解决,以大地主田庄的形式使自耕农沦为徒附、宾客、部曲,就成了封建剥削的主要方式。

但东汉政府释放奴婢是不彻底的。对于没有释放的官私奴婢,东汉政府

---

① 《后汉书·光武帝纪》。

用法令的形式为他们提供了人身保障。如建武十一年(35年)春三月己卯诏:"天地之性人为贵,其杀奴婢,不得减罪。"同年八月癸亥诏:"敢炙灼奴婢,论如律。免所炙灼者为庶人。"冬十月壬午诏:"除奴婢射伤人弃市律。"①

(三)假民和赋民公田。东汉初期,由于战乱和人口锐减,致使大片土地荒芜成为无主土地,扩大了国有土地的数量。为了安顿人民,发展生产,缓和社会矛盾,封建政府除了用一小部分土地赐给功臣贵族外,大部分荒地和山林苑囿都用来假予或赋予贫民耕种。赋和赐同义,就是给与、赐授。凡属给与的大抵不是已经废弃或决定停止营建的苑囿,就是因为某种原因而荒废的良田。如章帝建初元年(76年)"诏以上林池籞田赋与贫人",元和二年(85年)二月壬寅告常山等守相"今肥田尚多,未有垦辟,其悉以赋贫民,给与粮种,务尽地力,勿令游手。"②接受赋田的农民,就获得了土地的所有权,成了自耕农,就要按法令向国家缴纳租税。而假民公田,则是国家仍保持土地的所有权,"假,犹租赁。"③接受假田的人,实际上就成为被束缚在国有土地上的国家佃农。他们在头三五年内可以享受免除租税的待遇,国家甚至可以向他们提供种子、粮食和耕具。但过了几年以后,农民就要向国家缴纳百分之四十以上的"假税",并承担其它封建义务。如果要用公家的牛耕种,那就要交更多的假税。这种关系,和"或耕豪民之田,见税十五"的剥削关系,具有相同的性质。

在农民战争进行当中,更始政权就已利用公田解决社会问题。更始元年(23年),任延拜会稽都尉,"省诸卒,令耕公田,以周穷急。"④东汉政权建立以后,一方面历史遗存下来的流民问题亟待解决,另一方面新的土地兼并又产生更多的失去土地的农民。所以从明帝永平九年(66年)开始,每隔几年就将国有土地赋予或假予贫民耕种。永平九年夏四月甲辰,明帝诏令"郡国以公田

---

① 《后汉书·光武帝纪》。
② 《后汉书·章帝纪》。
③ 《后汉书·和帝纪》。
④ 《后汉书·任延传》。

赐贫人各有差”，永平十三年(70年)夏四月，诏令“滨渠下田，赋与贫人。”①类似的诏令见于《后汉书》者，还有章帝建初元年(76年)、元和元年(84年)、元和三年(86年)、和帝永元五年(93年)、永元九年(97年)、永元十一年(99年)、永元十五年(103年)等诏书。

国有土地的存在及其分配，就像一个巨大的缓冲器，淡化了土地兼并所形成的尖锐矛盾，使东汉初期的经济能在一个比较安定的环境之中发展。

(四)减免租赋和减轻兵徭役。东汉政权建立初期，为了战争需要曾实行什一税制。后来实行军队屯田，有了减轻人民负担的条件，于是又恢复了三十税一制。《后汉书·光武帝纪》：建武六年(30年)十二月癸巳，诏曰：“顷者师旅未解，用度不足，故行什一之税。今军士屯田粮储差积，其令郡国收见田租三十税一，如旧制。”对于遭受重大自然灾害的地区，则免收当年赋税，如“永元四年(92年)十二月壬辰，诏：今年郡国秋稼为旱蝗所伤，其什四以上勿收田租、刍藁；有不满者，以实除之。”②有时在遭受全国性灾荒的情况下，则全国租赋减半征收。例如，和帝“永元十三年(101年)九月壬子，诏曰：……其令天下半入今年田租，刍藁，有宜以实除者如故事，贫民假种食，皆勿收责”；“永元十六年(104年)七月辛巳，诏：令天下皆半入今年田租刍藁，其灾害者，以实除之。”③对于维持简单再生产有困难的贫民，则由国家免费提供种子和粮食。

东汉初期人民的兵徭役负担比起西汉有明显减轻。建武七年(31年)，东汉政府“罢轻车骑士、材官、楼船士及军假吏，令还复民伍”，又废除地方的“都试”制度。④ 这固然是加强中央集权、防止地方武装割据的政治军事措施(详见下述)，但其减轻人民兵徭役负担的意义也是明显的，所以《后汉书·明帝纪》记载，至永平十二年，“天下安平，人无徭役，岁比登稔。”东汉政府同时还

① 《后汉书·明帝纪》。
② 《后汉书·和帝纪》。
③ 《后汉书·和帝纪》。
④ 《后汉书·光武帝纪》、《百官志》。

以罪人"减死戍边",以代替一般人民的戍卒徭役(已见前述)。这些戍边的罪犯,还可以携带妻子一同前往,由政府供给"月食","便占著边县",充实了边疆防务。

(五)选用"循吏"发展农业生产。东汉初的统治者,特别注重官吏尤其是地方官的选拔,务用安静之吏,问民疾苦,劝民农桑。

建武初,伤痍满目,田园荒芜,各级地方官吏大都能重视安抚人民,恢复生产。如,卫飒任桂阳太守。他整顿吏治,"役省劳息,奸吏杜绝,流民稍还,渐成聚邑,使输田租,同之平民。"樊晔为扬州牧,"教民耕田种树理家之术"。张堪守渔阳,"开狐奴稻田八千余顷,劝民耕种,以致殷富。百姓歌曰:'桑无附枝,麦穗两歧,张君为政,乐不可支。'"茨充为桂阳太守,"教民种植桑柘麻纻之属",养蚕织履,发展丝麻纺织。南阳太守杜诗政绩最好,号为"杜母",他"造作水排,铸为农器",这些工具"用力少,见功多",所以"百姓便之"。又"修治陂池,广拓土田,郡内比室殷足。时人方于召信臣,故南阳为之语曰:'前有召父,后有杜母。'"九真郡远处岭南,民俗以射猎为业,不知牛耕,太守任延推广中原生产技术,"铸作田器,教之垦辟",使田畴广开,百姓充给。后内调武威太守,察河西旧少雨泽,"乃置水官吏,修理沟渠,皆蒙其利。"汝南郡有鸿郤陂,早已毁废,太守邓晨根据歌谣"反乎覆,陂当复"所表达的人民愿望,起用许扬为都水掾,起塘四百里,毕数年之功,兴复"数千顷田,汝土以殷,鱼稻之饶,流衍它郡"。

明帝时,鲍昱为汝南太守,"郡多陂池,岁岁决坏,年费常三千余万,昱乃上作方梁石洫,水常饶足,溉田倍多,人以殷富。"钟离意为鲁相,视事五年,"以爱利为化,人多殷富。"

章帝时,秦彭为山阳太守,"以礼训人,不任刑罚。崇好儒雅,敦明庠序。""兴起稻田数千顷,每于农月,亲度顷亩"。王景为庐江太守,亲率吏民"修起芜废,教用犁耕,由是垦辟倍多,境内丰给"。和帝时,鲁丕先后为赵相、东郡太守,"为人修通溉灌,百姓殷富"。

值得注意的是,这些循吏不仅仅是在兴修水利教民稼穑方面颇有政绩,而且为官清正,敢于打击地方豪强。如任延在武威任上,“时将兵长史田绀,郡之大姓,其子弟宾客为人暴害。延收绀系之,父子宾客伏法者五六人。绀少子尚乃聚会轻薄数百人,自号将军,夜来攻郡。延即发兵破之。自是威行境内,吏民累息”。张堪拜渔阳太守,“捕击奸猾,赏罚必信,吏民皆乐为用”。秦彭在山阳任上,对垦田“分别肥瘠,差为三品,各立分簿,藏之乡县。于是奸吏局蹐,无所容诈。”章帝充分肯定了他的做法,“诏书以所立条式,班令三府,并下州郡”,推广到全国。这些做法在一定程度上抑制了地方豪强势力和政府内部的腐败倾向,有利于自耕农经济的恢复和发展。

总之,东汉初四帝统治时期,政治倾向清平,生产得到了一定程度的恢复和发展,是与上述一系列缓和社会矛盾的政策分不开的。这些政策的制定和实行,说明了东汉初的统治者能够做到:第一,对社会的症结有清醒的认识。东汉初期的主要矛盾,集中在自耕农失去土地和沦为奴婢问题,东汉政权一建立,就致力于解决或缩小这两大问题对农民的影响,以保护自耕农经济,这不仅符合整个社会的利益,而且也有利于地主阶级的长远利益。第二,利用立法和司法的手段释放奴婢、假民公田、整顿吏治,安定社会秩序,为生产的恢复和发展提供了宽松的社会环境。第三,注重官吏的人选,特别是地方官吏的人选。因为任何解决社会矛盾的政策和法令的实施都是通过官吏来实现的。第四,最高统治者大都务尚俭约,身体力行,又为清廉的政治树立了榜样。例如光武帝“身衣大练,色无重彩,耳不听郑卫之音,手不持珠玉之玩……损上林池籞之官,废聘望弋猎之事。其以手迹赐方国者,皆一扎十行,细书成文。勤约之风,行于上下。数引公卿郎将,列于禁坐。广求民瘼,观纳风谣。故能内外匪懈,百姓宽息。”①明帝“遵奉建武制度,无敢违者,后宫之家,不得封侯与政”;提倡薄葬,“遗诏无起寝庙……无得起坟,万年之后,扫地而祭”;又“善刑

① 《后汉书·循吏列传》序。

理,法令分明。日晏坐朝,幽枉必达。……故后之言事者,莫不先建武永平之政”。①

二、刘秀加强皇权的政治军事措施

刘秀为了最大限度地加强皇权,从东汉王朝建立伊始,就不断地调整其政治军事机构,加强对官吏的法律监督,进一步巩固和发展了专制主义中央集权制度。这些措施,大致可以分为以下几方面:

(一)削弱三公权力。首先,“三公去大”。秦和西汉初期的丞相制,至西汉成帝时演变为三公制。《通典》卷十九《职官一》:“成帝改御史大夫为司空,与大司马、丞相是为三公,皆宰相也。”王莽即位以后,“议以汉无司徒官,故定三公之号曰:大司马、大司徒、大司空。世祖即位,因而不改。”②说明东汉政权建立初期,还因循新莽的三公之号。至建武二十七年(51 年)五月,诏曰:“昔契作司徒,禹作司空,皆无大名,其令二府去大。”注云:“朱祐奏:宜令三公并去大名,以法经典。帝从其议。”“又改大司马为太尉”。③ 因此,东汉的三公就是司徒、司空和太尉。从名号上去“大”,表面上是复古,实际上是防止三公的声望超过皇帝所能容忍的限度。西汉霍光和王莽以大司马大将军专权,对刘秀是记忆犹新的。其次,从实权上削弱三公权力。名义上,司徒“掌人民事”,司空“掌水土事”,“太尉掌四方兵事功课”④,但实际上,三公没有实权。三公之下有九卿,分掌庶政。而军国大事、典要机密、刑政诛赏之权,已转归尚书。仲长统说:“光武皇帝愠数世之失权,忿疆臣之窃命,矫枉过直,政不任下,虽置三公,事归台阁。自此以来,三公之职,备员而已。”⑤陈忠亦云:“汉典

① 《后汉书·明帝纪》。
② 《后汉书·百官志》注引《汉官仪》。
③ 《后汉书·光武帝纪》。
④ 《后汉书·百官志》。
⑤ 《后汉书·仲长统传》。

旧事,丞相所请,靡有不听。今之三公虽当其名,而无其实,选举诛赏,一由尚书。尚书见任重于三公,陵迟以来,其渐久矣。”①可见三公的实权,在东汉时已逐渐转归尚书。

不过需要说明的是,三公的权力虽削弱,其地位仍然很尊贵,上自天子,下至朝臣,会见三公,均加礼敬。如为三公又兼录尚书事,则权力仍然很大。特别是太尉,在三公权力下降的总的趋势中,其地位相对来说却有所上升。除了作为皇帝的军事顾问外,并综理军政。《后汉书·百官志》云:“太尉,公一人。本注曰:掌四方兵事功课,岁尽即奏其殿最而行赏罚。……凡国有大造大疑,则与司徒、司空通而论之。国有过事,则与二公通谏诤之。”太尉职权之所以加重,其主要原因,在于录尚书事。《通典》卷二〇说:“后汉建武二十七年,复旧名为太尉公,每帝初即位,多与太傅同录尚书事。”因此,在东汉三公中,太尉地位最尊,次司徒,次司空。如太尉出缺,则司徒,司空依次晋升。

由于东汉三公制下的太尉,尊于西汉丞相制下的太尉,故在西汉往往罢太尉属官归于丞相;而在东汉则丞相府之属官,又大都转归于太尉府。因此,西汉太尉属官较少,东汉太尉属官则较前增多。《后汉书·百官志》载太尉属官有:“长史一人,千石。本注曰:署诸曹事。”下领掾史属二十四人,分东西各曹理事:西曹,主府吏署用;东曹,主二千石长吏迁除及军吏;户曹,主民户、祠祀、农桑;奏曹,主奏议事;辞曹,主辞讼事;法曹,主邮驿科程事;尉曹,主卒徒转运事;贼曹,主盗贼事;决曹,主罪法事;兵曹,主兵事;金曹,主货币、盐、铁事;仓曹,主仓谷事;黄阁主簿,录省众事。

此外,还有令史及御属二十三人:御属,主为太尉公御,相当于西汉丞相大车属;阁下令史,主阁下威仪事;记室令史,主上章表报书记;门令史,主府门。其余令史,各典文书。由此可见,东汉的太尉府,实相当于西汉的丞相府。

东汉政权建立以后,刘秀废除了西汉末年的“四辅”制度,但仍保留“太傅

① 《后汉书·陈忠传》。

上公一人”。《后汉书·百官志》的本注曰:“掌以善导,无常职,世祖以卓茂为太傅,薨,因省。其后每帝初即位,辄置太傅,录尚书事,薨辄省。”东汉的太傅看来比西汉的地位高。例如明帝初太傅邓禹为“元功之首”,开国老臣。章帝初赵熹亦“为国元老”。灵帝初陈蕃为太傅,更是天下仰慕的人物。因此他们往往享有高于三公的优厚待遇,有着崇高的地位。在政治上他们也有所影响,那是因为他们多半“录尚书事”,所以“百官总己以听”。至于太傅本身还是“掌以善导,无常职”的。

总而言之,东汉三公权力的削弱,仍处于一个过渡的阶段。

(二)加强尚书台。从西汉武帝时开始,原来仅职掌文书的尚书,随着君权的发展,权力逐渐扩大。至东汉光武帝时,已发展成尚书台,正式成为总理国家政务的中枢。刘秀鉴于王莽篡汉,不信任大臣,独揽大权,他虽然也组织了一个以三公为首、九卿分职的中央政府,但实际上国家的大权完全集中于宫廷,即集中于尚书台。“光武亲总吏职,天下事皆上尚书,(尚书)与人主参决,乃下三府。”①自此以后,迄于东汉之末,尚书的威权与日俱增。《通典》卷二二说:“后汉,(尚书)则为优重,出纳王命,敷奏万机,盖政令之所由宣,选举之所由定,罪赏之所由正。斯文昌天府,众务渊薮,内外所折衷,远近所禀仰。”又说:“后汉,众务悉归尚书,三公但受成事而已。”因此,东汉时的尚书虽然仍“文属少府”,名义上为九卿之一少府的下属机构,但实际上已从中央政府的组织中分离出来,一变而为直接隶属皇帝的尚书台。《通典》卷二二说:尚书“总谓尚书台,亦谓中台”。故凡尚书统称为台官,以其在禁中,所以又称中台。与被称为外台的谒者、宪台的御史中丞,合称之为三台。由于尚书台是皇帝实行独裁统治、高踞于中央政府之上的御用机关,所以在三台之中,尚书台的地位最为重要。“尚书见任,重于三公”②,尚书台已成为实际上的国家最高

① 《唐六典》。

② 《后汉书·陈忠传》。

权力机构。

随着尚书权力的加强,尚书台的建置也随之扩大,尚书的秩禄也提高了。尚书台的长官叫尚书令。应劭《汉官仪》:“尚书令,主赞奏,总典纲纪,无所不统。秩千石。故公为之,朝会不(下)陛奏事,增秩二千石。天子所服五时衣赐尚书令。”尚书令之下,有尚书仆射,为尚书台的副长官。《后汉书·百官志》:“尚书仆射一人,六百石。本注曰:署尚书事,令不在则奏下众事”。但据实际材料看,尚书仆射之职不限于启封文书,也不仅是尚书令不在时“奏下众事”,平时就有言、议、平事之责。其实际权力,与皇帝的信任程度有关。如刘秀时,冯勤“给事尚书”,因为他“在事精勤”,“帝益以为能,尚书众事,皆令总录之”,遂“拜勤尚书仆射,职事十五年,以勤劳赐爵关内侯,迁尚书令”。冯勤在未拜仆射之前,就“典诸侯封事”,以至于“封爵之制,非勤不定”,并且奉策审理司徒奏章。为仆射之后,权限必然更宽,管的事情自然更多。① 除了尚书令和尚书仆射是尚书台的正副主管外,还有诸曹尚书,《后汉书·百官志》:“尚书六人,六百石。本注曰:成帝初置尚书四人,分为四曹:常侍曹尚书主公卿事(世祖改曰吏曹),二千石曹尚书主郡国二千石事,民曹尚书主凡吏(民)上书事,客曹尚书主外国夷狄事。世祖承遵,后分二千石曹,又分客曹为南主客曹北主客曹,凡六曹”。从这六曹尚书的职能看,牵涉到行政、民事、外交、司法诸多方面,与三公九卿制的中央政府机构是重叠的。建立这样一套与三公九卿制相重叠并凌驾于其上的尚书机构,是为了更严密地控制国家的日常活动以加强皇权。从君主的周围不断派生出代替日常行政机构的中朝权力机关,是中国古代官制发展史的一个特点。东汉的六曹尚书地位颇高,据《通考》卷五二记载:“后汉以六曹尚书并令、仆二人,谓之八座”。又同书卷五一说:“大事八座连名,不合得建异议”。这六曹尚书后世即发展为吏、户、礼、兵、刑、工六部尚书。

---

① 《后汉书·冯勤传》。

（三）加强监察制度。刘秀在秦和西汉的基础上，完善、加强了监察制度，以此实行对行政系统的有效监督。当时的监察机构主要有三：御史台、司隶校尉和州刺史。

建武二十七年（51年），刘秀改大司空为司空，司空的职务，与西汉成帝以前御史大夫的性质大不相同。据《后汉书·百官志》说："司空，公一人。本注曰：掌水土事。凡营城起邑、浚沟洫、修坟坊之事，则议其利，建其功。凡四方水土功课，岁尽则奏其殿最而行赏罚"。这时的司空已成了专管水土之官。而御史大夫原作为全国最高监察长官的职权已移交给御史中丞。御史中丞在西汉时为御史大夫的属官，东汉时已经独立。建武元年（25年），宣秉"拜御史中丞"。光武特诏御史中丞与司隶校尉、尚书令会同并专席而坐，故京师号曰"三独坐"。[①]《后汉书·百官志》本注云御史中丞在御史大夫转为司空后，"因别留中，为御史台率"，说明已成为中朝官，为皇帝直接控制。谢灵运《晋书》云："汉官，尚书为中台，御史为宪台，谒者为外台，是为三台。自汉罢御史大夫而宪台犹置，以丞为台主，中丞是也"。[②] 御史中丞之下有治书侍御史二人，掌对法律条文的解释；侍御史十五人，掌察举官吏非法，接受公卿群吏奏事。《后汉书·百官志》注引蔡质《汉仪》曰："其二人者更直。执法省中者，皆纠察百官，督州郡"。说明御史台及其属吏已成为凌驾于整个官僚机器之上的监察机构。

西汉武帝时曾置司隶校尉，成帝时废除。刘秀建立东汉政权后，恢复了司隶校尉的建置。建武二年，宣秉由御史中丞"迁司隶校尉。务举大纲，简略苛细，百僚敬之"。[③] 说明司隶校尉地位是很高的。由于其与尚书令、御史中丞同为"三独坐"，因此亦为皇帝的心腹。《后汉书·百官志》："司隶校尉一人，

① 《后汉书·宣秉传》。

② 《初学记》卷一二《职官部下·御史大夫第六》引。

③ 《后汉书·宣秉传》。

比二千石。本注曰:孝武帝初置,持节,掌察举百官以下,及京师近郡犯法者。元帝去节,成帝省,建武中复置,并领一州。"同书注引蔡质《汉仪》云:"(司隶校尉)职在典京师,外部诸郡,无所不纠。封侯、外戚、三公以下,无尊卑,入宫,开中道称使者。每会,后到先去。"应劭《汉官仪》云:"司隶校尉部河南、河内、右扶风、左冯翊、京兆、河东、弘农七郡于河南洛阳,故谓东京为司隶。"可见司隶校尉不仅内察京师百官,而且外部州郡,并领一州,权力很大,封侯、外戚、三公以下,不论尊卑,无所不纠。刘秀时,"(鲍永)为司隶校尉,帝叔父赵王良尊戚贵重,永以事劾良大不敬。由是朝廷肃然,莫不戒慎。乃辟扶风鲍恢为都官从事,恢亦抗直,不避强御。帝曰:'贵戚且宜敛手,以避二鲍'。"①都官从事为司隶校尉属官,《博物记》曰:"中兴以来,都官从事多出之河内,掊击贵戚。"②说明刘秀鉴于西汉后期贵戚、权臣得势,威胁皇权的教训,重用司隶校尉,以抑制贵戚、权臣,提高皇权。

武帝始置刺史,汉成帝绥和元年(前8年)曾改刺史为州牧,哀帝建平二年(前5年),复改州牧为刺史。王莽时,又复为州牧。东汉初,仍沿用州牧旧称,至建武十八年(42年),复为刺史。东汉时,刺史的职权有所扩大。依原定六条,刺史所察主要是二千石官吏,西汉末下及墨绶令长。至东汉,刺史的督察之权又渐次下伸,已扩展至黄绶。凡是州内所有朝廷命官都在刺史督察之列。为了削弱三公权力,原属丞相、御史二府的地方选举劾奏之权亦转归刺史。《后汉书·朱浮传》:"旧制:州牧奏二千石长吏不任位者,事皆先下三公,三公遣掾史案验,然后黜退。(光武)帝时用明察,不复委任三府,而权归刺举之吏"。说明刺史权力的扩大,与刘秀越过三府直接控制地方职官系统有关。刺史职权的扩大在刘秀统治时期是皇权加强的表现。到东汉中后期,刺史又逐渐获得地方行政权和领兵权,成为与皇权相对抗的地方割据势力,这是刘秀

① 《后汉书·鲍永传》。

② 《后汉书·百官志》注。

所始料不及的。

（四）废除内地郡国都尉，集军权于中央。东汉政权建立之初，仍沿袭西汉地方郡县制度，每郡置太守一人，二千石，“掌治民，进贤劝功，决讼检奸”。置都尉一人，“典兵禁，备盗贼”，即负责地方部队训练和治安。郡以下设县，置县令或县长一人。县以下设乡、亭、里。为了减少国家的财政支出，刘秀曾大规模地削减地方建置，“省郡国十，县、邑、道、侯国四百余所。”后来又略有增加，“至明帝置郡一，章帝置郡、国二，和帝置三。”至顺帝时，“凡郡、国百五，县、邑、道、侯国千一百八十”，又恢复了西汉的规模。①

东汉时地方制度的重大变化发生在建武六年（30 年）和建武七年（31 年）。因为在王莽当政时期，翟义曾以“都试”起兵，刘秀本人也以“都试”起事，均与都尉有关。所以都尉及都试制度（即地方武装的考核训练）的存在，在刘秀看来，是政治不稳定的因素，是对中央集权的专制制度的威胁。为了防止地方武装叛乱，于是在建武六年，“省诸郡都尉，并职太守”，并且取消了“都试”之役。② 建武七年又命令属于地方武装的“轻车、骑士、材官、楼船士及军假吏”复员。③ 通过这样的调整变动，大大削弱了地方军事力量，减少了地方官员发动武装叛乱的可能性。

与此同时，中央的军事力量却不断加强。比起西汉军队编制，东汉又多了“黎阳营”和“雍营”两支直属中央的常备部队。刘秀“以幽、冀、并州兵定天下，始于黎阳立营，领兵骑常千人，以谒者监之，号‘黎阳兵’。其后，又以扶风都尉部在雍县，以凉州近羌，数犯三辅，将兵卫护园陵，故俗称‘雍营’。”④首都洛阳仍置南北军。南军以光禄勋领五官中郎将、右中郎将、虎贲中郎将、羽林中郎将、羽林左监、羽林右监七署，宿卫宫殿门户。北军置中候一人，掌监屯

① 《后汉书·郡国志》。
② 《后汉书·百官志》。
③ 《后汉书·光武帝纪》。
④ 《文献通考·兵考二》。

骑、越骑、步兵、长水、射声五营兵，每营设校尉一人，宿卫京师。

东汉在军事指挥系统的建置上，仍沿袭西汉旧制，而略有变化。刘秀时，吴汉以大将军为大司马，景丹为骠骑大将军，位在公下。明帝初即位，东平王刘苍为骠骑将军，位在公上。和帝时，窦宪为车骑将军，征匈奴，位在公下。还复有功，迁大将军，位在公上。总的看来，东汉的大将军、骠骑将军地位或在公下，或在公上，都是很崇高的。另外，随形势需要，还置前、后、左、右等杂号将军，临时负责军事指挥，事毕辄罢。将军出征时"其领军皆有部曲"。"大将军营五部，部校尉一人，比二千石；军司马一人，比千石。部下有曲，曲有军候一人，比六百石……其余将军，置以征伐，无员职，亦有部曲、司马、军候以领兵。"①

刘秀虽罢郡都尉，但因边郡多事，故仍置都尉，以佐太守，分部领兵。所以刘秀所罢之都尉，事实上仅限于内郡，而边郡都尉并未罢除。其后内地有紧急军情，亦往往复置都尉。

刘秀罢郡都尉，一方面，减少了地方势力拥兵自重的可能性，有利于中央集权；而另一方面，由于都试之役的废除，又从整体上削弱了封建国家的军事力量。所以应劭曰："盖天生五材，民并用之，废一不可，谁能去兵？……自郡国罢材官骑士之后，官无警备，实启寇心。"②

（五）继续削弱诸侯王的势力。东汉政权建立之初，曾大封宗室为王。建武元年（25年）七月，"宗室刘茂自号厌新将军，率众降，封为中山王。"③这是分封诸侯王的开始。同年九月，赤眉军入长安，更始帝刘玄奔高陵，刘秀诏封刘玄为淮阳王。建武二年（26年）四月，封叔父刘良为广阳王，兄刘縯子刘章为太原王，章弟刘兴为鲁王，刘祉（刘秀族兄）为城阳王。五月，封刘歙（刘秀

① 《后汉书·百官志》。

② 《后汉书·百官志》注引《汉官》。

③ 《后汉书·光武帝纪》。

族父)为泗水王,故真定王刘扬子刘得(一作德)为真定王。六月,封刘终(刘秀族兄)为淄川王。建武初,长沙王刘兴以故王袭爵。建武五年(29 年),徙广阳王刘良为赵王。建武七年(31 年),封前河间王刘邵为河间王。建武十一年(35 年),徙太原王刘章为齐王。建武十三年(37 年),诏曰:"长沙王兴、真定王得、河间王邵、中山王茂,皆袭爵为王,不应经义。其以兴为临湘侯,得为真定侯,邵为乐成侯,茂为单父侯。"①又淄川王刘终、泗水王刘歙、城阳王刘祉在此之前相继死去,其子皆改封为侯。这样,建武初所封中山、真定、泗水、淄川、城阳、长沙、河间七王,皆以疏属降为侯。未降为侯者,只剩下赵王、齐王和鲁王。建武十五年(39 年),朱祐又向刘秀上奏:"古者人臣受封,不加王爵,可改诸王为公。"②刘秀从其议,降赵王为赵公,齐王为齐公,鲁王为鲁公。

纵观十五年封宗室为王的历史,都是围绕着皇权的巩固进行的。初期的分封,是为了加强刘氏的势力,以扩大和巩固皇权的基础。而一俟基础巩固,这些宗室就可能成为皇权的潜在的威胁,于是废除这些宗室王就成为非常必要的了。

建武十五年(39 年)以后,封王的对象主要是皇子了。建武十五年,根据"广藩辅、明亲亲、尊宗庙、重社稷"的传统,刘秀封皇子十人为公。刘辅为右翊公,刘英为楚公,刘阳为东海公,刘康为济南公,刘苍为东平公,刘延为淮阳公,刘荆为山阳公,刘衡为临淮公,刘焉为左翊公,刘京为琅玡公。两年后,建武十七年(41 年),诸皇子由公进爵为王。进右翊公刘辅为中山王,并食常山郡。其余九国公,除临淮公刘衡"未及进爵为王而薨,无子国除"外,八国公皆即旧封进爵为王。建武十九年(43 年),废皇太子刘强,以强为东海王。立刘阳为皇太子,改名为庄。同年,进赵、齐、鲁三国公爵为王。建武二十年(44 年),徙中山王刘辅为沛王。建武二十八年(52 年),徙鲁王刘兴为北海王,以

① 《后汉书·光武帝纪》。

② 《后汉书·光武帝纪》。

鲁国益东海。建武三十年(54年)徙左翊王刘焉为中山王。刘秀封皇子为王,他们的封国一般都在一郡以上至两郡。而非皇子封王,其封国一般则为一个郡。这表明在宗室内部也有亲疏远近之别,正是“亲亲”的一个具体表现。①

东汉时期诸侯王的政治经济权力,同西汉景、武帝以后的情况基本相同。在政治上,东汉的诸侯王无治民权,王国的主要官吏是傅和相,都是由皇帝任命的。诸侯王国相主治民,而诸侯王多不就国,久留京师。一部分就国者往往是在新帝即位以后,由于同新帝关系相对疏远,才离开京城的。

东汉初,对诸侯王的法律约束也经历了一个由宽到紧的过程。建武初,“禁网尚疏,诸王皆在京师,竞修名誉,争礼四方宾客。”②建武二十四年(48年),刘秀“诏有司申明旧制阿附蕃王法。”③所谓“旧制”,即西汉武帝时的左官之律、阿党附益之法等。

建武二十八年(52年),有人上书告诸王宾客“因事生乱”,又加上更始子刘鲤得幸于沛王刘辅,结客杀刘盆子兄故式侯刘恭。刘秀“乃下郡县收捕诸王宾客,更相牵引,死者以千数”。沛王刘辅也“坐系诏狱,三日乃得出。”④自此之后,诸侯王的活动更加受到限制。“自光武以来,诸王有制,惟得自娱宫内,不得临民干与政事。其与交通,皆有重禁。”⑤随着诸侯王政治势力的削弱,其经济特权也随之减少,至明帝永平十五年(72年),“帝案地图,将封皇子,悉半诸国”,“裁食数县。”⑥诸侯王的势力更加削弱,在国家政治生活中,已处于无足轻重的地位。东吴太傅诸葛恪评论说:“光武以来,诸王有制,惟得自娱宫内,不得临民干与政事,其与交通,皆有重禁,遂以全安,各保福祚。

① 参见柳春藩:《秦汉封国食邑赐爵制》,辽宁人民出版社1984年版,第147—150页。

② 《后汉书·沛献王辅传》。

③ 《后汉书·光武帝纪》。

④ 《后汉书·沛献王辅传》。

⑤ 《三国志·吴书·孙奋传》引诸葛恪语。

⑥ 《三国志·吴书·孙奋传》。

此则前世得失之验也。"①

(六)"退功臣而进文吏。"与刘秀一同起兵的所谓"中兴"将帅,在建武初尚拥有一定的军事政治势力,是刘秀加强专制主义皇权的隐患。刘秀对付这些人的政策,首先是剥夺其领兵之权。《后汉书·贾复传》:建武十三年(37年),"复知帝欲偃干戈,修文德,不欲功臣拥众京师,乃与高密侯邓禹并剽甲兵,敦儒学。帝深然之,遂罢左右将军。复以列侯就第,加位特进。"对于司徒、司空、尚书令、司隶校尉、御史中丞等中央重臣的位置,也不与功臣而多委文吏。所谓"不以功臣任职,至使英姿茂绩,委而勿用,"则是从政治上削弱功臣势力的措施。

刘秀在政治上削弱功臣实权的同时,也给这些功臣一些实惠,以换取他们的支持。刘秀鉴于西汉之失,对功臣采取优容与防制相结合的措施。《后汉书·马武传》说,帝于功臣,"每能回容,宥其小失。远方贡珍甘,必先遍赐列侯,而太官无余。有功辄增邑赏,不任以吏职,故皆保其福禄,终无诛谴者。"建武元年(25年),刘秀分封功臣三十余人为列侯。建武二年(26年),又封二十余人为列侯。以后又陆续分封一些功臣为列侯。其中著者如邓禹,有"谋谟帏幄,决胜千里","斩将破军,平定山西"之功,建武元年(25年)封酂侯,食邑万户。建武二年,更封为梁侯,食四县。建武十三年(37年),天下平定,定封为高密侯,食高密、昌安、夷安、淳于四县。其他如吴汉、冯异、耿弇、寇恂、盖延、任光、贾复等,皆封侯食邑,或食万户,或食数县不等。

明帝时继续执行优渥功臣的政策。"永平中,显宗(明帝)追感前世功臣,乃图画二十八将于南宫云台。"②这二十八将是:邓禹、吴汉、贾复、耿弇、寇恂、岑彭、冯异、朱祐、祭遵、景丹、盖延、铫期、耿纯、臧宫、马武、刘隆、马成、王梁、陈俊、杜茂、傅俊、坚镡、王霸、任光、李忠、万脩、邳彤、刘植。

---

① 《后汉书·马皇后纪》。

② 《后汉书·马武传》。

总而言之,东汉初期的功臣位尊禄重但没有实权,因此与皇权的矛盾不如西汉初那样尖锐。这些功臣绝大部分在东汉初实际政治生活中没有什么影响。赵翼《廿二史札记》卷四东汉功臣多近儒条云:“西汉开国,功臣多出于亡命无赖,至东汉中兴,则诸将帅皆有儒者气象,亦一时风会不同也。”“如邓禹年十三能诵诗,受业长安,早与光武同游学,相亲附,其后佐天下”。“冯异好读书,通《左氏春秋》、《孙子兵法》。”“贾复少好学,习《尚书》。”这些人从历史经验教训中明察君臣进退之道,故多能保全而善终。

(七)加强对官吏的法律监督。刘秀统治时期,同封建国家宽缓刑罚的总的趋势相反,对官吏的法律监督却有所加强。“时内外群官,多帝自选举,加以法理严察,职事过苦,尚书近臣,至乃捶扑牵曳于前,群臣莫敢正言。”①对待三公这样位极人臣的高级官吏,也很严厉。《后汉书》的作者范晔评论说:光武“躬好吏事,亦以课覈三公,其人或失而其礼稍薄,至有诛斥诘辱之累,任职责过,一至于此”②,故三公多见废退。以大司徒为例:自邓禹之后,建武四年(28 年),伏湛因“蒸祭高庙,而河南尹、司隶校尉于庙中争论,湛不举奏,坐策免”。③ 建武十五年(39 年),韩歆“证岁将饥凶,指天画地,言甚刚切,坐免归田里。帝犹不释,复遣使宣诏责之。司隶校尉鲍永因请不能得,歆及子婴竟自杀。”④“后千乘欧阳歙、清河戴涉相代为大司徒,坐事下狱死,自是大臣难居相任。”⑤刘秀的继承者明帝刘庄,即位后事无巨细都要过问,《后汉书》的作者范晔评论说:“明帝善刑理,法令分明。”⑥对官吏的法律监督加强的结果,使皇帝对官僚系统的控制更加严格了。

---

① 《后汉书·申屠刚传》。
② 《后汉书·朱浮传》。
③ 《后汉书·伏湛传》。
④ 《后汉书·侯霸传》。
⑤ 《后汉书·侯霸传》。
⑥ 《后汉书·明帝纪》。

但是对官吏法律监督的加强,也产生了另一个积极的后果,就是产生了一些廉洁奉公、刚正不阿的官员,为光武朝政提供了有利的条件。如大司徒侯霸曾推荐王丹任太子少傅,因遣子迎候,温言周礼,欲与结纳。王丹正色辞曰:"君房(侯霸字)有是言,丹未之许。"伏波将军马援赠同乡杜林一匹马,林受马而返值五万钱,援不以为嫌,教育儿子说:"人当以此为法,此杜伯山所胜我也。"司隶校尉宣秉身居要职,但生活却非常清苦,"常服布被,蔬食……无担石之储。"洛阳令董宣依法格死湖阳公主的家奴,宁死不屈,号为"强项令。"在县五年,卒官,光武遣使者临视,"唯见布被覆尸,妻子对哭,有大麦数斛,敝车一乘。"其他忠正不阿者如任延,光武帝召见时勉励"善事上官,无失名誉",他当即反驳:"忠臣不私,私臣不忠,履正奉公,臣子之节,善事上官,臣不敢奉诏",义正辞严,刘秀点头称善。据理力争者如博士张堪,刘秀欲群臣举皇太子舅父阴识为傅,张堪力排众议,认为辅导太子是天下大公,"宜用天下之贤才",不应只用私家外亲,刘秀终于接受了张堪的意见。

总之,从官员素质来看,如果说西汉开国之初多权谋变通之士,则东汉开国初的官员多忠正耿直之臣,这是对官员法律监督程度的强弱使然。

(八)征用"志士",宣扬名节,强化忠君思想。新莽时期,囿于封建正统观念,"士之蕴藉义愤甚矣。是时裂冠毁冕,相携持而去之者,盖不可胜数。"人心思汉,亦是王莽失败、刘秀成功的一个很重要的因素。刘秀见人心可用,特别是忠于一家一姓之观念和行为,是皇权的坚实基础,于是在建立东汉政权以后,大力表彰气节,激励风尚,以强化自已的统治。"建武三年(28 年),诏书求天下义士。"①对众多弃官逃仕,不仕王莽、公孙述的士人,慰藉有加,收为已用。如通儒卓茂西汉末为密令,及王莽居摄,称病自危,杜门自绝,不仕新朝。建武之初,对这个已年过七十,"无它庸能",但颇有影响的"段段小宰",光武帝首先下诏访求,授予太傅之职。建武四年(29 年),卓茂死,"车驾素服亲临

① 《后汉书·独行传》。

送葬。”[①]刘秀这样做的目的，无非是为了耸动视听，以收揽人心。又如宣秉，于哀、平之际，“见王氏据权专政，侵削宗室，有逆乱萌，遂隐遁深山，州郡连召，常称疾不仕。王莽为宰衡，辟命不应。及莽篡位，又遣使者徵之，秉固称疾病。”建武元年（25年），刘秀即授宣秉以御史中丞的重任。次年又迁司隶校尉。[②] 对于其他不仕王莽的士人，刘秀亦优先授以高职。如申屠刚，建武七年（31年）拜侍御史，后迁尚书令；郭贺建武中为尚书令，高诩建武十一年（35年）拜大司农；郭丹建武十三年（37年）为并州牧，迁左冯翊。[③] 由此，“群方咸遂，志士怀仁，斯固所谓举逸民而天下归心。”[④]顾炎武说：“新莽居摄，颂德献符者，遍于天下。光武有鉴于此，故尊崇节义，敦厉名实……而风俗为之一变。”[⑤]通过奖励名节，征用志士，东汉政权搜罗了一大批效忠于刘汉皇朝的知识分子，扩大了专制主义中央集权政治的阶级基础。而对于心存异心的士人，刘秀则伺机予以讽劝，如《后汉书·冯勤传》：先是三公多见罪退，帝贤勤，欲令以善自终，乃因谯见从容戒之曰：“朱浮上不忠于君，下陵铄同列，竟以中伤至今，死生吉凶未可知，岂不惜哉！人臣放逐受诛，虽复追加赏赐赙祭，不足以偿不訾之身。忠臣孝子，览照前世，以为镜诫。能尽忠于国，事君无二，则爵赏光乎当世，功名列于不朽，可不勉哉！”这一席话名为劝勉，实则威吓，令臣下惕怵不安。

（九）倡导儒学，宣布图谶于天下，加强思想统治。《后汉书·儒林传》序说：“及光武中兴，爱好经术，未及下车而先访儒雅。”自汉武帝以来，儒家思想已成为封建地主阶级的正宗思想，刘秀提倡和弘扬儒学不是什么爱好不爱好的问题，而是为了利用儒学来进一步强化思想的统治。在王莽当政和后来的

---

① 《后汉书·卓茂传》。
② 《后汉书·宣秉传》。
③ 俱见《后汉书》本传。
④ 《后汉书·逸民列传》序。
⑤ 《日知录》卷十三。

农民战争中,许多儒生怀抱经典逃亡山林。东汉政权建立后,这些人又陆续出世,云集京师。刘秀在“宫室未饰,干戈未休”的形势下,先建立太学,立五经博士十四家,可见对思想统治的重视。刘秀本身还亲自干预学术活动,“每旦视朝,日仄乃罢,数引公卿郎将讲论经理,夜分乃寐。”甚至召集群臣进行讲经竞赛,更相诘难,义有不通者夺其席,轰动朝野,蔚成风气。除了中央的太学外,郡县学校遍于国中。《后汉书·儒林传论》曰:“其服儒衣,称先王,游庠序,聚横塾者,盖布之于邦域矣。若乃经生所处,不远万里之路,精庐暂建,赢粮动有千百,其耆名高义,开门授徒者,编牒不下万人,皆专相传祖,莫或讹杂。”

东汉初儒学的兴盛是与选官制度联系在一起的。为了便于选拔和任用经生,刘秀在西汉选举制度的基础上增设“明经”一科。许多在经学上有造诣的学者,都是由此而进入仕途。如《京氏易》学者戴凭,“年十六,郡举明经,征试博士,拜郎中。”后又拜侍中,兼领虎贲中郎将。《鲁诗》学者魏应,建武初诣博士受业,“后归为郡吏,除济阴王文学。”《颜氏春秋》学者张玄,“建武初,举明经,补弘农文学,迁陈仓县丞”,后又“拜博士。”①明经可以做官,这对士人们自然是极大的鼓励和诱惑。建武二十八年(52 年),桓荣官拜太子少傅,赐之辎车、乘马。桓荣甚为得意,于是大会诸生,陈其车马、印绶,曰:“今日所蒙,稽古之力也,可不勉哉。”②这正反映出当时的读书人发愤于经学以追逐功名利禄的心态。

在刘秀起兵的过程中,曾利用图谶作为鼓动人心、招集兵马的宣传武器。因此东汉政权建立后,刘秀“尤信谶言”,《后汉书·张衡传》:“初,光武善谶,及显宗、肃宗因祖述焉。自中兴以后,儒者争学图纬,兼复附以妖言。”诸生亦习之为内学,以纬五经,致使经学向宗教迷信方向发展,引起一些通儒硕士的

① 《后汉书·儒林传》。

② 《后汉书·桓荣传》。

不满。刘秀对此则采取高压手段。例如《后汉书·桓谭传》载:“是时帝方信谶,多以决定嫌疑”,桓谭批评说,这是“今诸巧慧小才伎数之人,增益图书,以欺惑贪邪,诖误人主。”后来又有诏“会议灵台所处”,刘秀对桓谭说:“吾欲以谶决之,何如?”桓谭回答说:“臣不读谶。”并极言谶言不符合经义。刘秀大怒,说:“桓谭非圣无法,将下斩之。”后经人劝解,桓谭叩头流血,才由死刑改为贬谪。从此朝野再也没有人公开地反对谶纬。谶纬之学终于成为东汉占统治地位的思想形式。至建武中元元年,刘秀又“宣布图谶于天下”,使这种思想形式获得了法典的意义。章帝建初四年(79 年)在洛阳北宫白虎观召集诸儒会议,“讲论五经异同”,最后由他裁定。自此以后,儒学进一步神学化,正式成为钦定的统治思想。

三、“度田”失败所透出的信息

东汉初年,“天下垦田多不以实,又户口年纪互有增减”。① 为了整顿这种混乱状况,以利于封建国家按实际情况征收赋税,东汉政府于建武十五年(39 年)诏下州郡检核垦田顷亩及户口、年纪,以确定国家的赋税征收标准。但实际执行度田的地方官吏“刺史太守多不平均,或优饶豪右,侵刻羸弱,百姓嗟怨,遮道号呼。”②这些地方官吏故意“不务核实”,而是同地方豪族勾结,把赋税负担转嫁给贫苦农民,“苟以度田为名,聚人田中,并度庐屋里落。”③就是将不属于垦田的宅基地也算入田亩。这些地方官吏之所以要这样做,是因为根据汉朝的法律,地方垦田及人口的增减,是上计的主要内容,也是考核(州)、郡、县长吏政绩的主要标准。这就促使地方长吏必然要多报至少不少报辖境内的垦田及户口,以邀功于圣上,希求升迁。而另一方面,当这些地方官吏同

---

① 《后汉书·刘隆传》。
② 《后汉书·刘隆传》、《光武帝纪》。
③ 《后汉书·光武帝纪》李贤注引《东观汉记》。

地方豪强相勾结或他们的势力敌不过地方豪强时，他们就不得不隐瞒地方豪强的田亩及人口，而把负担转嫁给贫苦农民。但矛盾终于公开化。“时诸郡各遣使奏事，帝见陈留吏牍上有书，视之，云‘颍川、弘农可问，河南、南阳不可问’”，光武帝不解，“时显宗为东海公，年十二，在幄后言曰：‘吏受郡敕，当欲以垦田相方耳。’帝曰：‘即如此，何故言河南、南阳不可问？’对曰：‘河南帝城多近臣，南阳帝乡多近亲，田宅逾制，不可为准。’帝令虎贲将诘问吏，吏乃实首服，如显宗对。”光武帝于是“遣谒者考实，具知奸状。”①建武十六年（40年），“河南尹张伋及诸郡守十余人，坐度田不实，皆下狱死”②。同时坐狱死的还有大司徒欧阳歙等人。③ 先前隐瞒田亩的地方豪强失去了庇护，就煽动对度田不满的贫苦农民一齐造反，“郡国大姓及兵长群盗处处并起，攻劫在所，杀害长吏，郡县追讨，到则解散，去复屯集。青、徐、幽、冀四州尤甚。”④刘秀面对着来自两个方面的反抗力量——地方豪强势力和贫苦农民，一面“遣使者下郡国，听群盗自相纠擿，五人共斩一人者，除其罪。吏虽逗留回避故纵者，皆勿问，听以禽讨为效，其牧守令长坐界内盗贼而不收捕者，又以畏懦捐城委守者，皆不以为负，但取获贼多少为殿最，唯蔽匿者乃罪之。于是更相追捕，贼并解散”。勉强镇压了由度田引起的骚动。为缓和矛盾，抑制地方豪强的势力，东汉政府又“徙其魁帅于它郡，赋田受禀，使安生业。”⑤至于度田，则不了了之。

度田本来是封建政权特别是新建王朝的正常措施，隐瞒田亩和反隐瞒的两种倾向的斗争也是从封建制度产生以来一直存在的，秦律就有关于“匿民田”的条文，说明这种斗争已上升为法律形式。但是如东汉政府这样由于度

① 《后汉书·刘隆传》。
② 《后汉书·光武帝纪》。
③ 《资治通鉴·汉纪·光武帝纪》。
④ 《后汉书·光武帝纪》。
⑤ 《后汉书·光武帝纪》。

田而激起大规模的社会骚动,则在中国历史上是罕见的。它说明了在东汉初期,豪强地主已经形成了同中央集权相抗衡的政治力量。从东汉皇朝本身来说,其皇族就是豪强地主。刘秀、刘缜兄弟是具有皇族身份的南阳豪强。他的亲信、大臣也基本上出于州郡著姓、地方长吏。如刘秀的舅父樊宏"为乡里著姓",有田三百余顷,赀至巨万;妻阴氏家有田七百余顷,"舆马仆隶,比于邦君";光武姐丈邓晨"世吏二千石"。在追随刘秀建立东汉王朝的战争中,许多人是举族相从。东汉王朝建立以后,他们封侯食邑,成了新的贵族。以这些新贵族、官僚为核心,联结地主、豪商,形成了强大的豪族地主阶层。他们凭借政治上的优势,力图广占田亩以扩大经济势力。如马援"以三辅地旷土沃,而所将宾客猥多,乃上书求屯田上林苑中"①,吴汉尝出征,"妻子在后买田业,汉还……尽以分与昆弟外家。"②建武中,汝南太守邓晨署许杨为都水掾修鸿郤陂,"初豪右大姓,因缘陂役,竞欲辜较在所,杨一无听,遂共谮杨受取赇赂。晨遂收杨下狱,而械辄自解"。③

豪强地主阶层虽然是东汉政权的阶级基础,但在争夺土地和劳动力,即争夺农民的剩余劳动上,又和中央集权政治产生尖锐的矛盾。这些豪强地主为了自身的利益,必然要隐瞒田亩和依附人口,偷漏赋税。因此度田必然要侵犯他们的利益。

值得注意的是,在建武十六年(40 年)的骚动中所出现的以下几种现象:

第一,这些豪强地主——"郡国大姓"和"兵长、群盗"已经联合起来。所谓"兵长",实际上是一些没有贵族身份的地方豪强,他们已成为和中央集权统治相对立的力量。《后汉书·任延传》:"(任延)既之武威,时将兵长史田绀,郡之大姓,其子弟宾客为人暴害。延收绀系之,父子宾客伏法者五六人,绀

① 《后汉书·马援传》。
② 《后汉书·吴汉传》。
③ 《后汉书·许杨传》。

少子尚乃聚会轻薄数百人，自号将军，夜来攻郡。”他们的政治经济势力萌发于西汉，在王莽末年的农民战争和地方割据战争中乘机而起，东汉政府建立时已形成尾大不掉之势。至于“群盗”，包括了依附于这些大姓、兵长的徒附、部曲，和被豪强地主欺骗、裹胁的反对度田的群众。这说明了一部分自耕农为了逃避破产的命运，不得不依附于豪强门下以寻求保护，在对抗中央政府这一点上有了政治和经济利益的某种一致性。

第二，这次事件发生在政治比较清平的建武时期，史载已有十余名地方官卷入。这些违法乱纪的官员被处死后，豪强地主公开发动叛乱，并且这些叛乱大都发生在经济发达的青、徐、幽、冀地区。说明地方豪强势力同地方官员的勾结已不是个别的现象。

第三，这次事件还牵涉到经学大师大司徒欧阳歙。在欧阳歙入狱后，数千太学生为之鸣冤叫屈，以至于歙在狱中死后，光武帝不得不“赐棺木，赠印绶，赙缣三千匹。”①说明这些豪强地主同以经学起家的知识分子有了联系。在以后的发展中，东汉的豪强地主比他们的前辈又多了浓厚的经学色彩。

第四，在度田失败后，土地兼并以更大的势头发展起来。如章帝时马防“兄弟贵盛，奴婢各千人以上，资产巨亿，皆买京师膏腴美田，又大起第观，连阁临道，弥亘街路……宾客奔凑，四方毕至，京兆杜笃之徒数百人，常为食客。”②窦宪“恃宫掖声势，遂以贱直请夺沁水公主园田，主逼畏，不敢计。后肃宗驾出过园，指以问宪，宪阴喝不得对。后发觉，帝大怒，召宪切责曰：‘……今贵主尚见枉夺，何况小人哉！’”③

因此，我们看到，由于上述原因，东汉王朝的阶级基础是不稳固的，从一开始就埋下了后来分裂的因素。东汉末群雄割据的闹剧东汉初就开始作出场的

① 《后汉书·儒林列传》上。
② 《后汉书·马防传》。
③ 《后汉书·窦宪传》。

准备了。

第二节　经济的恢复和发展

一、农业生产的恢复和发展

随着战事的平息，经过劳动人民的辛勤劳动和东汉政府的几十年的努力，东汉的社会经济，到明帝永平年间开始出现回升，据史载：

永平九年(66 年)，“是岁，大有年”。①

永平十二年(69 年)，“是岁，天下安平，人无徭役，岁比登稔，百姓殷富，粟斛三十，牛羊被野。”②

这与建武初战乱频仍、灾荒遍野的情况形成了鲜明的对比。而人口数量和垦田面积的逐渐增多，更是当时社会经济恢复和发展的显著标志。根据史书记载，光武帝末年(57 年)载于户籍的人口只有二千一百多万，明帝末年(75 年)增加到三千四百多万，章帝末年(88 年)增到四千三百多万，到和帝末年(105 年)就有五千三百多万了。与人口增长的同时，垦田面积也恢复到七百三十多万顷，已接近西汉平帝时候的最高水平。如把豪强地主隐瞒田亩和人口的因素考虑在内，当已经超过了西汉。这个成绩的取得，有以下几种因素。

(一)水利的恢复整修、水利技术的进步和灌溉面积的扩大

东汉政府对水利的建设与西汉武帝大兴水利的做法有所不同，侧重于对已有设施的恢复和整修，注重充分发挥现有水利工程的经济效益。例如，和帝永元十年(98 年)春三月壬午，诏曰：“堤防沟渠，所以顺助地理，通利壅塞。今废慢懈弛，不以为负。刺史二千石其随宜疏导。勿因缘妄发，以为烦扰，将

① 《后汉书·明帝纪》。

② 《后汉书·明帝纪》。

显行其罚”。[①] 可以看出,这是依据当时的条件,少搞或尽量不搞新的水利工程,而把重点放在“通利壅塞”上,这样可以节省大批人力物力,这同东汉初期统治者减省徭役是一致的,体现了一种讲求实效的精神。对此,东汉中央政府和各级地方官吏都注意对原有水利系统的恢复、整修。如张堪拜渔阳太守,“乃于狐奴开稻田八千余顷”。杜诗迁南阳太守,“修治陂池,广拓土田”。[②] 又如马援拜陇西太守,“援奏为置长吏,缮城郭,起坞候,开导水田,劝以耕牧,郡中乐业。”[③]永平五年,鲍昱拜汝南太守。“郡多陂池,岁岁决坏,年费常三千余万。昱乃上作方梁石洫,水常饶足,溉田倍多,人以殷富”。[④] 章帝元和三年(86年),张禹“迁下邳相,徐县北界有蒲阳坡(《东观记》曰:坡水广二十里,径且百里,在道西,其东有田可万顷),傍多良田,而堙废莫修。禹为开水门,通引灌溉,遂成孰田数百顷。劝率吏民,假与种粮,亲自勉劳,遂大收谷实。邻郡贫者归三千余户,室庐相属,其下成市。后岁至垦千余顷,民用温给(《东观记》曰:禹巡行守舍,止大树下,食糒饮水而已,后年,邻国贫人来归之者,茅屋草庐千户,屠沽成市。垦田千余顷,得谷百万余斛)。”[⑤]马棱任广陵太守,“兴复陂湖,溉田二万余顷。吏民刻石颂之。”[⑥]和帝永元中,何敞“迁汝南太守。……又修理鲖阳旧渠,百姓赖其利,垦田增三万余顷。吏人共刻石,颂敞功德。”[⑦]

东汉中期,仍奉行上述修旧理废进行区域性整治的措施。例如安帝元初二年(115年)春正月“修理西门豹所分漳水为支渠,以溉民田。”[⑧]元初三年

① 《后汉书·和帝纪》。
② 参见本章第一节。
③ 《后汉书·马援传》。
④ 《后汉书·鲍昱传》。
⑤ 《后汉书·张禹传》。
⑥ 《后汉书·马棱传》。
⑦ 《后汉书·何敞传》。
⑧ 《后汉书·安帝纪》。

(116年)春正月甲戌,“修理太原旧沟渠,溉灌官私田。”①顺帝时,崔瑗迁汲令,“为人开稻田数百顷,视事七年,百姓歌之。”②马臻为会稽太守,修治镜湖,筑塘蓄水。“堤塘周回五百一十里,溉田九千余顷。”③这些地方性工程,一方面治理了危害人民生产、生活的水患,另一方面又扩大了灌溉面积,同时对交通的便利也起了很大作用。

东汉政府在注重地方性、区域性整修的同时,对于危害甚大的黄河水患,则集中了全国的人力物力来解决。西汉后期以来,由于水利长期失修,河水“侵毁济渠,所漂数十许县”,“汴源东侵,日月弥广,而水门故处,皆在河中,兖豫百姓怨叹。”④永平十二年(69年),明帝令著名的水利工程专家王景、王吴修治黄河。《后汉书·王景传》说,“王景字仲通,乐浪讲邯人”,“少学易,遂广阙众书,又好天文术数之事,沈深多伎艺。”王吴当时是将作谒者。在这之前,他们两人曾受命修浚仪渠,“用堨流法,水乃不复为害”。东汉政府调集了几十万农民和士卒在王景、王吴的领导下修渠筑堤,“自荥阳东至千乘海口千余里。景乃商度地势,凿山阜,破砥绩,直截沟涧,防遏冲要,疏决壅积,十里立一水门,令更相洄注,无复溃漏之患”。这项工程花了一年多时间,费钱以亿计。经过广大人民的辛勤劳动,终于战胜了黄河水患。此后八百年间,黄河没有改道,水灾也减少了。

东汉的水利工程技术在劳动人民实践的基础上比西汉有了很大的进步。前述王景、王吴使用的堨流法和水门控制法都是新的创造。陂塘即利用自然地势修建水库,在中原和南方州郡推广。考古工作者在安徽寿县安丰塘(芍陂)发掘了属于东汉时期的水利工程遗址。这是一处蓄泄兼顾,以蓄为主的水利工程。大坝建在一条泄水沟上面,是用一层草一层土相间叠筑而成的

① 《后汉书·安帝纪》。
② 《后汉书·崔瑗传》。
③ 《御览》卷六十六引《会稽记》。
④ 《后汉书·王景传》。

“草土混合堰”。在遗址中发现铸有“都水官”三字的铁锤,表明这一工程可能是庐江郡修建的,或许是王景任庐江太守时用“埆流法”筑坝的遗存。1974年和1975年在四川灌县都江堰鱼嘴附近,先后发现了东汉建宁元年(168年)李冰石刻立像和一件持臿人像,这两尊像立于水中作为测量水位的标志,以石人的肩部和足部作为水位的上下准点,说明当时已十分注意观察测量水位的变化。①

在水利灌溉技术上,劳动人民也有了新的创造。在四川彭山和成都等地发现的东汉墓葬里,经常看到水田和池塘组合的模型,有从池塘通向水田的自流灌溉水渠,有的还在出口处安置圆形的闸门。在河南泌阳板桥和洛阳汉河南县城发现的东汉砖井旁还附有陶管和砖砌的下水道。② 汉灵帝时,宦官毕岚总结劳动人民的实践经验,创作翻车和渴乌,使灌溉技术大大提高一步。翻车是一种在河边汲水的水车,渴乌则是洒水的曲筒,用于道路洒水。使用水车,较之以前用桔槔提灌,效率提高许多。

利用水力的新技术有水碓和水排。用水碓舂米的效率,比用足蹬提高了约十倍。用水排鼓风铸铁,也大大提高了生产力。

(二)耕种技术的进步

犁耕技术在东汉也得到了发展。东汉时,已大量使用全铁制犁铧,其刃端角度已逐渐变小。1955年在辽宁辽阳、1958年在山东滕县分别发现了属于西汉后期和东汉时期的大铁犁。③ 滕县大铁犁斜长48厘米,后宽45厘米,高13厘米,犁面和銎部亦均作等腰三角形,犁锋较钝。这种大铁犁由二牛牵引,用来开沟修渠,在土质松软的地区,也可用于窜垡、活地。在滕县还发现了牛马

① 中国社会科学院考古研究所:《新中国的考古发现和研究》,文物出版社1984年版,第461页。

② 中国社会科学院考古研究所:《新中国的考古发现和研究》,文物出版社1984年版,第461页。

③ 张传玺:《两汉大铁犁研究》,《北京大学学报》(哲学社会科学版)1985年第一期。

共耕图,说明用一牛一马牵引大铁犁在山东南部地区已不是个别的现象。而当时农业生产使用的主要耕具,主要还是中小型铧犁。中小型铧犁由短辕一牛挽引,它比长辕的二牛抬扛方便得多,操作灵活,便于在小块农田上耕作。此外,新型的全铁制的耕作工具也逐渐增多。如在四川乐山崖墓石刻画像中见到的曲柄锄,是便于铲除杂草的中耕工具,这种曲柄锄的实物,已在陕西临潼发现。四川绵阳和牧马山崖墓中发现的铁制勾镰,全长 35 厘米,是专用于收割的大型农具,操作起来很方便。①

大铁铧(山东滕县长城村出土)

铁铲(山东莒南县北沟头出土)

随着耕犁的改进,牛耕技术在东汉受到了普遍的重视,东汉政府对于推广牛耕,远比西汉为努力。其主要表现:一是重视牛疫,皇帝屡下诏书,认为牛疫关系重大,并号召各级官吏勤于政事。建初元年(76 年)诏:"比岁牛多疾疫,垦田减少,谷价颇贵,人以流亡。方责东作,宜及时务。二千石勉劝农桑,弘致劳来。群公庶尹,各推精诚,专急人事。……有司明慎选举,进柔良,退贪猾,顺时令,理冤

① 刘志远等:《四川汉代画像砖与汉代社会》,文物出版社 1983 年版,第 40 页。

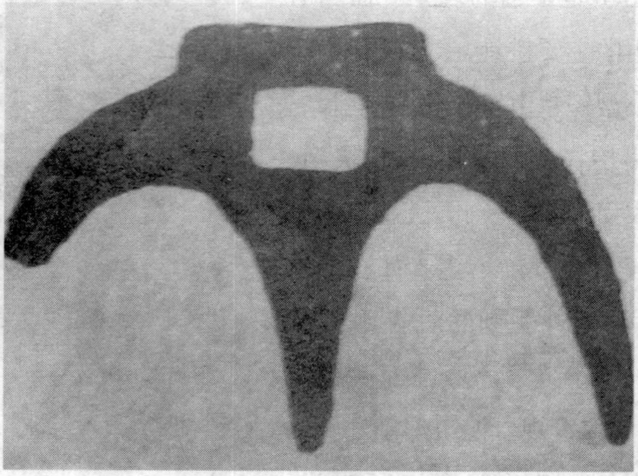

铁三齿耙(左齿残)(山东临朐县王家圈出土)

铁镢、铁镰(西安市西郊后围寨出土)

二牛抬杠式牛耕图
（陕西米脂出土画像石）

狱。"[①]二是严禁宰牛。建武时第五伦为会稽太守，"有妄屠牛者，吏辄行罚。民初颇恐惧，或祝诅妄言，伦案之愈急，后遂断绝。"后又加重其禁，杀牛者死罪。"曲周民父病，以牛祷，县结正弃市。"[②]三是官贷耕牛和课民买牛。永元十六年（104 年），遣三府掾分行四州，贫民无以耕者，为雇犁牛直"[③]，保证春耕生产及时进行。四是教民牛耕。东汉初南方有些地区和边远地区不知牛耕。政府非常重视在这些地区推广牛耕。建武初，任延为九真太守，"九真俗以射猎为业，不知牛耕。延乃铸作田器，教之垦辟，田畴岁岁开广，百

二牛抬杠式牛耕图（江苏睢宁出土画像石）

① 《后汉书·章帝纪》。
② 《后汉书·第五伦传》。
③ 《后汉书·和帝纪》。

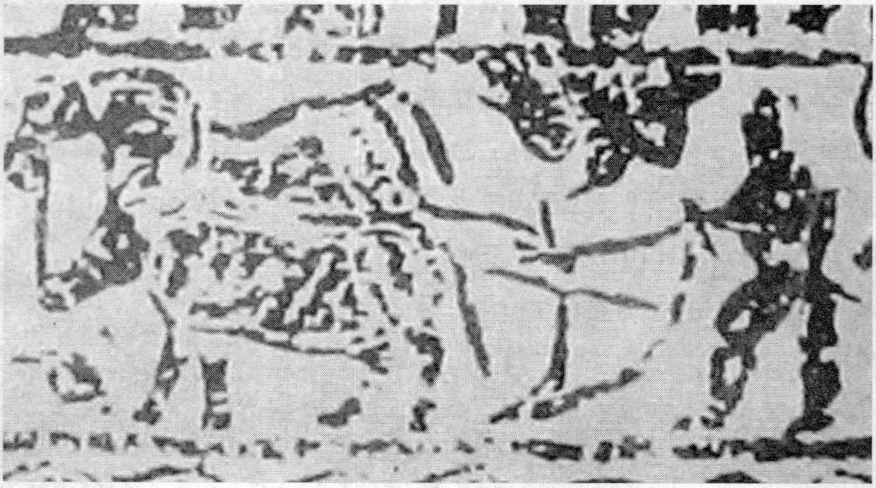

牛马共耕图(山东滕县黄家岭出土画像石)

一人挽犁牛耕图(山东滕县宏道院出土画像石)

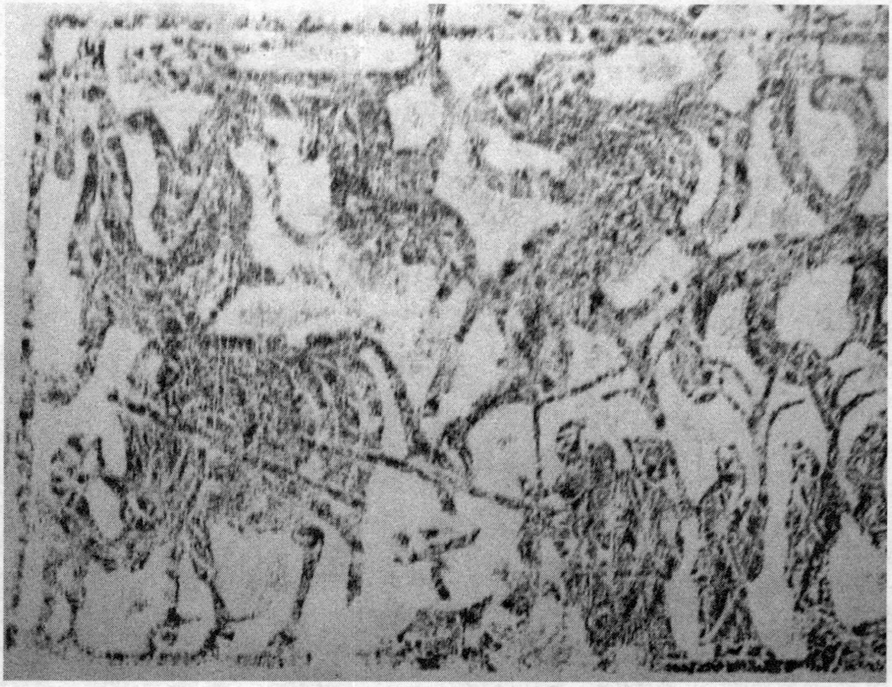

姓充给。”[①]王景“建初八年(83年)迁庐江太守。先是百姓不知牛耕,致地力有余而食常不足。郡界有楚相孙叔敖所起芍陂稻田。景乃驱率吏民,修起芜废,教用犁耕。由是垦辟倍多,境内丰给。”[②]东汉犁铧出土的地区比西汉也略有扩大,在广西、甘肃、新疆等地也发现了犁铧。[③] 由此可以看出,司马迁时代火耕水耨的南方地区,荒凉僻远的西北地区,牛耕已逐渐普及。牛耕已成为东汉农业生产的一个主要形式,不用牛耕的地方,已经是个别的例外了。

另外,西汉后期发明的精耕细作的区种法,东汉初年在政府的提倡下也得到了迅速推广,以弥补牛疫造成的畜力不足,扩大了垦田面积。

(三)精耕细作和园艺技术的进步

大地主田庄已成为东汉时期农业生产中占主导地位的组织形式(见后述)。这种新的组织形式由于其稳定性和自给性必然促进精耕细作的发展和园艺化技术的进步。崔寔的《四民月令》记述了地主田庄精耕细作经营农业的一些情况。这种田庄的经营,十分注意时令节气,重视杀草施肥,根据不同土壤的性质,种植不同的作物,采用不同的种植密度。并能及时翻土晒田,双季轮作,提高了土地的利用率。

耕作图(山东滕县黄家岭出土画像石)

① 《后汉书·任延传》。

② 《后汉书·王景传》。

③ 《新中国的考古发现和研究》,第460页。

陶水田模型(广东连县出土)

酿酒图(四川彭县出土画像砖)

由于田庄经济自给自足性的增强,田庄内部的分工反而发展了。例如刘秀母舅樊宏在湖阳经营的田庄“高楼连阁,陂池灌注,竹木成林,六畜放牧,鱼嬴梨果,檀漆桑麻,闭门成市。”①佃客则根据田庄主人的需要,种植各种粮食、蔬菜、瓜果和各种经济作物及药材等等。

① 《水经注·泚水注》。

舂米图（四川彭山出土画像砖）

弋射收获图（四川成都市郊出土画像砖）

1971年发现的内蒙古和林格尔东汉墓壁画，围绕着田庄图分别绘画农耕图、园圃图、采桑图、沤麻图、碓舂图、谷仓图、酿造图、果树图、网渔图、牧马图、牧羊图、牧牛图等；在四川成都、德阳地区的东汉墓画像砖中，也有反映农业分工的内容，如弋射收获图、桑园图、采芋图、采莲图、舂米图、家禽图、酿酒图、莲池图、薅秧耕作图、仓楼图等。① 这些出土文物展现了东汉时期围绕着农业田

① 中国社会科学院考古研究所：《新中国的考古发现和研究》，文物出版社1984年版，第463页。

庄为中心的多种经营活动。

广东连县出土的水田模型,其旁附有小船。水田被田埂分为六块,农民在不同的田块里犁田、插秧和收割、脱粒,在收割后的田块里还堆着肥料。从这个模型可以看出当时已实行两茬制,施用底肥,并采用了移栽秧苗的技术。①

由于精耕细作,单位面积产量增加了。《东观汉记·张禹传》记载,章帝时张禹在徐县(今江苏泗洪南)开蒲阳旧陂,垦田四千余顷,得谷百万余斛,每亩产量则在两、三斛之间。仲长统也说:"通肥垸之率,计稼穑之入,令亩收三斛"。这与西汉初期晁错所说的"百亩之入,不过百石"相比,增加了三倍。

(四)南方地区的初步开发

东汉初期,由于战乱,原来经济较发达的关中地区"城郭皆空,白骨蔽野"②,"山东饥馑,人庶相食,兵所屠灭,城邑丘墟。"③大量北方人民离乡背井,渡江南逃,为江南的开发准备了人力条件。而铁器农具的推广、牛耕的普及、水利在南方的推广,则为江南的开发提供了技术条件。这样就使原来落后的"火耕水耨","以渔猎山伐为业",以"果蓏蠃蛤"为食的江南地区的农业生产很快由粗耕过渡到精耕细作,从而迅速改变了农业经济的落后面貌,为以后的发展奠定了良好的基础。另外,从这一时期的人口变动中也可以看出这一变化的意义。西汉时候,全国分设十三州,其中关中的三辅地区及豫州、冀州、兖州、青州、徐州等六州,土地面积只有全国八分之一,而人口占百分之六十八以上。豫州有一〇八县,人口七百五十多万;面积大一倍的扬州豫章郡,则仅有十八县,三十五万多人,南北人口的分布很悬殊。东汉时候,这种情况逐渐发生了变化。北方各州的人口,除冀州略有增加外,其余都有减少的趋势。如人口特别稠密的三辅地区,西汉时有人口二百四十多万,至东汉时,竟减到五

① 中国社会科学院考古研究所:《新中国的考古发现和研究》,文物出版社 1984 年版,第 463 页。

② 《后汉书·刘盆子传》。

③ 《后汉书·公孙述传》。

十万。兖州原有人口七百八十多万,减到四百万左右。此外,并州原有人口三百三十多万,减到六十九万;凉州原有人口一百二十八万,减到四十万左右;幽州原有人口三百九十多万,减到二百多万。与此相反,南方诸州的人口却有显著的增加。扬州人口从三百二十多万增到四百三十多万,荆州人口从三百五十多万增到六百二十多万,益州人口也从四百七十多万增到七百二十多万。北方人口的南移和南方人口的增长,反过来又进一步促进了南方地区的开发。但就总的发展水平来讲,南方仅刚刚起步,还远远赶不上北方,黄河流域仍然是全国的经济重心。

二、手工业的发展

与农业生产恢复和发展的同时,东汉的手工业生产也逐步发展起来。由于铁制农具的需求越来越大,从而推动了冶铁技术的进步和生产规模的扩大。考古工作者在郑州市郊古荥镇发掘了属于西汉中晚期和东汉时期的冶铁遗址,发现了两座大型的高炉。炉体呈椭圆形,炉缸长轴约 4 米,短轴约 2. 8 米,面积约 8. 5 平方米。在一号高炉坑内,挖出属于同一时代的积铁,重二十余吨。椭圆形高炉的出现,说明汉代冶铁工匠对扩大炉的容积,做了巨大努力。为了提高生产效率,需要扩大炉子容积,但由于鼓风设施的限制,炉腔加大后风量不足,于是工匠们在实践中创造了椭圆形的炉腔,这样就较易在扩大炉腔面积后满足鼓风的要求。在熔铸过程中也可能有意识地使用了热风的技术。① 在鼓风技术方面,西汉时期的鼓风器仍然沿用春秋以来的皮橐,使用人力鼓风,没有什么大的改进。但到东汉初年,南阳太守杜诗发明了水排,即使用水力鼓风。东汉后期,又出现了马排,即使用畜力鼓风。由于炉腔的扩大和鼓风技术的改进,铁的产量增加了。据有关方面估计:“古荥一号高炉的日产

---

① 郑州市博物馆:《郑州古荥镇汉代冶铁遗址发掘简报》,《文物》1978 年第 2 期。

量可能在半吨到一吨左右。这在两千年前,是很杰出的技术成就。”①

冶铁图(山东滕县宏道院出土画像石)

铸铁十二支灯(河南洛阳烧沟出土)

在铸造技术方面,东汉发展了叠铸技术。一九七四年九月,河南温县招贤村发现一座东汉前期的烘范窑,出土五百多套铸造车马器零件的叠铸泥范。把若干个泥范叠合起来,装配成套,一次就能铸造几十个铸件②。铸范的设计相当科学,范腔之间的泥层很薄,为使范面紧凑尽可能减少吃泥量,有些范的直浇口制成扁圆形。范块采用对开式垂直分型面,两堆铸范共用一个直浇道,使金属实收率更高,使浇注时间更少,这是叠铸术的进一步发展。③

① 河南省博物馆:《河南汉代冶铁技术初探》,《考古学报》1978 年第 1 期。

② 河南省文物考古工作队:《河南省温县汉代烘范窑发掘简报》,《文物》1976 年第 9 期。

③ 河南省博物馆:《河南汉代冶铁技术初探》,《考古学报》1978 年第 1 期。

在制钢技术方面，东汉时已发明了铸铁脱碳成钢技术，在世界冶金史上也占有领先地位。在河南南阳市北关瓦房庄出土的二件东汉铁凿，一把含碳约 0.6%，另一把含碳约 1%。这两件铁凿虽是生铁铸造而成，但已经脱碳而成为钢件。“这种工艺，实际上已从铸铁脱碳处理演变为一种新颖的制钢方法，即铸铁脱碳成钢的方法。”①

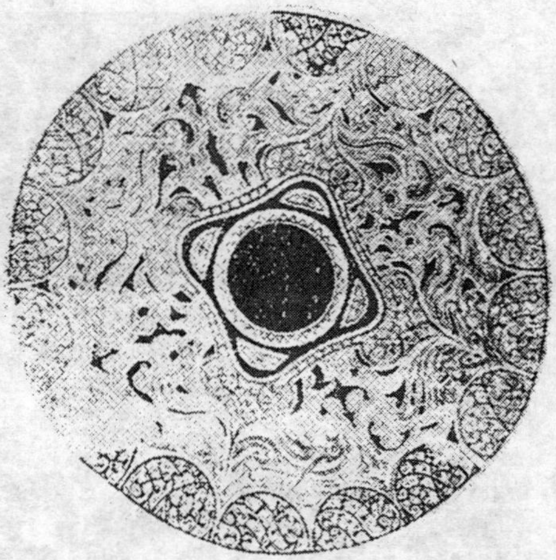

铁镜花纹（甘肃武威雷台汉墓出土）

洛阳汉墓出土的铁十二枝灯、雷台汉墓出土的铁镜说明由于技术的进步，在日常生活用品方面，铁器部分取代了铜器的地位。

纺织业也有了发展。东汉初年在洛阳、广汉、蜀郡等地设有服官、工官，制作皇室用的衣物。据崔寔《四民月令》记载：正月，“命女工趣织布”；三月，“清

纺织图（江苏泗洪出土画像石）

① 河南省博物馆：《河南汉代冶铁技术初探》，《考古学报》1978 年第 1 期。

纺织图(山东滕县龙阳店出土画像石)

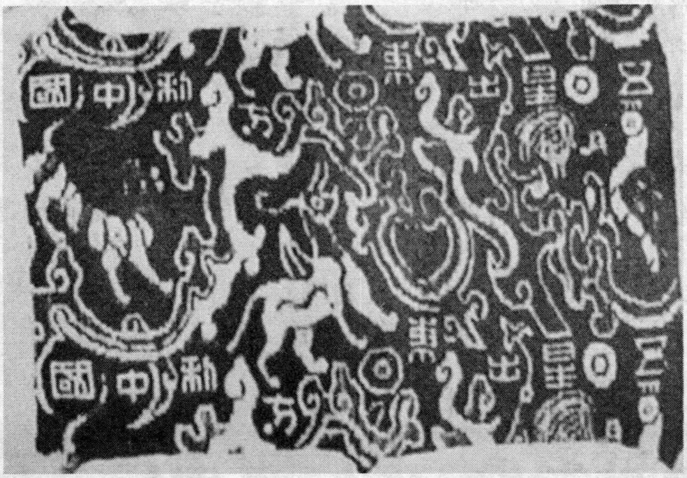

东汉织锦护膊(新疆民丰尼雅遗址出土)

明节令蚕妾治蚕室”;六月,“命女工织缣,练(练)”,七月,“收缣练(练)”,八月,“趣练缣帛染采色”。证明当时农村的纺织副业生产已有了规范日程。在江苏铜山洪楼出土的东汉画像石,表明当时已出现了对丝进行并合加工的纺车。随着颜料、染料以及印染工艺技术的进步,使纺织品的色彩更为丰富。从许慎《说文解字》所罗列的纺织品名称和专用字看来,对色谱又有了进一步拓宽,达三十九种之多。①

---

① 陈维稷主编:《中国纺织科学技术史》,科学出版社 1984 年版,第 176、250 页。

龟甲四瓣花纹罽(新疆民丰尼雅遗址出土)

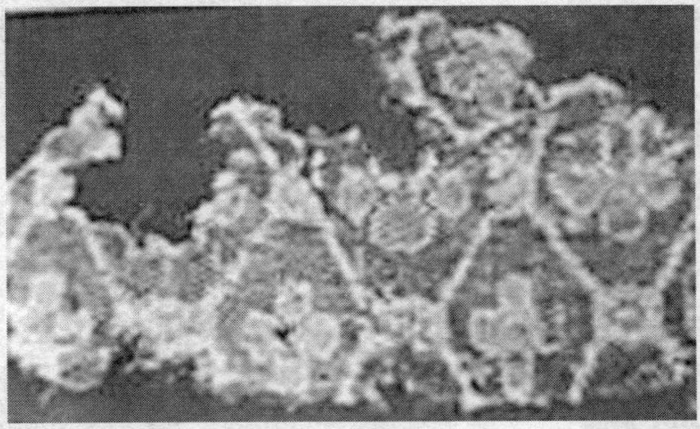

在东汉,已出现了一些纺织品生产和经营的中心。当时,蜀锦已驰名全国,襄邑(今河南睢县)和齐(今山东临淄)的丝织业特别发达。王充曾说:"齐部世刺绣,恒女无不能。襄邑俗织锦,钝妇无不巧"。①

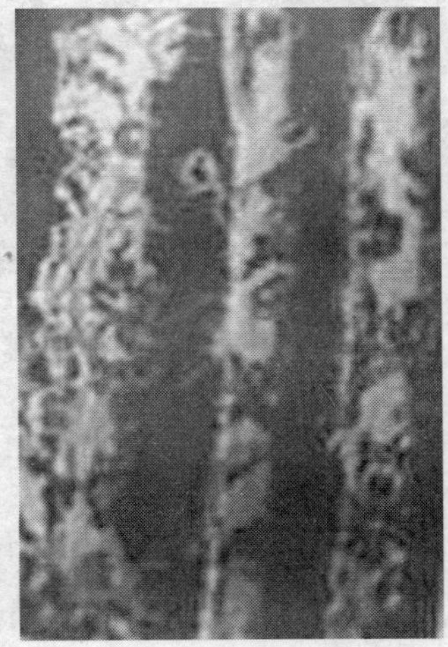

人物葡萄纹毛织品(新疆民丰尼雅遗址出土)

东汉纺织品在边疆地区已有发现。丝绸之路沿途出土了许多东汉时期的锦。1959 年新疆民丰尼雅古城遗址出土了东汉的万世如意锦、延年益寿大宜子孙锦、菱纹锦等实物,同年在内蒙古扎赉诺尔的东汉墓群中也发现了同样的东汉产品。在民丰的东汉居住遗址中,还出土了组织细密的织花毛织品,颜色鲜丽,显示出当时西北地区高度发展的毛纺织工艺水平。

东汉时期,大麻的种植和加工技术也向边疆地区传播。《后汉书·崔寔传》记载内蒙古草原已种植大麻。内蒙古包头市郊东汉墓中已出土了大麻绳

① 《论衡·程材篇》。

索。湖南、广西的偏僻山区也开始苎麻的种植和加工。居住在云南哀牢山区（今云南保山一带）的少数民族已能用苎麻纺绩，“织成文章如绫锦”的蘭干细布。①

铭镀金铜酒樽(建武廿一年)

东汉时期青铜铸造业作为一个古老的手工业部门已不占重要地位了，但仍保持着很大的规模。广汉、蜀郡、朱提（今四川宜宾）、丹阳（今安徽宣城）是当时冶铜业的中心。常见的铜器有洗、釜、甑、壶、斗、奁、博山炉、铜镜等生活用品和工艺品。有的洗上带有“朱提造”、“堂浪造”、“青蛉”等铭文，有的铸有双鱼、羊、鼎等图案。这些铜器制作精细，花纹工巧，有的还饰以鎏金、错金银等。

东汉时期的漆器业也有发展。在长沙出土的一些漆彩奁上，以歌舞、狩猎或车马人物等题材，画成精美生动的画面。扬州甘泉山广陵王墓、徐州土山彭城王墓和定县中山王刘畅墓都埋藏有一批华贵漆器，釦器所占比重较大。刘畅墓仅耳杯的鎏金铜耳一项就达九十多件。此外，在甘肃武威、天津武清、河南洛阳和孟津、陕西绥德、安徽合肥、湖南衡阳、广东广州、广西贵县、四川成都、云南昭通和下关等地的东汉墓中，也都有漆器的发现。江苏高邮邵家沟东汉晚期的村落遗址中，出土木胎漆碗一件、耳杯二件，这是迄今为止在汉代生

① 陈维稷主编：《中国纺织科学技术史》，科学出版社1984年版，第132页。

人居址唯一发现的漆器,它提供了汉代农村使用漆器的例证。①

东汉时期,造纸业是一个新兴的手工业部门。汉和帝时,尚方令蔡伦在总结前人经验的基础上,发明了用树皮、麻头、破布、旧渔网等作原料造纸,并于元兴元年(105 年)奏上。从此它代替了竹木简和缣帛成为新的书写工具。1974 年在甘肃武威出土了"旱滩坡纸",是国内现存的最早的写有文字的纸,它的年代在东汉晚期,比蔡伦晚仅几十年,说明它的生产和使用很快传播到边远地区了。②

东汉时期另一个新兴的手工业部门是制瓷业。瓷器是我国劳动人民的重要发现,据专家鉴定,它出现于东汉时期。③ 在浙江上虞、宁波、慈溪、永嘉等市县先后发现了汉代瓷窑遗址;在河南洛阳中州路、烧沟、河北安平逯家庄、安徽亳县、湖南益阳、湖北当阳刘家冢子等东汉晚期墓葬和江苏高邮邵家沟汉代遗址中,都曾出现过瓷制品,而尤以江西、浙江发现的更多。其中有东汉"延熹七年"(164 年)纪年墓中所出的麻布纹四系青瓷罐,"熹平四年"(175 年)墓内出土的青瓷耳杯、五联罐、水井、熏炉和鬼灶,"熹平五年"(176 年)纪年墓中发现的青瓷罐,还有与朱书"初平元年"(190 年)陶罐同时出土的麻布纹四系青瓷罐。④

东汉瓷器,是由原始瓷发展而来的,从原料的选择、粉碎、成型到窑炉结构和烧制技术都有很大的改进。浙江的瓷窑一般是就地取材。小仙坛窑址中的瓷片和该窑址附近的瓷土矿的化学成分十分接近,表明这个窑场就是采用附近的瓷土作原料的。"该窑场的制品,具有瓷质光泽、透光性好、吸水率低的

---

① 中国社会科学院考古研究所:《新中国的考古发现和研究》,文物出版社 1984 年版,第 477 页。

② 王菊华、李玉华:《从几种汉纸的分析鉴定试论我国造纸术的发明》,《文物》1980 年第 1 期。

③ 中国硅酸盐学会:《中国陶瓷史》,文物出版社 1982 年版,第 127 页。

④ 中国硅酸盐学会:《中国陶瓷史》,文物出版社 1982 年版,第 127 页。

优点,是在1260℃—1310℃的高温下烧成。器表通体施釉,其釉层比原始瓷器显著增厚,而且有较强的光泽度,胎釉的结合紧密牢固。釉料中含氧化钙15%以上,并在还原气氛中烧成,所以釉层透明,表面有光泽,釉面淡而清澈,犹如一池清水。"①

从东汉瓷窑遗址周围的自然环境观察,一般都具备充足的水力资源,加上当时已普遍使用脚踏碓和水碓的情况,所以这时很有可能已用水碓粉碎瓷土,以提高坯土的细度和生产效率。在上虞帐子山东汉窑址的发掘中,发现了陶车上的构件——瓷质釉顶碗。这种釉顶碗碗内作臼状,壁面施以均匀的青釉,十分光滑;它的外壁成八角形,上小而下大,镶嵌在轮盘的正中部位,加于轴顶上,一经外力推动,即可使轮盘作快速旋转。这种相当进步的陶车设备与熟练的拉坯技术的紧密配合,使瓷器的器形规正而功效提高。

在浙江上虞、宁波的东汉窑址中与青釉并存,还出现了黑釉瓷器。此外,在湖北、江苏、安徽等地的汉代墓葬中也曾出土过黑釉瓷器,特别是安徽亳县的"建宁三年"(170年)等纪年墓中黑釉瓷的出土,证明它的烧造时间应在东汉的中晚期。青色釉和黑色釉两种制品的出现,表明釉料配制的方法已能较好的控制,施釉的技术则已由刷釉而改为浸釉,使釉层厚而均匀,胎料和釉料配制得当,使胎釉的膨胀和收缩趋向一致,附着牢固。

此时瓷器的装饰花纹,仍旧为弦纹、水波纹和贴印铺首等几种,与原始瓷器的装饰手法无甚差异。用泥条盘筑法成形的瓿、罍等器物,外壁拍印麻布纹、窗棂纹、网纹、杉叶纹、重线三角纹、方格纹和"蝶形纹"等,也与印纹陶的装饰图样基本相似。这些也都说明东汉时代的瓷器,从造型艺术到装饰手法,均有着原始瓷和印纹陶的明显烙印,尚未形成自己特有的艺术风格。也说明它刚从原始瓷脱胎而来,仅仅是迈出了它的第一步。然而这恰恰是划时代的一步,它给以后三国两晋南北朝瓷器业的空前发展奠定了坚实的基础。

---

① 中国硅酸盐学会:《中国陶瓷史》,文物出版社1982年版,第127—128页。

三、商业的发展和城市的繁荣

随着生产的恢复和发展，东汉的商业也很快的兴盛起来。依靠南阳和河北地主豪强起家的刘秀集团，其本身就和商业有紧密的联系。例如刘秀本人就是粮食投机商，曾“贩谷于宛”，刘秀的母舅樊宏“世善农稼，好货殖”，李通“世以货殖著姓名”，吴汉“以贩马自业”。因此东汉初的统治者，对商人采取放任政策，对商人的社会地位也无所限制。桓谭曾经给刘秀建议“举本业”和“抑末利”，被刘秀搁置一边。汉武帝时制定的意在抑制商业资本的盐铁专卖政策，在章帝时曾一度施行，和帝即位后“戒郡国罢盐铁之禁，纵民煮铸，入税县官如故事”①，正式废除了专卖政策，从此商业资本便以更大的势头发展起来。据当时人王符说：“今察洛阳，资末业者什于农夫，虚伪游手什于末业……天下百郡千县，市邑万数，类皆如此。”②说明商业活动已成为社会经济活动的重要组成部分，全国都卷入了商品流通的范围，它的发展，已经引起了统治阶级中部分人的忧虑。

在东汉，商人地主化的倾向更加突出了。仲长统描写这些大商人的经济实力时写道：“豪人之室，连栋数百，膏田满野，奴婢千群，徒附万计。船车贾贩，周于四方；废居积贮，满于都城。”③说明当时商业的发展，已突破了西汉的“禁民二业”的限制，商业资本和土地所有权的结合更加紧密了。

从商品方面看，由于手工业的发展，东汉市场上流转的产品比西汉增加了，而且出现了一些新兴的产品。由于制铁业的发展，市场上销售的不但有锅、灯、顶针、剪子、菜刀、铁钉、铁镜等比西汉时更多的铁制日常生活用品，而且齿轮车轴和新型的全铁农具如曲柄锄、大镰刀等日渐增多，百炼钢的宝刀宝

---

① 《后汉书·和帝纪》。

② 《后汉书·王符传》。

③ 《后汉书·仲长统传》。

剑也成为畅销遐迩的商品。由于纸的发明和使用,它很快地成为市场上价格较廉,易于推广的一项新兴商品了。与之相连的笔、墨、砚等文具,也在市上大量出售。手抄的书籍的流通,也比过去广泛了。[①] 除了生活必需品的经营以外,东汉城市的市场上,出现了更多的经营奢侈品的行业。由于厚葬风的盛行,葬具的经营成为商业活动的一个重要内容。王符说,京师贵戚死后,“必欲江南檽梓豫章之木。边远下土,亦竞相仿效。夫檽梓豫章,所出殊远,伐之高山,引之穷谷,入海乘淮,逆河泝洛……东至乐浪,西达敦煌,费力伤农于万里之地”。[②] 贵重木材的经营,成为一个全国性的贩运行业。与此同时,“金镂玉匣”、“偶人车马”等也充斥在洛阳市场。

高利贷资本在东汉仍然相当活跃。建武时桓谭就指出:“今富商大贾多放钱货,中家子弟为之保役,趋走与臣仆等勤,收税与封君比入,是以众人慕效,不耕而食至,乃多通侈靡,以淫耳目。”[③]这些商人兼高利贷者由于资本雄厚,能驱使一些中家子弟(中小地主阶层)为他们做掮客或中保,如驱使仆役一样。东汉中期有个叫折国的商人,其家“增益产业”,靠经营高利贷“殖财日久”,有钱二亿,家僮八百人。[④]

西汉末商业上出现一种叫“辜榷”的买卖独占的行为。辜榷就是“障余人卖买,而自取其利”。[⑤] 光武帝时许杨主持修鸿隙陂,“豪右大姓,因缘陂役,竞欲辜较(同榷)在所。杨一无听,遂共谮杨受取赇赂,晨遂收杨入狱”。[⑥] 豪商大贾因欲包揽水利工程的需用物资,未达目的,反谮许杨受贿。灵帝时,“豪右辜榷马,一匹至二百万。”[⑦]这种向官府包揽,获得垄断性高额利润的“豪

① 参见吴慧:《中国古代商业史》第2册,中国商业出版社1983年版,第153页。
② 《后汉书·王符传》。
③ 《后汉书·桓谭传》。
④ 《后汉书·折像传》。
⑤ 《后汉书·灵帝纪》光和四年注。
⑥ 《后汉书·方术·许杨传》。
⑦ 《后汉书·灵帝纪》。

右”，该是与豪门贵戚高级官僚有关系的富商大贾。

东汉时代中原人民同沿边少数民族的贸易及海外贸易在西汉的基础上亦有所发展。同少数民族如匈奴、鲜卑的贸易集中在边境地区，贸易的形式是“合市”，经营的范围主要是少数民族人民用牛、马及皮毛换取汉族人民生产的粮食及日用品。① 同海外贸易主要是用金银、丝绸等换回供皇室、贵族消费的奢侈品，如象牙、犀角、香料等，除了官方的经营外，往往有官僚贵族私人插手其中。例如窦宪就曾以钱八十万，托班超从西域市得杂罽十几张，又令人载杂彩七百匹、白素三百匹，以市月氏马、苏合香、毾㲪。

由于商业的发展，又促进了城市的繁荣。以城市为描述对象的文学的崛起可以看成这时期城市繁荣的一个例证，而其中著名的是班固的《两都赋》和张衡的《二京赋》。他们记载了当时的长安城有宽阔的通畅的街道，街道上云集着贵族公侯、都人士女、商贾游侠，街道两旁不仅有豪华的宫殿楼阁，而且有繁荣喧闹的市场，“闾阎且千，九市开场，货别隧分，人不得顾，车不得旋。阗城溢郭，旁流百廛，红尘四合，烟云相连。于是既庶且富，娱乐无疆”。②“瑰货方至，鸟集鳞萃，鬻者兼赢，求者不匮。尔乃商贾百族，裨贩夫妇，鬻良杂苦，蚩眩边鄙，何必昏于作劳邪！赢优而足恃。彼肆人之男女，丽美奢乎许史。”③

洛阳，在东汉以前就是一个重要的商业城市，“东贾齐鲁，南贾梁楚”④，到东汉成为首都，全国政治和经济活动的中心，一跃而超过长安，成为全国最大的商业都市。东汉统治者发动人民“增周旧，修洛邑，翩翩巍巍，显显翼翼，光汉京于诸夏，总八方而为之极。是以皇城之内，宫室光明，阙庭神丽，奢不可逾。”⑤城里挤满了从事末业废居积贮的商贾，按照行业分为三市，其中一个称

---

①《后汉书·南匈奴传》。

② 班固：《两都赋》。

③ 张衡：《二京赋》。

④《史记·货殖列传》。

⑤ 班固：《两都赋》。

为“金市”,在宫西大城中,是最大的“大市”;城东有一个马市,城南有一个阳市。

东汉的其它地方性城市,也成为当地商业活动的中心。“天下百郡千县,市邑万数”,邯郸、临淄、南阳、成都仍保持着往日的繁华。而一些原本落后的地区,随着经济的发展,也出现了新兴的商业城市。例如位于西北边区的姑臧(今甘肃武威),原为经济落后的畜牧区,商品经济本来是不发达的,但在东汉时期,由于中原战乱,河西一带变成乐土,人物归之,而通西域的陆上贸易以及与缘边少数民族的互市,均以姑臧为商贾会萃和通货贸易之所,于是姑臧遂成为西北缘边的一大都会:“时(建武中)天下扰乱,唯河西独安,而姑臧称为富邑,通货羌胡,市及四合,每居县者,不盈数月辄致丰积。”①南方地区,随着经济的长足进步,人口增加,商业也比过去繁荣。除了吴、番禺以外,丹阳(今安徽当涂)、豫章(今江西南昌)、长沙、会稽(今浙江绍兴)以至南边的合浦等,也发展成为较大的城市。

如前所述,东汉时期豪强地主的大田庄成为农业生产的主要组织形式。由于大田庄包容了农业、手工业,形成了一个基本自给自足的自然经济单位,因此必然对商业的发展有一些消极影响。但这种消极影响不宜估计过高。由于地区性分工和经济发展差异的存在,大田庄经济不可能限制地区之间农产品的交换。东汉赵岐的《蓝赋》中说:陈留人多以种蓝染绀为业,陈留一望都是蓝田,不种粮食。② 像陈留这样的经济作物产区就需要商业交换来推销其产品,换回粮食。而粮食产区也需要推销出多余的粮食,换回田庄所不能生产的生活资料。由于城市经济的繁荣,也刺激了愈来愈多的粮食作为商品流向市场,例如赵岐就曾“卖饼北海市中”。③ 至于高级奢侈品的经营,要依赖于国

① 《后汉书·孔奋传》。
② 《全后汉文》卷六十二。
③ 《后汉书·赵岐传》。

内国际市场及专门化程度高的手工业，更非田庄经济所能包容的。还要指出的是，由于农业生产找到了大田庄这种保护形式，就使商品经济的发展不能直接破坏一家一户的小农经济，因此在东汉流民和奴婢问题显然不像西汉那样尖锐，这恐怕也是封建政权对商业采取放任政策的一个客观原因。

其实，真正标志和影响了东汉商业发展的是政府的货币政策。东汉建国之初，自己没有铸钱，只是把王莽禁止使用的五铢钱予以恢复："初，王莽乱后，货币杂用布、帛、金、粟。是岁（建武十六年，40 年），始行五铢钱。"①五铢钱系西汉武帝时所铸，王莽时废，而且废除此钱时带有迷信色彩，为了消除"金刀"的不吉之兆，销毁必然很多。只沿用旧钱，当然为数有限，不敷应用。在这种形势下，马援在陇西上书，建议沿袭旧制铸五铢钱，首先遭到三府的强烈反对。后马援从陇西还，"从公府求得前奏，难十余条，乃随牒解释，更具表言，帝从之，天下赖其便。"②这说明即便在建武初那样经济困难的时期，市场对货币的需求还是很迫切的。但由于三府从一开始就对铸钱持反对态度，加上管理不力，所以这次开铸以后不久就招致盗铸猖獗，致使恶钱充斥，良币减少，市场混乱。刘秀乃派第五伦为督铸钱掾，整顿长安市场。"伦平铨衡，正斗斛，市无阿枉，百姓悦服。"③第五伦虽然改善了长安的社会秩序，使盗铸之风有所收敛，但却无法改善铜钱的滥恶情况。西汉的历史说明，只要盗铸之风一起，势必不可收拾。王莽时期因币制变动带来经济混乱的教训对东汉初的统治者来说记忆犹新。流通中的铜钱既然非常滥恶，就不能很好地执行货币的职能。这些都为钱币反对论者提供了更加有力的反对理由，终于导致实物货币的复兴。章帝元和中（84—87 年），由于谷价昂贵，国家的财政收入短缺，尚书张林建议："谷所以贵，由钱贱故也。可尽封钱，一取布帛为租，以通天下

① 《后汉书·光武帝纪》。
② 《后汉书·马援传》。
③ 《后汉书·第五伦传》。

之用。”建议封存铜钱，赋税的征收改为实物（布帛），并由其充当货币的流通职能。这个建议交到尚书讨论。朱晖表示反对，认为以“布帛为租，则吏多奸盗，诚非明主所当宜行”。[①] 朱晖的反对意见显然是苍白无力的，章帝最终还是接受了张林的建议。从此在国家的强力推动下，在东汉一代，布帛承担了一部分货币的职能。如献帝时诏卖厩马百余匹，“御府大司农出杂缯二万匹，与所卖厩马直”；[②]又如郑均“脱身为佣，岁余，得钱帛，归以与兄”；[③]同时缣帛还可以作为战俘的交换价值，如安帝时句丽王遂成归还汉生口，东汉王朝“皆与赎直，缣人四十匹，小口半之。”[④]

在政治的强力作用下，实物货币一度复兴，肯定会给商业流通带来不利的影响。但是也应看到，终东汉之世，铜钱并未退出流通领域，民间贸易对金钱的要求还是很迫切的。桓帝朝，就有人上书言民“以货轻钱薄，故致贫困，宜改铸大钱”。[⑤] 到灵帝中平三年（186 年），“又铸四出文钱”。[⑥] 四出文钱的形状是：中间有四道，连于边轮。铸成这种形状，意思是要让它四通八达，成为天下良币。据说此钱铸成后“京师大乱，钱果流布四海”。[⑦] 看来灵帝所铸的四出文钱，质量不坏，铸出之后，即广泛流通，故“四道而去”。就货币而言，四出文钱是成功的，社会上的需要是很大的。不过当时政治上的黑暗掩盖了这次经济上的成功。史书记载甚至把钱文四道与“京师大乱”联系起来，是没有什么根据的。

---

① 《后汉书·朱晖传》。
② 《三国志·魏书·董卓传》注。
③ 《后汉书·郑均传》。
④ 《后汉书·东夷列传》。
⑤ 《后汉书·刘陶传》。
⑥ 《后汉书·灵帝纪》。
⑦ 《后汉书·宦官·张让传》。

第三节　东汉与匈奴、西域以及亚洲各国的关系

一、匈奴与西域

王莽代汉后,西汉以来中央政权与各少数民族所形成的臣属关系也随之瓦解。匈奴族自甘露三年(前51年)呼韩邪单于附汉以来,内部安定,社会生产得以恢复和发展。至王莽末年,在呼韩邪单于的后人单于舆的统治下,力量已很强盛,奴隶主贵族的势力也重新抬头。加上王莽实行了错误的民族政策,终于导致了汉匈友好关系的破裂。更始二年(24年),更始帝刘玄遣使至匈奴希望改善由王莽造成的汉匈之间的不正常关系。但这时匈奴单于舆借口汉人反对王莽的过程中,他也曾效力出兵击莽,空其边塞,令天下骚动思汉,故莽之最后失败与汉复兴,"亦我力也,当复尊我"。① 因此,直到东汉初期,汉匈关系仍没有得到改善。匈奴贵族利用了东汉初期王朝政治、军事力量比较薄弱的形势,重新控制了乌桓族,并率领乌桓与新兴的鲜卑族连兵骚扰东汉边郡。②同时,勾结和支持中原的地方割据势力,如安定郡三水县(今宁夏固原县北)的卢芳、代县(今河北蔚县西南)的张晔、渔阳郡(治渔阳县,今北京密云县西南)的彭宠、五原郡(治九原县,今内蒙古包头市西南)的李兴,经常骚扰北方,扩大他们的势力范围。特别是卢芳,已成为匈奴奴隶主向南侵扰的重要工具。匈奴奴隶主不仅派兵支持他分裂割据,而且策立他为"汉帝",使居九原,直接插手中原的分裂活动。不久卢芳归汉,匈奴的阴谋失败,由是愤恨,侵扰更为加剧。当时的上党(东汉初治长子,今山西屯长县西南)、扶风(治长安,今西安市)、天水(治平襄,今甘肃通渭县西北)、上谷(治渔阳,今河北怀来县东

① 《汉书·匈奴传》。

② 《后汉书·乌桓鲜卑传》、《后汉书·王霸传》。

南)、中山(治卢奴,今河北定县)各地,都遭到匈奴骑兵的骚扰,杀、虏、抄掠甚众,北方不得安定。①

面对匈奴的侵扰,东汉初期的统治者由于内地尚未统一,征战连年,天下疲弊,在战略上无法采取积极反攻,而只能进行消极的防御。建武六年(30年),刘秀遣使至匈奴,赠送金帛,以通旧好,企图通过政治手段,缓和与匈奴的关系,遏止匈奴的入侵。可是单于骄傲,以冒顿自比。他虽然也遣使回聘,但侵扰如故。② 在军事上,东汉以防守为主。"建武十二年,诏边吏力不足战则守,追虏料敌,不拘以逗留法。"③

到建武二十四年(48 年),历史发生了戏剧性的变化。据《后汉书·南匈奴传》记载,"南匈奴醢落尸逐鞮单于比者,呼韩邪单于之孙,乌珠留若鞮单于之子也。自呼韩邪后,诸子以次立,至比季父孝单于舆时,以比为右薁鞬日逐王,部领南边及乌桓。"建武二十二年(46 年),单于舆死,子乌达鞮侯立,复死,弟蒲奴立。比不得立,遂生愤恨。其时适值匈奴地区发生严重的天灾,连年旱、蝗,以致赤地千里,草木尽枯,人畜饥疫,死亡大半。蒲奴单于恐怕汉朝乘其疲弊而出兵进攻,乃遣使请求和亲,汉朝遣中郎将李茂前往报聘,而比则密遣汉人郭衡奉献匈奴地图。建武二十四年(48 年)春,匈奴南部八部大人共议立比为单于,"以其大父尝依汉得安,故欲袭其号",亦称为呼韩邪单于。并遣使至五原塞(今内蒙古河套北)请求内附,表示"愿永为藩蔽,捍御北虏(北匈奴)"。汉朝正苦于自开国以来匈奴连年入侵,穷于应付,遂接受了比的请求。同年冬,比自立为呼韩邪单于。于是匈奴遂分裂为南北二部。建武二十五年(49 年),南单于遣使至洛阳,表示愿意奉藩称臣,重修旧好。建武二十六年(50 年),东汉遣中郎将段郴等至南匈奴,帮助他设立单于庭帐(南庭)于五

① 《后汉书·卢芳传》、《后汉书·光武帝纪》、《后汉书·南匈奴传》。

② 《后汉书·光武帝纪》、《后汉书·南匈奴传》。

③ 《后汉书·光武帝纪》。

原(今内蒙古包头市)西部塞八十里处。随后又让他入居云中郡(治所在今内蒙古托克托县),不久再迁至西河郡的美稷县(今内蒙古准格尔旗一带)。为抵御北匈奴对南匈奴的侵犯,东汉政府命令中郎将段郴及副校尉王郁率西河长史"岁将骑二千,施刑五百人"留守西河,并设官府、从事、掾史。从此南匈奴的政权,在汉朝的支持下,稳定下来了。

南匈奴的内附对历史发生了积极影响。它给予匈奴贵族的侵扰势力以严重打击,解除了中原北边的威胁,使中原人民获得了一个安定的发展生产和生活的环境,原先撤销的缘边郡县得以重新恢复,已经内迁的居民得以复返故居。对南匈奴本身,由于入居塞内,有更多的机会接触和学习中原的先进文化,也有利于他们的社会进步。永和五年(140 年),原来分布在西河、上郡、朔方等郡的匈奴人再次南下,大多数集中到并州中部的汾水流域一带。这对于他们后来由畜牧业经济转向农业经济,提供了一个有利的环境。①

南匈奴归附东汉王朝后,留在蒙古草原上的北匈奴,势力大大削弱,在南北交战中,数次被南匈奴击败,"却地千里"。故于建武二十七年(51 年)、二十八年、三十一年、永平七年(64 年)多次遣使至汉请求和亲。东汉政府内部,在对待北匈奴的问题上,有过多次争论。有人主张依南匈奴故事,接受其归附,遣使者进行监护。有人则主张趁北匈奴饥疫纷争,遣军一举扫灭。刘秀都没有采纳。他认为,南单于新立,若答应与北匈奴和亲,恐有碍于南单于亲汉之意,②会引起新的纷争。而派军征服北匈奴,既不符合当时休养生息的需要,又难以收到功效。因此告知武威太守"勿受其使"。建武二十八年(52 年)北单于遣使至京城贡马及裘,后又远驱牛马至边境与汉合市,重遣名王,多所贡献。在此情况下,东汉政府乃采取羁縻政策,颇加赏赐,玺书往来,但不遣使者。至永平七年(64 年),东汉政府始答应北匈奴合市的要求,并遣使回

① 林幹:《匈奴史》,内蒙古人民出版社 1977 年版,第 124 页。

② 参见袁宏:《后汉书·光武帝纪》。

聘。但这种和平关系并未维持多久。永平八年(65 年),北匈奴遣骑兵入朔方接应南匈奴的部分叛众,又进攻河西诸郡,“焚烧城邑,杀略甚众,河西城门昼闭”。永平十五年(72 年),北匈奴又扰河西,十六年(73 年),再扰云中及渔阳。因此,解除北匈奴的威胁,对东汉政府来讲,势在必行。

王莽末年和东汉初期,中原王朝的势力也退出了西域。王莽贬西域诸王为侯,引起西域各国的不满。始建国二年(10 年),车师后部王须置离因不能忍受新朝使者的繁重剥削,企图逃入匈奴,被西域都护但钦所杀。须置离被杀事件,引起了车师人民的极大愤怒,须置离的哥哥狐兰支遂率领其人民二千余人投降了匈奴。当时匈奴单于已经屡次受到王莽的欺骗和凌辱,乘机与狐兰支共攻车师,杀后城长,伤都护司马,于是匈奴的势力又一度笼罩了西域。正当此时,驻车师的戊己校尉府发生了内讧,副长官陈良和终带、司马丞韩玄、右曲候任商等将校尉刁护杀死,率领戊己校尉府中吏士男女共二千余人投降了匈奴。至此新朝在西域的统治已陷于土崩瓦解。靠近匈奴的焉耆,首先发动叛变,杀死了都护但钦。天凤三年(16 年),王莽派五威将王骏、西域都护李崇、戊己校尉郭钦率兵出征西域。王骏到西域后中了焉耆诈降之计,姑墨、尉犁、危须等地都起来帮助焉耆把王骏杀死,郭钦引兵而回,李崇收其余众退保龟兹。王莽死后,李崇不知音讯,西域和内地断绝了往来。匈奴贵族乘虚而入,勾结各地统治者,重新控制了西域。这时西域已发展成大小五十五国,出现了焉耆、龟兹、莎车、于阗、鄯善、车师前部等几个大国。

匈奴势力向西推进,莎车王延首先举兵反抗。据《后汉书·西域传》记载,莎车王延在西汉元帝时尝为侍子,“长于京师,慕乐中国,亦复参其典法。常敕诸子,当世奉汉家,不可负也。”天凤五年(18 年)延死,其子康立,率领邻国抵抗匈奴,收容了西汉故西域都护吏士妻子千余口,并“檄书河西,问中国动静,自陈思慕汉家。”建武五年(29 年),东汉驻河西大将军窦融奉命立康为“汉莎车建功怀德王,西域大都尉”,委任他统治西域五十余国。康死后,其弟贤即位,莎车益强,“葱岭以东诸国皆属贤。”建武十四年(38 年),莎车和鄯善同时派使者向汉朝贡，东汉王朝第一次和西域发生了关系。

但东汉政府这时鉴于国力虚弱，对西域的形势仍采取放任政策。建武十七年(41年)，莎车王贤又派使者至汉，要求汉委派他任西域都护。东汉政府先答应了他的请求，赐西域都护印绶。后又接受了敦煌太守裴遵的意见："夷狄不可假以大权，又令诸国失望"，遂收还了西域都护印绶，更赐贤以大将军印绶。由是莎车和汉中央政府产生了隔阂。建武二十一年(45年)，车师前王、鄯善、焉耆等十八个君长①，都遣子入侍，献其珍宝，并请复置都护。刘秀以"中国初定，北边未服"，拒绝了他们的请求，皆还其侍子，厚加赏赐。建武二十二年(46年)，莎车王贤知汉都护未置，遣使至鄯善，"令绝通汉道"。鄯善王拒绝了莎车的要求，遂受到攻击。于是又上书刘秀，再次请派都护，并说，如"都护不出，诚迫于匈奴"。刘秀回答说："今使者大兵未能得出，如诸国力不从心，东西南北自在也。"于是鄯善、车师迫于莎车的压力，依附了匈奴。

因东汉政府不愿在西域卷入与匈奴的纷争，因此在塔里木盆地就形成了匈奴与莎车两大势力争夺的局面。莎车王贤，因为拥有广大的沙漠田，人口较多，物产丰富，于是东破鄯善，北灭龟兹，西逾葱岭灭大宛，皆以为属地。又尽召南道各国如于阗、拘弥、姑墨、子合君长而杀之，派遣将军镇守其地，征收贡赋，于是莎车一跃而成为西域的一支强大势力。

永平三年(60年)，于阗人民因不能忍受莎车镇将的残酷统治，起来反抗，杀死了镇将，又拥立于阗贵族休莫霸为于阗王。莎车王贤集合诸国兵三万余人进攻于阗，被于阗击退。于阗军乘胜进军，包围莎车。在战斗中，于阗王中箭身亡。于阗人又立广德为王。在这期间，匈奴与龟兹诸国又共攻莎车不能下。莎车由于连年战争，国力疲惫，广德遂乘机将兵围莎车，杀莎车王贤而灭其地。

于阗既灭莎车，其势转盛，精绝西北至疏勒十三国皆服从，于是代莎车而

① 《后汉书·西域传》作十八国，《光武帝纪》作十六国。

为南道之长。这时匈奴已控制了北道诸国,支持龟兹王建攻占疏勒,通过鄯善进入小宛、精绝、戎卢、且末等南道东部地区。匈奴见于阗渐强,将阻碍自己势力在南道的发展,乃遣五将发焉耆、尉黎、龟兹十五国兵三万余人围攻于阗,于阗王广德只得向匈奴降服。从此以后,整个西域南北道完全隶属于匈奴统治之下,而匈奴复得凭借西域的人力和物力,作为南侵中原的后方基地。

二、窦融经略河西

汉朝中央政府虽然失去了对西域的控制,但河西四郡成为一道有力的屏障,阻止匈奴势力的进一步入侵。张掖郡的居延,地处弱水下游,是匈奴南下河西的必经之路。汉政府集中大量兵力戍守屯田,移民置县。王莽时诏书仍然颁行到这里。如:“十月,辛酉,将屯偏将军、张掖大尹遵。尹骑司马武行副咸事,试守徒丞、司徒□□,循下部大尉官,县承书从事下当者如诏书,书到言,兼掾史、史冯书吏□”。[①] 王莽曾“置卒正、连率、大尹,职如太守。”[②]可见此简是王莽文书通过张掖郡下达到居延。王莽当政,对居延防务仍十分重视,如《居延新简》:

> “新始建国地皇上戊四年十月三日,行塞劳勅吏卒记”。(EPF、22、242)
>
> “天子劳吏士拜人它何疾苦,禄食尽得不,人吏使得毋侵冤假贷不赏,有者言。”(EPF、22、243、244)
>
> “吏士明听教□□告吏,谨以文理遇士卒,人病致医药,如恩仁恕,务以爱利者省约为首,人毋行暴殴击”。(EPF、22、245、246)

中央政府派员到居延对戍守的官兵进行犒劳,了解他们的疾苦,俸禄和口粮是

---

① 甘肃省博物馆:《居延新简——甲渠侯官与第四燧》,文物出版社 1990 年版,EPF22.76A。以下简称《居延新简》。

② 《汉书·王莽传》。

否能发放下来，有无冤情，军官是否体恤士兵，不准殴打士兵，有疾病的要及时治疗等等。

王莽政权即将崩溃前夕，隗嚣拥众起兵，以陇西、天水为根据地，部众扩大到十万，听命于更始政权。“嚣遂分遣诸将徇陇西、武都、金城、武威、张掖、酒泉、敦煌皆下之。”①河西地区处于隗嚣的控制下。更始二年(24 年)嚣应召入长安，担任御史大夫，后因更始政权内乱，逃回天水，“复招聚其众，据故地自称西州上将军”②，并联合蜀中公孙述等割据势力遥相呼应。

与此同时，窦融也正在经略河西。窦融是扶风平陵人，“高祖父尝为张掖太守，从祖父为护羌校尉，从弟亦为武威太守，累世在河西，知其土俗”，③在河西拥有很多支持者。更始政权时期，窦融被任命为张掖属国都尉。更始败，窦融自封为行河西五郡大将军事，统辖张掖、酒泉、武威、敦煌、金城五郡，“修兵马，习骑射，明烽燧之警，羌胡犯塞，融辄自将与诸郡相救，皆如符要，每辄自破之。其后匈奴惩治，稀复侵寇，而保塞羌胡皆震服亲附，安定、北地、上郡流人避凶饥者，归之不绝”。④

东汉政权建立后，窦融奉建武年号。建武五年(29 年)，窦融派遣使臣至洛阳，表示正式归附东汉政权。刘秀也知道河西的战略地位十分重要，“五郡兵马精强，仓库有蓄，民庶殷富，外则折挫羌胡，内则百姓蒙福”。⑤ 联合窦融从短期看可以夹击隗嚣、公孙述，从长期看可以安定西北边陲，为重新建立与西域的交通获得一个重要的前进基地。所以刘秀立即给窦融回复诏书，抚慰有加，并赐黄金二百斤，晋升窦融为凉州牧。建武 7 年至 8 年(32—33 年)，刘秀进击隗嚣，窦融率五郡兵及羌胡、小月氏等归附的少数民族步骑数万、辎重

① 《后汉书·隗嚣传》。
② 《后汉书·隗嚣传》。
③ 《后汉书·窦融传》。
④ 《后汉书·窦融传》。
⑤ 《后汉书·窦融传》。

五千余辆东征，与刘秀会师高平，协同作战，击溃了隗嚣军队。自此，广大陇、右河西地区完全归入东汉皇朝的版图。

在窦融治理河西期间，他正确地执行了刘秀缓和阶级矛盾的政策。在政治方面，如《居延新简》载：

> 甲渠言下赦令诏书，谨案毋应书。
>
> 建武五年，八月，甲辰，朔，甲渠鄣候，敢言之，府下赦令诏书曰：其赦天下，自殊死以下，诸不当得赦者，皆赦除之，上赦者人数，罪别之。
>
> 会月廿八日谨案毋应书，敢言之。
>
> （EPF22、162、163、164）

这是光武帝有关赦免刑徒的诏书通过张掖太守府，下达到甲渠候官，并向部吏公布的下行文书。

在经济方面，窦融也进行了一系列的整顿，努力使被战争破坏的经济秩序恢复到正常状态。如《居延新简》载：

> 甲渠言部吏毋铸作钱发冢
>
> 贩卖衣物于都市者（EPF 22.37）

又载：

> 建武六年，七月，戊戌，朔，乙卯，甲渠鄣守候，敢言之，府移大将军莫府书曰：奸黠吏民，作使宾客移铸作钱，薄小不如法度，及盗发冢，公卖衣物于都市，虽知莫谴苛，百姓患苦之。
>
> 掾谭令史嘉（EPF22、38A、B）
>
> 书到，自今以来，独令县官铸作钱，令应法度，禁吏民毋得铸作钱，及挟不行钱，辄行法诸，贩卖发冢衣物于都市，辄没入县官，四时言犯者名状，谨案部吏毋犯者，敢言之。（EPF 22、39）

这是大将军府下达到张掖郡，再下行到甲渠彰塞的文书。莫府即幕府，窦融为河西五郡大将军，设有幕府。由大将军幕府发出的文书内容是：禁止私人铸钱,盗发冢并贩卖衣服等事。"盗发冢"是指盗墓,剥取尸体上衣服,拿到市场出售。窦融采取这些措施,对安定河西社会秩序,恢复地方经济都有积极作用。河西是少数民族聚居之地,窦融的属下军队中,就有由少数民族组成的"张掖属国精兵万骑"。[①] 因此,正确地处理民族关系,是保持河西稳定的一个重要任务。

建武六年,七月,戊戌,朔,乙卯莫府书曰:属国秦、胡、卢水士民,从兵起以来……。匿之,明告诸作使秦、胡、卢水士民,畜牧,田作,不遣有无四时言。谨案:部吏毋作使属国秦、胡、卢水四民者,敢言之。(EPF 22.42~43)

这是由大将军幕府下达的文书,内容是禁止汉族官吏和豪强役使秦、胡、卢水等少数民族的士兵和百姓。这个规定对缓和民族矛盾、安抚少数民族的人心起了很重要的作用。

窦融十分重视河西的边防,他为了防备匈奴的入侵,对边境的烽燧报警制度进行了整顿。如:

建武七年,六月,庚午,甲渠候职,门下督盗贼凤,谓第四守候长恭等。将军令月生民皆布在田野,以塞候望为耳目,檄到,恭等令隧长旦、蚤迹、士吏候长常,以日中为迹。加慎,务如将军令,方循行考察,不以为意者,必举白,毋忽,如律令。(EPF 22、166、167、168)

这是将军幕府发出的文书,下达到张掖居延都尉辖下的甲渠候官塞,要他们加强警戒:因为正是农忙季节,农民在田野耕作,每天早上和中午都要派人循行考察,有无敌人来往踪迹。又如:

府告居延、甲渠、卅井、殄北彰候,方有警备,记到数循行,教敕吏卒,明蓬火谨候望,有所闻见,亟言有教。建武三年六月戊辰起府。(EPF 459)

---

① 《后汉书·窦融传》。

这是下达到甲渠、卅井、殄北鄣候的文书，要警惕匈奴入侵，严明烽燧制度。

在窦融的精心安排下，当时河西边防的报警系统十分有效、迅速，从居延到觻得只需要10小时，到长安只要36小时。所以边防十分巩固。“修兵马，习骑射，明烽燧之警。羌胡犯塞，融辄自将与诸郡相救，皆如符要，每辄自破之。”①因为河西比较安定，“保塞羌胡皆震服亲附，安定、北地、上郡流人避凶饥者归之不绝。”②

窦融还为交通西域作出过贡献。王莽时期，匈奴霸占西域，唯有莎车王康不肯听命，他恪守祖训：“当世奉汉家，不可负也”。③ 抗拒匈奴，保护西域都护及士民家属一千多口。他在建武年间，写信给窦融，“问中国动静，自陈思慕汉家”。④ 建武五年（29年），“窦融乃承制立康为汉莎车建功怀德王，西域大都尉，五十五国皆属焉。”⑤

总而言之，窦融治理河西，巩固边防，交通西域，为东汉政府后来的抗拒匈奴再通西域奠定了牢固的基础。

三、东汉对北匈奴的战争和汉通西域

北匈奴侵扰势力的存在及其不时入侵，对东汉政府始终是个莫大的威胁。正如明帝时耿秉说：“中国虚费，边陲不宁，其患专在匈奴。”⑥随着中原政治局面的统一，社会经济的恢复，国力的加强，彻底解决匈奴问题，被提上东汉政府的重要日程。永平十五年（72年），明帝命窦固与耿秉等议击匈奴事。耿秉说：“当先击白山，得伊吾，破车师，通乌孙诸国以断击右臂。伊吾亦有匈奴南

---

① 《后汉书·窦融传》。
② 《后汉书·窦融传》。
③ 《后汉书·西域传》。
④ 《后汉书·西域传》。
⑤ 《后汉书·西域传》。
⑥ 《后汉书·耿秉传》。

呼衍一部,破此复为折其左角,然后匈奴可击也。”①总的战略同武帝时一致。为此,同年明帝派遣窦固和耿秉出屯凉州(东汉治陇县,今甘肃清水县北),作为经营北伐的准备。

永平十六年(73 年),东汉大发缘边兵,命窦固、耿秉、祭肜、来苗等会同南匈奴及鲜卑、乌桓等骑,共数万人,四道出塞北征。这次出征,除了窦固西出酒泉塞一路,在天山击败呼衍王部,追至蒲类海(今巴里坤湖),占据了伊吾卢城(今哈密县)外,其余三路都因北匈奴闻风逃往漠北,无功而还。

匈奴虽失伊吾,但仍据有天山东麓一带,役属车师各地,企图反攻伊吾。为了防止匈奴的反攻,窦固、耿秉等又于第二年(74 年)由敦煌再出昆仑塞,进击匈奴于蒲类海。在击退匈奴以后,又沿天山北麓以西,进攻车师后部,车师后王投降。车师前王为后王之子,见其父降汉,亦率众来降,于是车师内附于汉。至此,匈奴的势力始退出天山东麓,于是西域与汉朝断绝关系六十五载后又复沟通。东汉政府在西域设置都护及戊己校尉:任命陈睦为西域都护;耿恭为戊校尉,屯田车师后部金蒲城(即金满城,今新疆吉木萨尔县);关宠为己校尉,屯田前部柳中城,屯田的士兵各数百人,用以镇抚西域,抵御北匈奴。

北匈奴失去西域,势所必争。第二年,即永平十八年(75 年)的三月,匈奴又发动了两万以上的骑兵,反攻车师。金蒲城的东汉屯兵,在耿恭的率领下坚决抵抗。其时西域都护陈睦已为依附于匈奴的焉耆、龟兹攻杀,同时战死的汉军有二千余人。关宠在柳中亦被围困,上书求救。时章帝初即位,接受了司徒鲍昱的意见,于建初元年(76 年),遣征西将军耿秉屯酒泉,行太守事,指挥战事,发张掖、酒泉、敦煌三郡兵及鄯善等地兵出援,会师柳中。这时关宠已阵亡,耿恭所部仅剩二十六人。东汉政府由于连年大旱谷贵,人民负荷不堪;加上对匈奴和西域的用兵,转输繁费,力有不及,乃于这次战役之后撤回西域都护及戊己校尉,次年(77 年)复罢伊吾卢屯兵。北匈奴遂又派兵占领其地。东

① 《资治通鉴·东汉明帝纪》。

汉征伐北匈奴的行动暂告中止，与西域的通道再次断绝。

从建初八年(83 年)开始，形势又发生了有利于东汉而不利于匈奴的变化。其年，北匈奴三木楼訾部落在大人稽留斯的率领下，有三万八千人至五原塞附汉。元和二年(85 年)，又有以大人车利涿兵等为首的凡七十三部，先后入塞归附。这就大大削弱了北匈奴的力量。《后汉书·南匈奴传》载："时北虏衰耗，党众离叛，南部攻其前，丁零寇其后，鲜卑击其左，西域侵其右，不复自立，乃远引而去。"章和元年(87 年)鲜卑复从左地猛攻北匈奴，大破之，斩优留单于，北庭大乱，有意内附的屈兰、储卑、胡都须等五十八部，口二十余万，胜兵八千人，乘机南下，到云中、五原、朔方、北地附汉。章和二年(88 年)，漠北又发生了蝗灾，人民饥馑。匈奴贵族因优留单于被斩后，"兄弟争立，并各离散"。北匈奴的势力大大削弱。于是从建初二年(77 年)一度中止的对北匈奴的军事远征，被东汉政府重新提上议事日程。章帝崩，窦太后临朝，南单于请伐北匈奴，窦太后接受了耿秉的意见，同意北伐。

永元元年，东汉政府命车骑将军窦宪、征西将军耿秉发北军五校、黎阳、雍营、缘边十二郡骑士及南单于众三万骑出塞征伐北匈奴。六月，窦宪大破北匈奴，登燕然山(今杭爱山)，刻石记功而还。次年(90 年)五月，窦宪再遣耿夔出居延塞，围北单于于金微山(今阿尔泰山)大破之，俘其母阏氏及名王以下四千余人，出塞五千里，自汉出师以来，从未有此次之远者。北匈奴主力被迫西迁，由里海、黑海之北与前汉时西徙的匈奴族合流，逐渐西移，大约到四世纪初，便出现于欧洲了。

《后汉书》的作者评价窦宪的功绩说："卫青、霍去病资强汉之众，连年以事匈奴，国耗太半矣！而猾虏未之胜，后世犹传其良将，岂非以身名自终邪！窦宪率羌胡边杂之师，一举而空朔庭，至乃追奔稽落之表，饮马比鞮之曲，铭石负鼎，荐告清庙。列其功庸，兼茂于前多矣。"①从公元前 209 年冒顿单于建

---

① 《后汉书·窦宪传》。

立政权起算,至公元 91 年北匈奴远徙整整三百年,匈奴在中国北部边界对中原王朝的威胁至此解除。留在中国北部的匈奴族在下一个历史阶段中努力学习中原的先进文化,由游牧转向农耕,逐渐卷入到民族大融合的洪流之中。

东汉政府在对北匈奴展开军事进攻的同时,也加强了同西域诸国的政治联系,以巩固和扩大军事活动的成果,建立自己的统治。在这方面,杰出的政治活动家班超建立了卓著的功勋。班超,扶风平陵人,著名历史学家班彪之子、班固之弟。《后汉书·班超传》说他"为人有大志,不修细节。然内孝谨,居家常执勤苦,不耻劳辱。有口辩,而涉猎书传。"永平五年(62 年),班固被召进京任校书郎,班超与母亲随同前往。因家贫,班超为官府抄写文书以供养母亲,甚不得志,尝辍业投笔叹曰:"大丈夫无它志略,犹当效傅介子、张骞立功异域,以取封侯,安能久事笔研间乎?"班超决心走一般读书人不愿走的奇特的人生道路。时机终于来了。永平十六年(73 年),窦固奉命第一次出击匈奴,任命班超为假司马,将兵别击伊吾,战于蒲类海,多斩首虏有功。窦固看到班超很有才能,就派遣他和从事郭恂一同出使西域。

班超到西域去的使命,是联络西域各地的君长,使他们亲附东汉,而不被匈奴利用。他没有统率军队,只带随从吏士三十六人。他们首先到达了鄯善。当时鄯善因为刚失去匈奴的依靠,又慑于东汉的军威,所以对班超等"礼敬甚备"。但是不久鄯善王的态度突然怠慢起来,班超立刻就判断出匈奴方面也派使者来了,便诈问招待他们的侍者说:"匈奴使来数日,今安在乎?"侍者知道隐瞒不住,便以实告。班超乃与其从者三十六人计议说:"不入虎穴,不得虎子。"遂因夜用火攻匈奴使者而杀之,持其头以示鄯善王。班超在敌人面前这种果敢的行动迫使动摇不定、依违两可的鄯善王不得不走依附东汉的道路,鄯善王遂纳子为质,恢复了同东汉的臣属关系。

班超的功劳上报中央政府后,明帝提升班超为军司马,继续出使西域。班超乃率领从者三十六人沿昆仑山北麓由南道而至于阗。其时"于阗王广德新攻破莎车,遂雄张南道,而匈奴遣使监护其国。”[①]班超至于阗后,于阗王礼义甚疏,并且听信妖巫的话,强索班超之马以祀神。班超佯许之,令巫自来取马,及巫至,超斩其首以送于阗王。于阗王震慑于班超在鄯善的威名,乃杀匈奴使者,投降东汉。

班超既降于阗,又继续西进,欲平定疏勒。这时龟兹王建为匈奴所立,据有北道,攻破疏勒,杀其王,而立龟兹人兜题为疏勒王。永平十七年(74 年)春,班超到达疏勒,离兜题居住的槃橐城七十余里时,派遣使者田虑先往降之。班超对田虑说:“兜题本非疏勒种,国人必不用命。若不即降,便可执之。”[②]田虑到后,观察动静,出其不意地逮捕了兜题。班超随后而至,悉召疏勒将吏,立故王兄子忠为疏勒王,解除了龟兹对疏勒的奴役,于是疏勒也归附了东汉。

建初元年(76 年),东汉政府罢西域都护及戊己校尉,下令从西域总撤退时,“恐超单危不能自立”,亦命令班超离开疏勒,启程返回。但是东汉的势力从西域撤退,对于南道各国,不免引起很大的恐慌。南道各国曾在东汉政府策动下,或斩匈奴使者,或推翻匈奴的傀儡政府,东汉的势力一旦撤退,匈奴必卷土重来,对他们实行残酷的报复。因此当班超离开疏勒时,“疏勒举国忧恐”,都尉黎弇竟引刀自杀。班超至于阗,于阗王侯以下皆号泣,说:“依汉如父母,诚不可去!”互抱班超马脚,使不得行。班超知道西域南道人心可用,同时也为了实现自己的志向,乃决定勒马回头西行。但当他回转疏勒的时候,疏勒已有两城投降龟兹,并与尉头连兵,企图颠覆疏勒新政权。班超迅即领导疏勒兵平定了叛乱,并击退尉头兵,再定疏勒,从此疏勒就成了班超经营西域的一个重要据点。

当时西域的形势,很明显已分裂为两个对立的集团:北道隶属于匈奴,南道则大多数服从东汉。但是南道东通汉朝的道路已被匈奴切断,在于阗与疏

---

① 《后汉书·班超传》。

② 《后汉书·班超传》。

勒之间，还有一个强大的莎车是匈奴的属地。匈奴在塔里木盆地显然占着优势。因此，班超决定首先从他的根据地附近排除匈奴势力的威胁，巩固自己的立足点；然后再征服中梗南道交通的莎车，由西而东，打通南道。最后更以南道各国的人力与物力，消灭北道各国之匈奴势力，从而恢复东汉在西域的全面统治。

建初三年（78年），班超率领疏勒、康居、于阗、拘弥兵一万余人，攻占北道隶属于匈奴的姑墨石城。班超欲以此为基础平定西域诸国，乃上疏请兵。班超上报当时西域的形势说："今西域诸国，自日之所入，莫不向化"，"唯焉耆、龟兹独未服从"，因此建议"以夷狄攻夷狄。"①也就是说依靠西域人的力量统一西域。章帝看到班超的奏折，认为其功可成，乃派徐幹为司马，将弛刑及义从兵千人前往西域，以援助班超。这时疏勒都尉番辰看到班超孤弱可欺，受莎车之诱而叛变，适徐幹兵赶至，击斩番辰，疏勒局面又重新稳定下来。

班超为了进击龟兹、莎车，又建议东汉政府联络乌孙，牵制匈奴。东汉政府接受了他的建议，元和元年（84年）再派司马和恭等统兵八百人西赴疏勒以接应班超。章和元年（87年），班超调集了于阗等地的军队二万五千人向莎车进攻，龟兹亦发温宿、姑墨、尉头之军五万救援莎车。班超用调虎离山之计，出其不意直捣莎车军营，莎车终于投降，龟兹援兵亦被迫撤退，于是南道遂通。

永元三年（91年），汉军大败北匈奴，北匈奴主力西迁后，东汉政府任命班超为西域都护，徐幹为长史，班超驻守龟兹，徐幹屯于疏勒。又设置戊校尉领兵五百人，居车师前部高昌壁，戊部候居车师后部候城。这时西域大体已定，只有焉耆、尉犁、危须因前时曾攻杀都护，心怀疑虑，不敢投降。永元六年（94年），班超发龟兹、鄯善等八国兵力七万人及汉朝吏士、商客一千四百人征伐焉耆，三国皆降服，北道遂通。自章帝建初元年（76年）班超勒马回头再定疏勒起，至和帝永元六年（94年）平定焉耆，其间凡十八年之久，经过十八年的艰

---

①《后汉书·班超传》。

苦斗争,西域终于再度隶属于东汉统治之下。班超以功封定远侯。班超继续留在西域,致力于同中亚、西亚一些国家和地区的政治、经济、文化联系。直至永元十四年(102 年)因年老返回洛阳,同年病卒,享年七十一岁。

总观班超在西域三十年的活动,他的主要功绩是恢复了祖国的统一和中西交通,使东汉和西域在经济文化上的交流得以继续发展。他之所以能够完成这个重要的历史任务,是因为依靠了东汉王朝强大的军事力量和西域人民希望摆脱匈奴的苛重剥削而对班超的支持;再加上班超个人在外交、军事、政治上的卓越才能以及坚决的意志,在艰苦的斗争中善于利用有利条件和时机,因而取得了最后的胜利。

班超返回洛阳,东汉政府又另派任尚做西域都护。在办理交接手续时,班超嘱咐任尚:"塞外吏士,本非孝子顺孙,皆以罪过徙补边屯。而蛮夷怀鸟兽之心,难养易败。今君性严急,水清无大鱼,察政不得下和。宜荡佚简易,宽小过,总大纲而已。"①任尚不听劝告,行事峻刻,引起西域人民的反感。殇帝延平元年(106 年),西域各地起兵反对任尚,东汉改派段禧为都护,以西域副校尉梁慬率羌胡兵五千平叛。延平二年(107 年),又派王弘率河西羌族骑兵增援,结果因爆发了先零羌起义,断绝了河西走廊的交通,檄书不通,于是又撤还都护,取消伊吾、柳中的屯田士卒。西域同中原的交通又告断绝。

东汉放弃西域后,游牧于天山与阿尔泰山之间的北匈奴残部又卷土重来,乘机再占领伊吾,以兵威役属天山以南地区,并连兵入寇河西。元初六年(119 年),羌族起义被镇压的第二年,敦煌太守曹宗为了阻击北匈奴的侵扰,派长史索班率兵到伊吾屯田,但不久就被北单于伙同车师后部王攻杀。以后北单于数次联合车师王侵袭河西。延光二年(123 年),汉采纳敦煌太守张珰的建议,集中力量打击出没在巴里坤湖和里海之间的北匈奴呼衍王②,任命班

① 《后汉书·班超传》。

② 《资治通鉴·东汉安帝纪》。

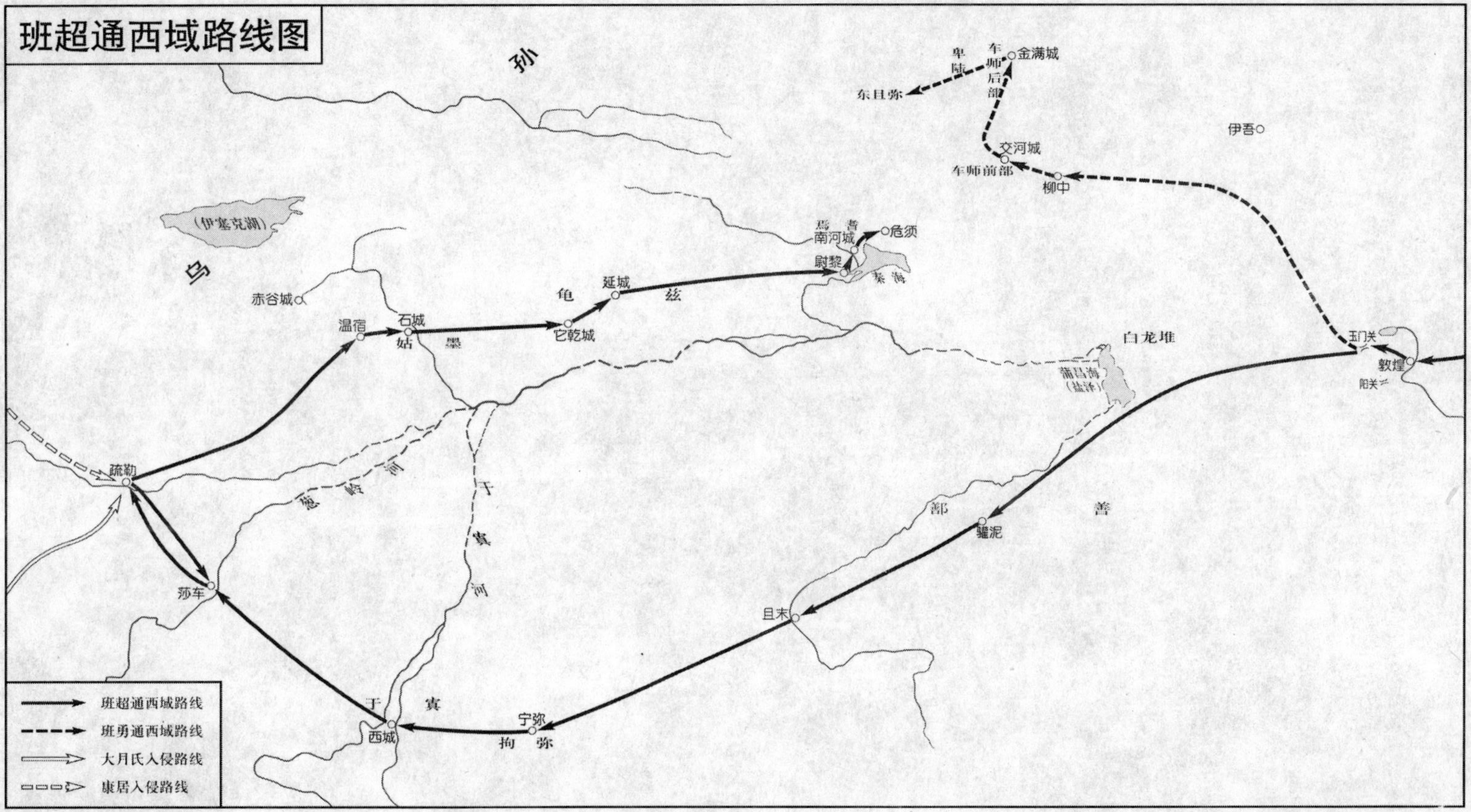
班超通西域路线图
乌
孙
伊塞克湖
赤谷城
温宿
石城
姑墨
它乾城
龟兹
延城
尉黎
南河城
焉耆
危须
秦海
东且弥
卑陆
车师后部
金满城
交河城
车师前部
柳中
伊吾
白龙堆
蒲昌海
（盐泽）
玉门关
阳关
敦煌
鄯善
鄯泥
且末
宁弥
拘弥
于阗
西城
于阗河
葱岭河
疏勒
莎车
班超通西域路线
班勇通西域路线
大月氏入侵路线
康居入侵路线

超之子班勇为西域长史，率兵五百出屯柳中。延光三年(124 年)，班勇到达鄯善，鄯善王首先归附，龟兹王也同姑墨、温宿向汉臣服。同年，班勇发龟兹等地万余兵进击匈奴伊蠡王，收复车师前部。延光四年(125 年)，班勇又发敦煌、张掖、酒泉三郡兵六千骑及鄯善、疏勒、车师前王兵进攻车师后部，斩其王及匈奴使者。顺帝永建元年(126 年)，班勇的军队又进展至天山以北准噶尔盆地，并联合西域兵，追击匈奴呼衍王，俘单于从兄，降其众二万余人。单于西遁。汉军占领了车师后部及伊吾卢，扼守着匈奴自山北入山南及侵河西之要冲。永建二年(127 年)，班勇从南道、敦煌太守张朗从北道出兵平定焉耆，于是龟兹、疏勒、于阗、莎车等十七国都归属于汉。① 除乌孙、大宛以外，汉基本上统一了西域地方，这是东汉最后一次打通西域。但葱岭以西各国同东汉的关系日益疏远，就是说，随着东汉中后期内部矛盾的激化、国力的衰颓，其向外辐射的威力已由中亚退到葱岭以东了。

东汉以伊吾卢旁近西域，北匈奴总是利用这块地方作为入侵的跳板，永建六年(131 年)复令开设屯田，如永元旧例，置伊吾司马一人，以防止北匈奴势力的再度骚扰。阳嘉三年(134 年)，车师后王发兵千余人袭击北匈奴于阊吾陆谷，大破之，获单于季母及妇孺数百人，牛羊十万余头，车千余辆。② 永和二年(137 年)，敦煌太守裴岑将兵击呼衍王于蒲类海，破灭其众，并杀死呼衍王。③ 桓帝元嘉元年(151 年)，另一个呼衍王又出现于西域，并将兵三千余人入侵伊吾卢。汉发兵往救，至蒲类海，呼衍王退去。从此以后，北匈奴的活动遂不见于中国的史籍。中原和西域的交通终于得保安全。

自桓帝以后，西域虽无匈奴之患，然东汉政权也日趋腐败，阶级矛盾和民族矛盾都很尖锐，不断发生少数民族的反抗和农民起义，其中以羌人的起义延

---

① 参见《后汉书·西域传》序及《班勇传》。

② 参见《后汉书·顺帝纪》及《西域传》序。

③ 见《金石索》石索二《汉敦煌太守裴岑纪功碑》。

续时间最长;加之河西等地各封建军事集团混战不息,使内地与西域之间的交通联系发生困难,东汉中央政府已失去对边疆地区的控制能力。元嘉二年(152 年)西域长史王敬为于阗所杀;永兴元年(153 年)车师后王进攻东汉屯营,汉兵不能出讨。灵帝建宁元年(168 年),疏勒王与汉大都尉于猎中为其季父和得所杀,和得自立为王。建宁三年(170 年),汉始遣西域长史张晏率焉耆、龟兹、车师前后部三万余人往讨,无功而还。此后,疏勒屡次发生内乱,东汉政府亦不能禁止。到灵帝末年,黄巾农民大起义爆发,东汉政权已临于崩溃的前夕,西域各国虽然不时派遣使节到内地来,但名存实亡的东汉王朝再也无力恢复西域的统一局面。

东汉在西域的行政建置,初期沿用西汉的办法,设置都护。自班勇以长史身份赴任,此后汉在西域不设都护。长史等级在郡守之下,专管兵马,所以从此以后统监西域属国的大权归于敦煌太守。

西域各国君长和属官也和西汉一样,都由东汉中央政府选定和任命。为了表示倚重和信任,有时在原有的封号外,还往往加授某些官号,如光武帝刘秀赐莎车王贤以汉大将军印绶,顺帝时拜疏勒王臣磐为汉大都尉,即是其例。桓帝时,曾收回中央政府所赐车师后王卑君印绶,更立阿罗多为王。可以证明西汉时由中央政府颁赐西域君长和属官印绶的制度,维持至东汉末迄未改变。今新疆沙雅县一处东汉遗址内曾发现一枚“汉归义羌长”印,篆文,铜质,卧羊纽。此印当系东汉中央政府颁发给羌族首领的官印。在民丰县尼雅遗址出土的佉

“汉归义羌长”铜印(新疆沙雅于什格提出土)

卢文木楼中,有一件木牍的封泥上盖着"鄯善都尉"的印记。"都尉"也是东汉中央政府在西域设置的官职,这些官印的发现,说明东汉完全继承了西汉在西域的一套行政管理制度。

西域各君长部下的官吏,有当地兄弟民族中贵族人士,也有东汉中央政府委派的汉官。例如《后汉书·西域传》中所提到的拘弥王成国的主簿秦牧、拜城县刻石《刘平国等作列亭诵》文中所提到的龟兹左将军刘平国等,都是东汉桓帝时的汉人。

此外,汉朝中央政府还授予西域各地君长以节传。节是奉皇帝命令以传达号令赏罚的凭证,以竹杖为之,长八尺,上悬旄牛尾,亦称节传。授节传就是任命重要官吏代表皇帝行使职权的一种政治制度。东汉灭亡以后一百多年,至前秦苻坚时,将军吕光出兵至龟兹,西域各地君长还纷纷拿出汉朝时代中央政府所颁赐的节传。可见他们对汉节十分重视,守而勿失,在他们的思想意识中一直保持作为汉朝臣属的观念。

四、东汉时期的中外交通

随着社会经济的发展和人们对周围世界认识能力的扩大,东汉时期与外国在政治、经济文化方面的交流又有新的发展。

公元前后,朝鲜各族形成了以下几个部落联盟。高句丽在中国辽宁省东部、鸭绿江中游浑江流域一带。沃沮人位于朝鲜半岛东北部的咸镜北道,涉人居住在东海岸咸镜南道和江源道。朝鲜半岛南部则有三个部落联盟,即马韩、辰韩、弁韩,彼此的关系十分密切。在这些部落中,以高句丽最为先进,私有制的发展和阶级分化已经十分明显,其军事首领已经称王,并不断和中国政府下辖的辽东、玄菟、乐浪三郡与鲜卑、靺鞨各族以及朝鲜半岛南部的韩族进行战争。王莽初,因发高句丽兵以伐匈奴,高句丽人不从。王莽令严尤击之,斩句丽侯驺。王莽为此更名高句丽王为下句丽侯。建武八年(32 年),高句丽遣使朝贡,光武帝复其王号。大约在和帝时,高句丽在王宫的统领下强大起来,曾屡次侵犯中国的边境。元兴元年(105 年)春,大举侵入辽东,攻略六县,汉军在耿夔的率领下击退了入侵者。安帝永初五年(111 年),宫遣使贡献,求属玄菟郡。但在元初五年(118 年),宫又联合涉貊再犯玄菟,攻华丽城。宫死后,其子遂成立,安帝接受了尚书陈忠的建议,遣使吊丧,又重新恢复了高句丽和东汉政府的臣属关系。高句丽归还了掳掠的汉人,并隶属于玄菟郡。①

东汉政权同朝鲜半岛南部的三韩也有来往。建武二十年(44 年),韩廉斯人苏马禔等诣乐浪贡献,光武封苏马禔为汉廉斯邑君,使属乐浪郡,四时朝谒。②

"汉委奴国王"金印(日本福冈县志贺岛出土)

在中国古代文献中,古代日本人被称为"倭"。关于日本古代国家形成的历史,主要有文字可考的历史是《三国志·魏志·倭人传》和《后汉书·东夷列传》,证明当时及在此以前一段时期,日本列岛和中国大陆之间的联系已经建立了。根据文字记载的历史和地下考古资料,在公元前后日本列岛和中国大陆之间已经有了人员的往来。约在公元前一二世纪,日本有一百多个小国。"自武帝灭朝鲜,使驿通于汉者三十许国,国皆称王,世世传统。"③建武中元二年(57 年),日本"倭奴国奉贡朝贺,使人自称大夫,倭国之极南界

① 《后汉书·东夷列传》。
② 《后汉书·东夷列传》。
③ 《后汉书·东夷列传》。

也。光武赐以印绶。”①这枚金印，已于日本天明四年（1784年）春天由福冈县志贺岛一个叫甚兵卫的农民掘得。印金质蛇钮阴文，三行五字，文曰：“汉委奴国王”，同文献记载相符。金印，是公元一世纪初中日两国友好往来的标志，一个到今天还能见到的有力证据。安帝永初元年（107年），距光武赐印五十年之久“倭国王帅升等献生口百六十人，愿请见。”②据《后汉书·东夷列传》记载，桓灵之间，日本列岛经历了战乱，最后一个叫卑弥呼的女子以邪马台国为中心称王，实现了统一。说明至东汉末年，与日本的关系仍然很密切。

东汉政府沿袭西汉的行政建制，在今越南的北部和中部设置交趾、九真、日南三郡。建武初，锡光为交趾太守，任延为九真太守，大力推广中原的先进文化，“教其耕稼，制为冠履。初设媒娉，始知姻娶。建立学校，导之礼义。”③改变了这些地区的落后面貌。一些原始部落，在先进文明的感召下，也表示愿意隶属于东汉。如：“建武十二年，九真徼外蛮里张游，率种人慕化内属，封为归汉里君。明年，南越徼外蛮夷献白雉、白菟。”④说明当时越南北部和中部的一些原始部落与东汉政府之间的臣属关系是出于自愿的。建武十六年（40年），交趾郡麊泠县雒将之女征侧及其妹征贰因不服交趾太守苏定的法律约束，愤而反叛，日南、九真及合浦等地起而响应，凡攻占六十五城，自立为王。建武十八年（42年），东汉政府派马援、段志率万余军队镇压了这次反叛。事平之后，马援一方面加强了当地郡县的守备，修建城郭；另一方面，又实行了一些缓和矛盾的措施。如兴建灌溉系统，根据当地习俗调整汉律与越律相驳者十余事，“与越人申明旧制以约束之，自后骆越奉行马将军故事。”⑤

东汉时代，印度、缅甸与中国的关系也很密切。永平十二年（67年），云南

---

① 《后汉书·东夷列传》。
② 《后汉书·东夷列传》。
③ 《后汉书·南蛮传》。
④ 《后汉书·南蛮传》。
⑤ 《后汉书·马援传》。

西部的哀牢夷归服于汉，汉以哀牢夷居住地设置哀牢、博南二县，分益州西部的不韦、巂唐、比苏、楪榆、邪龙、云南六县的土地合并为永昌郡①，楚雄以西全属汉朝。由于东汉势力在西南一带的伸张，中、印、缅道得以畅通。和帝永元九年(97年)，缅甸北部的掸国王雍由调派遣使臣向汉朝赠送珍宝。东汉政府则以金印回赠。安帝永宁元年(120年)，雍由调再次遣使来汉，并“献乐及幻人”，缅甸的音乐和杂技，在当时深受欢迎。据《华阳国志》的记载，永昌曾住有“身毒之民”，身毒即印度。这些印度人到中国来，大概以缅甸为中介。西汉时，中国已由海路取道印尼通往印度。东汉时，印度商人由孟加拉湾经缅甸直接进入中国，较之绕道南洋更为方便了。至于由葱岭以西经巴克特里亚进入印度的中印雪山道，在东汉时期仍然保持着它的重要性。据《后汉书·西域传》记载：“从月氏、高附国以西，南至西海，东至磐起国，皆身毒之地。身毒有别城数百，城置长。别国数十，国置王。虽各小异，而俱以身毒为名，其时皆属月氏。”汉明帝时，曾遣使者到印度去问佛法。和帝时，印度曾多次遣使贡献。后来由于西域各国政治动荡，印度使者只能改从海道经中国日南互通使节。

东汉和葱岭以西的其它国家也保持着紧密的政治经济联系。西汉元帝建昭三年(前36年)，陈汤、甘延寿远征康居斩郅支单于后，汉朝又和康居建立了经常的往来。成帝元延二年(前11年)，康居派侍子入汉，表示愿意通好。康居使者常取南道通贡，谋取经济上的利益。为了通商和发展友好关系，又考虑到康居在中亚和安息交通上的重要地位，汉始终和它保持着联系。永平十七年(74年)，班超到疏勒后，康居和东汉的关系有了新的变化。班超立忠为疏勒王，后忠反叛，康居竟派精兵援助疏勒。当时月氏新和康居联姻，班超便向月氏王赠送厚礼，通过月氏劝阻康居退兵。和帝永元三年(91年)，北匈奴单于在金微山被耿夔击溃以后，部众离散，北单于率领残部远走乌孙，西迁至

---

① 《后汉书·明帝纪》、《地理志》。

康居。此后这部分北匈奴又陆续由康居西入欧洲。

据《汉书·西域传》记载，大月氏人占领了大夏后，分为五个部分，称五部翎侯：一为休密翎侯，治和墨城。二为双靡翎侯，治双靡城。三为贵霜翎侯，治护澡城。四为肸顿翎侯，治薄茅城。五为高附翎侯，治高附城。《后汉书·西域传》说上面讲的高附翎侯应为都密翎侯。这些翎侯大概都是部落首领。至于高附，则另为一国，“所属无常，天竺、罽宾、安息三国强则得之，弱则失之，而未尝属月氏。《汉书》以为五翎侯数，非其实也。”大约在公元一世纪上半叶，贵霜翎侯丘就却统一了其他四部翎侯，“自立为王，国号贵霜。”①并且迅速地向四周扩展势力，“侵安息，取高附地。又灭濮达、罽宾，悉有其国。”②在丘就却之子阎膏珍统治时期，又“复灭天竺”。从此在中亚出现了一个强大的贵霜帝国。其领土北起河间地，南至印度河口和德干高原，东至孟加拉西部，并一度越过葱岭入侵于阗、莎车和疏勒。但东汉政府仍“本其故号，言大月氏云。”③

章和元年(87年)匈奴立莎车王贤质子不居徵为莎车王，不久被于阗王广德攻杀，另立其弟黎为莎车王。章和二年(88年)，西域长史班超调遣各国大军，其中就有月氏的援军，击破莎车，使莎车归属于汉。月氏自恃有功于东汉，所以在遣使向东汉奉献珍宝、扶拔、狮子的同时，还要求东汉以公主嫁月氏，结亲以固盟好。但是，班超不仅没有答应月氏的要求，而且将其使者拘留起来，不让返回。于是月氏王怀恨在心，便于和帝永元二年(90年)派副王谢率领大军七万人进入葱岭以东，攻击班超。班超部众较少，乃采取坚守的策略，又设伏兵数百名在疏勒和龟兹间的要道，袭击向龟兹求援的月氏军，以使者的首级送示谢，于是谢惊服，愿意退兵。此后月氏便年年向汉通使献礼了。在西域交

① 《后汉书·西域传》。
② 《后汉书·西域传》。
③ 《后汉书·西域传》。

通第三次断绝期间(安帝永初元年,107 年以后),大月氏国达到全盛时期,是为迦腻色迦王在位的年代。迦腻色迦继续扩张领土,占领了花剌子模地区。在印度,其势力扩展到旁遮普、信德和马士腊。迦腻色迦并把自己的首府搬到了白沙瓦,使大月氏国具有了巨大的规模和世界意义。在此期间,大月氏趁东汉政府退出西域的时机,向葱岭以东施加影响。①《后汉书·西域传》说:安帝元初中(107—120 年),疏勒王安国之舅臣磐有罪,放逐到月氏去当质子,受到月氏王的宠信。安国死后,国内贵族立臣磐同产弟的儿子遗腹为疏勒王,臣磐以为他是遗腹的叔父,应该为王,月氏便发兵将臣磐送回疏勒,当了疏勒王。后莎车与于阗失和,服属疏勒,疏勒就成了和于阗、龟兹相抗衡的大国。但根据同书《顺帝纪》的记载,顺帝永建五年(130 年),疏勒王也向东汉送侍子,与莎车王一起奉使贡献。阳嘉元年(132 年),敦煌太守徐由还派臣磐率领疏勒兵攻打于阗。从这些事实看来,大月氏还不是对葱岭以东的塔里木盆地进行直接的统治。

自张骞的副使出使安息以来,双方的使节和商贾就络绎不绝。章帝章和元年(87 年),安息"遣使献狮子、符拔"。和帝永元九年(97 年),都护班超派遣其属吏甘英出使大秦(罗马),曾经过安息,抵达安息的西界条支。甘英因误听安息船人的话,受阻于波斯湾头。通过这次出使,知道这时安息"役属条支,为置大将,监领诸小城焉。"条支的鸵鸟在汉代称为大鸟,又叫安息雀,对汉代人来讲同它出产的狮子、犀牛、封牛、孔雀等都是西方的珍禽奇兽。

值得一提的是,东汉时罗马和中国两个文明中心有了直接的往来。西汉时代,中国和罗马的来往还是间接的,要经过亚洲西部广阔的陆地。除了自然条件的障碍外,还有人为的因素阻碍了这两个文明古国的接近。罗马"其王常欲通使于汉,而安息欲以汉缯采与之交市,故遮阂不得自达。"②中国方面也

① 王治来:《中亚史》第 1 卷,中国社会科学出版社 1980 年版,第 114—115 页。

② 《后汉书·西域传》。

曾做过努力，如甘英出使大秦，亦因安息人有意夸大路途的困难："海水广大，往来者逢善风三月乃得渡，若遇迟风，亦有二岁者，故入海人皆赍三岁粮。海中善使人思土恋慕，数有死亡者。"①再加上当时大秦与安息国内形势不稳定，两国之间的关系也很不好，遂不得渡。东汉中叶以后，由于印度洋航道的开辟，从红海到印度洋的海道已经畅通，中国和罗马遂有了直接联系的可能。《魏略·西戎传》说东汉时大秦"北有水道通益州永昌"。安帝永宁元年（120年），"掸国王雍由调复遣使诣阙朝贡，献乐及幻人，……幻者自言我海西人，海西即大秦也，掸国西南通大秦。"这大概是第一批到中国来的罗马人。桓帝延熹九年（166年），"大秦王安敦遣使自日南徼外献象牙、犀角、瑇瑁，始乃一通焉。"这次通使是中罗建交的大事，但不见于罗马史籍。学者推测这大概是罗马商人的航海活动，假借罗马皇帝的名义和中国政府联系，以取得商业上的优待。

① 《后汉书·西域传》。

第六章

东汉后期的社会危机

（公元106年——184年）

第一节　豪强大族的发展

一、东汉的豪强大族

东汉皇朝和西汉皇朝都是地主阶级政权，但两者相比各有不同的特点：西汉开国皇帝刘邦起于乡间小吏，追随刘邦打天下的文臣武将也多出身平民，因此西汉皇朝建立之初是一个"布衣将相"局面，从朝廷到地方，地主阶级的力量都比较薄弱。东汉则不同，开国皇帝刘秀是南阳豪族大地主，追随刘秀南征北战的将领也大都来自豪强大族，所以东汉皇朝一建立就是一个豪强林立的局面，从朝廷到地方，地主阶级的势力都很雄厚，成了东汉社会历史上的一个突出问题。

豪强大族的名称很多，史籍中的豪强、豪民、大姓、右姓、豪大家等，都是指豪强大族。汉武帝以前，豪强大族主要来自六国遗留下来的贵族地主、素封地主（大工商业主）和食封地主（新贵族地主和军功地主），到汉武帝时，这三类地主已经趋向没落，代之而起的是一批官僚地主。由于汉武帝"独尊儒术"，以经学取士，这就兴起了一批以经学起家、累世为官的官僚地主。这个官僚地主阶层的特点是高官厚禄、田连阡陌，有的还经营工商业，集官僚、地主、商人三种身份为一体，到东汉时便发展成为豪强大族，或简称豪族。

刘秀建立东汉政权，主要是依靠南阳和河北的豪族地主。他大封功臣列侯，组成了东汉政权的核心，这个核心依然是这两个豪族地主集团。皇帝刘秀是太学生，汉高帝九世孙，他在南阳起兵，就是凭借着刘氏宗室后裔的名望。刘秀母舅樊宏是南阳一带有名的豪族，樊氏占有三百多顷土地，开凿了一个数十平方里的私人池塘，名叫"樊陂"，除经营农业、商业，还兼放高利贷。固始侯大司空李通也是"世以货殖著姓"①的南阳豪强，雍奴侯执金吾寇恂则是"世为著姓"②的上谷豪强，其他如西华侯邓晨，新息侯马援，好畤侯耿弇，安丰侯窦融，均出于"吏二千石"③的官僚世家。在刘秀起兵反叛王莽和兴复汉室的军事斗争中，各地不少豪强大族率领由宗族宾客组成的武装投奔刘秀，支持他逐鹿中原。既然刘秀依靠豪族地主夺取了政权，那么巩固这个政权也必然要依靠豪族地主，所以东汉政权实质上就是豪族地主政权。因此最高统治者对豪族地主不得不采取优容的态度。建武十五年"度田"的失败就充分证明了这一点。刘秀曾说："吾理天下，亦欲以柔道治之。"④所谓"柔道"，即包含优容豪族地主的意思。

在中央政权的扶植和纵容下，东汉豪族地主的势力迅速膨胀起来。东汉豪族地主有如下几个显著特征：

（一）疯狂兼并，广占田园

东汉豪族地主兼并土地的疯狂性大大超过西汉，所以东汉土地集中现象特别严重。豪强地主兼并土地的手段，不外是强买强占。如大将吴汉率军出征时，"妻子在后买田业"。⑤ 章帝时窦宪依仗权势强买沁水公主田园，章帝指

① 《后汉书·李通传》。
② 《后汉书·寇恂传》。
③ 并见《后汉书》本传。
④ 《后汉书·光武帝纪》。
⑤ 《后汉书·吴汉传》。

责说:“贵主尚见枉夺,何况小人哉!”①地下出土文物东汉时期买地券写着:“根生土着毛物,皆属某某。田中若有死尸,男即为奴,女即为婢,皆当给某某役使。”②有的豪族则是依仗权势强行霸占,如东汉中期的大豪强梁冀,依仗其大将军执掌朝柄的权力地位,肆无忌惮地掠夺人口和土地,公然在“西至弘农(郡治在今河南灵宝北),东界荥阳(今河南荥阳),南极鲁阳(今河南鲁山),北达河、淇(即黄河与淇水,今河南鹤壁市、淇县一带)”③方圆千里的土地上霸占林苑,有人误杀其中一兔,他竟残杀十余人。在这种疯狂的掠夺和霸占下,天下膏壤美田大都集中到了豪族手中,他们拥有空前的巨额财富和经济力量。如梁冀败后,其家产被没收拍卖,价值三十多万万钱,相当于当时政府一年租税收入的二分之一。豪族在占有生产资料土地的同时,也占有生产者本身,多数情况下,是土地连同土地上的生产者一道霸占的,土地券中的死尸都归买主所有,何况是耕种土地的活人!另外,农民失去土地,也只能依附于豪族地主来维持生活。这样,在豪族地主占有大量田产和劳动力的情况下,就导致了东汉豪族地主土地经营的新特点,即田庄经济的出现;同时也导致阶级关系的新变化,即农民对地主人身依附关系的加强。

(二)世代为官,控制选举

东汉豪族地主是在西汉官僚地主的基础上发展而来,他们的权势地位基本上是从前朝承袭的,只不过通过战乱重新进行改组,又增添一些功臣、外戚等新贵而已。无论是旧贵族还是新地主,通过一番新的改组之后,其政治地位就稳定下来,并长期保持这种政治地位,世代为官,久而久之,便成为名门望族。例如,邓氏家族“自中兴后,累世宠贵,凡侯者二十九人,公二人,大将军以下十三人,中二千石十四人,列校二十二人,州牧、郡守四十八人,其余侍中、

① 《后汉书·窦宪传》。

② 鲁波:《汉代徐胜买地券介绍》,《文物》1972年第5期。

③ 《后汉书·梁冀传》。

将、大夫、郎、谒者不可胜数,东京莫与为比。"①耿氏家族与东汉兴亡相始终,前后出"大将军二人,将军九人,卿十三人,尚公主三人,列侯十九人,中郎将护羌校尉及刺史、二千石数十百人。"②杨震乃西汉赤泉侯杨喜、丞相杨敞的后裔,自杨震官至太尉后,杨氏家族得以复兴,杨震之子杨秉、孙杨赐、曾孙杨彪相继为三公。袁氏家族从袁安起,四世相继有五人为三公。杨氏、袁氏均为名著汉史的世家望族。有的豪强大族,在东汉灭亡以后仍在继续发展,如陆氏家族,自陆闳建武时任尚书令发迹,到三国时,已成为名震江东的吴国四大家族之一。

豪族地主累世为官,把持选举,垄断仕途,政治力量日益强大。汉代察举制度的弊端,在东汉完全暴露出来。章帝建初元年诏书说:"今刺史、守相不明真伪,茂材、孝廉岁以百数,既非能显,而当授之政事,甚无谓也。"③豪族掌握察举权,根本不顾被举者的品德才能,完全是从发展个人势力出发。士人为了求官,往往依托于名门望族,充当"门生",有些门生不一定授业,只是名义上的师生关系,所以望族门下总有大批门生。东汉高级官吏比西汉具有更大的用人权,公府州牧可以自行辟除掾吏,被举者一经辟除,对举主就有了从属关系,称为"故吏",不管以后其官职多高,仍然是举主的"故吏"。察举和辟除是汉代主要的两条选官途径,豪强大族控制了这两条途径,也就基本上垄断了仕途。当时,宗师与门生,举主与故吏的关系,完全成为一种私恩的结合,形同君臣和父子之间的关系。门生对宗师,故吏对举主有着许多道义上的责任,如宗师死后,门生要守墓服丧;举主有罪,故吏要舍身救护等等,否则就是丧失名节,要受到社会舆论的谴责。汉末公孙瓒的举主太守刘君流放日南,公孙瓒不顾日南多瘴气,舍命相随,他在告别其先人坟茔时说:"昔为人子,今为人臣,

---

① 《后汉书·邓禹传》。
② 《后汉书·耿弇传》。
③ 《后汉书·章帝纪》。

当诣日南。"[①]这种私恩结合,扩大了豪族地主的政治势力。汝南袁氏四世三公,"门生故吏遍天下",就是很好的说明。豪族地主私门政治势力盘根错节,是东汉末年分裂割据的重要因素。

(三)世代传经,崇尚儒学

自汉武帝独尊儒术以来,经学成为士人的利禄之途。东汉豪族地主大都崇儒通经,而且世代传经。有些豪门官僚大地主本身就是经学大师,他们不仅重视子弟教育,而且收徒讲学,规模相当大。《后汉书·儒林传》说:"若乃经生所处,不远万里之路,精庐暂建,赢粮动有千百,其耆名高义开门受徒者,编牒不下万人。"据《后汉书·儒林传》记载,豪门官僚中传经收徒往往成千上万人,例如,陈留楼望,曾历任大司农、太常、太中大夫、左中郎将等显要官职,"教授不倦,世称儒宗,诸生著录九千余人";汝南蔡玄,历任侍中,弘农太守,"学通五经,门徒常千人,其著录者万六千人";颍川张兴,历任博士、侍中祭酒、太子少傅,"声称著闻,弟子自远至者,著录且万人";乐安牟长,历任博士、河内太守,"自为博士及在河内,诸生讲学者常有千余人,著录前后万人"。其他数千数百者更比比皆是,例如,京兆杨政传《梁丘易》,"教授数百人";乐安欧阳歙传家学《欧阳尚书》,"教授数百人";济阴曹曾从欧阳歙受学,传《欧阳尚书》,"门徒三千人";京兆宋登也传《欧阳尚书》,"教授数千人";陈留杨伦传《古文尚书》,"讲授于大泽中,弟子至千余人";犍为杜抚传《韩诗》,"弟子千余人";山阳丁恭传《严氏春秋》,"教授常数百人";北海周泽亦传《严氏春秋》,"门徒常数百人";南阳谢该传《左氏春秋》,"门徒数百千人"。东汉规模较大的私学约有三、四千人,加著录门生多达万人,可谓是个"万人大学"了;一般私学,著名经师多者上千,少者数百。这些拥有成千上万门生的经学大师,大都是豪门官僚地主。他们世代为官,世代传经,不仅是官僚世家,而且是经学世家。

---

① 《后汉书·公孙瓒传》。

豪门官僚所以能够广收门徒，兴办规模庞大的私人学校，豪族本身具有通经传学的能力固然是必不可少的前提，但主要是由其政治和经济势力决定的。首先是政治势力：豪族地主往往不仅本人身居高官，家族中也有许多人做各种官职，政治触角深入社会各个角落，形成盘根错节的庞大势力，因此他们也就有能力庇护生徒，向官场推荐子弟，甚或安插门生，直接任用生徒到属下部门做官。例如，名师贾逵“所选弟子及门生为千乘王国郎”①，即是一例。因此，越是势力强大的名师，各地学子越是趋之若鹜，诸如“受业者四方而至”②，“弟子自远而至”③，“弟子自远方至”④，“远方至者常数百人”⑤的记载不绝于史书，即反映了这种攀龙附凤的求学盛况。其次是经济势力：豪门具有兴办私学的雄厚物质基础，这也成为私学发达的一个原因。成百上千的学生，没有经济力量是难以维持的，所谓“精庐暂建”，那是需要钱财支撑的。有的豪门不仅能建规模庞大的私学，甚至能在生活上资助学生，如《后汉书·张奂传》：“奂闭门不出，养徒千人。”《三国志·蜀志·来敏传》注引《华峤后汉书》：“敏好学下士，开馆养徒众。”这里所谓“养”，即指供养生徒。同时师长也用生徒为豪门从事商务活动，如“宋弘为司空，常受俸得盐豉千斛，遣诸生迎取上河，令粜之。”⑥名师豪门的政治经济势力导致生徒众多，私学兴盛，而后者又反过来助长前者的势力，使其更加强大。所以豪族名师非常重视收徒传学，即使做官时公务繁忙也不停止讲学传业，即所谓“虽有官，不废教授”⑦。欧阳歙任汝南太守，一边做太守，一边教授数百人；牟长任河内太守，也是讲学者常有千人。

---

① 《后汉书·贾逵传》。
② 《后汉书·方术传》。
③ 《后汉书·方术传》。
④ 《后汉书·赵典传》。
⑤ 《后汉书·党锢传》。
⑥ 《太平御览》卷八七引《东观汉纪》。
⑦ 《北堂书钞》卷一〇〇引《东观汉纪》。

豪门名师广收学生,常数百千人,甚或上万人,难于一一亲自授业,故学生之于师长,有"弟子"、"门生"、"著录"的区别。宋人洪迈说:"其亲受业,则曰弟子;以次相传授,则曰门生。"[①]至于"著录",只登录名籍,并不受业,仅是挂名的生徒而已。不论弟子、门生还是著录者,一旦与豪门师长结为师徒关系,就形成了一种形同君臣和父子的私恩关系。师徒私恩关系进一步强化了豪族地主的政治势力。一个生徒众多的豪族地主,累世为官,累世传经,久而久之就会形成庞大的势力,如汉末袁绍"树恩四世,门生故吏遍天下"。遍布天下的门生故吏都因私恩而支持袁氏,这是汉末国家分裂的重要因素。

可见,尊儒传经,通过私学教育加强和发展自家势力,是东汉豪族地主的一个显著特点。

(四)修筑坞壁,拥有武装

豪族地主在广占田产的同时,又占有大量人口,形成了大田庄经济。他们为保护财产和安全,往往在田庄中修筑防御工事,并把依附农民中的青壮年武装起来,或者豢养一批"剑客"、"死士",组成一支"家兵",这是豪族地主的私人武装。据《四民月令》记载,这种私人武装平时要从事生产,负责"修门户,警设守备,以御草窃之寇";农闲时则"缮五兵,习战射,以备寒冻穷厄之寇"。作为"家兵"的私人武装最初只是起看家护院的作用,后来规模逐渐扩大,按军队编制组成部曲,"起坞壁,缮甲兵",招兵买马,扩充军备,独霸一方,从而形成了地方的分裂割据势力。

二、豪族的田庄经济

西汉时期,有的地主已经拥有田庄。茂陵富人袁广汉"于北邙山下筑园,东西四里,南北五里",其中鸟兽草木,应有尽有。[②] 像这样的田园,已非纯属

① 《隶释》卷七《泰山都尉孔宙碑》按语。
② 《三辅黄图》卷四。

消费游乐的乡村别墅，而是已经兼有生产性质的田庄。两汉之际战乱频繁，各地豪强为了保护自己的生命和财产安全，纷纷修建坞壁、营堑。樊宏"与宗家亲属作营堑自守，老弱归之者千余家。"①第五伦为"营长"，"有贼辄尝厉其众，引强持满以据之，铜马、赤眉之属前后数十辈，皆不能下。"②入东汉以后，这些坞壁、营堑仍保留下来，加以改造就成了东汉豪族地主田庄的基本形式。

东汉豪族地主集中大量土地，多以田庄形式经营。占有的土地越多，田庄的规模就越大。樊宏在湖阳（今河南唐河西南）经营的田庄就是一个典型。湖阳樊氏田庄在樊宏父亲樊重手中，其规模已经相当可观。樊重"经理产业，物无所弃，课役童隶，各得其宜，故能上下勠力，财利岁倍，至乃开广田土三百余顷。"③又"起庐舍，高楼连阁，池陂灌注，竹木成林，六畜放牧，鱼嬴梨果，檀棘桑麻，闭门成市，兵弩器械，赀至百万，其兴工造作，为无穷之巧不可言，富拟封君。"④在王莽末年的战乱中，樊氏田庄的"兵弩器械"足以对付小股的散兵游勇，赤眉大军曾欲进攻樊氏田庄，樊宏派人送去牛酒米谷，慰劳赤眉，得免。因此，樊氏田庄在战乱中安然无恙地保存下来。樊宏是刘秀母舅，刘秀称帝以后，樊氏田庄的规模必然会更加宏大。东汉田庄不仅规模大，而且数量多，发展快，汉末仲长统说："百夫之豪，州以千计。"⑤"百夫之豪"即役使百家的豪强，也是指田庄主；"州以千计"，可见东汉田庄之多。

从大量的文献记载和出土文物来看，东汉的田庄有两个显著特点，即多种经营的综合性自然经济和聚族而居的封建性依附关系。

（一）多种经营，自给自足的综合经济

豪族地主的大田庄采取多种经营方式，一般以农业为主，兼营林、牧、渔各

① 《后汉书·樊宏传》。
② 《后汉书·第五伦传》。
③ 《后汉书·樊宏传》。
④ 《水经注·沘水注》。
⑤ 《后汉书·仲长统传》。

业,还从事手工业、商业、高利贷,这种综合经济,基本上能达到自给自足。湖阳樊氏田庄就充分反映了这一点。樊氏"尝欲作器物,先种梓漆,时人嗤之。然积以岁月,皆得其用。向之笑者,咸求假焉。"①所以樊氏田庄不仅"闭门成市",而且能"有求必给"。

东汉人崔寔著《四民月令》,是地主经营田庄的家历。书中详细记述了田庄多种经营的情况。就农业来说,种植有小麦、大麦、春麦、粟、黍、穄、稹禾、粳稻、秫稻、大豆、小豆、豍豆、胡豆等粮食作物,蚕桑、胡麻、苴麻、牡麻、蓝等经济作物,瓜、瓠、韭、蔡、蓼、葱、蒜、姜、芥、芋、芜菁等蔬菜,还种植术、艾、乌头、冬葵、葶苈等药用作物,用来配制方药;就林业来说,种有松、柏、桐、漆、梓、榆、柳、竹等林木以及杏、桃、枣等果木;就牧业来说,饲养有各种耕畜和家畜,并种植苜蓿、刍茭以为饲料;就手工业来说,酿造业可制鱼酱、肉酱、酒、醋以及饴糖等食物,制造业可制农具、兵刃等器物。同时还养蚕缫丝、析麻织布以及染色、缝纫等等。蚕妾从事养蚕,女工析麻织布、染色,缝人缝制衣物,各有不同分工。庄园的产品,主要用于自给,少部分作为商品上市交易,《四民月令》记述田庄的商业活动说:二月,可粜粟、黍、大小豆、麦子等;三月,可粜粟卖布;四月,可籴穬及大麦,收敝絮;五月,可籴大小豆、胡麻,籴穬大小麦,收敝絮及布帛;七月,可粜大豆、小麦收缣练;八月,粜种麦,籴黍;十月,卖缣帛、敝絮,籴粟、豆、麻子;十一月,籴秫稻、粟、豆、麻子。买进或卖出的商品,多系田庄所产,因此这些商业活动,并不是因为生活必须才交换,而是为了从中获利,一般是在谷物登场价贱时籴粮,谷物下种或青黄不接的价贵之时粜粮,这是田庄主的"货殖"之道。

《四民月令》所反映的东汉田庄建筑,以沟渎垣墙环绕中心区域,里面有蚕室、曲室、仓困、窦窖及制造农具、弓弩和各种兵器的小作坊,外围则有场圃、果园、树林和农田。东汉末年仲长统描述当时豪族田庄和奢侈生活说:"居有

① 《后汉书·樊宏传》。

良田广宅，背山临流，沟池环匝，竹木周布，场圃筑前，果园树后。舟车足以代步涉之难，使令足以息四体之役。养亲有兼珍之膳，妻孥无苦身之劳。良朋萃止，则陈酒肴以娱之；嘉时吉日，则烹羔豚以奉之。踯躅畦苑，游戏平林，濯清水，追凉风，钓游鲤，弋高鸿。讽于舞雩之下，咏归高堂之上。”①虽然其中或有夸张成分，但大体是以当时豪族田庄生活为基础，可以与《四民月令》相互参考。

楼阁式陶屋（广州东山象栏岗出土）

采桑图（山东嘉祥武梁祠出土画像石）

大量的出土文物，也反映了东汉田庄建筑及其多种经营，自给自足的综合经济情况。在四川发现许多东汉画像砖，有一块画像砖上描绘了田庄的一角——一所宽敞的地主宅院，宅院分为许多庭院，有居室、客厅、厨房、水井、家禽饲养等；每一庭院的四周都有围廊，宅院边侧还有一座华丽的阁楼；另一块画像砖上则描绘了地主田庄宅外有大片稻田、池塘、山林，还有盐井。山东嘉祥出土的造车图画像石，滕县出土的制造兵器图画像石，反映了地主田庄制造业的情况。广东、湖南、四

① 《后汉书·仲长统传》。

盐场图(四川成都羊子山出土画像砖)

制车轮图(山东嘉祥洪山出土画像石)

锻造兵器图(山东滕县黄家岭出土画像石)

川、陕西、山东、河北等省出土有陶磨房、陶猪圈、陶羊圈、陶囷等物，则是反映了田庄的农业和家畜饲养情况。

综上所述，可见东汉田庄具有一定建设规模，生产上多种经营，已经形成一定程度的自给自足的综合经济体系。

(二)聚族而居，封建依附关系的加强

东汉豪族地主的田庄大多是聚族而居的。田庄主往往以自己的宗族为核心，纠集亲戚、宾客等，聚集于田庄之中，形成一个依附田庄主的经济和政治势力集团。在这个集团中，田庄主既是占有生产资料的大地主，又是宗族长，田庄内的全部事务均由其安排。如湖阳樊氏田庄，"三世共财"聚居，"子孙朝夕礼敬，常若公家"，战乱起，又"与宗家亲属作营堑自守，老弱归之者千余家。"①东汉豪族地主的田庄，往往都有宗族宾客几百人甚至数千人。平时生产自给，遇有战事，则聚族自保，如汉末董卓之乱时，韩融曾"将宗亲千余家避乱密西山中。"②这种聚族自保或合族迁徙的情况，一直延续到魏晋南北朝时期。

田庄主与同族人既是宗族关系，又是主佃或主仆关系，无论在经济上还是政治上，宗族中的各类人都得依附庄主，实际上是一种统治与被统治，剥削与被剥削的关系，只不过在表面上披了一层宗法的、温情脉脉的外衣而已。为了缓和这种对立关系和消弭被奴役者的反抗意识，田庄主经常以宗主的面貌出现，对族人进行慰问安抚，据《四民月令》记载，每年春耕前后，青黄不接之时，田庄主必"赈赡穷乏，务施九族，自亲者始"。秋收前后，则"存问九族孤寡老病不能自存者"。冬月腊日，还"请召宗族、婚姻、宾旅，讲好和礼，以笃恩纪。休农息役，惠必下浃。"同宗有贫不能丧者，则集合宗人合族收葬。庄主通过这些小恩小惠笼络了大批的劳动力，使他们能够稳定地依附于庄主，平时从事

① 《后汉书·樊宏传》。

② 《后汉书·荀彧传》。

生产活动,向庄主交纳田租和服各种劳役;战乱之时,庄主就把他们武装起来,为保卫自己的性命和财产而战斗。

东汉的田庄虽然数量很多,规模很大,也具备了自给自足的条件,但其经济体系并不完备,而且也不十分稳固,这都是由中国土地可以买卖这一传统制度直接造成的。土地可以买卖,给大地主兼并土地提供了条件,但地权集中,并不等于地段集中,地权集中与地段分散的矛盾是秦汉以来中国古代社会通常的土地占有现象。豪族地主要把大面积土地连接起来,完全占为己有,其中不掺杂一点他人的地权,是相当困难的。而且,即使集中了大片土地的全部地权,在土地可以买卖、兼并剧烈的弱肉强食时代,也难以长期稳固地为己所有。既然地段不易集中和地权难以稳固,在这个基础上建立起来的田庄也就不可能稳固。因此,东汉的田庄是一种变化游离状态中的田庄,它不可能稳定地长时期存在下来。无论从自给自足经济体系的完备程度看,还是从田庄经济的稳固发展看,东汉田庄经济都没有达到西方封建庄园的程度。

东汉田庄经济,对于中央集权的封建国家来说,显然是一种离心力。豪族在田庄中隐瞒大量田产和劳动力,在很大程度上削弱了东汉中央集权的经济力量。豪族有田庄经济作基础,再加上政治势力和私人武装,势必要造成地方分裂割据的局面。不过,从另一方面看,田庄对生产力的发展又有一定的保护作用。一般说来,田庄里的劳动者,在田庄主庇护之下,不再负担官府的兵徭役,不致影响生产;田庄亦农亦兵,在战乱时期,坞壁保护下的田庄生产也能照常进行。这时田庄的积极作用就在于保证了劳动力与土地的结合,维持了生产,甚或在某种程度上发展了生产。因此说,田庄经济在一定时期又有比较适应生产力的一面。

三、在豪族势力发展中阶级关系的变化

豪族地主势力的发展,影响了东汉社会阶级关系的变化。在阶级结构方面,地主阶级的构成比较简单化,各阶层的界线已不十分明显;而农民阶级成

分则比较复杂，出现了许多新层次。在阶级对立方面，农民对地主的人身依附关系更加强化。

(一)地主阶级的构成

东汉的地主阶级主要由豪族地主和中小地主构成。

豪族地主作为一个阶级，具有经济上广占田产，政治上累世为官，文化上世代传经等特征，但其中情况却又不尽相同，从其发迹情况来说，有的是通过食封而成为贵族地主，有的则是以经学起家、累世为官而成为官僚地主，还有一些是通过经商致富而成为高资地主。尽管发迹之途不同，但殊途同归，都是占有大量土地的豪族地主。

1. 贵族地主。贵族地主是有王侯爵位和封邑的地主。受封的对象，主要是皇子、宗室、功臣以及外戚。皇子一般封为王，王的封地叫“王国”，其次为列侯，列侯的封地叫“侯国”。他们一旦受封爵土，受封者的身份就会陡然升高，族姓也随之而贵，在东汉政府的庇护下，无论是侵夺田宅还是谋取官职，或者是经营商业，都有得天独厚的特权。刘秀儿子济南王刘康，食邑六县，又购置“私田八百顷”，占有众多劳动力，仅奴婢就有一千四百人。① 桓帝时，缯侯刘敞不但侵夺农田，而且还私占官田。这是食封贵族地主兼并土地的情况。东汉初，安丰侯窦融食邑四县，“窦氏一公，两侯，三公主，四二千石，相与并时。”②这是食封贵族地主掌握政权的情况。高密侯邓禹，食邑四县，身列三公，“有子十三人，各使守一艺，修整闺门，教养子孙。”③这是食封贵族地主尊儒读经的情况。东汉豪族地主的主要特征，食封贵族无不具备，只是其身份显得更为尊贵而已。

2. 官僚地主。官僚地主更比较热衷于官场名利和鼓吹儒学，因为他们都

① 《后汉书·济南安王康传》。

② 《后汉书·窦融传》。

③ 《后汉书·邓禹传》。

是以经学起家,通过做官而致富的,所以他们比起贵族地主和高资地主来,对读经做官就更为重视。例如,“东京杨氏、袁氏,累世宰相,为汉名族”①,就都是以尊崇经学起家。杨震深通经学,被人誉为“关西孔子”,其子孙继承家学,读经为官,四世三公,是典型的官僚地主。袁氏的发迹要追溯到袁安的祖父袁良。袁良以治《孟氏易》,西汉平帝时举明经,任太子舍人,东汉建武初年官至成武令。袁安少传父学,官至司徒。袁良还不过县令,袁安已是位列三公。袁氏自袁安为司徒起,“自安以下四世居三公位,由是势倾天下”②,所以到汉末袁绍竟成为著名的地方割据势力。袁氏以经学起家,也是很典型的官僚地主。

3. 高资地主。东汉政府虽然宣布“禁民二业”,不许商人购买土地和做官,但禁令丝毫也不能阻止大商人占有大量土地和役使成千上万的依附农民。汉末仲长统说:“豪人货殖,馆舍布于州郡,田亩连于方国。身无半通青纶之命,而窃三辰龙章之服;不为编户一伍之长,而有千室名邑之役。荣乐过于封君,势力侔于守令。财赂自营,犯法不坐,刺客死士,为之投命。”③这里,有做官的大商人,也有不做官的大商人,无论是否做官,都有强大的政治势力,并且占有大量土地和劳动生产者,家大业大,上有官府庇护,下有爪牙成群,是犯法不坐,无人敢惹的大豪强。

以上食封贵族地主、官僚地主和高资地主三者之间,并没有严格的界线,他们互相渗透,构成了一个混合型的豪族地主阶级。

中小地主是地主阶级中的一个最不稳定的阶层。他们占有一定数量的土地,但在豪族势力的剧烈兼并下,往往有被侵吞的危险。四川郫县出土的东汉石刻残碑,记载民户田产,最多者为二百六十亩④,地产属于中小地主阶层。

---

① 《后汉书·杨震传》注引《华峤书》。
② 《三国志·魏志·袁绍传》。
③ 《后汉书·仲长统传》。
④ 刘雁翔:《四川郫县犀浦出土的东汉残碑》,《文物》1974年第4期。

东汉宦官专政时期,不少势利之徒纷纷投靠,谋取一官半职,即可挤入这一阶层;其中有些人依靠宦官势力,暴富一时,却难以成为豪族世家,一旦所倚靠的宦官失势,这种暴发户就会破产,充其量也不过保持中小地主的水平而已。

(二)农民阶级的构成

在豪族势力发展的影响下,农民阶级发生了深刻变化,阶级构成出现了新的层次,总趋势则是人身依附关系的进一步强化。

地主收租图(河南密县出土画像石)

农民阶级粗分如下几个层次:

1. 自耕农。东汉初年,由于农民起义对地主阶级的打击,部分土地无主,使一些农民得以占有小块土地,成为自耕农。因豪族势力强大,东汉的自耕农数量远不如西汉前期为多,然而作为一个阶层还是存在的。如徐穉"常自耕稼,非其力不食。"①高凤"家以农亩为业……妻尝之田,曝麦于庭,令凤护鸡。时天暴雨,而凤持竿诵经不觉,潦水流麦。"②庞公"释耕于垄上,而妻子耘于前。"③都是自食其力的自耕农。在豪族势力的兼并侵夺下,自耕农很难保持

① 《后汉书·徐穉传》。
② 《后汉书·高凤传》。
③ 《后汉书·庞公传》。

自己的小块土地,或弃离旧居成为流民,或出卖土地成为佃户、佣者,或携带田产依附豪门。携带田产依附豪门庇护者则曰宾客。

2. 宾客。宾客原指依附官僚或豪门的地位较高的人,如食客、幕僚之类。东汉时的宾客,阶级成分比较复杂,有一些自耕农,为逃避政府沉重的租赋徭役,往往携带田产,举家投奔豪门,在豪门的庇护下从事生产劳动,接受其剥削和役使,这些人也被称之为宾客。例如马援在北地(今甘肃东部一带)牧畜,"宾客多归附者,遂役属数百家。"①这些受马援役使的宾客,其身份地位很低,实际上和徒附没有太大的区别。

3. 徒附。徒附是依附豪强的农奴,也是豪族田庄中的主要生产者。豪人之室"徒附万计",就足以说明这一点。徒附的来源,主要是破产农民,他们没有土地,长期租佃主人的田地,与主人结成了一种牢固的人身依附关系。史书上说:"上家累巨亿之资,斥地侔封君之土……故下户踦跂,无所跱足,乃父子低首,奴事富人,躬帅妻孥,为之服役。"②在这一点上,徒附与宾客不同,宾客可来可去,来去自由;徒附则没有这种人身自由,要终身或世代依附主人。徒附地位虽低,但长期依附一个豪强,生活尚有一定保障,其地位比客佣和奴婢要略高一些。

4. 客佣。客佣没有任何生产资料,游离于各个地主之间,作为劳动生产力的补充,以谋取衣食,是农民中的最贫困的阶层。汉末蔡邕说:"佣,卖力也。"③客佣通过出卖劳动力,领取佣工钱而受雇于地主。客佣有的从事农业生产,即佣耕,如第五访"少孤贫,尝佣耕以养兄嫂。"④有的则从事家务劳动,如公沙穆"来游太学,无资粮,乃变服客佣,为(吴)祐赁舂。"⑤据崔寔《政论》

① 《后汉书·马援传》。
② 崔寔:《政论》。
③ 《劝学篇》,黄恩抡辑佚,见《汉学堂丛书》。
④ 《后汉书·第五访传》。
⑤ 《后汉书·吴祐传》。

所载,“客佣一日千”。这当是一时一地的佣值,且东汉物价并不稳定,难以进行具体换算,通过上例推测,一人佣耕,除自己衣食外,尚有一点剩余倒是可能的。不过,在封建依附关系日益强化的情况下,客佣很难找到佣主,往往是颠沛流离,衣食无着。平陵(今陕西咸阳西)人梁鸿以牧豕为业,遗火延烧富人房舍,梁鸿尽偿其豕尚不足数,于是“以身居作”,成为客佣,后离乡背井,辗转霸陵山中,又迁至吴郡(今江苏苏州),为大家“赁舂”,客佣艰难,由此可窥一斑。客佣较徒附更无生活保障,但对主人的依附关系却轻于徒附,地位也高于奴婢。

农民阶级的各层次之下还有一个奴婢阶层。奴婢不属于农民范畴,但与农民同属被压迫阶级,是社会的最底层。奴婢不但一无所有,而且自身也是主人的财富,没有丝毫自由可言。奴婢来源于农民,农民破产以后,依附无门,客佣无主,无以为生,就要卖身为奴;有的农民则是因债务被逼为奴。虽然东汉初年光武帝刘秀屡次下令释放奴婢,但在豪族势力的急剧膨胀下,小农纷纷破产,奴婢有增无减,所谓豪门之室“奴婢千群”,就充分说明了这一点。奴婢大多从事家内劳动,有的则直接从事农业和手工业生产,还有的无所事事,专门用以点缀豪族地主荒淫奢侈的糜烂生活。个别得宠的奴婢,可以升为主人的忠实奴才,取得一定的权力和地位,但身份总归还是奴婢;绝大多数奴婢都没有这种机遇,因人身属于主人,主人可以随意买卖、打骂,甚至杀身殉葬。汉代奴婢,是社会的最底层。

从东汉地主和农民两个阶级的构成和对立来看,封建依附关系在这个时期有了很大的发展。在地方上,以豪强大族为中心,周围聚集了大批的门生、故吏,以及宗族、宾客、徒附、奴婢、部曲,其中虽有阶级对立,但这种对立往往被封建依附关系所掩盖,所谓祸福与共,生死相依。某种程度上的利害一致,模糊了农民阶级的思想意识,也强化了豪族地主的统治,所以东汉的农民起义次数尽管很多,却接连陷于失败,而且起义队伍中很少有依附农民参加。这种依附关系的强化也深刻地影响到东汉以后很长的一段历史时期,在历史的舞台上,战乱性的军事冲突往往不再表现为阶级的对立,而是表现为豪族地主不同势力间的你争我夺,这种争夺必然会导致大分裂,虽然西晋有过短期的统一,但并未彻底改变分裂局面。究其原因,主要是农民对地主人身依附关系的强化。

第二节 外戚、宦官更迭执政

一、外戚、宦官的相继专政

东汉时期的历史,可以和帝末年为界分为前后两个时期。前期历光武、明帝、章帝、和帝,这段时期阶级矛盾比较缓和,统治集团内部也比较稳定,社会生产得到恢复发展;和帝末年,东汉皇朝开始走下坡路,进入黑暗腐朽时期,社会各种矛盾激化起来,而统治集团内部则陷入激烈的争权夺利斗争中,出现外戚、宦官相继专政的局面。

汉章帝以前,皇帝还能掌握自己的权力,外戚、宦官还不能随意干预国家政治。章帝以后,情况就发生了变化。从和帝开始,皇帝多是幼年即位,开始时总是由他母亲皇太后临朝称制,垂帘听政。皇太后要掌握朝政,又往往依靠自己亲信的娘家父兄,于是皇太后的亲族便纷纷登上朝廷,挟持幼小皇帝掌握朝政,从而形成外戚专政局面。皇帝长大以后,看不惯外戚的专横跋扈,不甘心当傀儡,要夺回皇权,只能依靠自己身边的亲近者——宦官。宦官帮助皇帝消灭外戚,夺回权力后,权力便落到宦官手中,从而形成宦官专政局面。皇帝死后,另一外戚集团又拥立小皇帝,控制朝政,皇帝长大就又依靠宦官夺权。这个过程反复出现,恶性循环,导致东汉后期外戚宦官交替专政的混乱局面。无论哪个集团上台,都乘机扩大自己的政治经济权力,到处搜刮财货,给人民带来无穷的灾难,加深了当时的社会危机。

章和二年(88 年),汉章帝死,十岁的汉和帝继位,养母窦太后临朝称制,母舅窦宪总揽朝政,窦氏外戚集团得势。窦宪的十世祖名窦广国,广国胞姊即汉初景帝生母窦太后。广国出身贫贱,文帝时期还是一个为人转相略卖的贫困孤儿,自从找到其姊窦后,窦氏家族发迹,一步跨入贵族官僚地主行列,并一直延续下来。窦宪曾祖窦融是东汉开国元勋,窦融在世之时,窦家已经是"一公,两侯,三公主,四二千石,相与并时。自祖及孙,官府邸第相望京邑,奴婢以千数,于亲戚功臣中莫与为比。"①窦氏家族成为东汉初年统治集团中屈指可数的最大豪族之一,这成为窦氏外戚集团控制朝权的有利条件。为了进一步取得豪族地主阶级对窦氏外戚集团的支持,窦太后在临朝听政的这一年,即发布诏书:"郡国罢盐铁之禁,纵民煮铸,入税县官如故事。"②盐铁官营是武帝以来两汉一贯的经济政策,通过官营,国家可以垄断盐铁之利,集中财权;窦氏宣布"纵民煮铸",政府仅管收税,等于把盐铁之利拱手送于豪强,进一步加速了豪强地主经济势力的膨胀。窦氏出让国家利益换取豪族支持,由窦氏来专擅朝政,"宪以侍中,内干机密,出宣诰命……兄弟皆在亲要之地"。③ 尤其是在窦宪出兵击败匈奴、任大将军后,窦氏更势焰熏天,"父子兄弟并居列位,充满朝廷","刺史守令多出其门","朝臣震慑,望风承旨"。④ 窦氏集团不仅专权,且又排斥异己,睚眦必报,作恶多端,"侵陵小人,强夺财货,篡取罪人,妻略妇女。商贾闭塞,如避寇仇。有司畏懦,莫敢举奏。"⑤刘家朝廷实际上成为窦家朝廷。永元四年(92 年),汉和帝在宦官郑众等人的帮助下,清除了窦家势力。窦宪兄弟被迫自尽,窦氏宗族党徒或下狱诛杀,或革职迁徙。郑众因功封侯,参与政事,从此宦官势力开始增长。

元兴元年(105 年),和帝死,和帝邓皇后立出生仅百日的婴儿为帝(殇

---

① 《后汉书·窦融传》。
② 《后汉书·孝和帝纪》。
③ 《后汉书·窦宪传》。
④ 《后汉书·窦宪传》。
⑤ 《后汉书·窦宪传》。

帝)，自己为太后临朝称制，把邓氏兄弟引入禁中决策。不久殇帝死去，邓太后与胞兄邓骘决策，迎立十三岁的安帝，仍由邓太后临朝，邓骘辅政。邓骘四兄弟同时封为万户侯，分别控制宫禁的机要部门和京师的军事中枢。朝廷政权又转移到邓氏外戚集团手中。邓氏家族在东汉初年也是名声显赫的豪强大族。邓骘的祖父邓禹是光武帝在太学的好友，同时又是建武功臣，官至大司徒、太傅；邓骘的父辈十三人，其中三人封为列侯，其他也皆以儒术和功臣之后位列要职；邓骘的父亲是邓禹的第六子，先后任护乌桓校尉、张掖太守、护羌校尉等职，死后追封平寿侯，谒者持节发丧，百官大会。邓氏掌握朝政，具有雄厚的社会基础。邓太后吸取窦氏专权失败的教训，首先对邓氏子弟严加管束。洛阳和南阳是豪族的集结地，她专门授权河南尹和南阳太守："(邓氏)宗门广大，姻戚不少，宾客奸猾，多干禁宪。其明加检敕，勿相容护。"①行政官有太后手诏，邓氏子弟不敢过于放纵，故民愤较少。其次，她大力表彰儒学，提倡读经，擢用名士杨震等人，以争取官僚士大夫阶层对邓氏外戚集团的支持。邓太后在依靠邓氏集团、争取官僚支持的同时，也使用部分宦官，"委用刑人，寄之国命"。② 邓太后的目的是争取各种势力对邓氏的支持。但宦官却"手握王爵，口含天宪"，权力进一步膨胀。邓太后一死，宦官李闰等人便伙同安帝乳母王圣挑动安帝清除了邓氏势力。安帝亲政，宦官李闰、江京、樊丰等人均为中常侍，他们控制禁中机要，与典掌禁兵权的帝舅大将军耿宝、皇后兄大鸿胪阎显相勾结，废皇太子刘保为济阴王，形成外戚、宦官相互勾结把持朝政的局面。外戚、宦官狼狈为奸，党徒"分威共权，属托州郡，倾动大臣。宰司辟召，承望旨意，招来海内贪污之人，受其货赂。"③樊丰、谢恽等甚至"诈作诏书，调发司农钱谷、大匠见徒材木，各起家舍、园池、庐观，役费无数。"④太尉杨震查

① 《后汉书·皇后纪》。
② 《后汉书·宦者传》。
③ 《后汉书·杨震传》。
④ 《后汉书·杨震传》。

出诈诏，反被樊、谢迫害而死。安帝父母陵墓在甘陵(今山东临清东北)，安帝常派宦官前去祭扫，宦官一路作威作福，"威权翕赫，震动郡县……长吏惶怖谴责，或邪谄自媚，发人修道，缮理亭传，多设储跱，征役无度，老弱相随，动有万计。"①奸佞当道，政治败坏，百姓深受其害。

延光四年(125年)，安帝在去南阳的途中得病，死在叶县(今河南叶县西南)。阎皇后和阎显兄弟恐朝中生变，秘而不宣，驱驰四日，赶回洛阳宫中，经过一番准备，才公开发丧。阎皇后以太后临朝，阎显以车骑将军辅政，立幼童北乡侯为帝，企图长期专制朝权。比起窦氏和邓氏来，阎氏门望要低得多。阎显的祖父是明帝朝的尚书，虽然尚书权重，但秩仅六百石，级别才相当于县令，后升为步兵校尉，也不过比二千石，尚低于郡守；阎显的父亲以皇后父的关系任侍中和长水校尉，封五千户侯；安帝亲政以后，阎显兄弟"并为卿校，典禁兵"②，阎氏一门才光大起来。因此，阎氏家族想独专朝政，是缺乏社会基础的。阎显为了大权独揽，肆意排斥异己，连过去的同伙也一脚踢开，对于有碍自己专权的大将军耿宝、中常侍樊丰、虎贲中郎将谢恽、侍中谢笃、周广、安帝乳母王圣母女及女婿黄门侍郎樊严等人，均加以"更相阿党，互作威福，探刺禁省，更为唱和，皆大不道"③的罪名，或诛杀，或流放。清除异己势力之后，阎显弟阎景为卫尉，阎耀为城门校尉，阎晏为执金吾。阎家兄弟掌握朝柄，又控制了京师军权，以为威福自由，万无一失，不料北乡侯即位二百多天病死，宦官孙程等十九人密谋迎立已废的太子济阴王刘保，经过一番宫廷血战，阎氏失败，刘保即位，是为顺帝。

延光四年(125年)十一月，年仅十一岁的顺帝被拥上皇位。顺帝生母李氏，前已被阎后杀害。阎太后兄弟皆被诛死，她不到两月也死去。所以，顺帝

① 《后汉书·陈忠传》。

② 《后汉书·皇后纪》。

③ 《后汉书·皇后纪》。

即位之初，没有外戚控制朝权。宦官孙程等十九人因拥立顺帝有功，皆封为侯，从此宦官势力又有增长。孙程等人居功自傲，在朝廷上肆无忌惮，惹怒顺帝，不久即悉遣十九侯就国，一年多后虽然又都征还京师，但经过这番曲折，宦官终未酿成大害。直到阳嘉四年(135 年)，梁商为大将军，朝政才逐渐转移到梁氏外戚集团手中。

梁氏家族是东汉皇朝的又一豪强大族。西汉时期，梁氏豪富，曾先后由河东徙居于北地、茂陵、安定等地。更始(23—25 年)中，梁商曾祖梁统先后任酒泉和武威太守，雄踞一方，后助光武帝平灭隗嚣，成为东汉一代开国功臣。梁统长子梁松尚光武女舞阳公主，次子梁竦即梁商之祖。梁氏二女皆为章帝贵人，其一即是和帝生母，为窦氏所害。窦氏败后，和帝追尊其母为恭怀皇后，大力扶持梁氏家族，母舅兄弟三人皆封为侯，凡梁氏人亲者则高官厚禄，疏者亦得补郎，梁氏门庭大兴。梁商承袭父爵，官为黄门侍郎。顺帝即位后，梁商一女一妹纳入掖庭，遂迁侍中、屯骑校尉。阳嘉元年(132 年)，女立为皇后，妹为贵人，梁商加位特进，官拜执金吾，阳嘉四年(135 年)遂以大将军主持朝政。

梁商主持朝政时，梁氏外戚势力比较收敛，尚未形成外戚专权局面。据《后汉书·梁统传》记载，梁商“每存谦柔，虚己进贤”，很善于笼络人心，不仅重视争取士人，还常博得普通百姓好感，“每有饥馑，辄载租谷于城门，赈于贫馁，不宣已惠”，所以受到广泛好评：“京师翕然，称为良辅。”梁商死前曾嘱告其子梁冀，对于自己的丧事要从简，不可招摇，劳扰百姓。可见，梁商是吸取前车之鉴，注意自制，尽力避免梁氏外戚罹祸。

梁商死后，还未及发丧，梁冀就接任了大将军。他反父道而行之，把梁氏外戚势力的专横跋扈发挥淋漓尽致，也将东汉外戚专政推上了顶峰。

梁冀“为人鸢肩豺目，洞精矘眄，口吟舌言，裁能书计。少为贵戚，逸游自恣。性嗜酒，能挽满、弹棊、格五、六博、蹴鞠、意钱之戏，又好臂鹰走狗，骋马斗鸡。”①既放荡无忌，又凶狠狡诈。梁冀任河南尹时，梁商好友吕放正任洛阳令，他出于好意向梁商言及梁冀之短，梁冀受父批评，怀恨在心，当即派人于途中刺杀吕放，为掩盖罪证，又嫁祸于吕放的仇家，以吕放弟吕禹为洛阳令，指使他尽灭其仇家宗亲宾客一百余人。

建康元年(144 年)，顺帝死，年仅两岁的冲帝刘炳即位，梁太后临朝，梁冀权势更大，越发肆无忌惮。不足一年，冲帝死，梁冀与太后定策禁中，迎立八岁的质帝刘缵即位。质帝虽然年幼，却看出梁冀骄横，在朝见群臣时称他为“跋扈将军”，当天便被梁冀用毒饼害死。质帝死后，太尉李固等大臣主张辅立成年君主，以安定帝位，但梁冀为便于专权，与太后、宦官等合谋，扶立了十五岁的汉桓帝刘志，枉杀太尉李固等人。

桓帝本昏庸无能，李固等大臣一死，朝中无人敢言，梁冀又立胞妹为桓帝皇后，有二后作为靠山，不过数年竟益封为三万户侯，两弟一子也各为万户侯，梁氏党徒遍于朝野，梁氏权力一手蔽天。地方郡县贡献朝廷，都是先把上等佳品献给梁门，然后才把次等奉献皇帝。挈带重礼求官请罪的官吏，道路相望，塞满门庭，仅门客通报收取小费，就能累致千金。百官升迁任职，也都是先到梁门重谢，才能到尚书台去办手续。如果谁不肯这样做，或对梁冀有所得罪，必然大祸降临。吴树为宛令，没有接受梁冀的请托，依法处死梁家宾客，被毒死。辽东太守猛侯，上任时没有谒见梁冀，被腰斩。汝南袁著上书告发梁冀，结果连同朋友一齐被杀。有位名叫士孙奋的人，家有一亿七千万钱，富闻京师，梁冀派人赠送他一套车马，佯言借贷五千万钱，士孙奋惜财，仅借予三千万，梁冀大怒，诬告奋的母亲是梁家的守财奴，盗取白珠十斛、紫金千金而逃，结果士孙奋兄弟入狱而死，一亿七千万家财统统没入梁门。

梁冀与其妻孙寿穷奢极侈，荒淫无度，却又同床异梦，钩心斗角，丑态百

---

①《后汉书·梁冀传》。

出。梁冀私通顺帝所出宫人友通期，生子伯玉；孙寿诛灭友氏，而她自己却又私通丈夫梁冀的爱奴秦宫，并且往往不顾忌场合，每见秦宫“辄屏御者，托以言事，因与私焉”。① 秦宫内外兼宠，威权大震，刺史、两千石高级官吏无不巴结奉承。梁冀大兴土木，修建私宅；孙寿则对街起土，互比豪奢。所建宅第雕梁画栋，富丽堂皇，“堂寝皆有阴阳奥室，连房洞户。柱壁雕镂，加以铜漆，窗牖皆有绮疏青琐，图以云气仙灵。台阁周通，更相临望，飞梁石磴，陵跨水道。金玉珠玑，异方珍怪，充积臧室”。② 兴建豪宅的同时，梁氏“又广开园囿，采土筑山，十里九坂，以象二崤，深林绝涧，有若自然，奇禽驯兽，飞走其间。冀、寿共乘辇车，张羽盖，饰以金银，游观第内，多从倡伎，鸣钟吹管，酣讴竟路，或连继日夜，以骋娱恣”。③ 梁氏家族广拓林苑，洛阳周围千里土地被其霸占殆尽。各处住宅苑囿，都极其豪华，金玉珠玑，四方珍怪，奇珍异兽，无不充积其中，可与帝王之家相比。又杀人劫货，妻略民女，公然抢夺数千百姓为奴，诡称“自卖人”。梁氏家族横暴凶残，无恶不作，激起公愤，民间每看到梁氏人驱车出门，就咒骂：“梁氏灭门驱驰。”

和平元年(150 年)和延熹二年(159 年)，梁太后和梁皇后相继死去，梁冀失去靠山。在宦官单超、左悺、徐璜、具瑗、唐衡等人的策划下，桓帝一举铲除了梁氏外戚集团。梁冀夫妻自杀，梁氏和孙氏中外宗亲皆被捕弃市，公卿、校尉、刺史、二千石等高级官员数十人受到株连，故吏宾客三百多人被免职，一时“朝廷为空”，“百姓莫不称庆”。

梁冀家财被官府折价迫卖，合钱三十余万万，等于东汉皇朝半年的租税收入。梁氏家族从阳嘉四年(135 年)梁商为大将军算起，至延熹二年(159 年)梁冀覆灭，专权长达二十余年。“冀一门前后七封侯，三皇后，六贵人，二大将

① 《后汉书·梁冀传》。
② 《后汉书·梁冀传》。
③ 《后汉书·梁冀传》。

军,夫人、女食邑称君者七人,尚公主者三人,其余卿、将、尹、校五十七人。在位二十余年,穷极满盛,威行内外,百僚侧目,莫敢违命,天子恭己而不得有所亲豫。"①东汉外戚专权,在豪门梁氏手中达到登峰造极的程度。

自梁氏覆灭,外戚的政治势力和社会影响大大降落,以后的外戚,再没有长期得势,宦官的势力和影响却大大加强,从而进入宦官专权阶段。

宦官单超、徐璜、具瑗、左悺、唐衡五人因诛灭梁氏有功,同日封侯,各食封邑一万余户或两万户,世称"五侯";又封小黄门刘普、赵忠等八人为乡侯。从此"权归宦官,朝廷日乱"。不久单超病死,四侯专横跋扈,残害百姓,民谣描述他们作威作福说:"左回天,具独坐,徐卧虎,唐两堕。"②意谓左悺权势能够回天,具瑗的骄贵独尊无比,徐璜恶如卧虎,唐衡肆无忌惮。他们"竞起第宅,楼观壮丽,穷极伎巧。金银罽毦,施于犬马。多取良人美女以为姬妾,皆珍饰华侈,拟则宫人。其仆从皆乘牛车而从列骑。又养其疏属,或乞嗣异姓,或买苍头为子,并以传国袭封。兄弟姻戚皆宰州临郡,辜较百姓,与盗贼无异。"③单超弟单安为河东太守,侄单匡为济阴太守,徐璜弟徐盛为河内太守,左悺弟左敏为陈留太守,具瑗兄具恭为沛国相,都是臭名昭著的地方"蠹害"。徐璜侄徐宣为下邳(今江苏邳县西南)令,尤为暴虐,刚一到任,就率吏卒抢夺民女,戏弄之后,用箭射杀。中常侍侯览,仅收礼钱就以巨万计,他又放纵宗亲宾客在家乡防东(山东单县东北)大肆聚敛财富,前后"夺人宅三百八十一所,田百一十八顷。起立第宅十有六区,皆有高楼池苑,堂阁相望,饰以绮画丹漆之属,制度重深,僭类宫省。又预作寿冢,石椁双阙,高庑百尺,破人居室,发掘坟墓。虏夺良人,妻略妇女。"④侯览兄侯参任益州刺史,凡益州境内的豪富,他就诬以"大逆"罪,诛灭其人,吞没其财,任期内积累的财物不可估量,后被太

① 《后汉书·梁冀传》。
② 《后汉书·宦者传》。
③ 《后汉书·宦者传》。
④ 《后汉书·宦者传》。

尉杨秉弹劾,槛车征回,死于途中,京兆尹袁逢在旅舍检阅他的行装,三百多辆车子都装满了金银珍宝。在桓帝的庇护下,宦官"宗族宾客虐遍天下,民不堪命",东汉社会成为人间地狱。

永康元年(167 年),桓帝死,十二岁的灵帝刘宏即位,窦太后临朝,其父窦武以大将军辅政。窦武是窦氏家族中的另一支脉。窦武系窦融玄孙,其父窦奉与窦宪乃从祖兄弟。窦氏家族自窦宪失势之后,虽历经数帝,元气仍未恢复,到桓帝后期,窦氏又出一后,就颇有振兴窦氏家族,东山再起,重擅朝权之心。当时,宦官独霸朝柄,政治一团黑暗,以部分开明官僚为主体,太学和郡国生徒为基础的反宦官风潮已经兴起,窦武广交官僚士大夫和太学诸生,同时施粮于路,救济贫民,争取力量,建立威望。灵帝即位,窦武辅政,遂联合太傅陈蕃等人,密谋一网诛尽宦官。窦太后认为宦官乃汉宫旧制,当诛有罪,不可尽废。于是先杀掉了中常侍管霸和苏康等数人。窦武等又多次上奏诛灭曹节等人,窦太后犹豫不定,时间一长,典掌中书者告密,曹节、朱瑀、共普、张亮等人劫持灵帝和太后,以窦武、陈蕃谋反为名,发动政变,杀窦武、陈蕃,收捕窦氏宗亲、宾客、姻属,悉诛之,迁太后于云台幽禁。窦氏家族遭到毁灭性的打击。朝政仍归宦官,其擅权程度,过于桓帝后期。灵帝比桓帝更为昏庸,常称:"张常侍是我公,赵常侍是我母。"①宦官竟成了皇帝的父母。

中平元年(184 年)黄巾起义之后,东汉朝廷摇摇欲垮,但外戚、宦官的争斗仍未停止。灵帝死后,小皇帝刘辨即位,何太后临朝,何进辅政,何氏企图消灭宦官,反被宦官所灭。旧事重演,全都是狗咬狗的争斗,随着这一幕幕的争斗撕咬,东汉政权也就垮台了。

二、士大夫反对黑暗专权势力的斗争与改良主张

在外戚、宦官相继专政,尤其是宦官腐朽黑暗的统治下,社会危机日益加

① 《后汉书·宦者传》。张常侍指宦官张让,赵常侍指宦官赵忠。

深,东汉皇朝濒于危境。一些正直开明的官僚士大夫,因对黑暗统治,特别是对宦官专权不满,不断挺身反抗,并陆续提出一些挽救东汉统治危机的改良主张。

安帝末年,宦官江京、樊丰等人勾结外戚阎显、耿宝等共擅朝政,胡作非为。他们无所顾忌,"调发司农钱谷、大匠见徒材木,各起家舍、园池、庐观,役费无数"①,太尉杨震上疏,斥责他们"分威共权,属托州郡,倾动大臣……招来海内贪污之人,受其货赂"②。杨震还借助京师地震抨击宦官,称京师地震乃"中臣近官盛于持权用事之象"。由于激烈反对宦官,杨震受到宦官陷害,被罢官,含忿自尽。

顺帝阳嘉二年(133 年),孝廉李固对策,强烈要求"权去外戚,政归国家","罢退宦官,去其权重"③,因触犯权贵利益,几乎被问成死罪。后李固坚持自己的主张,与黑暗势力对抗,终被梁冀陷害致死。与李固齐名的杜乔,也是反对外戚、宦官黑暗势力的激进派。杜乔曾针对梁冀子弟无功封侯上书进谏,云:"今梁氏一门,宦者微孽,并带无功之绂,裂劳臣之土,其为乖滥,胡可胜言!夫有功不赏,为善失其望;奸回不诘,为恶肆其凶。故陈资斧而靡畏,班爵位而物无劝。苟遂斯道,岂伊伤政,为乱而已,丧身亡国,可不慎哉!"④永昌太守刘君世向梁冀行贿,送他一条金蛇,金蛇还没送到梁府,结果被人举报,充公归了司农所辖的国库。当时杜乔正任司农,梁冀要从司农借金蛇一观,杜乔坚决不肯。梁冀的小女儿死后,梁冀令公卿会丧,杜乔没有理会。梁冀要杜乔推举汜宫为尚书,杜乔认为汜宫"臧罪明著",拒绝举荐。总之,杜乔一直坚持与梁冀作对,胆子很大,敢于反对这个不可一世的跋扈将军。梁冀大怒,派人

① 《后汉书·杨震传》。
② 《后汉书·杨震传》。
③ 《后汉书·李固传》。
④ 《后汉书·杜乔传》。

给杜乔传话说:“早从宜,妻子可得全。”[①]意谓要杜乔自杀,可以保全妻子性命。杜乔不肯。次日,梁冀派骑士到杜府,没有听见哭声,当即把杜乔逮捕,害死狱中。顺帝时,敢于公开反对梁氏专权的士大夫中,还有一位名叫张纲的人很有性格。汉安元年(142 年),朝廷派八特使分赴州郡“徇行风俗”,督察地方吏治。八使中张纲年龄最轻,官位最低。其他人都分赴使命,张纲却在接受使命后不肯前往。他认为“秽恶满朝”,便“独埋其车轮於洛阳都亭,曰:‘豺狼当路,安问狐狸!’”[②]遂上奏列举梁冀罪状,称其“专为封豖长蛇,肆其贪叨,甘心好货,纵恣无底,多树谄谀,以害忠良。诚天威所不赦,大辟所宜加也”[③]。张纲之举,使“京师震竦”[④],表现了耿直派官僚士大夫的勇敢气概。

在外戚、宦官更迭专权的过程中,大致桓帝前外戚占主要地位,而桓帝以后则是宦官独专朝柄,因此,官僚士大夫反对黑暗专权势力的斗争也呈现出不同特点:安、顺时期,反对矛头主要指向以梁冀为代表、包括宦官在内的黑暗专权势力;桓、灵时期,随着政权向宦官的转移,斗争矛头也就指向了唯一目标宦官集团。

桓帝永兴元年(153 年),耿直官僚朱穆擢任冀州刺史,赵忠等冀州籍的宦官谒见朱穆,欲为本籍做官的亲故疏通关节,朱穆拒不接见,消息传到冀州,依仗宦官势力贪赃枉法的诸县令长非常恐惧,朱穆一过黄河,解印逃窜者就有四十余人,恃势未逃者,经朱穆拘捕治罪,或自杀,或死在狱中。当时正值黄河泛滥,“漂害人庶数十万户,百姓荒馑,流移道路”[⑤],而宦官却放纵如故,不知收敛。宦官赵忠的父亲葬于安平(今河北冀县),豪华奢侈,僭越制度,朱穆督令郡守掘墓剖棺,陈尸暴骨,并收其家属。朱穆因此得罪宦官,被捕入狱,输作左

① 《后汉书·杜乔传》。
② 《后汉书·张纲传》。
③ 《后汉书·张纲传》。
④ 《后汉书·张纲传》。
⑤ 《后汉书·朱穆传》。

校。太学生刘陶等数千人诣阙上书,为朱穆申辩冤屈。数千太学生到宫门前请愿,联名上书,声势浩大。它由太学生发起,可谓中国历史上首次大规模学潮。太学生们的上书说:“伏见施刑徒朱穆,处公忧国,拜州之日,志清奸恶。诚以常侍贵宠,父兄子弟布在州郡,竞为虎狼,噬食小人,故穆张理天网,补缀漏目,罗取残祸,以塞天意。由是内官咸共恚疾,谤讟烦兴,谗隙仍作,极其刑谪,输作左校。天下有识,皆以穆同勤禹、稷而被共、鲧之戾,若死者有知,则唐帝怒于崇山,重华忿于苍墓矣。当今中官近习,窃持国柄,手握王爵,口含天宪,运赏则使饿隶富于季孙,呼噏则令伊、颜化为桀、跖。而穆独亢然不顾身害。非恶荣而好辱,恶生而好死也,徒感王纲之不摄,惧天网之久失,故竭心怀忧,为上深计。臣愿黥首系趾,代穆校作。”①这篇上书慷慨激昂,痛斥宦官罪恶,将宦官专权、一手蔽天的嚣张气焰描述得淋漓尽致。在三千太学生的舆论压力下,桓帝赦免了朱穆。朱穆“素刚”,“禄仕数十年,蔬食布衣,家无余财”②,可见是个耿直忠正的清官。

桓帝延熹二年(159年),桓帝靠单超等诛梁冀,五宦官“并封列侯,专权选举”③,有白马令李云“忧国将危,心不能忍,乃露布上书,移副三府”④,愤怒斥责宦官把持朝政。奏书说:“孔子曰‘帝者,谛(细听)也’。今官位错乱,小人谄进,财货公行,政化日损,尺一拜用不经御省,是帝欲不谛乎?”⑤“露布”即公开而不密封,“移副三府”即以副本提交三公府。如此大张旗鼓地公开攻击宦官,并质问皇帝是否“帝欲不谛”,胆气确实过人,故范晔称其为“古之狂也”。⑥ 李云之“狂”惹怒桓帝,尽管杜众、陈蕃等人竭力营救,但无济于事,非

① 《后汉书·朱穆传》。
② 《后汉书·朱穆传》。
③ 《后汉书·李云传》。
④ 《后汉书·李云传》。
⑤ 《后汉书·李云传》。
⑥ 《后汉书·李云传》。

但没有救出李云,连杜众也因之丧命,李云、杜众双双死在狱中。李云、杜众虽死,但他们的反抗精神和刚直气节却鼓舞了正直派官僚士大夫反对宦官的斗志。

延熹五年(162年),时值三千太学生为朱穆请愿事件不久,又发生第二次太学生请愿事件。这次请愿是因为皇甫规受到了宦官迫害。皇甫规出身将门世家,为官不畏权贵,敢于打击以宦官为靠山的地方贪官,并"绝恶宦官,不与交通"。[①] 皇甫规平羌有功,论功当封,因拒绝宦官徐璜、左悺索贿,非但不封,反而受陷害入狱,论输左校。因此,太学生张凤等三百余人诣阙请愿,为皇甫规鸣不平。皇甫规被赦免归家。

桓帝以前,官僚士大夫反对宦官专权的斗争仅限于个别的或少数人的行动,尚未形成一股强大的势力。从桓帝开始,朝政更加黑暗,越来越多的官僚士大夫联合起来投入斗争。一方面,他们感到东汉皇朝的统治摇摇欲坠,宦官专权已经威胁到整个地主阶级的长远利益;另一方面,士人的政治出路几乎全被宦官势力堵塞,这就直接威胁到他们的切身利益。所以,从桓帝开始,就逐渐形成一个官僚士大夫的势力集团。这个官僚集团,与外戚有着千丝万缕的联系,与宦官却水火不容。外戚虽因裙带关系专擅朝政,但多是功臣之后,又大都是累世传经、累世公卿的官僚地主世家,在士大夫眼中,有一定的正统地位。而宦官则不然,既无开国之功,又不学无术,纯靠阿谀谄佞谋取威权,在士大夫眼中,这些"阉竖"都是卑贱小人,根本没有资格管理朝政。桓、灵时期,恰恰是宦官一手独揽朝权,所以官僚士大夫势力的主要斗争矛头就指向了宦官。这样,外戚宦官的斗争,在外戚势力衰落以后,便演变为官僚士大夫集团反对宦官的斗争。这种斗争的进一步发展,导致后来的"党锢之祸"。

官僚士大夫在反对黑暗专权势力的过程中,也针对东汉后期的政治腐败、

① 《后汉书·皇甫规传》。

任人唯亲、府库空竭、内忧外患等重大问题，提出了一些改良主张，试图挽救东汉皇朝的统治危机。他们主要从维护皇权、整顿吏治、安抚人民、稳定边疆等几个方面发表自己的改良意见：

（一）收回皇权。在中国古代，皇权是维护国家统治的轴心，皇权一旦旁落，国家统治必定发生动摇，而东汉后期外戚、宦官相继专政，正是皇权旁落的表现。因此，通过削夺外戚、宦官权力来维护皇权成为改良舆论的当务之急。李固对策中提出"权去外戚，政归国家"和"罢退宦官，去其权重"①，包括向外戚和宦官两个方面回收皇权，所谓"政归国家"就是收回皇权，可说是抓住了问题的根本。对此，李云所问"帝欲不谛乎"也算问到了实质，无奈桓帝却浑然不懂，不知李云是在维护自己的皇权，称"帝欲不谛，是何等语"②，竟把李云推上断头台。李固、朱穆等都有关于回收皇权的长篇议论，收回皇权是改良主张中的最强音。

（二）整顿吏治。任人唯亲、官场腐败是东汉后期突出的政治弊病，李云所谓"官位错乱，小人谄进，财货公行，政化日损"③，刘陶等上书所谓宦官"父兄子弟布在州郡，竞为虎狼，噬食小民"④，都充分反映了任人唯亲和吏治的腐败。在这种情况下，传统的汉代选举遭到严重破坏。针对这种情况，士大夫一方面主张选贤考核，一方面主张严惩贪官污吏。顺帝时，尚书令左雄提出吏治整顿，认为"宁人之务，莫重用贤；用贤之道，必存考黜"。⑤"用贤""考黜"是其吏治整顿的关键两点。如在举孝廉上，他提出的具体方案是："孝廉年不满四十，不得察举，皆先诣公府，诸生试家法，文吏课笺奏，副之端门，练其虚实，

① 《后汉书·李固传》。
② 《后汉书·李云传》。
③ 《后汉书·李云传》。
④ 《后汉书·朱穆传》。
⑤ 《后汉书·左雄传》。

以观异能，以美风俗。有不承科令者，正其罪法。若有茂才异行，自可不拘年齿。”[①]对于惩治贪官，正直派官僚毫不手软，他们一面大声疾呼“宜急诛罚”[②]，“披埽凶党，收入财贿”[③]，即对贪官一律铲除干净，没收财产，一面身体力行，狠狠打击，朱穆尚未到冀州刺史任上而冀州四十余名贪官解印逃跑就是很好的说明。桓帝时，有东海太守史弼为朝廷举孝廉，有人持权倾当时的大宦官侯览的亲笔请托信前去拜见，要靠侯览的关照占取东海孝廉名额。史弼读信大怒：“太守忝荷重任，当选士报国，而何人而伪诈状！”[④]竟“楚捶数百”，“即日考杀之”[⑤]，可见对吏治腐败之愤恨。

（三）安抚人民。主张对人民采取怀柔政策，“宽役赋，安黎民”[⑥]，以缓和阶级矛盾，稳定统治。如桓帝时荀爽对策，曾就宫廷奢侈表述自己的安民主张，他说：“臣窃闻后宫采女五六千人，从官侍使复在其外。冬夏衣服，朝夕禀粮，耗费缣帛，空竭府藏，征调增倍，十而税一，空赋不辜之民，以供无用之女，百姓穷困于外，阴阳隔塞于内。故感动和气，灾异屡臻。臣愚以为诸非礼聘未曾幸御者，一皆遣出，使成妃合。一曰通怨旷，和阴阳；二曰省财用，实府藏；三曰修礼制，绥眉寿；四曰配阳施，祈螽斯；五曰宽役赋，安黎民。此诚国家之弘利，天人之大福也。”[⑦]官僚士大夫们的奏章中，多有怀柔百姓的言论。在他们治理地方的具体操作中，有不少安抚救济人民的事迹。如镡显任豫州刺史，“时天下饥荒，竞为盗贼，州界收捕且万余人。显愍其困穷，自陷刑辟，即擅赦之，因自劾奏。”[⑧]韩韶任嬴县长，力排众议，果断开仓放粮，救济万户流民。士

---

① 《后汉书·左雄传》。

② 《后汉书·李固传》。

③ 《后汉书·皇甫规传》。

④ 《后汉书·史弼传》。

⑤ 《后汉书·史弼传》。

⑥ 《后汉书·荀爽传》。

⑦ 《后汉书·荀爽传》。

⑧ 《后汉书·循吏传》。

大夫陈寔，岁荒之年"有盗夜入其室，止于梁上"[①]，陈寔认为"此当由贫困，令遗绢二匹"[②]，"梁上君子"之典故即源于此。这都反映了士大夫安抚人民的改良愿望和主张。

(四)稳定边疆。随着政治的日益腐败和各种矛盾的不断加深，东汉边疆的少数民族也开始对政府进行反抗，使边疆地区呈现不稳定状态。在稳定边疆的策略上，正直派官僚主张加强边备，恩威并用，而侧重怀柔。如种暠任度辽将军，对匈奴"先宣恩信……其有不服，然后加讨"，"诚心怀抚，信赏分明，由是胡羌、龟兹、莎车、乌孙等皆来顺服……边方安然无警"[③]。陈龟任度辽将军，赴任前上疏分析边情，在叙述边民"孤儿寡妇，号哭空城，野无青草，室如悬磬"，"老者虑不终年，少壮惧于困厄"[④]的凄惨境况后说："陛下以百姓为子，品庶以陛下为父，焉可不日昃劳神，垂抚循之恩哉！"[⑤]在"垂抚循之恩"的主旨下，他指出边民不稳"皆由将帅不忠，聚奸所致"，因此主张"实应赏异，以劝功能，改任牧守，去斥奸残……简练文武，授之法令……宽赦罪隶，埽除更始"，如此则"塞下无候望之患矣"[⑥]。均可见稳定边疆的主张以怀柔为主。

正直派官僚士大夫的改良主张，尚未形成整套医治社会弊病的有力措施，因此收效甚微。而且，随着宦官专权的猖獗，官僚士大夫集团与宦官斗争日益激化，遂导致东汉"党锢之祸"。

三、东汉"党锢之祸"

官僚士大夫集团的基础力量是豪族官僚地主及其门生、故吏、太学生和郡

---

① 《后汉书·陈寔传》。
② 《后汉书·陈寔传》。
③ 《后汉书·种暠传》。
④ 《后汉书·陈龟传》。
⑤ 《后汉书·陈龟传》。
⑥ 《后汉书·陈龟传》。

国生徒,核心则多是身居官位的大名士,其代表是李膺、范滂、郭泰等人。李膺,颍川襄城(今河南襄城)人,孝廉出身,历任青州刺史、渔阳、蜀郡太守、护乌桓校尉、度辽将军、河南尹等职,是一位耿直的高级官员。桓帝末年,他任司隶校尉,督察京辅地区。当时宦官张让的弟弟张朔任野王(今河南沁阳)令,贪残无道,恶贯满盈,慑于李膺威名,畏罪逃奔京师,被张让藏匿在合柱之中。李膺率兵士破柱捕获张朔,审讯之后当场处死。张让向桓帝诉冤,桓帝责问李膺,李膺从容答辩,反把桓帝说得哑口无言。李膺的举动,大煞宦官威风,大长官僚士大夫们的志气,由是名声大振,士大夫争相拜谒,从之如流,能受李膺接纳者,称为"登龙门"。范滂,汝南征羌(今河南漯河东)人,亦出身孝廉,曾为清诏使按察冀州,冀州贪赃枉法的郡守县令,纷纷望风解印而逃。后任太尉府掾吏,一次劾奏刺史二千石赃吏二十余人,朝官为之震惊。汝南太守宗资署为功曹,委以政事,范滂整顿吏治,黜恶擢善,名声大著。后由洛阳南返,汝南、南阳一带士大夫迎接的车子就有数千辆。郭泰,字林宗,太原介休(今山西介休东南)人,博通典籍,善于谈吐,一生不求仕进,唯游学授徒,弟子以千数。郭泰游学京师时,受到李膺的赞叹,二人过往甚密,由此郭泰名震京师。后郭泰返归乡里,衣冠诸儒送至河上,车子有数千辆,郭泰与李膺同乘一舟渡河,其他士人站在岸边遥望,竟以神仙视之。李膺、范滂、郭泰都是众望所归的大名士。其他还有杜密、刘祐、滕延等人。杜密为北海相,"其宦官子弟为令长有奸恶者,辄捕案之"。① 刘祐为河东太守,"时属县令长率多中官子弟,百姓患之,祐到,黜其权强,平理冤结。"②滕延为济北相,对"侵犯百姓,劫掠行旅"的宦官爪牙"一切收捕,杀数十人,陈尸路衢。"③他们也都因敢于与宦官斗争而名重一时。

---

① 《后汉书·党锢传》。

② 《后汉书·党锢传》。

③ 《后汉书·宦者传》。

由于宦官把持了征辟、察举之权，任人唯亲，严重阻碍了与豪族官僚地主有千丝万缕联系的太学生和郡国生徒的仕进道路，促使他们与官僚集团相结合，在朝野形成了一股反宦官专政的势力。他们“激扬名声，互相题拂，品核公卿，裁量执政”①，名曰“清议”。例如他们揭露在宦官把持下的察举是“举秀才，不知书，察孝廉，父别居。寒素清白浊如泥，高第良将怯如鸡”。② 他们的这些活动激怒了宦官集团，于是接连出现了“党锢之祸”。

“党锢之祸”是宦官迫害官僚士大夫的政治事件。宦官诬陷官僚士大夫结为部党，反对朝廷。其实，官僚士大夫品评人物，议论朝政，借以反对宦官，后来逐渐发展成为一种社会舆论，这是事实，但是要说他们已组织成为严格的政治部党去策划反对朝廷的活动，则纯属诬陷。不过，士人读经，经学的门户派别之争早已有之。桓帝即位以前为蠡吾侯，曾受学于甘陵（今山东临清东北）经学大师周福，即位后擢周福为尚书。当时，甘陵还有一位经学大师，名叫房植，官任河南尹，朝中颇负盛名。甘陵既出两位著名经师，当地有两句民谣说：“天下规矩房伯武，因师获印周仲进。”③民谣对房、周均持赞扬态度，并未贬低哪一方，但实际上却把房、周二家对立起来。两家门生宾客互相讥刺，各树朋徒，渐至成仇，因此甘陵学人遂划分为南北两部，这就是所谓“党人”的来历。其实这只不过是学派之争，与政治党派毫无关系，宦官则利用了“党人”这一学派之争进行政治陷害。不过，反宦官舆论浪潮的扩大，又与甘陵的民谣有一定瓜葛，因民谣便于传播，官僚士大夫就借用民谣形式来品评人物，攻击宦官。汝南太守宗资任用范滂为郡功曹，南阳太守成瑨亦委用岑晊为功曹，二郡民谣曰：“汝南太守范孟博，南阳宗资主画诺。南阳太守岑公孝，弘农成瑨但坐啸。”④这些民谣传入太学，太学生三万余人，以郭泰、贾彪为首，与李

① 《后汉书·党锢传》。

② 《抱朴子外篇·审举》。

③ 《后汉书·党锢传》。房植字伯武，周福字仲进。

④ 《后汉书·党锢传》。范滂字孟博。宗资，南阳人。成瑨，弘农人。

膺、陈蕃、王畅等大名士互相推重,学中语曰:“天下模楷李元礼,不畏强暴陈仲举,天下俊秀王叔茂。”①在褒重名士的同时,自然也就鞭挞了黑暗势力的代表宦官。在品评人物的强大舆论推动下,公卿以下的政府官员无不造门谒见,以免遭受贬议,这样也就更加壮大了反宦官的声势。

河内有一术士名叫张成,与宦官交往甚密,他预言朝廷大赦,遂教子杀人。当时李膺为河南尹,刚收捕杀人凶手不久,果然遇赦,李膺对宦官泄露省中机密愈加愤恨,就不顾赦令,处死了凶手。桓帝延熹九年(166 年),随着反宦官舆论的兴起,宦官便策划张成弟子牢修上书朝廷,“诬告膺等养太学游士,交结诸郡生徒,更相驱驰,共为部党,诽讪朝廷,疑乱风俗。”②桓帝大怒,布告天下,命郡国逮捕党人。李膺、范滂、陈实等二百余人被捕入狱。入狱的党人都“三木囊头”③,暴于阶下,逐一受狱吏毒打。李膺等人在狱中供引出不少宦官子弟,宦官畏惧引火烧身,就劝桓帝赦免党人;尚书霍谞、皇后父窦武(时为城门校尉)也向桓帝说情。次年,桓帝把党人全部赦归田里,但禁锢终身,不得为官。这是第一次党锢之祸。

党人虽遭禁锢,但誉满天下,官僚士大夫无不认为党人高尚,朝廷污秽。党锢之祸不但没能压下品评人物、议论朝政的风潮,反而起了一种催化剂的作用。京师内外,官僚士大夫互相标榜,指点天下名士,为之称号:“上曰‘三君’,次曰‘八俊’,次曰‘八顾’,次曰‘八及’,次曰‘八厨’,犹古之‘八元’、‘八凯’也。窦武、刘淑、陈蕃为‘三君’。君者,言一世之所宗也。李膺、荀翌、杜密、王畅、刘祐、魏朗、赵典、朱寓为‘八俊’。俊者,言人之英也。郭林宗、宗慈、巴肃、夏馥、范滂、尹勋、蔡衍、羊陟为‘八顾’。顾者,言能以德行引人者也。张俭、岑晊、刘表、陈翔、孔昱、苑康、檀敷、翟超为‘八及’。及者,言其能

① 《后汉书·党锢传》。李膺字元礼,陈蕃字仲举,王畅字叔茂。

② 《后汉书·党锢传》。

③ “三木”,头、手、足枷以木械。“囊头”,以布囊蒙头。

导人追宗者也。度尚、张邈、王考、刘儒、胡母班、秦周、蕃向、王章为‘八厨’。厨者，言能以财救人者也。”①这是朝野士人和太学生舆论标榜出的天下三十五大名士。郡国士人生徒仿效，也给地方名士立号，如山阳郡，“以（张）俭及檀彬、褚风、张肃、薛兰、冯禧、魏玄、徐乾为‘八俊’，田林、张隐、刘表、薛郁、王访、刘祇、宣靖、公绪恭为‘八顾’，朱楷、田槃、疏耽、薛敦、宋布、唐龙、嬴咨、宣褒为‘八及’，刻石立墠，共为部党，而俭为之魁。”②天下三十五名士和山阳二十四名士大体就是第二次党锢之祸党人的基本名单，而第二次党锢之祸，也恰恰就是由山阳二十四名士之首张俭直接引起的。

张俭，山阳高平（今山东独山湖北岸）人，汉初赵王张耳之后，父亲张成任江夏太守，是典型的官僚豪门。张俭出举茂才，谢病不就，赢得一定名声。桓帝延熹八年（165 年），被山阳太守翟超署为东部督邮，督巡山阳东部治安。中常侍侯览家在防东（今山东单县东北），正处于张俭督辖范围。侯览放纵宾客残暴百姓，民愤极大。张俭举劾侯览及其母罪恶，请依法处死。侯览身居朝廷机枢，压下张俭奏章，使其不能上达。张俭遂率人破坏侯览家园和冢墓，没收其家资，具奏侯览罪状，但终未上达帝庭。灵帝即位后，窦武图谋铲除宦官，反遭宦官毒手，朝政悉归宦官掌握，侯览遂指使亲信乡人朱并诬告张俭与同郡二十四名士为党，图谋不轨。灵帝下诏逮捕山阳党人，宦官曹节等人又策划一并逮捕李膺、杜密、朱寓、巴肃、荀翌、魏朗、翟超、刘儒、范滂等大名士。天下三十五名士和山阳二十四名士，除已故或逃亡漏捕者外，大都锒铛入狱，共逮捕一百余人，皆死狱中。转相牵连，死徙废禁者多达六七百人。这是第二次党锢之祸。

在朝廷逮捕党人时，李膺正在故籍隐居，乡人获悉情况，劝其逃亡，李膺

① 《后汉书·党锢传》。
② 《后汉书·党锢传》。

说:“事不辞难,罪不逃刑,臣之节也。吾年已六十,死生有命,去将安之?”①遂自诣诏狱而死。汝南督邮吴导受命至征羌拘捕范滂,至县后在传舍中抱诏书伏床大哭,范滂闻之,自诣县狱,县令郭揖解印欲与范滂逃亡,范滂婉言谢绝。范滂母与范滂诀别说:“汝今得与李(膺)、杜(密)齐名,死亦何恨!”②路人闻之,莫不流涕。范滂赴狱而死,时年三十三岁。张俭为党人之首,却与李膺、范滂大不相同。党祸一起,他便闻风而逃,望门投止,沿途都重其名行,破家相容。张俭由山阳向东逃奔,辗转亡至东莱(今山东黄县东),千余里路,经过若干郡县,官役跟踪追捕,为保护张俭,“伏重诛者以十数,宗亲并皆殄灭,郡县为之残破。”③张俭苟全性命,活到八十四岁。从党人的三位代表人物李膺、范滂和张俭的受捕情形可以看出,党人反对宦官专权,反映了人民群众的愿望,所以才受到群众的同情和支持。

熹平五年(176 年),永昌太守曹鸾为党人诉冤,言辞激切,灵帝览章大怒,槛车收捕曹鸾,毒打致死。随后,又诏命各州郡进一步仔细考查党人的门生故吏和父子兄弟,凡五属之内的为官者,皆免官禁锢。光和二年(179 年),上禄(今甘肃礼县东南)长和海上书,以为从祖兄弟别居异财,恩义已绝,党人锢及五属,不合常法。灵帝从其议,党锢自从祖以下皆得开释。中平元年(184 年)黄巾起义爆发,为了镇压起义,灵帝才大赦党人,解除禁锢。两次党锢持续近二十年,海内涂炭,人心惶惶,官僚士大夫受到惨重打击。

宦官通过党锢镇压官僚士大夫的反对浪潮后,更加猖獗,中央和地方官职的任用权力几乎全被宦官集团所垄断。宦官曹节,“父兄子弟皆为公卿列校、牧守令长,布满天下。”④节弟破石为越骑校尉,越骑营有位军官的妻子很美,破石向军官索取,军官不敢违抗,其妻执意不从,愤而自杀。宦官集团的暴虐

---

① 《后汉书·党锢传》。
② 《后汉书·党锢传》。
③ 《后汉书·党锢传》。
④ 《后汉书·宦者传》。

无道,多如此类。宦官集团中的张让、赵忠、夏恽、郭胜、孙璋、毕岚、粟嵩、段珪、高望、张恭、韩悝、宋典等十二人皆为中常侍,封侯贵宠,其亲朋宾客布满州郡。因为他们垄断了朝廷和地方官职的全部任用权,所以做官必须要走宦官的门路。张让门前,每天都有数百千辆车子等待接见,道路为之堵塞。扶风有位名叫孟佗的富翁,以重金交结张让的家奴,要求家奴们当众对他一拜。这天孟佗驱车造门,家奴率群奴迎拜孟佗,在人丛中举起孟的车子进入门内。门前求官者都大吃一惊,认为孟佗是张让的密友,纷纷向孟佗赠送珠宝。孟佗送张让一斗葡萄酒,张让大喜,遂以孟佗为凉州刺史。宦官专政下的吏治,于此可见一斑。

灵帝比桓帝更为昏庸,经常感叹桓帝不会聚敛私财,所以就拼命搜刮。搜刮的名目很多,如百官升迁,要纳"助军钱";郡国贡献赋税,要交纳"导行钱";南宫失火,天下田地亩税十钱,作为"修宫钱"。都入皇帝私囊。"中尚方敛诸郡之宝,中御府积天下之缯,西园引司农之臧,中厩聚太仆之马"。① 西园中有座万金堂,专藏财货,"金钱缯帛,仞积其中"②。此外,灵帝还把部分金钱托付宦官私人代管,小黄门、中常侍各代管数千万。宦官有恃无恐,依照宫室图样并起高第,灵帝要登高望远,宦官怕他看见,就诡称:"天子不当登高,登高则百姓虚散。"③灵帝在搜刮"修宫钱"的同时,又向地方调征材木和纹石,各地建材送至京师后,宦官就说不合格,强行折价贱买,十分付一。州郡只好另行筹备,宫室连年不成,地方官从中鱼肉,百姓叫苦连天。为了深入搜刮钱财,光和元年(178 年),灵帝与宦官在西园公开卖官,"自关内侯、虎贲、羽林,入钱各有差。又私令左右卖公卿,公千万,卿五百万。""二千石二千万,四百石四百万。"④官位与价格成正比,以德次应选者可酌情减价,贫而无资者可暂赊欠,

① 《后汉书·吕强传》。
② 《后汉书·宦者传》。
③ 《后汉书·宦者传》。
④ 《后汉书·灵帝纪》及注。

待到任后偿还。应该赴任的官职,也必须先到西园议定价钱。司马直就任钜鹿太守,以其有清名,减价赊至三百万,司马直说:"为民父母,而反割剥百姓,以称时求,吾不忍也。"①行至途中,饮药自杀。朝廷卖官鬻爵,历代有之,但赤裸到这种程度,却是罕见的。这些用钱买来的官,到任后,为了捞回本钱,进而获取更多的钱财,就必然拼命搜刮,不顾人民的死活,所以东汉后期吏治的败坏也是空前的。

第三节 西羌、乌桓、鲜卑等族的社会生活及其与东汉的关系

一、羌人的生活和羌人反抗东汉统治的斗争

羌是我国古老的游牧民族。羌族的游牧地区,以西海(今青海)为中心,南到越巂(今四川西昌),西北至西域的车师(今新疆吐鲁番)。羌人很少种植粮食作物,以放牧为业,居无常所,逐水草迁徙。部落无固定名号,有的则取父母姓名为种号。在同一部落中,十二代之后即可通婚。父亲死后,子妻后母;兄长死后,弟妻其嫂。所以羌人中没有鳏夫寡妇,种类繁炽。羌人种姓复杂,约有一百五十余种。一个部落强大之后,则按种分支另立酋长为小部落;部落衰弱,则归附于其他部落。一般部落大者万余人,小者数千人。部落中没有君臣关系,也没有显著的贫富差别。除杀人偿命外,没有其他禁令。部落之间,经常互相攻夺,诸部盛衰无常,以力为雄,故羌人尚武。但羌人善于在山地作战,不习惯在平地用兵。作战时,又善于速决,而不习惯持久。游牧生活和部落战争使羌人养成了崇尚勇猛、意志顽强和吃苦耐劳的民族精神。他们认为死于战场是吉利,病终是不祥 ,即使妇女生产婴儿,也不躲避风雪。

羌人有披发遮面的习俗。传说秦厉公时,羌人无弋爰剑被秦人俘虏为奴,

① 《后汉书·宦者传》。

后爰剑逃归，被秦人发现，秦人追捕甚急，爰剑藏在山穴中，秦人焚山，穴口有景象如虎，为爰剑避火，爰剑得以不死。爰剑在归途中，遇见一位受过劓刑（割鼻）的姑娘，二人结为夫妇，双双返回河湟间的羌族本部。河湟羌人原以射猎为生，爰剑把他在秦学到的农业和畜牧技术带来，使羌牧业发达，人口繁多。羌人见爰剑被焚不死，怪其神，又崇敬他对羌族的功绩，于是拥他世代为酋长。爰剑与妻子返回羌部后，妻子自耻面容不雅，常披发掩盖面孔，羌人尊重爰剑夫妇，竞相仿效，遂成为俗。

爰剑后裔世代为酋长，子孙繁衍，部落分支或向远处迁徙，比较强大的部种，多是爰剑后人。越嶲郡一带有牦牛羌，广汉郡一带有白马羌，武都郡一带有参狼羌，凉州各地诸羌散布，种号繁多，与汉人错综杂居。两汉之际，有的羌人已经从事农业生产，私有制逐渐萌芽，但仍处于部落制阶段。东汉建武初年，置护羌校尉，管理羌族诸部。此后诸羌陆续向东迁徙，至和帝时期，陇西、汉阳、三辅地区都有羌人居住。羌人入塞，本为一件好事，可以吸收汉族的先进文化，促进羌族的社会发展。但是他们“与汉人杂处，习俗既异，言语不通，数为小吏黠人所见侵夺，穷恚无聊，故致反叛。”①随着东汉政权的不断腐败，羌人的灾难日益深重。从安帝起，羌人被迫举行了多次武装起义，其中规模较大者有三次：

第一次大起义。安帝永初元年（107 年）夏，朝廷派骑都尉王弘强迫征发金城、陇西、汉阳等郡羌人出征西域，羌人不愿远征，行至酒泉（今甘肃酒泉东），纷纷逃散，各郡派兵阻截，并捣毁羌人庐舍，诸羌忍无可忍，遂暴发起义。当时羌人归附汉室已久，没有作战准备，也没有兵器，“或持竹竿木枝以代戈矛，或负板案以为楯，或执铜镜以象兵”。② 这样的“武装”队伍，却屡次打败地方官兵。其年冬天，朝廷派车骑将军邓骘和征西校尉任尚率五万大军前来

① 《后汉书·西羌传》。

② 《后汉书·西羌传》。

镇压，邓骘先率五营兵西屯汉阳（今甘肃天水西北）。次年春天，钟羌数千人乘三辅等郡兵未至之机，先击败邓骘军，杀千余人。冬天，滇零数万人与任尚率领的诸郡兵在平襄（今甘肃通渭西）展开大战，任尚大败，死八千余人。接着滇零在北地郡自称“天子”，并招集参狼羌和武都、上郡、西河各郡的杂种羌，声势大震，“东犯赵、魏，南入益州，杀汉中太守董炳，遂寇钞三辅，断陇道。”①面对羌人起义的强大攻势，东汉朝廷束手无策，只好留任尚屯守汉阳，调邓骘班师回京。邓骘吃了败仗，本应处罚，但邓太后以为劳苦功高，回朝后即提升为大将军。第三年，朝廷又派骑都尉任仁督各郡屯兵援救三辅，接二连三地被羌人打败。诸羌乘胜进攻，当煎羌和勒姐羌攻占破羌（今青海乐都东），钟羌攻占临洮（今甘肃岷县），活捉陇西南部都尉。第四年，滇零由褒斜道攻入汉中，连战皆捷，击斩太守郑勤，攻杀官兵三千余人。第五年，羌人进攻河东，抵至河内，威胁京都洛阳，朝廷派北军中候朱宠率精兵屯于孟津，又诏命魏郡、赵国、常山、中山等郡国缮筑坞候六百一十六所，以构成保护京师的防线。在这种局势下，西北郡县官吏为了保命，纷纷要求内迁，朝廷也有放弃凉州，据守三辅之意，于是决定把金城、陇西、安定、北地和上郡居民分别迁入三辅及其附近。但当地汉民留恋故土，不愿远迁，官兵“乃刈其禾稼，发彻室屋，夷营壁，破积聚。时连旱蝗饥荒，而驱蹙劫略，流离分散，随道死亡，或弃捐老弱，或为人仆妾，丧其太半”。② 汉族人民在杜琦、杜季贡兄弟和王信等人领导下起义反抗，他们联络羌人，连续打败官兵。后来，统治者收买刺客刺杀杜琦，使汉羌起义军遭到挫折。元初二年（115 年），东汉政府改用骑兵镇压，并调南匈奴骑兵配合，起义军连续失利，至元初五年（118 年），羌人战败瓦解，历时十二年的大起义告一结束。这次战争，使东汉皇朝的耗费达二百四十余亿钱，“府帑空竭”，大丧元气。

---

① 《后汉书·西羌传》。

② 《后汉书·西羌传》。

第二次大起义。羌族人民第一次大起义失败之后，并未停止反抗，小规模的武装斗争一直持续下来。永和四年（139 年），东汉朝廷任命马贤为弘农太守，来机为并州刺史，刘秉为凉州刺史，他们赴任之后就对诸羌进行残酷的奴役和掠夺，于是逼使羌人再次起义。永和五年（140 年）夏天，且冻羌和傅难羌首先起义，进攻金城，并联合西塞、湟中的杂种羌进攻三辅，击杀三辅官吏。朝廷以马贤为征西将军，骑都尉耿叔为副，率领中央和地方官兵十万人屯聚汉阳，同时又在扶风、汉阳、陇道修筑坞壁三百所，置兵屯卫，以保三辅。且冻羌进攻武都，焚烧陇关（今甘肃张家川东南），抢夺苑马。次年，马贤率五六千骑兵出击羌人，在射姑山（今甘肃庆阳北）大败，马贤及其二子皆被击杀。各部羌人乘胜进攻。巩唐羌三千余骑兵攻陇西，入关中，烧园陵，杀长吏，势不可挡，郃阳（今陕西合阳东南）令不自量力，率部尾随追赶，结果被杀；罕种羌攻击北地郡，大败太守贾福；诸种羌攻击武威郡，震动了整个凉州。东汉政府无奈，于是又把安定和北地二郡内徙，收缩战线，组织兵力设置保卫三辅的防线。汉安元年（142 年），朝廷以赵冲为护羌校尉，赵冲采取两面手法，剿抚兼施，罕种羌率邑落五千余户归降赵冲，于是东汉政府罢除三辅屯兵，腾出手来，全力出击坚持反抗的羌人诸部。汉安三年（144 年），烧何羌被赵冲与汉阳太守张贡的联兵击败，阵亡五千余人，损失牛羊驴十八万头。随后诸羌连续失败，又有三万余户归降汉廷。诸羌起义军在不利的局势下与赵冲周旋抗争，终于将赵冲击杀，但羌族人民的力量也有很大衰耗。冲帝永嘉元年（145 年），离南、狐奴等诸羌五万余户归降左冯翊梁并。至此，羌人的第二次大起义又告失败。这次起义，沉重地打击了东汉皇朝的统治力量，使东汉政府耗费八十多亿钱。这八十多亿钱，大部分入了带兵将领的私囊，士兵被克扣军饷，冻饿而死者，“白骨相望于野”。

第三次大起义。羌族两次大起义被镇压以后，东汉郡县官吏对羌人更加贪残暴虐，或“受取狼籍”，或“多杀降羌”，或依恃权势，为所欲为。张奂任安定属国都尉，羌人送好马二十匹，又送金鐻八枚，张奂召主簿会集诸羌，酹酒发誓说:“使马如羊,不以入厩;使金如土,不以入怀。”[①]马和金全部退还羌人。羌人“贵吏清”,张奂正身廉洁,威化大行,羌汉相安无事。但像张奂这样的清吏,为数极少,张奂前任八都尉都是“率好财货,为所患苦”的恶吏。由此可见,地方官吏贪得无厌,才逼得羌人造反。桓帝延熹二年(159年),烧当、烧何、当煎、勒姐等八种羌人又发起了第三次大规模起义,进攻陇西、金城塞。护羌校尉段颎率兵镇压,羌民义军失利,部分主力退却黄河以南。次年,烧何与诸羌进攻张掖郡,攻占了巨鹿坞,并乘胜进攻段颎,但步步失利,一直向南退却到河首积石山一带,或降或散。第三年,上郡、陇西诸羌并起,进攻并、凉二州。由于统治者内部矛盾,段颎被撤职,羌人起义队伍乘机发展起来,他们“覆没营坞,转相招结,唐突诸郡”[②],声势越来越大。滇那等诸种羌五六千人进攻武威、张掖、酒泉三郡,杀官吏,烧庐舍,到延熹六年(163年),整个凉州几乎不为汉有。朝廷只好恢复段颎旧职,段颎复职后,对羌人进行疯狂屠杀,到延熹八年(165年),段颎共屠杀羌人二万三千多口,俘虏数万人,夺马牛羊八百万头,收降万余落。永康元年(167年),段颎又镇压了坚持反抗的当煎羌,至此西部羌人失败。建宁元年(168年),段颎又率兵对杂居三辅、安定、北地、上郡等东部羌人进行镇压。次年,东部羌人先后失败。段颎又屠杀三万八千多人,夺牲畜四十二万七千多头,羌人第三次起义最后失败。

羌族人民的三次大起义,前后持续了半个多世纪。东汉统治者非但不整顿吏治,采取怀柔的民族政策,以缓和矛盾,反而一味进行镇压,长期战乱不息,人民死于非命,不但使我国西北地区的经济遭到巨大破坏,同时也使内地受到严重影响。当时的一首民谣说:“小麦青青大麦枯,谁当获者妇与姑,丈人何在西击胡,吏买马、君具车,请为诸君鼓咙胡。”[③]充分反映了汉族人民对

---

① 《后汉书·张奂传》。
② 《后汉书·西羌传》。
③ 《后汉书·五行志》。

东汉政府征发丁壮镇压羌人起义的不满情绪。

二、乌桓与鲜卑

乌桓（又称乌丸）和鲜卑都属东胡（东北方少数民族）的分支。西汉初年，东胡被匈奴冒顿单于打败，一部分逃避到辽水上游的乌桓山一带居住，因此称为乌桓；另一部分逃避到乌桓山东北的鲜卑山一带，因此称为鲜卑。乌桓与鲜卑同属东胡，故语言风俗大体相同。

乌桓的经济生活以畜牧业为主，随水草放牧，以穹庐为室，居无常处。畜牧业以外，兼狩猎和种植。种植仅限于青穄、东穑等少数耐寒谷物，以布谷鸟鸣掌握种植时令，十月收获，用以酿酒。畜牧和狩猎决定乌桓人以肉食为主，他们食肉饮酪，以毛皮为衣，作为辅助衣食的丝帛与谷物，则依靠与汉人的交换。乌桓的男子能够锻造铁兵器，制造弓、矢、鞍勒；女子能够刺绣，织毛毯。乌桓没有针、药等医术，有病则用“艾灸或烧石自熨”以及“决脉出血”等方治疗。

乌桓的风俗贵少贱老，重女轻男。愤怒时，可以操刀杀其父兄，但却不敢杀害母亲。因为父兄属于本族，杀父兄不会有人报复；而母亲属于别氏族，杀母会招致别族报复。男女婚姻一般是先私通后嫁娶。通常是男子用抢夺或勾引的方式将女子带至家中，同居半年或百日，然后再派媒人给女方父母送马牛羊，作为聘礼。新婿随妻子归宁，为妻家服役二年。新婿在家时可以不拜自己父母，但在妻家时，无论尊卑，都要早起叩拜。二年之后，妻家出厚资送女返回夫家，居处财物皆为妻家置办。这就形成女尊男卑，妇人当家的风俗。只是在战争时才由男子决定。日常生活中，父子男女相对蹲踞，互不回避，并且皆剃光头，以为光头轻便，女子到出嫁的年龄时，才蓄发装饰头部。兄死之后，弟则妻其兄嫂，与匈奴、羌族大致相同。人死之后，敛尸入棺归葬。死者刚死时亲人痛哭哀伤，发葬时则以歌舞相送，并用采绳牵一肥犬，连同亡者的乘马衣物一起送葬。乌桓人以为死者的灵魂归宿于赤山，赤山在辽东西北数千里,犹如汉人心目中的泰山,乌桓人视为神圣境界。肥犬就是死者灵魂西行的保护者。

乌桓的社会制度,西汉时仍处于原始社会阶段。乌桓人分为许多“邑落”,邑落各有“小帅”;数百个或上千个邑落组成“一部”,相当于部落联盟,各部推举勇敢健壮、善于排解争讼的人担任领袖,称为“大人”。大人由民主选举产生,不世袭。自大人以下,各自畜牧生产,不相役使。大人有所召呼时,刻木为信,由各邑落传递通知。盟中约法比较简单,违抗大人和屡次偷盗者处死;叛亡邑落被捉回者,如果没有邑落接纳,即驱逐至名叫“雍狂”的沙漠穷困之地;各邑落发生冲突,允许互相报复,报复不止,再由大人评判。

乌桓自被匈奴打败后,臣服匈奴,岁贡牲畜,过期不送即掳妻子为奴。汉武帝时,汉军击败匈奴左部,朝廷把乌桓迁至东北边郡塞外居住,并设护乌桓校尉管辖。东汉初年,匈奴分裂为南北两部,乌桓乘机进攻匈奴,逐渐强盛起来。北匈奴远徙,南匈奴降汉,乌桓仰慕先进的汉文化,也表示愿意臣属汉朝。建武二十五年(46 年),乌桓大人郝且等九千多首领到洛阳拜见光武帝刘秀,刘秀封其首领八十余人为侯王,并允许他们居住塞内。此后,很多乌桓人向塞内迁徙,与汉民杂居在辽东、辽西、右北平、渔阳、广阳、上谷、代郡、雁门、太原、朔方等地,朝廷设置校尉领护。在与汉先进文化的接触中,乌桓人开始向阶级社会转变,首领也变为世袭。东汉末年,乌桓参与军阀混战,曹操打败乌桓后,把他们迁入内地,以后逐渐与汉族融合。

鲜卑的语言风俗和社会状况与乌桓相同,也是逐水草而居的游牧民族。唯婚俗与乌桓有所不同,“婚姻先髡头,以季春月大会于饶乐水上,饮讌毕,然后配合”①。其地盛产貂、豽、鼲子等名贵毛皮。西汉时,鲜卑远居辽东塞外,与汉朝很少往来。东汉初年,南北匈奴互相攻战,匈奴力量损耗,鲜卑乘胜强盛起来。建武三十年(54 年),鲜卑大人于仇贲慕义内属,率种人到洛阳朝贡,

① 《后汉书·鲜卑传》。

刘秀封他为王。明帝永平(58—75年)年间,辽东太守祭彤以首功行赏的办法引诱鲜卑击杀北匈奴,于是鲜卑各邑落大人争杀北匈奴人,持首级到辽东领赏。青、徐二州提供赏金,每年支出二亿七千万。和帝时,北匈奴被窦宪打败,向西远徙。此后,鲜卑占领匈奴故地,并融合了匈奴残留的十余万众,力量更加强盛,但各部不相统一,或与汉朝通好,或攻掠汉朝边郡,或反复无常,时降时反,直到桓帝时这种局面才为之一变。

桓帝时,部落大人檀石槐在高柳(今山西阳高县西北)北三百多里的弹汗山设立王庭,统一了鲜卑各部。从此,鲜卑"兵马甚盛,南抄汉边,北拒丁令,东却夫余,西击乌孙,尽居匈奴故地,东西万二千余里,南北七千余里,网罗山川、水泽、盐池甚广",①对腐败的东汉皇朝造成巨大威胁。桓帝派中郎将张奂率兵征讨,被鲜卑打败;又派使者持印绶封檀石槐为王,并欲与之和亲,也遭到拒绝。檀石槐颇有汉初匈奴冒顿单于的雄风,要建立自己独立的王国。他吸收匈奴统治经验,把鲜卑分为东、中、西三部:从右北平以东至辽东接夫余、涉貊为东部,二十余邑落;从右北平以西至上谷为中部,十余邑落;从上谷以西至敦煌西接乌孙为西部,二十余邑落。三部各置大人统率,檀石槐居中部王庭节制三部。檀石槐还大力吸收汉朝文化技术,购买汉族铁制兵器,以逃亡的汉人为谋主,不断侵扰汉朝边郡。至灵帝时,鲜卑大规模攻掠幽、并二州,"缘边诸郡,无岁不被其毒。"②熹平六年(177年),灵帝派夏育、田晏、臧旻等将领率汉、匈三万骑兵,分三路并击鲜卑,被檀石槐打得狼狈而退,士兵和战马仅回十分之一,几乎全军覆没。

鲜卑与乌桓相比,要显得更原始一些。乌桓比较重视劳动生产,鲜卑却崇尚武力掳夺,生产经验远远落后于乌桓。鲜卑人众日益增多,田畜射猎不足供给食物,檀石槐考察了一番乌侯秦水。乌侯秦水是一个广袤数百里的大湖泊,

---

① 《三国志·魏书·鲜卑传》注引《魏书》。

② 《三国志·魏书·鲜卑传》注引《魏书》。

内中有鱼,鲜卑人却不知如何捕捞;听说汗人善于捕鱼,于是东击汗国,夺取一千余家,徙置乌侯秦水为鲜卑捕鱼。

灵帝光和四年(181 年),檀石槐死,子和连即位。从此,各部大人也都改为世袭制。和连才能不及其父,又贪暴不公,各部大人纷纷独立,互相攻击,鲜卑力量逐渐衰落下去。

三、东北各族——涉貊、扶余、挹娄、高句丽

在今朝鲜半岛东部居住着涉貊人,涉貊北面鸭绿江流域居住着高句丽人,高句丽北面今嫩江、长春一带居住着扶余人,扶余东面松花江以东居住着挹娄人。自汉在玄菟(今辽宁沈阳东南)、乐浪(今朝鲜平壤南)等地置郡以来,汉族文化进一步加深了对东北各少数民族的影响。

(一)涉貊。涉和貊都是高句丽的别种,因语言风俗相同,统称涉貊。涉貊是农业民族,也是东北各族文化水平最高的民族。他们会种桑麻,养蚕织布,懂得天文星象,并能预测年岁收成。常以十月祭天,昼夜饮酒歌舞,名之为"舞天"。其地出檀弓、文豹,又出产矮种马,身高三尺,骑之可在果树下行走,名叫"果下马",沿海则盛产班鱼。涉貊分为许多部落,各有首领,名曰"侯"、"邑君"、"三老"等,但没有大君长。不尚虚夸,民情憨厚,邑落有相侵犯者,则罚出生口牛马若干,名为"责祸";而杀人者则偿命,共约定成俗。传说周武王封箕子于朝鲜,箕子教以礼义田蚕,所以民风淳厚,盗贼鲜有。男女皆衣曲领,同姓不婚,凡有疾病死亡,则抛弃旧宅另建新居。武帝元朔元年(前 128 年),涉首领南闾等人率二十八万口到辽东降汉,武帝在其地设置苍海郡,后改属乐浪郡。光武帝建武六年(30 年),汉悉封其首领为县侯,仍属乐浪郡统治。涉人与汉杂居,所以受汉族文化影响最深。

(二)高句丽。高句丽也是农业民族,居于涉貊之北,地方二千里,多大山深谷,耕田不足,民俗饮食节俭,但好修宫室。高句丽分为五部:消奴部,绝奴部,顺奴部,灌奴部,桂娄部。五部中消奴部最强,高句丽国王即出自消奴部,

后消奴部衰弱，桂娄部取代了消奴部的领导地位。各部设职分官，有相加、对庐、沛者、古邹大加、主簿、优台、使者、帛衣先人等职。但国中没有监狱，有罪者经过评议以后处死，没入妻子为奴。高句丽人喜欢娱乐，夜晚常男女聚会歌舞。又好祭鬼神，每年十月大会民众祭天，称为“东盟”；高句丽东部有一个大山洞，高句丽人称其为“襚神”，也在十月祭拜。每当大会之时，高句丽人即身着新衣，饰金戴银，细心打扮后才去赴会。高句丽的婚俗是男就女家，生子长大以后才返回男家，随后即营办送终的葬具，并且崇尚厚葬，金银财币多用于殉葬。汉武帝元封三年（前108年）置玄菟郡，曾以高句丽为县，属玄菟郡管辖。建武八年（32年），高句丽遣使臣至汉朝贡，光武帝封高句丽为王。东汉时期，高句丽人虽然联合涉貊攻扰过汉朝边郡，但基本上与汉朝保持了友好关系。

建武二十三年（47年）冬，高句丽蚕支落大加戴升率万余口民众归属东汉乐浪郡（郡治朝鲜，今朝鲜平壤）。其后，高句丽王有名宫者，勇猛好武，多次进犯东汉边境。和帝元兴元年（105年）春，高句丽侵入辽东，劫略六县，被辽东太守耿夔打败，统帅丧命。安帝永初五年（111年），宫遣使贡献，要求归属东汉玄菟郡（郡治高句骊，今辽宁沈阳东）。元初五年（118年），高句丽与涉貊入侵玄菟郡，并攻打乐浪郡的华丽城。建光元年（121年）春，边郡汉军与高句丽多次交战，各有胜负。这时高句丽王宫死，其子遂成继承王位，玄菟太守姚光主张乘机发兵进攻。尚书陈忠认为“死而击之，非义也。宜遣吊问，因责让其前罪，赦不加诛，取其后善”①，安帝听从陈忠建议。次年，遂成归还汉朝俘虏，“诣玄菟降”②。此后，东部边陲趋向安宁。顺帝时，汉朝在玄菟郡建屯田六部，更有力地加强了边塞的安定。

（三）扶余。扶余出于北夷，其先祖名东明。据扶余神话传说，北夷有个

① 《后汉书·东夷传》。
② 《后汉书·东夷传》。

索离国，国王外出巡行期间，后宫侍女怀了身孕，国王回宫后想杀死她。侍女说自己看见天上有团云气，大如鸡蛋，飘下来落到自己身上，自己就怀了孕。国王把侍女关进监狱，侍女后来生了一个男婴。国王命人先后把男婴扔到猪圈和马棚，猪和马都呵护男婴。国王见男婴似有神灵保护，就让其母收养，并起名东明。东明长大后勇猛善射，受国王排挤，南逃扶余之地，建国称王，于是有扶余国。

扶余地处嫩江平原，土地平坦，宜种五谷，农业和畜牧业都很发达。盛产良马、赤玉和貂、豽等名贵皮毛。东汉时期，扶余已经建立国家机构。扶余国以木栅圈筑为城，内建宫室、仓库、牢狱；以六畜作为官名，有马加、牛加、狗加等职，各个邑落都分属诸加管理；以弓矢刀矛为兵器，有战事则杀牛祭天，预占吉凶。扶余的刑法极严，盗窃财物，要以十二倍偿还；凡受诛杀之刑者，其家人一律没为奴婢；男女淫乱，双方都要砍头。扶余人强健谨厚，不喜掠夺，揖让有礼，能歌善舞，行人不论昼夜，往往歌声不绝。每年腊月，举行祭天仪礼，盛会连日，饮食歌舞，称为“迎鼓”。扶余风俗兄死妻嫂，人葬有椁无棺。富者可以杀人殉葬，殉葬多的一次有数百人。扶余国王的葬具，往往用汉朝提供的玉匣，汉朝常预先把玉匣运往玄菟郡，国王死后，扶余使臣到玄菟郡迎取玉匣。

建武二十五年(49 年)，扶余王遣使至汉朝贡献礼物，光武帝回赠厚礼答谢，表示年年通好，此后一直保持密切联系。安帝永宁元年(120 年)，扶余王派嗣子(太子)尉仇台至洛阳朝贡，安帝赐尉仇台印绶和金綵。顺帝永和元年(136 年)，扶余王亲至洛阳，顺帝赠送了朝廷乐队黄门鼓吹和角抵戏演员。从光武帝到献帝，扶余与汉朝礼尚往来甚为频繁，大大促进了汉文化对扶余的影响。

(四)挹娄。挹娄即古肃慎，在扶余东北，东临大海，地势山险谷深，人员分散，与各先进民族很少往来，所以社会比较落后，东汉时还处于原始社会后期，虽然已有贫富，但还不甚明显。挹娄分为许多邑落，各有大人作为首领，但没有统一的君长。挹娄主要种植五谷，能够生产麻布，以农业为主，兼有畜牧业和狩猎。其地出产赤玉和貂皮。因处于山林之间，土地寒冷，所以穴居，穴以深为贵，富家穴深至九梯。穴中作厕，人绕厕而居。又好养猪，食猪肉，衣猪皮，冬天则以猪油涂身御寒，夏天裸体，仅用一尺布掩蔽下体。挹娄人勇猛善射，发矢能入人目，“弓长四尺，力如弩，矢用楛，长一尺八寸”①，又以青石为镞，镞上敷毒，人兽中箭即死。又善于乘船，常外出掠夺，邻国无可奈何。挹娄名义上臣属于扶余，但扶余并不能控制挹娄，挹娄仍保持自己的独立地位。

四、南方各族——槃瓠部、廪君部、板楯部

在我国南方两湖、两广和四川地区，居住着许多少数民族，史书上统称为“南蛮”，主要有槃瓠部、廪君部、板楯部。秦汉以来，蛮族居住地区均设郡县管理，而蛮族内部则大多仍保留着部落结构，有君长统率。蛮族部落通过君长接受郡县管理，并向国家负担一定义务。

（一）槃瓠部。槃瓠蛮有一个古老的神话，传说高辛氏不能制伏犬戎，就以许配少女等条件访募天下勇士，购取犬戎首领人头，结果一条名叫“槃瓠”的狗完成了这一使命。《后汉书·南蛮列传》记载了这一神话：“帝患其侵暴，而征伐不克，乃访募天下，有能得犬戎之将吴将军头者，购黄金千镒，邑万家，又妻以少女。时帝有畜狗，其毛五采，名曰槃瓠。下令之后，槃瓠遂衔人头造阙下，群臣怪而诊之，乃吴将军首也。帝大喜，而计槃瓠不可妻之以女，又无封爵之道，议欲有报而未知所宜。女闻之，以为帝皇下令，不可违信，因请行。帝不得已，乃以女配槃瓠。槃瓠得女，负而走入南山，止石室中。所处险绝，人迹不至……生子一十二人，六男六女。槃瓠死后，因自相夫妻。织绩木皮，染以草实，好五色衣服，制裁皆有尾形。其母后归，以状白帝，于是使迎致诸子。衣裳班兰，语言侏离，好入山壑，不乐平旷。帝顺其意，赐以名山广泽。其后滋

① 《后汉书·东夷传》。

蔓,号曰蛮夷。”高辛氏的女儿与槃瓠结婚繁殖了槃瓠诸蛮。这一神话传说,反映出槃瓠蛮是以犬为图腾的氏族部落。

槃瓠蛮居于湖南境内,因所居地区不同,分别称为武陵蛮、零陵蛮、澧中蛮、溇中蛮、长沙蛮等等。西汉置郡县以来,槃瓠诸蛮担负向国家交纳布匹的义务,大人一匹,小口二丈,名曰“賨布”。賨布以外,没有其他负担。槃瓠诸蛮的首领称为“精夫”。建武二十三年(47年),武陵蛮精夫相单程等人率众反抗郡县统治,东汉政府先后派刘尚、李嵩、马援等率兵镇压,战争持续三年,汉军死耗甚众,最后相单程等因饥困交迫,归降汉军。明帝时槃瓠诸蛮相安无事,但从章帝起,又开始了连续不断的叛乱和反抗,其主要原因是汉政府的沉重压迫和剥削。如安帝元初二年(115年),澧中蛮“以郡县徭税失平,怀怨恨”[①]首先发难,接着溇中、零陵蛮起而响应。顺帝永和元年(136年),朝廷批准武陵太守的奏书,对蛮民增收与汉民同样的赋税,引起大规模反抗,武陵、澧中、溇中诸蛮均卷入斗争队伍。槃瓠诸蛮对东汉政府的反抗斗争,完全是由东汉政府错误的民族政策所造成的,这些斗争与汉族人民反抗东汉统治的性质相同,并起到相互支援的作用。

(二)廪君部。廪君蛮散居于四川东部和湖北地区,又称为巴郡南郡蛮,细分则有潳山蛮、沔中蛮、巫蛮、江夏蛮诸称,各因地区而异。廪君蛮本有巴氏、樊氏、瞫氏、相氏、郑氏五姓,巴氏出了一位深通水性、长于剑术的青年人,名曰务相,五姓推他为首领,是为廪君,这就是廪君蛮的名称由来。秦惠王并巴中以来,仍以巴氏为君长,责其每年出赋二千零一十六钱,三年加出义赋一千八百钱;普通民户则年出幏布八丈二尺,鸡羽三十鍭。对廪君蛮的这一赋制,两汉沿而未改。建武二十三年(47年),在武陵蛮叛乱的影响下,南郡潳山蛮雷迁等人也发起了叛乱,东汉政府派刘尚率一万汉军前往镇压,并把该部种人七千余口徙置江夏境内,这部分蛮人就是沔中蛮的来历。和帝永元十三年

① 《后汉书·南蛮传》。

(101年),巫蛮许圣等人"以郡收税不均,怀怨恨,遂屯聚反叛。"[1]次年,东汉政府调动荆州诸郡兵一万余人镇压,许圣率领的巫蛮队伍失败归降,又被徙至江夏境内。这样,江夏境内就集中了富于反抗精神和斗争传统的廪君诸蛮。所以,到灵帝时期,江夏蛮不断发生反叛,在黄巾起义前夕的光和三年(180年),江夏蛮与庐江黄穰农民起义军联结起来,队伍发展到十多万人,"攻没四县,寇患累年"。[2] 为全国规模的起义吹起了一支响亮的前奏曲。

(三)板楯部。板楯蛮居住在陕西汉中和四川北部地区,传说秦昭襄王时有一只白虎(当指以白虎为图腾的氏族部落),常率群虎(部落联盟)横行巴蜀汉中一带,伤害一千多人,秦人无可奈何,后来巴郡蛮人射杀了白虎。昭襄王与蛮人刻石为盟:"复夷人顷田不租,十妻不算,伤人者论,杀人者得以倓钱赎死。盟曰:秦犯夷,输黄龙一双;夷犯秦,输清酒一钟。"[3]从此蛮汉相安。汉王刘邦出兵关中,蛮人出力颇多,战事结束以后,刘邦遣还蛮人,规定板楯蛮七姓君长不输租赋以示优待,其余民户岁入賨钱,每人四十钱。这一规定遂成两汉定制。由于板楯蛮英勇善战,所以东汉政府经常以板楯蛮充当前队,参加作战。

在东汉的大部分时期,板楯蛮与汉人相安无事,没有发生任何叛乱。从桓帝开始,随着东汉政治的日益腐败,板楯蛮也开始了反对东汉统治的暴动。灵帝光和二年(179年),板楯蛮进攻三蜀和汉中各郡,益州官兵前去镇压,连年不克。灵帝打算出动京师重兵,血洗板楯,汉中郡的上计吏程包上书谏阻,他首先一一列举了板楯蛮在帮助汉政府征讨羌族、武陵蛮和平定益州地方叛乱的功劳:"板楯七姓,射杀白虎立功,先世复为义人。其人勇猛,善于兵战。昔永初中,羌入汉川,郡县破坏,得板楯救之,羌死败殆尽,故号为神兵。羌人畏

---

① 《后汉书·南蛮传》。
② 《后汉书·南蛮传》。
③ 《后汉书·南蛮传》。

忌,传语种辈,勿复南行。至建和二年,羌复大人,实赖板楯连摧破之。前车骑将军冯绲南征武陵,虽受丹阳精兵之锐,亦倚板楯以成其功。近益州郡乱,太守李颙亦以板楯讨平之。"然后说:"忠功如此,本无恶心。长吏乡亭,更赋至重,仆役箠楚,过于奴虏,亦有嫁妻卖子,或乃至自刭割。虽陈冤州郡,而牧守不为通理。阙庭悠远,不能自闻。含怨呼天,叩心穷谷。愁苦赋役,困罹酷刑。故邑落相聚,以致叛戾。非有谋主僭号,以图不轨。今但选明能守牧,自然安集,不烦征伐也。"①一针见血地指出板楯蛮起义乃官逼民反。灵帝采纳程包之议,停止出兵镇压,派大臣宣诏安抚,反抗队伍很快平息下来。但东汉末期的吏治已经腐败到不可救药,官逼民反势在必行,于是在中平五年(188 年)巴郡黄巾起义后,板楯蛮又加入了反抗官府统治的武装斗争洪流。

五、西南各族——滇、哀牢、邛都、莋都、冉駹、白马氐

在我国四川南部和云贵地区,居住着许多从事农业和畜牧业的少数民族,他们或"椎结左衽,邑落而居",或"辫发,随畜迁徙无常",史称"西南夷",主要有滇人、哀牢人、邛都人、莋都人、冉駹人、白马氐。

(一)滇。滇人是生活在云南滇池一带的农业民族,因滇池而得名。古代滇池"周回二百余里,水源深广,而末更浅狭,有似倒流,故谓之滇池。"②滇池一带盛产鹦鹉、孔雀,盐业、渔业、农业和畜牧业都很发达。楚威王时,楚将庄蹻率兵入滇,变服从俗而王其地,汉兵带着先进文化技术与滇人融合。汉武帝时平定滇池,设益州郡。滇人虽置于郡县管理之下,但仍在一定程度上保持部落组织结构。建武十八年(42 年),姑复(今华坪)、楪榆(今大理、洱源)、梇栋(今大姚、姚安一带)、连然(今安宁)、滇池(今晋城)、建伶(今昆明)、昆明诸种反叛,打败益州太守繁胜,次年东汉政府派武威将军刘尚等率广汉、犍为、蜀

① 《后汉书·南蛮传》。

② 《后汉书·西南夷传》。滇通颠,滇池意为颠池。

郡共一万三千人镇压，“群夷闻大兵至，皆弃垒奔走，尚获其羸弱、谷畜”。[1] 刘尚镇压一年多，到第三年正月攻破叛军最后据点，斩其渠帅，“凡首虏七千余人，得生口五千七百人，马三千匹，牛羊三万余头，诸夷悉平”。[2] 章帝元和年间（84—87 年），王追任益州太守，兴建学校，移风易俗，中原先进文化进一步向滇人居住地区渗透。灵帝熹平五年（176 年）以后，随着全国各地农民起义的高涨，滇人也不断掀起武装斗争，反抗东汉官吏的残酷剥削和掠夺。斗争就像扑不灭的烈火，断断续续，一直到东汉皇朝的灭亡。

（二）哀牢。哀牢是生活在云南西部的农业民族。相传其先有妇人名沙壹，居于牢山。尝捕鱼水中，有龙作为沈木触沙壹，沙壹因而怀孕，生子十人。而牢山下有一夫一妇生十女，嫁沙壹十子为妻，繁衍后代。哀牢人“往往邑居，散在溪谷，绝域荒外，山川阻深”。[3] 他们所居地区土地肥美，宜种五谷，又出产铜、铁、铅、锡、金、银等金属，光珠、水精、虎魄、瑠璃、轲虫、翡翠、蚌珠等珍宝，孔雀、犀、象、猩猩等奇兽。哀牢人不但会种植五谷，还能养蚕织帛，绩木华为布，染采成锦绣文章。哀牢人生产技术比较先进，风俗却比较落后。他们自认为是龙的后裔，所以身刺龙纹，穿鼻儋耳，耳轮拉长到肩，衣服后部缀一尾形饰物。哀牢人土著，散居山谷，西汉以前未与中原交通。建武二十七年（52 年），哀牢王贤粟进攻鹿茤夷失败，率二千余户诣越嶲太守要求内属，光武封贤粟为君长。永平十二年（69 年），哀牢王柳貌率五十五万余人内属，汉特置永昌郡（治所今云南保山东北）管理哀牢人。郑纯为首任永昌太守，他“与哀牢人约，邑豪岁输布贯头衣二领，盐一斛，以为常赋，夷俗安之。”[4]当时的永昌就是汉通西南徼外的国际商业要道。

（三）邛都。邛都夷是我国四川南部的一个少数民族。邛都人俗好讴

---

① 《后汉书·西南夷传》。
② 《后汉书·西南夷传》。
③ 《后汉书·西南夷传》。
④ 《后汉书·西南夷传》。

歌,土地多为稻田,出产良马。汉武帝开西南夷,置邛都县,不久地陷为泽,因名邛池(今名邛海),又在其地置越巂郡(治所今四川西昌)。更始二年(24年),邛人长贵率种人杀郡守,自立为邛谷王,领太守事,并投降公孙述。公孙述失败以后,光武帝刘秀依长贵旧号封他为邛谷王。建武十四年(38年),长贵遣使诣洛阳上计,光武又授他越巂太守印绶。建武十九年(43年),汉兵经越巂南征益州夷,长贵疑惧叛乱,因被诛杀。明帝时期,巴郡人张翕任越巂太守,为政清平,深得邛都夷的爱戴。张翕在任十七年,卒于任上,邛都夷人民听到消息,纷纷痛哭,苏祈(今西昌西北)县推举二百余老者,持牛羊送丧,一直送到张翕故乡巴郡安汉(今四川南充),为之起坟祭祀而返。安帝时,越巂郡徼外夷大羊等八种十六万多人内属。当时贪官污吏赋敛繁重,西南诸夷不堪其苦,反抗斗争连绵不断,几经镇压后,东汉政府借助张翕的威望,任其子张湍为越巂太守,邛都夷人民大喜,夹道奉迎入境。但张湍颇负民望。有欲叛乱者,耆老念及先太守之恩,辄加劝阻,始得保持相对安静局面。

(四)莋都。在越巂郡之北,四川中部偏南地区,散居着莋都诸夷。莋都分为许多部落种族,有白狼、槃木、唐菆等百余落,皆被发左衽,文化比较落后。明帝时期,朱辅任益州刺史,慷慨大略,怀柔诸夷,白狼、槃木等一百余落六百多万人口慕义内属,白狼王等人用本族语言作诗三章,歌颂汉朝功德,这三章诗在当时由犍为郡掾田恭译成汉文,保存于《后汉书·西南夷传》中。当时益州刺史朱辅对白狼王内归汉朝,贡奉称臣,及其艰难迁徙和作诗的情况有过陈述。朱辅给明帝的上疏说:"臣闻《诗》云'彼徂者岐,有夷之行',传曰'岐道虽僻,而人不远',诗人诵咏,以为符验。今白狼王唐菆等慕化归义,作诗三章。路经邛来大山零高坂,峭危峻险,百倍岐道。襁负老幼,若归慈母。远夷之语,辞意难正。草木异种,鸟兽殊类。有犍为郡掾田恭与之习狎,颇晓其言,臣辄令讯其风俗，译其辞语。今遣从事史李陵与恭护送诣阙，并上其乐诗。”①从诗的内容中可以看出，莋都诸夷仰慕汉族的先进文化，汉族的先进文化促进了莋都诸夷的风俗变化和社会发展。章帝和安帝时期，都有徼外莋都诸夷慕义内属的记载，但东汉后期在封建官吏的横征暴敛下，莋都诸夷也不断掀起反抗斗争。

（五）冉駹。在今四川岷江中上游流域，居住着冉駹诸夷。冉駹也有许多部落，由于靠近内地，受汉族先进文化影响较大，部落首领都通晓文书，并制定了本部刑法。冉駹人仍存有母系氏族社会的残余，俗贵妇人，亲近母族。人死烧尸，实行火葬。冉駹人依山居住，累石为室，名曰“邛笼”。所居之地，气候寒冷，盛夏冰不解冻，所以冉駹人冬天则避寒入蜀郡做佣工，夏天则返回邑落生产。因土质不宜农作物生长，仅能种麦，而畜牧业却很发达，盛产牦牛、名马、贵重药材，并且能以碱土煮盐。

（六）白马氐。在四川北部甘陕川交界一带，居住着白马氐人。白马氐人所居地区地势险阻，有麻田，出名马、牛、羊、漆、蜜。氐人勇敢好斗，西汉时期经常侵扰郡县。东汉建武初年，氐人归附公孙述，隗嚣败亡之后，氐人首领遂率部背叛公孙述降汉，汉政府封氐人首领为王侯君长，赐予印绶。后隗嚣族人隗茂反叛，杀武都太守，氐人大豪齐钟留素有威望，他组织各部氐人，与郡丞孔奋击斩隗茂。氐人为巩固东汉边郡安宁做出了很大贡献。

东汉时期，周边各少数民族都不同程度地接受了汉族先进文化的影响，加速了本族社会的发展和进步，同时也给内地的汉族人民提供了不少有益的物质和文化财富。但东汉政府官吏对各少数民族的压迫剥削，激起了各族人民的多次反抗。

---

①《后汉书·西南夷传》。

第四节 东汉末年的农民战争

一、东汉中叶以后连绵不断的农民起义

东汉后期,阶级矛盾、民族矛盾和统治阶级内部矛盾都很尖锐,社会危机日益加深。由于豪族势力的恶性膨胀,以田庄为组织形式的大土地所有制迅速发展,土地兼并剧烈进行,大批农民丧失土地,或进入田庄沦为宾客、徒附,或完全被抛出生产领域,流离失所,成为衣食无着的流民。桓帝永兴元年(153年),全国流民达数十万户,从郡县至京师洛阳,死者相望于道。流民问题已经相当严重。当时天灾频繁,又加之对羌用兵,东汉财政陷入严重危机。时人描绘其困境说:“当今之世,有三空之厄。”“三空”即“田野空,朝廷空,府库空”。① 在这种情况下,统治集团内部争权夺利的斗争却越演越烈,尤其是后期的宦官专政,拼命搜刮民脂民膏,政治一团漆黑。皇帝带头卖官鬻爵,聚敛财富,各级官吏更是如狼似虎地对人民敲骨吸髓,横征暴敛,人民挣扎在水深火热之中,“饥不敢食,寒不敢衣”,也要凑足官府的征敛。甚至出现人相食的惨剧。《后汉书》有许多人吃人的记载,如《安帝纪》载永初三年(109年),“三月,京师大饥,民相食。是岁京师及郡国四十一雨水雹,并、凉二州大饥,人相食”。《灵帝纪》载:“河内人妇食夫,河南人夫食妇。”劳动人民夫妻相食,已经被逼到绝路,只有拿起武器铤而走险。

随着东汉后期社会危机的加深,自东汉中叶起,全国各地就掀起了连绵不断的农民起义。

安帝永初三年(109年),山东沿海爆发了张伯路领导的农民起义。张伯路率领三千多人,冠赤帻,服绛衣,自称将军,攻打沿海九郡,杀了不少守相县

① 《后汉书·陈蕃传》。

令,声威大震。政府派御史庞雄督州郡兵镇压,起义军假称投降麻痹敌人,暗中却联络各部发展力量。第二年,张伯路与平原刘文河等部汇合,攻入厌次城,杀死官吏,然后转入高唐(今山东禹城西南),烧毁官署,释放囚徒。这时,各路义军首领皆称将军,共同朝谒张伯路,公推他为领袖。张伯路冠五梁冠,佩印绶,统一指挥各路将军,起义军声势更加浩大。政府派御史中丞王宗持节发幽、冀诸郡兵数万人,又命青州刺史法雄与王宗合兵围攻起义军。数战之后,起义军失利,退守辽东海岛。第三年,张伯路率义兵渡海出击东莱,被法雄率领的郡兵击败,又退回辽东。后来张伯路为辽东人李久杀死,这支起义军陷于失败。

顺帝阳嘉元年(132 年),东南沿海爆发了曾旌领导的农民起义。曾旌率起义军千余人攻打会稽,杀句章(今浙江余姚东南)、鄞(今浙江奉化东)和鄮(今浙江镇海南)三县长吏。同年,扬州章河自称将军,攻打四十九县,声势很大。接着,九江蔡伯流率数百人起义,攻广陵(今扬州)、九江等地。广陵张婴也聚集义军一万多人,活动于徐、扬一带,长达十几年,朝廷无可奈何。后来,诸路义军或被镇压,或被瓦解,张婴也放下武器解散了队伍。

顺帝末年,长江下游地区的农民起义蜂拥而起。建康元年(144 年),九江范容、周生等人举义,他们屯据历阳(安徽和县),成为“江淮巨患”,朝廷派御史中丞冯绲将兵征讨,义军大败官兵,并击斩扬州刺史尹耀、九江太守邓显。九江徐凤、马勉领导农民起义,他们在当涂(今安徽怀远东南)山中修筑营垒,马勉黄衣玉印称皇帝,徐凤绛衣黑绶称无上将军,立年号,置百官,建立起农民政权,并派别帅黄虎攻没合肥。次年即冲帝永嘉元年(145 年),张婴再度举义,聚兵数千人占据广陵。这时的长江下游东南沿海一带,到处都有农民武装反抗的烽火,东汉朝廷十分恐慌。经反复策划,朝廷任腾抚为九江都尉,与中郎将赵序协助冯绲联兵数万人前往镇压,并出高价悬赏,招募地方豪强支持。下邳(今江苏邳县南)豪强地主谢安率宗族武装应募,设伏击杀了徐凤。在官军和地方豪强的联合进攻下,马勉、范容、周生也相继阵亡,东南一带诸路义军先后失败。

桓帝时期，泰山、琅邪一带又爆发了公孙举、东郭窦领导的农民起义，义军三万多人，活动于青、兖、徐三州之间，政府派兵征讨，连年不克。永寿二年(156年)，桓帝以段颎为中郎将率重兵镇压，屠杀义军一万多人，公孙举和东郭窦牺牲。延熹三年(160年)，劳丙又在这一带率众起义；同年，叔孙无忌聚众响应，与劳丙合师，攻占莒县。后叔孙投降，劳丙孤军作战，最后陷于失败。

延熹五年(162年)，长沙和零陵又爆发了农民起义。起义军有七八千人，攻入桂阳、苍梧、南海、交阯四郡，与桂阳义军首领卜阳、潘鸿等联合起来。交阯刺史及苍梧太守望风逃奔，起义军占领二郡。官府募兵镇压，连吃败仗。从豫章郡艾县(今江西修水西)所募的六百多官兵，因为得不到"赏直"而发生哗变，他们焚烧长沙郡县，攻杀官吏，进据益阳，队伍发展很快，并击败了荆州刺史刘度所率领的官兵。面对南方紧张局势，朝廷选派了老于军事的度尚代替刘度为荆州刺史。度尚"躬率部曲，与同劳逸"①，很会收买到军心，又"广募杂种诸蛮夷，明设购赏"②，因此官兵气势大长。在度尚的进攻下，义军损失很大，卜阳、潘鸿等人退入南海深山之中。当时，官兵到处抢掠珍宝，莫有斗志。度尚分析军情，认为官兵怠战的原因是占有珍宝，这种情况下，如果治军宽松就会继续怠战，如果治军严格，逼急兵士，他们就会怀藏珍宝逃散。于是申令军中，恣听射猎，兵士们很高兴，都出营游猎，而度尚乘机派心腹偷偷放火，把珍宝财物焚烧一空。士兵回来，见财宝化为灰烬，都很伤心。度尚佯装自责，百般劝慰，说："卜阳等财宝足富数世，诸卿但不并力耳。所亡少少，何足介意！"③官兵听说有财宝可抢，精神大振，度尚令秣马蓐食，黎明时直扑义军大营。由于义军麻痹大意，未设防备，结果被度尚击败。起义历经三年，至延熹

① 《后汉书·度尚传》。
② 《后汉书·度尚传》。
③ 《后汉书·度尚传》。

八年(165年)才算平定下来。同年度尚被征还京师,度尚刚走,桂阳就又爆发了胡兰领导的农民起义;同时荆州兵朱盖等人因服役过久,供给不足而发动叛乱。他们联兵三千人进攻桂阳,焚烧郡县,太守任胤弃城逃走,义军队伍陡然增至数万,兵指零陵。于是,朝廷只得又命度尚为中郎将,再度组织兵力镇压。度尚率北方二万六千步骑精兵,又发南方诸郡兵力,才把起义镇压下去,领袖胡兰牺牲,义军余部退走苍梧。

在汉族人民起义的同时,国内各少数民族的武装反抗也连续不断。除上述从安帝永初元年(107年)至桓帝延熹二年(159年)羌族人民先后三次举行大起义外,主要的还有:安帝元初五年(118年),西南卷夷大牛种封离等发动起义,永昌(今云南保山北)、益州、蜀郡夷人热烈响应,第二年义军队伍发展到十多万人,声势相当浩大。桓帝永寿三年(157年),长沙蛮武装起义,屯据益阳,一连数年州郡都不得安宁,到延熹五年(162年)队伍发展到一万多人;同年零陵蛮攻入长沙,武陵夷进攻江陵,与卜阳、潘鸿的义军结成同盟。灵帝光和二年(179年),板楯蛮相率起义,他们北击汉中,南攻三蜀,震动益州。光和三年(180年),江夏的廪君蛮与庐江农民起义汇合,形成了十多万人的起义队伍。这些起义在东汉政府的镇压下都先后失败。

东汉后期的农民武装斗争,呈现出许多值得注意的特点。首先,来潮早,持续久,次数多。从安帝永初三年(109年)至灵帝中平元年(184年)黄巾大起义,七十五年之间,规模较大的起义就有数十次之多,有的发展到数万甚至十多万人,有的坚持数年甚至十几年。起义虽被镇压下去,但总是此伏彼起,连绵不断。其次,起义地区不断扩大。规模较大的起义队伍,活动于数郡以至数州的广大地区,起义形势逐渐向南方扩展到长江下游一带而兴起于江南,这反映了江南的开发和人口南移,封建经济规模的扩大,从而在阶级关系上表现为更大范围的武装反抗斗争。第三,少数民族卷入起义。由于豪族地主对各族人民进行残酷压迫剥削,所以少数民族也卷入了起义风暴,直接或间接地配合了汉族人民起义。这说明,当时社会的主要矛盾是阶级矛盾,即豪族地主阶级与各族人民的矛盾。第四，官兵哗变并转向起义队伍。官兵本来是封建政府的统治支柱，是镇压农民起义的工具，而东汉后期的官兵却不止一次反戈转向起义队伍，从而使动荡局面更加动荡不安。这充分反映出东汉政府的腐朽和虚弱以及其统治地位的日益动摇。第五，具有推翻刘姓皇权的反抗意识。两汉之际的农民起义队伍，往往打着"复兴汉室"的旗帜，找一个刘姓人拥戴为皇帝；而东汉后期的农民起义领袖恰恰相反，他们往往自称为帝。如顺帝时马勉设官建号，自称"皇帝"。稍后，历阳（今安徽和县）华孟自称"黑帝"，巴郡服直自称"天王"。桓帝时，陈留李坚和扶风裴优均自称"皇帝"。又有长平陈景自号"黄帝子"，勃海盖登自称"太上皇帝"。其他尚有不少人称"将军"、"无上将军"、"真人"等等。这反映了东汉农民军要推翻代表豪族利益的刘姓皇权的坚强决心。

东汉后期的农民起义，连绵不断，一直持续七八十年，各次规模或大或小，都陷于失败，始终没有汇集为一股全国性的强大的武装。这主要是由于地方豪强的力量比较强大。虽然东汉政府的官兵已经腐朽，但地方豪强的武装力量却有力地支持了朝廷的官兵，在农民军还来不及发展壮大为全国性的革命洪流时，就在地方豪族武装力量的配合镇压下遭到了扼杀。尽管历次起义都被镇压下去，但屠刀和流血并不能吓倒农民，因为他们除了武装反抗别无生路，所以新的起义不断爆发。当时有一首民谣："小民发如韭，剪复生；头如鸡，割复鸣。吏不必可畏，民不必可轻。"①这正是东汉农民革命斗志和起义情况的真实写照。

历次起义的失败，留下了宝贵的经验教训，也为全国性的农民大起义准备了条件。既然小规模的起义被豪强分割扼杀，那么要形成全国性的强大起义洪流，就必须做一番极其严密慎重的组织发动工作，通过一定组织形式，把全国力量秘密汇集起来，才能与东汉政府和豪族地主阶级进行一场决战。于是，

---

① 《全后汉文》卷四十六。

出现了张角利用太平道组织发动的黄巾大起义。

二、黄巾起义

先秦时期老子创立道家学派。东汉时方士们以老子为教主创立道教。东汉道教在民间广为流传，其中一支名叫“太平道”。

顺帝时，琅邪人宫崇诣阙，献给朝廷一部书，“书百七十卷，皆缥白素，朱介，清首朱目，号《太平清领书》”①。宫崇声称这部书是他的老师于吉在曲阳（今江苏沭阳东南）泉水上所得到的神书。其实，所谓“神书”不过是方士们伪造而已。先是西汉人甘忠可曾作十二卷《天官历包元太平经》，因此被杀头，西汉灭亡后其书下落不明。到东汉卖药叟帛和得到一部《太平清领书》，共二卷十部。帛和将此书授给于吉，于吉演成一百七十卷，这才传入宫崇手中。此书糅合道家思想和阴阳五行学说，多有巫觋杂语。朝廷认为妖妄不经，收藏高阁，并未重视，但民间却广为流传，太平道领袖张角遂有其书。

张角，冀州巨鹿（今河北平乡）人。灵帝初年，他奉事太平道，自称“大贤良师”，借行医传教。史载其传教治病之法曰：“太平道者，师持九节杖，为符祝，教病人叩头思过，因以符水饮之。得病或日浅愈者，则云此人信道；其或不愈，则为不信道。”②张角一边治病传教，一边畜养弟子，扩大影响，深得百姓信仰，在当地颇有声望。他总结历次农民起义失败的经验教训，决定利用太平道秘密组织一场全国性大起义。于是他派遣八名弟子分赴八州，以行医掩护串连，以传教秘密组织。范围越来越广，人数愈来愈多，经十多年努力，联结了青、徐、幽、冀、荆、扬、兖、豫八州数十万人。连朝廷内部的一些宦官和宿卫人员也有不少人入教。张角把八州数十万人按三十六方进行编制，“方，犹将军

---

① 《后汉书·襄楷传》。

② 《三国志·魏志·张鲁传》裴松之注引《典略》。

号也”[1],大方万余人,小方六七千人,每方各立“渠帅”,相当于将军。为了投身起义,许多教徒变卖家财,迁徙集结,跨县连郡,充塞道路。在全国造成了很大影响。

对于民间太平道的浩大声势,开始朝廷和郡县官都认为是张角善道教化,为民所归的结果。灵帝光和六年(183 年),太尉杨赐和司徒掾刘陶先后上书,指出张角太平道势力对东汉统治的威胁,并提出了不同的分化瓦解办法,但没有引起灵帝的重视。同年,张角对起义进行全面部署。他派大方渠帅马元义调动荆、扬二州数万人北向邺县(今河北磁县东南)集结待命,以补充北方主力队伍的力量;并让他联络宫廷内部中常侍封谞、徐奉等人和宿卫人员以及京都洛阳的教民,作为内应;在舆论上,太平道提出“苍天已死,黄天当立,岁在甲子,天下大吉”[2]的口号,并在京师和州郡官府门上用白土书写“甲子”字样,作为起义后的攻打目标,约定“甲子”年,即中平元年(184 年)三月五日宫廷内外、三十六方同时起义。

中平元年春,张角弟子济南人唐周上书告密。马元义被捕,在洛阳车裂牺牲。接着,灵帝把唐周开列的太平道徒名单交付三司,由钩盾令周斌率兵按名单搜捕宫中宿卫和洛阳的太平道徒,当场屠杀一千多人。然后,朝廷移命冀州逐捕张角。张角得知事泄,星夜派人驰奔诸方,命令立即起义。一时三十六方俱起,皆头著黄巾作为标帜,时人称为“黄巾军”。黄巾军所在之处,攻城夺

---

① 《后汉书·皇甫嵩传》。

② “苍天”暗指东汉皇朝,“黄天”暗指黄巾农民军。东汉流行五行(又称五德)相生说,木、火、土、金、水五行顺次相生,即木生火,火生土,土生金,金生水,水生木。木运之后为火运,火运之后为土运。木尚苍,火尚赤,土尚黄。东汉统治者自认汉为火德,太平道则崇尚黄帝,自认为土德。照五行相生说,火德之后土德当立。“苍天已死”乃宗教隐语,没有直接说火德已死,而是说木德(木尚苍)已死,其隐义为“木绝火衰,汉运已尽”。甲为天干之首,子为地支之首。天干地支相配纪时,六十循环一周,每从“甲子”开始,故甲子有开始之义。黄巾起义取甲子之年,涵义双关,即从灵帝中平元年(184 年)开始天下太平的新纪元。

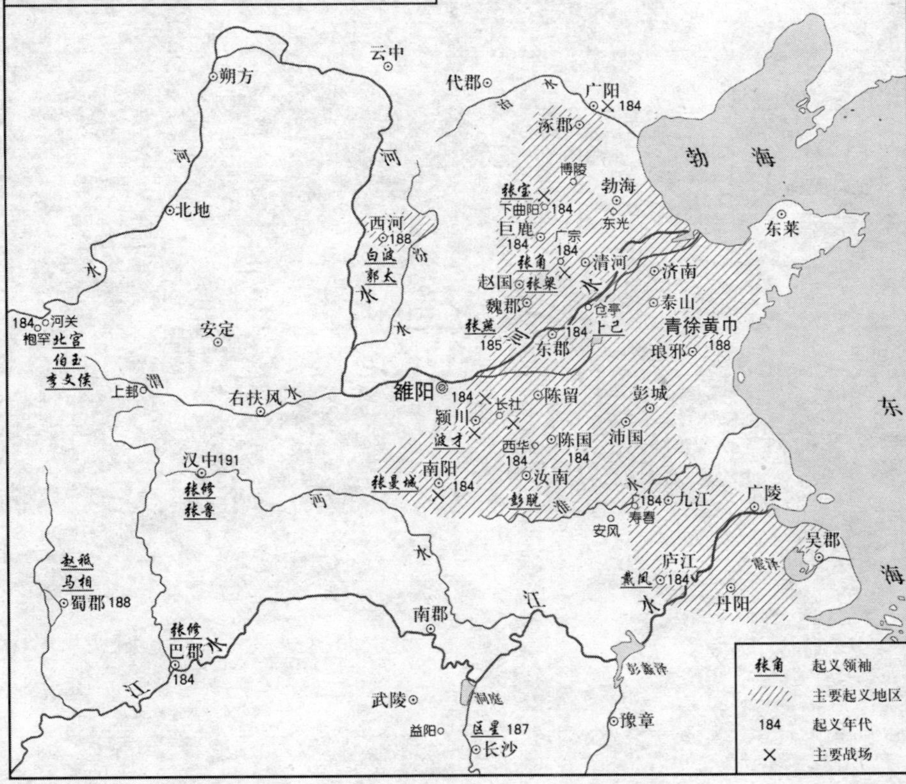

东汉末年农民战争形势图

门，焚烧官府，官吏逃亡，州郡失据。安平（今河北冀县）人逮捕了安平王刘续，甘陵（今山东临清东北）人逮捕了甘陵王刘忠，纷纷加入起义队伍。“旬月之间，天下响应，京师震动”。① 绵延近一个世纪的农民武装反抗失败以后，终于出现了全国性的大暴动。

朝廷接到黄巾起义的急报，大为恐惧，急忙调集兵力，加强京师防务。首先，任外戚河南尹何进为大将军，率左、右羽林五营士屯驻都亭，修理战具，以镇京师；又在京师洛阳附近的关口要塞增设重兵，分别于函谷（今河南新安东）、太谷（今河南洛阳东南大谷口）、广成（今河南临汝西）、伊阙（今河南洛阳南）、轘辕（今河南偃师东南）、旋门（今河南巩县东）、孟津（今河南孟津东北）、小平津（今河南孟津东北）等八关设置八关都尉，严密控制人员出入，以保卫京都洛阳安全。汉灵帝一面指责宦官，一面大赦党人，解除党锢，动员豪强大族共同镇压黄巾起义军。接着，又派遣北中郎将卢植、左、右中郎将皇甫嵩、朱儁等分别率兵出关镇压。

黄巾起义后，主力分别集中在三个地区：冀州、颍川和南阳。冀州黄巾军由张角、张宝、张梁兄弟三人率领，南阳黄巾军由张曼成率领，颍川、汝南、陈国一线的黄巾军由波才、彭脱等人率领，从东郡到江淮还有卜己、张伯、梁仲宁、戴风等人领导的黄巾队伍，分别活动于一方。

左中郎将皇甫嵩与右中郎将朱儁率领五校三河骑士，又招募一批精壮兵勇，共计精锐四万余人，兵分两路，皇甫嵩与朱儁各率一路，扑向颍川黄巾军。颍川一线黄巾军，在召陵（今河南郾城东）击败汝南太守赵谦的地方官兵，乘胜向颍川、洛阳方向推进。四月，波才打败朱儁部，进攻皇甫嵩，将皇甫嵩部包围于长社（今河南长葛东）。当时，官兵人少势单，孤军无援，在黄巾众兵重围之中，军心恐惧。皇甫嵩老奸巨猾，诡计多端，为稳定军心，他召集军官会议，对军官们说：“兵有奇变，不在众寡。今贼依草结营，易为风火。若因夜纵烧，

① 《通鉴纪事本末》卷八。

必大警乱。吾出兵击之,四面俱合,田单之功可成矣。”①这本是稳定军心、以待援兵的权宜之言,不料事有凑巧,其夜刮起大风,而黄巾军却放松警惕,防备松懈。于是皇甫嵩遂布置火攻。他命令官兵准备火把登城,又派精锐骑兵趁夜幕潜出城外,到处乘风纵火,城上士兵举火呐喊壮威。一时城内城外喊声连天,火光遍布。火借风势,越烧越猛,黄巾军阵势大乱。这时,皇甫嵩擂鼓进攻,正值朝廷所派的骑都尉曹操率兵来援,朱儁残部也赶至长社,三股兵力合击,黄巾军牺牲数万人,惨遭失利。长社战后,波才余部在阳翟(今河南禹县)遭到镇压。皇甫嵩、朱儁继续向汝南、陈国的黄巾军进攻。彭脱在西华(今河南西华南),卜己部在仓亭(今山东阳谷境)也相继失败。其余部黄巾军则被官兵和地方豪强分割得支离破碎,他们在困境中仍继续坚持战斗。

南阳黄巾军在张曼成领导起义后,杀南阳太守褚贡,攻占宛城。六月,张曼成与继任南阳太守秦颉作战,不幸牺牲。黄巾军推举赵弘为主帅,重整队伍,发展到十余万人,雄踞宛城,声威复振。长社战后,朱儁率兵南进支援秦颉的地方官兵,荆州刺史徐璆也带兵至宛,三路军合兵围攻宛城。黄巾军顽强固守,尽管官兵攻势凶猛,但从六月至八月,宛城岿然不动。朝廷十分着急,认为朱儁无能,打算撤他回朝问罪,另换将领。司空张温建议:“临军易将,兵家所忌。宜假日月,责其成功。”②朱儁在朝命的压力下,攻城犹如狂犬。黄巾军统帅赵弘身先士卒,顽强抵抗,壮烈牺牲。黄巾军又以韩忠为主帅,继续保守宛城,抗击朱儁。朱儁攻宛城不下,就在周围筑堡垒、起土山,居高临下进行强攻。又声东击西,擂鼓佯攻西南,吸引黄巾主力,然后自率五千精兵猛攻东北。韩忠未能识破诡计,官兵乘虚而入,于是外城失守。韩忠退保内城,向官军乞求投降。荆州刺史徐璆、南阳太守秦颉、司马张超等官兵首领都主张接受韩忠

① 《后汉书·皇甫嵩传》。

② 《后汉书·朱儁传》。

的乞降，但朱儁却不同意，他认为“纳降无以劝善，讨之足以惩恶”①，对于反叛朝廷的“黄巾造寇”，非斩尽杀绝不可。朱儁的拒降，使广大黄巾军认识到投降没有出路，更加团结一致，众志成城，坚如磐石，官兵连战不克。朱儁登土山观望战场，忽然明白黄巾军拼死守城的心理因素。他对司马张超说：“吾知之矣：贼今外围周固，内营逼急，乞降不受，欲出不得，所以死战也。万人一心，犹不可当，况十万乎？其害甚矣。不如撤围，并兵入城。忠见围解，势必自出。自出则意散，易破之道也。”②于是下令解围。韩忠见状，急于出城逃命，既缺乏足够的临战准备，更无妥善的突围部署，结果被朱儁打得大败，血战数十里，牺牲万余众，仍未逃脱朱儁的追逐。韩忠不愿再战，率众投降，结果反为太守秦颉所杀。广大黄巾军本不愿投降，见主帅韩忠如此下场，群情激愤，惧不自安，于是又推孙夏为主帅，复入宛城，继续固守。经过这番挫折，黄巾军大伤元气。官军司马孙坚率部首先登上宛城，宛城陷落。孙夏率众突围，北向西鄂精山（今河南南召南）撤退，试图在延绵起伏的伏牛山区与敌周旋。但官兵紧追不舍，西鄂精山一战，黄巾一万余人壮烈牺牲，其余破散。至此，南阳黄巾军也失败了。

冀州黄巾军在张角、张宝、张梁兄弟三人的直接领导下起义。张角自称“天公将军”，张宝称“地公将军”，张梁称“人公将军”。他们起义之后，在广阳（今北京房山）击杀了冀州刺史郭勋和太守刘卫，并攻占了下曲阳（今河北晋县西）和广宗（河北威县东）等城邑，向南逼进。北中郎将卢植率军进入冀州，与地方官兵配合镇压黄巾，起义军连连失利，阵亡一万多人。张角决定采取守势，与张梁率主力退保广宗，张宝率别部主力守下曲阳，互相呼应。卢植包围广宗，筑垒凿堑，造作云梯，日夜攻城，一连围攻三个月，仍未能攻破。灵帝大为恼火，命令用槛车押卢植回京问罪，派东中郎将董卓赴冀州取代卢植。

① 《后汉书·朱儁传》。
② 《后汉书·朱儁传》。

董卓指挥攻城两个多月，同样不能攻下。其年八月，朝廷又调回董卓抵罪，命皇甫嵩部渡河北上进攻广宗。这时，张角已经病逝，张梁继任黄巾军统帅，坚守广宗。虽然张角之死给黄巾军造成很大损失，但士气仍然非常高涨，“梁众精勇，嵩不能克”①，一直持续到冬天十月。如果从三月卢植出关算起，黄巾坚守广宗已有七个月；从四月算起也足有六个月。黄巾军长期守城，精力疲惫，看到官兵数易统帅，均不能破城，戒备逐渐松懈。皇甫嵩了解到这一情况，命令官兵白天闭营休息一日，夜间偷袭黄巾。他深夜部署兵力，总攻时间则选在常人易于困乏酣睡的“鸡鸣”之时，官兵突然冲入阵营，黄巾军仓促应战，阵势大乱。广宗城破，张梁战死，官兵进行大屠杀，黄巾军三万人阵亡，五万人投河壮烈就义。刽子手皇甫嵩进城后，对死去的张角仍不放过，“剖棺戮尸，传首京师”。接着，移兵南攻下曲阳。十一月，皇甫嵩与巨鹿太守所率的地方官兵联合，猛攻下曲阳。黄巾军在张宝率领下浴血奋战，因孤军无援，下曲阳失守。张宝和十多万起义军死于皇甫嵩的屠刀之下。冀州黄巾军失败。

从二月张角起兵，至十一月下曲阳失守，黄巾军主力持续战斗九个多月。这场起义，虽历经十余年的秘密准备，但由于叛徒出卖以及官兵和地方豪族武力的分割，终未会师而被各个击破。张角领导的黄巾主力失败以后，东汉政府更加虚弱，地方州郡势力和各地豪强武装在镇压黄巾起义的过程中迅速膨胀起来，从而形成了军阀混战割据的局面。在军阀混战之中，各地黄巾余部仍然继续坚持武装斗争。同时，在黄巾大起义革命烈火的影响下，更多的农民武装队伍蜂拥而起。

三、军阀混战中的农民战争

东汉政府虽然镇压了张角领导的黄巾军主力，但经过黄巾起义的打击，东汉皇朝已经名存实亡。一方面各地农民起义方兴未艾，另一方面地方豪强武

① 《通鉴纪事本末》卷八。

装进一步发展。面对这两种威胁朝廷的力量，政府无可奈何。中平五年(188年)，汉灵帝采纳宗室刘焉的建议，改刺史为州牧，授以地方军政全权，企图依靠地方豪族势力来镇压农民起义，以维持朝廷的统治。但这样一来，更加速促成了地方分裂、割据和军阀混战的局面。这一新的形势变化，使中平二年(185年)以后的农民起义具有两个显著特点：一个是农民起义与军阀混战相互交叉，一个是农民起义的主要矛头转向了地方豪族。

中平元年(184年)张角黄巾主力失败以后，余部仍在各地坚持斗争，与此同时，又有许多新的起义爆发，而且规模也相当庞大。中平二年以后的农民起义，仍是一个方兴未艾、波澜壮阔的局面。主要起义武装有如下几支：

(一)黑山起义军

张角黄巾主力军失败的第二年(中平二年)，以太行山区为中心，出现了许多农民革命武装，“博陵张牛角、常山褚飞燕及黄龙、左校、于氐根、张白骑、刘石、左髭、丈八、平汉、大计、司隶、缘城、雷公、浮云、白雀、杨凤、于毒、五鹿、李大目、白绕、眭固、苦蝤之徒，不可胜数。大者二三万，小者六七千人”。[①] 这些起义队伍互不统属，名号繁杂。或以领袖姓氏名字为号，如“五鹿”为复姓，“眭固”、“刘石”、“杨凤”等皆人名；或以领袖绰号为名，如“于氐根”是大胡子，“张白骑”指骑白马，“丈八”是大高个儿，“雷公”是大嗓门，“李大目”则是大眼睛。他们攻击官府，劫夺豪强，影响到晋、冀、鲁、豫广大地区。

在这些队伍中，张牛角和褚飞燕的实力最强。张牛角，博陵(今河北蠡县南)人。褚飞燕，常山(今河北元氏西北)人。两支起义队伍联兵攻打廮陶(今河北宁晋西南)，张牛角不幸中了流矢，伤势很重。临终前，他嘱告部众尊褚飞燕为帅。褚飞燕为表示不负张牛角所托，以安部众，故改姓张，名曰张燕。张燕作战剽悍，捷速过人，故军中号称为张飞燕。两支队伍合而为一，力量大增。张飞燕又关心部众，威望很高，队伍越来越大，并联络了常山、赵郡、上党、

① 《通鉴纪事本末》卷八。

河内等地的各路农民军，有的农民军领袖如孙轻、王当等均率部投入张燕的起义军。张燕起义军多达百万人，以黑山（今河南浚县西北）一带为活动中心，故号称“黑山”军，成为北方声势浩大的起义队伍。统治者骂其为“黑山贼”。黑山军兴起时，东汉政府已经无力出兵镇压。张燕为争取对付地方豪族武装势力的主动地位，进一步麻痹朝廷。他派人至京都洛阳下书，表示归降汉朝，维护地方安宁。汉灵帝顺水推舟，拜张燕为平难中郎将，使其统领河北山谷地区，可以岁举孝廉以及派上计吏进京，名义上黑山起义军居然成为东汉朝廷的地方行政机构。这样一来，张飞燕就进一步取得了扩充武装势力的主动权。他在合法的幌子掩护下，逐步向河内郡发展，逼近京都洛阳。在这种形势下，朝廷只好任朱儁为河内太守。朱儁着力组织并出动地方豪族武装，这才遏止了黑山起义军的南进。

黑山军东侧有于毒、白绕、眭固等部活动于冀、兖二州交界地区，西侧有张白骑等部活动于河东地区，以黑山为根据地构成了河北农民起义中心。初平二年（191 年），于毒、白绕、眭固等部十余万众同匈奴于夫罗部攻打魏郡，行至东郡，大败太守王肱。曹操继任东郡太守，在濮阳击败白绕部。初平三年（192 年），于毒部继续进攻东郡，失利而还。当时，军阀混战局势已经形成，于毒乘军阀混战之机出兵魏郡，次年魏郡兵变，配合于毒攻下邺城，杀郡守。邺乃军阀袁绍的本营，袁绍回兵斥丘（今河北成安东），入朝歌鹿肠山（今河南淇县南）苍巖谷口进攻于毒，于毒部血战五日，于毒及其一万余众阵亡，所部败散。接着袁绍沿山北进，左髭、丈八、刘石、青牛角、黄龙、左校、郭大贤、李大目、于氐根等部先后失败。黑山军东侧各部义军失败后，袁绍开始进攻黑山军主力，张燕联合四营屠各和雁门乌桓与袁绍在常山郡大战十余日，尽管黑山军付出了重大代价，但袁绍军也死伤惨重，被迫退兵。建安十年（205 年），曹操进兵冀州，张燕率部众十余万归曹。黑山军西侧张白骑部则被马腾部将庞德吞灭。这样，黑山农民起义军全部失败，前后坚持斗争二十年。

（二）西北起义军

中平元年（184 年）黄巾起义后，西北地区先零羌、小月氏和汉族人民起义响应，先后攻杀护羌校尉冷征和金城太守陈懿。义军领袖有边章、韩遂、北宫伯玉和李文侯等人。中平二年（185 年），义军进攻三辅地区，与东汉官军在美阳（今陕西武功西北）一带长期相持，多次大败官军。当时，朝廷命皇甫嵩、董卓镇压，皇甫嵩因战败而被撤职。接着，朝廷重新组织队伍，任车骑将军张温、执金吾袁滂、荡寇将军周慎、破虏将军董卓，共统率十多万步骑军，发动第二轮进攻，结果又被义军打败，被迫困守营垒，不敢出击。双方相持数月，有一流星坠地，韩遂以为于义军不利，下令退兵，义军慌乱，官军乘机追逐，于是义军陷入被动挨打的局面。这种局面导致许多义军官兵对韩遂不满，领导层发生矛盾。中平四年（187 年），韩遂杀伯玉、文侯和边章等领袖，率十万大军西向进攻陇西（今甘肃临洮），陇西太守叛汉联韩，与韩遂攻杀凉州刺史耿鄙。当时，有汉阳（今甘肃天水西）人王国率众起义，自称合众将军，王国义军声势浩大，号称合众，而韩遂不得义军拥戴，所以韩遂只得让王国统率全部义军。中平五年（188 年），王国率军攻三辅，围陈仓（今陕西宝鸡东），久攻未下，士气已老，撤围时被官兵打败。韩遂趁机排斥王国，夺取最高军权。韩遂在与东汉地方官兵的作战中逐步发展个人势力，不久变成一个独霸一方的地方军阀。

（三）天师道起义

天师道是原始道教的一派。安顺时期，沛国丰（今属江苏）人张陵客居蜀地，学道鹄鸣山（今四川崇庆县境）中，造作道书，创天师道。张陵自称天师，尊太上老君（即老聃）为教祖，初入教者交纳五斗米，故又称五斗米教。流行于西南地区。张陵传子张衡，衡传子张鲁。张角起义的同年七月，天师道首领张修率所部教民起义，由巴蜀北上攻夺汉中，力量不断壮大。中平五年（188 年），朝廷任刘焉为益州牧，刘焉企图割据一方，任张鲁为督义司马，张修为别部司马，攻击汉中太守苏固，实际是利用天师道消灭异己的地方割据势力。天师道占领汉中后，张鲁袭杀张修，吞并其众，同时摆脱刘焉控制，建立天师道政权统治汉中。而刘焉则以“米贼”断道为理由摆脱朝廷控制，割据西南。统治汉中的天师道政权，是一个宗教性的农民政权，其统治采取政教合一的体制：“（张鲁）据汉中，以鬼道教民，自号师君。其来学道者，初皆名鬼卒，受本道；已信，号祭酒，各领部众，多者为治头大祭酒。皆教以诚信不欺诈，有病自首其过，大都与黄巾相似。诸祭酒皆作义舍，如今之亭传。又置义米肉，悬于义舍；行路者量腹取足，若过多，鬼道辄病之。犯法者三原，然后乃行刑。不置长吏，皆以祭酒为治，民夷便乐之。”①天师道政权基本不设常备军，有战事则祭酒率部参加；不收赋税，凡居汉中者均入教，入教者每年交五斗米，生病首过者也交五斗米，一切用费均出其中。其经济和政治的改革体现了农民的理想社会，所以深受各族人民欢迎，纷纷归附。东汉政府对张鲁无可奈何，只好赐予他封号，承认天师道政权的合法存在。建安二十年（215年），曹操兵进汉中，张鲁投降。从中平元年（184年）张修起义算起，天师道武装割据长达三十年，是东汉时期唯一的一次取得成效的起义。

（四）白波黄巾军

中平五年（188年），各地黄巾军复起，最早出现的一支号称白波黄巾军。这年二月，郭太集中了零散的黄巾军余部，在西河郡白波谷（今山西襄汾西）举义，他们北攻太原，南破河东，迅速发展到十多万人。次年十月，趁灵帝死朝廷混乱之机南进，逼近黄河，威胁洛阳。董卓大将朱辅来攻，被黄巾打败。白波黄巾军与南匈奴单于于扶罗联合，攻击河内、东郡，迫使董卓西迁长安。董卓死后，部将李傕和郭汜在长安混战，汉献帝东归洛阳，行至途中，受到李、郭追兵阻劫，献帝派董承等人向白波黄巾军求救。当时郭太已死，白波黄巾军由韩暹、胡才、李乐率领。他们答应出兵，将汉献帝送回了洛阳。在当时的军阀混战中，献帝作为一个落魄皇帝，已经不是封建豪族地主的真正代表。不过，

① 《三国志·魏志·张鲁传》。

献帝毕竟还戴着“天子”的桂冠，对地主武装势力还有一定影响，如果白波黄巾军抓牢这张王牌，会为起义斗争争取很大的主动权。但白波黄巾军却没能做到这一点。建安元年，曹操接走献帝，韩暹追之不及，曾一度投奔袁绍，归途中为豪族武装所杀。胡才和李乐虽留在河东，没有注意发展队伍。后来胡才为人暗杀，李乐病逝，白波黄巾军失败。

（五）益州黄巾军

中平五年（188年）五月，益州刺史郗俭“赋敛烦扰”，人民不满，马相和赵祇以黄巾为号，在绵竹（今四川德阳北）举行起义。义军攻占绵竹，杀其县令，队伍迅速发展到一万多人。随后，攻占广汉郡治雒县（今四川广汉），杀益州刺史郗俭；攻破蜀郡（郡治今四川成都）和犍为郡（郡治今四川彭山东），又攻巴郡（郡治今四川重庆北），势力波及了整个益州北部的大部区域。马相自称天子。当年，益州从事贾龙纠合地方官绅和豪族武装，对起义军围攻。马相、赵祇牺牲，起义失败。

（六）葛陂黄巾军

中平五年（188年），黄巾军余部集结于葛陂（今河南新蔡西北）举行第二次起义。起义之后，攻占郡县，诛杀官吏，并打败前来镇压起义的西园下军校尉鲍鸿。葛陂黄巾军分为许多部，何仪、刘辟、黄邵、何曼等部众各数万，又有龚都、吴霸等部。他们拥有大批耕牛和农具，亦兵亦农，劳武结合，实行武装割据。在军阀混战的局势中，采取同袁术、孙坚结盟北抗曹操的战略方针。建安元年（196年），刘辟、黄邵等人与曹军作战阵亡，何仪率部归曹。建安五年（200年），何仪起兵叛曹操被镇压。龚都部也在对曹军作战中瓦解。其他则为豪族武装所并吞。

（七）青州黄巾军

中平五年（188年）十月，青州、徐州的黄巾军又举起了义旗，他们活动于青、徐、兖、冀一带，势力发展很快。初平元年（190年），二十万黄巾军在张饶等人的率领下，突然从冀州返回青州。当时，青州刺史焦和起兵西讨董卓，刚要渡黄河，本应发生一场大战，但焦和“望寇奔北，未尝接风尘，交旗鼓”。① 北海相孔融不自量力，率北海官兵迎击，狼狈败下阵来。他收罗散兵，南走朱虚县(今山东安丘西)，在那里纠集四万多吏民守地自保，立足未稳，就受到黄巾军的猛烈攻击，于是折向西北逃亡都昌(今山东昌邑)，又被管亥所率的青州黄巾军团团包围起来。孔融是朝野上下大名鼎鼎的人物，平时目空一切，非常傲慢，穷急之中，只好派人向平原相刘备求援，刘备见孔融派人前来向他求援，吃惊地说：“孔北海乃复知天下有刘备邪?”②这才派兵为孔融解了黄巾之围。初平二年(191 年)，青州黄巾军进攻太山郡受阻，于是北渡黄河进入渤海郡，拟西进与黑山军会师。行至东光(今河北东光)，遭遇公孙瓒的步骑精锐，此时青州黄巾军已有三十万众，双方展开血战，黄巾军失利。经东光一战，黄巾阵亡三万余人，退至黄河，又伤亡数万，车甲辎重大部丢失。次年，青州黄巾军经过休整，恢复元气，包括家属人员，号称百万大军，南下攻入兖州。义军先击杀任城相郑遂，继又击斩兖州刺史刘岱。济北相鲍信请曹操入兖，寿张(今山东东平南)一战，曹军大败，义军击斩鲍信。曹军多由缺乏训练的新兵组成，一旦吃了败仗，全军怯战，闭垒不出，被黄巾军包围起来。黄巾军向曹操发出劝降书：“昔在济南，毁坏神坛，其道乃与中黄太乙同，似若知道，今更迷惑。汉行已尽，黄家当立，天之大运，非君才力所能存也。”③黄巾军迷信宗教，误以为曹操知其“道”，寄希望于同道归降，没有乘机进攻。待至隆冬腊月，给养不足，只得撤围退却。曹操由被动转为主动，途中截击，反把黄巾军包围在济北(郡治今山东长清南)。百万黄巾饥寒交迫，无力突围，最终以保持独立编制为条件，归附曹操。曹操选精壮三十万充军，余者屯田许昌。从此，曹操实力大增，依靠了青州黄巾军的力量，完成北方统一。

① 《通鉴纪事本末》卷八。

② 《后汉书·孔融传》。

③ 《三国志·武帝纪》注引《魏书》。

东汉的农民起义，前赴后继，此伏彼起，规模或大或小，一直持续了一个多世纪。每个阶段的起义，都呈现出许多特色，如长期性、分散性和宗教性。这些特点，都是由东汉豪族地主的强大势力造成的。地方豪族势力配合官府的镇压，导致起义的长期性；各地豪强的分裂割据，导致起义的分散性；而被迫利用宗教秘密组织的全国性起义，最终也未能汇集成一股洪流，同样被分割镇压下去。在军阀混战局势中的农民起义军，除失败破散外，余部也被军阀所并吞。东汉农民起义虽然失败，但实际上摧毁了东汉政权的腐朽统治，在一定程度上遏止了土地的剧烈兼并，沉重打击了奴隶制残余。它在中华民族的发展史上，留下了光辉的一页。

第七章

统治阶级的混战与东汉灭亡

（公元 184 年——220 年）

第一节　州郡牧守和豪强地主武装的割据

一、州郡牧守权力的膨胀

东汉中期以后，中央政府长期由外戚和宦官递相专权，经过两次“党锢之祸”，政治极度黑暗。同时，统治者对劳动人民的剥削压迫也越来越残酷，阶级矛盾异常尖锐，农民起义和少数民族地区的反抗此起彼伏，终于形成全国规模的黄巾大起义，敲响了东汉皇朝的丧钟。在镇压农民起义和少数民族的反抗中，东汉统治者不得不赋予地方官吏以更多的权力；同时，地方官吏也逐渐认识到东汉皇朝的末日已即将来临，纷纷借机扩充实力，准备参加中原逐鹿。故在从黄巾起义至董卓入京前的短短几年中，地方州郡牧守的权力恶性膨胀，终于发展为全国军阀混战。

汉武帝在全国置十三部州，州置刺史一人，监察郡国二千石官吏及强宗豪右，秩六百石，虽秩卑权重，但不是行政建制。西汉后期，刺史秩位提高到二千石，始有治所，自置属吏，东汉因之，仍是中央派出的监察机构。至东汉后期，州逐渐演变为行政区域，刺史实际上已成为地方最高行政长官。这样，郡县制就成了州、郡、县制。秦置郡守，汉更名为太守，是一郡最高行政长官，对上执行中央政府的政令，对下监督所属各县，举凡民政、财政、司法、教育、选举及兵事等无所不统。汉在行郡县制的同时,仍分封同姓诸侯王,各王国置相一人,辅佐诸侯王治理政事;国相实际上与郡守有同等的权力。东汉后期,郡国守相也竞相发展自己的势力,形成了州郡牧守各据一方的局面。

他们首先攫取了用人权。东汉后期,州郡牧守纷纷荐举自己的亲属、亲信,以此培植私人势力。更甚者,州郡牧守们可以自置郡县守令等朝廷命官,而不须经过荐举手续,只不过在任命后再上奏朝廷,以便取得朝廷的正式认可而已。如公孙度是辽东太守,在中原爆发农民起义时,他乘机扩大地盘,自称辽东侯、平州牧,并委任了辽中和辽西太守以及营州刺史。

其次是财政权。赋税是国家财政收入的基本来源,一般来说,地方官吏没有财政权。地方政治、军事、文化等方面的财政支出均由中央调拨,而地方官吏征收赋税,均应上缴中央,无权私自扣留。黄巾起义爆发后,各州郡县都要组织武装抵抗农民起义军,需要大量的财政支出,而中央政府却无处调拨,这就迫使地方官吏自筹经费。正是在这个过程中,州郡牧守们逐渐有了财政权。《后汉书·张让传》载:"让、忠说(灵)帝令帝敛天下田亩税十钱,以修宫室。……刺史、太守复增私调,百姓呼嗟。"说明地方官吏已可以在朝廷税收之外随意增加数额,归自己所有和支配。同时,州郡牧守们又往往寻找各种借口扣留应该上缴中央的赋税收入。如刘焉初做益州牧,一方面拉拢农民起义领袖张鲁,另一方面又以"米贼断道"为由拒绝对朝廷的财政负担。其它州郡也是"各拥强兵,委输不至"。① 财政权的扩张是地方牧守形成军阀割据的基础。

第三是兵权。在秦和西汉,太守虽掌地方军政,但一般情况下不得擅自发兵,遇有特殊情况调动军队,也需要皇帝的兵符,否则以擅兵罪论处。东汉为削弱地方军事势力,废除都尉,并职于太守,但郡守仍不能擅自募兵、发兵和领兵;扩大军权后的刺史也是如此。从东汉中期以后,少数民族的反抗和农民起义不断发生,刺史和郡守亲自领兵的事例也逐渐增多。特别是黄巾起义,多数

① 《后汉书·献帝纪》。

地方政权都不同程度地受到冲击,为镇压农民军,许多州郡牧守都成为当地官军的军事统帅。东汉朝廷也积极支持他们扩大军权,允许他们随时调动军队并亲自率领军队。由于战争的长期延续,在军队中,统帅和将领乃至士兵之间也形成了一种变相的君臣关系,即军队逐步演变成为私人武装,本来是军队组织形式的部曲渐渐成为家兵的代名词。随着州郡牧守募兵权的扩大,军队的依附性也进一步加强。至灵帝中平末年,朝廷已深切感到地方军权的膨胀是严重威胁,曾两次借口为董卓加官晋级,让他交出兵权,但都遭到拒绝。董卓公开声明他指挥的军队只忠于他本人,别人难以指挥。朝廷对此也无可奈何。军权的膨胀直接加速了军阀割据势力的形成。

有了用人权、财政权和兵权,州郡牧守也就拥有了地方政权。他们虽然在表面上仍是东汉政府的地方官员,但事实上已成为割据一方的土皇帝,州郡也相应形成互不相统的独立王国。他们不仅力图摆脱中央的控制,而且反过来试图控制朝廷,夺取中央权力。例如,冀州刺史王芬在襄楷等人鼓动下,连结许攸、周旌等,图谋乘灵帝北巡之机,杀死灵帝,另立皇帝,并借此消灭宦官。他们写信告诉曹操,希望得到他的支持。这次兵变虽因朝廷有人觉察而失败①,却可从中看出地方势力的扩张,已达到积极干预中央朝政的地步。前中山相张纯和前太山太守张举更直接联合北方乌桓势力,公开以推翻东汉朝廷相号召,起兵幽燕。② 其他的州郡牧守,也纷纷跃跃欲试,或试图控制朝廷,或坐观时变准备得渔翁之利。所以,黄巾起义被镇压下去以后,东汉朝廷也面临分崩瓦解之势。

面对这种局势,东汉朝廷也曾设想加强中央的控制能力。中平五年(188年)八月,"初置西园八校尉",以小黄门宦官蹇硕任上军校尉,也就是全军统帅;由四世三公家族出身的袁绍任中军校尉,即副统帅;灵帝自称"无上将

---

① 《三国志·魏志·武帝纪》。

② 《后汉书·刘虞传》。

军”,作为最高统帅;大将军何进也要服从这个中心的统一指挥。但这仅是一个空架子,当时的军权已由州郡牧守控制,它并拿不到实际权力。同时,在这个中心里,宦官、外戚和士大夫官僚代表三者之间的勾心斗角并未消除,所以从一开始,它就很不稳定。灵帝死,何进联合袁绍兄弟火并了蹇硕,不久,何进也被宦官杀害,政权落到地方实力派董卓手中,从此揭开了军阀混战的序幕。

在设置“西园八校尉”的同时,东汉朝廷还采取了“改刺史,新置牧”的措施。[①] 对此记载较详的是《后汉书·刘焉传》:“时灵帝政化衰缺,四方兵寇。(刘)焉以为刺史威轻,既不能禁,且用非其人,辄增暴乱,乃建议改置牧伯,镇安方夏,清选重臣,以居其任。焉乃阴求为交阯,以避时难。议未即行,会益州刺史张懿、凉州刺史耿鄙并为寇贼所害,故焉议得用。出焉为监军使者,领益州牧,太仆黄婉为豫州牧,宗正刘虞为幽州牧,皆以本秩居职。州任之重,自此而始。”

从这段文字可以看出,刘焉提此建议,并非为朝廷着想,不过是为逃避宫廷中的残酷政治斗争,希望远离朝廷到边远地区做地方官,安然地在外地充当土皇帝。而朝廷采取这种措施,目的有二:一是农民起义和少数民族反抗风起云涌,地方长吏纷纷受到惩处,朝廷误以为是由于地方长吏权力太轻不能有效镇压的缘故,所以要进一步扩大刺史的权限,加强对人民的控制。二是朝廷也认识到地方势力已有与中央政府抗衡之势,故设置位高权重的州牧加强对郡县守令的控制。同时,朝廷赋予刘焉以监军使者的职衔更显然是要加强对地方军权的控制。

但是,当时地方州郡已形成独立王国,不论刺史还是州牧,都已很难从郡国守相手中夺回对行政和军队的控制权。所以,改刺史为州牧,不但没有消除地方势力对东汉朝廷的威胁,反而进一步加强了州郡牧守的权力,州郡牧守由维护朝廷的职能发展为肢解东汉皇朝的分裂势力。正如刘昭所说:灵帝“大

---

① 《后汉书·灵帝纪》。

建尊州之规，竟无一日之治。故焉牧益土，造帝服于岷、峨；袁绍取冀，下制书于燕、朔；刘表荆南，郊天祀地；魏祖据兖，遂构皇业。汉之殄灭，祸源乎此。”① 尽管东汉皇朝的灭亡并非“祸源乎此”，但这项措施无疑扩大了州牧的权力，加速了地方割据势力的发展，促成了全国规模的军阀混战。东汉皇朝正是在军阀混战中鱼烂而亡的。

二、豪强地主武装势力的发展

东汉皇朝是在豪强地主支持下建立起来的，他们依靠政权的保护，更加疯狂地兼并农民的土地，迅速形成大大小小的地主田庄。为维护对农民的统治，豪强地主在田庄周围修筑坞壁、营堑，强迫依附农民充当家兵，并豢养大批剑客、死士，形成地主私人武装，平时用它看家护院，遇有农民暴动则用来镇压起义军。这种地主武装在东汉一代普遍存在，出土的东汉陶制明器以及画像石、画像砖和壁画中，都有形象而全面的反映。如河南陕县刘家渠东汉墓出土的绿釉陶楼阁，楼高三层，中层中央有四个人对坐下棋，四周各立一武士，面朝外，均作持满弓欲射状；三层上有二人眺望，一人持满弓；楼四周有水池，池边堤上又有四个骑马的武士。这些武士显然都是这个田庄主的私人武装。另外，广州出土的陶屋，四周有高大的围墙，围墙四角和宅院设有望楼。甘肃武威雷台出土的五层陶碉楼，院四周建有角楼，角楼之间，以飞桥相连，桥身两侧皆有障墙，以防射击。此类文物在西汉以前极为罕见，而在东汉特别是后期的墓葬中发现很多。这种城堡式的建筑，真实而形象地再现了当时豪强地主私人武装的发展。

东汉中叶以后，农民起义此起彼伏，不仅震撼着东汉皇朝的统治，也有力地打击了地方豪强恶霸；在天下大乱之际，豪强地主在得不到政府有力保护的情况下，也加紧发展自己的武装力量。如临淮东城(今安徽定远东南)的豪强

---

① 《后汉书·百官志》刘昭注。

陶阁楼（正面）（湖北云梦瘌痢墩出土）

陶阁楼（侧面）（湖北云梦瘌痢墩出土）

陶城堡(广州东山出土)

彩绘壁画建筑图(河北安平出土)

地主鲁肃,“家富于财”,知“天下将乱,乃学击剑骑射,招聚少年,给其衣食,往来南山中射猎,阴相部勒,讲武习兵”①,形成一支地主武装。又如许褚在“汉末,聚少年及宗族数千家,共坚壁以御寇”,明确是为防备农民起义军。“时汝南葛陂贼万余人攻褚壁,褚众少不敌,力战疲极。兵矢尽,乃令壁中男女,聚治石如杆斗者置四隅。褚飞石掷之,所值皆摧碎。贼不敢进”。② 为保护自己的身家财产,豪强地主武装势力在东汉末年迅速发展。

东汉中叶以后,政府的苛捐杂税和繁重

① 《三国志·吴志·鲁肃传》注引《吴书》。
② 《三国志·魏志·许褚传》。

的力役征发使农民越来越无法忍受，除参加起义外，部分农民不得不投靠世家大族，为豪强地主耕田服役，以此逃避国家的租税徭役。至东汉末年，天下大乱，军阀混战连年不已，各路军阀都要抢夺粮食，强征兵丁。如袁谭在青州，“使妇弟领兵在内，至令草窃，市井而外，虏掠田野，别使两将募兵下县，有赂者见免，无者见取，贫弱者多，乃至于窜伏丘野之中，放兵捕索，如猎鸟兽”；[1]“关东诸州郡起兵，众数十万，皆集于荥阳及河内。诸将不能相一，纵兵钞掠，民人死者且半”。[2] 在军阀混战中，大量农民无辜惨遭杀戮，如曹操攻击陶谦，在徐州杀数十万人，“泗水为之不流”。[3] 在生命财产毫无保障的情况下，又有大批农民逃进地主田庄，托身于他们的武装势力，成为他们的依附人口。豪强地主平时利用他们经营田庄，服各种劳役，农闲时则把他们组织起来进行军事训练，变成自己的军事力量。在东汉晚期的墓葬中经常发现的农夫俑，有的衣着与武士完全一样，佩戴环首大刀，就是这种由依附农民变成的亦兵亦农的家兵形象。东汉末年，这样的豪强地主武装势力遍布全国各地。

在汉代，聚族而居仍是普遍现象。遇有战乱，显贵的世家大族往往把宗族子弟作为他们屯坞自守、筑壁相保的基本力量；贫穷的族人也需要由世家大族出面组织武装，进行自卫。故在东汉末年的豪强地主武装中，血缘关系的色彩显得特别浓厚。如：颍川韩融“将宗亲千余家，避乱密西山中”；荀彧认为颍川乃四战之地，遂“将宗族至冀州”；高柔认为陈留是各路军阀势将力争的中原腹地，“举宗”往河北；田畴“率举宗族他附从数百人”入徐无山中；李典“宗族、部曲三千余家，居乘氏，自请愿徙诣邺郡。……遂徙部曲、宗族万三千余口居邺”；董和“率宗族西迁”；常林“率其宗族”帮助河间太守陈延守城；“胶东人公沙卢宗强，自为营堑，不肯应发调”；任峻“别收宗族及宾客家兵数百人，愿

---

① 《三国志·魏志·袁绍传》注引《九州春秋》。

② 《三国志·魏志·司马朗传》。

③ 《后汉书·陶谦传》。

持刀拥盾部曲陶俑(四川宜宾翠屏村出土)

部曲陶俑(四川成都天迴山出土)

从太祖";许褚"聚少年及宗族数千家,共坚壁以御寇"。① 在孙坚起兵时,其弟孙静也"纠合乡曲及宗室五六百人以为保障,众咸附焉"。② 这种与血缘关系结合,或举宗以避难,或聚族以自保而形成的武装集团,其首领都是世家大族,一般族人都是贫苦农民,只不过依附的阶级关系被血缘关系所掩盖,又加上了共患难的政治色彩而已。宗族形式是这时豪强地主武装势力的一个显著特点。

离开自己的土地依附于有威之门曰客。历战国、秦汉,客有各种不同的身份,分别称之为食客、宾客、人客、私客、家客、奴客、佃客、僮客等,或简称曰客。至东汉末年,各种称谓的客在实际上已没有太大差别,都是豪强地主的依附农

① 分别见《三国志·魏志》荀彧、高柔、田畴、李典、董和、常林、王修、任峻、许褚诸传。

② 《三国志·吴志·孙静传》。

民，经过一定的军事训练后，又都成为豪强地主的私人武装。如田畴曾作为刘虞使者，“自选其家客，与年少之勇壮慕从者二十骑俱往”长安；刘节有“宾客千余家，出为盗贼，入乱吏治，……前后未尝给徭”；曹洪“有宾客在许界”，又有“宾客在（长社）县界，征调不肯如法”；臧霸“将客数十人”营救其父；袁绍在汝南的“门生、宾客布在诸县，拥兵拒守”；高密孙氏“素豪侠，人客多犯法”；李乾“合宾客数千家，在乘氏”。[①] 又如会稽“焦征羌，郡之豪族，人客放纵”；吕范“将私客百人归（孙）策”；“许贡奴客潜民间，欲为贡报仇”；甘宁“将僮客八百人就刘表”。[②] 又如糜竺“祖世货殖，僮客万人，资产巨亿”；[③]曹纯“僮仆人客以百数，纯纲纪督御，不失其理”。[④] 显然，诸如此类的客大多带有家兵色彩。

部曲本是两汉的军事建制，逐渐演变为军队或士兵的代称。随着军队变成军事将领的私人武装，豪强地主的家兵也称为部曲。东汉末年，豪强地主往往把宗族子弟、宾客、徒附等各种依附农民组织起来，加以军事训练，成为私人武装。故宗族、宾客、家兵、部曲在史书中往往连称，其中已没有多大差别。如《三国志·魏志·李典传》载：“典从父乾，有雄气，会宾客数千家在乘氏。初平中，以众随太祖。”这时的宾客已成为军事武装。李乾率部追随曹操破黄巾，击袁术，征陶谦，后来被吕布部将杀死，“太祖使乾子整将乾兵”。原来的宾客在这里正式被称为兵。李整死，曹操又使李典“将整军”。在曹、袁相持官渡时，“典率宗族及部曲输谷帛供军。”这里的部曲就是上面提到的宾客和兵，实际就是李氏的家兵，又与宗族并称。后来李典率其宗族、部曲三千余家、万三千余口徙居邺城。可见，这里的宗族、宾客和部曲都参与武装斗争；同时又以家为单位，显然又是李氏的依附农民；平时种田服役，战时当兵打仗，这是

---

① 分别见《三国志·魏志》田畴、司马芝、满宠、贾逵、臧霸、王修、李典等传与注。

② 分别见《三国志·吴志》步陟、吕范、孙策、甘宁等传与注。

③ 《三国志·蜀志·糜竺传》。

④ 《三国志·魏志·曹仁传》注引《英雄记》。

当时豪强地主武装的又一特征。随着战乱的结束,豪强地主武装丧失了作战职能,作为主要成分的依附农民又逐渐全部回到土地上,成为豪强地主的佃客;而部曲之名被长期沿用,宗族、宾客的称呼逐渐消失,部曲成为佃客的代称。

东汉末年,豪强地主武装势力以多种形式活动于全国各地。董卓专权时,"名豪大侠,富室强族,飘扬云会,万里相赴";自董卓西迁后,山东地区割据局面形成,"大者连郡国,中者婴城邑,小者聚阡陌,以还相吞灭"。① 在割据混战中,各州郡牧守为扩大自己的势力,都积极拉拢拥有武装的豪强地主。面对东汉皇朝将要覆灭之势,各地豪强武装为保全自己,进而发展自己的势力,也积极寻找投靠对象。如任峻、许褚、田畴、李典、李通、吕虔、韩浩、臧霸等北方豪强地主武装先后投靠曹操;刘备除在北方吸引了糜竺等豪强地主武装外,又拉拢了荆州、益州的世家大族。豪强地主与州郡牧守的结合,进一步扩大了地方割据和军阀混战的局势。

第二节　董卓专权与军阀混战

一、董卓专权

黄巾起义爆发后,东汉朝野各种势力暂时取得了一致,共同对付黄巾军。黄巾军主力被镇压下去后,在朝廷内部,以皇位继承问题为契机,一度沉寂下去的宦官与外戚和士大夫官僚之争又趋于激化。

汉灵帝有二子:何皇后生刘辩,王贵人生刘协。刘辩有皇后及何进等外戚支持,刘协却因母亲的关系备受灵帝喜爱;故由谁继承皇位迟迟不决。灵帝临死前,暗中把刘协托付给西园八校尉首领大宦官蹇硕,希望由他继位,但没有

① 《三国志·魏志·文帝纪》注引《典略·自叙》。

明确宣布。中平六年(189 年),灵帝死,继位之争激化。蹇硕欲杀掉何进拥立刘协,计未得逞,十四岁的刘辩即位,是为少帝。何太后临朝,何进以舅父身份居大将军专权,诛杀蹇硕。

何进(? —189 年),字遂高,南阳宛(今河南南阳)人。因同父异母的妹妹被选入宫有宠,由郎中迁虎贲中郎将,出任颍川太守。何贵人被立为皇后,何进又迁侍中、将作大匠、河南尹。黄巾起义爆发,何进出任大将军,率左右御林五营镇守京师,因杀害黄巾首领马元义,被封慎侯。

何进既专朝政,便欲利用宦官不得人心,一举诛尽宦官,清除自己的政敌。但何太后本由宦官引荐而得宠,光和四年(181 年)药死王美人,也因宦官说情才未受灵帝惩罚,对宦官一直有感激之情,故不同意何进的计划。何进为消灭宦官,广泛拉拢士族贵族,如袁绍、袁术等,依为心腹。袁绍认为迟则生变,建议调地方军队进京,胁迫太后支持诛杀宦官的计划。

何进召前将军、并州牧董卓屯关中上林苑,东郡太守桥瑁驻兵成皋,又使武猛都尉丁原烧孟津,都以请诛宦官为名。何太后仍坚持反对,何进不敢擅自动手。宦官对此早有所闻,都到何进家中谢罪,表示愿听凭处置。在袁绍督促下,何进命人调查宦官罪行,并使虎贲中郎将袁术带二百人把守宫门。宦官感到大难就要临头,经过密谋,中常侍段珪谎称太后有旨召大将军进宫,暗置伏兵杀死了何进。

宦官劫持汉少帝及陈留王刘协连夜逃到小平津(在今河南孟津)。这时,宫中一片混乱,袁术率兵焚烧宫门,袁绍命人搜捕宦官,斩尽杀绝,有些本非宦官而无须者也遭误杀,死者达两千多人。至此,外戚、宦官同归于尽,持续近一个世纪的外戚、宦官之争宣告结束,代之而起的是董卓专擅朝政。

董卓(? —192 年),字仲颖,陇西临洮(今甘肃岷县)人。自幼喜交结豪侠。桓帝末,董卓从军,以有军事才干,又臂力过人,被任命为军司马,追随张涣征讨并州少数民族有功,迁郎中。历任广武令、蜀郡北部都尉、西域戊己校尉等职。“数讨羌胡,前后百余战”①,迁并州刺史、河东太守。中平元年,任东中郎将,镇压黄巾起义,无功免官。次年,复任中郎将,讨边章、韩遂,因全师而还,封邰乡侯。

中平六年,朝廷征董卓为少府。董卓以军功起家,深知军权的重要,又意识到东汉朝廷大势已去,故不愿放弃军权离开经营多年的老巢去做空有职衔而没有实力的朝官。他上书推辞,理由是他的军队由秦胡雇佣兵构成,他们以战争为职业,离开军队则无法养家糊口,故不肯放董卓进京。朝廷明知这是托辞,却无可奈何。至灵帝卧床不起,仍深以董卓的军事实力为患,再颁诏书任命董卓为并州牧,令其把军队交给皇甫嵩。这时,董卓对朝廷已无所顾忌,也明知朝廷的意图,便在上书中明确表示拒绝交出军队:“臣既无老谋,又无壮事,天恩误加,掌戎十年。士卒大小相狎弥久,恋臣畜养之恩,为臣奋一旦之命。乞将之北州,效力边陲。”明确把他的军队视为私人武装,不服从朝廷调遣。于是“驻兵河东,以观时变”②,等待机会。

及何进、袁绍召地方军队进京,董卓认为时机已到,即刻率兵起程。董卓未至,何进已败。董卓没有参与袁氏兄弟诛杀宦官的行动,而是直接带兵去北芒(山名,在洛阳东北)“奉迎”汉少帝,准备操纵朝政。

董卓带兵见驾,少帝惊恐啼哭。宫廷大臣代帝宣诏要董卓退兵。董卓应道:“公诸人为国大臣,不能匡正王室,至使国家播荡,何却兵之有!”③众朝官虽职高位显,面对刀枪剑戟也无可奈何。董卓与少帝说话,少帝惊魂不定,答不上来;九岁的陈留王刘协倒说清楚了事情的大体经过。董卓由此遂萌废立之意。

董卓初入京师,“步骑不过三千”④,为虚张声势,威震京师百姓及朝廷百

---

① 《三国志·魏志·董卓传》注引《英雄记》。
② 《后汉书·董卓传》。
③ 《三国志·魏志·董卓传》注引《典略》。
④ 《后汉书·董卓传》。

官，不得不经常在夜间把军队秘密带出，天明再大张旗鼓地回来，给人们造成又有兵马进城的假象。何进的弟弟何苗被何进部将杀死，军队被董卓收编。董卓又收买丁原部将吕布杀死丁原，吞并其军队。至此，董卓才有了比较强大的兵力，足以控制洛阳局势。

董卓先以久旱不雨为由罢免司空刘弘而自代，挂上三公头衔，名正言顺地召集百官商议废立。公卿中虽有少数人反对此举，但在董卓的淫威面前，谁也无法改变事情的结局。中平六年九月，董卓废汉少帝刘辩为弘农王，立陈留王刘协，是为汉献帝。董卓自任太尉，旋为相国，“入朝不趋，剑履上殿”①，位极人臣，权倾百官。

自汉武帝“独尊儒术”之后，读经成为入仕主要途径，由此逐渐形成一个以读书人为主体的士大夫阶层。至东汉末年，这个阶层的力量已很强大，不仅掌握着政治权力，且往往左右着社会舆论，有广泛影响和号召力。董卓掌权之初，虽然从内心里对读书人反感，但也知道应该尽可能得到士大夫的支持，故接受周毖、伍琼等人建议，征用一批社会名流出任要职。如才学与名望俱高、屡受宦官迫害的蔡邕，首先被征进京，“甚见敬重，举高第，补侍御史，又转侍书御史，迁尚书，三日之间，周历三台”。② 又如处士荀爽，“自被征命及登台司，凡九十三日”。③ 另外，董卓还重用名士尚书周毖、城门校尉伍琼、尚书郑泰、长史何颙等，“沙汰秽恶，显拔幽滞，……又以尚书韩馥为冀州牧，侍御史刘岱为兖州刺史，颍川张咨为南阳太守。卓所亲爱，并不处显职，但将校而已”。④ 尽管如此，士大夫阶层中的许多人还是不愿与董卓合作，如袁绍、袁术、曹操等都逃出洛阳，积极从事反董活动。董卓也很快不再做拉拢士大夫的努力，露出一个典型武夫的狰狞面目。

---

① 《后汉书·董卓传》。

② 《后汉书·蔡邕传》。

③ 《资治通鉴》卷五十九灵帝中平六年。

④ 《资治通鉴》卷五十九灵帝中平六年。

董卓的军队是从汉、羌、胡各族中召募来的雇佣兵,成分很复杂。他们以战争为职业,以杀掠为能事,极具破坏性。进入洛阳后,董卓又故意放纵士兵抢劫财物,淫掠妇女,谓之“搜牢”。有一天,董卓派兵到阳城(今河南登封),正值春季祭祀社神,军队突然把祭社的老百姓包围起来,无端杀死全部男子,悬首于车辕,然后满载妇女财物,“歌呼而还”①,声称击贼获胜。董卓对朝廷百官也是顺者昌,逆者亡,动则滥用酷刑,稍不如意则处死,使“群僚内外莫能自固”。② 董卓的暴虐激起各阶层的普遍不满。

初平元年(190年)正月,以袁绍为首的山东州郡牧守纷纷起兵讨伐董卓。这时,黄巾余部白波军已发展到十余万人,正集结白波谷(今山西临汾境内),有南渡黄河截断董卓退路的动向。董卓自知不得人心,欲退守关中以避其锋。伍琼、周珌等人固谏,认为长安经两汉之际的破坏,已不适于做都城。董卓大怒,就以袒护过袁绍为由杀死伍、周,并罢免太尉黄琬、司徒杨彪、司空荀爽等人官职。

二月,董卓强行迁都。长安经两汉之际的战火之后,“宫室营寺焚灭无余”③,人口稀少,民穷财匮。董卓强行迁徙洛阳数百万口随驾长安,致使“步骑驱蹙,更相蹈籍,饥饿寇掠,积尸盈路”④,情况惨不忍睹。为彻底打消西迁人口的东返念头,不给山东联军留下任何物资,董卓命人全部烧毁了洛阳的宫室、宗庙、府库以及官府、民宅,把洛阳变成一片废墟,“二百里内无复孑遗”。⑤董卓连死人也不放过,他让吕布挖掘了全部皇陵及公卿以下官吏冢墓,搜其陪葬珍宝。皇帝百官西迁后,董卓仍暂留洛阳准备抵御随后追来的山东联军。

董卓面对山东联军的讨伐声势,仓惶迁都,表明他不具备政治家的基本素

---

① 《后汉书·董卓传》。
② 《后汉书·董卓传》。
③ 《后汉书·董卓传》。
④ 《后汉书·董卓传》。
⑤ 《后汉书·董卓传》。

质，正如曹操所说："向使董卓闻山东兵起，倚王室之重，据二周之险，东向以临天下，虽以无道行之，犹足为患。今焚烧宫室，劫迁天子，海内震动，不知所归，此天亡之时也。"①董卓的倒行逆施，应该说给山东联军提供了充分的讨伐理由和机会。

山东联军讨伐董卓的声势尽管很大，但实际出兵很少。河内太守王匡未曾出击已被董卓的军队击破，曹操和孙坚虽积极行动，但兵微将寡，孤军深入得不到后援，很快也被击败。不久，董卓就稳定了局势，使中郎将董越屯渑池，中郎将段煨屯华阴，中郎将牛辅屯安邑（今山西夏县西北），其余中郎将、校尉各率兵屯驻潼关一带各州县，防御山东联军西进。初平二年，在布置就绪后，董卓赶赴长安。

董卓自任太师，位在诸侯王之上，车马、服饰都拟于皇帝。他以弟董旻为左将军，封鄠侯；侄董璜为侍中、中军校尉，执掌兵权。"于是宗族内外，并居列位，其子孙虽髫龀，男皆封侯，女为邑君。"②刘氏朝廷实已成为董家天下。

董卓自知不得人心，为防范遭到突然袭击，也为自己准备后路，他采用当时一般豪强地主的防卫办法，在长安城东郿县筑郿坞，"高厚七尺"，与长安城墙同，号"万岁坞"。坞中积蓄粮食可维持三十年。董卓自称："事成，雄居天下；不成，守此足以毕老。"③郿坞是董卓必然灭亡的象征，不久董氏家族就被全部消灭了。

面对董卓的暴政，不仅全国各地兴起讨伐董卓之势，朝廷内部也不断有诛杀董卓以谢天下的秘密行动。越骑校尉伍孚，在晋见董卓时，朝服内暗藏利刃，乘董卓起身送客之际，伍孚突然拔刀刺去，不幸一击未中，伍孚当场被董卓爪牙杀死。司徒王允、仆射士孙瑞也一直在寻找刺杀董卓的机会，因董卓防守

① 《三国志·魏志·武帝纪》。
② 《后汉书·董卓传》。
③ 《后汉书·董卓传》。

严密，并有吕布常随左右，始终未能得手。

王允（137—192 年），字子师，太原祁县人。"世任州郡为冠盖"。[①] 初为郡吏，迁豫州刺史。董卓迁都长安时，以王允为司徒。王允表面上处处依附董卓，故被依为心腹。在董卓滞留洛阳期间，王允一度主持朝政。因不满于董卓的暴政，王允与黄琬、郑太等密谋暗杀董卓。他们建议由护羌校尉杨瓒行左将军事，执金吾士孙瑞为南阳太守，共率兵出武关，征讨袁术，实际是要他们从外面分路讨伐董卓。但此事引起了董卓的怀疑，未得实施。

董卓为防范遭谋杀，让亲信部将吕布经常随侍左右。吕布，并州五原郡九原县人，初为并州刺史丁原手下亲信将领。灵帝死，何进召董卓、丁原进京。不久，董卓诱使吕布叛杀丁原而并其众。吕布善骑射，臂力过人，号称飞将，颇受董卓信任，两人誓为父子。董卓性格暴躁，做事不计后果。有一次，吕布因有小错，董卓大怒，立即将手戟掷向吕布。吕布急忙躲开，幸免于难。自此，吕布心有怨恨。同时，吕布与董卓侍婢私通，恐被发觉，心不自安。吕布与王允同为并州人，时有往来，了解其中隐情。

初平三年春，王允利用吕布与董卓的矛盾，说服吕布，共同制定了刺杀董卓的计划。四月，汉献帝大病初愈，朝会百官。董卓为预防有人行刺，在从郿坞到皇宫的路上，"左步右骑"[②]，派重兵守卫，并使吕布等亲信前后簇拥，可谓万无一失。岂知早被王允算中，士孙瑞事先已以皇帝的名义给吕布写好诏书，命其伺机刺杀董卓。同时，王允使骑都尉李肃与吕布的十几个亲信冒充宫廷卫士守在宫门内。董卓一进宫门，李肃等即以戟刺之，因董卓内着铠甲，只刺中其手臂，董卓掉下车来。董卓急呼吕布，吕布应声"有诏讨贼臣"[③]，遂将董卓刺死。

---

① 《后汉书·王允传》。
② 《后汉书·董卓传》。
③ 《后汉书·董卓传》。

董卓受诛的消息传出，"士卒皆呼万岁，百姓歌舞于道"。长安城中许多人卖掉珍宝衣服买回酒肉，相互庆贺，欢庆的人群"填满街肆"。皇甫嵩带兵攻进郿坞，杀尽董氏男女老幼，昔日满门公侯一朝尽做刀下之鬼。从坞中搜出"金二三万斤，银八九万斤，锦绮缋縠纨素奇玩，积如丘山"。① 董卓肥胖的尸体在烈日下腐烂，被守卫兵士点烧，化为灰烬。

二、关中和山东地区的军阀混战

(一)关中军阀混战

王允虽然果断地杀死了董卓，结束了董卓近三年的残暴统治，但没有把朝廷安定下来。既灭董卓，他就认为从此天下太平，不再积极争取广泛支持，进一步稳定社会秩序。如大名士蔡邕，是当时的一流学者，曾因宦官迫害，亡命十二年，董卓专权后被迫出仕，任左中郎将，就因在一次谈话中，提到董卓时叹了一口气，王允便以同情董卓罪把他杀死。同时，王允自恃诛杀董卓有功，对待朝廷百官"每乏温润之色，杖正持重，不循权宜之计，是以群下不甚附之"。②

更严重的是王允没有及时妥善安置董卓旧部。董卓被诛时，其女婿牛辅正率兵屯陕，闻讯后遣部将李傕、郭汜、张济等率兵数万攻破中牟，又寇掠陈留、颍川诸县，烧杀抢劫，所过之处，皆为废墟。吕布遣部将李肃征讨，被牛辅击败。不久，牛辅营中无故大乱，牛辅席卷财物出逃，被部下杀死。李傕等失去首领，一时无所归附。

牛辅死后，李傕等感到走投无路，不知所措，曾派使者进京请求赦免，表示愿意接受朝廷约束。王允没有答应他们的要求。当时，董卓旧部中流传着朝廷要"悉诛凉州人"的谣言，诸将校以为："蔡伯喈(邕字)但以董公亲厚尚从

① 《后汉书·董卓传》。
② 《后汉书·王允传》。

坐,今既不赦我曹,而使解兵,今日解兵,明日当复为鱼肉矣。”①李傕等本打算各自解散,回归故里。这时,在军中素以多谋著称的武威人讨虏校尉贾诩向李傕等献计说:“诸君若弃军单行,则一亭长能束君矣,不如相率而西,以攻长安,为董公报仇。事济,奉国家以正天下;若其不合,走未晚也。”②李傕等采纳了这项建议。显然,若王允及时宣布大赦,董卓旧部未必再兴兵闹事;李傕等不过是侥幸行事,全无为国为民之意,一旦事成,势必天下大乱。

初平三年五月,李傕、郭汜等率兵数千西进长安。王允听到消息,没有调遣可靠的部队去堵截,却派董卓旧部胡珍、徐荣率部去迎击。双方在新丰(潼关东北)相遇,胡、徐失败,余部投归李、郭。他们又沿途招兵买马,及至长安城下,已发展到十余万人。又与董卓别部樊稠、李蒙等会合,声势大震。围攻长安的第八天,吕布军士打开城门引李傕部进城。李傕放纵士兵四处劫掠,“死者万余人”。③ 吕布战败出逃。王允保护献帝躲在城门楼上,宣布大赦天下,封李、郭、樊等皆为将军。李、郭既已控制长安,皇帝与王允等都是掌中之物,他们以为董卓报仇为名,杀死王允,控制了朝廷。李傕自任车骑将军,领司隶校尉,郭汜为后将军,樊稠为右将军,共秉朝政。张济为镇东将军,屯弘农(今河南灵宝北)。

李、郭的军队本由亡命徒组成,又早已养成劫掠的恶习,既入京师,更肆无忌惮。致使城中“谷一斛五十万,豆、麦二十万,人相食啖,白骨委积,臭秽满路”。④ 长安再遭涂炭。

兴平元年(194 年),凉州军阀韩遂、马腾率部进入长安,表示愿意归附朝廷。韩遂被任命为镇西将军,仍屯驻凉州;马腾为征西将军,屯郿。马腾因欲望没有得到充分满足,遂联合朝中几个大臣起兵攻击李傕。双方混战,难分难

---

① 《资治通鉴》卷 60 献帝初平三年。

② 《资治通鉴》卷 60 献帝初平三年。

③ 《后汉书·董卓传》。

④ 《后汉书·董卓传》。

曹操 军阀名
割据界
鲜
卑
辽东
公孙度
幽州
匈
奴
袁
绍
勃海
并州
勃
海
东莱
青州
冀州
安定
河东
兖州
杨秋、马腾等
雒阳
司隶
弘农
曹
许
操
徐州
豫州
东
汉中
张
鲁
南阳
广陵
九江
刘
荆州
袁
术
吴郡
丹阳
海
江夏
庐江
会稽
巴郡
璋
武陵
彭蠡泽
洞庭
豫章
孙
策
长沙
表
东汉末年群雄割据图

解。韩遂闻讯，也率部赶到，先出面调停，终与马腾合势。经过激战，韩、马失败，折损万余人，退还凉州。樊稠率兵追击，反受到韩遂的挑拨，对李傕产生疑忌。

李傕发现樊稠有些反常，在宴会上杀死了樊稠。李、樊同为董卓部曲，在李、郭进入长安时，樊稠出了大力，又刚参与击破韩遂、马腾；樊稠无端遭到杀害，使李傕部下感到寒心，诸将之间也相互疑忌。这时，原董卓部将安西将军杨定，害怕受迫害，主动投靠郭汜，建议把皇帝抢过来，借以控制李傕。郭汜对李傕也已渐感不满，接受了杨定的建议。但郭汜尚未行动，便被李傕觉察，他先下手为强，立即派部将李暹率兵数千包围了皇宫，逼迫汉献帝、伏皇后坐车到李傕家中接受"保护"，朝廷百官步行相随。汉献帝真正成为李傕的私有财产。李傕还派人搬走皇宫中的所有器物，然后一把火烧掉了皇宫及周围的官府、民宅。李傕专门安排一名校尉守护家门，拒绝任何人与皇帝见面。献帝请求给五斛米和五副牛排，以供他与百官食用，李傕只给了一些腐臭不可食的牛排。朝廷百官在无可奈何中，以杨彪为首的十几位大臣带着"圣旨"亲自到郭汜营中为李、郭调解。结果，郭汜不仅不听劝言，且把中间人全部扣押。"一人劫天子，一人质公卿"①，李、郭平分朝廷。李傕把献帝转移到自己的坞堡内，只许皇后和宋贵人相伴，余人均不得见。郭汜不断来抢，李傕则出兵迎击，双方"相攻连月，死者以万数"②，相持不下。

这时，驻兵弘农的张济来为李、郭调解，建议把献帝权移弘农。刘协本在洛阳长大，自进入长安，几无一日安宁，也思重返故都。李傕因部将杨奉等叛离，实力减弱，又因争夺皇帝与郭汜混战不已，而在对朝廷的控制中也并没有得到更多实惠，便答应了献帝东归的要求，自己率兵屯驻曹阳。郭汜也表示同意。双方言和。

---

① 《后汉书·董卓传》。

② 《后汉书·董卓传》。

朝廷以张济为骠骑将军，还屯陕，以郭汜为车骑将军，杨定为后将军，杨奉为兴义将军，董承为安集将军，共同护送献帝东归。但郭汜突然反悔，欲劫持献帝移驻郿。杨定等人不愿再受郭汜控制，不从。郭汜恐受暗算，主动带兵投李傕。当献帝一行到达华阴时，受到宁辑将军段煨的热情招待。杨定与段煨因有宿怨，遂出兵攻击段煨。李傕也后悔让天子东归，便与郭汜联合出兵救段，欲劫回献帝。杨定失败，亡奔荆州。张济与杨奉、董承不和，又联合李、郭击败杨、董。"百官士卒死者不可胜数，皆弃其妇女辎重，御物符册典籍，略无所遗"。[1] 杨奉、董承保护献帝逃到曹阳露宿。迫于无奈，杨奉一面虚意与李傕讲和，暗中又遣使与原白波起义军领袖李乐、韩暹、胡才及南匈奴左贤王去卑等联络。李乐等率数千骑来救，击却李傕等。李傕部仍在尾随追击，杨奉等决定北渡黄河。夜间，献帝在众人保护下，步行十余里到达黄河岸边。堤岸高达十余丈，用十匹绢相接，方把天子缒到船上。船只缺乏，大家都拼命拥挤上船，董承命人以利刃断其手指，"舟中之指可掬"。[2] 留在这边的宫女为李傕部尽数掳去，其冻死、淹死者不计其数。

过黄河后，朝廷百官受到河内太守张杨的招待，他派数千人背米供应，大家才又有了饭吃。杨奉等人用牛车把献帝拉到安邑（今山西夏县西北），朝廷方才安顿下来，开始封赏，以胡才为征东将军，张杨为安国将军，"其垒壁群竖，竞求拜职，刻印不给，至乃以锥画之"。[3] 同时，朝廷派人到弘农与李傕交涉，说其遣还朝廷百官及所掠宫女。不久，为争权夺利，韩暹攻击董承，董承依附张杨。经过一路混战，建安元年（196 年）七月，汉献帝在关西诸将的"护送"下到达洛阳。

洛阳经董卓破坏，已成废墟。献帝没有宫殿可住，只好住在城西残存的故

① 《后汉书·董卓传》。
② 《三国志·魏志·董卓传》注引《献帝纪》。
③ 《后汉书·董卓传》。

中常侍赵忠旧宅。百官景况很惨:"是时,宫室烧尽,百官披荆棘,依墙壁间。州郡各拥强兵,委输不至,群僚饥乏,尚书郎以下自出采梠,或饥死墙壁间,或为兵士所杀。"①

即使在这种局面下,拥兵主政的将军们仍在相互争夺。张杨为大司马,出屯野王(今河南沁阳);杨奉为车骑将军,屯梁(国治睢阳,今河南商丘南);韩暹为大将军领司隶校尉,与董承共同主持朝政。董承与韩暹不和,暗召兖州牧曹操。曹操此时正欲挟天子以令诸侯,立即率兵进驻洛阳。洛阳残破,又有关西各路军阀的威胁,曹操把献帝迁到新开辟的许县(今河南许昌)。

曹操控制局面以后,很快消灭了跟随献帝东迁的各路关西军阀。杨奉、韩暹被击败后,投奔袁术,杨奉在扬、徐间被刘备杀死,韩暹也为部下所杀。胡才、李乐留在河东,胡才被仇家所害,李乐不久病死。张济因饥饿到南阳寇掠,被刘表部将杀死。曹操命段煨攻杀李傕,夷其三族。郭汜被部将杀死。董承在建安五年以谋诛曹操被杀。张杨也死于部下之手。至此,主要由董卓旧部之间展开的关中军阀混战彻底结束。"自都许以后,权归曹氏,天子总己,百官备员而已"。② 东汉皇朝在曹操控制下,进入最后一段历程。

董卓胁迫朝廷西迁时,京师长安虽然残破,但三辅人口尚有数十万,加上董卓强制迁徙的洛阳百余万口,关中地区人口仍不少。经过各路军阀的连年混战与到处烧杀抢掠,至"天子东归后,长安城空四十余日,强者四散,羸者相食,二三年间,关中无复人迹"。③ 人口大量死亡或迁徙,土地大片荒芜,社会经济遭到极度破坏,大有一蹶不振之势。

(二)山东军阀的割据混战

董卓进京不久,西园八校尉之一的袁绍便主动离开朝廷。当时,董卓对出

---

① 《后汉书·献帝纪》。
② 《后汉书·董卓传》。
③ 《后汉书·董卓传》。

自高门贵族的袁绍心存畏惧，一度想追杀袁绍，由于侍中伍琼的暗中保护，董卓正式追命袁绍为勃海太守，希望以此换取袁绍的支持。初平元年(190 年)正月，袁绍首先在勃海(今河北南皮)起兵，自称车骑将军，以讨伐董卓相号召，各地州郡牧守及地方豪强势力纷纷响应。袁绍与河内太守王匡驻河内(今河南武陟)，冀州牧韩馥驻邺城(今河北临漳)，豫州刺史孔伷驻颍川(今河南禹县)，兖州刺史刘岱、陈留太守张邈、广陵太守张超、东郡太守桥瑁、山阳太守袁遗、济北相鲍信和曹操等人的军队驻酸枣(今河南延津)，后将军袁术驻鲁阳(今河南鲁山)。各军分别有数万人，声势浩荡，袁绍被推为盟主。

当时曾有人对董卓和山东盟军的实力做过这样一番分析：第一，董卓生长于西北，从年轻时就出任将帅，饱经战阵，深谙军事韬略；盟军首领袁绍本是公卿子弟，生长于京师，从未亲临战阵，难以胜任统帅。第二，董卓部将都是从西部跟随董卓多年的亲信，既有丰富的实战经验和指挥能力，又肯死心塌地为董卓卖命；而盟军中的各路统帅，多是文人出身的州郡牧守，不具备军事才干，如"张(邈)孟卓东平长者，坐不窥堂；孔(伷)公绪清谈高论，嘘枯吹生"，而各路统帅又相互独立，对袁绍存有二心。第三，董卓的军队是由久历战争的并、凉之人组成的雇拥军，骁勇善战，就连妇孺都会使用弓箭，有很强的战斗力；山东久处太平，百姓"忘战日久"，军队数量不少，但系乌合之众。① 事实证明的确如此。在董卓迁都前后，除曹操与迟到的长沙太守孙坚曾向董卓的军队发动过几次小规模的攻击外，各路州郡牧守只是每天大摆宴筵，高谈阔论，却不敢与董卓的军队交锋，静观董卓安全西迁。他们都要拥兵自重，保存实力，以便在不久即将爆发的中原逐鹿中争夺地盘，谁也不愿消耗实力从事所谓讨伐董卓重兴汉室的事业。不久，盟军粮草用尽，便各自拔营而回，讨伐之举不了了之。更有甚者，兖州刺史刘岱和东郡太守桥瑁因宿怨发生火拼，桥瑁被杀，刘岱任命王肱做了东郡太守。从此盟军解体，拉开了山东地区军阀混战的序幕。

---

① 《后汉书·郑太传》。

袁绍曾是少帝刘辩的拥立者,不愿听命于董卓所立的汉献帝。而且这时他已认识到无力讨伐董卓,便想借自己的地位在山东另立一个皇帝,由自己主持东方朝廷,在名义上与董卓抗衡。初平二年正月,袁绍和韩馥以皇帝幼冲又不知死活为由,提出拥立幽州牧宗室刘虞为帝。他们写信告诉袁术,但袁术自己想做皇帝,拒绝参与此事。曹操认为这样做不得人心,也表示反对。最后,刘虞本人则表示坚决拥护献帝,不敢有二心,拒绝接受帝号。结果此事未成就流产了。接踵而来的是军阀混战。

在声讨董卓时,袁绍自号车骑将军领司隶校尉,且被推举为盟主,靠的是四世三公的家世及其虚名,其实职只是董卓任命的勃海太守,受冀州牧韩馥的节制。韩馥本是社会名流,被董卓任命为冀州牧。当袁绍准备起兵号召讨伐董卓时,韩馥不仅不予支持,且派人去勃海监视袁绍,使他不得起兵。当时山东州郡讨伐董卓的声势很大,韩馥迫于形势,不得不允许袁绍起兵,且率部加入盟军。但韩馥经常不给袁绍的军队拨足够的粮食,企图令袁军无食自溃。盟军解散后,袁绍要扩充实力,第一个目标自然是从韩馥手里夺取冀州牧的头衔。双方的矛盾公开化。由于对韩馥不满,其部将麹义率部叛归袁绍。袁绍谋士逢纪提议乘机用武力夺取冀州,作为以后发展势力的根据地。袁绍感到力量不足。逢纪又建议秘密邀请幽州的公孙瓒率部南下,造成进攻冀州的声势,同时派使者去恐吓性格懦弱的韩馥,劝他自动让出冀州牧的职位。袁绍依计而行,公孙瓒果然以讨伐董卓为名,率部大举南下,进入冀州。作为社会名流的韩馥,本身不具备军阀素质,这时的确吓破了胆,表示愿意把冀州牧印绶送给袁绍。其谋士沮授等人认为:冀州"带甲十万,谷支十年。袁绍孤客穷军,仰我鼻息,譬如婴儿在股掌之上,绝其哺乳,立可饿杀。奈何欲以州与之?"①韩馥则自我解嘲说:"吾,袁氏故吏,且才不如本初(袁绍字),度德而

① 《后汉书·袁绍传》。

让,古人所贵,诸君独何病焉。"[1]遂不顾部下反对,将印绶送给袁绍,并接受了袁绍任命的奋威将军的空头职衔,表现出一个读书人在战乱时代的迂腐与无奈。不久,韩馥为避祸投奔陈留太守张邈,仍担心袁绍谋害他,终于自杀。当时的冀州是富庶之地,兵多粮足;袁绍夺取冀州,成为实力强大的军阀。

东汉后期,幽州处于边缘地带,经常发生战乱。灵帝时,曾做过中山相的渔阳人张纯,勾结乌桓贵族丘力居等发动叛乱,攻略郡县。时任涿令的公孙瓒因作战有功,迁骑都尉。但在后来的五六年中,公孙瓒一直未能取胜,致使丘力居势力不断扩大,侵扰范围波及幽、冀、青、徐四州,天下震动。中平五年(188 年),朝廷任命刘虞为幽州牧。刘虞过去曾担任过幽州刺史,对乌桓、鲜卑等少数民族一向采取安抚政策,成效较好。刘虞抵蓟,一改公孙瓒全力征剿方略,"罢省屯兵,务广恩信",只悬赏缉拿张纯,对乌桓贵族"开许善路"。[2]张纯逃亡中被部下杀死,幽州平定。《后汉书·刘虞传》对刘虞治理幽州给予了很高评价:刘虞"务存宽政,劝督农植,开上谷胡市之利,通渔阳盐铁之饶,民悦年登,谷石三十。青、徐士庶避黄巾之难归虞者百余万口,皆收视温恤,为安立生业,流民皆忘其迁徙。虞虽为上公,天性节约,敝衣绳履,食无兼肉,远近豪俊夙僭奢者,莫不改操而归心焉。"虽有溢美之辞,但刘虞的安抚政策取得了成效则是可信的。

幽州牧刘虞在拒绝袁绍拥立之后,为表白自己,立即派使者去长安看望献帝。当时的献帝正对董卓不满,便使刘虞的儿子侍中刘和随使者回报刘虞,希望他带兵把自己迎回洛阳。刘和途经南阳时被袁术扣押,袁术使人告诉刘虞,表示愿意参加迎接献帝的军事行动。刘虞闻讯,派数千骑兵南下迎接刘和。当时任降虏校尉的公孙瓒认识到袁术没有迎接皇帝的诚意,劝刘虞不要出兵,刘虞不听。公孙瓒不愿为此得罪袁术,便派从弟公孙越率千余骑兵投奔袁术,

---

① 《三国志·袁绍传》。
② 《后汉书·刘虞传》。

表示愿意合作,并劝袁术吞并了刘虞的骑兵。刘虞和公孙瓒由此不和。

再说,袁绍与袁术既在拥立刘虞问题上发生了矛盾,就不承认袁术委任的豫州刺史孙坚,而派周昕带兵去接任豫州刺史。孙坚此时仍坚持进攻董卓,根据地阳城却突然被周昕袭取。袁术派公孙越帮助孙坚收复失地,公孙越被流箭射死。公孙瓒为此与袁绍结怨,并出兵向冀州发起攻势。公孙瓒刚在镇压黑山农民军中获胜,实力猛增。袁绍不愿得罪他,便把勃海太守印绶送给公孙瓒的堂弟公孙范,以表歉意,并愿意和好。但公孙范立即从勃海投公孙瓒,这更增强了公孙瓒的实力。冀州的许多郡县也纷纷投降公孙瓒。公孙瓒自己任命了冀、青、兖三州刺史,并率部大举进攻袁绍。在界桥(今河北威县北),双方会战,袁绍以伏兵破公孙瓒,获甲首千余,公孙瓒被迫撤退。明年,公孙瓒再进军至龙凑(今山东平原境内),复被袁绍击败。袁绍乘胜追击,在故安(今河北固安)被公孙瓒打垮,才退了回来。经过近两年的拉锯战,双方都疲困不堪,“粮食并尽,士卒疲困,互掠百姓,野无青草”。① 初平四年(193 年)春,朝廷派使者劝说双方和解,袁绍和公孙瓒乃罢战言和,各守本土。

对袁绍和公孙瓒的混战,幽州牧刘虞并未袖手旁观。公孙瓒是本地人,出身行伍,以能征善战著称。刘虞出任幽州牧,公孙瓒不服从指挥,二人之间矛盾重重,常有摩擦。刘虞害怕公孙瓒实力壮大后对自己不利,故对公孙瓒的行动时常给予一些限制。公孙瓒在前方不得志,到后方又受挟制,更加恼火,不但不听刘虞指挥,还故意骚扰百姓,甚至劫掠刘虞的财物。刘虞不愿发生火拼,便连上奏章,述说公孙瓒的种种恶迹,希望朝廷给予处分。公孙瓒也频繁上书,说刘虞没有供应他足够的粮饷。但朝廷此时已自身难保,无力解决他们之间的纷争。公孙瓒和袁绍休战后退驻蓟县(今北京市),为防备刘虞进攻,在城东南另筑小城,设立大营。刘虞多次派人请公孙瓒议事,公孙瓒恐遭暗算,拒不参加。这更加深了刘虞的疑虑。初平四年冬,刘虞组织十万大军讨伐

---

①《汉后书·公孙瓒传》。

公孙瓒。当时,公孙瓒的军队多在外地驻防,突然受到攻击,束手无策,准备逃跑。但刘虞的军队缺乏训练和实战经验,战斗力很差,故围城急切不下。公孙瓒发现了刘虞军队的弱点,组织精锐数百人,强行突围。没想到刘虞军队一冲即垮,溃不成军,刘虞也在混乱中逃跑,在居庸被俘。公孙瓒控制了整个幽州。

公孙瓒据有幽州,遂有称帝之意,在易京(今河北雄县西北)广筑营垒,大建宫观。不久,刘虞旧部鲜于辅等组织军队,攻掠郡县。长期被公孙瓒镇压的乌桓势力也乘机再起。他们迎回刘虞子刘和为主,联合袁绍,在兴平二年(195年)大破公孙瓒。公孙瓒被迫退保易京。袁绍部围城久攻不下,相持年余,公孙瓒乘袁军撤退时全力出击,袁军大溃南窜。但公孙瓒在胜利后也陷入了困境。经过连年战争,加上蝗灾、旱灾不断发生,一度富庶的幽州又出现人相食的悲惨局面。而公孙瓒依然掠夺不已,阶级矛盾非常尖锐。公孙瓒对自己属下的地方长吏或外地驻军受到攻击时,一概不予增援。他认为出兵营救会增加他们的依赖心理,不救则可置之死地而后生,结果部将不是被杀就是投降,众叛亲离。公孙瓒自知不得人心,为防不测,在易京构筑强固工事,其中积谷达三百万斛。他本人则住在密封的高楼内,只许众姬妾终日陪伴,寻欢作乐,不许七岁以上的男子上楼,书信也用绳索传递。显然,这种统治是不会长久的。建安三年(198年),袁绍亲率大军包围了易京,公孙瓒自知不敌,一面固守易京,一面派儿子公孙续求救于黑山农民起义军。约定至明年春公孙续率援军赶到时以起火为号,对袁绍内外夹攻。但使者在途中被袁军抓获,袁绍将计就计,引诱公孙瓒出城,以伏兵大败之,公孙瓒自杀。袁绍占据了幽州,成了山东最强大的势力。

当袁绍和公孙瓒在北方激战的时候,山东各路军阀为争夺徐州在中原地区展开了一场混战。

袁术,袁绍的同父异母弟。年轻时是一个骄奢任性、喜欢飞鹰走狗的浪荡公子,因家世显赫,被举为孝廉,任郎中,累迁至虎贲中郎将。董卓入京,任命袁术为后将军。袁术看不起董卓,不愿与其合作,遂逃离京师,奔南阳郡鲁阳县。当时,孙坚已杀南阳太守张咨,仰慕出身于四世三公家庭的袁术之名,主动率部归附袁术。袁术侥幸得到一块地盘,有了一点实力。袁术和袁绍虽是兄弟,但关系并不好,特别是在拥立刘虞的问题上兄弟反目。袁术与袁绍的死对头公孙瓒遥相结盟,牵制袁绍,袁绍则联合荆州牧刘表攻击袁术。袁术根本不会打仗,依靠孙坚之力,才取得几次胜利。初平二年孙坚阵亡,袁术在刘表的压迫下向北撤退。南阳是刘秀发迹之地,达官贵人很多,境内有户口百余万,但袁术"不修法度,以钞掠为资,奢欲无厌,百姓患之",①把富庶之乡变成了人间地狱。袁术在北撤途中受到曹操攻击,无力抵抗,转而向东南寻求发展。九江郡(郡治寿春,今安徽寿县)太守陈温本是袁术所任命,这时也拒绝接纳袁术。袁术武力攻下寿春,杀死陈温,夺取九江郡,自称扬州刺史,占据淮南地区。这时,袁术"荒侈滋甚,后宫数百,皆服绮縠,余粱肉,而士卒冻馁,江淮间空尽,人民相食"。② 袁术由一个一无所长的纨绔子弟变成了完全不顾国计民生的军阀。

陶谦,字恭祖,丹阳人,少好学,举茂才。初平二年,迁徐州刺史。当李傕等挟制献帝时,陶谦听从治中王朗"求诸侯莫如勤王"的建议,多次派使者去长安,向朝廷贡献财物,因此被任命为徐州牧。当时,关西大乱,大量人口流入相对安定的徐州。陶谦虽然不像其他军阀那样争城掠地,但也不善于治理政务,特别是对部下约束不严,导致部下抢劫曹操之父曹嵩的财物,并杀死曹嵩及其次子的事件,受到正图谋向徐州发展的曹操的攻击,不久病死。临死前,陶谦听从东海糜竺的建议,把徐州牧的印绶交给了前来援助他的平原相刘备。

这时,割据淮南的袁术正图谋占有徐州,听说刘备做了徐州牧,大怒,说:"术有生以来未闻有刘备。"乃于建安元年(196年)六月,率大军攻刘备以争徐州。双方互有胜负,相持不下。于是,袁术致书粮草无继的吕布,劝其夹攻

① 《后汉书·袁术传》。

② 《三国志·袁术传》。

刘备。

吕布自被李傕等击败后,率数百骑出武关投奔袁术,遭到拒绝。吕布北投袁绍,助其击败常山的农民起义军,要求扩大自己的军队。袁绍担心吕布发展实力后尾大不掉,且其军队纪律极坏,经常劫掠百姓,故有意消灭之。吕布察觉,率部西归,欲投河内太守张扬。途经陈留,适逢陈留太守张邈准备叛变曹操,又担心受到攻击,干脆把印绶送给了吕布,并推举吕布做兖州牧。这时,曹操正在血洗徐州,影响很坏,故吕布得到兖州各郡县的支持,属于曹操的只余三城,吕布轻而易举地据有了兖州。曹操在众谋士的支持下逐渐稳定了局势,与吕布展开争夺兖州的战争。经过近一年的争夺,吕布终于不敌,撤至山阳(今山东金乡)。时逢饥荒,吕布军队的粮草严重不足。正值此时,袁术以援助粮草为条件,劝其南下夹攻刘备,吕布欣然允诺,出兵大败刘备,刘备在无路可走的情况下投降吕布。吕布既然占据了徐州,自然不肯再依附袁术,便以袁术供应粮草不足为借口,自称徐州牧,复任命刘备为豫州刺史,联合共拒袁术。

建安元年冬,袁术准备再攻刘备,为破坏吕、刘联盟,主动提出与吕布联姻,结为亲家。吕布答应。当袁术派兵攻击刘备,刘备向吕布告急时,吕布以中间人自居,为双方调解,劝其罢兵。不久,吕布担心刘备实力扩张,发动突袭,迫使刘备逃往许都。

建安二年(197 年),袁术称帝,自号“仲家”。五月,袁术派人为子迎妇于吕布。吕布当然不愿向袁术称臣,拒绝这门亲事,双方关系再度破裂。适逢关西军阀残部杨奉与韩暹受曹操所迫,投奔袁术。袁术感到又有了实力,便对吕布发起攻击,步骑数万,分兵七路攻下邳。吕布此时仅有兵三千,马四百匹,听从陈珪建议,利用杨、韩与袁术矛盾,暗中给他们写信,劝其临阵倒戈,作为内应,共破袁术,允诺事成后将袁术的全部军需物资送给他们。杨、韩答应,依计行事。袁术部将高顺大败亏输。从此,袁术势力一蹶不振。建安三年底,曹操利用刘备擒杀吕布,占有徐州。至此,兖、豫、徐、扬四州大部分都落到了曹操手里。

曹操在统一中原的过程中，长期与袁绍联盟，很少发生正面冲突。但当袁绍统一冀、幽、青、并四州后，双方的较量就不可避免了。

第三节　曹操、刘备和孙氏三个集团的兴起

一、曹操的崛起与统一北方

曹操（155—220 年），字孟德，沛国谯（今安徽亳县）人。其祖父曹腾，在宫中服事达三十余年，历安、顺、冲、质、桓五帝，桓帝时为中常侍，迁大长秋，封费亭侯，是当时宦官集团的中坚人物。曹腾死，养子曹嵩嗣位，历任司隶校尉、大司农、大鸿胪，并于中平四年（187 年）用一万万钱买得太尉一职。关于曹嵩的生身父母是谁，史无明文，《资治通鉴》胡三省注说："曹氏，夏侯氏之出也。"得到许多史学家的认同，但究无实证。曹操是曹嵩的长子，自幼机警聪慧，任侠好学，博览群书，尤好兵法，喜欢结交名士，得到不少好评，如太尉桥玄曾对曹操说："天下将乱，非命世之才，不能济也，能安之者，其在君乎？"①名士何颙见到他也说："汉家将亡，安天下者，必此人也。"②

由于出身权贵，又有众多好评，故曹操二十岁便被州郡举荐，以孝廉为郎，不久又被任命为洛阳北部尉。京师乃权贵遍布之地，公子王孙往往横行不法，欺压百姓。曹操年轻气盛，颇思有所作为，为百姓除害，为自己树名。上任即修缮四门，造五色棒，于每门左右各悬十余枚，有犯法者，不避豪强，即用棒打死。一次，灵帝最宠信的宦官蹇硕的叔父夜间违法行走，也被打杀。因此，豪强有所畏惧，不敢轻易犯法，但曹操也得罪了一批权贵，于二十三岁时，改任顿丘（今河南清丰西南）令。不久，曹操因事被免官。

① 《三国志·魏志·武帝纪》。
② 《后汉书·党锢列传》。

黄巾起义爆发，曹操被征，以骑都尉随皇甫嵩、朱儁镇压黄巾军，有功，迁济南相。当时的济南国辖十余县，令长多依附权贵，贪赃枉法。曹操到任不久便奏免了八县令长，使其他官吏大为收敛；并对民间迷信习俗予以禁止。他因此得罪权贵，又被调任东郡太守。曹操自知"违迕诸常侍。以为豪强所忿，恐致家祸"，遂称病不就，回到故乡，"筑室城外，春夏习读书传，秋冬弋猎，以自娱乐"。①

灵帝末年，组织西园八校尉，曹操再次被征，任典军校尉。不久，灵帝死，外戚何进主持立少帝，与袁绍、曹操密谋诛宦官。因何太后阻拦，何进召董卓等地方实力派进京。曹操认为，翦除宦官，应只除首恶，身为大将军的何进可以派几个人捕杀了事，不宜召引外将。② 不久，何进被害，董卓专擅朝政，曹操被任命为骁骑校尉。曹操对董卓的所作所为深为不满，不愿与其合作，遂"变易姓名，间行东归"。③

曹操回乡后变卖了自己的大部家产，又得到陈留孝廉卫兹的资助，开始招募军队，得五千人，打起讨伐董卓的旗帜。先曹操出京的袁绍组织讨董盟军，陈留太守张邈起兵响应。曹操一无地盘，二无给养来源，便依附张邈参加盟军，受其节制，驻兵酸枣。

由州郡牧守组成的盟军将领，既缺乏战争经验，又都想保存实力，不愿真正出战。曹操认为：董卓一旦控制朝廷，布置周密，便难以征讨；董卓烧宫室，劫持天子迁都，表现惊慌失措，正是一举成功的好机会。他独自率领自己的军队向成皋（今河南荥阳汜水镇）推进，与董卓部将徐荣遭遇，失利，士卒伤亡很大，曹操在从弟曹洪的帮助下乘夜逃归。

盟军十余万并没有受曹操的影响，州郡牧守们仍每天在宴会上高谈阔论。

---

① 《三国志·魏志·武帝纪》注引《魏书》。

② 《三国志·魏志·武帝纪》注引《魏书》。

③ 《三同志·魏志·武帝纪》。

曹操再次呼吁出兵,并制定了详细的作战方案,建议大家联合行动。但既无地盘、实力又失的曹操对州郡牧守们没有任何号召力,他们依然按兵不动。

曹操意识到自己的实力不够,便带人到扬、徐二州招募军队。在洛阳时,曹操与袁绍曾过往甚密,共同为何进谋划,又先后出京。袁绍身为盟主,又被董卓灭族,曹操以为袁绍必有西进之志。所以,曹操招募一些军队后,没有再找张邈,而是直接开到河内前线,接受袁绍指挥。但这时的盟军将领已逐渐由讨伐董卓转向相互争夺地盘,袁绍也在图谋吞并冀州牧韩馥,拥立幽州牧刘虞为帝,故曹操在袁绍麾下也没有什么新的作为。

当山东盟军与董卓部对峙于酸枣、河内一线时,河北的黑山农民军和青州黄巾军得到迅速发展。初平二年(191 年),以于毒、白绕、眭固为首的黑山军十余万向魏郡、东郡发起进攻。东郡太守王肱抵御不住黑山军的进攻,曹操被派到东郡(郡治濮阳)增援。曹操击溃了黑山军白绕部,被袁绍任命为东郡太守。至此,曹操始有了自己的地盘,成为军阀割据势力。明年春,曹操又击败了于毒、眭固,把进入黄河以南的黑山军镇压下去。秋,青州黄巾军进入兖州,攻杀任城(今山东济宁)相郑遂,复击斩前来镇压的兖州刺史刘岱,并继续向西推进。济北相鲍信无力抵御,想到屡次"讨贼"有功的曹操,推其为兖州牧,请他主持镇压黄巾军。曹操击破黄巾军于寿张(今山东东平西南)东,又追至济北(国都卢,今山东长清南)。冬,黄巾军降,曹操收编达百余万口,从中挑选三十余万,以补充自己的队伍,号"青州兵"。至此,曹操既有了兖州牧的头衔,又有了强大实力,成为当时瞩目的割据势力。曹操真正是在镇压农民起义中起家的。在帮助袁绍击败袁术和公孙瓒的联合进攻之后,曹操开始进一步扩大地盘和实力。

初,曹嵩免官,值董卓之乱,举家避难琅邪(国都开阳,今山东临沂北)。曹操出任兖州牧,欲把父亲曹嵩接到任所。在途中,遭徐州牧陶谦部将阻击,曹嵩及次子曹德全家数十口尽被杀死,一百多车财物被洗劫一空。曹操要报杀父之仇。初平四年秋,曹操大举进攻徐州,连破彭城(今江苏徐州市)以北十余城。曹操每陷一城，则大加杀戮，"凡杀男女数十万人，鸡犬无遗，泗水为之不流。自是五县城堡，无复行迹。初三辅遭李傕乱，百姓流移依(陶)谦者皆歼"。[①] 明年，复攻陶谦，"拔五城，遂略地至东海"，仍是"所过多所杀戮"。[②]

正当曹操在徐州血腥屠杀以泄私愤时，后方出现危机，陈留太守张邈和谋士陈宫公开迎吕布为兖州牧，共拒曹操。除鄄城(今城北)、范县(今城东南)和东阿(今山东阳谷东北)外，其余郡县皆叛归吕布。曹操闻讯，火速回师，攻吕布于濮阳，相持百余日，不下。是年闹蝗灾，粮食极缺，"谷一斛五十余万钱，人相食"。[③] 吕布因军中缺粮，主动撤到山阳，曹操也已无力追击，退回鄄城。

曹操新失兖州，又数被吕布击败，且军粮也无着落，颇感灰心丧气，一度欲应袁绍之邀，投奔冀州。谋士程昱认为：袁绍已据河北，有并天下之心，曹公也决不能久居其下，"今兖州虽残，尚有三城，能战之士，不下万人"，何必去寄人篱下？[④] 曹操醒悟，没有答应袁绍的要求。

陶谦死后，刘备继任徐州牧。曹操仍想先夺徐州，再与吕布争兖州。谋士荀彧认为：要建立帝王之业，必须有巩固的根据地，进可以攻，退可以守；兖州经营数年，已有一定的基础，况且兖州为争夺天下之要地，有必要先巩固兖州而后再及其他；徐州刚被兵灾，再攻必遇死守，急切难下，若吕布乘机夺取兖州，则会失去立足点，两头落空。[⑤] 曹操接受了荀彧的建议。兴平二年(195年)，夏季丰收，曹操的军粮得到补充，对吕布连续发动攻势，相继平定兖州所属郡县，吕布南窜。是年冬，东汉朝廷正式任命曹操为兖州牧。曹操巩固了根据地，发展了实力，开始向外扩张。

---

① 《后汉书·陶谦传》。

② 《三国志·魏志·武帝纪》。

③ 《三国志·魏志·武帝纪》。

④ 《三国志·魏志·程昱传》。

⑤ 《三国志·魏志·荀彧传》。

兴平二年初，河东与河内一带的将领杨奉、董承、韩暹等迎接献帝东归，经过艰难奔波，到达安邑。袁绍谋士沮授建议派兵奉迎献帝到邺，然后挟天子以讨不从命者。但部将淳于琼等人反对，他们认为当时群雄并峙，各欲为帝，若迎来天子，事事都要批准，听命则不能自行其是，不听则为抗旨，不但得不到任何实惠，且带来诸多不便。袁绍本来就不愿承认董卓所立的献帝，自己的势力越来越大，早有建立袁氏天下之意，故没有听取沮授的建议，失去夺取政治优势的有利时机。这时，曹操正率部西进攻占豫州，首先攻击袁术所属陈国，陈国相袁嗣出降。当他得知献帝消息时，认为这是奇货可居，准备继续西进迎接天子。有人担心韩暹、杨奉兵力尚强，不易控制，但荀彧认为："诚因此时，奉主上以从民望，大顺也；秉至公以服雄杰，大略也；扶弘义以致英俊，大德也。天下虽有逆节，必不能为累，明矣。韩暹、杨奉其敢为害！若不时定，四方生心，后虽虑之，无及。"[①]程昱等也主张奉迎献帝。于是，曹操派曹洪带一支部队去迎接献帝，但西进途中遇到袁术的阻击，未能成功。同时，曹操亲率主力继续向西南推进，击破颍川、汝南一带的黄巾军，攻下许县。朝廷东迁，希望得到山东军阀的支持，故拜曹操为建德将军，不久，又迁镇东将军，并袭父爵费亭侯。

兴平二年七月，献帝回到洛阳。主持朝政的董承与韩暹不和，董承私自以皇帝密诏的名义召驻扎许县的曹操进京。曹操正求之不得，立即率军进入洛阳，赶走韩暹，控制朝政，自领司隶校尉，录尚书事。洛阳经过董卓的破坏，残破不堪；"护送"献帝东来的关西诸将又都是朝秦暮楚的军阀，难免滋生事端。荀彧向曹操建议"奉迎天子都许"[②]，进入自己新开辟的势力范围，以免其他军阀再来争夺。九月，献帝移驾幸许，曹操自任大将军，封武平侯，以荀彧任尚书令，主持朝廷日常政务。明年改元为建安元年(196 年)。从此，开始了曹操专权时期。

---

① 《三国志·魏志·荀彧传》。

② 《三国志·魏志·荀彧传》。

当献帝东迁时，袁绍雄踞冀州，刘表坐镇荆州，刘焉控制益州，公孙瓒独霸幽州，袁术、吕布、刘备在徐州及淮河下游一带相互攻伐，他们都不愿去“奉迎”落难的天子。结果，曹操控制了朝廷，从此以皇帝的名义发号施令，讨伐异己，拥有极大的政治优势。由于想做朝廷命官，其他军阀势力中不断有谋士、将领投奔曹操。即使孙权和刘备，也都接受了曹操控制下的朝廷的任命。“挟天子以令诸侯”，在曹操的事业中起了重要作用。

黄巾起义，标志着东汉政权在政治上腐败黑暗已达于极点，经济已濒于崩溃，劳动者无法维持生存才铤而走险。农民起义虽被镇压下去，但政治、经济状况不仅没有改善，代之而起的军阀混战使这种状况进一步恶化。战争连年不已，人民被大量屠杀，或死于兵役、徭役，“是时天下户口减耗，十裁一在”①，有的地方甚至只有原来的几十分之一，“名都空而不居，百里绝而无民者，不可胜数”。② 至魏景初年间，曹氏统一北方已三十余年，然而“虽有十二州，至于民数，不过汉时一大郡”。③ 虽然其中有些可能流徙到外地，有些沦为豪强地主的依附人口，但建安初年人口大量减少却是事实，“白骨蔽于野，千里无鸡鸣”④，正反映了人口稀少的荒凉景象。劳动者减少，土地大量荒芜，以农业发达著称的关中和中原地区常有连绵数百里的土地无人耕种。劫后余生的劳动者在频繁的战乱中仍承受着无休止的兵役、徭役和租税负担，也根本不可能继续发展生产。灾荒、瘟疫连年不断。粮食价格不断上涨，人相食的记载不绝于书。以寇掠为生的军阀也无法再找到粮食，“袁绍在河北，军人仰食桑椹；袁术在江南，取给蒲嬴”，因缺乏粮食而无故自破的军阀势力“不可胜数”。⑤ 军阀们也到了无兵可募、无粮可抢的地步。在此局面下，谁能把劳动者重新安

---

① 《三国志·魏志·张绣传》。

② 《后汉书·仲长统传》。

③ 《三国志·魏志·蒋济传》。

④ 《曹操集·蒿里》。

⑤ 《三国志·魏志·武帝纪》注引《魏书》。

置在土地上,维持并扩大人口与粮食的再生产,放弃"饥则寇掠、饱则弃余"的军阀生活方式,谁就能坚持下去并获得发展。

曹操控制朝廷后,有较为巩固的根据地,又先后收编了由农民组成的青州、颍川、汝南黄巾军,具备了发展生产的条件。建安元年,曹操接受枣祗、韩浩的建议,在许县开始实行屯田,当年便"得谷百万斛",以后在曹操控制的区域,"郡国列置屯田",都获得成功,"数年中所在积粟,仓廪皆满"。①

屯田分民屯和兵屯两种。民屯是招募流亡农民,在指定地点为国家种田,按军事组织进行严格编制,不准随便离开土地,国家有单独的管理系统。中央设置大司农,掌管全国民屯事宜;郡、国设典农中郎将或典农校尉,与郡国守相同级;下置典农校尉,与县令相等;基层为屯司马。每屯五十人,称屯田客或典农部民。兵屯即在相对稳定没有战事的地区,把军队士兵变成佃兵,保持原有的军事编制,每营六十人。也设置与军事将领并行的度支校尉和度支都尉,专掌屯田事宜。佃兵既负有作战义务,又是国家屯田客,具有双重身份,故或称屯田士,或称田卒。

屯田民耕种国家分配的土地,若使用官牛,需向国家交纳收获物十分之六;自备耕牛者,收获物与政府平分。由于剥削过重,屯田兵民又没有人身自由,故在屯田推行初期,"民不乐,多逃亡"②,甚至发生屯田客暴动事件。③ 为此,曹操把强制迁移屯田改为自愿应募④,并允许屯田客可以不服徭役,"专以农桑为业"。⑤ 对屯田士兵的逃亡则采取高压政策,士兵逃亡,诛其妻子,或没为官奴婢。⑥

---

① 《三国志·魏志·任峻传》。
② 《三国志·魏志·袁涣传》。
③ 《三国志·魏志·赵俨传》。
④ 《三国志·魏志·袁涣传》。
⑤ 《三国志·魏志·司马芝传》。
⑥ 《三国志·魏志·高柔传》。

尽管曹操对屯田客的经济剥削和政治压迫是残酷的，但在当时的条件下，仍不失为一种保护生产力的措施。流亡农民失去土地，屯田使他们与土地结合在一起，避免了转死沟壑或沦为豪强地主的奴婢；国家分配土地，并借给耕牛，使贫苦农民初步具备了生产条件；不服兵役、徭役，提供了较为稳定的生产和生活条件。正因如此，曹魏的屯田规模才得以逐步扩大，人口逐步增多，生产逐渐恢复。

屯田使曹魏的军粮问题得以解决，也使流民问题得到缓和，后方趋于稳定。特别是在各地都有了囤积的粮食，使曹军以后的对外征伐避免了临时调集和运输军粮的负担。屯田的成功，为曹魏统一北方并图谋进军江南，奠定了雄厚的经济基础。

追随献帝东迁的关西军阀张济，因缺乏粮食，到南阳一带寇掠，在进攻穰（今河南邓县）时，被刘表的军队射死，其侄张绣继领其众。张绣在既缺军粮又无地盘的情况下，投依刘表，屯宛（今河南南阳），成为刘表图谋北上的前哨阵地。为消除对许都的威胁，建安二年（197 年）正月，曹操亲率大军攻宛，张绣出降。因曹操纳张济后妻为妾，张绣复叛，对曹操发起突然袭击，曹军大败。明年，曹操率军再攻宛，张绣退守穰。四年，曹军攻穰，大破张绣、刘表联军，张绣复率众投曹。曹操解除了从西南对许都的威胁。

建安二年，袁术称帝，并派兵侵陈，杀陈王刘宠和国相骆俊，对许都形成威胁。曹操亲率大军征袁术。袁术徒有虚名，并无实力，闻曹操亲征，留下部将抵抗，自己渡淮南逃。曹军攻杀袁术的留守诸将，消灭了袁术在淮河以北的势力。

吕布被曹操赶出兖州后，联合袁术，攻占徐州，赶走刘备，刘备投奔曹操。徐州与兖州为邻，吕布部将有不少原是曹操在兖州的旧部，重新攻占兖州是他们的共同愿望。这时曹操本可北上与袁绍争衡，但这样作吕布肯定要乘机争夺兖州，使曹军处于腹背受敌、两面作战的被动境地。荀彧认为“不先取吕布”，就无法战胜袁绍。[①] 郭嘉也建议应乘袁绍远征公孙瓒之机，一举消灭吕布。[②] 建安三年九月，曹操对吕布发起进攻，“屠彭城，获其相侯谐”[③]，进围下邳。吕布迎战，复大败，遂闭城不出。曹军急攻不下。曹操接受荀攸、郭嘉的建议，决泗水、沂水灌城，月余，吕布部将出降，吕布被俘。至此，黄、淮间基本平定，曹、袁决战已不可避免。

袁绍的实力和四世三公的社会地位，都远非曹操所能比。在建安以前的军阀混战中，曹操虽有独立武装，但在多数情况下都依附袁绍，并受其节制。曹操“奉迎”汉献帝都许，自任大将军，仍对袁绍持谦卑态度，欲请他出任太尉，遭袁绍拒绝后，又把大将军位让给袁绍，并以朝廷名义请袁绍节制冀、青、幽、并四州。其后，袁绍忙于吞并公孙瓒，曹操也得以顺利发展。

建安四年，袁绍消灭了公孙瓒势力，真正控制了冀、青、幽、并四州，包括今河北、山西两省及河南省黄河以北地区和山东东部，拥兵数十万，是当时全国范围内最大的军阀势力。曹操“挟天子以令诸侯”，遭袁绍忌恨。袁绍决定出兵南下，摧垮曹操势力，推翻东汉皇朝，建立自己的帝业。谋士沮授认为：袁军与公孙瓒连年混战，“百姓疲敝，仓库无积，赋役方殷”，在此形势下，应注意发展生产，稳定现有区域，同时不断派轻兵蚕食河南，骚扰曹军，做好全面出击的准备工作，最后可一举灭曹。[④] 袁绍则认为，现在实力强于曹军，应乘大破公孙瓒之势，立即发动攻势。于是，袁绍以逢纪、审配统军事，以田丰、荀谌、许攸为谋主，颜良、文丑为大将，“简精兵十万，骑万匹，欲出攻许”。[⑤]

建安四年六月，袁术在淮南内外交困，欲北投袁绍长子青州刺史袁谭。曹操派刘备率一支军队阻击袁术，刘备却杀死徐州刺史车胄，公然反对曹操。这

① 《三国志·魏志·荀彧传》。
② 《三国志·魏志·郭嘉传》注引《傅子》。
③ 《三国志·魏志·武帝纪》。
④ 《后汉书·袁绍传》。
⑤ 《后汉书·袁绍传》。

时，袁绍大举南下的消息传来，曹军将领慑于袁军声势，多有怯意。曹操则非常镇定而清醒，他认为：袁绍"志大而智小，色厉而胆薄，忌克而少威，兵多而分画不明，将骄而政令不一，土地虽广，粮食虽丰，适足以为吾奉也"。[①] 充分表现出战略上藐视敌人的英雄气概。八月，曹操进驻黎阳（今河南浚县东北）。为消除在大战中可能来自青州方面的威胁，曹操派遣臧霸等带一部分军队东进，攻破齐、北海等地，把袁谭赶回黄河以北。九月，曹军退守官渡（今河南中牟东北）。建安五年正月，曹军攻破徐州，刘备北投袁绍，曹操彻底消除了后顾之忧。

当曹操主力东征刘备时，袁绍谋士田丰建议乘机袭击许都，袁绍以幼子生病为由不肯出击。田丰以杖击地表示愤怒，说："遭难遇之机，而以婴儿之病失其会，惜哉。"[②]袁绍放掉一个重要机会。建安五年正月，袁绍发表讨伐曹操的檄文，正式宣战。此前，田丰重申沮授的建议，说："操善用兵，变化无方，众虽少，未可轻也，不如以久持之。将军据山河之固，拥四州之众，外结英雄，内修农战，然后简其精锐，分为奇兵，乘虚迭出，以扰河南，救右则击其左，救左则击其右，使敌疲于奔命，民不得安业，我未劳而彼已困，不及二年，可坐克也。"[③]这是切实可行的战略规划，袁绍不仅没有采纳，且以"沮众"为由囚禁了田丰。

袁军进驻黎阳，准备渡河南下。袁绍在战略上欲直捣许都，故先派大将颜良率部渡过黄河，包围驻守白马（今河南滑县东）的曹军，以便为主力渡河建立基地。白马是曹军必争之地，但曹操没有直接去增援白马，而是听从荀攸的建议，首先进军延津，做出欲抄袁军后路的姿态。袁绍急派文丑率部堵截。这时，曹操率轻骑急行军直指白马。在曹军距白马只有十几里路的时候，颜良才

---

① 《三国志·魏志·武帝纪》。

② 《三国志·袁绍传》。

③ 《三国志·袁绍传》。

得到消息,仓猝应战。曹军以张辽、关羽为先锋,冲进袁军阵地,刺杀颜良。袁军失去主帅,登时溃散。曹军在撤离白马的途中,与文丑的军队相遇。曹操以辎重为诱饵,吸引袁军哄抢,在纷乱之际,曹军突然攻击,大破袁军,斩文丑。大战尚未开始,袁绍已丧失两支生力军。曹操还驻官渡。

四月,袁绍主力渡过黄河,进驻阳武(今河南原阳东南,在官渡水北)。八月,复推进至官渡,"以沙埠为屯,东西数十里"。① 曹军也分兵抵挡,形成对峙之势。这时,形势对曹军不利。曹军只有三四万人,又已有些伤亡,与袁军兵力相差悬殊;曹军固守官渡,粮草匮乏;袁军进攻,居于主动,曹军则被动挨打。袁绍谋士沮授认为:"北兵虽众,而劲果不及南军;南军谷少,而资储不如北。南幸于急战,北利在缓师。"故建议打持久战,拖垮曹军。②

袁绍自恃兵多粮足的优势,没有采纳沮授的建议,全力攻坚。袁军筑土山,建高楼,往曹营射箭,曹军则蒙楯而行,并用"霹雳车"抛石块破坏袁军高楼;袁军挖地道欲进行偷袭,曹军则在城中挖横沟以截之。袁军久攻无效。许攸曾建议利用曹操全力相距官渡之机,分兵突袭许都;袁绍仍不能从。

袁、曹两军长期对峙于官渡,处于胶着状态,双方远离后方,粮食运输都是重要问题。偶然,曹军侦察到袁绍部将韩猛押运粮车数千辆到达官渡北数十里处的故市(今属河南延津)。曹操接受荀攸建议,派得力将领徐晃、史涣前往截击,一举烧毁袁军全部粮车。十月,袁军又有大批粮食运到,为防备再次被偷袭,袁绍派部将淳于琼率兵万余人赶往乌巢(今河南延津东南)守护粮车。沮授建议另派一支部队为援军,加强戒备。袁绍认为没有必要。

这时,袁绍老巢邺发生了一件与战争本无关系的小事。谋士许攸的家人犯法,被留守审配拘系。许攸本来就对袁绍心存不满,一怒之下转投曹操。《三国志·魏志·武帝纪》注引《曹瞒传》,对曹操与许攸的对话有戏剧性描

---

① 《三国志·魏志·武帝纪》。

② 《后汉书·袁绍传》。

述:“公闻攸来,跣出迎之,抚掌笑曰:‘子远,卿来,吾事济矣!’既入坐,谓公曰:‘袁氏军盛,何以待之?今有几粮乎?’公曰:‘尚可支一岁。’攸曰:‘无是,更言之!’又曰:‘可支半岁。’攸曰:‘足下不欲破袁氏邪?何言之不实也!’公曰:‘向戏言之耳,其实可一月,为之奈何?’攸曰:‘公孤军独守,外无救援,而粮谷已尽,此危急之日也。今袁氏辎重有万余乘,在故市、乌巢,屯军无严备;今以轻兵袭之,燔其积聚,不过三日,袁氏自败也。’”诸将对许攸的话多疑信参半,只有荀攸、贾诩劝操采纳。曹军粮草难继,无法持久,故曹操果断采取冒险行动,留下曹洪和荀攸守营,亲自率步骑五千,趁朦胧月色,从小道直奔乌巢。曹军打着袁军旗帜,途中遇到盘问,则称袁公恐曹操抄袭我军后路,特地前往加强戒备。于是,顺利到达乌巢。曹军将士在袁军驻地周围点燃一千捆带来的干柴,大火顿时燃烧起来。袁军从梦中醒来,在熊熊大火中乱成一团。曹军大破袁军,斩淳于琼,烧掉了袁军的万余辆粮车。

袁绍得知曹军偷袭乌巢,派大将高览、张郃率重兵急攻官渡,欲绝曹操后路。但当高、张知道粮车被烧、淳于琼已死的消息时,对袁绍失去信心,率部投降了曹操。至此,袁绍的重要谋士、将领,或亡或叛,人心涣散,士卒纷纷溃逃。袁绍无法控制军队,看到大势已去,便和儿子袁谭带八百骑仓惶渡河逃窜,粮食、马匹、财物及图书珍宝全部被曹军缴获,余部数万人投降后也被曹操全部坑杀。

经过官渡之战,袁绍势力一蹶不振,整个北方再也没有足以与曹操抗衡的力量。官渡之战,为曹操统一北方奠定了基础。

官渡之战,是我国历史上以少胜多、以弱胜强的著名战例。曹操和袁绍的个人因素对这场战争结局起了重要作用。曹操先后平定张绣、吕布、袁术、刘备等割据势力,消除了与袁绍决战的后顾之忧;把袁谭赶出青州,巧妙地解除了白马之围,避免了袁军从两翼迂回包抄的危险。这是正确的战略决策。在实力上处于劣势并被包围的情况下,曹操采取坚壁不出保存有生力量伺机反攻的对策,并能抓住袁军运粮困难的致命弱点,在被动局面下主动出击焚烧袁

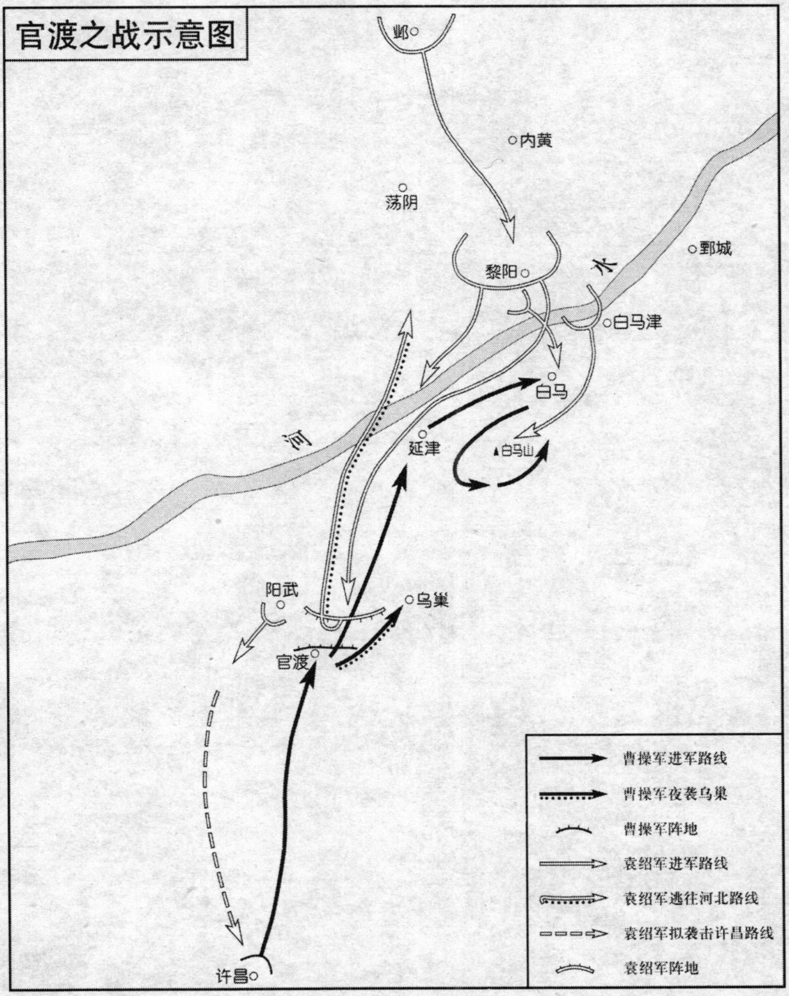
邺
内黄
荡阴
黎阳
鄄城
白马津
白马
延津
白马山
河
水
阳武
乌巢
官渡
许昌
曹操军进军路线
曹操军夜袭乌巢
曹操军阵地
袁绍军进军路线
袁绍军逃往河北路线
袁绍军拟袭击许昌路线
袁绍军阵地
官渡之战示意图

军粮车，使其军心不稳，这是极为明智而又大胆的战术指导思想，表现出非凡的军事指挥才能。曹操的许多重要决策都来自谋士、将领或敌军叛将的建议，既说明曹操善于听从正确意见，在用人方面获得巨大成功，又表现出曹操当机立断的优良军事才能。

袁绍自恃兵多粮足的实力优势，对曹操估计不足，在准备不充分的条件下发起决战，显然是骄傲情绪占主导地位。袁绍实力虽处于优势，但在整个战争过程中却始终被曹操牵着鼻子走，失去了主动权。袁绍刚愎自用，对部下许多正确建议都不能采纳，使部众对他失去信心。高览、张郃临阵叛降，内部分崩离析，结果全军不战而溃。

官渡之战后，曹操对北方其他军阀的兼并势如破竹。

官渡战中，袁绍派刘备南下侵掠汝南一带，目的在于骚扰曹军后方。建安六年，曹操击破刘备，迫其南投刘表。

袁绍归邺后，收集散卒，平定各反叛郡县，维持其统治。袁绍有三子：长子谭，次子熙，少子尚。袁绍喜欢少子，准备使其做自己的继承人，所以任命袁谭为青州刺史，袁熙为幽州刺史，外甥高幹为并州刺史，自领冀州牧，将袁尚留在身边。沮授劝谏说："谭长子，当为嗣，而斥使居外，祸必始于此矣。"①袁绍不听，且辩解说："吾欲令诸子各据一州，以视其能。"②袁绍的这种安排，也使部下要员分为拥谭、拥尚两派。建安七年（202 年）五月，袁绍病死，袁尚继立。袁谭不服，自号车骑将军，屯兵黎阳。兄弟争立之战一触即发。九月，曹操亲率大军向袁谭发动进攻。开始，袁尚担心袁谭吞并自己的军队，不肯派兵；后来又害怕袁谭灭于曹操，自己更加势孤力单，遂亲自率部相救。曹操连败二袁数阵，二袁退保邺城。曹操的巨大攻势，无意中化解了二袁的内讧。谋士郭嘉看到了这一点，向曹操建议："谭、尚各有党与，急之则相保，缓之则争心生。

① 《资治通鉴》卷六十四献帝建安七年。

② 《后汉书·袁绍传》。

不如南向荆州若征刘表者，以待其变；变成而后击之，可一举定也。”①曹操认为有道理，遂引军还许。

不出郭嘉所料，曹操退兵不久，袁氏兄弟火拼再起。袁谭数败，退保平原（今山东平原西南）。袁尚率军围城急攻，袁谭竟派使者辛毗请救于曹操。辛毗看到袁氏大势已去，主动劝曹操乘机平定冀州。这正是曹操等待的机会，遂于建安八年十月亲自率兵救袁谭。袁尚听到曹军来援的消息，撤军还邺。袁谭表面上投降了曹操。因军粮不足，曹军也暂时撤退。

九年正月，曹军渡过黄河。袁尚又派兵攻击袁谭，被曹军击败。曹军进至邺城下。曹操使曹洪率部留下攻邺，自己带领一支部队破毛城（今河北涉县西北），拔邯郸，扫清邺城外围。五月，曹军筑土山，挖地道，并决漳水灌城，“城中饿死者过半”。② 七月，袁尚回师救邺，被曹军打得大败而逃。这时，邺城外援断绝，被迫投降。同年，袁谭复叛。明年春，曹操击斩袁谭。青州、冀州全部平定。为继续进攻幽、并等北方地区，曹操决定把自己的大本营安在邺城。邺为魏郡治所，此后曹操久居邺，故自封魏公，再晋至魏王，曹丕称帝亦以魏为国号。

建安十年四月，黑山起义军首领张燕率部投降曹操。八月，曹操把在幽州北部一带长期骚扰的乌桓人赶出塞外。同年，逃到幽州的袁尚与其弟幽州刺史袁熙遭部下攻击，投辽西乌桓。明年春，曹军攻破并州，袁绍的外甥并州刺史高幹在逃亡中被杀。至此，幽州、并州平定。袁氏势力被基本消灭，袁绍苦心经营的割据地盘全部转入曹操手中。

东汉末年，居住在辽东（国治昌黎，今辽宁义县）、辽西（郡治阳东，今辽宁义县西）、右北平（治土垠，今河北丰润东南）一带的三郡乌桓，乘天下大乱之机，不断侵扰内地，先后掠去北方人口达十余万，对中原形成巨大威胁。袁绍

① 《三国志·魏志·郭嘉传》。
② 《三国志·魏志·武帝纪》。

为消灭公孙瓒势力，拉拢乌桓，分别封其王为单于，并与之“和亲”。为彻底消灭袁氏势力，防止其卷土重来，并制止乌桓对内地的骚扰，建安十二年，曹操决定北征乌桓。为通粮道，曹操开挖了平虏渠和泉州渠，把呼沲河（即滹沱河）和泒（gū 音孤）水（即沙河）、泃河和潞河连接起来。七月，阴雨连绵，曹军阻于道路。这时，当地的豪强地主武装势力首领田畴率部投奔曹操，建议由沿海大道改为走小路。曹军出卢龙塞（今河北喜峰口），塞外道路不通，开山填谷五百余里，越白檀（今河北承德西南），过平岗（今辽宁凌源西南），翻白狼堆（今凌源东南），出其不意直接攻击当时实力最强的辽西单于蹋顿的根据地柳城（今辽宁朝阳南）。曹军至凡城（今河北平泉）时，蹋顿闻讯，三郡乌桓单于与袁氏兄弟共率数万骑迎敌。曹军大胜，斩蹋顿，“胡、汉降者二十余万口”。①袁氏兄弟逃窜辽东。曹军进破柳城，接回被乌桓虏去的汉人十余万户，并陆续把乌桓人也迁入内地定居。此后，曹操拉拢乌桓首领，把善于骑射的乌桓人征入军队，“由是三郡乌桓，为天下名骑”。②

中平六年（185 年），辽东人公孙度被董卓任命为辽东太守。他率兵东击高句丽，西攻乌桓，形成远离内地的军阀割据势力。分辽东为辽西和中辽郡，自置太守，又越海收复东莱诸县，设营州刺史。自称辽东侯、平州牧，并“郊祀天地”③，以皇帝自居，拒绝接受东汉政府的委任与封号。公孙度死后，其子公孙康继立。袁尚兄弟奔辽东，意欲乘机杀公孙康而代之。结果，公孙康杀死二袁，把首级献给曹操，表示臣服。至此，曹操全部完成统一北方的事业。

曹操在东汉末年的军阀混战中完成统一北方的事业，除统一为大势所趋外，曹操的主观因素起了巨大作用。“挟天子以令诸侯”创造了政治优势，屯田的成功奠定了经济基础，杰出的军事指挥才能使其攻无不克，所向披靡。另

---

① 《三国志·魏志·武帝纪》。
② 《三国志·魏志·乌桓传》。
③ 《三国志·魏志·公孙度传》。

外,曹操喜欢读书并对孙吴兵法有精深造诣,培养了军事才干,提倡生活简朴便易也为部下做了好的表率等等,这些都有益于事业的成功。特别是曹操在用人方面取得的成功更起了难以估量的作用。

曹操出身于宦官家庭,虽世居高官,其社会地位终为世家大族所鄙视。再加上客观形势的需要,由此形成了他的"唯才是举"的用人思想。曹操在建安十五年、十九年、二十二年发过三次求贤令,基本精神就是不论是什么出身、经历,甚或受世俗非议的人,只要有"治国用兵之术",就应得到破格提拔任用。他还特别强调应重视从社会下层选拔优秀人才。① 如"拔于禁、乐进于行阵之间,取张辽、徐晃于亡虏之内",其余"拔出细微,登为牧守者,不可胜数"。②因此,曹操部下"猛将如云,谋臣如雨"③,这是曹操之所以能够成功的重要因素。

二、刘备的起兵与诸葛亮隆中对策

刘备(161—223 年),字玄德,涿郡涿县(今属河北)人。西汉景帝子中山靖王刘胜之后。刘胜子刘贞受封涿县陆城亭侯,国除,刘氏遂世居于此。刘备祖刘雄、父刘弘,世任州郡吏。刘备早年丧父,家境贫寒,与母亲依靠织席贩履维持生活。得邻人资助,刘备曾与公孙瓒同时求学于大学者卢植。刘备自幼不喜欢读书,"喜狗马、音乐、美衣服",又好与地方豪强交结,得其资助,组成小股地主武装势力。④

黄巾起义爆发,刘备率部追随官军参与镇压起义有功,累迁至高唐(今山东禹城西南)令。高唐东南有青州黄巾军活动,西面有黑山军活动。高唐被农民军攻陷,刘备投奔公孙瓒,被任为别部司马。公孙瓒与袁绍争夺河北,刘

① 《三国志·魏志·武帝纪》及注引《魏书》。
② 《三国志·魏志·武帝纪》及注引《魏书》。
③ 《资治通鉴》卷六十三。
④ 《三国志·蜀志·先主传》。

备被任命为平原令，后转平原相。刘备的任务是配合公孙瓒任命的青州刺史田楷向袁绍的势力范围青州地区推进。

曹操攻徐州，徐州牧陶谦向田楷、刘备求援，田楷派刘备前往。这时，刘备有兵千余人，开往徐州途中又招募流亡饥民数千人，乘机扩充实力，摆脱了田楷的控制。既到徐州，陶谦非常赏识刘备，拨给他四千人，并推荐他做了豫州刺史，暂驻兵小沛（今江苏沛县东）。刘备从公孙瓒属下正式转归陶谦。不久，陶谦在曹操的攻击下病死，临死前嘱部下迎刘备为徐州牧。当时的徐州尚有“户口百万”，陶谦旧部陈登鼓动刘备“合步骑十万”，割据徐州。① 刘备移驻徐州治所下邳（今江苏睢宁西北）。至此，刘备才有了地盘，成为独立的地方割据军阀。

割据淮南的袁术，得知陶谦病死，欲乘机夺取徐州。刘备迎击于盱眙、淮阴一带，双方互有胜负。这时，曹操挟献帝都许，刚把吕布赶出兖州，欲继续讨伐袁术。为增加袁术的对立面，曹操任命刘备为征东将军，封宜城亭侯。吕布本来准备投奔刘备，但途中受了袁术的贿赂，反乘刘备与袁术对峙之机，率部袭取了下邳，俘虏了刘备及众将领的家属。刘备闻讯急忙回师，又被吕布大败一阵。由于粮食缺乏，前景暗淡，士兵大批逃亡。刘备失去落脚之处，只好收拾散卒，流窜广陵（今江苏扬州市），“饥饿困踧，吏士大小，自相啖食”。② 这时，幸亏拥有“资产巨亿”的原陶谦谋士糜竺出“金银货币以助军资”③，刘备的军队才得以维持生存。在走投无路的情况下，刘备又回来主动向吕布求降。吕布因袁术没有继续供应粮草，已与袁术反目，故同意收留刘备，送还被俘家属，仍使其驻兵小沛。当袁术再出兵攻击小沛时，吕布又为刘备解围。刘备再次招兵买马至万余人。吕布担心刘备继续发展实力难以控制，他也不能容忍

① 《三国志·蜀志·先主传》。

② 《三国志·蜀志·先主传》注引《英雄记》。

③ 《三国志·蜀志·糜竺传》。

在已经属于自己的地盘上另外形成一支独立势力，遂借口刘备的部将劫掠了自己军队的财物，派大将高顺攻破小沛，刘备被迫出亡投靠曹操。这时，袁术已被曹操赶到淮南，占据徐州的吕布成为曹操攻击的下一个目标。曹操给刘备一个豫州牧的空头衔，助其收集散卒，供应军需，拨给部分军队，使其回攻吕布。刘备又被高顺打败，妻子再次被吕布俘虏。曹操亲自东征，很快攻占下邳，消灭了吕布势力，刘备始得与家人团聚。

刘备随曹操回到许都，被任命为左将军。曹操相待甚厚，“出则同舆，坐则同席”①，认定刘备是当时天下屈指可数的英雄人物之一。刘备也自命不凡，总想建立自己的事业，不甘久居人下。这时，董承正与伏皇后及其父伏完密谋发动政变，杀死曹操，助汉献帝夺回大权。刘备认为时机已到，便暗中帮助董承。但曹操对宫廷监视严密，周围全是亲信，刘备和董承都没有力量除掉曹操，故密谋无从实现。有一天，曹操请刘备喝酒，谈论天下英雄，曹操明确表示蔑视正称雄河北的袁绍，认为只有刘备才能称得上英雄，有与自己平起平坐的资格。说者无心，听者有意。刘备误以为曹操觉察了他们的阴谋，大惊失色。这件事虽被刘备搪塞过去，但毕竟在心里留下一道阴影，知道一旦阴谋暴露，必为曹操所不容。建安四年冬，曹操北上与袁绍对峙。这时袁术在淮南走投无路，欲北投青州袁谭。曹操闻讯，派刘备率一支军队，并督朱灵、路招等部，前往徐州截击袁术。袁术被堵了回去，不久病死。适值董承等密谋泄露，被杀。刘备不敢再回许都，进驻下邳，公开以受命于汉献帝的名义，声讨曹操。刘备杀死徐州刺史车胄，留关羽守下邳，自己屯驻小沛。

由于刘备在徐州有一定影响，又以朝廷的名义反曹，得到一些郡县的响应，很快又发展为数万人。刘备自知不是曹操的对手，而袁绍的主力已开赴黄河北岸，故刘备派人与袁绍联络，提议共拒曹操。曹操深知若不早除刘备，必致腹背受敌。乘袁绍尚未大举进攻之时，曹操亲率主力攻击刘备，先后破小沛

① 《三国志·蜀志·先主传》。

和下邳，刘备家属再次被俘，关羽被迫投降。刘备出亡投靠袁谭，其兵力又被曹操吞并。

乘曹操北拒袁绍，原投降曹操的汝南黄巾军刘辟部再度起事。袁绍为开辟第二战场牵制曹操，派刘备带一支军队到汝南与刘辟会合，袭击曹操的后方许都。曹操派曹仁击破刘备。刘备本来就不是诚心投靠袁绍，这时再度独立，以南联刘表为由，率本部人马至汝南一带活动，但并未执行袁绍交给他的使命。曹操取得官渡之战的胜利以后，立即攻击刘备。刘备无处立足，遂南投荆州牧刘表。

刘表坐镇荆州达二十年之久，控制长江中游两岸的荆州八郡，地方数千里，带甲十余万，但他很少参与中原的军阀混战，长期对天下形势持观望态度。刘备落难来投，刘表表示欢迎，拨给他一部分军队，使其驻扎新野（今县南）。刘备既借得一块地盘，又获得发展实力的机会。曹操正忙于消灭袁绍余部和平定乌桓，没有对荆州发动攻势；刘表坐等渔翁之利，既不对外出兵，也没有对刘备多加干涉。

在以往的军阀混战中，刘备先后依附过公孙瓒、陶谦、吕布、曹操、袁绍和刘表，但始终未获得一块稳定的地盘，没有能够组建一支强大的军队，也没有明确的战略指导思想，只是在混战中四处流亡，朝秦暮楚，地盘多次得而复失，军队屡次聚而复散，但他不甘心久居人下，始终梦想有朝一日建立自己的功业。刘备作为客军在荆州住了八年，极力拉拢地方豪强，笼略各种人才，发展自己的军队，直至“三顾茅庐”请出诸葛亮，才得到了他建功立业的最好助手。

诸葛亮（181—243 年），字孔明，琅邪阳都（今山东沂南）人。其父诸葛珪曾任太山郡丞，早卒。其叔父诸葛玄被袁术任命为豫州太守，诸葛亮随之赴任。不久，诸葛玄失官，诸葛亮遂定居于南阳郡邓县隆中村（今湖北襄阳西）。诸葛玄死后，诸葛亮失去生活来源，“躬耕陇亩”①，维持生计。年轻的诸葛亮

① 《三国志·蜀志·诸葛亮传》。

胸怀大志,不甘心蛰居田亩,常以管仲、乐毅自喻。时人多不以为然,认为这个年轻人狂妄自大,但也有些人确信他有治国之才,被誉为卧龙先生。

建安十二年(207年),刘备谋士徐庶向刘备推荐诸葛亮,并谓“此人可就见,不可屈致”①,建议刘备亲自去登门拜访。刘备长期缺乏有深谋远虑的人才,答应了徐庶的要求。经过三次专门拜访,刘备终于见到诸葛亮。在“茅庐”中,二十六岁的诸葛亮精辟地分析了天下形势,并为刘备制定了长远战略规划和具体实施步骤,这就是历史上著名的“隆中对策”。

“自董卓已来,豪杰并起,跨州连郡者不可胜数。曹操比于袁绍,则名微而众寡,然操遂能克绍,以弱为强者,非惟天时,抑亦人谋也。今操已拥百万之众,挟天子而令诸侯,此诚不可与争锋。孙权据有江东,已历三世,国险而民附,贤能为之用,此可以为援而不可图也。荆州北据汉、沔,利尽南海,东连吴、会,西通巴、蜀,此用武之国,而其主不能守,此殆天所以资将军,将军岂有意乎?益州险塞,沃野千里,天府之土,高祖因之以成帝业。刘璋闇弱,张鲁在北,民殷国富而不知存恤,智能之士思得明君。将军既帝室之胄,信义著于四海,总揽英雄,思贤若渴,若跨有荆、益,保其岩阻,西和诸戎,南抚夷越,外结好孙权,内修政理;天下有变,则命一上将将荆州之军以向宛、洛,将军身率益州之众出于秦川;百姓孰敢不箪食壶浆以迎将军者乎?诚如是,则霸业可成,汉室可兴矣。”②

诸葛亮首先指出自董卓以来中国已进入分裂割据时代。这个时代的特点就是军阀混战,弱肉强食,各路军阀都旨在维持和发展自己的地盘与实力,而不是为了维护东汉朝廷的地位。处于这种时代,刘备既不必为拥戴徒有虚名的汉献帝而实际受制于曹操,也不必再打着为王室讨篡逆的旗帜去与势力强

① 《三国志·蜀志·诸葛亮传》。

② 《三国志·蜀志·诸葛亮传》。

大的曹操拼命。他认为军阀混战中各派势力的存亡消长非惟天意,亦在人谋。他以曹操消灭袁绍为例,实际上也是在暗示刘备屡次失利以致至今尚寄人篱下的处境是人谋不周的结果。

刘备既已落到如今地步,就应根据目前的处境考虑问题。诸葛亮接着为刘备分析天下形势:曹操控制整个北方,实力雄厚,又通过挟持汉献帝占有政治优势,这决不是当时的刘备所能与之抗衡的。江东经过孙氏三代人的经营,基本巩固,又有地理优势,显然刘备也无法向江东发展。荆州控制长江咽喉,是四面可通的战略要地,占据荆州,则可掌握战争主动权;而此时的荆州牧刘表却不能充分利用它的优势,说明他昏庸无能。诸葛亮劝刘备赶快从刘表手里夺到荆州,以此为据点,再图谋进一步发展。北有曹操,东有孙权,都不是扩充势力范围的方向。只有西方的益州,既有丰富的物产,群山环抱的地理优势,而益州牧刘璋又昏庸无能,且受张鲁的威胁,这是刘备应该夺取的第二个目标。

既据荆、益二州,便应把益州作为根据地,把荆州作为防守屏障和出击前哨。在益州境内,险要地段都要设兵把守,以防被人攻破。同时要与西、南的少数民族搞好团结,既能利用他们发展生产,保证军需来源,又可征发他们加入军队,扩充军事实力,更重要的是建立一个稳固的后方,不至于在对外发生战事时出现后顾之忧。在对外方面,曹操既已统一北方,势必向江南发动进攻,故对曹操不可抱有任何幻想,或是抵御,或是主动出击。孙权同样有被曹操兼并的威胁,而荆州又是抵御曹操的门户,孙权必然同意联合抗拒曹操,故对孙权应持联合态度。东联孙权,北拒曹操,是刘备应当采取的战略方针。

割据荆、益,发展实力,等待时机。若条件允许,便可分兵两路,一路出荆州,直捣曹操老巢许都;一路出秦川,控制关中,形成对山东地区的大规模攻势,而不致腹背受敌。诸葛亮认为,若这套战略规划得以实现,刘备便能成就帝王之业。

刘备何曾想到或听到如此精辟的见解,对诸葛亮的一篇宏论佩服得五体投地，立即引为亲信。年方二十六岁的诸葛亮，尚未出“茅庐”，便受到比自己大二十岁且已闯荡半生的刘备的理解与尊重，心中也十分感激，认为终于遇到了自己久已盼望等待的知音，也发誓愿效死力。

诸葛亮的“隆中对策”，为刘备制定了长远战略规划和切实可行的实施步骤，刘备以后的事业基本是这个规划的实现。可以说，刘备政权的存在为孙权政权的存在创造了外部条件，双方共拒曹操，使曹操始终未能跨越长江一步，而诸葛亮的频繁主动出击又长期把曹魏的主力吸引在西部，从而减轻了东吴的压力。

三、孙氏统一江东

孙坚(155—191 年)，字文台，吴郡富春(今浙江富阳)人。世任郡县为小吏。孙坚十七岁，随父同船去钱塘，途中遇海盗在岸边分赃，来往船只皆不敢过。孙坚只身持刀上岸，立定，“以手东西指麾”，若指挥官军包围状。海盗惊散，孙坚追杀一人。由此，孙坚以果勇有谋著称，被本郡召署假尉。因镇压许昌(一作许生)起义有功，迁下邳丞。

黄巾起义爆发，孙坚被朱儁任命为佐军司马，“乡里少年随在下邳者皆愿从。坚又募诸商旅及淮、泗精兵，合千余人”①，追随朱儁镇压黄巾起义，有功，拜别部司马。中平三年(186 年)，孙坚被召参与车骑将军张温军事，西征边章、韩遂，回师后拜议郎。

中平五年(188 年)，长沙爆发区星起义，众万余人，攻围城邑。孙坚被任命为长沙太守。孙坚镇压了区星起义后，又到零陵(今广西全州西南)、桂阳(今湖南郴州市)镇压了当地农民起义军周朝、郭石等部。孙坚因此被封为乌程侯。

董卓专权，山东州郡牧守起兵讨伐董卓，孙坚也从长沙响应，北上沿途募

---

① 《三国志·吴志·孙破虏讨逆传》。

兵,至南阳已发展到数万人。南阳太守张咨对孙坚率部入境心存疑忌,拒绝供给军需,被孙坚杀死,因此“郡中震慄,无求不获”。[①] 孙坚控制南阳后继续北上,至鲁阳(今河南鲁山)见到袁术。袁术任命孙坚为破虏将军,领豫州刺史。

孙坚驻兵鲁阳,连续对董卓军队发动攻击,在阳人(今河南临汝西)大破董军,斩其都督华雄。董卓看到在山东盟军中只有孙坚执意出兵,便虚意请求和亲,并表示愿意任命孙坚的亲属子弟分别为刺史、郡守。孙坚讨董的意志很坚决,拒绝了董卓的条件。董卓西迁后,孙坚进驻洛阳,因洛阳残破,复退守鲁阳。时已开始军阀混战,孙坚受命于袁术率部南击刘表,在围攻襄阳时被刘表部将黄祖的军队射杀。

孙策(175—200年),字伯符,孙坚长子。当孙坚被召征关西时,孙策居寿春。十余岁的孙策在此时已广泛结交豪杰,与周瑜相识后,移居舒县(今安徽庐江西南),“收合士大夫,江、淮间人咸向之”。[②] 孙坚死,孙策和母亲一起投奔舅父丹阳太守吴景,居曲阿,“召募得数百人”。[③] 不久,又移居江都(今扬州市)。

在江都,年仅二十岁的孙策已有割据一方之志,问计于江淮间名士广陵张纮:“方今汉祚中微,天下扰攘,英雄俊杰,各拥众营私,未有能扶危济乱者也。先君与袁氏共破董卓,功业未遂,卒为黄祖所害。策虽暗稚,窃有微志,欲从袁扬州(袁术)求先君余兵,就舅氏于丹阳,收合流散,东据吴、会,报仇雪耻,为朝廷外藩,君以为如何?”张纮对此极为赞成:“昔周道陵迟,齐晋并兴,王室已宁,诸侯贡职。今君绍先侯之轨,有骁武之名,若投丹阳,收兵吴、会,则荆州可一,仇敌可报。据长江奋威德,诛除群秽,匡辅汉室,功业侔于桓文,岂徒外藩而已哉?方今世乱多难,若功成事立,当与同好,俱南济也。”[④]从此,在匡辅汉

① 《三国志·吴志·孙破虏讨逆传》。
② 《三国志·吴志·孙破虏讨逆传》。
③ 《三国志·吴志·孙破虏讨逆传》。
④ 《三国志·吴志·孙破虏讨逆传》。

室的旗帜下，先取扬州，继据吴、会，再西取荆州，割据长江以南的中下游地区，成为孙策及其弟孙权的战略目标。

兴平元年(194 年)，孙策投袁术，袁术将孙坚旧部交给孙策指挥。值东汉太傅马日磾持节和解山东诸军，遂拜孙策为怀义将军。袁术非常赏识孙策，常自叹："使术有子如孙郎，死复何恨！"①但袁术又不敢重用孙策，初允诺任命孙策为九江太守，终由丹阳人陈纪出任。袁术将攻徐州，向庐江太守陆康借米三万斛，未能得到满足，便派孙策率部攻击陆康，许诺胜利后由孙策出任太守。但在孙策攻陷之后，袁术又任命故吏刘勋为庐江太守。孙策认识到袁术不会重用自己，便产生了离异之心。

扬州刺史刘繇原驻寿春，寿春被袁术占据后，刘繇徙治曲阿(今江苏丹阳)，赶走了袁术所置丹阳太守吴景和都尉孙贲，迫其退驻历阳(今安徽和县)。刘繇又派樊能、于麋、张英等率部抵御袁术。袁术任命惠衢为扬州刺史，与孙贲、吴景等联合攻击张英，但连年不能取胜。孙策既不满于袁术，欲独立经营江东，脱离袁术，便要求率部助吴景攻击刘繇。袁术也察知其意，"而以刘繇在曲阿，王朗在会稽，谓策未必能定，故许之"。② 袁术给孙策加了虚衔，表为折冲校尉，行殄寇将军，拨给千余人，数十匹马；另外，孙策有宾客数百人相随。孙策沿途招募，至历阳，已有五六千人。

孙策没有去攻击张英，而是渡江直接袭击刘繇的牛渚营(在今安徽当涂西北长江边)，尽获其粮食、战具，势力渐盛。当时，彭城相薛礼据秣陵(今江苏江宁南)城，下邳相笮融据城南，都与刘繇相呼应。孙策击败薛礼、笮融，但牛渚复被樊能夺回。孙策回师再次击败樊能，大获全胜。可见孙策此时已有相当的实力。孙策转攻刘繇别将于海陵(今江苏泰州市)等地，"所向皆破，莫

---

① 《三国志·吴志·孙破虏讨逆传》。

② 《三国志·吴志·孙破虏讨逆传》。

敢当其锋”。[1] 同时,孙策对刘繇的军队展开政治攻势,发布文告:凡来降者一律既往不咎,愿从军者免除全家赋役,不愿从军者不予勉强。由此得到广泛支持,刘繇的军队很快土崩瓦解。刘繇在逃窜中病死,部将太史慈率部投降孙策。各地郡守或逃或降,孙策很快控制了扬州。

在孙策攻击刘繇时,部将朱治护送孙策家属到吴县(今苏州市),途中遭到吴郡太守许贡的阻击。朱治击垮许贡,遂自领吴郡太守。孙策平定扬州后,进一步向东、南发展。吴郡既定,孙策直接攻击会稽太守王朗。王朗奔东冶(今福建福州市),部下商升等负隅顽抗,很快被孙策部将贺齐率部击败。孙策追击王朗,大获全胜,会稽郡平定。当时,在吴、越地区也有许多豪强地主武装势力,“各万余人,处处屯聚”[2],先后被孙策击破或收服。

至此,孙策已基本平定江东。孙策每征破一地,都自置长吏。孙策自领会稽太守,以朱治为吴郡太守,以吴景为丹阳太守,以孙贲为豫章(治南昌)太守,以孙辅为庐陵(治石阳,今江西吉水东北)太守。又以张昭、张纮、秦松、陈端等为谋士,建立了江东割据政权。

建安二年(197 年),袁术称帝,派使者告知孙策。孙策既已独霸一方,实力强大,不须再依附袁术,故在回信中大义凛然地指责袁术僭号为大逆不道,俨然以东汉皇朝的忠臣自居,并公开声明为此与袁术绝交。拒绝附属袁术,声称拥戴汉献帝,孙策的这一举动博得了曹操的好感。袁术是曹操近期要攻击的目标,孙策脱离袁术,既减轻了曹操的压力,又牵制了袁术;汉献帝已是曹操手中的工具,孙策既承认汉献帝仍是天下共主,自然也就意味着服从曹操的统治。所以,曹操送给孙策一个讨逆将军的虚衔,又封其为吴侯,即变相承认孙策对江东的统治。

孙策为报父仇,亲率大军西进攻击驻兵夏口(今湖北汉口)的黄祖,黄祖

---

① 《三国志·吴志·孙破虏讨逆传》。
② 《三国志·吴志·孙破虏讨逆传》。

退守沙羡。建安四年十二月初，孙策率部包围沙羡，亲自骑马上阵，手击战鼓激励士气，诸将"各竞用命，越渡重堑，迅疾若飞，火放上风，兵激烟下，弓弩并发，流矢雨集"。① 黄祖军队溃败，只身逃走，士兵被杀及水中淹死者达三万多人，船只财物均为孙策所获。孙策虽已进入荆州地区，但没有继续西进，而是回师东取豫章（郡治今江西南昌）。豫章太守华歆，是当时天下名士，在大军压境之时，主动投降。孙策任命孙贲为豫章太守，同时分置庐陵郡（治今江西吉安），以孙辅为太守。至此，东吴开国之基，大致奠定。

这时，广陵太守陈登（郡治射阳，今江苏淮安）暗中勾结吴郡地方势力严白虎余部，企图在孙策后方制造叛乱。孙策准备渡江北攻陈登。因粮草不继，孙策暂时驻兵丹徒。孙策喜欢打猎，在一次打猎途中，因马快与众人脱离，恰遇前吴郡太守许贡的三个部下，射中孙策头部。建安五年六月，孙策因伤重而死，年仅二十六岁。临死前，孙策召张昭等，嘱其辅佐孙权，善守江东。终孙策之世，割据江东的局面已基本形成，既有吴越之众的实力，又有三江环绕的地理优势，只要治理得当，足以自保。若以江东一隅与整个北方抗衡，则显得力量单薄。故孙策的托孤重点是要后人在善守江东的基础上再图谋发展，等待统一天下的有利时机。这时，鲁肃新投孙权，也认为"汉室不可复兴，曹操不可卒除"②，即既不必拘泥于拥戴曹操控制下的东汉朝廷，也难以与曹操角逐中原。他建议孙权一意经营江东，然后西击黄祖，破刘表，控制长江中下游，形成完整的长江防线，即可称帝于江南。孙策和鲁肃对当时形势的分析及应采取的对策，看法大致相近，由此形成了孙权后来的基本战略思想。

孙权（182—252 年），字仲谋，孙坚次子。孙策之弟。孙权初立时，虽已据有江东六郡，"然深险之地犹未尽从，而天下英雄布在州郡，宾旅寄寓之士以

---

① 《三国志·吴志·孙破虏讨逆传》注引《江表传》。

② 《三国志·吴志·鲁肃传》。

安危去就为意,未有君臣之固”。[①] 故孙权面临的迫切任务有二:一是建立完善的统治机构,强化君臣观念,加强对地方长吏的控制;二是深入深险之地,平定山越,消除江东内部的不安定因素。

孙权继孙策自领会稽太守,以吴为都城,向所属各郡传递公文,宣告统治者的更替,要求他们服从孙权的统一领导。孙策任命的庐江太守李术公开招纳亡叛,不接受孙权的约束,图谋发展武装势力,形成新的割据军阀。孙权写信要求他交出叛军,李术答以“有德见归,无德见叛,不应复还”[②],公然与孙权分庭抗礼。孙权亲率大军围李术于皖城(今安徽潜山县),城中“粮食乏尽,妇女或丸泥而吞之。遂屠其城,枭术首,徙其部曲三万余人”。[③] 孙权加强了对地方的控制。同时,孙权待张昭以师傅礼,以周瑜、程普、吕范等人为将帅;又“招延俊秀,聘求名士,鲁肃、诸葛瑾等始为宾客”[④],正式组成稳定的统治核心。他还广泛拉拢南北豪强地主的代表人物,充实各级军政机构,从而加强并健全其在江东的统治。

在今皖南、江苏、江西、浙江、福建一带的山区散居着古越人,在汉末尚过着部落散居生活,保留着浓厚的氏族制残余。秦汉以来,又有不少汉人为逃避政府赋役和战乱,也逃入山中,与越人杂居,被笼统地称为山越。当地出产铜铁,山越人“自铸甲兵”;种植谷物,发展生产,维持生存;“俗好武习战,高尚气力”。[⑤] 在汉末的军阀混战时期,山越人也多相聚合发展成武装势力,并时常出山“攻没城郭,杀略长吏,处处屯聚”[⑥],遇大兵征剿则遁入深山。他们以宗族为组织骨干,部称宗部,伍称宗伍,首领称宗帅,统称为宗民。统治者对他们

① 《三国志·吴志·吴主传》。

② 《三国志·吴志·吴主传》注引《江表传》。

③ 《三国志·吴志·吴主传》注引《江表传》。

④ 《三国志·吴志·吴主传》。

⑤ 《三国志·吴志·诸葛恪传》。

⑥ 《三国志·吴志·朱桓传》。

无可奈何,诬为“宗贼”。

孙策统一江东,虽曾在吴越地区击破了严白虎等一批地方势力,但并未消除山越的威胁。如海昏(今江西永修县)有上缭(今属建昌)壁,五六千家相聚,太守“发召一人,遂不可得”。① 孙策曾利用他们的存在调动豫章太守刘勋。孙策虽在各郡县遍置守令,但“诸山越不宾”②,仍常出山骚扰。孙策生前来不及征服山越,这成为孙权继位后善守江东的一项重要任务。

孙氏偏居东南一隅,既要对外继续扩张,又要防备被其他军阀势力兼并,“三军有无已之役,江境有不释之备”,在人力、物力方面都极度紧张。各地山民不仅不为所用,且不断骚扰平原地区。孙权要真正稳定江东局势,并准备向外发展,既应消除山越骚扰的心腹之患,又需利用他们补充兵员,发展生产。孙权在近四十年的平定山越中,主要采用两种策略。一是诛其宗帅,在大肆屠杀后,强迫残余山民应征入伍。如潘璋平定建昌(今江西奉新西)“恶民”,“召合离散,得八百人”;凌统平浙东,“得精兵万余人”;贺齐平定豫章东部,“料得精兵八千人”;陆逊平鄱阳,“料得精兵八千余人”,平丹阳,“强者为兵,羸者补户,得精兵万余人”;全琮讨山越,“因开召募,得精兵万余人”。③ 在孙权以后的战争中,山越人在军队中占有相当大的比重。二是迫其出山,迁到平原定居,或任其自谋生计,或由政府组织屯田。其中最为典型的是诸葛恪强迫丹阳一带山民出山。丹阳与吴郡、会稽、新都、鄱阳四郡为邻,处群山环抱之中,历来是山越聚居地,官府对他们无可奈何。诸葛恪出任丹阳太守,为迫使山民出山,他采取了下述措施。“移书四郡属城长吏,令各保其疆界,明立部伍,其从化平民,悉令屯居。乃分内诸将,罗兵幽阻,但缮藩篱,不与交锋。候其谷稼将熟,辄纵兵芟刈,使无遗种。……于是山民饥穷,渐出降首”。④ 用封山围困的

---

① 《三国志·吴志·太史慈传》注引《江表传》。

② 《三国志·吴志·黄盖传》。

③ 分见《三国志·吴志》潘璋、凌统、贺齐、陆逊、全琮等传。

④ 《三国志·吴志·诸葛恪传》。

方式迫使聚居深山中的山民移居平原,接受孙氏政权的统治。孙氏政权对山越的征服,巩固了对江东的统治,扩大了兵源和财源,虽然加深了对山越的奴役,同时也促进了这些地区的开发和民族间的融合。

孙氏要真正巩固对江东的统治,就必须消灭割据长江中游的刘表,控制长江咽喉荆州。黄祖是刘表任命的江夏太守(郡治安陆,今湖北云梦),与孙氏控制的扬州为邻,故成为孙氏长期攻击的目标。建安四年(199 年)底,孙策破刘勋后,率兵攻黄祖于沙羡(今武昌西金口),斩两万余人。建安八年,孙权又大破黄祖水军,但就在攻城将破时,因后方发生山越叛乱,被迫撤兵。建安十二年,孙权再征黄祖,掠走了大批人口。明年春,孙权复率大军西征,先败其水军,急攻破城,黄祖在逃亡中被杀,孙权"虏其男女数万口"。① 至此,孙氏势力达到了长江中游。

第四节 赤壁之战与三国局面的形成

一、赤壁之战

荆州为长江中游重镇。荆州牧刘表,兖州山阳郡高平县(今山东鱼台)人,是东汉末年士大夫中的著名人物。献帝初平元年(190 年),荆州刺史王叡为孙坚所杀,刘表被任命为荆州刺史,屯驻襄阳。荆州所属八郡,"南接五岭,北据汉川,地方数千里,带甲十余万"②,在当时具有举足轻重的地位。刘表和冀州牧韩馥、徐州牧陶谦等一样,只想在境内采取无为而治、与民休息的政策,同时举办文化教育事业,吸引社会名流,以提高自己的声誉,不愿卷入军阀混战,也不想争城掠地扩大势力范围。如果在和平年代,他们也许不失为比较清

① 《三国志·吴志·吴主传》。
② 《后汉书·刘表传》。

明的地方官吏，但在军阀混战时期，他们不注重发展军事实力，不参与军阀间瓜分势力范围的军事行动，结果只能是坐以待毙，最终被其他军阀吞并。

建安十二年冬，曹操平定乌桓，基本完成了北方的统一，转而进军江南，统一天下，乃势所必然。荆州扼长江咽喉，为四通之要道，沿长江西上可以攻击割据益州的刘璋和汉中的张鲁，东下可直捣孙权江东腹地，往南则可直取交州。曹操要统一江南，势必首先控制荆州，吞并刘表。控制荆州，巩固江东，形成完整的长江防线，据以抗拒曹操，也是孙策、孙权的既定目标。建安十三年春，孙权消灭黄祖，已打开荆州门户，只因曹操突然在合肥一带增兵，做出进攻江南的姿态，孙权才率军东撤，暂时放弃一举夺取荆州的计划。刘备在袁、曹官渡之战中南投刘表，先据新野，后驻樊城，为刘表守护北大门。他本是流亡军阀，时时想做出一番惊天动地的事业，所以走到哪里都不会忘记发展自己的实力。利用荆州搜刮"游户"之际，刘备招募丁壮，补充军队，并拉拢当地豪强，搜罗各方面人才。特别是在诸葛亮"隆中对策"之后，先据荆州后入益州的战略目标也已明确，只是在等待寻找取刘表而代之的机会。所以说，这时的荆州是曹、孙、刘三方争夺的焦点。

在这种十分紧迫的形势下，刘表作为一介书生似乎并没有丝毫的感觉，且为继承人问题犯了一个错误。按照惯例，长子刘琦是当然的继承人，但刘表却为满足继室蔡氏的意愿，立次子刘琮为继承人，让刘琦去做江夏太守。这不仅导致刘琦的怨恨，且引起部下的派系分化，严重削弱了抵御曹操的力量。后来刘琮未动一兵一卒便投降曹操，明显与迫于刘琦率军争位的压力有关，实际上可以看做刘表这一错误安排的直接后果。这与袁绍的错误及其后果极为相似。

建安十三年(208年)七月，曹操率领近二十万大军，号称八十万，南征荆州，大军集于南阳。八月，刘表病死，少子刘琮袭职。在刘表病重时，刘琦前来探视，被拒之门外，刘琦大怒，准备用武力争位。曹操得知刘表病死及其二子不和的消息，亲率一支骑兵部队急扑襄阳。这时，荆州的军队约有十万人，虽

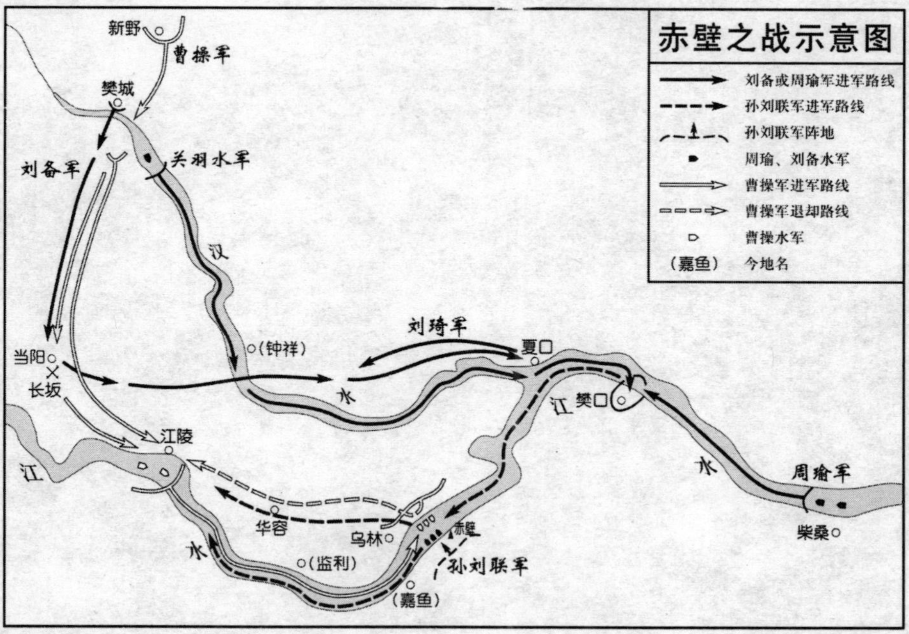
赤壁之战示意图
刘备或周瑜军进军路线
孙刘联军进军路线
孙刘联军阵地
周瑜、刘备水军
曹操军进军路线
曹操军退却路线
曹操水军
（嘉鱼） 今地名
新野
曹操军
樊城
刘备军
关羽水军
汉
水
（钟祥）
刘琦军
夏口
樊口
江
水
周瑜军
柴桑
当阳
长坂
江陵
江
水
华容
乌林
赤壁
孙刘联军
（监利）
（嘉鱼）

非曹军之敌，若能同心协力，也未必没有机会。但荆州兵历来不习军事，缺乏战斗力；刘琮兄弟不合，难以联手抗曹；荆州新失江夏郡于孙权，人心不稳；刘备已成为潜在的危险势力。在此局面下，刘琮谋士蒯越、韩嵩等，积极怂恿刘琮主动投降曹操。他们的理由是：曹操打着天子的旗号，拒之不顺；以荆楚一州之地与已得大半个中国的曹军抗衡，毫无取胜机会；若依靠刘备，即使取胜，事后也必被刘备吞并，与其以后投降刘备，还不如先降有王师名义的曹操。刘琮懦弱而无主见，且有兄长争位的压力，所以听从了谋士们的建议，主动向曹操请降。

因刘琮向曹操接洽投降事宜都是秘密进行的，屯驻樊城的刘备对此一无所知。曹军至宛，刘备才听到刘琮出降的消息。刘备虽有一定实力，若没有荆州八郡做靠山，绝不是曹军的对手，况且刘备多次为曹操手下败将，心怀畏惧，故闻讯即刻南撤。至襄阳，诸葛亮建议乘机吞并刘琮，但刘备早就失去了抵御曹军的信心，推说刘表于己有恩不忍袭其子，主张继续南撤占领江陵。荆州即将成为战场，荆州百姓包括刘琮的军队都纷纷南逃。虽在逃跑途中，刘备仍然不忘收拾民心，扩充实力，沿途大量收容逃亡人口，及至当阳，已有“众十余万，辎重数千辆”。① 但是，这众多的人口不过是欲借军队保护而逃亡的百姓，并非战士。众多的非战斗人员和财物像沉重的包袱，使刘备的撤退艰难而缓慢，日行不过十余里。有人提醒刘备：“今虽拥大众，被甲者少，若曹公兵至，何以拒之?”刘备答曰：“夫济大事必以人为本，今人归吾，吾何忍弃去?”②对如何抵御曹军仍毫无打算。为在前方尽快找到一个立足点，刘备派关羽带领部分军队乘船赶往江陵，自率大队殿后。

刘琮既降，曹军未遇任何抵抗就到达襄阳。闻刘备南逃，曹操也深知江陵为战略要地，且有不少财富，若被刘备占据，必将增加进军江南的阻力。曹操

① 《三国志·蜀志·先主传》。
② 《三国志·蜀志·先主传》。

得知刘备行军缓慢，亲率五千精骑，日夜兼程三百里，在当阳长坂追上刘备。这时的刘备如惊弓之鸟，根本不敢与曹军交锋，也顾不得家属，只带数十骑仓惶逃窜。幸亏赵云怀抱刘禅，张飞率二十余骑在长坂桥截击曹军，延缓了一段时间，刘备的妻、子才免于再次被俘，但全部人员、辎重均成为曹军的战利品。刘备抄近路斜赴汉津，追上关羽水军，渡过沔水，遇到刘表长子江夏太守刘琦的万余军队，一同退守夏口（今湖北汉口）。不久，又撤到长江南岸的樊口（今湖北鄂城西北）。

消灭黄祖，孙权本应该大举进攻荆州，既闻曹操南征，故未敢行动。值刘表病死，鲁肃建议以吊唁的名义亲自到荆州察看形势：若刘琮与刘备不合，可以赶在曹军之前分别击破他们，一举平定荆州；若双方和睦，则应与其联合共拒曹操。但刘琮主动出降，刘备仓惶逃窜，使曹操轻取荆州，完全出乎鲁肃意料之外。鲁肃至江陵，已得知刘琮投降；至当阳长坂，与南逃中的刘备相遇，便随同南撤。当时的刘备已完全绝望，准备远投苍梧（今广西梧州）太守吴巨。鲁肃劝其与孙权结成联盟，凭借长江共拒曹操。诸葛亮也反对继续南窜，建议亲自去向孙权求救，以解燃眉之急。刘备虽仍感没有希望，也只好勉强答应暂留樊口等待消息。

诸葛亮随鲁肃到柴桑（今江西九江西南）面见孙权，向他分析形势：若刘备被曹操消灭，曹操完全控制荆州，则江东危在旦夕；要避免战火烧到江东，只有与刘备联合共拒曹操，使曹军不能过江。他又指出，曹军经过长途跋涉，远来疲敝，近日又日夜兼程，已是强弩之末；曹军都是北方人，善长步骑但不习水战，在河道纵横的长江流域已是弃长就短，而刚收降的荆州兵又必不肯出力死战。现在，刘备尚有万余人，刘琦也有万余人，若孙权能出动强兵猛将，采取联合行动，必可战胜曹军。诸葛亮的分析很有说服力，鲁肃也赞同这种观点，孙权答应出兵。

曹操轻取荆州，占领江陵，对江东已形成大军压境之势，他希望利用声势取得与荆州相同的效果，迫使孙权主动投降，一举统一江东。曹操给孙权写了一封信："近者奉辞伐罪，旌麾南指，刘琮束手。今治水军八十万众，方与将军会猎于吴。"①信中充满恐吓语气。

孙权接到信，虽拒曹主意已定，仍召集高级谋士聚议。以张昭为首的大部分人认为：割据江东，关键在于长江天险，曹操既据荆州，又得刘表水军，长江天险已不复存在，而双方实力又相差悬殊，与其战败被俘，不如及早投降。鲁肃力主抗曹，但孤掌难鸣，建议召回在鄱阳的周瑜，再作对策。孙权有意抗战，接受了鲁肃的建议。周瑜支持鲁肃，认为曹军存在致命弱点：曹军不习水战；马超、韩遂尚在关西，曹操有后顾之忧；曹军远离大后方，时值寒冬，补给困难，难以持久；曹军不服南方水土，久必致病。他又认为曹军实有人数不过十五六万，刘表降卒纵有七八万人，但未必为其卖命；只要有三万人，与刘备联势，就可打败曹军。周瑜的分析与诸葛亮相近，他们都强调指出了曹军的弱点，也就是取得战争胜利的先决条件。孙权更增添了信心，决定出兵。他任命周瑜、程普为左右都督，以鲁肃为赞军校尉，率军三万与刘备会师。

孙、刘联军与曹军遇于赤壁（山名。一说在今湖北嘉鱼东北长江南岸，一说在今湖北咸宁境内）。这时，曹军中已有不少人生病，战斗力削弱。双方交锋，曹军失利，退到江北乌林，与孙、刘联军隔江对峙。曹军不习水性，孤船在江面摇摆，不少人感到眩晕。为保持船身平稳，曹军把所有船只都用绳索连在一起，人在船上行走如履平地。南岸联军对这种情况看得一清二楚，曹军的弱点暴露无遗。周瑜部将黄盖建议用火攻：用十只大船，满载易燃物品，以布蒙盖，上插旗帜，伪装投降，船背用生牛皮包裹；在大船尾端另系小船，士卒藏在小船上，一旦接近敌船，立即点燃大船。周瑜同意依计而行。准备就绪，黄盖给曹操送去一封信，声称夜间带船投降。是夜，东南风盛，黄盖率十只大船升帆乘风渡江。曹军以为黄盖来降，都站在连锁船上观望，毫无防范之意。相距二里许，十只大船同时起火，瞬间冲至曹军船队。火借风势，风助火威，曹军船

① 《三国志·吴志·吴主传》注引《江表传》。

只全部烧光。并延及岸上军营,“人马烧溺死者甚众”。[①] 周瑜率联军随之赶到,曹军在一片混乱中,被烧死、淹死、杀死、马踩死者不计其数,加上瘟疫流行,曹军死亡大半。曹操率残部落荒而逃。孙、刘联军乘胜追击,直至南郡。曹操留曹仁、徐晃守江陵,乐进守襄阳,率余部退回北方。翌年,周瑜赶走曹仁,控制江陵,重新堵住了被曹操一度打开的江南大门。曹军退守襄、樊一带。

赤壁之战,孙、刘联军约五万人的兵力打败了曹操近二十万大军,是我国历史上以少胜多、以弱胜强的又一著名战例。曹操顺利统一了北方,又轻易控制荆州,自恃人多势盛,滋生了骄傲情绪,对客观存在的诸多不利因素没有充分估计到,更没有采取相应的对策,在形势突变的情况下又惊慌失措,故一败涂地。刘备已身陷绝境,孙权也面临灭顶之灾,他们只有拼死抵抗才有生路,故能同心协力。诸葛亮、周瑜等人在大敌压境面前能保持冷静头脑,正确分析敌我双方的各种条件,以己之长,攻敌之短,充分发挥了主观能动作用,取得战争的辉煌胜利。

经过赤壁之战,曹操一举平定江南的幻梦破灭,被迫退回北方。孙权对江东的控制更加巩固,长江真正成为天然屏障。刘备虽然只得到了荆州的一部分,由于共同拒曹的需要,孙权也不急于消灭刘备,给刘备势力向西南发展提供了机会和条件。曹操虽然仍不断向江南发动攻势,但在孙、刘联合抵御面前,都没有奏效。赤壁之战奠定了三国分立局面的基础。

二、三国局面的形成

赤壁战后,曹操认识到一时难破孙、刘联盟,便把战略重心转移到巩固后方和平定关西军阀方面。韩遂、马腾退回凉州后,仍是相互攻伐。曹操忙于平定北方,无暇顾及他们,为防备其骚扰后方,派钟繇镇守潼关,把关西让给他们混战。建安七年(202 年),马腾受征做了曹操的朝官,其子马超曾率部协助曹

---

① 《三国志·吴志·周瑜传》。

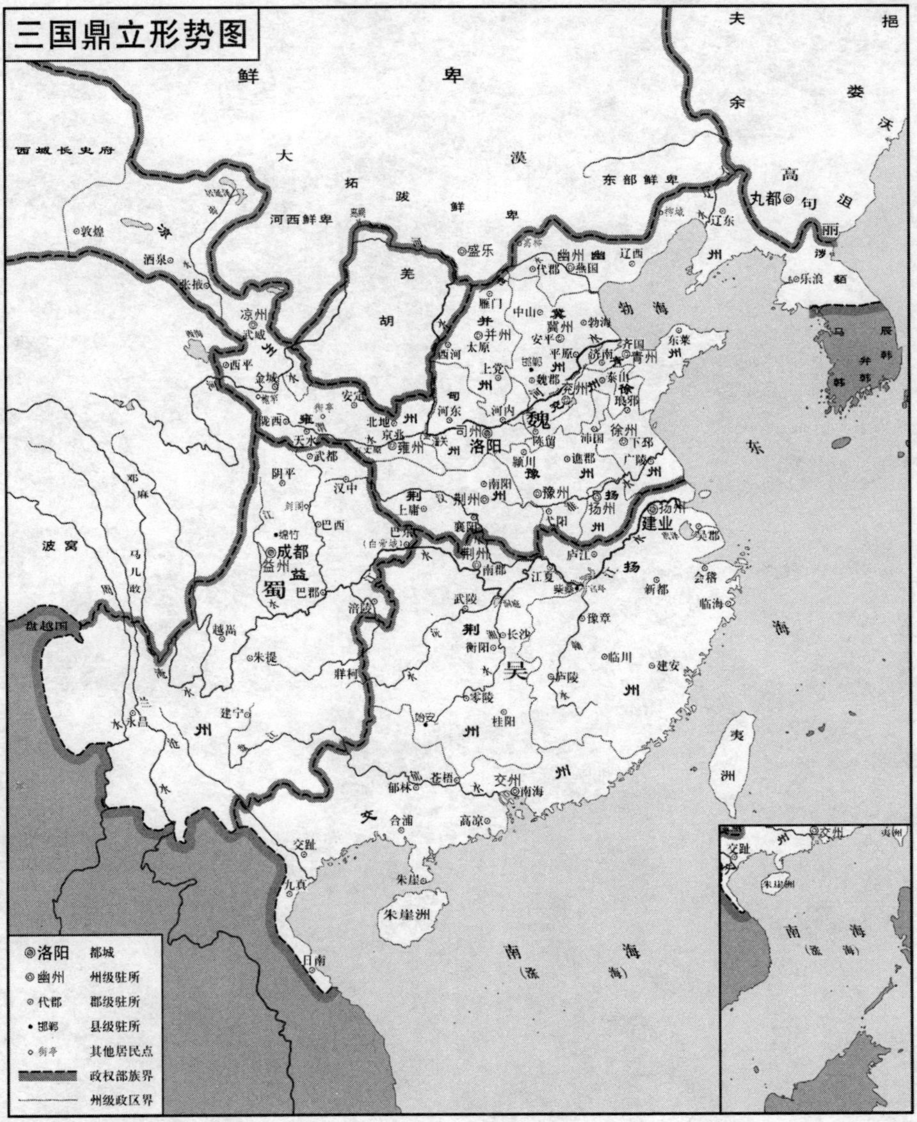

三国鼎立形势图
鲜卑
大漠
拓跋鲜卑
河西鲜卑
东部鲜卑
西域长史府
夫余
挹娄
沃沮
高句丽
丸都
羌胡
魏
洛阳
蜀
成都
吴
建业
东海
南海
（涨海）
夷洲
朱崖洲
波窝
盘越国
洛阳 都城
幽州 州级驻所
代郡 郡级驻所
邯郸 县级驻所
其他居民点
政权部族界
州级政区界

操平定高幹，关中地区没有给曹操造成重大后顾之忧。赤壁战后，曹操在长江中游突破的计划落空，便企图首先击破占据汉中的张鲁，进而吞并刘璋，造成顺江东下之势。进攻汉中，必须经过关中，曹操不放心马超、韩遂，决定先消灭他们。

建安十六年（211 年）春，曹操命钟繇率大将夏侯渊等由洛阳向关中推进，声称进讨张鲁。马超、韩遂也知道曹军意在先取关中，便联合关中各路军阀，集结十万大军，屯驻潼关，拦阻曹军，形成对峙之势。同年秋，曹操亲临前线，派徐晃率四千人从坂蒲（今山西永济蒲州镇）渡过黄河，在河西建立阵地，对关西军阀形成夹攻之势。马超等被迫放弃潼关，退到渭水南岸。曹军随后追至。在战斗中，曹操利用关西各路军阀相互猜疑的弱点，离间马超、韩遂，将他们分别击败。韩遂在逃亡中被杀。马超退至陇上，曾一度攻杀曹操所置凉州刺史韦康，但不久被部下击败，投奔张鲁，后来成为刘备的一员大将。同时，曹操派夏侯渊攻杀了割据枹罕（今甘肃临夏）三十年的"河首平汉王"宋建。关中、陇右（今陕西、甘肃及青海部分地区）全被曹操控制，从而打开了进攻益州的通道。

汉中是益州的咽喉。要进攻益州，必须先取得汉中。建安二十年（215年），曹操亲率十万大军征讨张鲁。张鲁素无战备。曹军在阳平关（今陕西勉县西北）一举击败张鲁弟张卫，打开了进入汉中的门户。张鲁放弃南郑，退到巴中。曹军随后掩至，年底张鲁投降。曹操取得了汉中。但不久即被刘备夺去，曹操从汉中进攻益州的计划又落了空。

曹操乌林大营被烧之后，率残部沿长江北岸的华容道西撤，周瑜和刘备各率所部一路追赶，直至江陵城下。曹操既担心孙权乘胜出兵合肥，更担心中原地区有人乘机发动叛乱，威胁许都，故留曹仁守江陵，自己率主力退回北方。周瑜屯兵江中，隔江与曹仁对峙。这时，荆州所属江南各郡实际上处于无主状态：刘琮已被曹操任命为青州刺史，曹军北撤，孙权尚无暇顾及。刘备看到并抓住了这个机会。他向周瑜建议：自己可以和周瑜部将甘宁越江陵西进夷陵，做出两面夹攻之势,牵制曹仁。周瑜大概没有往其他方面考虑,就同意了刘备的建议。甘宁很快占领了夷陵,但刘备没有参战,而是率部渡过长江,去收复江南诸郡。不久,武陵(郡治今湖南常德)、长沙、桂阳(郡治今湖南郴县)、零陵(今属湖南)四郡相继投降刘备;刘备从此占据荆州半部。既据四郡,“调其赋税,以充军实”,①刘备的实力大大增强。周瑜打败曹仁占领江陵后,承认既成事实,将南郡所属江南二县也明确划归刘备。刘备即屯兵油江口,改名公安,由此军威大振。曹军北撤后,投降曹操的原刘琮的军队这时也转投刘备,有两万多人,再加上刘琦所部,刘备此时可控制的军队已有数万。为安抚刘表旧部,刘备让刘琦出任荆州刺史,而实权则控制在自己手里。

这时,孙权已确立了联刘拒曹的方针,为表示友好,主动提出与刘备联姻。刘备乘与其妹完婚之际,以兵多地小为由,向孙权提出借荆州的要求,实际上是想赶走驻扎江陵的周瑜。在赤壁战后,周瑜主张独挡曹操,建议孙权乘刘备羽翼未丰,借完婚之机将其软禁,调关羽、张飞等各置一方,使其成为孙权的实际部属,以免刘备这个“终非池中物”的人物将来成为威胁。吕范也劝孙权不要把刘备放回荆州。但鲁肃认为,以江东之地抗拒曹操是不现实的,且孙权在荆州的威信远不如刘备,所以应该答应刘备的要求,“以多操之敌,而自为树党,计之上也”。孙权听从了鲁肃的意见,调出周瑜,将南郡借给刘备。至此,刘备占有了荆州大部。刘琦死后,刘备出任荆州牧。在其后一段时间里,刘备获得了充分的自由发展空间。随着刘备势力的急剧扩大,孙权也开始担心。因此,在甘宁建议下,孙权提出与刘备共征益州,意在试探刘备的动向。刘备谋士孙观认为:共同伐蜀未必能胜,却有被孙权乘机吞并的危险,不如表面同意征伐,而以“新据诸郡”为由,拒绝出兵。孙、刘联盟由此出现裂痕。

中平五年(188 年),刘焉出任益州牧,乘天下大乱之机,没有参与讨伐董

① 《三国志·蜀志·诸葛亮传》。

卓及其以后的军阀混战,而是积极扩张势力,“保州自守”①,割据益州。不久,便制造了与皇帝同等规格的车舆,做起了独霸一方的土皇帝。兴平元年(194年),刘焉病死,其子刘璋袭职。张鲁在汉中地区发展“五斗米道”,曾得到刘焉的支持。张鲁与刘璋不和,遂割据汉中,与刘璋分立。

曹操平定关陇,大有直捣汉中之势。刘璋意识到若汉中破,益州必危,便听从谋士张松的建议,请刘备入蜀助灭张鲁,共拒曹操于汉中。刘璋派法正带四千兵及丰厚礼品到荆州邀请刘备。法正早已不满于刘璋的阍弱,因乘机投靠刘备,并建议借此机会吞并益州。“跨有荆、益”是刘备的既定方针,自然不肯放弃这个千载难逢的机会,遂欣然允诺。诸葛亮和关羽留下镇守荆州,刘备亲率数万大军入蜀。刘璋对刘备的到来极表欢迎,拨给他一部分军队,又把白水部让给刘备统辖,并供给刘备粮草等军需物资。刘备既有军队,又有军需来源,却并不急于征汉中,只在刘璋的地盘上继续发展。

建安十七年(212年),曹操攻击孙权,孙权请刘备相助。刘备借口东方事急,要刘璋再拨出一万军队及相应的军需。刘璋对刘备迟迟不进攻汉中深为不满,更为其扩张实力感到不安,便只拨兵四千,不予粮草,企图以此限制刘备。而刘备在广泛拉拢益州豪强地主的同时,已通过法正笼略了一批刘璋的部属。这时,刘璋谋士张松写信给刘备,建议乘机袭取刘璋,吞并益州。刘璋得知其中真象,立即杀死张松,通知各地驻军堵截刘备。刘备首先动手,杀掉白水部将领杨怀而并其军,并派黄忠攻击刘璋。刘璋败退绵竹。刘备的军队攻破益州许多郡县,诸葛亮也率部溯江而上,很快控制了刘璋的地盘。经过一年的征战,刘璋在成都被迫出降。

刘焉父子据蜀二十余年,虽没有多少治蜀政绩,但由于采取封闭性割据,益州受战争破坏较少,且关陇地区有大量人口逃入益州。与其他地区相比,益州可谓“殷盛丰乐”。刘备为取得天府之国这块沃土异常兴奋,进入成都后,

① 《后汉书·刘焉传》。

“置酒大飨士卒,取蜀城中金银分赐将士,还其谷帛”。[1] 刘备自任益州牧,以诸葛亮为军师,法正为主要谋士,许靖、糜竺、简雍等为幕僚,关羽、张飞、马超等为大将,建立起完整的领导核心,遍置郡县守令,完善统治机构。从此,刘备以益州为根据地开始雄心勃勃地发展自己的势力。

当刘备占据益州的时候,曹操已取得关中,并抢先攻取汉中。汉中是益州的北部屏障,刘备势在必争。他首先夺取三巴(巴郡、巴东、巴中),占据了前沿阵地,接着把张郃赶到南郑。而其时曹操只留夏侯渊守汉中,自率大军撤回。建安二十三年,刘备向曹军发动攻势,没有奏效。翌年,刘备派黄忠占领定军山(今勉县东南),控制了有利地形。夏侯渊出兵争夺,被黄忠部将击杀。这时,曹操在长江下游有孙权进攻合肥的威胁,中游有关羽对襄樊一带的攻势,不愿把主力长期胶着于“食之无味,弃之可惜”的汉中战场。[2] 故曹操虽亲率大军在长安,却没有再去争夺汉中,而是把汉中的军队接应出来,撤到关中。汉中终被刘备控制。夺取汉中后,本可进图关中,逐鹿中原,但荆州失守,实力削弱,只得停顿下来。

赤壁战后,孙权和刘备在荆州取得暂时妥协,而后着手统一岭南,巩固江东。东汉末年,地处岭南的交州长期处于失控状态。刺史朱符统治残暴,被当地人民杀死。交趾太守士燮与自己的三个兄弟分领交趾、合浦、九真、南海四郡,控制大半交州。朝廷曾委任张津为交州刺史,不久又被杀死。其后刘表又以赖恭为交州刺史,吴巨为苍梧太守。吴巨驱逐赖恭,割据苍梧。建安十五年(210年),孙权派步陟为交州刺史,吴巨不服,被步陟攻杀。士燮兄弟主动归服。孙权分合浦以北设广州,以交趾南为交州,分置刺史,完成了对南疆的统一。

孙氏自江东起家,赤壁战后,江东受到曹操的威胁,孙权不得不着力巩固

---

① 《三国志·蜀志·先主传》。

② 《后汉书·杨修传》。

江东。建安初,孙策所置庐江太守李述攻杀扬州刺史严象,曹操以刘馥继任。刘馥治合肥,广开屯田,招引流民,发展生产,积极准备攻战防守之具,后来成为曹操在长江下游的重要战略基地。赤壁战后,曹操认识到面对联军的防守,在荆州突破长江防线已没有希望,便由中间突破改为两头出击。西取关中,经汉中攻益州,进可威胁整个长江中下游;东取道合肥,可直捣孙权腹地。建安十四年(209 年),曹操亲临合肥,置扬州郡县长吏,开芍陂屯田,组织和训练水军,做大举进攻江南的准备工作。孙权觉察到曹操的战略意图,也于建安十六年把都城由武昌迁到秣陵,翌年建石头城,改名建业,作濡须坞。孙、曹的攻防重心由荆州转移到扬州。

建安十八年,曹操进驻濡须口,了解到孙权防守严密,没有发动攻势。为避免遭孙权军队的袭击,曹操欲迫使江、淮间人民北迁,导致庐江十余万户渡江南逃,合肥南仅存一皖城。十九年,孙权攻破皖城,以吕蒙为庐江太守,扩大了在江北的据点。明年,孙权由皖城攻合肥,被曹军击退。曹操感到孙权在江北的力量已形成严重威胁,便在建安二十一年派大军把孙权的军队全部赶回江南。孙权仍扼守长江,与曹操对峙。

孙权既统一岭南,又巩固了江东基地,遂将注意力转向荆州。其间刘备已夺取益州,孙权开始公开讨还荆州。刘备没有理由拒绝,便借口"须得凉州,当以荆州相与"。① 孙权也知道刘备无意归还,便自己设置了长沙、桂阳、零陵三郡长吏,但都被关羽驱逐。孙权派吕蒙发动突然袭击,用武力夺取三郡,同时派鲁肃率部屯巴丘(山名,在今湖南岳阳),与关羽对峙,孙权也亲临前线。以荆州与江东相抗,显然蜀军力量薄弱。刘备得知荆州吃紧,急忙率军赶赴公安。孙、刘大战一触即发。值曹操攻破汉中,益州危急,刘备急于还蜀;孙权也不愿让曹操控制益州,双方遂又在共同拒曹的前提下达成暂时妥协:以湘水为界,东属孙权,西属刘备。孙权没有继续进攻,以便让刘备去全力对付曹操。

① 《三国志·蜀志·先主传》。

建安二十四年(219 年),刘备夺取汉中,又命令关羽向驻守襄、樊的曹军发动攻势,以求实现“命一上将将荆州之军以向宛、洛,将军亲率益州之众出于秦川”的战略规划。关羽在樊城大破曹军。这时,曹操听从部下建议,利用孙、刘之间的矛盾,鼓励孙权乘关羽北上时袭取荆州。孙权部将吕蒙突袭成功,关羽在逃亡中被擒杀。刘备势力全部撤到益州。荆州全部落入孙权之手。此后刘备虽想夺回荆州,但彝陵一战败于陆逊,只得承认事实,继续与孙权结盟。这样,最终就形成了曹操、孙权和刘备三大势力。曹操控制整个长江以北,孙权偏安江南,刘备割据西蜀,形成我国历史上的三国时期。他们各自发展自己的政治、经济和军事实力,表面上虽仍然承认东汉朝廷是天下共主,实际上是三个独立王国。东汉皇朝在三国局面形成过程中寿终正寝。

曹操自建安元年控制汉献帝,已是实际上的当代天子,只是在名义上没有取代汉献帝而已。十三年,曹操自任丞相。十八年,自封魏公。二十一年,称魏王。二十四年,刘备称汉中王。明年,曹操死,其子曹丕称帝,即魏文帝,建国号魏,废汉献帝为山阳公,东汉皇朝正式灭亡。又明年,刘备在成都称帝,国号汉,史称蜀或蜀汉。同年,孙权称吴王;八年后(229 年)孙权称帝,国号吴。三国分立最终完成。

魏、蜀、吴三国政权都是在地方豪强地主支持下建立起来的,魏国依靠的是中原地主集团,蜀国依靠的是荆州和益州地主集团,吴国依靠的是江东地主集团。吴、蜀联合,以两国的人力物力始能与曹魏抗衡,名为三国分立,实为南北朝对峙。魏、蜀、吴都是中央集权制封建统一国家,三国分立,是中国遭受十几年的分裂割据、军阀混战大破坏以后逐步恢复统一的一个准备阶段,它们的暂时存在,是历史的一个进步。

第八章

秦汉社会生活

（公元前221年——前202年）

在统一的、中央集权的秦汉时期，人民的物质生活、精神生活呈现丰富的、多元化的特点。这种特点，是由若干因素决定的。一是地域的因素。在帝国的广袤版图中，南北异俗是很正常的事。二是民族的因素。隶属于中央政府的少数民族地区，如三苗、百越、匈奴及西域诸国等，他们仍固守着本民族的生活和风俗习惯。三是阶级和阶层的因素，由于政治、经济地位的差异，以及传统礼制的约束，各阶级、阶层的生活状况，亦表现出巨大的差异。这种丰富性和多样性，在传世文献如《史记·货殖列传》、《汉书·地理志》、《风俗通义》等书中皆有所反映。二十世纪以来的地下考古发现所提供的新材料又丰富了我们的认识。据此按饮食、服饰、居住、交通、婚姻、丧葬等内容依此表述如下。

第一节 饮食

吕思勉先生说："汉人饮食，渐较古代为奢，而视后世则犹俭。"①这是由于生产力的进步而引起的消费方式的变化。而这种变化又是缓慢而渐进的。

① 吕思勉：《秦汉史（下）》，上海古籍出版社1983年版，第571页。

一、主食

粮食仍然是秦汉人的主食。粮食的主要种类，根据西汉后期《氾胜之书》的记载，有禾、黍、大麦、小麦、稻、大豆、小豆、麻、稗等。自先秦直到秦代，北方人民的主食均以粟为主。秦穆公时，晋国大旱，向秦借粮，秦"与之粟，以船漕车转，自雍相望至绛"。① 据《睡虎地秦墓竹简》所载，当时出差官员的口粮，亦以粟为主。如《传食律》：

"不更以下到谋人，粺米一斗……宦奄如不更。"②

"上造以下到官佐、史毋(无)爵者，及卜、史、司御、寺、府，粝米一斗"。③

根据《仓律》，上述简文的粺米、粝米都是粟加工而成的半成品，如：

"〔粟〕石六斗大半斗，舂之为粝米一石。"④

"为粟廿斗，舂为米十斗。……粺者，以十斗为石。"⑤

即便是主食，官民之间，官吏各个级别之间，都是不一样的。根据秦的《传食律》，秦的伙食共分为三等：官大夫(六级爵)到大夫(五级爵)为一级，供应标准比较高，属于上等伙食；不更(四级爵)到谋人(三级爵)为一级，供应标准一般，属于中等伙食；上造(二级爵)以下包括卜、史、司御、寺(侍)、府等在内为一级，供应标准比较低，属于下等伙食，但仍供应"粝米一斗，有菜羹，盐廿二分升二。"⑥下等伙食，我们可以把它看成是当时普通民众的饮食水平，而上等伙食和中等伙食，则可以看成官吏和富人的饮食水平。至于皇室和高

① 《史记·秦始皇本纪》。
② 《睡虎地秦墓竹简》，文物出版社 1978 年版，第 102 页。
③ 同上书，第 103 页。
④ 《睡虎地秦墓竹简》，文物出版社 1978 年版，第 44 页。
⑤ 同上书，第 45 页。
⑥ 《睡虎地秦墓竹简》，文物出版社 1978 年版，第 103 页。

级官吏、人民中的特困者,则又另当别论了。

水稻在秦代已有大面积的种植了。如秦仓律规定:

"种:稻、麻亩用二斗大半斗。"①

法律是现实的反映,正因为水稻有大面积的种植,所以国家才用法律的形式规定每亩用种量的标准。不过,水稻的更大面积的种植,是从汉代开始的。按司马迁的说法,在淮河以南,长江、珠江流域,那里的人民以"饭稻羹鱼"著称。现在稻科的三大品种粳、籼、糯,汉代都已存在。到了《氾胜之书》成书的年代,水稻种植已越过了淮河,在黄河流域大规模推广。因为该书专辟章目,介绍水稻的种植方法。东汉光武帝建武年间(25—56 年),张堪在"狐奴(今北京顺义)开稻田八千余顷。"②是北京地区种稻的最早记载。而北京、河南、河北、陕西、苏北等地均有汉代稻谷的遗存。说明在相当大的范围内,稻米已进入秦汉人民的主食行列。

秦汉间主食的另一变化是北方人民吃的麦面更多了。春秋战国时代,麦类作物的种植主要分布在黄河中、下游地区。西汉时代向黄河上游、关中地区推广。《汉书·食货志》载董仲舒上书说:"今关中俗不好种麦,是岁失《春秋》之所重,而损生民之具也",建议武帝令大司农"使关中益种宿麦,令毋后时。"其后,轻车都尉氾胜之又"督三辅种麦,而关中遂穰。"③东汉安帝时"诏长吏案行在所,皆令种宿麦蔬食,各尽地力。"④表明小麦种植区域的进一步扩大。

除了稻、麦、粟之外,当时人们也广泛种植黍、菽及薯类等作物,这说明当时的主食呈现多样化的特征。

从收成的原粮变为食用的口粮,要经过一系列的加工。从《秦律》看,当时对粮食加工的比率,国家都做了明确的规定。如:

---

① 《睡虎地秦墓竹简》,文物出版社 1978 年版,第 43 页。
② 《后汉书·张堪传》。
③ 《晋书·食货志》晋元帝大(太)兴元年诏。
④ 《后汉书·安帝纪》。

“为粟廿斗,舂为米十斗;十斗粲,毁(毇)米六斗大半斗。麦十斗,为麴三斗。叔(菽)、荅、麻十五斗为一石。”①

从加工粮食的工具看,在我国农村至今仍可见到的杵臼、踏碓、风车、石转磨,在汉墓中屡有发现。大致说来,磨、碓等加工工具主要出现在长江中下游和黄河流域。而在相对落后的岭南地区,谷物脱壳仍然只用杵舂。

汉代的普通人民,无论是食用粟、麦还是稻,大都做成饭和粥。这样可以增加谷物的利用率,而且加工简单方便,且能充分地吸收营养。已佚的谢承《后汉书》说:“左雄为冀州刺史,常食干饭;司马苞为太尉,常食漉饭;李固为太尉,常食麦饭。”这是作为官吏清俭的节操来记载的,说明吃饭,是当时普通人民的日常饮食。

麦饭蒸熟后曝干,可作干粮,称为糗糒。《汉书·李广传》说兵士所食糒,其状如粗砂,便是指的这种干饭。干饭可以干嚼,又可以泡软吃,有利于行军装备。大概当时的下层人民,如行商或出门在外,也要吃这种既经济又方便的干粮。

除了饭以外,饼也是秦汉人民食用的主要品种。饼是所有面食的统称。各种饼的区别,往往由其加工方法或附加原料来确定。如馒头和包子叫蒸饼,面条和面片称为汤饼,火烤的大饼叫烧饼和炉饼等。

在汉代饼类食品中,还有一种由西域传来的胡饼,即今日烧饼。因其制作之法来自西域,故名。汉代随着丝绸之路的开辟,西域胡人不断内迁,西域的生活习惯诸如食胡饼之俗也传入中土。汉末赵岐避难,逃之河间,又转诣北海,常于市中贩胡饼。可见胡饼已普及到市井百姓之中。

二、肉食和鱼类、果蔬

先秦时代,普通人民只有在过年过节、婚丧大事时才能吃上肉食。随着畜牧业的进步,到秦汉时代,普通人民在平时也能吃上肉了。《盐铁论·散不足

---

① 《睡虎地秦墓竹简》,文物出版社1978年版,第45页。

篇》曰："古者燔黍食稗，而烨豚以相饷。其后乡人饮酒，老者重豆，少者立食，一酱一肉，旅饮而已。及其后，宾昏相召，则豆羹白饭，綦脍熟肉。今民间酒食殽旅重迭，燔炙满案。"

秦代人的肉食以牛、羊、猪、狗等为主。据《史记·货殖列传》所载，秦代都城咸阳即设有酱肉店、干肉店。说明肉类制品已经作为普通商品在市场中出现了。对于普通人民来讲，吃肉已不是特殊日子的特殊享受了。秦代的下层人民，还喜欢吃狗肉。大概狗不像牛、羊、豕那样是祭祀用品，不登大雅之堂，所以相对便宜，为此还出现了专门以屠狗为业的人。如刺客荆轲，"日与狗屠及高渐离饮于燕市。"①追随刘邦起兵反秦的樊哙，早年曾"以屠狗为事。"②

汉人的肉食，仍以牛、羊、猪、狗为主。汉人沿袭周礼，以牛、羊、豕（猪）为三牲，祭祀或享宴时三牲齐备称为"太牢"，如果只用牛羊叫"少牢"。而普通人民的肉食，则无此规矩。如杨恽《报孙会宗书》："田家作苦，岁时伏腊，烹羊炰羔，斗酒自劳。"③说明吃肉对普通人民来讲，是犒劳、娱乐自己的一种美好的生活方式，"肉食者"已不限于贵族官僚这些上层人物了。

关于肉类的加工方式，有炙，即将兽肉去毛，用竹签（或铁签）贯穿成串，悬于火上烧烤；有炮，是将兽类不去毛、裹泥，放在火上烧烤；有脯，即作成干肉食用；还有蒸、煎、炸、熬等方法，与现代中国人的食用方法已完全一样了。至于史书中常提到的羹，就是肉汤。

而鱼的食用，受自然条件的限制，主要在沿海及河湖港汊密布的地区。《史记·货殖列传》载：上谷至辽东"有鱼盐枣栗之饶"；"齐带山海……，人民多文采布帛鱼盐"；"楚越之地，地广人稀，饭稻羹鱼，或火耕而水耨，果隋蠃

① 《史记·刺客列传》。

② 《史记·樊哙列传》。

③ 《汉书·杨恽传》。

蛤,不待贾而足”。

秦汉时期食用的水产品种类繁多。《急就篇》所列的水产品有鲤、鲋、蟹、鳟、鲍、鲐、虾。鲤鱼是当时食用最普遍的鱼类。汉代养鱼业也十分发达,《史记·货殖列传》说“水居千石鱼陂”,收入可与千户侯等。张守节《正义》“言陂泽养鱼,一岁收得千石鱼卖也。”从汉墓出土的陶水田模型可知,南方已出现了稻田养鱼的方式。

在鱼类产品的烹制方面,秦汉时期主要以蒸煮为主。如当时的名菜“五侯鲭”,就是一种名贵的鱼汤。杨慎《异鱼图赞》卷三说:“江有青鱼,其色正青,泔以为酢,曰‘五侯鲭’。”

秦汉时期果类品种繁多,除已见于先秦文献的梨、栗、枣、杏、柿、李、桃、橘、橙、柑等品种外,还从域外及周边地区传入了新的品种,如葡萄、龙眼、胡桃、枇杷、杨梅、荔枝、槟榔、橄榄等。《盐铁论·未通篇》说,汉武帝统一岭南,以其地为园圃,橘柚被大量运到中原。《汉书·地理志下》载,汉皇朝在南海郡设有圃羞官,在交趾羸陵有羞官,在巴郡朐忍设有桔官,它们负责向宫廷进贡当地果品。

这一时期还出现了具有地方特色的优良果树品种,如安邑之枣,燕秦之栗,真定之梨,岭南之荔枝等,并开始大面积种植。

秦汉时期人民食用的蔬菜品种有:葵、韭、葱、姜、芸、蒜、荠、芥等。考古发现了黄瓜①和蕹菜②的种子。

在秦汉人民的饮食习惯中,绿叶蔬菜和葱蒜类是主要的品种。由于地域的差异,南北人的习惯也不同。如水生类蔬菜以及竹笋等多产于江南,为当地人民所喜好。消费者的口味也决定了蔬菜的种植:“夫凡人之为园,植其所好

① 广西壮族自治区文物工作队:《广西贵西一号墓发掘简报》,《文物》1978 年第 9 期。

② 扬州博物馆:《扬州西汉“妾莫书”木椁墓》,《文物》1980 年第 12 期。

焉。好甘者植乎荠,好苦者植乎荼","好辛者植乎蓼"。[1] 同时,蔬菜种植也成为一个迅速致富的产业,据司马迁《史记·货殖列传》记载,种千亩蔬菜(如姜、荠、韭等),即可富比千户侯。

在汉人的饮食中,还应该提到豆腐。在先秦,豆类(菽)是作为主食食用的。到了汉代豆类已从主食演变为如蔬菜一样的副食了。明代李时珍《本草纲目、谷部、豆腐》条称:"豆腐之法,始于淮南王刘安。"豆腐在改变人类饮食结构中起了重要作用,是中国人对饮食文化的一大贡献。

三、饮料

秦汉时期人民享用的饮料主要有茶、酒、果汁和乳制品。

茶在古籍中又被称作荼、茗等。中国人饮茶有非常悠久的历史。唐代陆羽的《茶经》说:"茶之为饮,发乎神农氏。"《晏子春秋》记载了晏婴为齐国相时,"食脱粟之饭,炙三戈,五卵、茗茶而已。"说明至迟春秋时期,茶已经成为重要的饮料了。关于汉代人民饮茶的记载见于西汉中期王褒制定的《僮约》,王褒规定僮(即家奴)有"烹茶尽具"和"买茶"的任务。《汉书·地理志》载长沙国有荼陵。师古曰:"荼音弋奢反,又音丈加反。"荼陵因产茶而得名。《华阳国志》载巴郡出产"香茗",什邡县"山出好茶"。从这些记载看,巴蜀和江南地区是茶叶的主要产区,这与当代茶叶种植的区域大致相当。三国时东吴大臣韦曜不能饮酒,孙皓"密赐茶荈以当酒"。[2]《太平御览》卷八六七引华佗《食论》:"苦荼久食益意思。"说明当时茶已成为"久食"的日常饮料了。晋初学者陆机说三国时蜀人和吴人煎茶时与花椒叶一同煮,以增加香味[3],大概汉代就有这种习惯了。

---

① 《太平御览》卷八四二引曹植《籍田赋》。

② 《三国志·吴书·韦曜传》。

③ 《太平御览》卷九五八引陆机《毛诗疏义》。

我国人民饮酒的历史也很悠久。商纣因作"酒池肉林"而亡国,引起周初统治者的警觉,为此作《酒诰》,以殷为鉴。这种历史的传统延续到秦汉。秦《田律》规定:

"百姓居田舍者毋敢酤酒,田啬夫、部佐谨禁御之,有不从令者有罪。"①

"居田舍者"肯定是普通人民,农业劳动者。私自酿酒以至于国家要颁布法律来禁止,说明当时酿酒、饮酒之风非常盛行。正因为饮酒风气的盛行,促进了酿酒业的发展。河北满城中山靖王刘胜墓中出土书有"黍上尊酒十五石"、"甘醪十五石"、"稻酒十一石"题字的陶缸,是当时众多酒类的实物证据。②按照酿酒所用原粮和品味分成不同级别,说明当时酒的消费呈现了多元化状态。

关于官僚和贵族,他们将饮酒取乐作为"嘉会之好"。据《汉官》和《北堂书钞》等古籍记载,每年正月初一,皇帝在太极殿大宴郡臣,"杂会万人以上",场面极为壮观。太极殿前有铜铸的龙形贮酒器,可容 40 斛酒。《史记·曹相国世家》载:曹参任丞相,"日夜饮醇酒……至者,参辄饮以醇酒,闻之,欲有所言,复饮之,醉而后去。"《后汉书·马武传》载,"武为人嗜酒,阔达敢言,时醉在御前,面折同列,言其短长,无所避忌。"汉代无名氏的一首乐府古辞《古歌》云:"东厨具肴膳,椎牛烹猪羊。主人前进酒,弹瑟为清商。投壶对弹棋,博弈并复行。朱火飏烟雾,博山吐微香。清樽发朱颜,四坐乐且康。"这是贵族官僚文人士大夫的饮酒场面,并伴以投壶、下棋等娱乐。也有借饮酒以愤世疾俗者,如乐府《今日良宵会》:"今日良宵会……人生寄一世,奄忽若飙兴。何不策高足,先据要路津。无为守穷路,轗轲长苦辛。"即感叹之余,恨时不我予。至于曹操的"对酒当歌,人生几何",急切于建功立业的豪情壮志,跃然纸上,

① 《睡虎地秦墓竹简》,文物出版社 1978 年版,第 30 页。

② 中国科学院考古研究所满城发掘队:《满城汉墓发掘纪要》,《考古》1972 年第 1 期。

非常人所能及。

而对于普通人民来讲，婚丧嫁娶，送礼待客，节日聚会，则是开怀畅饮的大好时机。即所谓“宾昏酒食，接连成因”；“因人之丧，以求酒肉”；“舍中有客，提壶行酤”；“论道饮燕，流川浮觞”。汉代民间还有“乡饮”的仪式。同时，每年三月，在学校祭祀周公和孔子时，也要举行盛大的酒会。教师学生皆可开怀畅饮。用《汉书·食货志》的话说：“百礼之会，非酒不行。”

除了上述礼仪性的场合外，秦汉时代买卖成交也要饮酒庆贺。如《居延汉简考释》卷二：

“□直长乐里受奴田卅五亩，贾钱九百。钱毕已，丈田即不足，计亩还钱。商人淳于次、孺王兄郑少卿沽酒商二斗，皆饮之。”

“神爵二年十月二十六日，广汉县二十郑里男子节宽惠布袍一，陵胡燧长张仲孙用，贾钱千三百，不在正月□□□至□□□□□□□正月书符用钱十。时在旁候史张子卿，戍卒杜忠知卷，约沽旁二斗。”

酒在汉代还被用来作为施行仁政的工具。《汉书·文帝纪》记载，帝即位，赐民爵一级，女子百户牛酒。苏林曰：“男赐爵，女子赐牛酒。”师古曰：“赐爵者，一家之长得之也。女子，谓赐爵者之妻也。率百户共得牛若干头，酒若干石，无定数也。”

除了用于祭祀、宴饮和赏赐以外，酒还用以治病和随葬等。

早在汉代以前，人们就已了解到酒的医疗功能，汉代人则把酒称为“百药之长”。长沙马王堆汉墓出土的《养生方》和《杂疗方》中，就记载了利用药物配合酒曲制作各种药酒的方剂。张仲景的《金匮要略》、《伤寒论》和华佗的《中藏经》，用酒治病的记载也很多。长沙马王堆汉墓同时出土了大量酒器，还有白酒、米酒、温酒、肋酒各2坛，共8坛。① 说明酒在汉代还被用来作为贵族官僚的随葬品了。

---

① 《长沙马王堆汉墓》上集，文物出版社1973年版。

至于乳制品，在匈奴等游牧民族，是作为主要的饮料，“以肉为食兮酪为浆”，①酪就是用牛羊乳制成的饮料。这种少数民族的饮食习惯，也渐渐影响了中原。汉代太仆官下专置挏马令，负责生产乳酪。《汉书·百官公卿表上》：“武帝太初元年，更名家马为挏马。”应劭注：“主乳马，取其汁，挏治之，味酢可饮，因以名官也。”民间也有乳酪销售。杨恽曾“养羊酤酪，以供伏腊之费。”②人们也渐渐认识到乳品的营养价值。马王堆医书《十问》：“饮走兽泉英，可以却老复壮。”帛书整理小组认为“走兽泉英”就是指的牛羊乳。

汉代果汁类饮料有梅浆、柘浆（甘蔗汁）、桃滥水等。郑玄注《礼记·内则》曰：醷，“梅浆也”。《汉书·郊祀志》著录的《郊祀歌》有“奉尊柘浆析朝酲”之语。

四、食器

秦汉时期的食器主要有箸、勺、碗、盘、钵、盆、尊、案等。

箸在先秦时期称“梜”或“筴”，就是现代的筷子。《史记·留侯世家》载，张良对刘邦说：“臣请借箸为大王筹之。”即借用筷子作为筹算的工具。《汉书·周亚夫传》载，汉景帝请周亚夫进餐，未置箸，周亚夫“心不平，顾谓尚席取箸。”箸有木质、竹质、铜质之分。广州先烈路汉墓曾发现铜箸，湖北云梦大坟头汉墓中发现盛箸的箸篇。在山东嘉祥武氏祠的画像石中有持箸进餐的画面。秦汉人饮食时除了用箸夹菜外，还用匕割肉。刘备在与曹操“煮酒论英雄”时“失匕箸”③，说明当时人进餐时匕与箸是放在一起的。

碗、盘、钵、盆是用来盛食品的工具，既有陶制品，又有漆制品或玉制品等。前者多供平民使用，后者为贵族和富人使用。

---

① 《汉书·西域传下》。

② 《太平御览》卷三一引《汉官仪》。

③ 《三国志·蜀书·先主传》。

秦汉时人用来饮水、饮酒的器具主要是杯,又称耳杯,得名于杯上有耳形把手。耳杯的大小不一,小耳杯的长径约在11厘米左右,中等的为14厘米左右,超过15厘米的则为大杯。秦汉时人的饮器除了杯外,还有卮和尊等,非普通人民能使用,近来在考古中亦有所发现。

秦汉人进餐时一般都席地而坐,所以无足或矮足的食案十分常见,在汉代墓葬中多有发现,类型也很多。就材质分,有木案、漆案、铜案、石案、陶案;就纹饰分,有素案、彩绘案;就形制分,有长案、圆案、单案、叠案。作为日常生活家具的食案,在近年来汉墓中多有出土,说明当时使用已相当普及。①

五、饮食礼俗

《汉书·外戚传》说宣帝许皇后朝皇太后时,"亲奉案上食。"《后汉书·梁鸿传》说:"妻为具食,举案齐眉"。说明奉案、举案是对长者、尊者的一种礼敬行为。如宴饮来宾,则要洒扫庭院,清洗餐具,整理案几,"饰几杖,修樽俎,为宾,非为主也。"②魏其侯窦婴欲宴请丞相田蚡,与夫人"夜洒扫张具至旦"。③宴会前主人要在门前迎接客人。宾客与主人"揖让而升"。④

进餐时座位亦有约定之规。家人进餐时夫妻对坐,亦较随便。梁鸿夫妇"举案齐眉"仅是个别例外,所以史书才有所记载。若有来客,则主人与客人对坐。如来宾较多,通常是主人居中,客人分两列就坐。如大规模宴饮(寿宴、婚宴等),则分堂上、堂下以别贵贱。吕公请客,"令诸大夫曰:'进不满千钱,坐之堂下'"。⑤ 而坐位的朝向亦有一定意义。如《史记·魏其武安侯列传》记载,田蚡做了丞相后,"尝召客饮,坐其兄盖侯南向,自坐东向,以为汉相

① 陈增弼:《论汉代无桌》,《文博》1982年第5期。
② 《盐铁论·崇礼》。
③ 《汉书·窦婴传》。
④ 《文选》卷四张衡《南都赋》。
⑤ 《汉书·高帝纪上》。

尊,不可以兄故私桡”。

酒是宴会中不可或缺的饮料,有“嘉会之好”[1]之称。在他人进酒时,不让倒满或不一饮而尽,通常认为是对敬酒人的不尊重。灌夫与田蚡有隙,“夫行酒,至蚡,蚡不肯”[2],灌夫因此骂坐。由于饮酒是对主人或宾客尊敬的象征,因此在宴会上喝醉是普遍的现象。饮酒量大被认为是豪爽的行为。盖宽饶赴宴迟到,主人酌酒责其后至,盖宽饶曰:“无多酌我,我乃酒狂。”以酒狂自居,何其壮哉。

在秦汉时代,宴饮时男女是可以杂坐的。西汉初年,高祖刘邦行幸回故乡,当地女子与男子一起在皇帝摆设的酒宴上“日乐饮极欢。”[3]东汉陈留太守夏侯惇在为属下举行的宴会上,也请女宾作陪。女子还可以一个人出门赴宴。如英布爱姬曾一个人去医家赴宴,“医家与中大夫贲赫对门,赫乃厚馈遗,以姬赴医家”。[4] 说明在秦汉时代,“男女之大防”尚不如后世严格。

第二节 服 饰

中国素有“衣冠中华”之美称。秦汉时期随着政治的统一,经济的繁荣,文化交流的日益广泛,人们的服饰较前代更为绚丽多彩。从服装原料上分,有丝帛、麻布、葛布和动物皮毛。丝帛主要是贵族官僚的服装原料,它又可分为绢、素、罗、绮、锦、绣等十数种。绢是未经漂染的帛,其色泛黄,经纬较粗。素是白色平纹丝织物。而罗、绮“不顺经纬之纵横”[5],花纹多呈菱形。锦是用经

---

① 《汉书·食货志》。
② 《汉书·灌夫传》。
③ 《汉书·高帝纪下》。
④ 《汉书·英布传》。
⑤ 《释名·释采帛》。

线起花的平纹重经组织，系用染成各种颜色的丝线织成，色彩绚丽，代表了秦汉时期丝织品的最高水平。绣即刺绣，因制作复杂，其品味最高。“遍身罗绮者，不是养蚕人”。普通劳动人民只能以麻布和葛布来作服装的原料。而兽皮和毛织物，则是北方游牧民族的主要服饰原料。而在内地，毛织品往往为下层百姓用来制作服装。① 服饰的等级差别不仅表现在原料上，而且体现在形制上，下面分冠帽、上衣、下衣、鞋袜，从头到脚，分别述之。

一、冠帽

古时冠与帽有别，秦汉时期的帽一般被称作“头衣”，具体说来又有冠、冕、弁、巾和帻的区别。由于冠、冕、弁都是上层男子所戴的头衣，所以有时又统称为冠。据《礼记·曲礼》载，男子应当在二十岁举行冠礼，表明成人。但在实际生活中，也有十八而冠的，如董偃“至年十八而冠”。②

关于秦汉时期的冠，《释名·释首饰》说：“冠，贯也，所以贯韬发也。”说明冠是用来束头发的。“在身之物，莫大于冠”③，说明秦汉时人对冠的重视。“冠者礼之始也”④，说明冠又是礼的标志，用来分别贵贱等级。因此在实际生活中，冠已远远超出其实际功用，而被赋予了更多的社会意义。

冕冠是帝王臣僚参加重大祭礼时所用的冠帽。《后汉书·舆服志》载：“冕皆广七寸，长尺二寸，前圆后方，朱绿里，玄上……郊天地、宗祀、明堂则冠之。”

通天冠是皇帝专用的礼冠，凡郊祀、朝贺及宴会则戴之。《后汉书·舆服志》：“通天冠，高九寸，正竖，顶少邪却，乃直下为铁卷梁，前有山，展筩为述，乘舆所常服。”今从山东嘉祥武氏祠保存的画像石上，尚能看到此冠形象。

---

① 《后汉书·赵典传》李贤注。
② 《汉书·东方朔传》。
③ 《论衡·讥日篇》。
④ 《礼记·冠义》。

汉代的文吏、儒生则戴“儒冠”,见《汉书·郦食其传》。《后汉书·舆服志》则称这种儒冠为“进贤冠”:“进贤冠,古缁布冠也,文儒者之服也。……公侯三梁,中二千石至博士两梁,自博士以下至小史私学弟子,皆一梁。宋室刘氏亦两梁冠,示加服也。”

鹖冠为武士所戴,因在冠左右加插双鹖尾而得名。鹖属鸷鸟,斗时必至死方休,所以用其尾插于冠之左右以示勇敢。汉代的五官中郎将、左右虎贲、羽林左右监等武官皆戴此冠。

弁是冠的一种。《释名·释首饰》:“弁,如两手相合抃时也。”据此,弁的外形像两手相合的样子。据制作材料,弁又分为爵弁、皮弁、韦弁之分。爵弁如爵鸟之形,以韦皮制作。皮弁以鹿皮制作。韦弁则由茅草染皮革而成,故名韦弁。

秦汉时戴冠是上层男子的特权,下层男子只能戴巾或帻。《释名·释首饰》:“二十成人,士冠,庶人巾。”巾就是包头布。秦人尚水德,以黑为上,人民因以三尺黑布巾包头,故民曰“黔首”。汉代不仅普通人民以巾包头,就是一些名儒雅士、王公大臣亦以裹巾为尚。这大概冠的作用并不适用,正如《淮南子·人间训》所说:冠之于人“寒不能暖,风不能障,暴不能蔽”。因此,非朝聘会享的正式场合,以巾包头方便而实用。此种做法至迟在汉景帝时已风行。景帝中六年诏书批评六百石以上的长吏“亡度者不吏服,出入闾里,与民无异”。① 汉末名士郭泰,字林宗,将头巾折一角,时人效之,世称“林宗巾”。《三国志·魏志·武帝纪》裴松之注引《傅子》说:“汉末王公多委王服,以幅巾为雅,是以袁绍、崔军之徒,虽为将帅,皆著缣巾。”为一时风尚。不过,缣是一种丝织品,与下层百姓以布为巾还是有所区别的。

帻原本是包发的头巾,后来演变为便帽的样子。战国后期,秦国为了表彰有战功的武将,在武将的首饰上加绛帕以示区别,后来绛帕逐渐演变为颜题。

---

① 《汉书·景帝纪》。

到汉文帝时进一步加高颜题，“续之为耳”，把巾耸起成屋状，便形成了帻。汉代戴帻很普遍，百姓和官吏都可以戴。《续汉书·舆服志》说：“上下群臣贵贱者皆服之。”

二、上衣

秦汉时期上衣的种类十分繁多，在原料、形制、用途等多方面均有所区别，社会各阶层的上衣也有明显的贵贱等差。

（一）深衣和袍服

秦汉时期全身性袍式服装是由深衣发展而来。关于其形制，《礼记·深衣》曰：“短毋见肤，长毋被土，续衽钩边，要缝半下。”郑玄注：“连衣裳而纯之以采者”，即上衣和下裳相连，根据身份把领、袖缘以不同颜色的丝边。

袍服在先秦时期已经出现，那个时期的袍服只是一种纳有絮棉的内衣，《释名·释衣服》：“袍，苞也。苞，内衣也。”所以穿着时必须加罩外衣。及至汉代，不论男女均可穿着。特别是妇女，除了用作内衣外，平时也可穿在外面，逐渐演变成一种主要的外衣了，并且其用料、形制也更加丰富多彩。《释名·释衣服》：“妇人以绛作衣裳，上下连，四起施缘，亦曰袍。”《后汉书·舆服志》：“公主、贵人、妃以上，嫁娶得服绵绮罗縠缯，采十二色重缘袍。”显得十分雍容华贵。一般妇女在婚嫁时也穿此服，只在袍的颜色及装饰上有所不同，以示区别。当男子也穿着袍服时，就说明袍服已开始取代深衣，成为中国古人穿着的主要上衣了。《后汉书·舆服志》：“（皇帝）服衣，深衣制，有袍，随五时色。袍者，或曰周公抱成王宴居，故施袍。……今下至贱更小吏，皆通制袍，单衣，皂缘领袖中衣为朝服云。”

这时期的袍服在领、袖等部位，一般都缀有花边。花边的色彩及纹样较衣服为素，常见的有菱纹、方格纹等。袍服的领子则以袒领为主，一般多裁成鸡心式。另外还有大襟斜领，衣襟开得很低，领、袖也用花边装饰。

秦汉时期作为军服的袍服尤为引人注意。秦代袍服的特点是：衣内夹絮，下摆齐膝,腰间束带,交衽紧袖。到东汉时,衣袖变得较为宽大,上衣和下裳已经分开,显然更方便于骑马和作战。

《庄子·田子方篇》云:“举鲁国而儒服。”秦末陈胜吴广起义后,“不过旬月,而齐鲁儒墨缙绅之徒,肆其长衣,负孔氏之礼器诗书,委质为臣。”①随着汉武帝尊宠儒生,以宽衣博带为特征的儒服也相应成为汉代文人的礼服。盐铁会议上桑弘羊讥讽文学“褒义博带,窃周公之服。”②儒服也就是一种宽松的长袍,是一种身份和学识的象征。在形制上,它与一般长袍的区别就是方领。《后汉书·马援传》云:朱勃“年十二能诵《诗》、《书》”,“衣方领”,显得少年成才、庄重和儒雅。当然,这应是上层读书人衣着的形象。大部分未入仕的穷苦读书人,“儒者贫羸,衣冠不完”③,“布褐不充”④,是相当寒酸的。

至于富商,凭借强大的经济实力,“其男不耕耘,女不蚕织,衣必文采”。⑤其袍服的华丽,甚至可以与皇家相媲美。用张衡的话说,“肆人之男女,丽美奢乎许、史。”⑥

而汉代下层人民穿着的袍服,由于服装质料粗糙,色彩单一,没有装饰,所以称为“白衣”。《春秋繁露·服制》指出:“散民不敢服杂彩。”说明老百姓的穿着简陋不仅由经济实力所决定,同时法律也禁止下层人民穿华贵的服装。

(二)襦与袭

襦与袭都是短外衣。《急就篇》颜师古注:“襦自膝以下”。则襦之下摆刚及于膝盖。袭是没有着棉絮的短夹衣,又称为“褶”。《释名》:“褶,袭也,复上之言也。”《礼记·玉藻》:“帛为褶。”郑注:“谓有表里而无著。”颜师古又说:

---

① 《盐铁论·褒贤》。
② 《盐铁论·利议》。
③ 《盐铁论·地广》。
④ 《盐铁论·毁学》。
⑤ 《汉书·食货志》上引晁错语。
⑥ 《文选》卷二张衡《西京赋》。

"褶为重衣之最上者也,其形若袍,短身而广袖。一曰左衽之袍也。"①从战国至秦汉,"披发左衽"一直是北方匈奴游牧民族的形象,因此袭,或褶,其形制当出于胡服。

从地域上说,当时人南北服饰的差异亦很明显。南方楚人好短制,汉高祖是楚人,多服襦衣。叔孙通穿儒服,褒衣大袍,刘邦看了十分反感。叔孙通为取悦刘邦,改服楚衣短制。因此汉代宫廷中男子多服短衣,襦自然也成为贵族子弟中最受欢迎的便服。《汉书·叙传》记载:"班伯为奉车都尉,与王、许子弟为群,在于绮襦纨袴之间,非其好也。"这些显贵以白色细绫作襦,所以称绮襦。由此可见帝王喜好对一代风尚之影响。

(三)衫与襩

衫与襩都是短内衣。衫是无袖的单内衣。《释名》:"衫末无袖端也。"《方言》:"汗襦,陈、魏、宋、楚之间或谓之禅襦。"因此衫又称汗襦或禅襦,为贴身衣着。至于襩,则是无袖的夹内衣。《广韵》:"襩,短夹衫。"《潜夫论》:"裙薄衣被,费缯百缣。"说明夹层间往往填充丝絮。

三、下衣

秦汉时期的下衣总称为"裳",即"上衣下裳"。细分之,则有绔、裈、裙、蔽膝等差别。

绔有两种:一种是合裆绔。《汉书·上官皇后传》:"(霍)光欲皇后擅宠有子,帝时体不安,左右及医皆阿意,言宜禁内,虽宫人使令皆为穷绔。"颜师古注:"服虔曰:'穷绔,有前后裆,不得交通也。'"绔的另一种为无裆之裤。《释名》:"绔,跨也,两股各跨别也。"《说文》:"绔,胫衣也。"

裈亦有两种,一种形制短小,称作犊鼻裈。仅用一块布缠于腰股之间,用于农夫仆役。另一种为合裆裈,《释名·释衣服》:"裈,贯也,贯两脚上系腰中

① 《急就篇》颜师古注。

也。"《急就篇》颜师古注:"绔合裆谓之裈,最亲身者也。"即贴身的裤头(内裤)。

制作绔或裈的原料很多,以织制较为细致的生绢为原料的纨绔一般为上层人士及其子弟所穿。而一般劳动人民所穿只能以葛布等粗布做原料。

裙是秦汉妇女常穿的下衣。汉乐府《陌上桑》:"缃绮为下裙,紫绮为上襦。"曹植在《洛神赋》中描写:洛神膝下拖着轻薄的绢裙。这显然是贵族妇女的美好形象。至于劳动妇女,在田间劳作时需将长裙撩起,故称"缚裙"。

蔽膝是一种大腿至膝部的下衣,类似于今天的围裙。《汉书·王莽传》:"(莽)母病,公卿列侯遣夫人问疾。莽妻迎之,衣不曳地,布蔽膝,见之者以为僮,使问,知其夫人,皆惊。"可知蔽膝为下层妇女衣着之物。

四、鞋袜

秦汉时期的鞋多称为履。许多动物的皮革被用来作制鞋的原料,当时人认为用獐、鹿等珍稀动物制成的履档次最高。《潜夫论·浮侈》认为普通百姓"履必獐鹿"是十分奢侈的消费。以生皮制作的履称为"鞜",以薄皮制作的则称为"鞮"。想必是上层人士所用之物。而用丝织物制成的"丝履"或"锦履",则是贵妇人的穿着。讲究的丝履还要在鞋面上绣花缘边。而普通劳动人民只能穿价格低廉的麻履或草履。

同鞋子一样,秦汉普通民众只能穿麻布制成的袜子。居延汉简多记有"布絑"或"布袜"①,就是指以麻布为原料的袜子。而社会上层使用的原料,则多用丝绸类贵重之物。

① 《居延新简》E. P. T. 51:66,E. P. T. 52:93。

第三节　居　　住

秦汉时期房屋建筑有了长足的进步。就建筑材料言,筑墙的材料主要还是用土,但有的建筑也用砖。边远多林木地区,则有以竹木作墙者。《汉书·地理志》:"天水、陇西,山多林木,民以板为室屋。"秦末汉初,砖的使用已有了扩大趋势。吴人为孙坚庙,发吴芮冢而用其砖①,是其证明。相对于砖而言,瓦的使用则较广泛,史载杜陵南山下有瓦窑数千处,且秦汉瓦当代有出土。不过用瓦作屋顶,是皇宫、官僚贵族富商宅第的事,普通人民则以茅草为盖。《后汉书·班彪传》载,扶风掾李育,客居杜陵,茅舍土阶。至于门户,亦依贫富而有等差。《史记·陈丞相世家》言陈平微时,家负郭穷巷,以敝席为门,是一极端的例子,又可见是时民居之简陋。关于房屋的规模、格局,更是相差悬殊。

一、庭院式住宅

庭院式住宅为秦汉时期一般人民所居住。《睡虎地秦墓竹简·封诊式·封守》曾介绍了一个被查封的士伍的房屋,其文曰:"一宇二内,各有户,内室皆瓦盖,木大具。"所谓一宇,就是有堂屋一间;所谓"二内",即有卧室两间,屋上覆瓦,木构齐备。就建筑材料而言,屋主应是富有之家。就一宇二内之规模而言,当是秦汉时中等人家的起码标准了。王充《论衡·别通篇》说:"富人之宅,以一丈之地为内,内中所有押匮,所羸缣布丝帛也;贫人之宅,亦以一丈为内,内中空虚,徒四壁立,故名曰贫。"说明在社会的中下层,贫富之家,房屋规模的大小是差不多的,结构与"一宇二内"之说相差也不会太远。

---

① 《三国志·诸葛诞传》注引《世语》。

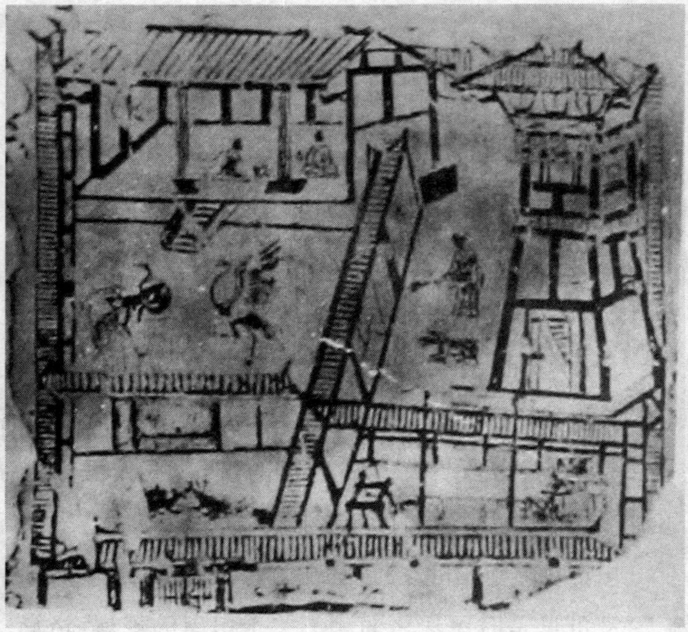

庭院画像砖(四川成都市郊出土)

至于官僚、贵族、富商的住宅,则在规模、结构等方面较为复杂,就几何形状分,又有如下几种:

一为曲尺形住宅,是由两幢长方形房子组合成一个曲尺形平面,其余相对的两面用矮墙围绕起来,构成一个后院。大门一般位于正面,也有正侧两面都辟门的。

比曲尺形住宅进一步的是以三幢房屋组合成的三合式住宅和由四幢房屋组成的四合式建筑。在徐州铜山利国出土的汉代画像石图像中可见一组标准的四合院建筑群。后有正厅,轴线左右对称建有配房,显得长幼有序,内外有别。前有门庭,中间有道,两侧设庑以备宾客之宿①。在汉代,能住上四合式房屋的应是处于社会上层的家庭了。

① 唐士钦:《徐州汉画中的古建筑》,《中原文物》1991年第3期。

在山东沂南北寨村出土的汉代画像石中有一幅日字形住宅的画面，这座住宅由前后两个院落、三排房子组成。每排房子都是五间。日字形的左右两侧各有一列六间的廊房。这种日字形住宅，实际上也是变相的四合式住宅。

汉代的庭院式住宅院落中常植有树木。如西汉时家住长安的王吉东邻种有枣树①，刘向家有大榆树。② 而乡村院落中种植树木的情形则更为普遍。这些树木多为经济树木，不仅能美化环境，且能为主人带来一定的收益。

庭院之间，有闾巷相连。不仅是主人休息之所，同时也有娱乐活动。如《汉书·袁盎传》载，“病免家居，闾里浮湛相随行，斗鸡走狗。”《汉魏乐府风笺》载曹植《斗鸡篇》诗：“长筵坐戏客，斗鸡观闲房。”可见斗鸡之类的娱乐，也常在庭院中进行。

二、楼阁式住宅

“高台层榭，接屋连阁”，这是《淮南子·主术训》描写楼阁式住宅的名句。可见在西汉早期，楼房已经出现了。《三辅黄图》卷二引《庙记》云：长安城内“市楼皆重屋”，可与《淮南子》互相佐证。

西汉的楼阁一般采用井榦式，主要用大木实叠而成。《汉书·郊祀志》说：“立神明台楼高五十丈。”颜师古注：“井榦楼积木而高，为楼若井榦之形也。井榦者，井上木栏也。其形或四角或八角。张衡《西京赋》云：‘井榦叠而百层。’即为此楼也。”东汉的楼阁一般采用构架式，斗拱的使用也比较普遍化和多样化。高层木构楼阁上的平坐和出檐皆由起悬挑作用的斗拱支撑，斗拱已经是整座建筑物的有机组成部分。特别是在四川三台郪江崖墓中发现的一种斗拱颇具特色，它的拱以栌斗的前后左右四个方向伸出，其上托斗子，斗子上再承梁枋。宋人称这种斗拱为“斗口跳”，它是目前发现的汉代斗拱中仅有

---

① 《汉书·王吉传》。

② 《艺文类聚》卷八十八引桓谭《新论》。

彩绘陶楼(北京顺义临河出土)

的一例。

东汉时期楼阁式住宅的种类繁多。《水经注·泚水条》引《续汉书》:南阳樊氏“起庐舍,高楼连阁。”《后汉书·黄昌传》:陈人彭氏“造起大舍,高楼临道。”《后汉书·宦者传》:外戚宦官所造馆舍“凡有万数,楼阁连接,丹青素垩。”《后汉书·桥玄传》:“有三人持仗劫执之,入舍登楼,就玄求货。”《后汉书》的《郑玄传》、《侯览传》、《刘表传》及石刻中也有类似记载。

汉墓中出土的塔式陶楼,低的为两三层,高的达五层。其中一种在腰檐上置平坐,平坐上施勾栏。这样不仅可以满足凭栏眺望的功能要求,而且由于各层腰檐与平坐搭配方式的不同,或挑出,或收进,明暗虚实错综起伏,形成抑扬变化的节奏感,从而使建筑物的外观神采奕奕。在江苏徐州汉画中反映出的亭台楼阁充分展现了当时的建筑风貌。如双沟出土的建筑图的右侧为杂技表演,左侧为一建筑群,刻有楼阁殿宇,峥嵘起伏,鳞次栉比,显得深远、壮观。立柱、斗拱、栏杆纵横交错,表现了汉代楼阁建筑的高超水平。

三、家具

秦汉时期仍保持商周以来席地而坐的习惯,因此几、案、床等家具都比较低矮。几、案外形不一,上面大多涂有黑漆或红漆,并绘出各种精美的花纹,少数还表面施有浮雕。它们与汉代精美的漆器杯、盘、尊、壶风格大体一致。汉代的案比先秦的长些。有的还做成重迭的二层案,以便放更多的器物。

汉代的坐具有枰、榻、床等。枰是小的坐具。《释名·释床帐》:“枰,平也；以板作之，其体平正也。”比枰大一点的是榻。《释名·释床帐》：“长狭而卑曰榻，言其榻然近地也。”榻除了用于主人自坐，还用于接客。《后汉书·徐稚传》：“陈蕃为太守，不接宾客，唯稚来，特设一榻，去则悬之。”床比枰、榻都大，兼供坐、卧。一般为木制。《御览》卷七〇六引《后汉书》：“羊茂为东郡太守，夏日坐一榆木板床。”

汉代人在床、榻上的坐姿，接近于现代通称的跪姿，坐久了会感到累，所以有时要隐几而坐，膝纳于几下，肘伏于几上，这种几被称为“凭几”。

汉代人还于屋中置屏风。《史记·孟尝君列传》中曾提到此事，说明屏风早已有之，不过汉代更为流行。《汉书·陈咸传》：“万年尝病，召咸教戒于床下。语至夜半，咸睡着，头触屏风。”

第四节　交　通

秦汉时期政治的统一为全国性的交通网的形成创造了条件，为人们的出行提供了极大的方便，各种交通工具也比先秦时期有所进步。

一、陆路

秦汉时期的道路可以分为驰道、直道和驿道等。驰道是秦汉时期陆路交通网的主干，于秦始皇二十七年（前220年）开始修建。早期的驰道以秦的都城咸阳为中心，延伸到全国各地。其分布的区域是：“东穷燕齐，南极吴楚”，“西至临洮、羌中，北据河为塞。”并沿阴山至辽东。驰道是皇帝的专用御道，道路宽大、稳固并建有防尘树木。《汉书·贾山传》：“（驰道）道广五十步，三丈而树，厚筑其外，隐以金椎，树以青松。”现存秦汉驰道遗迹的路面宽度在五十米以上①,接近文献记载。由于修治驰道工程浩大,故未经朝廷批准,各地不得擅自征发百姓修缮驰道。西汉中期京兆尹黄霸因“发民治驰道不先以闻”而被降职。②

直道于秦始皇三十五年(前212年)开始修建,全长1800里。其起点为秦都咸阳以北的云阳(今陕西省淳化县),当时是秦防御匈奴入侵的军事重镇;北至终点九原(今内蒙古自治区包头市西南)。工程虽然艰巨,但仅用两年半时间就完成了这一巨大工程,当然也耗费了极大的人力物力。秦徭役之繁重,与修建直道不无关系。

驿道为政府官吏出差旅行、传递官文书以及普通人民经商往来的普通道路。驿道以秦都咸阳、汉都西安为中心,把当时有名的都会连接起来。如号称五都的洛阳、邯郸、临淄、宛(今河南南阳)、成都以及番禺(今广州)等,都有驿道通达。各路上车马杂沓,货物转运,给当时社会经济的发展创造了有利的条件。除了大都会外,全国各地区、各城市之间也有大道相连,构成了以长安为中心的陆路交通网。

在驿道上,设有政府建立的驿站。这些驿站主要用来为出差的官吏提供食宿。在全国各县、各交通要津还设置关卡,保证合法通行,限制非法交通。对普通人民的出行,秦汉政府规定只有持有合法出行证件者才能通行。这些通行证件有的叫“验”,有的叫“传”,也有的叫“符”。据《史记·商君列传》记载:“商君之法,舍人无验者坐之。”《说文》段注:“今用为签字,证也。”没有“验”既过不了关卡,又找不到住处。商鞅逃亡时自己就吃过这条法律的苦头。秦《游士律》规定:“游士在,亡符,居县赀一甲。”③《说文》:“符,信也。汉制以竹长六寸,分而相合。”符既然是证明文件,用来限制通行。于是就有伪

① 胡德经:《洛阳——长安两京古道考察》,《中州古今》1986年第1期。

② 《汉书·循吏黄霸传》。

③ 《睡虎地秦墓竹简》,文物出版社1978年版,第261页。

造通行证件的人。为此,政府颁布法律处分这些造假证的人。秦律规定:“发伪书,弗知,赀二甲。”①各关口对假证件没有发现,亦负有行政责任。如《法律答问》:“今咸阳发伪传书,弗知,即复封传它县,它县亦传其县次,到关而得。今当独咸阳坐以赀,且它县当尽赀?咸阳及它县发弗知者当皆赀。”②

除了驰道、直道和驿道外,西汉时期还开通了著名的丝绸之路,这是当时贯穿中亚的最长的一条道路。自长安起,南路经狄道(今甘肃临洮)、金城(今甘肃永靖西北)、令居(今甘肃永登西北);北路经平襄(今甘肃通渭西北),渡祖后河,入河西走廊至玉门关和阳关之后,即分为南北两道。南道经塔里木盆地的鄯善(古楼兰国),沿昆仑山北麓西行至莎车越过葱岭,通至中亚的大月氏国,距长安 11600 里。再通至安息国(今伊朗之哈马丹城)。北道经车师前王庭(今新疆吐鲁番),距长安 8150 里。再沿天山南麓西行至疏勒。由疏勒西出葱岭,可通至中亚的大宛,还可通至撒马尔罕等地。

秦汉政府对道路实行严格的管理。比如驰道,禁止皇帝以外的其他人穿越驰道和在驰道上行走。违规者要“没入车马被具”③,即没收交通工具。经特许行于驰道者,也只能“行旁道,无得行中央三丈”④。即便在这种情况下,行进驰道上的贵族随行者的车骑也要被没收。如武帝时馆陶长公主奉太后诏行驰道中,绣衣使者江充将公主车骑“尽劾没入官”。武帝太子家使乘车马行驰道中,江充将其逮捕。武帝闻知,赞叹道:“人臣当如是矣。”⑤宣帝本始二年(前 72 年),诏令被授予“王杖”的七十岁以上的老人可“行驰道中”⑥,作为仁政的一项措施。

---

① 《睡虎地秦墓竹简》,文物出版社 1978 年版,第 176 页。

② 同上书,第 176 页。

③ 《汉书·江充传》颜师古注引如淳记汉《令乙》。

④ 《汉书·鲍宣传》颜师古注引如淳记汉《令》。

⑤ 《汉书·江充传》。

⑥ 武威县博物馆:《武威新出土王杖诏令册》,载《汉简研究文集》,甘肃人民出版社 1984 年版。

对道路的养护清理由地方官员负责。汉制规定，皇帝出行，所到之处的地方官员均要事先修缮道路。《汉书·酷吏义纵传》载，武帝久病后出游甘泉，见"道不治"，武帝对时任右内史的义纵极为不满，说："纵以我为不行此道乎。"新官赴任，地方要"发民除道"，①"发民修道"。②

除联系各地区的交通线外，各个城市的内部也有纵横交错的城市道路。《太平御览》卷一九五引陆机《洛阳记》："宫门及城中大道皆分三。中央御道，两边筑土墙，高四丈，余外分之。唯公卿尚书章服从中道。凡人皆行左右，左入右出，夹道种榆槐树。"一般行人"左入右出"，即要求靠左侧通行，与今行人右行正相反。

当时城中男女行道并无区别。《淮南子·齐俗训》："今之国都，男女切倚肩摩于道，其于俗一也。"即城中道路上，人来人往，十分繁荣。男女摩肩倚背，人们习以为常，可见秦汉城市生活之一角。

二、水路

秦汉时期的水路交通包括海上交通和内河交通两类。

海上交通最迟始于春秋时期，至秦朝初年已相当发达。据《史记·东越列传》，秦始皇二十六年（前221年），秦灭六国后不久即平闽越，置闽中郡。《史记·主父偃列传》："使尉佗、屠睢将楼船之士攻百越。"这次战役规模很大，据《淮南子·人间训》载，大军分五路南进，其中一路由海道直取番禺。所以说"处番禺之都"。特别是《史记》的《秦始皇本纪》、《封禅书》和《淮南衡山王列传》所载的徐福东渡之事，更显示了当时海上交通的发达。

汉代的航海事业得到了更大的发展。《汉书·艺文志》录有与出海航行有关的天文书6种136卷。当时的海上航线大致包括日本的东洋航路和驶向

① 《汉书·朱买臣传》。
② 《后汉书·陈宠传》。

东南亚、南亚的南洋航路。《汉书·地理志》记录的到东南亚和南亚的下述航行时间，是时人出海航行的记录："船行五月，有都元国；又船行可四月，有邑卢没国；又船行可二十余日，有湛离国；步行可十余日，有夫甘都卢国。自夫甘都卢国船行可二月余，有黄支国，……自黄支船行可八月，到皮宗；……黄支之南，有已不程国。汉之译使自此还矣。"

秦汉时期的内河交通也很发达。据《史记·陈丞相世家》、《汉书·武帝纪》和《东观汉记》等古籍记载，黄河、湟水、滇水、漓水和巴蜀之水皆可行船，而长江中下游及相关水系由于流量丰沛，建立了常年水道。《汉书·高帝纪》："悉发关中兵，收三河士，南浮江汉以下。"《史记·淮南衡山列传》载伍被言："(吴王)上取江陵木为船，一般之载，当中国数十两车，国富民足。"

除长江和淮水外，许多自然水道在枯水季节断航。并且我国水道多东西流向，对于南北往来也十分不便。因此需要人工开凿运河，尤其是南北向的运河来满足航行的需要。

春秋时期开凿的邗沟沟通了江、淮两大水系，鸿沟又沟通了河、淮两大水系，两条运河把黄河流域和长江流域连接起来，在东部地区形成了完备的交通网。秦朝又修建了著名的人工运河灵渠，支分湘水，连接漓水，沟通了长江水系和珠江水系，密切了中原与岭南的交往。

在河流上建有桥梁方便人车来往。如"号为石柱桥"的渭水横桥宽六丈三百八十步①，相当壮观。在没有桥梁的水陆交汇处往往设有津渡，停舶船只运送行人过河。许多百姓以摆渡谋生。如《华阳国志·巴志》记载，江州"结舫水居五百余家"。水运的"舟楫之利"可以"载重历运，以济天下"。② 方便了人们的旅行。

---

① 《三辅黄图》卷六引《三辅旧事》。

② 《艺文类聚》卷七一引李尤《舟楫铭》。

三、交通工具

各种用途的车辆组成秦汉时期陆路交通工具的主体。按不同的标准，可以对这一时期的车分为不同类型。如按车的规模可分为大车和小车。按车的不同用途，可分为戎车、猎车和役车；按车的动力，可分为马车、牛车、驼车和手推车；按乘车姿势的不同，可分为安车和立车；按有无车厢可分为轺车与衣车等。

西汉木轺车（湖南长沙出土）

在中国车辆的发展史上，秦朝是一个重要的转折和变革的时期。秦以前车辆制造发展缓慢，到了秦朝有了较大进展。秦始皇统一六国后，实行"车同轨"，对统一全国的交通，提高运输效率做出了巨大贡献。

秦始皇的御用车辆叫"金根车"。以秦始皇陵发掘出来的铜车是用银来装饰部件的。秦始皇乘坐的车车型大，三面有窗，后面有门，四周有帷，可坐可卧，可以开闭窗牖调节车内温度，所以名曰"辒辌车"。

轺车是汉代最常见的车型，是由古时的军车转变而来的，因此四面空敞，在汉代为一般吏人用车。驾一马的叫"轺车"，驾两马的叫"轺传"，驾三马的叫"轺车骖驾"。《释名·释车》："轺，遥也，遥望也。四向远望之车也。"轺车

西汉彩绘木牛车(甘肃武威磨嘴子出土)

的中央安装一个如伞的车盖,用以遮阳避雨。轺车上伞盖的用料,体现了一种等级的差别。《后汉书·舆服志》记载,政府官吏三百石以上皁布盖,千石以上皁缯复盖。"而二百石以下的官吏只能"白布盖"了。

东汉铜轺车(甘肃武威雷台出土)

轺车是马拉的车,而一般的老百姓,只能坐牛拉的车,"乘牛车齐于编人"。① 牛车马车分篷车与敞车两种。篷车在车厢上安装卷篷用以遮阳或避雨;敞车则无篷,大概做短途运输之用。当然,在社会经济遭到破坏时期,上层社会也不得不乘牛车。如汉初"将相或乘牛车",②那是不得已而为之。

① 《后汉书·朱浮传》。
② 《汉书·食货志》。

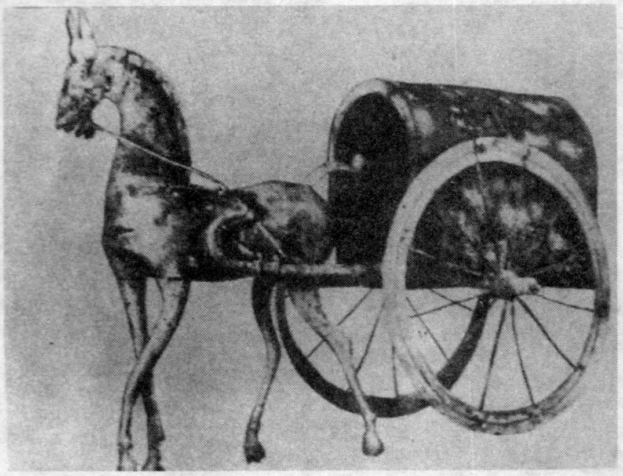

东汉铜车马(贵州兴义出土)

吴楚七国之乱平定后,"诸侯贫者或乘牛车"①,反映了他们政治经济地位的下降。

到了东汉后期,牛车的地位上升。《后汉书·宦者列传》说:左悺等四侯"其仆从皆乘牛车而从列骑"。《晋书·舆服志》曰:"古之贵者不乘牛车……其后稍见贵之。自灵献以来,天子至士庶遂以为常乘。"大概牛车速度较慢,乘坐舒服、安全,且优雅而从容,亦一时之风气。

秦汉时期,劳动人民还创造了用人力推的独轮车,叫做鹿车。《太平御览》卷七七五引《风俗通义》说:"鹿车窄小,裁容一鹿也。"当时贫寒的读书人多用这种鹿车。《后汉书·列女鲍宣妻传》:"宣之妻桓氏与宣共挽鹿车归乡里。"又《独行·范冉传》:"冉遭党人禁锢,遂推鹿车载妻子,捃拾自资,或寓息客庐,或依宿树荫,如此十余年,乃结草室而居焉。"如果连鹿车也没有,则只有徒步了。《后汉书·赵孝传》:"孝常白衣步担,从长安还止邮亭。"

除了车行、徒步,骑马出行也是秦汉时期常见的事。成帝化装成市井子弟微行出游,"或皆骑,出入市里郊县,远至旁县。"②而在乡野农村,则多以骑牛代步。

船是当时水路的主要交通工具。秦汉时期的造船业已较发达,汉代在长安设立船司空,是官营手工业专门造船的机构。③ 汉代人大体以船的承重量

① 《史记·五宗世家》太史公曰。
② 《汉书·五行志》。
③ 谢国桢:《两汉社会生活概述》,陕西人民出版社1985年版,第92—93页。

和船的结构来确定船的形制和名称。《释名·释船》对船的分类是:载重五百斛以上并有小屋者为"斥候",这是一种战船,"以视敌进退",作侦察之用。载重三百斛,船形较短者为舠,"短而广安不倾危者也"。载重三百斛以下称艇,"系一人二人所乘行者也。民间较大的船只长度可达五丈。《汉书·食货志》:"船五丈以上三算。"当时规模最大的船型是楼船。《汉书·食货志》载:汉武帝时建造的楼船"高十余丈,旗帜加其上,甚壮"。楼船主要是军事用船,是汉代水军的重要装备。

西汉木船(湖北江陵凤凰山出土)

西汉木船(湖南长沙伍家岭出土)

东汉陶船(广州市东郊出土)

除船之外,水上交通工具尚有竹筏和木筏。竹筏多出现在西南地区。如哀牢夷王贤栗"遣兵乘箄船南下江、汉"①,箄就是竹筏。在西北地区,因地制宜,出现了皮筏,如护羌校尉邓训"缝革为船",渡河掩击羌人。②

四、旅行与传舍、逆旅

秦汉时,外出旅行大致可分为商人、游学士子和官吏。

商人是游动性极强、旅行频率最高的群体,是商品经济活动的重要角色。"行曰商,止曰贾"。③ 商即行商,他们千里游敖,追逐利润。至于贾,则为坐列贩卖的市中商人,他们虽然不从事长途贩运之事,也"日游都市"④,以求其利。《史记·货殖列传》记载了当时大商人跨越州郡的商业活动:南阳孔氏"连车骑,游诸侯,因通商贾之利";鲁曹邴氏"贳贷行贾遍郡国";周师氏"转毂以百数,贾郡国,无所不在"。秦汉政权有重农抑商的传统,西汉初年有禁止商人

① 《后汉书·西南夷传》。李贤注:"缚竹木为箄,以当船也。"
② 《后汉书·邓禹传》。
③ 《白虎通·商贾》。
④ 《汉书·食货志》。

骑马乘车的规定。[①] 但"法律贱商人,商人已富贵矣。"这一规定很快被现实的经济发展,被商人社会力量的急剧膨胀所打破。晁错形容他们出行时是"冠盖相望,乘坚策肥"。[②] 其气势富比王侯。在密布全国的通衢大道和江河上,商人"连车骑","船车贾贩,周于四方"[③]。一些商人甚至"假二千石舆服导从倡乐"。[④]

游学即离开家乡去京师、郡国或其他地区求学,是汉代官学和私学蓬勃发展的一个结果。西汉后期,中央的太学有博士弟子约三千人[⑤],而到东汉中期,太学有一八五〇室,"游学增盛,至三万余生"。[⑥] 私人授徒的规模也很大,如鲁地学者申公"弟子自远方至受业者千余人"。[⑦] 东汉学者授徒"编牒不下万人"。[⑧] 这些求学的士子,为了功名利禄,流离颠沛于各条道路上,成为当时旅游的一大景观。

政府官员的旅行是帝国行政的安排。西汉中期名臣黄霸仕宦路程依次为左冯翊、河东、河南、长安、扬州、颍川、长安。[⑨] 他们在迁转的路上随从相伴、冠盖相望。

除了商人、士子和官吏以外,服徭役的农民构成了行旅道上悲凉的景观。他们有的在本地郡县服役,有的则要到千里之外。这些治官府、给徭役的农民,"春不得避风尘,夏不得避暑热,秋不得避阴雨,冬不得避寒冻,四时之间,无日休息。"[⑩]无数人在服徭役的过程中客死异乡。

---

① 《汉书·高帝纪》。
② 《汉书·食货志》。
③ 《后汉书·仲长统传》。
④ 《三国志·魏书·武帝纪》注引《魏书》。
⑤ 《汉书·儒林传》。
⑥ 《后汉书·儒林传》。
⑦ 《汉书·儒林传》。
⑧ 《后汉书·儒林传》。
⑨ 《汉书·黄霸传》。
⑩ 《汉书·食货志》。

一般农民没有旅行的需要,但在自然灾害的打击下,他们被迫离开家乡,走上流离失所的道路,“相枕席于道路”①的事,史不绝书。

为了给出行的人员提供途中休息的方便,秦汉时期在遍布全国的交通线上设置有传舍、逆旅或私馆。

传舍是为政府官员设置的机构。据文献记载,传舍一方面有传递公文的责任,另一方面也为过往官吏提供食宿。传中有喂养牲口的厩置,蓄有马匹,为过往官吏解决交通工具问题。这些生活支出,都是政府无偿提供的。《汉书·何武传》载,刺史何武视察地方,先至学官见诸生,而后“入传舍”。《汉书·龚胜传》载,昭帝征韩德入京,令“行道舍传舍,县次具酒食,食从者及马”。可见当时传舍是相当热闹的。

逆旅或私馆是私人开设的旅舍,是为民间旅客提供休息和食宿的地方。《史记·商君列传》:“商君亡至关下,欲舍客舍,客人不知其是商君也,曰:‘商君之法,舍人无验者坐之。’”这就是私人开设、为民间客人提供方便的旅馆。在《商君书》里,这种私人开设的旅馆又叫“逆旅”。《商君书·垦令篇》:“废逆旅,则奸伪、躁心、私交、疑农之民不行,逆旅之民无所于食,则必农。”《后汉书·儒林传》载汝南人周扬“常修逆旅,以供过客”。说明汉代这种私人设立的旅舍还叫“逆旅”,有时也叫“私馆”。《后汉书·百官志》刘昭注引和帝大臣应顺曰:“郡计吏观国之光,而舍逆旅,崎岖私馆。”这些逆旅或私馆,都是经营性质的,要向过往住店客人收取费用。其条件当然不比政府出资的传舍,但毕竟方便了人们的旅行。所以晋人潘岳说:“客舍逆旅之设,其所由来远也。行者赖以顿止,居者薄收其直,交易贸迁,各得其所。”②

五、旅行礼俗

大路雍塞,旅人辛苦。对于安土重迁的中国古人,出行是一件大事。因此

① 《汉书·贾捐之传》。

② 《艺文类聚》卷六四引潘岳《上客舍议》。

秦汉时期虽然道路通畅，但对于旅行者尤其是较长距离外出者，旅行仍是一件充满艰辛和危险的事。因此他们往往举行各种仪式祈求神灵的护佑，慰藉心灵的恐惧和伤感。这些带有浓重迷信色彩的活动有：

(一)择日

择日就是选择吉日出行。睡虎地秦简《日书》甲种对出行时日有十分具体的描述：正月丑日、二月戌日、三月未日、四月辰日、五月丑日、六月戌日、七月未日、八月辰日和丑日、十一月未日、十二月辰日，“凡此日不可以行，不吉”(134 正)；“丁卯不可以船行”(97 背二)；“六壬不可以船行”(98 背二)。天水放马滩秦简《日书》也有类似禁忌，如“执日，不可行，行远必执而于公”；“凡黔首行远役，毋以甲子、戊辰、丙申，不死必亡”；“千里之行，毋以壬戌、癸亥。”不仅出行有忌日，归来也有忌日：正月七日、二月十四日、三月二十一日、四月八日、五月十六日、六月二十四日、七月九日、八月十八日、九月二十七日、十月十日、十一月廿日、十二月卅日“在行不可以归，在室不可以行，是是大凶。”(107 背——108 背)与不吉日相应的是出行良日：

> 戊己丙丁庚辛旦行，有二喜；甲乙壬癸丙丁日中行，有五喜；庚辛戊己壬癸餔时行，有七喜；壬癸庚辛甲乙夕行，有九喜。　　135 正
>
> 祠行良日，庚申是天昌，不出三岁必有大得。　　79 正二

汉代人在出行前要通过卜筮等方式确定吉日。《北堂书钞》卷一五四引蔡邕《祖饯祝》说出行前要有“神龟吉兆”，“著卦利贞”。《后汉书·郭躬传》李贤注引《阴阳书历》云：“归忌日，四孟在丑，四仲在寅，四季在子，其日不可远行归家及徙也。”如同前代，汉代人十分迷信行忌。如张竦“知有贼当去，会反支日，不去，因为贼所杀”。① 陈伯敬“行路闻凶，便解驾留止，还触归忌，则寄宿乡亭”。②

① 《汉书·游侠陈遵传》注引李奇曰。

② 《后汉书·郭躬传》。

出行前的巫术和宗教仪式舒缓了出行者的紧张心理。睡虎地秦简《日书》甲种111背、112背有行禹步除灾术:"行到邦国困(阃),禹步三,勉壹步嘑(呼)皋。敢告曰:某行毋咎,先为禹除道,即五画地,掓其画中央土而怀之。"放马滩秦简《日书》也有类似方术:"禹须臾,臾臾行,得择日,出邑门,禹步三,向北斗质画地,视之曰:禹有直五横,今利行,行毋咎,为禹前除得吉。"①

(二)路祭

出行前祭祀路神在先秦时期已经存在。《礼记·祭法》记述天子七祀和诸侯五祀中分别有"国行",大夫三祀和士二祀中则分别有"行"。孔颖达疏:"国行者,谓行神在国门外之西。"祭祀的对象为祖神。《风俗通义·祀典》云:"谨按《礼传》:'共工之子曰修,好远游,舟车所至,足迹所达,靡不穷览,故祀以为祖神'。"《四民月令》"正月"条本注:"祖,道神,黄帝之子曰累祖,好远游,死道路,故祀以为道神。"

关于路祭的仪式,睡虎地秦简《日书》甲种有出行前举行路祭仪式的记载:

> "行行祠:行祠,东行南[行],祠道左;西北行,祠道右;其谪(号)曰:大常行,合三土皇,耐为四席。席叕(缀),其后,亦席三叕(餟)。其祝 145"
>
> "曰:'毋(无)王事,唯福是司,勉饮食,多投福。' 146"

《仪礼·聘礼》:"出祖释軷,祭酒脯,乃饮酒于其侧。"郑玄注:"行出国门,止陈车骑,释酒脯之奠于軷,为行始也。"这应当是汉代祀祖神仪式的说明。

祭祀祖神活动常伴有送别宴饮,参加者一般为出行者的亲戚、朋友、同僚或下属。《汉书·刘屈氂传》记贰师将军李广利出征匈奴,丞相刘屈氂"为祖道,送至渭桥。"颜师古注:"祖者,送行之祭,因设宴饮焉。"因此,祖道又有"祖

① 秦简整理小组:《天水放马滩秦简甲种〈日书〉释文》,载《秦汉简牍论文集》,甘肃人民出版社1989年版。

饯”之称。《三国志·魏书·方伎管辂传》载，馆陶令诸葛原迁新兴太守，“宾客并会”祖饯。因此，祖饯的实际意义是由祭祀发展为一种交际活动。武帝年间待诏长安的东郭先生落魄时“人莫省视”，当其以二千石出行时，“故所以同官待诏者，等比祖道于都门外。”①以表示巴结交好之意。

祖饯时，送行者往往出资相助。如《汉书·萧何传》载，刘邦因徭役赴咸阳，“吏皆送奉钱三，何独以五”。《居延汉简释文合校》简 104·9 记祖道钱所用账目：

候史褒予万岁候长祖道钱　出钱十付第十八候长祖道钱

[祖]道钱　出钱十付第廿三候长祖道钱

[祖]道钱　出钱十

祖道活动一般在家门、城门、河畔、桥边举行。《古诗类苑》卷八四引古诗：“步出城东门，遥望江南路。前日风雪中，故人从此去。”《三辅黄图》卷六云，霸桥，“汉人送客至此桥，折柳赠别。”

第五节　婚　　姻

婚姻是秦汉时期社会生活的一项重要内容。秦汉婚姻在某些方面继承了先秦的传统，在更多的方面又开启了后代的先河。

一、婚龄

秦代法律认可的行为能力包括婚姻，不是以年龄为标准，而是以身高为标准。如《仓律》规定：“隶臣、城旦高不盈六尺五寸，隶妾、舂不盈六尺二寸，皆

① 《史记·滑稽列传》褚少孙补。

为小。”又规定:“小隶妾八月傅为大隶臣妾,以十月益食。”[①]男子身高六尺五寸以上(即150厘米以上),女子身高六尺二寸以上(即140厘米以上),是成年应“傅”的标准,也是正常的具备婚姻能力的标准。《法律答问》:“女子甲为人妻,去亡,得及自出,小未盈六尺,当论不当?已官,当论,未官,不当论。”[②]女子甲“小未盈六尺”,它的“为人妻”的行为是有问题的。如果报告登记了,就具有法律效力,才能论她背夫逃亡罪;如果未经官府登记,就不具有法律效力,当然她的“为人妻”的行为不成立,也就“不当论”她的背夫逃亡罪。可见婚姻的登记同“傅”的标准是相同的。

汉代文献虽有“男三十而娶,女二十而嫁”的说法,但实际上并未执行。《论衡·齐世篇》:“人民嫁娶,同时共礼,虽言男三十而娶,女二十而嫁,法制张设,未必奉行。何以效之?以今不奉行也。”汉惠帝六年(前189年)诏曰:“女子十五以上至三十不嫁,五算。”[③]这是汉初鼓励人口增殖的一项临时措施。但由于政府的提倡,早婚必然成为一种时尚。西汉时文帝女馆陶公主初婚年龄是十五岁、平帝皇后是十二岁。西汉中期暴室啬夫许广汉女许平君“年十四五,当为内者令欧侯氏子妇”。[④] 东汉班昭14岁出嫁,安乐侯胡广之妻“年十有五,爰初来嫁”。[⑤] 可见,汉代女子初嫁年龄一般在十四五岁。这个年龄,也是民间女子的婚龄。如居延汉简载张彭祖辅妻南来十五岁、伍尊之妻十四岁,虞护妻十五岁、王并妻严十五岁。[⑥]

男子的婚龄略大于女子。如西汉惠帝二十岁、文帝十四岁、武帝、元帝都

① 《睡虎地秦墓竹简》,文物出版社1978年版,第49—50页。
② 同上书,第222页。
③ 《汉书·惠帝纪》。
④ 《汉书·外戚传》。
⑤ 《蔡中郎集》卷一《太傅安乐侯胡公夫人灵表》,《四部备要》本。
⑥ 《居延汉简释文合校》:简29.1、55.20、194.20、203.13、103.20。

是十六岁。[①] 东汉明帝章帝都是二十岁、和帝十四岁，安帝十六岁。[②] 民间婚龄亦大致如此。如汉宣帝微时娶妻，时年十六岁。[③]《隶释》卷十五《金广延母徐氏纪产碑》云金广延“年十八，娶妇徐氏”。

由于经济和其它原因，也可能引起男子实际婚龄的提高。东汉初年，九真地区约十四万人中，有大量适龄人口因缺少聘金而不能完婚。太守任延“令长吏以下各省俸禄以赠助，同时相娶者二千余人”。[④] 东汉时议曹展允因收入有限，至五十岁时依然“匹配未定”，后在上司和同僚的帮助下，才勉强凑足聘金。[⑤]

品行问题也能耽误婚姻。史载刘邦少时“不事家人生产作业”、“好酒及色”，[⑥]三十岁以后才得以成婚。于永“少时嗜酒多过失”，放浪形骸，年近三十岁还不能完婚。[⑦]

排除这些特殊原因外，汉代的婚龄应属于低龄结构。造成这种状况的原因，除前述统治者的提倡外，还有更深层次的社会经济原因。汉代是农业社会，对于经济能力十分薄弱的农民来说，选择早婚早育是增加劳动人手的一种手段。以家庭和家族作为社会基本单位，必然将人丁兴旺作为家族繁衍兴盛的重要标志，这也促使早婚早育现象的普及。

二、择偶

秦汉人选择配偶首先排除不宜婚配的对象。中国历来有“同姓不婚”的传统，在秦汉时期的可考婚姻中，绝少见同姓婚配的情形，说明这一祖训在秦

① 《汉书·文帝纪》、《汉书·武帝纪》、《汉书·元帝纪》。

② 《后汉书·明帝纪》、《汉书·章帝纪》、《汉书·和帝纪》、《汉书·安帝纪》。

③ 《汉书·宣帝纪》。

④ 《后汉书·任延传》。

⑤ 《太平御览》卷五四一引《助展允婚教》。

⑥ 《汉书·高帝纪》。

⑦ 《汉书·于定国传》。

汉时期还是被严格执行的。但是时人并不排除姑舅表亲婚。其依据大致有三:亲族间固有的感情基础;兄弟姊妹间在财产继承上的关系;古老的习俗传统。根据历史记载,表亲婚在上层社会中非常普遍。如《汉书·齐悼惠王传》载:懿王薨,厉王次昌继承王位,其母纪太后让其娶她弟弟之女纪女为王后,"欲其家重宠"。

另外,秦汉时仇人之间也不能通婚。秦汉时期复仇习气很盛行,绝大多数仇家是不能通婚的。当然在个别情况下,也可通过联姻来化解怨仇。如西汉时董贤家族与王谭家族[1],就是一个例子。

贵族、官吏、富户等阶层多以政治和社会地位的相近为缔结婚姻的重要条件,所谓"门当户对"。西汉初年,吕氏家族的四个女子分别出嫁皇族刘友、刘恢、刘章和刘泽[2]。东汉光武年间,外戚樊氏家族"女可以配王,男可以尚主"[3]。这里说的是皇族和外戚。官吏之间也互结婚姻。如西汉昭帝时大将军幕府军司马杨敞娶太史令司马迁之女为妻。[4] 成帝时丞相张禹之女系张掖太守萧咸妻。[5] 贵族豪门之间的联姻,一方面保证子女仍能享受锦衣玉食的生活,更重要的是可以强化已有的政治经济实力。秦汉时期的富商大贾虽"富比王侯"、"富可敌国",但由于其社会地位的低下,他们是很难和贵族官僚联姻的,但他们又不愿子女与一般劳动人民结姻。因此往往商人内部形成婚姻的圈子。如西汉时颍川地区富户大姓"相与为婚姻"[6],就是典型的例子。《汉书·陈平传》载陈平家境贫寒向富人求婚屡遭拒绝的个案,也说明经济条件是当时人择偶的重要标准。

---

① 《汉书·佞幸传》。
② 《汉书·高五王传》、《汉书·荆燕吴传》。
③ 《后汉书·樊宏传》。
④ 《汉书·杨敞传》。
⑤ 《汉书·张禹传》。
⑥ 《汉书·赵广汉传》。

因此,以农民为主体的普通百姓亦多与地位相同者结婚。西汉人朱买臣家贫,“常以艾薪樵,卖以给食”。其妻家境也十分贫寒,无力资助。后朱买臣妻离婚再嫁,与后夫共“治道”为生,说明也十分贫寒。①

除了政治、经济状况外,容貌、才德也是秦汉人择偶的重要依据。一般来说,女性大抵以身材苗条、脸庞清秀、头发乌黑、皮肤白皙为美;男子则以身材高大、浓眉大眼、皮肤白皙为美。“夫何妖女之淑丽,光华艳而秀容”②,容貌出众的女子不仅可以使对方感到愉悦,而且可以使男方家庭感到满意和自负。反之,若所娶之女丑陋,则会受到邻里的讥笑。《三国志·蜀书·诸葛亮传》注引《襄阳记》载,诸葛亮所娶之妻“黄头黑面”,于是时人以为笑乐,乡里为之谚曰:“莫仿孔明择妇,正得阿承(指沔南名士黄承彦)丑女。”男性的容貌在婚姻选择中也很重要,如《玉台新咏》卷一引繁钦《定情诗》:“我即悦君姿,君亦悦我颜。”美丽的容貌是互相吸引的重要因素。

才能是择偶的另一标准。女方家庭在这方面的要求往往超过了男方家庭。东汉大儒郑玄因张逸“有赞道之志”,并能勤于习经,“乃妻以女弟。”③辽西郡吏公孙瓒“性辩慧,每白事,常兼数曹,无有忘误”,太守奇其才,“以女妻之”。④

卜相在婚姻选择中也起一定作用,吕后的父亲吕公以好相人著称,他因刘邦面有贵相,不顾妻子反对,坚持把女儿嫁给声名不佳的刘邦。⑤ 汉元帝后王政君能够入宫,也因其父亲听信了相者所说其女“当大贵,不可言”⑥之语。

上述秦汉人择偶的标准仅具有描述性的意义,实际婚姻往往不顾及这些

---

① 《汉书·朱买臣传》。

② 《艺文类聚》卷十八张衡《定情赋》。

③ 《太平御览》卷五四一引《郑玄别传》。

④ 《后汉书·公孙瓒传》及注引《典略》。

⑤ 《汉书·高帝纪》。

⑥ 《汉书·元后传》。

条件。如西汉时人卓文君系巨商卓王孙之女，司马相如系落魄书生。然而文君却因相如的才华而私奔。[①] 在她的择偶过程中，经济因素就不予考虑了。

三、媒聘

秦汉时期婚姻双方的联系大多要经过媒人中介。《释名·释亲属》说："婿之父曰姻。姻，因也，女往因媒也。"可见媒人在婚姻缔结中之重要，以至于桑弘羊在盐铁会议上把男女婚姻的媒人比做推荐贤士的人："故士因士，女因媒。"[②]刘向也说："妇人因媒而嫁。"[③]东汉末，人们更认为"夫自炫自媒者士女之丑行也。"[④]即不通过媒人自行缔结婚约被认为是不光彩的行为。秦汉时期媒人上门提亲则被称为"介"。《汉书·外戚许皇后传》载，抚养皇曾孙的张贺听说许广汉有女名平君，便为皇曾孙求其女，许广汉"重令为介，遂与曾孙"。"为介"应该是郑重的求婚仪式。

一旦对方答允求婚，男方就要向女方家送聘礼，这一行为的意义在于对婚姻关系的认定。聘金的数目由于社会经济地位的不同而千差万别。汉初规定皇后的聘金为黄金万斤。吕后时，惠帝娶姐姐鲁元公主的女儿为后，吕后增聘金为黄金二万斤，以后便成定制。《汉书·宣元六王传》载，赵共王刘充拟用二百金娶妻，这大概与当时王侯将相的聘金数目相当。而中小官吏、一般地主、城市贫民、包括农民在内的社会中下层，则数目十分有限。《太平御览》卷五四一引《李固助展允婚教》云："允，贫也，礼宜从约，二三万钱足以成婚。"聘金数目当在二三万钱之内。因此数千钱至万钱，大约是中等殷实人家聘金的数目。

《礼记·内则》曰："聘则为妻，奔则为妾。"秦汉时人对聘礼是十分看重的。《隶释》卷十二《戚伯著碑》载，戚伯著"聘妻朱氏"。聘礼不仅是男方家

---

① 《汉书·司马相如传》。
② 《盐铁论·大论》。
③ 《新序·杂事》。
④ 《三国志·魏志·曹植传》。

庭财力的显现,同时也表示对女方家庭的尊重。

四、选择婚期

婚姻关系确定后,就进入选择佳日成婚的程序。婚日通常由男方确定。皇室中为皇帝选择“良日”是太史令的职责。婚日确定后,男方便派人通知女方。这时女方要为女儿置办嫁妆。同聘礼一样,嫁妆的规模也是千差万别的。如蜀地巨富卓王孙给女儿的嫁妆有“僮百人,钱百万,及其嫁时衣被财物”。①而一般家庭,则不过“疎裳布被竹笥木屐”②等日用衣物而已。

五、婚礼

男方迎亲和女方送亲是婚礼的前奏。男方要亲赴女方迎亲,而送亲者则由女方重要成员担任。女方在送女儿出门前,要对女儿进行孝敬公婆、恪守妇德的教导。如秦时张负把女儿嫁给陈平,临出门前即嘱咐女儿:“毋以贫故事人不谨!事兄伯如事父,事嫂如事乃母。”③男子亲迎,男先于女。出门时男子要走在女子的前面。富裕之家的迎亲规模十分壮观,“车軿各十,骑奴侍僮,夹毂节引。”④

在去男方的路上,新妇的心情是相当复杂的。《汉乐府诗·白头吟》:“嫁娶不须啼,愿得一人心,白头不相离。”既有对于婚后生活的某种向往,又有对未来不可知生活的担心。

当新娘由新郎迎娶到家时,婚礼就正式开始了。秦汉时期,无论贫富贵贱婚礼都要操办得隆重喜庆。参加婚礼的主要有男女两方的亲属、友人和邻居。

---

① 《汉书·司马相如传》。
② 《后汉书·逸民戴良传》。
③ 《汉书·陈平传》。
④ 《潜夫论·浮侈》。

“群祥既集，二族交欢”；[①]“嘉宾僚党，祈祈云集”；[②]“和合二姓，亲御斯酒。召彼邻里，公姑悦喜”。[③] 参加婚礼的客人，为新人带去祝福，也密切了亲朋之间的情感联系。

新人无疑是婚礼的中心，他们尽可能地穿得华贵漂亮。《盐铁论·散不足篇》载，当时富者结婚，“衣皮朱貉，繁路环佩”，而一般人家也会“长裙交袆，璧瑞簪珥”。尤其是新娘的服饰更为引人注目，“妇人始嫁，至作漆画屐，五色彩为系”，“丽女盛饰，艳如秦华”。[④] 新人从头到脚，全新装束，富丽堂皇，引人注目。

新妇入门后的第一项仪式是拜见公婆。如《后汉书·列女传》载，鲍宣与桓少君成婚时，“拜姑始毕”。其中“姑”是相对于新妇而言的，表明新娘从此就是夫家的人了。拜见之礼的意义对于新妇比新夫要大一些。《吕氏春秋·不屈》用“安矜烟视媚行”来形容新妇在婚礼上的举止和心态。

婚礼仪式后通常要举行酒宴，热闹的婚宴场面将婚礼的喜庆气氛推向高潮。由于婚宴习俗盛行，即使家庭穷困也要勉强为之。陈平与张负之女定亲后无力设置酒宴，后得张负予之“酒肉之资”方得完婚。[⑤] 婚宴上，“殽旅重迭，燔炙满案”[⑥]，人们尽情饮酒。婚宴上通常有歌舞助兴。从文献记载看，社会下层的婚宴舞乐比较简单，而中上层人家的歌舞规模则十分壮观。史称“鸣竽调瑟，郑儛赵讴”；“钟鼓五乐，歌儿数曹。”[⑦]

婚宴上宾客亲朋与新人嬉笑取乐。有时也有一些过火举动。《风俗通义》记载，汝南张妙参加杜士家婚礼，“酒后相戏，张妙缚杜士，捶二十，又悬足

---

① 《初学记》卷一四引秦嘉《述婚诗》。
② 《初学记》卷一四引《协合婚赋》。
③ 《易林》《家人第三十七》。
④ 《初学记》卷十四引《协合婚赋》。
⑤ 《汉书·陈平传》。
⑥ 《盐铁论·散不足篇》。
⑦ 《盐铁论·散不足篇》。

指,士遂致死。”这种过火的行为可能不是个别现象,所以仲长统严厉批评说:“今嫁娶之会,棰杖以督之戏谑,酒醴以趣之情趣,宣淫佚于广众之中,显隐私于族亲之间,汙风诡俗,生淫长奸,莫此之甚,不可不断也。”①

六、婚姻的补充形式

纳妾制度,是中国古代正式婚姻的补充形式。对于皇帝而言,除皇后为正妻外,众多的嫔妃就是他的小妾了。各诸侯王、官僚、富豪,甚至中等人家,正妻外也有妾。秦汉时期,对妾有以下一些称谓:

(一)外妇,见于西汉前期。《汉书·高五王传》:“齐悼王肥,其母高祖微时外妇也。”

(二)傍妻,也见于西汉前期。《汉书·元后传》:“王禁多娶傍妻。”

(三)少妇,见于东汉。《后汉书·董卓传》:“其少妇止之。”

(四)庶妻,流行于东汉。《三国志·蜀书·马超传》注引《典略》:“初,超入蜀,其庶妻及子秋,留依张鲁。”

(五)小妇,通行于两汉。《汉书·元后传》:“王凤知其小妇弟张美人已尝适人。”《御览》六三九引《风俗通义》说:“小妇子年裁数岁矣。”

(六)小妻,通行于两汉。《汉书·佞幸传》载:“张彭祖为其小妻所毒。”《后汉书·陈球传》:“陈球小妻,程璜之女。”

(七)妾,也见于两汉。《西京杂记》:“司马相如将聘茂陵女以为妾。”《风俗通义》载:陈留富老“取田家女为妾”。

(八)下妻,约在西汉后期出现在关东地区,是时,有人自称“成帝下妻子”。② 降至东汉初,这名称广泛流行。光武帝及明帝多次下诏,严令释放和

① 《群书治要》引仲长统《昌言》。

② 《汉书·王莽传》。

送归因战乱及饥荒而“为人下妻”者还家。[1]

(九)辅妻,出现在居延边塞地区。《居延汉简·甲乙编》简 29.2 载橐陀吞胡隧长张彭祖“辅妻南来十五岁”。

秦汉法律并不限制娶妾,中上层家庭出身的女子也不讳为人妾。如许皇后姐因与淳于长通奸而为其小妻,窦融女为大司空王邑的小妻。但妻妾的名分和嫡庶的区别是很严格的。西汉孔乡侯傅晏以妾为妻,“乱妻妾之位”,所以被夺爵免官,流放于合浦。

七、离婚和再嫁

秦汉时期离婚与再嫁是很普通的现象。当时由男方提出的离婚有“七弃三不去”之说。大致说来,由于下述条件之一者,男方可主动提出离婚:

第一,无子。《东观汉记·应顺传》载,许敬无子,他的好友应顺为其“去妇更娶”。《后汉书·桓荣传》载,汉明帝的太师桓荣到四十岁还没有生子,他的门生何汤就替老师做主把师母送回娘家,并替老师物色了一位女子为妻。这些做法之所以得到社会的认可,因为在宗法社会里,传宗接代被认为是婚姻的头等大事,“不孝有三,无后为大”。

第二,女方被认为是品行不端,诸如不能善待家人、嫉妒、偷窃等。陈平与兄陈伯居,陈伯耕田供陈平游学,久之,其嫂口出怨言:“有叔如此,不如无有。”陈伯因此而休妻。[2]《汉书·王吉传》载:东邻枣树枝垂至王吉家,其妻取枣以啖吉,王吉因此去妇。鲍永对后母非常孝顺,鲍永的妻子在鲍永的后母面前叱狗,结果被鲍永赶出家门。[3]

文献记录女方提出离婚的原因主要由于:第一,丈夫品行不端。如东汉女

---

① 参见《后汉书·光武帝纪》及《明帝纪》。
② 《汉书·陈平传》。
③ 《后汉书·鲍永传》。

子吕荣的丈夫徐升“少为博徒,不理操行”,吕荣之父“乃呼荣欲改嫁”。① 第二,丈夫无才。如改嫁张耳的外黄富人女,与前夫离婚的原因即如此。② 第三,夫家贫困。如西汉人朱买臣贫穷,其妻遂与之离异。③ 第四,丈夫患有严重的传染病,如西汉人曹寿患有“恶疾”,其妻与之离婚。④

当然,因攀援富贵或其他政治原因引起的离婚也有记录。如汉武帝的母亲王皇后原嫁给金王孙,已育有一女。其母听卜筮者说她的两个女儿后将富贵,便强迫其离婚,纳太子宫。⑤ 霍光的女儿嫁给金日磾的儿子金赏为妻,宣帝即位后,霍氏密谋造反,金赏有所风闻,遂去其妻。⑥

从上述诸例及乐府《孔雀东南飞》焦仲卿妻的故事中我们还可以了解到,在离婚这个问题上,当事人双方的父母有时会起主导作用。从男女双方主动提出离婚的比例看,男方明显高于女方。

离婚和鳏居为女子再嫁提供了前提。丈夫亡故后女子再嫁在秦汉时期十分常见,涉及社会各阶层,同时国家法律亦认可这一行为。如秦律规定:“夫死而自嫁,取(娶)者无罪。”⑦汉承秦制。西汉前期长陵平民女子臧儿先出嫁王仲,王仲亡故后改嫁另一男子田氏。⑧ 西汉中期巨商卓王孙之女卓文君在丈夫死后又和司马相如结婚。⑨ 东汉前期,光武帝刘秀之姊湖阳公主寡居后

---

① 《后汉书·列女传》。

② 《汉书·张耳传》。

③ 《汉书·朱买臣传》。

④ 《汉书·卫青传》。

⑤ 《汉书·外戚传》。

⑥ 《汉书·金日磾传》。

⑦ 江陵张家山汉简整理小组:《江陵张家山汉简〈奏谳书〉释文》,《文物》1993 年第 8 期。

⑧ 《汉书·外戚传》。

⑨ 《汉书·司马相如传》。

十分坦然地委托刘秀为其寻找新夫,①孙权的两个女儿在前夫死后都改嫁他人。②

离婚后再嫁他人与夫死改嫁一样也极为常见。如前述汉武帝的母亲与金王孙离婚后又成为汉景帝的皇后,朱买臣妻离婚后又与他人结合。社会舆论对改嫁并不歧视,因此对当事人来说,她们亦没有任何心理障碍。所以仲长统说:“妇人有朝哭良人,暮适他士,涉历百庭,颜色不愧。”③甚至有劝说寡妇再嫁的记录。《三国志·魏书·何晏传》注引皇甫谧《列女传》记载,夏侯文宁之女,名令女,在其丈夫曹文叔死后,十分悲痛,不欲再嫁,以致“以刀断鼻”,毁容自誓,人们劝她:“人生世间,如轻尘栖弱草耳,何至辛苦乃尔!”令女曰:“闻仁者不以盛衰改节,义者不以存亡易心,曹氏前盛之时,尚欲保终,况今衰亡,何忍弃之!禽兽之行,吾岂为乎?”

第六节　丧　　葬

中国古人既重视养生,也重视送死,有时对于送死的程度甚至超过了养生。因此,丧葬也是秦汉社会生活的一个重要内容。

一、丧仪

丧仪的活动是从“发丧”开始的。一个人被确定死亡后,其家人就将不幸的消息通知亲友。《意林》引《风俗通义》载,尚书郎王叔汉闻知在外出游二十余年的父亲死亡,“即遣兄三往迎丧”,并且“发丧”。《后汉纪》卷十八记朱宠

---

① 《后汉书·宋弘传》。

② 《三国志·吴书·嫔妃传》。

③ 《群书治要》引仲长统《昌言》。

遗嘱云:"勿告群僚,以密静为务。"所谓勿告群僚,自系与众不同之举。与发丧的同时,死者家人要对尸体进行沐浴,这是为了死者去另一个世界前"示洁净反本"。[①] 沐尸不限于汉代贵族官僚,普通百姓也有此习俗。西汉后期,茂陵有人丧母,大侠原涉去其家吊唁,"家无所有"。原涉答应为其购买丧具,嘱其"但扫除沐浴"。[②]

家中长辈丧故是秦汉时期日常生活中的一件大事。外出求学者、经商者、做工者及已出嫁的女子都要赶回家中举哀。晚辈对长辈丧事的淡漠,为社会舆论所谴责,有时甚至会触犯刑律。《汉书·文三王传》载,武帝时梁王刘襄之妻任后平时不孝,在其夫祖母李太后死后又不侍丧,朝廷枭任后首于市。在任官吏家中父母死亡后也要告假"归宁"。有人甚至要辞官回家守墓三年,以尽孝道。东汉初,扬州牧鲍永"遭母忧,去官"。[③] 章帝时鲁恭"遭母丧,去官。"[④]如轻视这个习俗在当时即被视为不孝,要受法律的惩处。如西汉哀帝时陈汤已被举为茂材,等待任命,因"父死不奔丧,司隶奏汤无循行",下狱论处,而举荐者富平侯张勃则被处以削二百户的惩罚。[⑤] 东汉时期奔丧的范围进一步扩大,老师或上司亡故,其故吏门生也要奔丧。奔丧者中既有普通文人和吏员,如任末因奔丧"于道物故"。[⑥] 也不乏名流和高级官员。如东汉平阳侯相延笃"以师丧弃官奔赴"、[⑦]洛阳令孔昱"师丧弃官"。[⑧] 亦属一时之风气。

吊唁死者是丧葬活动中的一个重要仪式。一般死者的灵柩放在宅内堂前。《太平御览》卷五五一引《东观汉记》云:"长沙有义士古初,遭父丧未葬,

---

① 《盐铁论·崩薨》。
② 《汉书·游侠原涉传》。
③ 《后汉书·鲍永传》。
④ 《后汉书·鲁恭传》。
⑤ 《汉书·陈汤传》。
⑥ 《后汉书·儒林任末传》。
⑦ 《后汉书·延笃传》。
⑧ 《后汉书·党锢孔昱传》。

邻人火起,及初舍棺,不可移,初冒火伏棺上,会火灭。”这个例子说明死者的灵柩是不可以随便移动的。吊唁者在死者的灵柩前要表示哀悼,“丧纪之容,恸然忧然若不逻。”①丧葬期间子女对亡故的长辈要朝夕各哭一次。《释名·释丧制》:“又祭曰卒哭卒止也,止孝子无时之哭,朝夕而已也。”吊唁者先要伏拜死者遗体前,哭尸时西向而立,对其哭泣的程度也有要求。《风俗通义·愆礼》云:“凡吊丧者,既哭 ,兴踊,进问其故,哀之至也。”宗室贵族的哭丧更为复杂。《汉书·武五子传》载,昌邑王刘贺奔昭帝丧,至长安东都门,郎中令龚遂说:“礼,奔丧望见国都哭。”至未央宫东阙,龚遂又说:“大王宜下车,乡阙四面伏,哭尽哀止。”

吊唁者要向丧家送礼,称为“赗礼”或“赙钱”,包括钱财和实物。《论衡·量知篇》:“贫人与富人均赍钱百,并为赙礼。”可知当时赙钱可能在百钱左右。江苏仪征西汉墓木牍记录死者之弟从邻近地区获得的亲友赙赠钱物有钱、银、缣、布、履和绣衣,“凡值钱五万七”。② 这是一般中等人家的实际情况。而上层社会,在这方面的数字则相当大。如西汉前期朱建母终,辟阳侯郦食其送赙钱百金,“列侯贵人以辟阳侯故,往赙凡五百金”。③ 元帝少府欧阳地余死后,“少府官属共送数百万”。④ 除了私人的赙钱以外,还有官方送的赙钱。《后汉书·羊续传》:“旧典,二千石卒官赙百万。”《后汉书·光武十王中山简王焉传》:“皇子始封薨者,皆赙钱三千万,布三万匹;嗣王薨,赙钱千万,布万匹。”对于中下层人民来讲,丧礼赙赠的意义在于为死者家庭提供一部分丧葬活动的支出或日后生活的补贴。对上层贵族、官僚来讲,巨大的赙钱金额为丧葬的奢侈活动提供了物质基础。

葬地和葬日的选择是一件大事。在汉代人心目中,坟地是死者魂魄“复

① 贾谊:《新书·容经》。

② 扬州博物馆:《江苏仪征胥浦101号西汉墓》,《文物》1987年第1期。

③ 《汉书·朱建传》。

④ 《汉书·儒林传》。

当得还,养其子孙”所在,“善地则魂神还养也,恶地则魂神还为害也。”①一般选择葬地在高大、平缓而傍山之地。《汉书·韩信传》载,韩信葬母“乃行营高燥地,令傍可置万家者。”《太平御览》卷四七引孔灵符《会稽记》云:“永兴县东五十日有洛思山,汉太尉朱伟为光禄大夫时,遭母哀,欲卜墓此山,将洛下冢师归,登山相地。”冢师就是当时专门为人选择墓地的人,相当后世的风水先生。《后汉书·袁安列传》载,东汉初人袁安父亲死后,其母命安“访求葬地”,袁安路遇一位书生,“生乃指一处,云:‘葬此地,当世为上公’。须臾不见,安异之。于是葬其所占之地,故累世隆盛焉。”说明当时人迷信好的墓地,可以为死者的子孙带来好的运气。选择吉日安葬也是当时一社会风气。《论衡·讥日篇》记述说:“日吉无害,刚柔相得,奇偶相应,乃为吉良。不合此历,转为凶恶。”但也有因家境贫寒,“丧事趣办,不问时日”的情况。

归葬本土是秦汉时期的重要习俗。汉高祖刘邦曾感慨道:“游子悲故乡。吾虽都关中,万岁后吾魂魄乐思乡也。”②因从军、仕宦、求学等原因人亡故外地者,其亲友也想方设法将其灵柩运回故乡。汉高帝四年(前203年),刘邦下令:“军士不幸死者,吏为衣衾棺敛,转送其家。”③实在无法归葬本土的,也要在灵柩上写明籍贯,表明不忘故土。武威东汉墓出土麻制铭旌书云:“平陵敬事里张伯升之柩。”④

吊唁活动结束后,就要举行出殡的仪式了。出殡是安葬死者的最终过程。出殡时灵柩置于丧车之上。丧车依经济社会地位不同而有所差别。秦汉时期上层社会使用的是轜车。《说文》:“轜,丧车也。”《释名·释丧制》:“舆棺之车曰轜。轜,耳也,县于前后铜鱼摇绞之属,耳耳然也。”轜车有墙有盖,呈以

① 《太平经》卷五十《葬宅诀第七十六》。

② 《史记·高祖本纪》。

③ 《汉书·高帝纪》。

④ 甘肃省文物管理委员会:《甘肃武威磨咀子汉墓发掘》,《考古》1960年第9期。

鳖甲的半圆拱形。此外容车、辒辌车、衣车等也可兼作丧车。[1] 而一般百姓只能载以牛车。死者子女身着丧服,用绋从前牵引棺车。至墓穴,徐徐将棺安放。丧服是用粗麻布制成。服丧者穿上丧服后,往往要用一根绳子打上两个绳结系在腰间,称"腰绖",象征着"思慕肠若结",以及孝子对亲人的"思慕无已"的心情。丧车前跪伏死者之子,其后是死者的其他亲属。他们往往表现出极度的悲哀。因为死者入土后,从此生死相隔。

送葬者人数众多。除了死者亲属外,有死者生前好友,还有同事、部属,甚至与死者无关系、而仅仅慕名前来凑热闹的。如西汉哀帝时丞相孔光死后,"公卿百官会吊送葬"。[2] 东汉名士黄琼归葬故乡江夏,"四方名豪会帐下者六七千人"。[3] 西汉大侠剧孟之母死后"自远方送丧盖千乘"。[4] 政府重要官员下葬时,朝廷常常派遣军队为其送丧。霍去病死,汉武帝"发属国玄甲,军陈自长安至茂陵"。[5] 到东汉时,朝廷还赐给已故大臣"鼓吹"。[6]

哀乐是为丧仪活动提供一种气氛。当时有专门演奏哀乐者,他们社会地位不高。如西汉开国功臣周勃在微时曾"以吹箫给丧事。"[7]西汉时期,丧葬活动中还有人唱挽歌。《太平御览》卷五五二引谯周《法训》:"挽歌者,高帝召田横,至尸乡,自毙。从者不敢哭而不胜其哀,故作此歌以寄哀音焉。"崔豹《古今注》曰:"《薤露》送王公贵人,《蒿里》送士大夫庶人,使挽柩者歌之,亦呼为挽歌。"

正因为丧葬活动的隆重及仪式的复杂,当时出现了一些专门为人办丧事

---

① 《后汉书·祭遵传》:祭尊死后朝廷以朱轮容车载丧。《汉书·霍光传》:霍光死后"载光尸以辒辌车"。《后汉书·陈球传》:窦太后死,宦者以"衣车载后尸"。

② 《汉书·孔光传》。

③ 《后汉书·申屠蟠传》。

④ 《汉书·游侠剧孟传》。

⑤ 《汉书·霍去病传》。

⑥ 见《后汉书·耿弇传》、《后汉书·杨震传》。

⑦ 《汉书·周勃传》。

的人。《汉书·项籍传》:“每有大徭役及丧,梁尝为主办。”《汉书·陈平传》:“邑中有大丧,平家贫侍丧,以先往后罢为助。”

二、厚葬

厚葬是秦汉时代的一种重要风气。以秦始皇帝陵为例,《水经注》卷八载:“秦始皇大兴厚葬,营建冢圹于丽戎之山,一名蓝田,其阴多金,其阳多玉,始皇贪其美名,因而葬焉。斩山凿石,下锢三泉,以铜为椁,旁行周回三十余里,上画天文星宿之象,下以水银为四渎百川五岳九州,象其地理之势。宫观百官,奇器珍宝充满其中。令匠作机弩,有所穿近辄射之。以人鱼膏为灯烛,取其不灭者久之。后宫无子者,皆使殉葬,甚众。坟高五丈,周回五里余,作者七十万人,积年方成。……项羽入关发之,以三十万人,三十日运物不能穷。关东盗贼销椁取铜,牧人寻羊烧之,火延九十日不能灭。”秦始皇陵在三国时残存的封土堆仍高达一二〇多米,底部周长二一六七米。据考古工作者的实地测量,现在陵高约六十五米,底边长四八五米至五一五米,有人测算建陵时堆土约一一八〇多万立方米。1974 年,在陵东一五〇〇米处发现了规模巨大的、被誉为世界第八大奇迹的兵马俑坑。据秦俑考古队的发掘报告,一号兵马俑已出土陶俑、陶马约二千件,木质战车二十乘,各种青铜兵器四万余件。估计此俑坑内埋藏的陶俑、陶马约六千件,战车四十余乘。二号俑坑根据试掘报告估计有战车八十九乘,驾车陶马三五六匹,陶质鞍马一一六匹,各类武士俑六十八件。总计三个兵马俑坑面积约二〇七八〇平方米,有陶俑、陶马七千余件,战车一百余乘。①

汉代的丧葬风气循秦而不改。汉文帝是提倡节俭的皇帝,遗诏令“霸陵山川因其故,无有所改”,又治霸陵者皆瓦器,不以金、银、铜、锡为饰。但他死

① 详见《文物》1975 年第 11 期、1978 年第 5 期、1979 年第 12 期。

后,朝廷仍征发近县卒一万六千人,内史卒一万五千人为其穿墓起坟。[①] 其他皇帝则可想而知。《晋书·索琳传》说:“汉天子即位,天下贡献三分之,一供宗庙,一供宾客,一充山陵。”这就是说,一个新皇帝继位一年后就为自己建造陵墓。要把每年天下贡献的三分之一作为修筑皇帝陵的费用。如果此说不误,那么汉武帝即位后共执政五十四年,他的茂陵要花费汉代鼎盛时期的十八年的贡献,这个数字是多么地惊人。据《长安志》引《关中志》说,西汉陵墓一般高汉尺十二丈,方一百二十步,唯茂陵高十四丈,方一百四十步。据《汉书·贡禹传》载,茂陵多藏金钱财物,有鸟、兽、鱼、鳖、牛、马、虎、豹七禽等,共有一百九十种物品。及至武帝死时,由于储藏过多,竟达到宫中不复容物的程度。晋建兴年间(313—316 年),有人盗窃了汉霸陵和杜陵(汉宣帝的陵墓)获得大量珍宝,晋愍帝大为惊叹:“汉陵中物何乃多哉!”[②]汉成帝为修建陵寝,“大兴徭役,重征赋敛,征发如雨”,“取土东山,与谷同价”。[③] 其劳民伤财的程度可想而知。结果弄得国库空虚,民穷财尽,“公家无一年之畜,百姓无旬日之储,上下俱匮,无以相救”。[④]

不仅皇帝,皇室其他成员的陵墓工程亦十分浩大。《后汉书·光武十王列传》载,中山简王刘焉死后,“朝廷大为修冢茔,开神道,平夷吏人冢墓以千数,作者万余人。发常山、钜鹿、涿郡柏黄肠杂木,三郡不能备。复调余州郡及送致者数千人。凡征发摇动六州十八郡。”

官僚、贵戚及富人的丧葬消费亦相当惊人。王符写道,东汉时,京师洛阳贵戚和地方豪族“生不极养,死乃崇丧。或至刻金镂玉,檽梓楩枏,良田造茔,黄壤至藏,多埋珍宝偶人车马,造起大冢,广种松柏,庐舍祠堂,崇侈上僭。宠臣贵戚,州郡世家,每有丧葬,都官属县,各当遣吏赍奉,车马帷帐,贷假接客之

---

① 《汉书·文帝纪》。

② 《晋书·索琳传》。

③ 《汉书·扬雄传》。

④ 《汉书·谷永传》。

具,竞为华观。”[①]

一般中等人家用于丧葬的费用也是一笔不小的支出。如《王未乡买地铅券》云,购冢地三亩,“并直九千三百钱”;[②]《武孟子买田玉券》云:购冢地廿三亩多,“直钱十万二千”。[③]《马氏兄弟买山甎券》云:“买山一丘于五凤里,葬父马卫将,直钱六十万”[④]。这仅仅是买坟地的费用,还不包括砌墓、建坟、棺木等花费。因此,在厚葬之风驱使下,一般中等人家“财力尽于坟土”,“糜破积世之业”。[⑤]

至于下层群众,葬埋的费用则在数千钱至万钱不等。成帝河平四年(前25年),诏令郡国为遭水灾而死者提供“槥椟葬埋。已葬者与钱,人二千”。[⑥]平帝元始二年(2年),赐灾民死者“一家六尸以上葬钱五千,四尸以上三千,二尸以上二千”。[⑦] 这是灾荒年分的数目。在普通年份,下层人民的丧葬费用大约要稍高一些。

棺木的制作是除了坟陵以外的一项重要开支。秦汉时期一般用木棺、石棺和瓮棺。一般说来,上层贵族官僚多用梓木、楠木做棺,普通人多用桐木、杉木或其他杂木做棺。从河北满城发现的中山靖王刘胜妻子窦绾的棺木看,棺木的外面施以油漆,还镶嵌玉璧和玉板。

石棺在四川省境内多有发现,这种棺是指挖一个长方形的墓穴,以厚约半寸的石板若干块镶作棺的四周,尸体入殓后,再以几块石板复盖后封土。这些可能是当时少数民族的墓葬。而瓮棺葬,在海南省内有所发现。除用瓮装殓

---

① 《潜夫论·浮侈》。

② 罗振玉:《贞松堂集古遗文》卷十五。

③ 端方:《陶斋藏石记》卷一。

④ 转自[日]仁井田陞:《中国法制史研究》第一册,东京大学出版会1959年版,第420页。

⑤ 《后汉书·明帝纪》。

⑥ 《汉书·成帝纪》。

⑦ 《汉书·平帝纪》。

死者外，还伴有釜、甑等陶器，反映了边远地区的生产力发展水平。[1]

掘冢之于厚葬，可谓如影随形。秦始皇帝陵在楚汉之际已遭盗掘。汉文帝号称薄葬，然而不逾百年，汉武帝时已有人盗发其园瘗钱。[2] 赤眉军入关，发掘汉帝诸陵，取其宝货，至汙辱吕后尸。[3] 汉末董卓开掘文帝陵，悉取藏中珍物。又派吕布发诸帝陵及公卿以下冢墓，收其珍宝，[4]已属明火执仗的劫掠了。魏文帝曹丕终制言："丧乱以来，汉氏诸陵，无不发掘，至乃烧取玉柙、金缕，骸骨并尽"。[5] 这样的下场，可能是厚葬者始料未及的。

三、居丧

在死者入土以后，丧事活动严格地说还未结束，死者的家属（主要指子女）还要居丧。居丧又称守丧、值丧或丁忧，是人们为了表达对死者的哀悼之情而产生的一种行为方式。在居丧期间，死者的亲属或其他有关人员一般要遵守某种特定的规范或禁忌。

关于大臣为皇帝服丧的时间，秦及汉高祖时无考。汉文帝时要求"出临三日，皆释服"；既葬，"服大红（功）十五日，小红（功）十四日，纤七日，释服。"[6]计三十六天，并垂为定制。《礼记·三年问》所谓三年之丧的说法，至少在臣为君服丧这一点上于史无征，腐儒之说也。因为这显然有碍国家政务的正常运行。因此，武帝初年，"好儒术"的窦婴、田蚡二人想试行三年之丧制度，也未能成功。据《汉书·翟方进传》记载，成帝时方进为相，其后母终，葬后三十六日除服，起视事，声称"不敢逾国家之制"，可见当时仍遵循文帝

① 文物编委会：《文物考古工作十年》，文物出版社 1991 年版，第 246 页。
② 《史记·酷吏张汤传》。
③ 《后汉书·刘盆子传》。
④ 《后汉书·献帝纪》。
⑤ 《三国志·魏志·文帝纪》。
⑥ 《汉书·文帝纪》。

之制。

但是在秦及西汉文献中可以看到子女为父母服丧三年的记录。《汉书·公孙弘传》:"公孙弘养后母孝谨,后母卒,服丧三年。"此事在汉武帝时。因少有实行者,所以才书之于史。而子女为父母服三年丧的风气,实始于哀平之世,而到东汉始蔚为风气。

《汉书·哀帝纪》:"博士弟子父母死,予宁三年。"宁,就是告假归家居丧。《汉书·王莽传》:"始建国五年二月,文母皇太后崩,……莽为太后服丧三年。"由于统治者的提倡和身体力行"三年之丧"这一托古改制的礼仪为天下臣民所仿效。

东汉光武帝刘秀执政期间,国政多趋向简易,因此遗诏丧葬制度"皆如孝文皇帝制度,务从约省。"①并诏告大臣不许"告宁"。但在这一时期,三年之丧在社会上已蔚然成风。如《后汉书·韦彪传》:"彪孝行纯至,义母卒,哀毁三年,不出庐寝。服竟,羸疾骨立异形,医疗数年乃起。"《后汉书·鲍永传》:"永迁扬州牧,会遭母忧去官。"《后汉书·廉范传》:"父遭丧乱,客死蜀汉,范遂流寓西州。西州平,归乡里。年十五,辞母西迎父丧归葬,服竟,诣京师受业。"《后汉书·刘平传》:"拜济阴郡丞,太守刘育甚重之,拜以郡职,上书荐平。会平遭父丧去官,服阕,拜全椒长。"这些事例都发生在光武时期。

光武之后,明帝与和帝分别为各自的父亲光武帝和章帝服丧三年。② 明帝对玄武司马邓衍"在职不服父丧"大为不满,且自责曰:"知人则哲,惟帝难之,信哉斯言。"③徐州发现章帝元和三年门阙上刻有"行三年丧如礼"之语。④《后汉书·陈宠传附子忠》载,安帝元初三年(116年)有诏,"大臣得行三年丧,服阕还职"。从而使三年之丧制度化。需要指出的是,上述三年之丧的制

---

① 《后汉书·光武帝纪》。

② 《后汉书·礼仪志》上注引谢承《后汉书》,《后汉书·鲁恭传》。

③ 《后汉书·虞延传》。

④ 徐州博物馆:《徐州发现东汉元和三年画像石》,《文物》1990年第9期。

度仅指子女为父母服丧。而官吏为皇帝服三年丧仅见一例,《汉书·王莽传》:"平帝崩,大赦天下,莽征明礼者宗伯凤等与定:天下吏六百石以上,皆服丧三年。"

到东汉中期,为父母行三年之丧成为定制。《后汉书·刘恺传》:"旧制,公卿二千石刺史不得行三年丧,由是内外众职并废丧礼。元初中,邓太后诏:长吏以下,不以亲行服者,不得典城选举。"这一诏令,后又被列入《汉律》中。意义在于:此前,官员归乡服丧要"去官";而有了这条诏令,则可以因服丧而"告宁"了。从此,"三年之丧"成为"天下之通丧"。

随着以经学起家的世家豪族势力的发展,服丧的范围又扩大到门生故吏为师长和上司服丧。这种情况在西汉后期已有记载。如扬雄死后其弟子侯芭"为起坟,丧之三年"。[①] 这在当时尚属个别的行为,而在东汉则已形成浓厚的社会风气。顺帝汉安二年(143年),故北海相景君死后,景君故吏为其行三年服者达87人。[②] 颍川太守李鸿死后,郡功曹李恂"送鸿丧还乡里。既葬,留起冢坟,持丧三年"。[③] 广陵太守张纲死后,郡吏张婴等五百余人为其制服行丧,并将张纲的灵柩送至其家乡犍为,修建坟茔。[④] 这种门生故吏为师长、上司服丧的行为与子女为父母服丧的行为是有别的。为父母服丧是标明孝道。而为师长、上司服丧则是一种政治行为,是若干利益集团联络感情、加强内部联系的一种政治手段。东汉末的党锢和清议以至地方割据,都与此有关。

按照汉代的居丧之礼,死者的某些亲属在死者未葬时应居服舍,葬后应居住在墓旁的草屋中,并不饮酒吃肉,不近妇人,不作乐,不聘妻,不访友。一般说来,这些规矩约定俗成,大部分人还是可以做到的。但也不乏弄虚作假者。如《后汉书·陈蕃传》所记载的赵宣,葬亲后在墓道中居丧二十多年,被当地

---

① 《汉书·扬雄传》。

② 《隶续》卷十六《北海相景君碑阴》。

③ 《后汉书·李恂传》。

④ 《后汉书·张皓传附子纲》。

人称为大孝子,但后来太守陈蕃发现赵宣的五个孩子皆在所谓居丧期间所生,真相才由此大白于天下。

第七节 节 日

秦汉时期的节日传承上古的节日传统又有所变化,并对后世产生重要的影响。形成这些节日的社会条件有农业活动、天文历法、神鬼迷信等多种因素。

一、除夕与正旦

百节年为首。除夕与正旦是我国的年节,是民间最重要的节日。我国年节的起源可以追溯到上古庆祝农业丰收和祭祀祖先的活动。不过,作为正式的节日是在汉代确定的。汉代的元旦又称"正旦"①或"正日"②,它的确定是历法修订的直接结果。秦"以十月为正"③,汉朝建立后沿袭秦制,"因以十月为年首。"④故这一时期以十月初一为正旦。汉武帝太初元年(前104年)开始,以夏历(农历)正月初一为岁首,并一直延续至今。

汉代人对年节非常重视。庆祝年节的活动从除夕就开始了。除夕是一年最后的一天,为"月穷岁尽之日",所以又叫除岁。在年节中,除夕是除旧迎新的时候。汉代人很迷信,尤其是惧怕疫疠与恶鬼。在年终到来时一面欢度佳节,喜庆丰年,一面驱疫疠,除恶鬼。所以把这一夜称为除夕。为了防止恶鬼潜入家中,汉代人每到除夕,便削桃木为神荼、御垒二人形象立于门上"以御

① 《后汉书·礼仪志中》刘昭注引《决疑要注》。
② 《四民月令》正月。
③ 《汉书·律历志上》。
④ 《汉书·郊祀志上》。

凶”。同时在门上悬挂苇索,供神荼、御垒两个门神作缚鬼御虎之用,称之为“悬苇”。张衡《东京赋》写道:“度朔作梗,守以御垒,神荼副焉,对操索苇。”正是这一风俗的真实写照。

除夕驱鬼的另一项活动是举行一种击鼓驱鬼除疫的舞蹈仪式——逐傩。“逐傩”亦称“傩”或“大傩”,它起源于原始的巫舞。从西周到春秋战国,在民间一直盛行不衰。《论语·乡党》中就有“乡人傩”的记载,“在前岁一日,击鼓驱瘟疫之鬼。”在汉代傩舞不仅流行于民间,而且传入宫廷,规模盛大,仪式隆重。张衡在《东京赋》中就写到“卒岁大傩”,说明当时盛行于京城。从《后汉书·礼仪志》记载看,东汉皇宫举行这种仪式时,选中黄门弟子十岁以上,十二岁以下者,一百二十人为“侲子”,都戴大红头帻,穿皂青衣,手持大兆鼓。又有人扮演驱疫辟邪之神“方相氏”作为主舞者,头戴面具,面具上饰有四只金黄色的大眼睛,身披熊皮,手持戈矛和盾牌。这个“方相氏”带领着由十二个人扮演的猛兽,舞傩逐疫于禁宫之中。一边挥舞,一边呼喊,表示驱鬼捉鬼。一百二十个“侲子”在伴舞中伴舞高喊,场面极其热闹。

当雄鸡高唱之时,新的一年开始了,“岁首”,或“正旦”、“正日”、“元旦”,这是一个充满喜庆、热闹非凡的日子,全国上下,都要举行盛大的庆祝活动。朝廷要举行大型的朝会,皇帝接受百官臣属的庆贺。据蔡质《汉仪》,东汉时,朝贺仪式在德阳殿举行,夜漏不到七刻时鸣钟,朝贺正式开始。首先是公、卿、将、大夫、百官,然后是周边少数民族的使节,最后是郡国上计吏鱼贯进入德阳殿。二千石以上上殿进觐,其余则上陛(台阶)进觐。宗室诸王侯立于西面,计吏立于中庭。朝贺人数多时逾万人。《文选》卷一班固《东都赋》:“是日也,天子受四海之图籍,膺万国之贡珍。”三公、王侯、各级官员和少数民族使节要向皇帝奉献礼物,各地上计吏则要奉上反映本年度财政收支的文书(图籍)。而后,朝臣向皇帝“上寿”,口呼“万岁”。上寿毕,太官赐群臣酒食。宴会伴有喜庆的音乐和舞蹈。汉安帝永宁七年(120 年),掸国王派遣使者入汉,送来大秦幻术。第二年元旦佳节,在洛阳宫城表演了“吐火”、“自肢解”、“易牛马头"等精彩的魔术节目。汉安帝和群臣观赏后大为惊叹。这虽然只限于皇宫之中,但也反映出中西文化交流给汉代元旦佳节带来异域的文化成果,丰富了我国节日的文化生活。

节日的喜庆气氛也弥漫在民间。当正旦的雄鸡高唱之时,人们开始了迎接新年的礼仪活动。普通人家在堂阶前用火烧烤竹节,发出噼噼啪啪巨大的声响。声声爆竹,迎来新年的第一轮红日。据《神异经》和《荆楚岁时记》载:时人放爆竹是为了"辟山魈恶鬼"。山魈恶鬼住在西方的一座深山中,有一尺多高,人一旦撞上他,就会生病。这种鬼最怕爆竹声,所以每逢新年来临时都要放爆竹。

放完爆竹,家长率妻子去祭祖。为了这一天,他们很早就开始准备工作。每年十月上辛日要为正旦的祭祀活动酿造冬酒。正旦三天前,家长和负责祭祀活动的执事,"皆致齐焉"。齐即斋①,即整洁身心,向先人表达虔诚和尊敬之情。正旦到来,家长和执事要先献上好酒以享祖先,期待祖先神降临,保佑一家人一年平安,事事顺利。祭祀仪式结束后,便开始丰盛的宴会。几案设在祖先的神位前,家中不论尊卑大小,依次而坐。儿子、儿媳、孙子、曾孙们,按"年少者为先"的顺序,依次向家长敬奉椒栢酒。汉人说,椒是玉衡星的精灵,吃了使人年轻耐老。栢是一种仙药,吃了能免除百病。饮完椒栢酒还要喝桃汤。桃汤是取桃之叶、枝、茎三者煮沸而饮,据说可以压邪气,制服百鬼。食物因经济条件的不同各个家庭互有差异。但对于绝大多数家庭来说,正旦的食物自然要比平时丰富许多。家宴结束后,人们开始走亲访友。"谒贺君、师、故将、宗人、父兄、父友、友、亲、乡党耆老",向他们恭贺新年,表达良好的祝愿和问候。② 这一天,有些地方亲友之间还互相宴请。所谓"终冬始春,节日良

① 《论语·乡党》:"齐必变食,居必迁坐,自裡洁也。"
② 以上见《四民月令》正月条。

辰,置酒高堂,以御嘉宾”。① 应祝新岁的活动实际上要延续到正旦以后。例如,朝廷在正月五日要“大置酒,飨卫士”。② 显然是犒劳他们一年中的辛苦。那些参加朝贺的官员,也只能在正旦后举行家中的庆贺活动,亲友之间的往来拜访亦非一日能完成。

汉代元旦还要放雀。这项活动开始行于民间。放雀的原因,据《孔丛子》说,邯郸人在元旦正朝曾献一雀给赵王,赵王放了这只鸟儿,以示不伤生灵。另一种说法源于《三齐略记》,在荥阳刘邦为项羽追杀,避于井中,两只斑鸠落在井口上。项羽追至,认为“井有人,鸠不集”,未下井搜查,刘邦幸免于难。所以汉代在正旦日,要为斑鸠等鸟雀放生。

节日也有它的忌讳。在除夕,各地可以杀羊,悬羊头于门。还要杀鸡,禳除恶气。但一到新年元旦,就决不能再杀生了。因为当时人们认为,正月一日为鸡日,二日为狗日,三日为猪日,四日为羊日,五日为牛日,六日为马日,七日为人日。《荆楚岁时记》记载,每逢元旦,在纸帖上画一只鸡,贴在门上,把苇索悬在画鸡之上,桃符树立在纸帖两旁,各种鬼都会害怕。鸡变得如同门神一样重要。

二、元宵节

正月十五是元宵节。元宵节起源于汉代。据《史记·封禅书》记载:汉武帝时,亳人谬忌奏请祭祀“泰一”神。“泰一”神又称“泰乙”、“太一”或“太乙”。谬忌认为,“泰一”神是诸神中最尊贵者,其地位在五帝之上。汉武帝元狩三年(前120年),方士李少翁又建议在长安西北甘泉筑离宫,画天、地、太一诸神像。元鼎五年(前112年),汉武帝在甘泉宫修建太一祠坛,计有三层。上供太一神,下有五帝,按东西南北四个方向分别排列着青、赤、白、黑四帝,黄

---

① 《文选》卷四左思《蜀都赋》。

② 《汉官旧仪补遗》。

帝排在西南角。汉武帝祭祀时对五帝及日月诸神不过长揖而已,独对太一神虔诚下拜。无论是伐南越,得天马,甚至冬至之日也要祭太一。在正月十五日祭太一神最隆重。从黄昏开始,通宵达旦用盛大灯火祭祀,加上夜晚常有流星经于祀坛之上空,从此形成了正月十五张灯结彩的习俗。

到了东汉永平十年(67 年),蔡愔从印度求得佛法归来。《西域记》称印度摩诃陁国正月十五日,僧徒俗众云集,观佛舍利放光雨花,认为是上元天官赐福的良辰。汉明帝为了弘扬佛法,下令正月十五日在宫廷和寺院"燃灯表佛"。《法苑珠林》又记载明帝永平十四年(71 年)五岳诸山道士要与西域和尚比较法力,以辨真伪。汉明帝令僧道正月十五日会集于洛阳白马寺,道士斋道经,设置三坛,然后纵火焚经,经书见火而被焚化。可是佛教舍利经像置于道西,"光明五色,直上空中,旋环加盖,于时天雨宝花,大众咸悦。"《法苑珠林》贬道崇佛,其记载当不可靠。但由此可知,汉代正月十五已有放礼花之俗。

这种风俗迅速流布民间。每到正月十五夜,城乡灯火辉煌,昼夜通明,士族庶民,一律挂灯。这既有祭太一神的旧说,又有燃灯礼佛的虔诚。原有的神仙术与佛教传说结合,形成了一个中西合璧的独特习俗。这个习俗经官方的倡导而开始流行,并在这一夜取消宵禁制度。据《事物纪原》记载,汉代西都长安城有执金吾负责宵禁,"晓瞑传呼,以禁夜行,"唯有正月十五日夜晚,皇帝特许执金吾弛禁,前后各一月,允许士庶踏月观灯。

三、清明节

清明原是二十四节气之一。按《岁时百问》的说法:"万物生长此时,皆清洁而明净,故谓之清明。"同时这一节气与祭祖习俗、寒食节的传说相结合,被赋予了节日的含义。

《后汉书·明帝纪》注引《汉官仪》云:"古不墓祭,秦始皇起寝于墓侧,汉因而不改,诸陵寝皆以晦、望、二十四气、三伏、社、腊及四时上饭。"汉光武帝刘秀于建武十年(34 年)至长安,事十二陵,躬祭于墓边。"①由此可知清明之墓祭,在当时仅是一年中诸多墓祭日之一。到了唐代,清明扫墓才成为一年中的一个特殊的节日。而这一风俗又与寒食节的传说有关。

原来的寒食节在清明节前一日或前两日,《荆楚岁时记》:"去冬节一百五日,即有疾风甚雨,谓之寒食。禁火三日,造饧大麦粥。"这就是寒食节的来历。据晋地民间传说是纪念晋国介子推的节日。魏武帝曹操《明罚令》:"闻太原、上党、西河、雁门冬至后百五日皆绝火寒食云为子推。""令到人不得寒食。犯者,家长半岁刑,主吏百日刑,令长夺一月俸。"可见寒食节的风气至少在汉末已形成。在汉代,清明与寒食节还是两个节日。到了唐代,这两个节日才合而为一,成为踏青扫墓的一个节日。

四、五月五日

农历五月五日,即后世的"端午节"是秦汉时期夏季的一个重要节日。先秦时,南北风俗各异,但五月五日作为一个节日在大部分地区都是很重视的。秦代之后,由于国家的统一,就成为全国人民的一个重要节日。《风俗通义》记载,在五月五日,用青、赤、黄、白、黑等五彩丝线合成细索,系于臂上,称为"长命缕",或称"续命缕"、"五色缕"、"朱索"等名。据说可以驱除恶气。《后汉书·礼仪志》记载,五月五日"以朱索五色为门户饰,以止恶气。"后世端午节吃粽子的习俗在汉代也形成了。据《风俗通义》载,在节日的前一天,用菰芦叶裹黏米煮熟于五月五日吃。不过,当时吃粽子还没有特殊的纪念意义。

《后汉书·列女传》及《艺文类聚》卷四引《会稽典录》记东汉安帝时上虞巫者五月五日于"县江泝涛迎波神"而溺死。巫者女儿曹娥年方十四岁,沿江寻找父尸,昼夜号哭不绝,遂投江而死。数日后,曹娥抱父尸浮出水波。人们为表彰曹娥的孝心,故以此日纪念,划龙舟竞渡,成为会稽一带的风俗。

---

① 《后汉书·光武帝纪》。

东汉末年蔡邕在《琴操》中写道，五月五日是纪念介子推。这一说法当时主要是流行于北方，尤其是在今山西省境内。

而在南方楚人中传说是屈原五月五日投江而死，因此这一天又是纪念屈原的日子。应劭记云："五月五日以五彩丝系臂者，避兵及鬼，令人不病瘟，亦因屈原。"①说明后世纪念屈原的端午节传说，至迟在东汉已流行在楚地。

五、夏至

受阴阳五行学说的影响，秦汉人认为，夏至是阴阳相争的日子。《吕氏春秋·仲夏纪》："是月也，日常至。阴阳争，死生分。"《后汉书·礼仪志中》："日冬至、夏至，阴阳晷景长短之极，微气之所生也。"因此，这一天要有相应的举措。停止公事是汉代政府官员夏至日的例行风俗。《汉书·薛宣传》："及日至，休吏，贼曹掾张扶独不肯休，坐曹治事。宣出教曰：……日至，吏以令休，所由来久。曹虽有公职事，家亦望私恩意。掾宜从众，归对妻子，设酒肴，请邻里，壹相乐斯亦可矣。"从中可以知道汉代夏至日不仅政府放假，且亲友邻里之间常有宴请。《四民月令》"五月"条说夏至日的前一天，家里要"馔具、齐、扫"，待夏至日清晨到来，向祖先贡献麦、鱼。可见民间对这个节日的重视。

六、冬至

冬至日在农历十一月二十二或二十三日。这一天与夏至一样，同为"至日"，政府要放假②，民间要举行隆重的庆典。《四民月令》"十一月"条对冬至日活动有扼要记载：这一天要祭祀玄冥和祖先，祭品为黍、羔。玄冥是秦汉人信奉的水神之一。由于玄冥主水，所以祭祀活动在井旁举行。祭祀前同样要

---

① 《艺文类聚》卷四引《风俗通义》。

② 《后汉书·礼仪志中》："冬至前后，君子安身静体，百官绝事，不听政，择吉辰而后省事。"

进行“齐、馔、扫、涤”的一系列仪式。祭祀结束后，要举行家宴。子孙要向尊长敬酒。家宴结束后，要谒贺君、师、耆老。同时，因冬至“阴阳争，血气散”，因此在冬至前后各五天，夫妻“寝别内外”。

七、腊日

西汉人杨恽曰：“田家作苦，岁时伏腊，烹羊炮羔，斗酒自劳。”[1]杨恽所说的腊即汉代的腊日，时间在冬至后的第三个戌日。[2] 这是秦汉人极为重视的一个节日。一方面，如杨恽所说，是农民一年劳作而休息并自娱的节日。另一方面，由于这一天离正月很近，所以又是亲人回家团聚的日子。一些在外地做官的人不能归家则把长辈接到官府共度腊日。西汉时河南太守严延年的母亲从家乡东海郡来到洛阳，与儿子一起过腊日。[3] 第五伦的母亲年迈，不能远行，“至腊日常悲恋垂泣”。[4] 从这些事例看，腊日家人团聚，是秦汉时的一个重要风俗。甚至有时服役的刑徒也可归家与亲人团聚。东汉初年，细阳令虞延“每至岁时伏腊，辄休遣徒系”。[5]

腊日要举行大规模的驱鬼避役和祭祖祭神仪式。这些仪式，无论在朝廷和民间，都与正旦日相同或相近。因此，我们可以把它看成是正旦仪式的彩排。

对普通民众来讲，腊日丰盛的饮食、干净新丽的服饰更能引起他们的兴趣。人们杀猪宰羊，把酒庆贺，享受一年少有的闲暇时光。正如蔡邕所说：“腊者，岁终大祭，纵民宴饮，非但迎气”。[6]

---

① 《文选》卷四一杨恽《报孙会宗书》。
② 《说文》：“腊，冬至后三日，腊祭百神。”
③ 《汉书·酷吏严延年传》。
④ 《太平御览》卷三三引谢承《后汉书》。
⑤ 《后汉书·虞延传》。
⑥ 《艺文类聚》卷五引蔡邕《独断》。

第八节 神灵祭祀方术

秦汉是一个神灵崇拜和迷信方术充斥的时代。通过《史记·封禅书》和《汉书·郊祀志》我们知道,秦汉的中央政府在全国的许多名山大川都立有祠祭,郡国则立有庙祭,民间则有社祭,且祭祀的意义、仪式五花八门,由此亦可见秦汉人的精神生活。

一、祠祭

秦汉人祠祭的对象是上帝,而且上帝不止一个。秦的祠祭可追溯到秦的早期。秦自周室东迁,伐戎继周,有一个自西向东的发展过程。并随都城转移,先后立了六个郊祀之所,称为"秦六畤"。"畤",就是郊祀的场地和范围。

公元前770年,襄公都西犬丘(在今甘肃天水市西南)。同年,襄公在西犬丘立西畤,祠白帝。公元前765年,文公都陈仓(在今陕西宝鸡市东渭水北岸),在陈仓附近建立鄜畤,祠白帝。公元前677年,德公都雍。过五年,宣公在雍建立密畤。公元前422年,灵公在吴阳立上畤和下畤,祠黄帝和炎帝。公元前383年,献公都栎阳(在今陕西临潼东北)。过五年,献公在栎阳建立畦畤,祠白帝。除上述"秦六畤"之外,秦在西垂故地有几十所祠,在雍旁有一百多所祠,在雍以东的关中之地也都设了不少祠。雍是其本土即西土众祠环绕的中心。在秦的诸多祭祀中,"雍四[畤]上帝为尊。"①秦时祭祀的上帝有白、青、黄、赤四帝,但祭祀最多的是白帝。统治阶级的信仰往往就是民众的信仰。汉高祖刘邦为起兵反秦而编的神话故事正是基于这一事实。这个故事称刘邦起兵后于道路中曾斩一白蛇,一老妇人坐在蛇死处哭泣,说:"吾子白帝子也,

① 《汉书·郊祀志》。

化为蛇,当道,今者白帝子斩之。"①

秦始皇时代,由于海内混一,东方的问题很突出,为此他多次巡狩东方,东方的重点又是泰山和泰山之东,是原来齐国的领地。他在东方,除了封禅泰山,还兼祭八神,即天主、地主、兵主、阴主、阳主、月主、日主、四时主。天主祠在今山东省淄博市北齐临淄古城南的天齐渊,地主祠在今山东省新泰县西的梁父山,兵主祠(祭蚩尤)在今山东省汶上县西北,阴主祠在今山东莱州北的三山(或参山),阳主祠在今山东省烟台市北的之罘山,月主祠在今山东省龙口东南的莱山,日主祠在今山东省荣成东北的成山(或盛山),四时主祠在今山东省胶南县西南的琅琊山。它们是齐地的传统崇拜。

秦始皇封禅,其特色不仅在朝山,而且在巡海。齐人航海,不仅是邹衍谈天,发明其大小九州说的背景,也是秦始皇屡次派齐方士徐福等人入海求仙的背景。读《封禅书》李少君语,他是把海外神山(蓬莱、方丈、瀛洲)也当成封禅的目标。

汉承秦制,除在西方祠祭雍四畤,也在东方封禅泰山。高祖时,天下初定,名山大川尽在诸侯,天子并不亲自巡狩封禅,只由诸侯的祠官领祭。但高祖在雍立北畤,祠黑帝,变"雍四畤"为"雍五畤"。这样,就将秦的四色帝发展为"五色帝"。汉高祖来自六国,起自民间,因此他对整齐六国宗教特别是民间宗教很重视。比如他在家乡沛县(今江苏沛县)起兵,曾拜枌榆社(当地的一种土地庙)和蚩尤祠(古代用兵前要祭祀蚩尤)。天下初定,马上就命当地谨治枌榆社,并立蚩尤祠于长安。另外,他在长安还立了一批巫祠,如梁巫祠、晋巫祠、秦巫祠、荆巫祠、九天巫祠,在临晋(今陕西大荔县东南)立了河巫祠,在南山(即仓山,在陈仓南十里)立了南山巫祠。正如汉代的朝廷里聚集天下的人才一样,在首都长安及其周围也安置了各地的神祇。因此,中国人的宗教信仰虽然是多神教,但众神却可以围绕中央政府聚集在一个地方,因此毫不影响

① 《汉书·高帝纪上》。

政治的统一和文化的一元化。

汉武帝时,除了郊祀雍五畤外,又增加了太一祠(太畤)和后土祠。太一祠在长安西北的云阳(今陕西省淳化县西北),属左冯翊,祭天。后土祠在长安东北的汾阳,属河东郡,隔河与左冯翊相邻,祭地。雍五畤在西,属右扶风,祭五帝。由此形成中央政府的三大祭祀中心,其活动范围几乎覆盖了整个三辅地区。这样众多的神祠,在祭祀的时间顺序和重要性上也有所规定:"元年祭天,二年祭地,三年祭五帝于五畤,三岁一遍,皇帝自行,他祠不出"。[①]"三岁一祭天于云阳宫甘泉坛,以冬至日祭天,天神下。三岁一祭地于河东汾阴后土宫,以夏至日祭地,地神出。"[②]

平帝元始五年(5年),由王莽策划,尽除旧祠,定长安城南北郊之祭,即所谓"长安七畤",即:

(一)泰畤。祭皇天上帝,在长安南郊。

(二)广畤。祭皇地后祇,在长安北郊。

(三)黄灵后土畤。祭黄帝、后土及日、北辰、北斗、填星和中宿中宫,在长安城中。

(四)太昊青灵勾芒畤。祭青帝、勾畉及雷公、风伯、岁星和东宿东宫,在长安东郊。

(五)炎帝赤灵祝,融畤,祭炎帝、祝融及荧惑和南宿南宫,在长安南郊。

(六)少昊白灵蓐收畤。祭少昊、蓐收及太白和西宿西宫,在长安西郊。

(七)颛顼黑灵玄冥畤。祭颛顼、玄冥及月、雨师、辰星和北宿北宫,在长安北郊。

王莽的改制,将"五色帝"和历史传说中的五帝、四方及天地日月星辰的祭祀结合在一起,并浓缩于长安的四郊,既整齐了神祇崇拜,又免除了皇帝及

---

① 《史记·封禅书》《索隐》引《汉旧仪》。

② 《太平御览》卷三八引《汉旧仪》。

中央政府官吏的奔波之劳，为后世郊祀所本。

二、社祭

社祭的场所称社。秦汉时期，有官社和民社之分。如东汉建武二年，立太社稷于洛阳，在宗庙之右，一年三祠，祀以太牢。郡、县各级地方政府所立社，由太守、令、长侍祠，即祭祀活动由官府履行，“牲用羊豕”。①

民间的社指乡社和里社，是祭祀百神的场所。据《汉书·陈平传》：“里中社，平为宰”。可见里社在秦朝已普遍存在。据《四民月令》，民间社祭活动主要在春二月、秋八月的上旬的戊日进行。《白虎通·社稷》：“岁再祭之何？春求秋报之义也。故《月令》仲春之月：‘择元日，命民社。’仲秋之月：‘择元日，命民社。’《援神契》曰：‘仲春祈谷，仲秋获禾，报社祭稷’。”因此，祈求农业的丰收，是社祭的主要目的之一。关于社祭的对象，《淮南子·齐俗训》追述前代社的象征时指出：“有虞氏社用土，夏后氏社用松，殷人社用石，周人社用栗。”说明早期社祭的对象为土、树、石三种，是属于自然神。后来又演变为管理土地和谷物的官吏，他们死后成为神祇。② 总而言之，社祭应属于早期的宗教崇拜。从陈平为里中社分肉甚均而受到父老的赞扬看，它还保留着原始公社制的遗风。秦汉时，随着社成为民间祭祀的主要场所，一些地方出现了以本朝人为社神或配祀社的情形。《汉书·栾布传》载，栾布死后，“齐鲁之间皆为立社，号曰栾公社。”《后汉书·宋登传》：汝阴令宋登死后，“汝阴人配社祀之。”《后汉书·孔融传》：“郡人甄子然，临孝存，知名早卒。融恨不及之，乃命配食县社。”

三、户祀

除了社祀作为公共活动获取神的福祉外，秦汉时每个家庭还要单独的祭

① 《后汉书·祭祀志下》。

② 见《左传》昭公二十九年。

祀以寻求精神的安慰。

户祀首先要祭祀先祖。对于皇族来讲,祭祀先祖的活动就是庙祭。秦汉时期国家专设奉常官掌宗庙礼仪,位列九卿,后更名为太常。据《汉书·韦玄成传》,西汉皇室祭祀先祖的制度大体如下:"日祭于寝,月祭于庙,时祭于便殿。寝,日上四食;庙,岁上二十五;便殿,岁四祠。"不仅于死去的皇帝陵旁立庙供继位者祭祀,而且在各诸侯王的国都也立庙祭祀。如汉高祖十年冬,太上皇死后在陵旁立庙,并"令诸侯王皆立太上皇庙于国都"。① 据《汉书·匡衡传》"郡国庙无以修立"语,我们可以知道,高祖十年令已成为有汉一代的定制。

而一般的百姓,则于家中正室置先祖的神位以供祭祀,祭祀的日子一般选择在正月一日,"乃祀祖灵,以祀福祥。"②该月上亥日,再次祭祀先祖,"以祈丰年"。年终十二月,腊祭先祖。除在家中祭祀外,还要在二月、八月、腊日和父母忌日祭扫父母的坟墓,以表达对死者的怀念,并希望获得福佑。

户祀除了祭祀祖先之外,最引人注目的就是所谓"五祀"了。《论衡·祭义篇》:"五祀,报门、户、井、灶、室中霤之功。"中霤即中室。《礼记·月令》郑玄注:"中霤犹中室也。"《白虎通·五祀》说上述五者涉及"人之所处出入,所饮食,故为神而祭之"。说明在汉代,这五种日常日用之物,已经上升为神而受到人们的供奉。在这五者中,灶神在当时格外受到人们的重视。方士李少君曾对汉武帝进言:"祠灶则致物,致物而丹沙可化为黄金,黄金成以为饮食器则益寿,益寿而海中蓬莱仙可见,见之以封禅则不死,黄帝是也。"武帝信其言,"亲祠灶。"③这不仅仅是方士的鬼话,同时也是弥漫在民间的信仰。如《淮南子·时则训》高诱注:"祝融吴回为高辛氏火正,死为火神,托祀于灶。"

---

① 《汉书·高帝纪》。

② 《北堂书钞》卷一五五引蔡邕《祝诅文》。

③ 《史记·孝武本纪》。

《淮南子·泛论训》:“炎帝于火,死而为灶。”

四、鬼怪

作为现实世界异化的产物,神灵与鬼怪实际上没有区别,它们只存在于人们的幻想之中。但从功能上讲,两者截然不同。神灵带给人们福祉,而鬼怪往往与祸害联系在一起。

根据王充《论衡·订鬼篇》,秦汉时人认为鬼怪的形成有多种途径,或人死化为鬼,或物老为鬼,或邪气为鬼,甚至认为鬼原本不生于中国,由域外而来。各种说法,五花八门,其名称有刺鬼、凶鬼、暴鬼、夭鬼、饿鬼、不辜鬼等四十多个名称。这些鬼的活动,从许多方面损害人的生存和日常的生活。

第一,鬼能惑人,甚至致人于死。秦简《日书》《诘咎》篇云:刺鬼对人“攻之不已”;“鬼恒从人女,与居,曰:‘上帝子下游’”;“鬼恒胃(谓)人:‘鼠(予)我而女。’不可辞。是上神下取女,……五来,女子死矣。”东汉时相传汝南汝阳西门习武亭有“鬼魅”作祟,“宾客宿止多死亡,其厉猒者皆亡发失精。”①

第二,能够引起自然灾害或瘟疫。魃能造成旱灾。《诘咎》篇云:棘鬼出现,“而室人皆疫,或死或病。”汉代人认为,厉鬼能散播“温疾”,因此在夏至日戴五彩丝,上题“游光”二字,用以驱鬼。②

第三,能够导致人出现其他疾病。放马滩秦简《日书》说正月丙子雨,“鬼神北行,多疾”。③《诘咎》篇云,秦有“人卧而鬼夜屈其头”的说法。汉魏之际,信都令家中妇女轮流生病,管辂筮曰:“君北堂西头,有两死男子,一男持矛,一男持弓箭。头在壁内,脚在壁外。持矛者主刺头,故头重痛不得举也。持弓箭者主射胸腹,故心中县痛不得饮食也。昼则浮游,夜来病人,故使惊

---

① 《风俗通义·怪神》。

② 《太平御览》卷二三引《风俗通义》。

③ 何双全:《天水放马滩秦简综述》,《文物》1989 年第 2 期。

恐也。"①

第四,实施报仇。如吕后为犬所伤,卜者以为赵王如意为祟。② 田蚡迫害灌夫、窦婴的次年犯病,上使视鬼者瞻之,曰:"魏其侯与灌夫共守,笞欲杀之。"③竟死。"仓梧广信女子苏娥,行宿鹊巢亭,为亭长龚寿所杀,及婢至富取财物。交太守周敞,行部宿亭觉寿奸罪,奏之,杀寿。"④

第五,戏弄人。《风俗通义·怪神》记张汉直外出求学,"鬼物"附其妹体,以张的语气声称自己已死,实际上张并未亡故。

第六,干扰人们的正常生活。《诘咎》篇云:凶鬼"恒夜鼓人们,以歌若哭。";游鬼"恒逆人入宫";"人毋(无)故室皆伤,是粲迓之鬼处之"。

第七,危害死者。如《太平御览》卷九五四引《风俗通义》说魍象"好食亡者肝脑"。

第八,伤害牲畜。《诘咎》篇云:"人之六畜毋(无)故而皆死,欲鬼之气入焉。"而暴鬼则"恒襄(攘)人之畜"。

与全国大部分地区的传说不同,南方越人认为鬼亦能带给人福寿。《史记·封禅书》越人勇之声称:"越人俗鬼,而其祠皆见鬼,数有效。昔东瓯王敬鬼,寿百六十岁。后世怠慢,故衰秏。"武帝遂"令越巫立越祝祠","亦祠上帝百鬼"。

五、方术

既然在人们的生活中充斥着如此众多的神灵鬼怪,这些神灵鬼怪又有着理不清的出处和非常复杂的系统,同时他们与常人的生活有了密不可分的联系,于是一个专门的用以迎神驱鬼、卜决吉凶的专家集团就产生了。这些专家

① 《三国志·魏书·方技管辂传》。
② 《汉书·五行志》。
③ 《汉书·田蚡传》。
④ 《太平御览》卷一九四引谢承《后汉书》。

或称巫，或称祝，或称卜者，或称相者，有的又称方士、术士，而他们的那一套知识系统总称方术。他们的活动与秦汉人的日常生活、精神信仰息息相关。

(一)巫和巫术

中国古文献中的“巫”是与“祝宗卜史”类似的神媒，“在男曰觋，在女曰巫。”①在三代，他们是国家的神职人员，享有很高的政治地位与社会威望，如巫咸，巫彭之流。及至于秦汉，他们的社会地位已大不如以前。用司马迁《报任安书》的说法，他们“厕于下大夫之列”，且“为主上所戏弄”。而其中的绝大部分人，已从庙堂之上流落民间。

秦代的巫，我们了解不多。睡虎地秦简《日书》甲种简 75 正壹提到：“斗，利祠及行贾、贾市，吉，取妻，妻为巫……。”简 120 正贰：“屈门，其主昌富，女子为巫，四岁更。”简 123 正叁：“大吉门，宜钱金而入易虚，其主为巫，十二岁更。”睡虎地秦简《日书》乙种，简 184：“戊已有疾，巫堪……。”简 242：“庚寅生，女子为巫。”

汉代的“巫”，史籍记载比较多。如《史记·封禅书》记载的高祖“七巫”，就是汉代初年的巫。高祖六年(前 201 年)，他在长安“置祠祝官、女巫”，包括：

(1)梁巫。“祠天、地、天社、天水、房中、堂上之属。”

(2)晋巫。“祠五帝、东君、云中[君]、司命、司社、巫祠、族人、先炊之属。”

(3)秦巫。“祠社主、巫保、族累之属。”

(4)荆巫。“祠堂下、巫先、司命、施糜之属。”

(5)九天巫。“祠九天。”

(6)河巫。“祠河于临晋。”

(7)南山巫。“祠南山，秦中。”

---

① 《国语·楚语下》。

这些巫祠多用六国之旧。原书叙“巫”于“祠祝官”后，并且注明为女巫，可见当时的“巫”仍多女性，多是“祝”的属官。一般的情况，官祠由太祝总领，下设官巫。民祠则由民巫自主其事。汉武帝时，由于各地设立的神祠剧增，官巫的数量庞大。同时，有些民祠也上升为官祠。例如上林蹏氏观神君，是利用民间对“长陵女子”的崇拜，而由“长陵女子”的妯娌（名“宛若”）主其事；甘泉寿宫神君，由游水发根推荐的上郡巫主其事。还有汾阴后土祠，原来是民间小祠，只因当地民巫（巫锦）在祠旁发现了古代大鼎，被视为祥瑞，所以在那里设置了国家级的后土祠。

关于巫的职能，除上述供官祠和民祠的祭祀外，就是施展“巫术”。据文献记载，秦汉时期的巫术有下列数种。

（1）祈雨止雨。呼风唤雨是巫的一大特长。《汉书·艺文志·数术略》杂占类有《请雨止雨书》，已佚。但《春秋繁露》有《止雨篇》，其请雨用“舞雩”和“五龙术”；止雨是用绝水、盖井、禁妇人行。所谓五龙术，是指甲乙日用苍龙八，东向祈雨；丙丁日用赤龙七，南向祈雨；戊己日用黄龙五，居中祈雨；庚辛日用白龙九，西向祈雨；壬癸日用黑龙六，北向祈雨。在祈雨的仪式中，女巫不停地旋转舞蹈，祈求雨神的降临。①

（2）见神视鬼。即巫以神灵附体的形式，为神鬼代言，给观看者以指示。如上城西偏巫的降神，广陵厉王胥使女须降神，②就是如此。还有一种是设帷张幔，在里面装神弄鬼，让人隔着帷幔，见其影，闻其声，如上郡巫降寿宫神君就是如此。③

（3）祈禳厌劾。祈福禳灾，厌劾妖祥是“巫”的主要职能。《汉书·艺文志·数术略》杂占类有《祯祥变怪》、《人鬼精物六畜变怪》、《执不详劾鬼物》、

① 《说文》：“巫，祝也，能事无形，以舞降神者也。”

② 《汉书·广陵厉王胥传》。

③ 《史记·封禅书》。

《禳祀天文》、《请祷致福》等书，就属于这种巫术。

(4)巫蛊。巫蛊是以巫术为伤害手段。它主要包括两种，一种是祝诅伤害术，一种是偶像伤害术。祝诅是以咒骂来警告和阻止不希望发生的事。偶像伤害即在象征伤害对象的木偶人上扎针，或埋木偶人于道路或宫室。巫蛊甚至影响了汉代的政治。从汉武帝征和元年至三年(前92—前90年)，有史称"巫蛊之祸"的公孙贺案、戾太子案、和贰师案等等。当时帝子争位，后妃争宠，往往畜巫觋，埋偶人，施祝诅，以图加害对方。朱安世、江充利用这一迷信诬陷他人，制造冤假错案，株连甚广。① 巫蛊也见于北方草原地区。如匈奴有一种巫术，是由巫沉埋牛羊于军队所经的道路与河流，用以"诅军"。当时单于送裘马于汉天子，也常由巫祝诅，施魔法于其上。②

(二)方士与方术

方士也叫方术之士，在秦皇汉武时期最为活跃，其特长是寻仙访药、占星候气等。卢生曾提到秦始皇身边有"候气者三百人"③，说明秦的方士数量很多。

(1)寻仙访药

寻仙访药的方士往往称海中虚无缥缈之处有神山，神山有延年益寿、长生不老之仙药。徐市(福)是最早自告奋勇入海求仙的方士。始皇二十八年(前219年)，东行郡县，登琅琊台，市等上书言海上有三神山，请入海求仙，始皇遣之。④ 始皇三十二年(前215年)之碣石，使卢生求羡门、高誓，二者均为仙人所居之地。同年，始皇又使韩终、侯生、石生求仙人和不死之药。⑤ 当然，这些求仙人仙药的活动是不会有任何结果的。汉武帝时，又将秦始皇的故事重演

---

① 见《汉书》的《武帝纪》、《公孙贺传》、《江充传》、《戾太子传》。
② 《汉书·西域传下》。
③ 《史记·秦始皇本纪》。
④ 《史记·秦始皇本纪》。
⑤ 《史记·秦始皇本纪》。

一遍。当时著名的方士有李少君、少翁、栾大和公孙卿。武帝元光二年(前133年)李少君以祠灶、谷道、却老方见上,曰:“祠灶则致物,致物则丹沙可化作黄金,黄金成以为饮食器则益寿,益寿而海中蓬莱仙者乃可见,见之以封禅则不死,黄帝是也。”元狩四年(前119年),少君以鬼神方见上,拜文成将军,旋谋败被诛。元鼎四年(前113年),栾大自吹尝遇安期、羡门于海上,其师有方,曰“黄金可成,而河决可塞,不死之药可得,仙人可致也”,拜五利将军,一年后方尽被诛。元鼎四年(前113年),公孙卿以黄帝书说上,以大人迹候神,亦无效。这是见之于正史者。由于上之所好,当时献方、入海求仙的方士数以万计,①自然皆无效而告终。汉武帝晚年才有所觉悟,每对群臣自叹:“向时愚惑,为方士所欺,天下岂有仙人,尽妖妄耳!节食服药,盖可少病而已。”②

(2)占星候气

占星候气与天文历算有密切的关系,因此我们很难将天文学家与方士相区别。《史记·太史公自序》:“太史公学天官于唐都。”唐都是司马迁的老师,太初历制定者之一。但他同时又是占星候气术的专家。《史记·天官书》说:“夫自汉之为天数者,星则唐都,气则王朔,占岁则魏鲜。”

星占包括日、月、五星占及恒星占、彗星占、流星占等。按照方士的说法,可以通过星占来推知国家的政治状况。如《淮南子·天文训》:“君失其行,日薄食无光。”成帝建始元年(前32年)八月戊午,出现两月并见的天象,被视为“君弱而妇强,为阴所乘”③之征象。若“人君无德,信奸佞,退忠良,远君子,近小人,则五星逆行变色,出入不时。”④五星,是指金木水火土五颗行星。彗星亦称孛星,在汉代人看来,它的出现与战争相关。《史记·天官书》:“彗星四见,久者八十日,长或竟天。其后,秦遂以兵灭六国。”流星雨被认为是百姓

① 《史记·封禅书》。

② 《资治通鉴》卷二十二《汉纪十四》。

③ 《汉书·五行志下》。

④ 《唐开元占经》卷十八引《荆州占》。

叛逃的征兆。成帝元始二年，出现流星雨，谷永上书称："星辰附离于天，犹庶民附离王者也。王者失道，纲纪废顿，下将叛去，故星叛天而陨，以见其象。"①

（三）图谶及风角

皮锡瑞指出："图谶本方士之书，与经义不相涉。汉儒增益秘纬，乃以谶文牵合经义。"②《后汉书·方术列传》所说的"至乃《河》《洛》之文，龟龙之图，箕子之术，师旷之书，纬侯之部，钤决之符"，主要是指图谶。因此，所谓图谶，就是以图画与文字合成的一种预测类的书籍，而方士则利用它来推论，而成为一种专门的学问。其中著名者，有东汉郎顗。顗字雅光，北海安丘人，《方术列传》称"咎征最密"。善图谶者，还有东汉的苏竟、杨厚、襄楷等人，其事见《后汉书》本传。

风角，就是利用风向与风力大小来预测吉凶。《后汉书·百官志二》注引《汉官》云：灵台待诏有三人候风，是官方重视风角的证据。在民间，方士也用此来测算生活中的祸福。如谢夷吾用风角占候预知乌程长在三十日至六十日"当死"；李南之女见风吹灶而知此为"妾将亡之应"；杨由见风吹削哺而知将有人献橘等等。③

（四）卜筮

卜指龟卜，筮指蓍占。秦朝设有太卜，即皇家专职的龟卜人员。《后汉书·百官志二》注引《汉官》说，在汉太史待诏的三十七人中，有三人"龟卜"，三人《易》筮。卜筮在民间也有很大影响，人们用它"定祸福，决嫌疑，幽赞于神明，遂知来者也。"④《史记·龟策列传》记录的占卜事项包括天气变化、作物收成、渔猎收获、求取财物、买卖臣妾马牛、出行居家吉凶、瘟疫、兵事等等，多数与普通人民生活息息相关。正因为如此，以卜筮为业的方术之士遍布全

① 《汉书·谷永传》。

② 皮锡瑞：《经学历史》，中华书局1959年版，第109页。

③ 《后汉书·方术列传》。

④ 《后汉书·方术列传序》。

国各地、城市乡村。西汉前期著名的卜者说长安城的卜筮者“扫除设坐，正其冠带然后乃言事。”①可见方士风貌之一斑。

第九节 社会风气

社会风气是指某一特定区域、特定时段里受到舆论普遍褒奖和有许多人仿效的行为方式。它可以为国家当局和法律所肯定、所赞许，如秦始皇时的“欲学法令，以吏为师”，汉武帝“罢黜百家、独尊儒术”以后的读经求仕以及汉代的尊老养老等；也可以表现为同国家的意图、法律相抵牾、相违背的行为，如秦汉时期的游侠与舍本逐末、弃农经商等。当我们谈到秦汉的社会风气时，有两个因素是必须考虑的。一个是时间因素。在长达四百年的历史时期中，风俗不可能是永恒不变的，它呈现出此消彼长的现象，同时我们又很难界定风气的起始和终极。另一个是空间因素。中国是一个幅员广大的国家，秦汉接六国之余续，各地风气自然就不一样。如燕赵多慷慨悲歌之士，三晋多商贾周流取利之人，关中尚武力，齐鲁好经学等等，这些概括大致上是正确的。但具体到某一更小的区域和特定的社会集团，则又当别论。本书上述各章节中，已经涉及的同政治史、经济史、社会生活史有关的一些风俗内容。如经商求利、读经求仕、薄养厚葬等等，可以参见，不再赘述。以下重点论述作为秦汉时期具有鲜明特点的养老、任侠、崇尚气节等社会风气。

一、养老

秦汉盛行养老之风。秦在乡级基层组织中设三老，“掌教化”。② 虽然贾

① 《史记·日者列传》。
② 《汉书·百官公卿表上》。

谊批评商鞅变法后秦俗日败,“借父耰钽,虑有德色;母取箕帚,立而谇语”,“妇姑不相说,则反唇而相稽”等。① 但我们从出土秦简可以看到,国家的主导舆论和法令都是要竭力维护尊老养老之风的。如《为吏之道》明确提倡:“为人父则兹(慈),为人子则孝”,“父兹(慈)子孝,政之本也”;“除害兴利,兹(慈)爱万姓”,“孤寡穷困,老弱独转,均繇(徭)赏罚,敖(傲)悍䧂暴。”②其含义与《淮南子·时则训》“孟秋之月……求不孝不悌,戮暴傲悍而罚之”相同。《法律答问》云:“殴大父母,黥为城旦舂。”“子告父母,臣妾告主,非公室告,勿听。”③就是说,殴打祖父母,要判处筑城或舂米的劳役刑,而子女告父母,国家司法机关不予受理。秦律的立场和倾向在尊老养老这一问题上非常清楚。

两汉时期,国家对敬老的风气更是大力提倡。刘邦即位次年(前 205 年),颁布法令规定“举民年五十以上,有修行,能帅众为善,置以为三老,乡一人。择乡三老一人为县三老”,“与县令、丞以事相教”,并可享受免除徭役和每年十月“赐酒肉”等优待政策。④ 以后,郡亦设“三老”。⑤ 在 20 世纪中叶发现的汉代《三老赵掾之碑》说明,郡三老在本郡亭有太守对其“师而不臣”,以及“听讼理怨,教诲后生”的尊贵地位。⑥

惠帝、吕后在位期间,随着社会趋于稳定,经济逐渐恢复,历史明确记载:“人欲长幼养老。”⑦说明长幼养老不仅是统治者的意愿,而且成为人民广泛奉行的道德规范。文、景期间,老人在物质上还受到国家的优厚待遇。文帝元年(前 179 年)下诏:“年八十以上,赐米人月一石,肉二十斤,酒五斗。其九十以上又赐帛,人二匹,絮三斤。”文帝十二年(前 168 年),“遣谒者劳赐三老、孝者

① 《汉书·贾谊传》。
② 《睡虎地秦墓竹简》,文物出版社 1978 年版,第 285 页。
③ 《睡虎地秦墓竹简》,文物出版社 1978 年版,第 196 页。
④ 《汉书·高帝纪》。
⑤ 据《后汉书·循吏列传》,两汉之际王闳为乐浪郡三老。
⑥ 沈年润:《释东汉三老赵掾碑》,《考古》1964 年第 5 期。
⑦ 《汉书·惠帝纪》。

帛人五匹,"[1]以表彰在尊老敬老方面有突出贡献的人。东汉永平二年(59年),明帝亲"帅群臣躬养三老、五更于太学。"[2]将尊老、养老的风气推到极致。

关于汉代尊老养老的习俗,还有一个有别于其他朝代的赐老人王杖的制度,这种制度不过是社会风气的法律表现而已。据甘肃武威汉墓出土的木简,大约至晚从宣帝时开始,政府向年龄在80岁以上的老人授王杖,"使百姓望见之,比于节"。成帝时又改为70岁以上,[3]且为东汉沿袭。《续汉书·礼仪志中》载,每年仲秋之月,由县道案户比民,核定符合条件的老者,并为其授杖,同时还伴以"铺之糜粥"的仪式。武威磨咀子和旱滩坡汉墓出土有王杖实物,其中磨咀子汉墓王杖完整,长194厘米。[4] 旱滩坡墓鸠杖已残,但鸠鸟完好,鸠作蹲伏状,张口含食[5],正合"老人不噎之意"。王杖是老人身份的象征,由于它在名义上是皇帝赐予的,因此殴打、辱骂持王杖的老人,要受到法律的严惩。据出土文献记载,"有敢骂殴詈辱者,逆不道"。不道罪在汉代是重罪,要判处死刑。有关案例表明,这一规定是严格执行的。如云阳白水亭长张熬因"殴受王杖主,使治道",结果"弃市",即执行死刑后弃尸于道。汝男郡男子王安世"坐桀黠,击鸠杖主,折伤其杖,弃市"。武威新出土王杖诏令册记录从宣帝本始二年(前72年)到成帝元延三年(前10年)因殴辱王杖老人的案例涉及亭长二人,乡啬夫二人,一般百姓三人,均被"弃市"。[6] 这些案例一方面说明,侵辱老人的事情时有发生,另方面也说明国家法律对此类案件的重视和

---

① 《汉书·文帝纪》。

② 《后汉书·明帝纪》。

③ 考古研究所编辑室:《武威磨咀子汉墓出土王杖十简释文》,《考古》1960年第9期。

④ 甘肃省博物馆:《甘肃武威磨咀子汉墓发掘》,《考古》1960年第9期。

⑤ 甘肃省博物馆:《武威汉代医简》,文物出版社1975年版。

⑥ 考古研究所编辑室:《武威磨咀子汉墓出土王杖十简释文》,《考古》1960年第9期。

严惩。而敬老养老仍然是当时的主流社会风气。

二、任侠

任侠是秦汉时代重要的社会风尚。虽然崇尚法制的秦皇朝对"以武犯禁"的游侠严厉打击,但游侠的活动禁而不止。例如与汉高祖刘邦同时代的朱家,"鲁人皆以儒教,而朱家用侠闻,所藏活豪士以百数,其余庸人不可胜言。"①而与朱家同时的还有楚之田仲及洛阳的剧孟等。在专制主义集权统治下,游侠能够在社会上存在,其品行、操守必有弥足称者。

第一,救助穷困。例如朱家"振人不赡,先从贫贱始。"而他自己,则"家无余财,衣不完彩,食不重味,乘不过軥车。"而这种济贫的行为为游侠赢得了声誉,也为他们自己培育了生存的土壤。所谓"修行砥名,声施于天下,莫不称贤。"②

第二,讲求信义。如果说,中央集权的封建统治用"忠"来网罗人才的话,那么独立于国家权力之外的游侠则以"义"来标榜自己的节操。流行在西汉前期的谚语"得黄金百(斤),不如得季布一诺"③,正是对当时游侠"其言必信,其行必果,已诺必诚"④的高度赞扬。

第三,趋人之急。在楚汉相争中,季布为项羽将兵,"数窘汉王,及项羽灭,高祖购求布千金,敢有舍匿,罪及三族。"⑤而朱家不畏朝廷法令,将季布隐藏于家中,等事有缓解"阴脱季布将军之厄。及布尊贵,终身不见也。"⑥这种行为,也受到社会的普遍认可。"自关以东,莫不延颈愿交焉。"⑦

---

① 《史记·游侠列传》。
② 《史记·游侠列传》。
③ 《汉书·季布传》。
④ 《史记·游侠列传》。
⑤ 《史记·游侠列传》。
⑥ 《汉书·季布传》。
⑦ 《史记·游侠列传》。

第四,借交报仇。汉世盛行报仇之风。这为游侠的存在提供了滋生的土壤。《史记·游侠列传》:"(郭解)少时阴贼,慨不快意,身所杀甚众。以躯借交报仇,藏命作奸剽攻。""既已振人之命,不矜其功,其隐贼著于心,卒发于睚眦如故去。而少年慕其行,亦辄为报仇,不使知也。"《汉书·原涉传》:"先是涉季父为茂陵秦氏所杀,涉居谷口半岁所,自劾去官,欲报仇。谷口豪杰为杀秦氏,亡命岁余,逢赦出。郡国诸豪及长安、五陵诸为气节者皆归慕之。"不过,游侠的报仇行为也是受到社会舆论制约的。例如郭解的外甥为人所杀。郭解了解到责任不在凶手,于是对凶手说:"公杀之固当,吾儿不直。""遂去其贼,罪其姊子,乃收而葬之。诸公闻之,皆多解之义,益附焉。"反而为他赢得了更大的名声。

由此可以看出,游侠品性中的一些重要内容在当时是对社会风气有重要影响的。大致说来有同情弱者,救人困厄,慷慨爽直,不畏强暴,不拘小节,恣意妄为等等。司马迁说,郭解虽然因犯法而受到族刑,但仍受到人们的称许,"自是之后,为侠者极众"。① 亦可见任侠风气之盛。班固评论任侠这一社会现象:"况于郭解之伦,以匹夫之细,窃杀生之权,其罪已不容于诛矣。观其温良泛爱,振穷周急,谦退不伐,亦皆有绝异之姿。"②班固的评论与司马迁不完全相同,已反映了前后汉社会风气的变化。到范晔写《后汉书》时,即不再为游侠单独立传了。

三、崇尚气节

《后汉书·独行列传》曰:"中世偏行一介之夫,能成名立方者,盖亦众矣。或志刚金石,而剋扞于强御。或意严冬霜,而甘心于小谅。亦有结朋协好,幽明共心;蹈意陵险,死生等节。虽事非通圆,良其风轨有足怀者。"因此特立独

① 《史记·游侠列传》。

② 《汉书·游侠传序》。

行、坚守气节是秦汉时期受到人们普遍尊敬的社会风气。

汉高祖五年(前202年),刘邦击灭项羽,登上皇帝的宝座。在楚汉战争中与汉军对抗的齐相田横率徒属500人辗转入海,匿居海岛(即今田横岛)中。后来,在刘邦的胁迫下,田横不得不偕客二人赴洛阳。当行至距洛阳30里的尸乡(今河南偃师县西)驿站时,田横住下来,对同行的汉朝使者说:"人臣见汉朝天子当洗沐。"避开使者后,田横召其客曰:"横始与汉王俱南面称孤,今汉王为天子,而横为亡虏而北面事之,其耻固已甚矣!"遂自杀身死。客奉其头,与使者一起急驰洛阳向刘邦复命。安葬完田横后,与田横随行的两客亦自杀。岛上的500壮士听到田横死讯后,悲愤难忍,全部自杀。田横的不屈而死,500壮士的集体自杀,这一豪气干云、视死如归的壮烈悲剧,曾引起后人的极大同情和哀思。司马迁说:"田横之高节,宾客慕义而从横死,岂非至贤!"①

而司马迁自己"既陷极刑,幽而发愤"的行为,本身也体现了一种不畏强暴、忍辱负重、矢志不移的崇高精神。在《报任安书》中他写道:"古者富贵而名摩灭,不可胜记,唯俶傥非常之人称焉。盖西伯拘而演《周易》;仲尼厄而作《春秋》;屈原放逐,乃赋《离骚》;左丘失明,厥有《国语》;孙子膑脚,《兵法》修列;不韦迁蜀,世传《吕览》;韩非囚秦,《说难》《孤愤》。《诗》三百篇,大抵圣贤发愤之所为作也。"②这些铿锵有力的话语所体现出来的不屈不挠的崇高气节,已成为中华民族精神的重要支柱。在这种精神的鼓舞下,他终于完成了"其文直,其事核,不虚美,不隐恶,故谓之实录"③的伟大著作《史记》。

随着全国的统一,一种有别于先秦的更加广阔的爱国主义精神和民族气节也在孕育并发扬光大。著名的"苏武牧羊"的事迹发生在这一时期绝不是

---

① 《史记·田儋列传》。
② 《汉书·司马迁传》。
③ 《汉书·司马迁传》。

偶然的。武帝天汉元年(前100年),苏武奉命出使匈奴,为匈奴扣留。苏武多次拒绝匈奴的威胁利诱,坚不投降,手持汉节在北海边牧羊十九载,归来时须发皆白。① "时穷节乃见,一一垂丹青。"苏武的行为充分表现了热爱祖国的英雄本色,成为中华民族历史上爱国主义的楷模。

东汉政权建立后,为了巩固统治,征用不仕王莽的士人,延揽志士,宣扬名节,又发展了社会崇尚气节的风气。在东汉末的党锢之祸中,社会舆论对气节的崇尚达到秦汉时期的顶峰。《后汉书·党锢列传》序曰:"桓灵之间,主荒政谬,国命委于阉寺,士子羞与为伍,故匹夫抗愤,处士横议。遂乃激扬名声,互相题拂,品核公卿,裁量执政,婞直之风,与斯行矣。"又曰:"诸生三万余人,郭林宗、贾伟节为其冠,并与陈蕃、王畅更相褒重。学中语曰:'天下模楷李元礼,不畏强御陈仲举,天下俊秀王叔茂。'……自公卿以下,莫不畏其贬议,屣履到门。"说明这时的气节,已成为反对宦官专政的一种精神力量。

总而言之,秦汉时期的气节,对外表现为维护国家、民族的尊严,对内表现为不畏强权,舍生取义,培育了伟大的中华民族精神。

① 《汉书·苏武传》。

第九章

秦汉思想文化

第一节　经学和学校教育

一、经学的演变与经今古文之争

“经”最早泛指一切著作，战国以后，它成为儒家所编著书籍的通称。汉武帝接受董仲舒的建议“罢黜百家，独尊儒术”之后，它进而变成由中国封建专制皇帝钦定的儒家书籍的总称。随着历史的发展，“经”的领域逐渐扩大，“五经”、“六经”、“九经”、“十三经”①等名目陆续出现。儒家知识分子对“经”的阐发和议论成为封建社会独特的一门学问——“经学”，在两汉时期它是占统治地位的思想形式。

“儒学”自春秋末期由孔子创立以后，到战国时期虽然有着很大的发展，出现了孟轲和荀卿这样声名卓著的大师，但在那个人才辈出、群星闪烁的“百家争鸣”时代，儒家也仅仅是百家中的一家而已。秦灭六国后，禁止“私学”，以法为教，以吏为师，一些儒生尽管以博士的官职跻入咸阳的宫廷，不过也只

---

① “五经”指《诗》、《书》、《礼》、《易》、《春秋》。“六经”加《乐》，已佚。“九经”指《诗》、《书》、《易》、《周礼》、《仪礼》、《礼记》、《春秋左氏传》、《春秋公羊传》、《春秋谷梁传》。“十三经”指“九经”再加《论语》、《孝经》、《孟子》、《尔雅》。

是“备顾问”，处于无足轻重的地位。特别是经过“焚书坑儒”的惨祸之后，儒家学说遭受到一次沉重的打击。残存的儒生虽然在秦末农民战争中纷纷参加陈胜、刘邦的义军，对秦皇朝进行了一次痛快的报复，可是在新建立的汉朝初期的六十多年间，它仍没有受到应有的重视，仅仅是争得了一席合法地位，又有了为统治者服务的机会罢了。

西汉初期的六十多年间，黄老思想成为统治阶级的指导思想。获得合法地位的儒学利用当时宽松的政治环境，在同黄老思想的斗争中，不断吸取其他思想流派的资料和观点，根据已经变化的历史条件，加速自我改造。终于经董仲舒之手完成了从原始儒学到新儒学的转变，再通过雄才大略的汉武帝一纸神圣的诏令，新儒学就以经学的形式变成了地主阶级的统治思想。

经学成为汉皇朝的官方统治思想以后，儒家经典被立为学官，由博士传授，从博士受经的博士弟子考试合格，可以为官。一时出现了“公卿大夫士吏彬彬多文学之士”①的局面。

思想领域里的斗争是永远存在的。如果说，在汉武帝定儒学为一尊之前，汉初思想领域的斗争表现为诸子余绪的活跃和儒道互黜，那么，在罢黜百家之后，思想领域的斗争就表现为经学内部的分裂和异端思想的突起。其突出的事例是经今古文之争。

汉武帝时立为学官的只有《诗》、《书》、《易》、《礼》、《春秋》五经博士，后来逐渐增加，到西汉后期已有五经十四博士。其中《诗》三家，传鲁《诗》的申公，传韩《诗》的韩婴，汉文帝时已立为博士，传齐《诗》的辕固汉景帝时立为博士。《书》三家，同出于济南伏胜，汉武帝时立欧阳生为博士，汉宣帝时添立大夏侯（胜）、小夏侯（建）为博士。《礼》出于高堂生，武帝时立礼经博士，宣帝时又分立大戴（德）、小戴（圣）二家博士。《易》四家同出于田何，武帝时立易经博士，宣帝时分立施雠、孟喜、梁丘贺三家博士，元帝时又立京房一家博士。

① 《史记·儒林列传》。

《春秋公羊传》出于胡母生、董仲舒，武帝时立春秋公羊博士，宣帝时又分立严彭祖、颜安乐二家博士。以上所传的经书，因为都是用当时通行的文字隶书写成的，后来称之为今文经。今文经学在传授过程中，特别在武帝以后，取得了越来越崇高的地位。以《洪范》察变，以《春秋》决狱，以《禹贡》治河，以《诗》三百篇为谏书，对当时的政治产生了巨大影响。为了迎合两汉统治者的需要，今文经学越来越多地与谶纬迷信相结合，使儒家宗教化，经学神学化，孔子教主化。它以"微言大义"随心所欲地解释经典、神化统治者，使自己变成了为当权者服务的政治的说教。同时，由于今文经学在传授中必须遵守严格的师法和家法，经学博士为了形成对所习经典的垄断，说经越来越烦琐，"一经说至百余万言"。[①] 有个叫秦延君的《书经》大师，解释"尧典"两字用了十多万字，解释"曰若稽古"四字用了三万多字。一个人从幼年开始学习一经，往往要到满首白发才学会说经。尽管如此，众多的博士弟子依然孜孜不倦地追随自己的老师"皓首穷经"，其秘密就在于它是当时重要的一条"利禄之路"。[②]

正当今文经学垄断教育和学术，在西汉后期达到鼎盛局面的时候，新崛起的古文经学对它的地位提出了挑战。西汉中期以后，一些用古籀文（秦以前的文字）书写的经书如《古文尚书》、《逸礼》、《周官》、《毛诗》和《春秋左氏传》等逐渐被发现并在民间传授。由于这些经书是用秦以前的文字写成，所以称为古文经。其实，今文与古文的区别，主要还不在于书写文字的差异，而在于基本观点的不同，以《春秋》的《左传》和《公羊传》为例，对"春王正月"的解释，古文经的《左传》是："元年、春、王正月。不书即位，摄也"。而今文经的《公羊传》则是："元年者何？君之始年也。春者何？岁之始也。王者孰谓？谓文王也。曷为先言王而后言正月？王正月也。何言乎王正月？大一统也"。又如对"春用田赋"的解释，《左传》是："十二年，春，王正月，用田赋"。

---

① 《汉书·儒林传》。

② 《汉书·儒林传》。

而《公羊传》的解释则是:“何以书?讥。何讥尔?讥始用田赋也”。[1] 很明显,古文经偏重于史实的解释,而今文经着眼的却是“挖掘”其中的“微言大义”。[2]

成帝河平中,刘歆受诏与其父刘向校领秘书,据说看见了许多古文经传。到哀帝建平时,刘歆受到重用,便上书要求把《左氏春秋》、《毛诗》、《逸礼》和《古文尚书》立为学官。同时攻击今文经“因陋就寡,分文析字,烦言碎辞,学者罢老且不能究其一艺,信古说而背传记,是末师而非往古,……抱残守缺,挟恐见破之私意,而无从善破义之公心,或怀妒嫉,不考实情,雷同相从,随声是非”。[3] 刘歆上书在朝野引起了一场轩然大波。今文经大师、光禄大夫龚胜以“乞骸骨”相要挟,大司空师丹在奏章中则给刘歆加上“改乱旧章,非毁先帝所立”[4]的罪名,大张挞伐。其他今文经师也群起鼓噪,形势对刘歆十分不利。为了摆脱在京师的不利局面,他只得请求到外地出任郡守。在这场争论中双方虽然都打着宏扬圣人法术的招牌,但骨子里却是两派知识分子对“利禄”的争夺。不久,王莽秉政,刘歆受到特别重用,成为协助他篡汉的理论策士。王莽为了寻找篡汉的理论根据和取得广大知识分子的支持,于是接受刘歆建议,下令将古文经立为学官。他对古文经的《周礼》特别重视,其新政中的不少措施都从那里寻找历史根据。对古文经的其他经典也很垂青。例如,他引证《古文尚书·嘉禾篇》记载的“周公居摄”,作为自己“居摄践祚”的依据,引证《春秋左氏传》的“刘氏为尧后”,以证明他这个“虞帝之苗裔”有代汉的充分权力。不过,王莽并不用排斥今文经学的办法来抬高古文经学。他篡汉以后,不仅没有取消今文经学的官学地位,而且还大力利用今文经学中一切对他有用的东西。例如,他“放《大诰》作策”而讨翟义,引《康诰》作为自己称“假皇

---

① 《春秋三传·隐公元年》。

② 周予同:《〈经学历史〉序言》,皮锡瑞《经学历史》,中华书局1959年版,第3页。

③ 《汉书·刘歆传》。

④ 《汉书·刘歆传》。

帝”的依据，依《王制》加以损益制定公、侯、伯、子、男五等爵制和封地四等制。以上经典都属于今文。王莽新朝中，治今文与治古文的经师们一样出将入相。显然，王莽对今古文采取了兼收并蓄的态度。即使如此，今文经师们也对将古文立为学官忿忿不平。左将军公孙禄斥责刘歆“颠倒《五经》，毁师法，令学士疑惑”，要求“诛此数子，以慰天下”。① 在新莽末年的农民战争中，“天下散乱，礼乐分崩，典文残落”，不少经学大师“怀协图书，遁逃林薮”②，经学一度呈现寥落的局面。东汉皇朝建立以后，太学生出身的光武帝刘秀十分重视经学的复兴。今文经的十四博士很快都立于学官。为了反王莽之所为，取消了古文经学官的资格。但是，这时候的古文经学在朝野已有相当的势力，治古文经的学者迫切要求将古文经立于学官，取得与今文同等的地位。建武初年，尚书令韩歆上书要求将古文的《费氏易》和《左氏春秋》立为博士，结果引起今文经师范升等的激烈反对，双方互相辩诘，形成了颇为热闹的一场论战。《左氏春秋》暂时得立学官，但因今文经师的极力反对，不久复又废弃。不过，经过这场辩论以后，朝野相信古文经的人数逐渐增多，享有至尊地位的皇帝也对古文经显出浓厚兴趣。以后，经今古文之间的诘难时断时续。章帝时古文经师贾逵与今文经师李育以《左氏传》为对象反复辩难。建初四年(前73年)的白虎观会议主要就是论证五经的异同。会后，章帝诏“高才生受《古文尚书》、《毛诗》、《谷梁》、《左氏春秋》，虽不立学官，然皆擢高第为讲郎，给事近署”。③古文经的地位进一步提高。东汉桓、灵时期，今文学家何休作《春秋公羊解诂》，“与其师博士羊弼追述李育意，以难二《传》，作《公羊墨守》、《左氏膏肓》、《谷梁废疾》。”④古文大师郑玄针锋相对，作《发墨守》、《鍼膏肓》、《起废疾》，把何休驳得体无完肤。面对郑玄的凌厉攻势，何休不得不哀叹：“康成入

① 《汉书·王莽传》。
② 《后汉书·儒林传》。
③ 《后汉书·儒林传》。
④ 《汉书·儒林传》。

吾室,操吾矛,以伐我乎!"[1]到东汉后期,今文经学的黄金时代一去不复返,而古文经学的势力已经蔚为大观了。尽管今文经学一直被立为学官,始终处于官方学术的位置,但由于它越来越与谶纬迷信相结合,假造符命,神化孔子,为现实封建皇朝的黑暗政治辩护,学术气味愈来愈淡,在正直的知识分子中越来越失掉了吸引力。同时,也由于今文经大师解说经文,支离蔓衍,愈加烦琐。不仅引起一般经生的厌恶,连某些最高统治者也感到繁难不便,光武帝就曾命博士删削章句。正因为存在以上两大缺陷,因而纵使今文经学地位显赫,弟子如林,但终东汉之世始终没有产生出几个像样的大师,也没有出现有影响的著作。与今文经学相反,古文经学反对谶纬迷信,反对神化孔子。古文经大师桓谭、尹敏、王充、张衡、荀爽、荀悦等人,都坚决批驳谶纬神学,这就在今文经学布下的神道迷信的恶浊氛围中吹进了一股清新的空气,使一些知识分子精神为之一振。另外,因为古文经学"通训诂","举大义","不为章句",其经师博通群经,在学问上远胜今文经学家。《白虎通义》是今文经师讨论五经异同的学术纪要,而其经师中竟找不到一个有能力执笔整理的人,却要古文经师班固代劳。古文经在传播的过程中,涌现出一批著名的大师。贾逵著《左氏传解诂》、《国语解诂》、《今古文尚书异同》、《齐、鲁、韩诗与毛诗异同》、《周官解故》,许慎著《五经异义》、《说文解字》,显示了古文经师坚实的基础和渊博的学识,马融遍注《孝经》、《论语》、《毛诗》、《周易》、《三礼》、《尚书》,使古文经学"到达完全成熟的境地"。[2] 马融的学生郑玄,对今古文经兼收并蓄,遍注《周易》、《尚书》、《毛诗》、《仪礼》、《礼记》、《论语》、《孝经》、《尚书大传》、《中候》、《乾象历》,又著《天文七政论》、《鲁礼禘祫义》、《六艺论》、《毛诗谱》、《驳许慎五经异义》、《答临孝存周礼难》等百余万言[3],成为古文经师中

---

① 《后汉书·郑玄传》。

② 范文澜:《中国通史简编》第二编,人民出版社 1958 年版,第 227 页。

③ 《后汉书·郑玄传》。

成就最大的学者。两汉经师中著作流传至今的,也首推郑玄。由于今文经学出于自身的原因走向没落,而古文经学的大师们又以其博大精深的著作显示了为今文经不可比拟的优势,更由于郑玄淹博宏富,混一古今,从而吸引了大量对今文经厌倦的儒生们改学古文经,古文经中的郑玄一派一时几乎独占鳌头。至此,长达二百多年的经今古文之争也接近结束。《后汉书·郑玄传》总结这一争论说:"自秦焚六经,圣文埃灭。汉兴,诸儒颇修艺文;及东京,学者亦各名家。而守文之徒,滞固所禀,异端纷纭,互相诡激,遂令经有数家,家有数说,章句多者或乃百余万言,学徒劳而少功,后生疑而莫正。郑玄囊括大典,网罗众家,删裁繁诬,刊改漏失,自是学者略知所归。"这大体上是符合事实的。

今古文经在两汉时期虽然进行着激烈的斗争,但是,作为地主阶级的意识形态,它们又有着许多共同点。首先,它们都尊孔子为圣人,把儒家经典看做神圣不可侵犯的教条,都以经书作为思想资料来阐发自己的全部理论,采取了经学笺注这一特殊形式。其次,在政治上,它们都鼓吹专制主义中央集权的大一统理论,维护封建皇朝政治上的统一和封建帝王的绝对权威,同时又向统治者兜售"王道"、"仁政"一类虚幻的理想,要求实行"轻徭薄赋"、"节俭省刑"等缓和阶级矛盾的措施,为封建统治筹措长治久安之策。第三,在社会伦理思想上,它们都提倡三纲、五常、六纪等封建道德信条,以维护四大绳索(政权、族权、神权、夫权)对宗法制下的中国农民的统治。第四,它们都重视教育事业。今古文经师们无论在朝在野都积极兴办教育,聚徒讲学,传授各种知识。通过他们之手,培养了一代又一代的经生,形成了一个较为稳定的知识分子群体。他们在国家的政治生活和文化学术活动中起了别人无法替代的作用。

二、学校教育

教育是人类文明发展的重要标志。据文献记载,我国的学校教育起码在殷周时期已经出现。由于当时处在奴隶社会,"学在王官",教育对象是奴隶主贵族子弟，一般平民只有受武士教育的权力。西周时期，王都的学校叫“辟雍”，诸侯国的学校称“泮宫”，地方上也有学校，“乡有庠，州有序，党有校，闾有塾”①，形成了一个高低不同层次的教育网。春秋战国时期，“礼崩乐坏”，奴隶制瓦解，学术文化下移，私学勃兴，平民子弟开始接受高级教育。当时的诸子百家，既是不同的学派，又是不同的教育团体。儒、墨等家广收门徒，传播文化知识，在中国教育史上写下了划时代的一页。秦朝统一中国后，虽然在文化教育上采取了一些有利于政治统一的政策，如“书同文”、“行同伦”、“设三老以掌教化”等，但由于它同时也实行“挟书令”、“禁游宦”、“禁私学，以吏为师”等政策，对文化教育事业的发展又带来了不利影响，生机勃勃的私学被扼杀了。西汉皇朝建立之初，由于皇帝刘邦出身于市井无赖，“公卿皆武力有功之臣”，文化素质很差，再加上经济凋敝，“尚有干戈”，所以“未遑庠序之事”。② 文、景二帝虽然已经意识到文化教育事业的重要性，并采取了诸如立《书》、《诗》博士，下诏举贤良等措施，但还没有建立起一套严格的教育制度。汉武帝继位时，西汉皇朝经过六十多年的发展，政治、经济、军事力量已达到空前的兴盛，与此同时，以孔子、孟子、荀子等为代表的原始儒学经过一系列的改造，终于在董仲舒手里完成了向新儒学的过渡。这时，西汉皇朝建立新的教育制度，不仅需要，而且条件也成熟了。建元元年（前 140 年），董仲舒在对策中首倡创立太学的主张：“故养士之大者，莫大乎太学。太学者，贤士之所关也，教化之本源也。……臣愿陛下兴太学，置明师，以养天下之士。”③建议被武帝采纳。建元五年（前 136 年），武帝下诏置五经博士。元朔五年（前 124 年），又令丞相公孙弘等制定设立太学的具体计划。不久，即批准了公孙弘提出的创立博士弟子员的制度，并在长安建筑校舍，汉代太学正式诞生。

---

① 《周礼》。
② 《汉书·儒林传》。
③ 《汉书·董仲舒传》。

汉代太学相当于后世的国立大学,是当时的最高学府。其主官叫仆射,东汉时改称祭酒。教师称博士,学生称博士弟子员,又称弟子,亦称太学生。太学刚设立时,只设五个五经博士,每人名下十个博士弟子员,规模是很小的。因为数量很少,所以正式的博士弟子只得由太常选择"十八岁以上,仪状端正"的贵族官僚子弟充当。从地方上选送的所谓"好文学,敬长上,肃政教,顺乡里,出入不悖"的青年知识分子,只能做旁听生,不受名额限制。学习一年,经过考试,能通一经以上,即可依次补官。太学成了入仕的重要途径,朝野上下都不断要求扩大其规模。于是,五经博士逐渐增至五经十四博士,太学生的数量更是一增再增,昭帝时增至百人,宣帝时增至二百人,元帝时增至一千人,成帝时增至三千人。平帝时,王莽辅政,为了获取广大知识分子的好感,元始四年(公元 4 年)为太学生建筑了可容万人的校舍,这是西汉时期见于记载的最大规模的校舍建设。东汉建立不久,建武五年(29 年),光武帝刘秀下令在洛阳建立太学,广筑学舍讲堂,各地生徒纷纷拥到太学读书,出现"诸生横巷"的盛况。他的儿子汉明帝进一步提倡教育,太学更加发展。太子和诸侯功臣子弟一律读经,期门、羽林的武士也需学习《孝经》章句,甚至匈奴也遣子弟入学。和帝、安帝时,由于政治黑暗,不重视教育,太学一度很不景气。永建六年(131 年),顺帝接受翟酺建议,扩建太学校舍二百四十房,千八百五十室。同时扩大生源,除太常所择及郡国选送外,又增加公卿子弟及明经下第两种,并增加太学生俸禄。这些措施促使太学生人数大增。质帝本初元年(146 年),当权的梁太后为了取得外戚、宦官和官僚三个集团的好感,以巩固自己的统治,进一步扩大太学生名额,下诏令大将军以下至六百石的官吏,都要送子入太学。此后直至东汉末年,太学生经常维持在三万人左右。这其中虽然有一批达官贵人的子弟只是在太学挂名而不真正到校读书,但如此规模的中央国立大学在当时世界上也是罕见的。

太学生学习的主要内容是五经,即《书》、《诗》、《易》、《礼》和《春秋》等今文经。由各经的博士按师法、家法进行传授,学生必须亦步亦趋地死记硬背。

由于今文经越来越烦琐,“一经说至百万言”,因而真正掌握一经需要耗费大量时间和精力,“皓首穷经”就是对这一情况的真实写照。显然,两汉太学一方面是传授学术文化知识的中心,一方面也是戕害青年知识分子心灵的渊薮。不过,由于太学在知识分了脚下铺设了一条禄利之路,所以,不管太学的学习生活如何枯燥和艰辛,他们仍然趋之若鹜。

两汉太学创造了新的教学模式,它一面开设大班上课,一面以高足弟子传授低年级学生。由于学生太多而教师和课堂太少等条件的限制,它又允许学生更多地通过自学和向校外专家求教提高自己的水平。太学也注重对学生进行考试,并以此来督促和检查学生的学习。它对初来者规定每年考一次,叫“岁试”,办法是“设科射策”,即抽笺考试。据《学记》记载,七年考试合格者称“小成”,九年考试合格的为“大成”。朝廷根据考试情况授以不同的官职。虽然太学有许多封建的陈规陋习,但由于它毕竟是当时传播文化知识的主要基地,所以还是培养出了一大批著名的学者和科学家,王充、班固和张衡等人就是其中的佼佼者。同时,由于太学生中不少人来自地主阶级的下层,对外戚、宦官集团的横行无忌和贪残腐化十分不满,因而不断酝酿着反对当权集团和改良政治的运动。西汉哀帝时,他们曾声援因反对丞相孔光而获罪下狱的司隶校尉鲍宣。东汉后期,他们又与鲠直官僚陈蕃、李膺等相联合,掀起声势浩大的反对宦官集团的运动,由此引发了著名的“党锢之祸”。

灵帝光和元年(128 年),宦官为了对付反对自己的太学生,在洛阳的鸿都门创建了专门的鸿都门学。这是一所专门教授辞赋、小说、尺牍、字画的学校,对于突破“独尊儒术”的文化教育政策有一定贡献,同时也是后世各种专门学校的滥觞。此外,东汉政府还创办了专门招收外戚子弟的贵胄学校——“四姓小侯学”以及对宫人施以教育的宫廷学校。

两汉政府还在各地方郡国设立学校,教育地方的地主官僚子弟。汉景帝时,蜀郡太守文翁最早在成都设立官学。汉武帝时下诏令“天下郡国皆立学校官”。[①] 平帝元始三年(3 年),下令天下立官学,“郡国曰学,县、道、邑、侯国曰校。校、学置经师一人。乡曰庠,聚曰序。序、庠置《孝经》师一人。”[②]另外,地方政府中还设立郡文学、郡文学史、郡文学卒史、五经百石卒史等教官,负责管理文教和对百姓施以教化。东汉时期,郡国学校更加发达,所谓“四海之内,学校如林,庠序盈门”[③],虽然不无夸大之处,但在一定程度上反映了当时的盛况。不过,两汉地方官学还不是后来意义的进行经常性教学活动的学校,它的主要任务是推广教化,奖进礼乐。由于师资很差,又没有统一的课程设置,因而还没有形成真正的教学系统。虽然如此,它毕竟为后代学校制度的发展奠定了初步基础,在中国教育发展史上仍然是一个巨大的贡献。

与官学相辅相成的私学在两汉时期出现相当繁盛的局面,这一方面是由于春秋以来私学有着源远流长的历史传统,另一方面因为其时有很多大儒,尤其是古文经师不得立为博士,没有仕进机会而不得不收徒讲学。还有一些名儒高官在致仕后著书讲学。董仲舒、马融、郑玄等就是收徒讲学的著名人物。两汉私学有多种,程度亦参差不齐。由经师大儒自立的“精舍”、“精庐”相当于太学。“学馆”、“书馆”、“书舍”、“蒙学”等相当于小学。因其数量较多,广泛分布在乡村,成为农村儿童和青年接受教育的主要基地,在传播知识上超过官学的作用。

两汉私学的学生,分及门受业和著录弟子两种。及门受业指亲身受业听讲的弟子,因其人数往往以千百计,事实也不可能人人都能得到经师的亲自教诲,所以较多地采取高业弟子辗转相传授的办法。如董仲舒就使弟子“次相受业,或莫见其面”。[④] 东汉马融讲学时更是派头十足:“常坐高堂,施绛纱帐,

---

① 《汉书·文翁传》。

② 《汉书·平帝纪》。

③ 班固:《东都赋》。

④ 《汉书·董仲舒传》。

前授生徒,后列女乐,弟子以次相传,鲜有入其室者”。[1] 郑玄到他名下及门受业,三年后才由一个偶然的机会得以同他见面。而在这么长时间内,给郑玄讲经的都是“高业弟子”。所谓“著录弟子”指在名儒、学者门下挂上名字,但不必亲来受业,因而这种弟子有时可达万人之多,此即后世“拜门”的开始。

两汉私人教授的初级学校一般分两个阶段。第一阶段是蒙学,称“书馆”,教师称“书师”,学生学习的是字书,目的是识字。汉以前早有字书,这种字书分为四字句、三字句和七字句三种。四字句的字书始于周朝的《史籀》,秦朝时李斯作《仓颉篇》、赵高作《爰历篇》,胡母敬作《博学篇》,后经扬雄、班固、贾鲂等的修改补充,继续使用。三字、七字句的字书创始于司马相如的《凡将篇》。元帝时史游又模仿该书体裁作《急就篇》,这部字书将姓氏、衣着、农艺、饮食、器用、音乐、生理、兵器、飞禽、走兽、医药、人事等方面的种种日常用字、用韵语汇编在一起,既便于记忆,又切合实用,因而成为后汉和魏晋南北朝时期通用的字书,在我国儿童的识字教育中起了很大作用。幼童学完第一阶段的字书后,进入第二阶段,学习《孝经》和《论语》,“皇太子年十二通《论语》、《孝经》”。[2] 到王莽统治时,下令在郡国学、乡聚庠序中设孝经师一人。此后,《孝经》与《论语》也就被选为初级学校的必读教材了。读完《孝经》、《论语》之后,除少数人希图继续深造进入太学或私人教授的“精舍”、“精庐”读书外,一般人即到社会上谋求职业或担任小官吏。这些受过初级教育的青少年构成了两汉时期人数众多的基层知识分子群,对于巩固封建皇朝在乡村的统治和传播一般的文化知识,起着直接的作用。

由于两汉的私学在人数和影响上都超过官学,而在私学任教的经师主要又属于古文经学,因而对两汉的学风,尤其是东汉的学风产生了比较显著的影响。古文经学讲求名物训诂,注重考证,比较实事求是,虽然也有烦琐的毛病,

---

① 《后汉书·马融传》。
② 《汉书·疏广传》。

但与今文经学任意发挥“微言大义”和越来越谶纬迷信化相比,科学的成分毕竟多一些,对青年知识分子的影响毕竟好一些。古文经学的考据训诂的治经方法,后世称之为“汉学”,它对清代乾嘉学派的形成和后世考古学与古文字学的产生,都有着不可估量的影响。

三、古籍整理

两汉时期,我国有文字可考的历史已逾两千年之久,积累的典籍也异常丰富。因为当时的书籍主要以竹、木、帛为原材料,以手工抄写或篆刻,时间既久,散乱、舛误的情况非常严重,迫切需要加以整理。两汉学者在这方面做了许多工作,成绩最显著的当推西汉刘向、刘歆父子和东汉的郑玄。

两汉统治者较早就重视对图书古籍的收集和整理。公元前206年十月,汉军刚刚进入咸阳,在将军们纷纷涌入府库争相抢劫财物时,萧何即带人接收了丞相府保存的所有图书典册。《史记·太史公自序》:“秦拨去古文,焚灭诗书,故明堂石室金匮玉版图籍散乱。于是汉兴,萧何次律令,韩信申军法,张苍为章程,叔孙通定礼仪,则文学彬彬稍进,诗书往往间出矣。”《汉书·艺文志》认为韩信之“申军法”就是“序次兵法”,也就是校理兵书。大概因为兵书对于多年处于征战中的汉统治者特别急需,因而率先得到整理。汉惠帝时,废“挟书律”,朝廷开始注意收集散落在民间的图书。汉成帝河平三年(前26年),刘向父子等奉诏校秘书,开始进行两汉历史上规模最大、成绩最显著的整理古籍的工作。《汉书·艺文志》叙述当时的情况:

> “汉兴,改秦之败,大收篇籍,广开献书之路。迄孝武世,书缺简脱,礼坏乐崩,圣上喟然而称曰:‘朕甚闵焉!’于是建藏书之策,置写书之官,下及诸子传说,皆充秘府。至成帝时,以书颇散亡,使谒者陈农求遗书于天下。诏光禄大夫刘向校经传诸子诗赋,步兵校尉任宏校兵书,太史令尹咸校数术,侍医李柱国校方技。每一书已,向辄条其篇目,撮其指意,录而奏之。会向卒,哀帝复使向子侍中奉车都尉歆卒父业。歆于是总群书而

奏其《七略》，故有《辑略》，有《六艺略》，有《诸子略》，有《诗赋略》，有《兵书略》，有《术数略》，有《方技略》。”

刘向（前77—前6年），本名更生，字子政，汉宗室，沛（今江苏沛县）人。宣帝时任谏大夫，元帝时受太傅萧望之、少傅周堪赏识，参与机要，遭宦官弘恭、石显谮害，免为庶人，家居十余年。成帝即位后，石显等被诛杀，刘向复得进用，改名向，为光禄大夫，领校中五经秘书。是时王氏外戚专权，他连上十一书，借推演灾异讽谏成帝抑制他们的势力。不久，再上书成帝，对改作昌陵的劳民伤财之举提出批评。又著《列女传》、《新序》、《说苑》等，规劝成帝以历史为鉴戒，励精图治。成帝晚期，他见王氏外戚势盛已危及刘氏政权，就再一次冒险上书，要求削弱王氏权力。不久，他升任中垒校尉，又数次向成帝指出“同姓疏远，母党专政，禄去公室，权在外家”的危险，请成帝采取措施，但终不为成帝所用。由于刘向忠心耿耿，成帝数次欲任其为九卿，均被王氏外戚阻挠，致使他任列大夫三十年不得升迁，最后死于任上。刘歆（？—23年），字子骏，后改名秀，字叔颍。河平中，与父同领校秘书。刘向死后，复为中垒校尉，继续完成其父未竟的校书事业。哀帝时，得到大司马王莽赏识，历任太中大夫、骑都尉、光禄大夫。后来他自称发现古文经《周礼》、《春秋左氏传》等，上书太常博士，要求立于学官。遭到光禄大夫龚胜、大司空师丹等今文经师的激烈反对，被迫出任郡守。哀帝死后，王莽再次秉政，刘歆倍受重用，屡迁中垒校尉、羲和、京兆尹，封红休侯，主修三统历谱。不久，协助王莽篡汉立新，被任为国师。后因参与诛杀王莽的宫廷密谋，事泄自杀。刘向、刘歆等用了几十年的时间，对历史上留下来的典籍进行了精心的整理。他们对于每一部典籍，都广泛搜罗异本，仔细加以勘对。例如，他们在校《管子》时，搜集了五百六十四篇不同版本的著作作为校勘的依据。《荀子》一书，也是从多种版本互校中除去重复的二百九十篇，最后确定保留三十二篇。在校勘过程中，对残缺不全的典籍，则精确地校出脱简，订正错讹的文字。如对《尚书》的校订，《汉书·艺文志》记载：“刘向以中古文校欧阳、大小夏侯三家经文，《酒诰》脱简一，《召诰》脱简二。率简二十五字者,脱亦二十五字;简二十二字者,脱亦二十二字。文字异者七百有余,脱字数十。”同时,他们还对每种典籍的篇章在整齐审定的基础上编定次序。这种次序或反映写作时间的先后,或反映内部联系,对于读者理解该书大有裨益。《荀子》一书至今还沿用刘氏编定的目次。还有一些典籍有许多不同的名称,如《战国策》一书,就有《国策》、《国事》、《短长》、《事语》、《长书》、《修书》等名目,刘向认为该书的内容“以为战国时游士辅所用之国,为之策谋,宜为《国策》”①。看来,不少典籍就这样经刘向摒弃异号,确定了书名。刘向每校完一书,都要写一篇《叙录》,介绍作者生平事迹,该书的思想内容,文献价值、学术渊源和校雠的经过,给后世读者带来许多方便。后来,刘向又将群书的《叙录》抄集在一起,成为一部总的叙录汇编,准备单独刊行,名为《别录》。刘歆后来对《别录》删繁就简,编为《七略》。班固写《汉书》时,在《七略》的基础上写成《艺文志》。以后历代史志多沿用这一体裁,对我国学术的发展产生了极其深远的影响。先秦典籍经过刘氏父子等的整理大大便利了它的传播与保存,对我国文化学术事业的发展有着不可磨灭的贡献。

刘氏父子的工作虽然取得了很大成就,但由于西汉末年开始的今古文经之争在东汉愈演愈烈,“经有数家,家有数说”,典籍的整理自然还有许多事情要做。今古文的经师们尽管都在不同程度上自发地做了些工作,但由于门户之见太深,成就不大。直到东汉末年,今古文兼通的学者郑玄才在群经的整理上取得了划时代的成果。郑玄(127—200年),字康成,北海高密人。曾师事马融,遍注群经。又聚徒讲学,生徒遍天下,是两汉经学的集其大成者。在注释经书时,他参校各种版本,打破今古文的门户,择善而从。同时注明错简,指出误字,解决了许多疑难问题。只要发现经文可疑,他就认真考订真伪及其年代,例如,他以时令、官制证明《礼记·月令》是秦代的作品,为后人提供了辨伪的方法。他对《礼》书的注释所费工夫最多,取得的成绩也最为后人称道。

① 刘向:《叙录》。

三《礼》的叙次篇目,是他重新写定的。其对于三《礼》的精审渊博的注释,使后人对《三礼》所保存的大量古代制度、礼文得以理解,开启了后世的“三礼之学”。另外,郑玄还写了《易赞》、《书赞》、《诗谱》、《三礼目录》等,介绍古代文献的源流得失,最后写成《六艺论》加以总结,重点谈六经的体用,对后人研究六经有很大的启示作用。

第二节　思想和宗教

一、秦朝的思想文化政策与秦始皇、李斯的思想

“孔子西行不到秦”。秦国在统一全国前,与东方六国,特别是与齐、楚、三晋等国相比,思想文化的发展相对滞后。其一代又一代的当权者,专注的重点是以武力开疆拓土。商鞅变法后,更是讲求耕战,着力于富国强兵,对思想文化建设重视不够。当“百家争鸣”的思潮在东方激扬澎湃之时,秦国思想界也没有引起大的波澜。对统一前的秦国影响最大的学术流派是法家。由于秦国靠耕战立国和发展,因而与法家的理论最易投契和发生共鸣。商鞅协助秦孝公变法,使秦一跃而雄踞六国之上,法家理论立竿见影的效果给秦国君臣留下了难以磨灭的印记。秦王嬴政当国后,法家集大成者的韩非到了秦国。他综合前期法家,以法、术、势有机结合而成的法制理论使嬴政找到了梦寐以求的“法宝”,从而进一步强化了秦国的法家思想传统。由于墨家思想中“尚同而下不比”,“上之所是,下必是之,上之所非,下必非之”的理念与法家的专制主义中央集权的理论极易相通,墨家思想对秦国统治集团也有相当影响。墨翟之后,墨家人物田俅子、谢子等一批人都在秦国活动。墨者巨子腹䵍在秦惠王时还做过理官。因为纵横家张仪在秦与六国的斗争中起过重大作用,所以秦国当权者一直对纵横家人物恩宠有加。纵横家的实用主义立场,为达目的不择手段的行事原则,都深深地影响着秦国统治者在统一全国后的思想走向。

在秦朝统一六国的过程中，也收揽了一大批东方六国的知识分子集中到咸阳的宫廷为自己服务，这些人大概就是多达七十余人的博士和两千余名博士诸生的由来。这些人显然代表了当时中国知识界的精英，其中包括了战国时期参与“百家争鸣”的各学派的一些代表人物。这些人物的到来，也使秦朝的统治思想中融入了一些非法家的因素。如阴阳家的阴阳五行学说明显地影响了秦始皇的建国理念。他还不自觉地吸纳了儒学中一些对自己有用的东西，如借鉴六国礼仪制定秦朝的礼制，“至秦有天下，悉内六国礼仪，采择其善”①。那些封禅、立庙等的祭祀礼仪也大都是根据儒生的建议。特别是儒家思想中的大一统观念、君臣观念和礼仪规范等，都被秦始皇吸收并由李斯写进各地的煌煌石刻文中。不过，秦皇朝在思想文化政策方面并没有沿着兼综、整合的路子走下去，最后导向了“以法为教”、“以吏为师”的文化专制主义，酿成了“焚书坑儒”的惨祸，同时也将自己导向可悲的灭亡之路。

秦朝思想文化政策的代表首推秦始皇和李斯。

秦始皇尽管算不上一个完整意义的思想家，但作为一个功业空前的政治家，他的所有活动都离不开既定思想的指导。然而，秦始皇既没有思想方面的著作，以他的名义发布的诏、诰、命、令、制、敕也很少。研究者只能从其各种各样的活动中，尤其是从其创设的制度、制定的政策中寻绎他思想的脉络。

有的学者以秦刻石的这一段话为根据：“古之五帝三王，知教不同，法度不明，假威鬼神，以欺远方，实不称名，故不久长。”②认定秦始皇笃信法家学说，强调“力”与“威”，批判鬼神迷信，有点接近无神论了。③ 这种看法显然是不准确的。集法家之大成的韩非的确有一个无神论的自然观，但秦始皇在继承法家政治思想的同时却抛弃了无神论的自然观，成为一个笃信天神地祇、神

① 《史记·礼书》。

② 《史记·秦始皇本纪》。

③ 冯友兰：《中国哲学史新编》第二卷第一章，人民出版社 1962 年版。

仙方术的有神论者。统一六国前，秦国长期祭祀的四个至上神白帝、青帝、黄帝、炎帝，在统一后依然受到秦始皇的隆重祭祀。齐国祭祀的八神（天主、地主、兵主、阴主、阳主、日主、月主、四时主）也被收入祭祀系统。据《汉书·郊祀志》记载，自三代至战国，从天子到诸侯所祭祀的名山大川日月星辰及各种鬼神，经过损益，也大都进入秦始皇的祭祀之列。这说明，秦始皇虽然在政治上完善了封建专制主义中央集权的体制，确立了唯我独尊的皇帝制度，但在神的世界，还没有建立起一个以上帝（天）为最高主宰的等级森然的一元化的神的世界，仍然停留在多元崇拜的阶段。秦始皇真诚地相信有一个神的世界，他在出巡途中，多次祭祀名山大川，对一些不太出名的山川，如邹峄山、之罘山等，也郑重其事地加以祭祀。他到泰山举行封禅大典，也是为了在泰山之巅与天神对话。他一直到死都相信有蓬莱等仙山，有长生不老的羡门、高誓等仙人，有使人永远不死的仙药。尽管他一次又一次地受骗，一次又一次地失望，但直到生命终结，他也未能从神道迷信中解脱出来。由于在现实中他没有看到不死的仙人，所以他要动用巨大的人力物力为自己修建陵墓，以便把生前的享受延续到死后。这说明秦始皇相信人死后能够进入鬼神的世界，人的灵魂可以在那里同生前一样生活和享受。以上史实表明，秦始皇是一个有神论者。

在社会历史观方面，秦始皇相信五德终始说。这一学说将木、火、土、金、水五种元素之间的关系说成是比相生、间相胜，这种界定显然是非科学的。战国时代的邹衍又将这一非科学的界定推衍到解释朝代的更替，曰："五德之运"。认为每一个王朝代表一德，按照间相胜的规律逐次替代。这显然是一种神秘主义的命定论与循环论的历史观，秦始皇对它深信不疑。所以在完成统一，建国伊始确立各项制度时，他就确定自己的皇朝当水德之运。因为水的终数为六，所以他就相应地规定了以十月为岁首，衣服旄旌节旗尚黑，数以六为纪，将黄河改名"德水"。又因水的方位指向为北、季节对应为冬季，于是与法家的刻薄寡恩联系在一起。秦始皇想必对自己所承之运的选定十分得意，但他忘了，既然五德之运周而复始的运行是个规律，自己皇朝所承的水运也是不能长久的,他的一世二世直到万世的预期就只能是自欺欺人的梦呓了。

由于战国时代儒家学派成为影响广泛的显学,加之统一之后有一批齐鲁儒生进入秦帝国的庙堂,所以秦始皇的思想也受到儒家思想潜移默化的影响。这突出表现在秦刻石文中对儒学理念的宣扬。如其中多次出现"仁"、"义"、"圣"、"德"等字眼,对礼教的宣传更是不遗余力。《泰山刻石》中有"大义休明,垂于后世","贵贱分明,男女礼顺"。《琅邪刻石》中有"以明人事,合同父子。圣智仁义,显白道理","尊卑贵贱,不逾次行。奸邪不容,皆务贞良"①。这些内容展示的基本上是儒家的观点。其实,刻石文中融汇儒学的内容并不奇怪。这是因为,战国后期思想领域开始出现综合之势,这就是以杂家《吕氏春秋》为代表的融汇各学派,以求为未来统一国家寻找理论支撑的倾向。特别是,儒家学说尽管"迂远而阔于事情",不易为夺取政权时期的统治者所垂青,然而,一旦完成统一,国家进入和平时期,统治者就会发现儒学"严等差,贵秩序"的理念能够起到任何其他学说起不到的稳定社会的作用。秦始皇对儒学这种功用特别是以民为本的仁政思想的认识显然远远不够。不过,处在由战争到和平的角色转换中的帝王,其对儒学中有利统治的部分内容加以吸纳则是顺理成章的。

当然,更应该看到,指导秦始皇行动的主导思想无疑是法家思想。战国七雄中,秦国是思想最贫乏的国家之一,"百家争鸣"中那些创立学派的思想家没有一个是秦国所产。杂家吕不韦虽然在秦国组织编写了杂家代表作《吕氏春秋》,但此公乃"阳翟大贾",其手下参与编撰的宾客们估计也大多来自东方六国。对秦国影响最大的思想流派是法家。自商鞅变法起,秦国就形成了以法家思想治国的传统。秦始皇登基后,对六国的频繁战争进一步强化了这一传统。秦始皇从耳濡目染到身体力行,可以说法家思想已经渗透到他的血液中,在他的一切活动中处处流露着法家的思想:

---

①《史记·秦始皇本纪》。

他建立以皇帝为中心的专制主义中央集权的行政体制,“天下之事无大小皆决于上”,集中体现了韩非“事在四方,要在中央,圣人执要,四方来效”的思想。

他听信李斯的建议,确立“以法为教”、“以吏为师”的思想文化政策,并以“焚书坑儒”的暴行将这一政策推向极端,以加强政治上的专制和思想上的统一。

在史书保留下来的秦始皇有限的言论、诏书和刻石文中,充满了对“力”和“威”的歌颂,洋溢着因握有“力”和“威”而为所欲为的豪情。他在命群臣议帝号时,多次讲到对六国“兴兵诛之”、“举兵击灭之”,最后洋洋自得地说:“寡人以眇眇之身,兴兵诛暴乱,赖宗庙之灵,六王咸伏其辜,天下大定。”①在刻石文中,不乏以下内容:“六国回辟,贪戾无厌,虐杀不已。皇帝哀众,遂发讨师,奋扬武德。义诛信行,威燀旁达,莫不宾服。”“圣法初兴,清理疆内,外诛暴强。武威旁畅,振动四极,禽灭六王。”“六王专倍,贪戾慠猛,率众自强。暴虐恣行,负力而骄,数动甲兵。阴通间使,以事合从,行为辟方。内饰诈谋,外来侵边,遂起祸殃。义威诛之,殄熄暴悖,乱贼灭亡。”②这些都是法家武力万能论的体现。秦始皇生于战乱之中,从记事之时起就目睹了无数的战争和死亡,更多次感受战争胜利带来的喜悦,尤其认识到用战争手段解决矛盾较之其他手段要干脆利落和痛快淋漓。所以他歌颂“力”和“威”,对统一六国的战争情有独钟。同时,他又发动北伐匈奴和南平百越的战争,深信战争之神会永远给他带来好运。与“战”相联系,秦始皇也重视“耕”。他知道富国强兵主要靠农业经济的发展,而只有富国强兵才能为“战”提供持久而有力的支持。为此,他宣布“使黔首自实田”,以实现生产者与生产资料的结合;同时实行“上农除末”的政策,鼓励农民的生产积极性。在刻石文中,他对自己实行的政策

① 《史记·秦始皇本纪》。

② 《史记·秦始皇本纪》。

也充满自信与豪情："皇帝之功，勤劳本事。上农除末，黔首是富。""节事以时，诸产繁殖。黔首安宁，不用兵革。""男乐其畴，女修其业。事各有序。惠被诸产。久并来田，莫不安所。"①在当时的历史条件下，"上农除末"的政策对于稳定农民的地位，发展农业生产显然是有利的。不过，秦始皇的实际活动违背了他的初衷，他加给农民的沉重赋税和徭役使"上农"成了一句空话。

秦始皇思想的另一个重要内容是对法制的重视。他"刚毅戾深，事皆决于法，刻削毋仁恩和义"。② 他相信法，迷信法，认为夺取和保持政权除了依靠武力之外，就是靠法。在刻石文中，他一再强调自己制法的英明与法制的重要。什么"皇帝临位，作制明法，臣下修饬"。"治道运行，诸产得宜，皆有法式"。什么"大圣作治，建定法度，显著纲纪"。什么"秦圣临国，始定刑名，显陈旧章。初平法式，审别职任，以立恒常"③，等等，简直就是激情满怀的法制的颂歌。秦始皇对于法制的钟爱完全是出于一种自觉意识。由于过于偏爱法制，相对忽视了社会道德的作用。他不了解，在规范人们行为、调节人们之间关系的问题上，法制固然重要，但缺了道德伦理，相对和谐的人际关系是建立不起来的。秦始皇君臣在统一全国以后着力进行法制建设，建立了以刑法为核心、涉及民法、行政诉讼法等较完整的法制体系，这当然是十分必要的。但是，由于忽视道德建设，使秦朝君臣之间、皇朝内部父子、兄弟、姊妹之间，几乎不存在一种道德亲情的联系。其结果是统治阶级内部层出不穷的恶斗、杀戮严重戕害了秦帝国的肌体，也就大大地削弱了秦皇朝统治集团协调一致挽救帝国危机的能力。最可悲的是，当秦皇朝撕下最后一页日历的时候，经营数百年的嬴氏帝国竟找不到一个为之殉节的忠臣义士。

在秦始皇的臣子中，思想上与他最接近的是李斯。李斯笃信法家思想，其

① 《史记·秦始皇本纪》。
② 《史记·秦始皇本纪》。
③ 《史记·秦始皇本纪》。

人生哲学就是对权力与富贵的无厌追求。他在辞别老师荀子只身赴秦国时讲了这样一段话：

> "斯闻得时无怠，今万乘方争时，游者主事。今秦王欲吞天下，称帝而治，此布衣驰骛之时而游说者之秋也。处卑贱之位而计不为者，此禽鹿视肉，人面而能强行者耳。故诟莫大于卑贱，而悲莫甚于穷困。久处卑贱之位，困苦之地，非世而恶利，自讬于无为，此非士之情也。"①

到了秦国，李斯紧紧追随秦王嬴政，出谋划策，为扫灭六国、统一全国做出了重要贡献。全国统一后，他依照法家加强专制主义中央集权的理论，协助秦始皇，建立巩固统一、加强集权的各种制度，同时也出台了许多劳民伤财、破坏生产、毁灭文化、残酷压榨剥削劳动人民的举措。秦始皇崩逝后，他又参与沙丘之谋，立了秦始皇最坏的儿子胡亥做了皇帝。之后，当农民大起义的烽火四处燃烧，秦皇朝的末日就要来临的时候，他向胡亥传授的是"长享天下而无害"的秘诀。在一篇向胡亥的上书中，他向胡亥兜售的是法家思想中最极端的君主专制理论。其基本要点是：一，君主的尊贵表现在"以人徇己"，即要求天下臣民一切活动都要围绕着君主的利益旋转，纵使为君主一时的享乐而牺牲千百万人的生命亦在所不惜。二，为了要全国臣民都为君主的利益乖乖地牺牲一切，必须厉行"督责之术"，使群臣百姓在残酷的刑罚下"救过不给"，终日在惶惶不安、惊恐疑惧中打发日子，自然也就不会造反了。三，君主需要的是为所欲为、肆无忌惮、无耻之极的"荒肆之乐"、"流漫之志"、"淫康之虞"，因而对于"俭节仁义之人"、"谏说论理之臣"、"烈士死节之行"一概予以摈斥。他认为最合格的臣民仅仅是在严刑峻法下战栗不已的百依百顺的奴才②。李斯提倡的这套统治术，是脱掉一切伪装的刑罚暴力万能论，是一种公开以荒淫无

---

① 《史记·李斯列传》。

② 《史记·秦始皇本纪》。

耻为无上光荣的享乐论。它把当时地主阶级当权派代表人物的独裁专制、残忍无情、骄横霸道、荒淫肆虐的思想和品格不加任何遮掩地表述了出来。李斯宣传的这套阴森可怖的暴力统治术自然博得了胡亥的欢心,他马上将其贯彻到自己的政治实践中去,“于是行督责严,税民深者为明吏”,“杀人众者为忠臣”。① 最后,胡亥与赵高联手,以“督责之术”诛杀了大量宗室贵族和蒙恬兄弟为代表的元勋大臣,并以“谋反”的罪名将李斯父子腰斩于咸阳街头。临刑前,这位白发苍颜的老翁对他同时被刑的一个儿子说:“吾欲与若复牵黄犬俱出上蔡东门追狡兔,岂可得乎?”②父子相对,失声痛哭。“人类历史上存在着某种近似报应的东西”。李斯发明了“督责之术”,最后他与自己的整个家族都被这一“督责之术”诛灭了。

二、西汉初年诸子余绪的活跃与新道家

刘邦创建的西汉皇朝虽然在根本制度方面继承着秦朝遗制,但由于经过一场农民大起义的洗礼,更因为刘邦也打着“伐无道,诛暴秦”的旗号,所以西汉前期“禁网疏阔”,政治上有了一个比较宽松的环境。再加上王国势力强大,政出多门。在这种情况下,一度在秦朝被压抑的诸子百家又活跃起来。除墨、名两家未见其思想的代表人物外,其余各家都有代表人物著名于时。如道家有盖公、曹参、陈平、田叔、王生、隽不疑、汲黯等。道家学派的著作据《汉书·艺文志》记载,有《黄帝四经》、《黄帝铭》、《黄帝君臣》、《杂黄帝》、《力牧》、《孙子》、《捷子》、《曹羽》、《郎中婴齐》、《臣君子》、《郑长者》、《楚子》、《道家言》等。阴阳家有张苍、夏侯始昌、夏侯胜等。阴阳家学派的著作有《五曹官制》、《周伯》、《卫侯官》、《天下忠臣》、《公孙浑邪》、《杂阴阳》、《张苍》等。法家有张恢先、晁错、张汤、杜周等,其著作有《晁错》、《燕十事》、《法家

① 《史记·秦始皇本纪》。
② 《史记·李斯列传》。

言》等。纵横家有蒯通、邹阳、主父偃等,主要著作有《蒯子》、《邹阳》、《主父偃》、《徐乐》、《庄(严)安》、《待诏金马聊苍》等。儒家有伏生、叔孙通、申公、辕固、董仲舒等,其著作在《汉书·艺文志》的"易"、"诗"、"礼"、"乐"、"春秋"、"论语"、"孝经"、"小学"等六艺项下有更多的记载。这些诸子百家的代表人物,一方面继承先秦时期各家的基本思想,另一方面又根据形势的需要进行自我改造。各家之间在互相攻讦的同时又互相吸收,力求博得地主阶级当权派的青睐,使自己成为统治思想。汉初六十年间,最激烈的思想斗争主要在儒道之间进行。由于客观条件的需要,汉初统治者选中黄老思想即新道家作为统治思想。

黄老思想,黄是指伪托的黄帝学说,老是指老子学说,因它和原始道家有着渊源关系,而又不同于原始道家,所以被学者们称为新道家。黄老思想的代表作究竟有哪一些,学术界的看法比较歧异。1973 年长沙马王堆三号汉墓中出土了一批帛书,在《老子》乙本卷前,有《经法》、《十大经》、《称》、《道原》四种古佚书,唐兰先生认为这四种佚书就是《汉书·艺文志》中的《黄帝四经》。① 帛书把《黄帝四经》与《老子》抄在一起,合黄老为一书,这对于历来所说的"黄老之学"不仅有了确切的实物根据,而且有了反映其思想的著作。此外,被《汉书·艺文志》列为道家的《管子》书中《心术》上下、《白心》、《内业》、《枢言》、《宙合》等篇,列为儒家的陆贾《新语》,列为杂家的刘安《淮南子》,其中也包含着黄老思想的许多内容。

黄老思想一般都把"道"作为最高的哲学范畴,如《管子·内业》说:"凡道无根无基,无叶无荣,万物以生,万物以成,命之曰道"。而《枢言》中则说:"道之在天者,日也;其在人者,心也。故曰:有气则生,无气则死,生者以其气"。又说:"爱之利之,益之安之,四者道之出,帝王者用之,而天下治矣"。从这里可以看出,黄老之学虽然继承了老子的"道"这个范畴,但却赋予它以新的不

① 《马王堆出土〈老子〉乙本卷前古佚书的研究》,载《考古学报》1975 年第 1 期。

同的内容。老子的道本来是用以表示一种远离物外的绝对精神现象,是一种不可言说、玄之又玄的神秘观念;而黄老之"道"则是一种"万物以生,万物以成"的物质实体——"气",是整个客观世界的物质基础。老子的"道"在有些地方表现为一种逃避现实的消极无为思想,而黄老之"道"则是积极为现实政治服务的帝王治天下之术。这是黄老之学对老子学说的重大发展。

黄老思想与老子学说都讲"道法自然"、"无为",但老子的"无为"是消极的,而黄老的"无为"则是积极的。《淮南子·修务训》一开头就写道:"或曰:无为者,寂然无声,漠然不动,引之不来,推之不往,如此者乃得道之像。吾以为不然"。"若吾所谓无为者,私志不得入公道,嗜欲不得枉心术,循理而举事,因资而立权,自然之势,而曲故不得容者,事成而身弗伐,功立而名弗有,非谓其感而不应,攻而不动者"。这是一种有为而示以无为的积极思想。

陆贾在《新语》中更具体地提出了实行"治国之道"的三条"无为"原则:一要去"极武",行仁义。他指出"事愈烦,天下愈乱。法愈滋,而奸愈炽,兵马益设而敌人愈多。秦非不欲为治,然失之者,乃举措暴众用刑太极故也"。①因此,必须"行仁义,法先王","逆取顺守,文武并用"。二要"闭利门","尚德义","国不兴无事之功,家不藏无用之器","稀力役而省贡献"。② 三要"诛佞臣,求贤圣",把"阿上之意,从上之旨"的奸佞之辈诛除净尽,将"行不敢苟合,言不为苟容"的"怀不羁之才"和"万世之术"的贤才选入庙堂,国家才会兴旺发达。他把道家的"无为而治",儒家的"道、德、仁、义",法家的"赏善罚恶"作为"治国之道",描绘出一幅"无为"社会的理想蓝图:"君子之为治也,块然若无事,寂然若无声,官府若无吏,亭落若无民,闾里不讼于巷,老幼不愁于庭,近者无所议,远者无所听,邮亭无夜行之吏,乡闾无夜名之征,犬不夜吠,鸟不

---

① 《新语·无为》。
② 《新语·怀虑》。

夜鸣，丁壮者耕耘于田，在朝者忠于君，在家者孝于亲。”①这种“无为”的社会理想，正为汉初轻徭、薄赋、节俭、省刑为内容的与民休息政策提供了理论上的指导原则。

黄老思想不仅继承和发展了老子的学说，而且还不断吸收各家各派的思想营养来充实自己，力图建立一个以道家为主体的兼有百家色彩的思想体系。这从马王堆汉墓出土的黄老帛书就可以十分明显地看出来。其中既有法家“是非有分，以法断之”②的法治学说，墨家的“兼爱无私则民亲上”③的兼爱学说以及名家的名实之辩④，也有阴阳家“凡论要以阴阳大义”⑤之说和儒家的“先德后刑以养生”⑥之说，等等。黄老之学的这种对百家兼收并蓄的态度，大大丰富和发展了自己的学说。这一点在司马迁的父亲司马谈《论六家要指》中说得很明白，他说：“道家使人精神专一，动合无形，赡足万物。其为术也，因阴阳之大顺，采儒墨之善，撮名法之要，与时迁移，应物变化，立俗施事，无所不宜，指约而易操，事少而功多”。这里所说的道家，即新道家，也就是黄老之学。司马谈是崇尚道家的，他论阴阳、儒、墨、名、法各有褒贬，独于道家有褒无贬，而且肯定了道家能够吸取众家之长，而去其短，故能适应形势的发展变化，而为当世所用。这就很清楚地说明了黄老之学发展到了西汉初，已和原始道家的学说有很大的不同，而是以道家为主体、兼采阴阳、儒、墨、名、法之长，并能适应汉初统治需要的一个新的学派了。

黄老思想在历史上的作用，其主导面是积极的。但是，由于汉朝中央实行“无为”的政策，一方面使诸侯王国割据势力得以迅速发展，构成对汉中央的

---

① 《新语·至德》。
② 《经法·名理》。
③ 《经法·君正》。
④ 《经法·论》。
⑤ 《称》。
⑥ 《十大经·观》。

严重威胁,一方面也使地方豪强势力急剧膨胀,他们武断乡曲,鱼肉百姓,构成了乡村的不稳定因素,激化了与农民的矛盾。到汉武帝继位的时候,汉皇朝的政治、经济和军事力量虽然达到强盛的顶点,但同时,地主阶级与农民阶级的矛盾、中央政府与地方诸侯王国的矛盾、统治阶级当权集团与地方豪强地主之间的矛盾也日益激化。黄老思想指导下的无为政治已无力解决这些矛盾,其历史使命也就届临结束了。

三、贾谊的历史反思

贾谊(前200—前168年),洛阳人,少年成名,十八岁时就以能诵读诗书、善写文章得到时人赞誉。廷尉吴公将其推荐给汉文帝,被任为博士,不久迁太中大夫。他才华横溢,识见高超。主张削弱诸侯王,加强中央集权;重本抑末,"驱民归农";力主以武力抗击匈奴的侵扰,保护汉政权与百姓的安全。由于周勃等老臣的阻挠,他未能获得汉文帝的重用,只在两个诸侯王那里做了几年太傅,年纪轻轻即在精神压抑中逝去。他的著作被后人辑为《贾谊集》流传于世。

如果说陆贾的思想更多地反映了黄老学派的观点,贾谊的思想则更多地展示了儒家学派的立场。在汉初思想家中,贾谊是在陆贾之后对秦朝二世而亡教训进行理性反思的第二人。对此,他写了《过秦论》和《新书》。他的反思具有明确的目的,即为西汉皇朝的统治提供历史的借鉴:"野谚曰:'前事不忘,后事之师也。'是以君子为国,观之上古,验之当世,参以人事,察盛衰之理,审权势之宜,去就有序,变化有时,故旷日持久而社稷安矣。"①贾谊对秦始皇、二世、子婴三位秦君进行评判,认为秦始皇的治国理念和方针政策从根本上是错误的。二世继之,本可改弦更张,修正错误,与民更始,那样历史就会是另一番面貌:"今秦二世立,天下莫不引领而观其政。……向使二世有庸主之

① 《史记·秦始皇本纪》引贾谊《过秦论》下。

行，而任忠贤，臣主一心而忧海内之患，缟素而正先帝之过，……虚囹圄而免刑戮，除去收帑汙秽之罪，使各反其乡里，发仓廪，散财币，以振孤独穷困之士，轻赋少事，以佐百姓之急，约法省刑以持其后，使天下之人皆得自新，更节修行，各慎其身，塞万民之望，而以威德与天下，天下集矣。即四海之内，皆欢然各自安乐其处，唯恐有变。虽有狡猾之民，无离上之心，则不轨之臣无以饰其智，而暴乱之奸止矣。"①可是二世将这个千载难逢的历史机遇毫不可惜地抛掉了："二世不行此术，而重之以无道，坏宗庙与民，更始作阿房宫，繁刑严诛，吏治刻深，赏罚不当，赋敛无度，天下多事，吏弗能纪，百姓困穷而主弗收恤。然后奸伪并起，而上下相遁，蒙罪者众，刑戮相望于道，而天下苦之。自君卿以下至于众庶，人怀自危之心，亲处穷苦之实，咸不安其位，故易动也。是以陈涉不用汤武之贤，不藉公侯之尊，奋臂于大泽而天下响应者，其民危也。故先王见始终之变，知存亡之机，是以牧民之道，务在安之而已。天下虽有逆行之臣，必无响应之助矣。故曰'安民可与行义，而危民易与为非'，此之谓也。"②这里贾谊对二世政策失误的分析是切中肯綮的。秦始皇的最大失误是在和平年代继续战争时期的政策，二世的最大失误是在这一政策已经显示恶劣后果时却不能废除，反而变本加厉地继续执行。这样一来，秦朝的灭亡就不可避免了。子婴继位为秦王，历史留给他的活动空间已经很小，纵使他有千般能耐，也只能眼睁睁地看着秦皇朝在自己手上落下帷幕。贾谊的可贵之处在于，他不仅分析了秦朝两代政策的失误，而且第一次提出，当国者的统治方略和各项具体政策都必须随着社会形势的不断变化不断调整，即统治方略和统治政策都有其时代的适应性。高明的统治者的高明之处就在于及时发现转变政策的契机并恰到好处地完成这种转变。进而，贾谊从学理上对秦朝灭亡的原因加以审视，写下了下面一段十分精彩的话：

① 《史记·秦始皇本纪》引贾谊《过秦论》中。

② 《史记·秦始皇本纪》引贾谊《过秦论》中。

"且夫天下非小弱也,雍州之地,殽函之固自若也。陈涉之位,非尊于齐、楚、燕、赵、韩、魏、宋、卫、中山之君;鉏櫌棘矜,非铦于句戟长铩也;适戍之众,非抗于九国之师;深谋远虑,行军用兵之道,非及乡时之士也。然而成败异变,功业相反也。试使山东之国与陈涉度长絜大,比权量力,则不可同年而语矣。然秦以区区之地,千乘之权,招八州而朝同列,百有余年矣。然后以六合为家,殽函为宫,一夫作难而七庙堕,身死人手,为天下笑者,何也?仁义不施而攻守之势异也。"①

这里,贾谊着重指出秦朝灭亡的原因是"仁义不施",完全依靠严刑峻法,较之陆贾等汉初君臣对秦朝暴政的直观认识已经有所前进。更为可贵的是,贾谊在其《新书》中对秦朝灭亡的原因进行了更加深入的理性思考,其中对民本思想的阐发达到了两汉时期的最高水平:

"闻之于政也,民无不为本也。国以为本,君以为本,吏以为本。故国以民为安危,君以民为威侮,吏以民为贵贱。

闻之于政也,民无不为命也。国以为命,君以为命,吏以为命。故国以民为存亡,君以民为盲明,吏以民为贤不肖。

闻之于政也,民无不为功也。国以为功,君以为功,吏以为功。故国以民为兴坏,君以民为强弱,吏以民为能不能。

闻之于政也,民无不为力也。国以为力,君以为力,吏以为力。故夫战之胜也,民欲胜也;攻之得也,民欲得也;守之存也,民欲存也。

民者万世之本,……故自古至于今,与民为仇者,有迟有速,而民必胜之。"

"民本"理念是儒家思想的重要内容,是"仁政"、"德治"的核心与前提。最早提出"民本"的是周公,孔子、孟子、荀子将其发扬光大,丰富发展,于是就有了

---

① 《史记·秦始皇本纪》引贾谊《过秦论》上。

“仁”、“仁政”、“王道”、“德治”、“民贵君轻”、“载舟覆舟”等一系列内容。贾谊的“民本”思想较之以前的“民本”思想更加深刻和丰富，这种认识的深化显然与秦末农民战争所展示的巨大威力有着直接的联系。

四、董仲舒的新儒学

孔子在春秋末期创立的儒家学说，经过思孟学派和荀子学派的发展改造，到战国时期已经形成庞大而深邃的体系，在政治上也转到为新兴地主阶级服务的轨道。但是，通过激烈战争手段夺取政权的秦朝新兴地主集团却认为儒学“迂远而阔于事情”，对之表示了冷漠的态度，而是选取了急功近利的法家思想作为统治思想。不久，又通过“焚书坑儒”对儒家学派施以重大打击。儒家学者孔鲋、叔孙通等虽然都参加了反秦武装起义，却没有因此赢得刘邦为首的汉初统治者的信任。西汉建国之初，尽管由于叔孙通的制礼仪，陆贾的说《诗》、《书》，消除了刘邦对儒学的反感，并影响他在晚年亲自跑到孔子灵前献上大牢的厚礼，然而，刘邦的举措毕竟含有“英雄欺人”的意思，而其子孙惠、文、景几代又都崇尚黄老思想。儒家学派虽然没有像秦朝时期遭到残酷镇压，但被冷落的局面仍没有改变过来。在此期间，儒家学派一方面在统治者面前为自己争取较高的地位，如辕固敢于在笃信黄老思想的窦太后面前诽谤道家学说为“家人言”，以致被罚与野猪搏斗也在所不惜，表现了顽强的斗争精神。一方面则加速自我改造以适应当权者的需要。到汉武帝统治时期，空前强大的国力使雄才大略的武帝需要一种新的统治思想来代替黄老“无为而治”这一不合时宜的思想。恰在此时，原始儒学在董仲舒手里完成了它的改造过程，迎合了汉武帝的需要。汉武帝与董仲舒，君臣之间通过一次举贤良文学对策，完成了中国思想文化史上影响深远的历史转折。董仲舒提出的“罢黜百家、独尊儒术”的政策被汉武帝批准，从此，儒家思想作为统治思想在中国封建社会的历史上持续了近两千年的统治。

董仲舒从青少年时代起即博览先秦诸子著作，对《公羊春秋》和阴阳五行学说的钻研特别专心致志,曾“三年不窥园”[1],“乘马不觉牝牡”[2],达到如醉如痴的程度。因而很快声名大振,下帏讲学,被景帝任为博士。汉武帝即位以后,“举贤良文学之士”,他三次参加对策,详细阐述了天人感应、君权神授并提出“罢黜百家,独尊儒术”的建议,得到汉武帝的赏识,被派到江都王刘非那里当了六年王国相。公元前135年,他借高陵长园失火和辽东高庙失火推演灾异,下狱当死,后赦免罢官家居,教了十年《公羊春秋》。公元前125年,经公孙弘推荐担任胶西王刘瑞的王国相。于前121年以老病为由辞职回家,从此结束了仕禄生活,“以修学著书为事”[3]。但仍然受到汉武帝的尊宠,“朝廷如有大议,使使者及廷尉张汤,就其家而问之”。[4] 后来张汤把询问他的部分材料,整理为《春秋决狱》一书。据《汉书·董仲舒传》记载,他有著作共一百二十三篇,但流传下来的只有《春秋繁露》一书。

董仲舒是汉代新儒学的创始人,他建立的新儒学是由天人感应的神学目的论、君权神授说和专制主义大一统的政治论以及性三品说和三纲五常的道德观所组成。

董仲舒把墨家的天鬼观念和思孟学派的天人合一论点,用邹衍的阴阳五行说加以改造,进一步神化天人关系,创造了一套天人感应的神学目的论,把被荀子以唯物论打破的天的偶像重新恢复起来。他认为天是“万物之祖”[5],“百神之大君”[6],是明察秋毫、赏善罚恶的自然界和人类社会的最高主宰。自然界的四时运行,人类社会中的尊卑贵贱都是天神“阳贵而阴贱”的意志的体现。他又用五行相生相胜附会君臣父子之道,神化封建剥削制度。他进而认

---

① 《新论·本造》。
② 《太平御览》八百四十卷。
③ 《汉书·董仲舒传》。
④ 《汉书·董仲舒传》。
⑤ 《春秋繁露·顺命》。
⑥ 《春秋繁露·郊语》。

为,天既安排地上的正常秩序,同时又监督这种秩序的运行,如果君王治理有方,国泰民安,天就出示祥瑞(凤凰、麒麟等),表示赞赏。如果君王有了"过失",天便降下灾异(各种自然灾害)加以谴告;如不省悟,天就变易君主,另择贤能。这就叫天人感应。这一理论不能说完全没有限制君王的意图,但其主要用意是对劳动人民进行欺骗,使他们老老实实地接受统治。为了论证封建制度的永恒性,他又鼓吹"道之大原出于天,天不变道亦不变"①的形而上学思想。这里的"道",实际指的是全部封建的社会制度,而这些东西却是"万世无弊"的。既然如此,改朝换代又怎样解释呢?董仲舒提出"三统"、"三正"的理论,认为每一王朝代表一统,共有黑、白、赤三统,夏为黑统,殷为白统,周为赤统,与之相适应,应有不同的岁首,夏以阴历正月为岁首,殷以十二月为岁首,周以十一月为岁首,这就是"三正"。"三统"、"三正"周而复始,王朝的更替也就只是表现为"改正朔,易服色",而"道"却是永世不变的。这种循环命定论的历史观所论证的恰恰是封建制度的不变论。

董仲舒的认识论是典型的唯心主义先验论。他认为认识的目的是"发天意",其途径有两条。因为自然界和人类社会的变化都是由天主宰,所以仔细观察自然和人事的运行即可体察天意。又因为"人副天数",宇宙的真理也就蕴涵在自己身上,通过内心反省,也可以体会到天意,这就是"道莫明省身之天"。② 这两种途径结合起来,就是"内动于心志,外见于事情,修身审己,明善心以反道者也。"③

董仲舒提出了性三品说,认为极少数统治者从上天那里承受的"圣人之性",是理所当然的性善者。广大劳动人民生来性恶,是天生的卑贱者。一般地主阶级分子具有可善可恶的"中民之性",通过圣人的教化可以去恶从善。

① 《汉书·董仲舒传》。
② 《春秋繁露·为人者天》。
③ 《春秋繁露·二端》。

在董仲舒看来,所谓善就是符合三纲五常的道德标准,“循三纲五纪,通八端之理,忠信而博爱,敦厚而好礼,乃可谓善”。[①] 反之,反抗封建制度,破坏封建礼教,违背封建道德,就是十恶不赦了。显然,这种人性论为封建等级制度提供了理论根据。

董仲舒是一个对现实社会十分敏感的清醒的政治家,他在汉武帝统治的极盛时期,已经锐敏地观察到走向激化的社会与阶级矛盾。针对富者骄、贫者忧的社会现实,他提出了自己的政治理想:“使富者足以示贵而不至于骄,贫者足以养生而不至于忧,以此为度而调均之,是以财不匮而上下相安,故易为治也。”[②]这是一个既维持地主阶级对农民的剥削压迫而又对这种剥削压迫加以限制、既要农民接受剥削而又使他们维持最低生活水准的调和矛盾的社会改良方案,实际上是为封建统治设计的长治久安之术。为了稳定封建统治,他鼓吹“君权神授”:“受命之君,天意之所予也,故号为天子。”[③]他“立于生杀之位,与天共持变化之势”。[④] 为了使人君保持绝对的权力和威严,必须在政治上加强专制主义的集中统一,“春秋大一统者,天地之常经,古今之通谊也”。[⑤]同时把全国臣民的思想纳入儒学的轨道,实行“罢黜百家,独尊儒术”的政策:“今师异道,人异论,百家殊方,指意不同,是以上亡以持一统,法制数变,下不知所守。臣愚以为诸不在六艺之科、孔子之术者,皆绝其道,勿使并进。邪辟之说灭息,然后统纪可一,而法度可明,民知所从矣。”[⑥]董仲舒一方面看到专制主义中央集权需要在思想上和政治上树立君主的绝对权威,同时也隐隐觉察到不受限制的君主权力一旦为所欲为,也会给国家和社会带来意想不到的

---

① 《春秋繁露·深察名号》。

② 《春秋繁露·制度》(下引该书,只注篇名)。

③ 《深察名号》。

④ 《王道通三》。

⑤ 《汉书·董仲舒传》。

⑥ 《汉书·董仲舒传》。

灾难。于是又在君主之上精心设计了一个天神,希望利用它来对君主加以约束:“且天之生民,非为王也,而天立王以为民也。故其德足以安乐民者,天予之;其恶足以贼害民者,天夺之。”[①]这里董仲舒希望君主安民乐民的主观真诚是值得肯定的,但他借助天神的威力限制君主滥用权力的希冀,只不过是一厢情愿而已。天的护祐毕竟靠不住,他于是更多地把注意力集中在“贤才”的选取、培植和任用上。他深知贤者对国家兴亡有着至关重要的作用,“任非其人,而国家不倾者,自古至今未尝闻也。……任贤臣者,国家之兴也”。[②] 他对当时官场出现的“廉耻贸乱,贤不肖浑殽”、“主德不宣,恩泽不流”、“暴虐百姓,与奸为市”[③]等现象痛心疾首,要求选任官吏“毋以日月为功,实试贤能为上,量材而授官,禄德而定位”,反对“累日以取贵,积久以致官”[④]的论资排辈恶习和任子制度,提出“兴太学”、“举贤良”等办法,在社会上广泛选取有德才的知识分子为官吏,以扩大统治基础。这些观点是值得肯定的。董仲舒反对对劳动人民一味施以严刑峻法,主张以德教为主,以刑罚为辅。他说:“王者承天意以从事,故任德教而不任刑。刑者不可以任以治世,犹阴之不可任以成岁也。为政而任刑,不顺于天,故先王莫之肯为也。”[⑤]他敢于面对现实,以比同时代人更锐敏的眼光揭露“富者田连阡陌,贫者无立锥之地”[⑥]的阶级对立事实,指出劳动人民“或耕豪民之田,见税什伍”,“常衣牛马之衣,而食犬彘之食”[⑦]的悲惨境遇与贵族官僚豪富们“戴高位”、“食厚禄”[⑧]、“食利而不肯学义”的横暴骄逸形成鲜明的对比,提出了一系列缓和阶级矛盾和社会矛盾的

① 《尧舜不擅移汤武不专杀》。
② 《精华》。
③ 《汉书·董仲舒传》。
④ 《汉书·董仲舒传》。
⑤ 《汉书·董仲舒传》。
⑥ 《汉书·食货志》。
⑦ 《汉书·食货志》。
⑧ 《汉书·食货志》。

主张:“限民名田,以澹不足,塞兼并之路。去奴婢,除专杀之威。”①这是两汉历史上第一个关于土地奴婢的改良方案。又提出“不与民争利”以及“薄赋敛、省徭役”、“盐铁皆归于民”等经济政策,反映了他对汉代社会矛盾的清醒认识和对解决矛盾的积极态度。

以上内容表明,董仲舒在许多方面继承了先秦原始儒学的基本思想、概念,如孔子、孟子关于“天命”的理论和仁爱、仁政、德教、任贤和仁、义、礼、智、信等内容,以及缓和社会矛盾、适度减轻剥削的“爱民”思想,等等,强化了儒家思想的外观。同时,也大量吸收融合了先秦其他学派的一些内容,如吸收了邹衍等的阴阳五行学说,作为他构筑天人感应的神学目的论和循环历史观的重要思想资料;吸收了法家的法治主义理论,作为他构筑阳爱阴刑思想的重要资料。他特别按照汉皇朝大一统专制主义中央集权政治的需要,对原始儒学做了很大的修正。例如,孔子虽然讲“天命”但怀疑甚至否定鬼神的存在,“子不语怪、力、乱、神”②,“敬鬼神而远之”③,“未能事人,焉能事鬼?”“未知生,焉知死?”④董仲舒却大肆宣传阴阳灾异迷信,并将其作为构筑天人感应体系的主要内容。孔子要求恢复周礼,“周监于二代,郁郁乎文哉,吾从周。”⑤孟子主张实行井田制,制民恒产。董仲舒却强调“更化”,主张限田限奴,基本上脱掉了复古的外衣,而把注意力集中在对封建皇朝现行政策的调整。孔、孟等先秦儒家都主张“贤人”政治,“仲弓为季氏宰,问政。子曰:‘先有司,赦小过,举贤才。’”⑥又讴歌禅让制,认为尧、舜、禹之间的更替就是禅让制的典型体现。在君民关系上,主张“民为贵,社稷次之,君为轻”。⑦ 在君臣关系上讲究对等

---

① 《汉书·食货志》。
② 《论语·述而》。
③ 《论语·雍也》。
④ 《论语·先进》。
⑤ 《论语·八佾》。
⑥ 《论语·子路》。
⑦ 《孟子·尽心》。

原则:“君之视臣如手足,则臣视君如腹心;君之视臣如犬马,则臣视君如国人;君之视臣如土芥,则臣视君如寇仇。”①董仲舒则维护并神化绝对君权的封建专制统治,以“三纲五常”的道德信条作为君臣、君民和人伦关系的准则,使君臣、君民关系更适应趋于凝固化的封建等级制度。虽然,经过董仲舒的努力,孔子的形象已经较前任何时期都更加崇高伟大、光彩夺目,但却也离开了历史真实,变成涂满油彩的偶像了。董仲舒创立了今文经学,开启了儒学神学化,儒家宗教化,孔子教主化的进程,为封建统治找到了较为理想的意识形态。他的学说为稳定和巩固大一统的专制主义中央集权的统治起了重要作用,对于形成以汉族为主体的中华民族的心理特征产生了不可估量的积极影响。他与汉武帝一起作为西汉鼎盛时代的代表是当之无愧的。

五、谶纬迷信的泛滥和《白虎通》的宗教神学

自董仲舒以后,今文经学本来就沿着经学神学化的路子发展,到两汉之际,随着社会危机的日趋严重和政治斗争的尖锐激烈,统治阶级越来越崇尚谶纬迷信,今文经学也愈来愈谶纬化。

“谶”是一种“诡为隐语,预决吉凶”②的粗俗卑陋的迷信,它假托神学的预言,为现实政治斗争服务。秦始皇时期的方士卢生曾传播过“亡秦者胡也”的谶语。西汉末年,王莽篡汉立新的时候,也曾命令其党徒制造过大量的符命图谶。刘秀起兵加入反对王莽的队伍以后,更利用所谓《河图》、《赤伏符》的谶语“刘秀发兵捕不道,四夷云集龙斗野,四七之际火为主”③作为他受天命做皇帝的根据。他做皇帝以后,立即“宣布图谶于天下”。在统治阶级的提倡优容下,东汉社会弥漫着一片恶浊迷信的气氛。“纬”是“经之支流,衍及旁

① 《孟子·离娄下》。

② 《四库全书总目提要》卷六《易纬》下。

③ 《后汉书·光武帝纪》。

义”①,是儒生用阴阳灾异、神道迷信来解释、演绎和附会儒家经典的著作,同样是一种粗俗卑陋的宗教神学。纬书大都与经书相对应,差不多都有一个怪诞神秘的名字,如易纬有《乾凿度》、《乾坤凿度》、《稽览图》,书纬有《考灵曜》、《刑德放》等,还有的附会《河图》、《洛书》,如《稽曜锡》、《灵准听》等,因为在纬书中更容易随心所欲地制造为统治阶级服务的东西,增添荒诞不经的内容,所以特别得到统治者的青睐,一些儒生也就趋之若鹜,一时间,谶纬之学的地位反而超过经学。

纬书中的大部分内容是神化儒学经典与圣帝名王的宗教迷信和神灵故事,如《尚书纬》中的《璇玑钤》解释《尚书》二字说:“尚者上也,书者如也。上天垂文象,布节度,书也如天行也。”把《尚书》说成代天立言的永恒真理。《春秋纬·演孔图》则把孔子描绘成长十尺、大九围、首类尼山、衔上帝之命为汉朝立法的神人。如此粗卑荒唐的迷信表明了今文经学的末路。不过纬书中也还包括一些典章制度、历史地理、天文历数以及哲学意义的理论,如《易纬》中的象数之学,既有宇宙起源的理论,也有以数字构筑的自然界与人类社会模式,即对宇宙和人类社会的探索。虽然其中充满神秘主义色彩,但与神道迷信还不是一回事。它与古希腊的毕达格拉斯学派有不少相似的地方,反映着“科学思维的萌芽同宗教、神话之类的幻想的一种联系”。②

谶纬神学在两汉之际开始泛滥的时候,思想界也有人对其持批判的态度。其中著名的人物,一是扬雄,一是桓谭。扬雄(公元前53—公元18年),字子云,蜀郡成都人,“少而好学”,“博览无所不见”,“口吃不能剧谈,默而好深湛之思”③,又善辞赋,闻名于时,因被汉成帝召见,任黄门侍郎,历哀、平之世,未得升迁。王莽篡汉时,他态度消极,任中散大夫,校书天禄阁。因受刘棻事件

① 《四库全书总目提要》卷六《易纬》下。

② 列宁:《哲学笔记》,人民出版社1956年版,第253页。

③ 《汉书·扬雄传》。

牵连，自阁上投地，几乎摔死。为了免于迫害，他作《剧秦美新》一文，违心地对新朝加以赞颂。他一生潦倒，但“不汲汲于富贵，不戚戚于贫贱”①，“寂寂寥寥扬子居，年年岁岁一床书”②，以孜孜不倦地著述度过了清贫的一生。他的重要哲学著作有两部，一是模仿《周易》创作的《太玄》，一是模仿《论语》创作的《法言》。在《太玄》中，他以神秘的“玄”作为天地万物的本原，构筑了一个关于天地万物生成的学说，基本倾向是唯心主义的。但在“天命”问题上，他肯定人为的作用：“或问楚败垓下，方死，曰天也，谅乎？曰：汉屈群策，群策屈群力；楚憞群策而自屈其力。屈人者克，自屈者免，天曷故焉？”③显示了唯物论倾向。在社会发展问题上，他提出“道有因有革”的见解，认为新事物与旧事物有联系，所以“不因不生”；新事物与旧事物又有根本性的区别，因而“不革不成”。这种观点有着辩证法因素。面对弥漫一时的谶纬迷信，他保持着清醒的头脑，认为“神怪”不可信，“或问赵世多神，何也？曰：神怪茫茫，若存若亡，圣人曼云。”④对于社会流行的神仙之术他也加以批评，并得出生死是自然规律的结论：“有生者必有死，有始者必有终，自然之道也。”⑤这些思想和言论在当时是难能可贵的。

桓谭（约前23—50年），字君山，沛国相（今安徽濉溪）人。其父任太乐令，他一直居住京师，有着良好的学习环境。他从小兴趣广泛，学过音乐、文学、天文学和兵器，对儒家经典更是“博学多通”。在西汉末年成、哀、平三代，一直做位卑禄薄的郎官。王莽篡汉以后，他做掌乐大夫，拒不向王莽献符命以求升迁。后在淮阳王刘玄手下任太中大夫。刘秀建立东汉后，他任议郎给事中。后来，他因在刘秀面前公开批评图谶怪诞非经，几乎被下狱处死，结果遭

① 《汉书·扬雄传》。
② 卢照邻：《长安古意》。
③ 《太玄·重黎》。
④ 《太玄·重黎》。
⑤ 《法言·君子》。

贬谪死于途中。桓谭的主要著作是《新论》，共二十九篇，至宋代已散佚，现在流传的是后人的辑本。桓谭是反对谶纬神学的不屈战士，也是一个悲壮的殉道者。他多次上书刘秀，批判谶纬迷信："今诸巧慧小才伎数之人，增益图书（指谶纬符命），矫称谶记，以欺惑贪邪，诖误人主，焉可不抑远之哉！"[①]他指出王莽虽终日抱着图谶符命，但却没有逃脱灭亡的命运，根本原因是"为政不善，见叛天下。"[②]他进而批判神学目的论和天人感应论，认为万物有生，"天非故为作"，而"灾异变怪者，天下所常有，无世而不然"[③]，不值得大惊小怪。为了反对长生不老的神仙方术和灵魂不灭的神道迷信，桓谭对形神关系进行了深入探索，阐发了以烛火喻形神的重要命题："精神居形体，犹火之然（燃）烛"，"烛无，火亦不能独行于虚空"[④]，即精神附着于形体，形体死亡，精神也不复存在。生老病死是人和生物不可抗拒的规律："生之有长，长之有老，老之有死，若四时之代谢矣。而欲变易其性，求易其道，惑之不解者也。"[⑤]这些思想在我国唯物论发展史上是划时代的重大贡献。扬雄与桓谭的唯物论思想在我国历史上产生过积极影响，被作为王充的先驱载入史册。

尽管有扬雄、桓谭等正直清醒的思想家站出来向谶纬迷信宣战，但却无法阻止其漫延和发展，除了复杂的社会原因外，官方的全力支持是重要原因。两汉统治者为了使经学神学化和一统化，多次组织经师讨论经义异同，并亲自出席做出裁决。汉宣帝在甘露三年（前 51 年），"诏诸儒讲《五经》同异，太子太傅萧望之等平奏其议，上亲称制临决"[⑥]，史称石渠阁（未央宫北藏秘书之处）奏议。这表明汉政权力图使经学法典化，惜书已散佚。东汉光武帝于中元四

① 《后汉书·桓谭传》。
② 《新论·言体》。
③ 《新论·谴非》。
④ 《新论·祛蔽》。
⑤ 《新论·形神》。
⑥ 《汉书·宣帝纪》。

年(56年)宣布图谶于天下,进一步把经义庸俗化和谶纬化。建初四年(79年),汉章帝在白虎观召集儒生“正经义”,“讲论五经异同”,最后由他裁定,成为钦定经义。事后由班固加以整理,称《白虎通德论》,简称《白虎通义》或《白虎通》。该书继承董仲舒神学目的论的世界观,以谶解释经典,使之具备国家法典的地位,标志了今文经学神学化的完成。《白虎通》从董仲舒《春秋繁露》所表述的基本观点出发,又吸收《易纬·乾凿度》的主要理论,构筑了一个“太初”—“太始”—“太素”—“三光”(日月星)—五行的宇宙生成模式,认为整个世界都是从“太初”以前的虚无中产生出来的,它的创造者就是宇宙万物的最高主宰——天。因为地上的君主是受天命统治四方,所以人民必须老老实实地接受其统治,“受命之君,天之所兴,四方莫敢违。”①天的意志又通过“灾异”和“符瑞”不断地表现出来,君主从中加以体察,随时间调整自己的统治政策。由于封建君主的一切统治人民的措施、手段都是秉承天意,因而也都具有神圣的不可侵犯性:“圣人治天下,必有刑罚何?所以佐德助治,顺天之度也。故悬爵赏者,亦有所助也。设刑罚者,明有所怯也。科条三千者,应天、地、人情也。”②《白虎通》进而认为,“天神”通过五行和阴阳来支配自然界和人类社会的运行。又以阴阳和五行附会人事,目的是证明封建统治的一切既是合理的也是永恒的。例如,他以五行的“天地之性”为根据,主张臣子在父命与君命发生冲突时,要放弃父命而从君命:“不以父命废王命,何法?法金不畏土,而畏火。”③要“父为子隐,子为父隐”:“父为子隐何法?法木之藏火也。……子为父隐何法?法水逃金也。”④《白虎通》继承董仲舒“天不变道亦不变”的形而上学理论,竭力论证封建制度的永恒性:“黄帝始制法度,得道之中,万世

---

① 《白虎通·瑞贽》。
② 《白虎通·五行》。
③ 《白虎通·五行》。
④ 《白虎通·五行》。

不易”[①]，“黄帝始作度制，得其中和，万世长存。”[②]《白虎通》进一步发展和神化了董仲舒的三纲五常学说：“三纲者，何谓也？谓君臣、父子、夫妇也。故《含文嘉》曰：‘君为臣纲，父为子纲，夫为妻纲’”。[③]三纲之中，特别强调“君为臣纲”，认为后二纲必须从属于它。由此出发，它极力鼓吹“忠”的教育，把忠君说成最高的美德：“人道主忠，人以忠道教人，忠之至也”，“三教所以先忠何？行之本也。”[④]它倡导臣子绝对忠于君主，为之“守节死义”，“进思进忠”，有了功劳归君主，出现过错自己承担，还要为之“掩恶扬美”，帮助君主欺骗人民。“父为子纲”实际上是利用族权维护封建政权。它说：“父子者，何谓也？父者，矩也，以法度教子也；子者，孳孳无已也。”[⑤]而子之事父推广开来，也就形成全社会的臣之事君，“夫臣之事君，犹子之事父，欲全臣子之恩，一统尊君。”[⑥]至于“夫为妻纲”，就要求妇女像臣子侍候君主，儿子孝敬父亲一样地去侍候丈夫，并且一生都要从属于丈夫，做丈夫的奴隶，“未嫁从父，既嫁从夫，夫死从子。”在大肆宣扬“三纲”的同时，《白虎通》还对董仲舒编造的五常——仁、义、礼、智、信加以神化和进一步发展，杜撰出所谓六纪——诸父、兄弟、族人、诸舅、师长、朋友，要求人们按照封建制度与道德的需要协调人与人之间的关系。《白虎通》第一次系统完整地对中国封建社会束缚人民的四大绳索——政权、神权、族权、夫权——进行了理论的论证，对维护宗法封建统治起着越来越大的作用。

六、王充朴素的唯物论和无神论思想

在谶纬迷信的恶浊气氛弥漫东汉思想界的时候，继扬雄、桓谭之后，又出

---

① 《白虎通·谥》。
② 《白虎通·号》。
③ 《白虎通·三纲六纪》。
④ 《白虎通·三教》。
⑤ 《白虎通·三纲六纪》。
⑥ 《白虎通·爵》。

现了一位高举批判大旗的人物,这就是杰出的朴素唯物论者王充。

王充(27—79年),字仲任,会稽上虞(今浙江上虞)人,出身"细族孤门"。他自幼聪颖好学,六岁在家读书识字,八岁进书馆学习,后保送入京太学深造。在太学时,他因家贫买不起书,"常游洛阳市肆,阅所卖书,一见辄能诵忆,遂博通众流百家之言"①,成为一个博通古今,卓然不群的学者。王充虽然满腹经纶,才华横溢,但在仕进路上却很不顺利,只做过幕僚属吏之类的小官,"在县,位至掾,功曹。在都尉府,位亦掾,功曹。在太守府,为列掾,五官功曹行事。入州,为从事。"②但仍为当权者所不容,时间不长即去职还家,以教书维持清贫的生活。在这样的条件下,他以战斗的唯物者的姿态,潜心从事著述,写下了大量著作,可惜除《论衡》外,都没有流传下来。

王充针对西汉以来居于统治地位的神秘主义的天人感应论,提出了"气"一元论的唯物主义天道观。他认为"气"是客观世界最基本的元素,它"广大无垠,无边无际,不生不灭",构成了天地万物,"天地,含气之自然也。"③天地和自然界一切事物都按照既定的规律自己发展变化,根本不存在什么神秘外力的驱动,"自然之化,固疑难知,外若有为,内实自然。"④万物的春生、夏长、秋成、冬藏,都是"自然之化"。作为"含气之自然"的天地对它们不施行什么干预,而是"自然无为","夫天覆于上,地偃于下,下气蒸上,上气降下,万物自生其中矣。"⑤神学目的论认为,天神按照自己的形象创造了人类,又创造了五谷丝麻供人类衣食之用,世界的繁盛富丽,证明了上帝的万能。王充认为,这一切都出于自然,"天地合气,万物自生;犹夫妇合气,子自生矣。万物之生,

---

① 《后汉书·王充传》。

② 《论衡·自纪》。下引,只注篇名。

③ 《谈天》。

④ 《自然》。

⑤ 《自然》。

含血之类,知饥知寒;见五谷可食,取而食之;见丝麻可衣,取而衣之"[1],根本就不是上帝的有意安排。王充又进一步批判了符瑞和阴阳灾异,指出天人之间可以交互感应的说教没有任何根据:"夫人不能以行感天,天亦不能随行而应人"[2],"人不能动地,而亦不能动天"[3],因为天是自然无为的。他根据当时的科学水平,力求对日月蚀、"春杀冬生"、雷电云雨、水旱灾害等自然现象尽可能做出实事求是的解释,尽管有些解释并不科学,但却达到了当时唯物论的最高水平。王充还对当时长生不老的神仙方术和鬼神迷信做了有力批判。他认为人与万物都是"因气而生,种类相产"[4],"凡有生者必有死"[5],"阴阳之气,凝而为人,年终寿尽,死还为气"。[6] 因此,不仅长生不老和成为神仙是根本做不到的,死后变鬼继续人间的生活同样也做不到。原因是,"人之所以生者,精气也,死而精气灭。能为精气者,血脉也,人死血脉竭。竭而精气灭,灭而形体朽,朽而成灰土,何用为鬼?"[7]他又继承桓谭的烛火之喻,把形体、精神和知觉的关系比作蜡烛、烛火与烛光的关系,"人之死,犹火之灭也。火灭而耀不照,人死而智不慧,二者宜同一实。……火灭光消而烛在,人死精亡而形存。谓人死有知,是谓火灭复有光也。"[8]人死之后,失去了活人的一切生理机能,既不能为鬼,也不能说话,更不能害人。世间广泛传说的鬼神只是人们"思念存想"的结果,是精神失去常态的表现。在肯定了人死不为鬼、不能害人的前提下,王充以犀利的笔锋批判了福祸报应的观念。他尖锐指出,恶人杀人越货,巧取豪夺,反而飞黄腾达,富贵长寿;善人做了大量好事,却有的穷愁

① 《自然》。
② 《明雩》。
③ 《变动》。
④ 《物势》。
⑤ 《论死》。
⑥ 《论死》。
⑦ 《论死》。
⑧ 《论死》。

潦倒，有的不得寿终，善恶报应又在哪里？他进而指出，相信善恶报应，以占卜、祭祀求福，是乱世的现象，蠢人的行为，“衰世好信鬼，愚人好求福”[①]，这里已经接触到神道迷信观念的社会原因了。

在认识论上，王充坚持唯物论的反映论，反对圣人“生知说”，指出所有知识都来源于自己的感官与外界事物的接触，“不学自知，不问自晓，古今行事，未之有也”。[②] 他对人的感性认识到理性认识的过程也进行了有益的探索，认为感性知识来源于耳目，“须任耳目以定情实”。但是，完全相信耳目，不通过理性认识的“心意”对耳目得来的知识加以分析考辨，有时也会“失实”，得不到正确的认识，“夫论不留心澄意，苟以外效立事是非，信闻见于外，不铨订于内，是用耳目论，不以心意议也。夫以耳目论，则以虚象为言，虚象效，则以实事为非。是故是非者，不徒耳目，必开心意。”[③]这个“心意”，就是运用自己的理性思维能力，通过“案兆察迹，推原事类”、“原始见终”、“由微见校”、“方比物类”等方法，获得对事物的真知识。“圣人”之所以在认识上胜于常人，“知人所不知”，“智若渊海”，就是因为善于运用自己的理性思维能力。更可贵的是，王充十分强调学用一致，注重效验，即事实根据和实行效果，“凡论事者，违实不引效验，则虽甘义繁说，众不见信”。[④] 他还指出，知识和技能，主要由实践经验获取，不单凭人的天资，“齐都世刺绣，恒女无不能。襄邑俗织锦，钝妇无不巧，日见之，月为之，手狎也。……方今论事，不谓希更，而曰材不敏，不曰未尝为，而曰知不达，失其实也。”[⑤]说明他已经意识到实践与认识的密切关系。当然，王充的认识论基本上是朴素的和直观的。他不了解感性认识和理性认识的辩证关系，看不到认识不是一次完成而是一个不断深入的过程，因而

① 《解除》。
② 《实知》。
③ 《实知》。
④ 《实知》。
⑤ 《实知》。

对认识做了形而上学的理解:"以今而见古,以往而知来,千岁之前,万世之后,无以异也。"[①]他也不知道认识所达到的界限随着历史的发展不断被突破,因而错误地把知识分为难知之事和不可知之事:"故夫难知之事,学问所能及也;不可知之事,问之学之,不能晓也。"[②]这就在最后陷入了不可知论。

王充竭力把唯物论的自然观贯彻到社会历史领域,但由于这是一个与自然界有着本质区别的领域,因而其社会历史观虽然不乏积极因素与合理内核,但最终陷入了命定论的泥坑。他反对崇古非今的儒家传统历史观,用天地元气不变论证明人类社会不会退化,"上世之天,下世之天也,天不变易,气不改更,上世之民,下世之民也。"[③]同时提出了"汉高于周"这样的进化观点,还意识到社会治乱与人民经济生活的密切联系,提出"世之所以为乱者,……由谷食乏绝,不能忍饥寒。夫饥寒并至,而能无为非者寡。然则温饱并至,而能不为善者稀",结论是"谷足食多,礼义之心生,礼丰义重,平安之基立。"[④]这是他运用唯物论解释经济与道德关系的有价值的探索,是《管子》和司马迁思想的继承。他否认传统的圣人英雄史观,摈弃把社会治乱归结为人君贤与不肖的观念,力图寻找出隐藏在纷纭复杂的人事背后的、不以人们意志为转移的决定历史发展的客观必然性。他把这种必然性称之为"天地历数"。他认为"治有时,命有期"[⑤],"昌必有衰,兴必有废。兴昌,非德所能成,然则衰废非德所败也。昌衰兴废,皆天时也","世之治乱,在时不在政,国之安危,在数不在教。贤不贤之君,明不明之政,无能损益。"[⑥]这种观点虽不乏肯定历史必然性,反对英雄创造历史的合理因素,但却走向极端。认为社会治乱与人的活动

① 《实知》。
② 《齐世》。
③ 《齐世》。
④ 《须颂》。
⑤ 《治期》。
⑥ 《治期》。

完全没有关系，实际上把历史的最重要的内容人的活动排挤在外，从而使历史变得神秘而不可理解。这一方面为昏君奸相、贪官污吏开脱了罪责，另一方面又把人看成没有任何主动积极性的客观历史结果的消极承受者，把历史必然性与人的活动完全分开。这种"自然主义的历史观是片面的，它认为只是自然界作用于人，只是自然条件到处在决定人的历史发展，它忘记了人也反作用于自然界，改变自然界，为自己创造新的生存条件。"①

与历史命定论相联系，王充也直接用自然规律去说明人的富贵贫贱、吉凶祸福等社会现象，同样陷入了命定论。在面对这个令无数思想家困惑的问题上，王充主观上也力图贯彻其唯物论原则。他反对善恶报应的神学目的论，认为人的贫富贵贱、吉凶祸福决定于不以人的意志为转移的客观必然性，既不存在主宰人们命运的天，也与人的能力、才干和道德品质无关。因为在当时的社会里，飞黄腾达、高官厚禄的大多数是奸佞小人，而品格高贵、学识渊博的志士仁人却往往历经坎坷、屡遭磨难，赍志以殁。他对人的命运与社会不平的观察是深刻的，但在寻找造成人们不同遭遇的原因时却离开了真理，把它归结为一种盲目的、自发的必然性：命。他说："自王公逮庶人，圣贤及下愚，凡有首目之类，含血之属，莫不有命。命当贫贱，虽富贵之，犹涉祸患矣；命当富贵，虽贫贱之，犹逢福善矣。故命贵，从贱地自达；命贱，从高位自危。故夫富贵若有神助，贫贱若有鬼祸。"②王充看到在阶级社会里个人无法左右自己的命运，又不信服统治阶级宣扬的善恶报应的说教，只好把寿夭生死、富贵贫贱交给那个神秘的命去安排。他否定人的主观能动性，不相信人在与命运的抗争中会迸发出巨大的力量，要人们消极等待命运的恩赐或惩罚，反映了出身"细族孤门"的王充在不公的命运面前无可奈何的心情。王充又进一步把命的不同归结于

---

① 恩格斯：《自然辩证法》，《马克思恩格斯选集》第三卷，人民出版社1972年版，第551页。

② 《命禄》。

禀气的差异:"天施气而众星布精。……人禀气而生,含气而长,得贵则贵,得贱则贱。贵或秩有高下,富或资有多少,皆星位尊卑大小之所受也。"①因禀气不同,人的骨相也不同,"富贵之骨,不遇贫贱之苦;贫贱之相,不遭富贵之乐。"②沿着这条路子走下去,他实际上最后已经落入宗教巫术的圈套。王充认为,"凡人遇偶及遭累害,皆由命也"③,吕望当宰相,箕子做奴隶,鲁哀公成国君,孔夫子穷愁潦倒,颜回年少夭折,一切都是命中注定的。王充虽然否认了天意决定一切的神学迷信,但其客观论证所显示的依然是剥削压迫的不可抗拒和不可避免,与天命论殊途同归。

在人性论上,王充从"禀气有厚泊,故性有美恶"④出发,把人性分为三种,即极少数人纯性善和纯性恶与大多数人善恶相混。这种把人先天分为上、中、下三等的做法,实际上为人的不平等找到人性的根据,与董仲舒的性三品说没有什么本质的区别。但王充的人性论中也有合理因素,如强调后天的教育对人性形成的作用,"学校勉其前,法禁防其后,使丹朱之志,亦将可勉。何以验之?三军之士,非能制也,勇将率勉,视死如归。"⑤他甚至认为性恶的人也可以通过教育改变其习性,"夫性恶者,心比木石,木石犹为人用,况非木石?"⑥这些观点显然为王充从事的教育找到了理论根据。

七、东汉末年的社会批判思潮与崔寔、王符、仲长统

东汉皇朝自和帝时开始走下坡路,一方面,外戚宦官交相擅权,朝政日非,统治集团内部矛盾重重,终于酿成桓灵时期的"党锢之祸"。另一方面,豪族

---

① 《命义》。
② 《骨相》。
③ 《命禄》。
④ 《率性》。
⑤ 《率性》。
⑥ 《率性》。

地主的势力恶性膨胀，土地兼并日益激烈，加快了自耕农破产的速度，阶级矛盾和各种社会矛盾迅速激化。正如范晔所说："君道秕僻，朝纲日陵，国隙屡启，自中智以下，靡不审其崩离"。"在朝者以正义婴戮，谢事者以党锢致灾。"在这种情况下，以一批头脑清醒的耿直派官僚为核心，以太学生群体为依托的知识分子阶层，对东汉的黑暗政治发动了猛烈的批判。崔寔、王符、仲长统等就是这一批判思潮中的代表人物。

崔寔（？—约170年），字子真，一名台，字元始。涿郡安平（今河北安平）人。其父死，隐居墓侧三年。桓帝初以郡举"至孝独行"之士，征诣公车，因病不对策，任为郎。后经大司农羊傅、少府何豹等上书举荐，召拜议郎。升大将军府司马，著作东观。不久出任五原太守，其地"土宜麻枲，而俗不知织绩，民冬月无衣，积细草而卧其中，见吏则衣草而出"。他到任后，"斥卖储峙，为作纺绩、织纴，练缊之具以教之，民得以免苦寒。"①同时又"整厉士马"，严防匈奴人的进犯，使边境得以安宁。后来因病回京师任议郎，参与同诸儒生博士"杂定五经"。梁冀伏诛时因受牵连而免官。不久，又被荐为辽东太守，旋因母死服丧，三年期满，被任为尚书。他见朝政日非，自己无能为力，坚决辞官回家。由于他为官清廉，又不善于治产业，死时"家徒四壁立，无以殡敛"，赖朋友帮助，才得以安葬。崔寔的主要著作是《政论》，全书已佚，只有片断节存于《后汉书》本传及《群书治要》中。仲长统认为该书十分重要，"凡为人主，宜写一通，置之坐侧"，范晔也赞誉其"指切时要，言辩而确。"②崔寔在《政论》中对皇族官僚、豪族地主的奢侈靡费深恶痛绝，直斥其为社会三大祸患之首。其余两大祸患，一是"无用之器贵，本务之业贱"，"财郁积而不尽出，百姓穷困而为奸寇，是以食廪空而囹圄实，……上下俱匮，无以相济。"二是"在位者则犯王

① 《后汉书·崔寔传》。

② 《后汉书·崔寔传》。

法以聚敛,愚民则冒罪戮以为健。"①崔寔同时还对官吏的贪残,酷吏的横暴予以揭露和抨击,指出他们"重刑施于大臣,而密网刻于下职,鼎辅不思在宽之德,牧牧守守逐之。各竟擿微短,吹毛求疵,重案深诋,以中伤贞良。""巧文猾吏,向壁作条,诬复阖门,摄捕妻子","百姓之命,委于酷吏之手,嗷嗷之怨,咎归于天,……仇满天下,可不惧哉!"②面对东汉皇朝的国势江河日下,崔寔对挽救社会危机已经失去信心。他认为不必空想"致君尧舜,复三代盛世",只希望采取一点切切实实的改良措施,再现文景之治。他说:"济时救世之术,岂必体尧蹈舜,然后乃治哉?期于补绽决坏,杖柱摧危,随形裁割,取时君所能行,要厝斯世于安宁之术而已。"③这正是清醒的现实主义者在当时能够提出的办法。他也知道,就是这样的改良方案,东汉皇朝也难以付诸实行。

王符,字节信,安定临泾(今甘肃镇原)人,生卒年不详。从其与马融、张衡等友善的情况看,他大约生活于公元80—160年之间。王符"少好学,有志操",但因其庶出,为乡人所鄙薄。更因其耿介不同流俗,不肯投靠名门巨宦,一生不得入仕。他埋头读书,潜心著述,讥评时政得失,针砭社会弊端,并提出救治之方。由于他不想显名于世,故称其著作为《潜夫论》。该书较全面地反映了王符的哲学和社会政治思想。王符的社会历史观充满复杂的矛盾,他面对黑暗的社会现实,一方面认为历史不断发展变化,一方面又认为这种发展变化不是由低级向高级的运动,而是每况愈下,一代不如一代。其间有些朝代可以出现一时的"治世",那是因为出了明君贤臣。由此他肯定世之治乱全在于国君的贤愚明暗,历史是由少数英雄豪杰决定的,"世之善否,俗之薄厚,皆在于君"④,"近古以来,亡代有三,灭国不数,夫何故哉?察其败,皆由君常好其

① 《群书治要》节录。
② 《群书治要》节录。
③ 《群书治要》节录。
④ 《德化》。

乱而恶其治，憎其所以存而爱其所以亡。”①不过他同时又认为，“国以民为基，贵以贱为本”②，因此，国君为使社稷长存，国家兴旺，必须真诚地“爱民”和“利民”，做到“爱之如子，忧之如家，危者安之，亡者存之，救其灾患，除其祸乱”③，最重要的措施就是减省徭役，爱惜民力，使劳动人民有充分的时间从事生产活动。为此，他提出了“爱日”说：“国之所以为国者，以有民也，民之所以为民者，以有谷也；谷之所以丰殖者，以有人功也；功之所以能建者，以日力也。治国之日舒以长，故其民闲暇而力有余；乱国之日促以短，故其民困务而力不足。”“富足生于宽暇，贫穷起于无日。圣人深知力者乃民之本也，而国之基也，故务省役而民爱日。”④这里王符已经意识到生产者创造财富的多少与其拥有的劳动时间成正比，这是他对中国古代经济思想的重要贡献。同时，他也强调德化在治世抚民中的重大作用。他认为人性先天无所谓善恶，后天的环境教化对人的品质具有决定性影响。“人君之治，莫大于道，莫盛于德，莫美于教”。“上圣不务民事而治民心。……导之以德，齐之以礼，务厚其情而明则务义，民亲爱则无相害伤之意，动思义则无奸邪之心。夫若此者，非法律之所使也，非威刑之所强也。此乃教化之所也。”⑤他进而主张把发展生产使民富足与教化结合起来，“既富之则教之”，因为“礼义生于富足，盗窃起于贫穷。”⑥这样，王符就使德化不是停留在单纯的道德说教，而是建立在相对稳定的经济生活的基础之上。当然，他在强调德化的同时，也没有忘记刑罚的作用。他吸取法家思想的合理因素，批判“刑杀当不用，而德化可独任”⑦的迂腐

① 《思贤》。
② 《边议》。
③ 《救边》。
④ 《爱日》。
⑤ 王符：《潜夫论·德化》。以下只注篇名。
⑥ 《爱日》。
⑦ 《述赦》。

观念,指出“制法之意”,是为“藩篱沟堑以有防”①,“威奸惩恶除民害”②,只有德刑相互为用,才能求得社会秩序的稳定。王符思想的最珍贵部分,是其对东汉末期腐败现象无情地揭露与批判,以其辛辣的笔触揭示富贵与贫贱的矛盾,描绘出没落时代统治者各阶层的丑恶心态:“与富贵者交,上有称誉之用,下有货财之益;与贫贱者交,大有赈贷之费,小有假借之损”。“富贵易得宜,贫贱难得适。好服谓之奢僭,恶衣谓之困厄;徐行谓之饥馁,疾行谓之逃责;不候谓之倨慢,数来谓之求食;空造以为无意,奉贽以为欲货;恭谦以为不肖,抗扬以为不得;此处子之羁薄,贫贱之苦酷也!”“有利生亲,积亲生爱,积爱生是,积是生贤;……无利生疏,积疏生憎,积憎生非,积非生恶。……是故富贵虽新,其势日亲,贫贱虽旧,其势日除;此处子所以不能与官人竞也。”“凡今之人言方行圆,口正心邪,行与言谬,心与口违,论古则知称夷齐原颜,言今则必官爵职位。虚谈则知以德义为贤,贡荐则必以阀阅为前。”③总起来看,在东汉末期的批判思想家中,王符是一位奇特独立、有着卓异性格和较深造诣的学者。他的思想对中国后世的唯物论思想家产生了积极的影响。

仲长统(180—220 年),字公理,山阳高平(今山东邹城西南)人。少时好学,“博涉书记,赡于文辞”,“性倜傥,敢直言,不矜小节。”④二十多岁即游学青、徐、并、冀之间。因屡拒州郡征召,甚有声名。汉献帝时,被尚书令荀彧召为尚书郎,后入曹操幕,参谋军事。不久又回任尚书郎。仲长统是一位才华横溢的文武全才,但一直不受重用,盛年即逝去。主要著作《昌言》,佚失甚多。只在《后汉书》本传和《群书治要》中保留了一小部分。

仲长统生当乱世,他在观察历史和社会生活时特别注重人的主观能动性,对上帝、天命、三统、三正、五德终始一类神道迷信不屑一顾。他把社会历史的

① 《断讼》。

② 《述赦》。

③ 《交际》。

④ 缪袭:《昌言表》,马国翰:《玉函山房辑佚书》第 11 函,第 54 册。

发展描述为“乱世”—“治世”—“乱世”的循环过程,认为其特点是“乱世长而化世短”。这一概括虽然并不科学,但显然是我国自春秋以来至东汉末年的历史在他头脑中的反映。他指出,每当“乱世”之时,豪杰并起,社会各集团间展开激烈而复杂的斗争,在“角智”、“角力”中胜利的就成为统治者,失败的就成为被统治者。而“天命”、“天威”只是参与斗争的各派政治势力借以欺骗人民、壮大声威的口号而已。他这样描述从群雄并争到胜利者统一的过程:“豪杰之当天命者,未始有天下之分者也,无天下之分,故战争者竞起焉。于斯之时,并伪假天威,矫据方国,拥甲兵与我角才智,程勇力与我竞雌雄,不知去就,疑误天下,盖不可数也。角智者皆穷,角力者皆负,形不堪复伉,势不足复校,乃始羁首系颈,就我之衔绁耳。”①胜利者建立稳固的统治以后,“豪杰之心既绝,士民之志已定,贵有常家,尊在一人”②,这时就进入所谓“治世”。但这个“治世”恰恰又成为酝酿乱世的温床。因为创世之主以后的继体之君“见天下莫敢与之违,自谓若天地之不可亡也”,于是“奔其私嗜,骋其邪欲,君臣宣淫,上下同恶”,“荒废庶政,弃亡人物”,使社会矛盾迅速激化,“怨毒无聊,祸乱并起,中国扰攘,四夷侵叛,土崩瓦解,一朝而去”③,社会于是再一次陷入乱世。历史就是在这样的“治”、“乱”循环中继续下去。仲长统看不到历史的进步趋势,透出了对未来世界的消极悲观情绪。但是,“他没有中国式寺院精神的三代天国,然却有‘推此以往’不知黑暗到何等程度的现实警告,他没有谎言,然却有实话,如果说科学态度,在中世纪恐怕就是这样的吧!”④另外,仲长统在社会政治观上还提出了“损益”的思想。他认为制度的变革与否,主要决定于现实的需要和效果,“作有利时,制有变于物者,可为也;事有乖于数、法有翫于时者,可改也。故行于古有其迹,用于今无其功者,不可不变;变而不如前,

---

① 《后汉书·仲长统传》。

② 《后汉书·仲长统传》。

③ 《后汉书·仲长统传》。

④ 侯外庐:《中国思想通史》第二卷,人民出版社 1962 年版,第 450 页。

易而多所败者,亦不可不复也。”①以此为标准,他对东汉时期豪族地主田庄的发展、宦官外戚交互擅权的危害都提出了激烈的批评意见。为了地主阶级统治的长治久安,他主张选贤任能,使“才智”之士在“以级次进”的晋升制度严格制约下成为各级官僚机构的主体,以抵制外戚和宦官随意安插私人。同时,他还主张德教与刑罚、德治与法治必须互为补充,相互为用。在正常情况下,以前者为主,后者为辅。在“革命之期运”的特殊情况下,就要把“征伐用兵”、“严刑峻法”放在首位。这种看法是有见地的。最后,仲长统在“制国以分人,立政以分事”的原则下,提出了东汉政府需要解决的十六项政务,即“明版籍以相数阅,审什伍以相连持,限夫田以断并兼,定五刑以救死亡,益君长以兴政理,急农桑以丰委积,去末作以一本业,敦教学以移情性,表德行以厉风俗,核才艺以叙官宜,简精悍以习师田,修武器以存守战,严禁令以防僭差,信赏罚以验惩劝,纠游戏以杜奸邪,察苛刻以绝烦累。”②这十六项涉及政治、经济、军事、文化、道德、法律的改革措施,虽然还显得笼统和粗疏,但却反映了仲长统深邃的思考和不凡的眼光。

八、“清议”及其向“清谈”的转化

东汉末年,随着封建统治的腐朽和对劳动人民压榨剥削的加剧,随着豪族地主田庄的膨胀和土地兼并的日甚一日,地主阶级与农民阶级的矛盾日趋尖锐,各地接连不断的起义正酝酿着全国规模风暴的来临。与此同时,统治阶级的内部矛盾也不断发展:外戚、宦官、累世显宦的官僚集团之间进行着激烈、复杂的斗争。由于外戚和宦官交互擅权专政,比较牢固地控制了中央大权,阻碍了官僚集团及其后备军太学生们的进身之路,于是这些人便结合起来,利用他们在舆论上的力量,掀起了颇具声势的“清议”,对宦官和外戚,尤其是宦官的

---

① 《后汉书·仲长统传》。

② 《后汉书·仲长统传》。

黑暗统治进行了猛烈的攻击。汉顺帝时,京师的太学生已达三万之众,郡国学校和私人精舍中的学生为数更多。这些后补官僚们一面在太学和师友弟子中"浮华交会"、广泛活动,拉帮结派,一面投靠名公巨卿,奉其为领袖,"共为部党",互相标榜,结成更庞大的政治联盟,到汉桓帝时,已形成一股举足轻重的势力。他们推三公级大官僚窦武、陈蕃、刘淑为"三君"(言一世之所宗),推次一级的李膺等为"八俊"(言人之英),推京师名士郭泰等八人为"八顾"(言以德行引人),推郡国名流张俭等八人为"八及"(言能导人追宗),推慷慨轻财的度尚等八人为"八厨"(言能以财救人)。他们以简短的风谣、题目和长篇大论的疏章为武器,在统治阶级的圈子内,不断制造出反宦官的舆论。

风谣最初是经师和生徒们标榜个人学术独特成就与风格的韵语,如"五经纵横周宣光"①,"五经无双许叔重"②等,后来逐渐发展,内容越来越丰富。官僚和太学生们在与外戚宦官的斗争中进而赋予它以政治斗争的性能,用以褒奖同类或贬斥奸邪。如顺帝末年,外戚梁冀擅废立,诛李固、杜乔,而封胡广、赵戒等人,京都童谣曰:"直如弦,死道边,曲如钩,反封侯"。③ 梁冀被诛后,宦官左悺、具瑗、徐璜、唐衡专权横暴,天下为之语曰:"左回天,具独坐,徐卧虎,唐两堕"。④ 这些风谣,冠以"时人之论"、"时人之语"、"时人之称"广泛流传,在政治斗争中发挥着很大的作用。与风谣一起流行的还有"题目",其最初形式,与称号有密切联系,如荀淑称"神君",郦原称"云中白鹤",杨伯起称"关西孔子",戴子高称"关中大豪"之类,都是一种直指。后来,逐渐发生变化,"从直指变为譬况、从具体的说明变为抽象的象征"。⑤ 如"世目李元礼谡

① 《后汉书·周举传》。
② 《后汉书·许慎传》。
③ 《后汉书·梁冀传》。
④ 《后汉书·单超传》。
⑤ 《中国思想通史》第二卷,人民出版社1962年版,第373页。

谡如劲松下风"。[①]"庾子嵩目和峤,森森如千丈松,虽磊砢有节目,施之大厦,有栋梁之用"。[②] 乔玄对曹操说:"君实是乱世之英雄,治世之奸贼。"[③]等等。它实际上也与风谣一样,是当时官僚和太学生们互相标榜、吹捧的一种武器,最后变成"一种地望和名望的标志"。[④] 不过这种标榜已逐渐与事实相距甚远,有不少甚至完全相反。正如刘劭在其《人物论》中所尖锐指出的,"鳖马弄稍,一夫之勇者,谓之上将之元。合离道德,偶俗而言者,谓之英才硕儒",而"夙兴夜寐,退食自公,忧劳损益,毕身为政者,谓之小器俗吏。"事实与概念如此颠倒,也正是"道微俗弊"的反映。

不过,如果说清议中浮在表面、流传较广的是风谣和题目的话,那么,具有实质性内容的还是政论,它集中在当时的奏疏与戕记之中。当时参与论战的双方,都以纲常名教和神学迷信为护身符,然后向敌对的一方激烈攻击。辩论集中于宦官干政、经济破产、农民暴动和对羌战争几个方面。

由于宦官擅权严重阻碍了官僚的晋升和太学生们入仕的道路,他们对宦官干政所造成的黑暗政治施以无情的攻击(见第六章第二节)。这些慷慨激烈的言辞背后虽然隐含着官僚豪族集团的私利,但在他们的言论中,也勾画出宦官权倾朝野的嚣张气焰和对国脉民命的危害,"官位错乱,小人日进,财货公行,政治日消"。[⑤]"群小竞进,秉国之位,鹰扬天下,乌钞求饱,吞肌及骨,并噬无厌"。[⑥] 给后世留下一批珍贵的认识当时社会状况的资料。

由于东汉皇朝对农民的超经济剥削日甚一日,豪族地主对依附农民的鲸吞肆无忌惮,整个统治阶级的聚敛财富和奢靡享受的欲望有增无已,一方面农

---

① 《世说新语·赏誉》第八。
② 《世说新语·赏誉》第八。
③ 《世说新语·识鉴》第七。
④ 《中国思想通史》第二卷,人民出版社 1962 年版,第 381 页。
⑤ 《后汉纪·孝桓皇帝纪》上卷第二十一。
⑥ 《后汉书·刘陶传》。

民大量破产流亡，社会秩序动荡不安，另一方面，封建政府国库空虚，财政困难，官兵离散之心日增，正如侍御史朱穆在其对梁冀的上疏中所指出的：

“今宦官俱用，水螽为害，而京师之费，十倍于前。河内一郡，尝调缣素绮縠，才八万余匹，今乃十五万匹。官无见钱，皆出于民。民多流亡，皆虚张户口。户口既少，而无赀者多，当复割剥，公赋重敛。二千石长吏，遇民如虏，或卖用田宅，或绝命捶楚。大小无聊，朝不保暮。……近永和之末，人有离心，兴徒发使，不复应命，怀粮廪兵，云尚向谁。”①

针对这种情况，他提出的解决办法是“易二千石长吏非其人者”。陈蕃也指出当时的情况：“比年收敛，十伤五六，万人饥寒，不聊生活。而采女数千，食肉衣绮，脂油粉黛，不可资计。”②面对经济破产，财政困难的严峻形势，有人提出改铸大钱的主张，企图从通货入手，找到一个解决危机的捷径。刘陶则提出了截然相反的意见，指出“当今之忧，不在于货，在乎民饥”，“食者，乃有国之所宝，生民之至贵也”。而东汉所面临的危机主要是乏食：“窃见比年以来，良苗尽于蝗螟之口，杼柚空于公私之求，所急朝夕之餐，所患靡盐之事，岂谓盐货之厚薄，铢两之轻重哉？就使当今砂砾化为南金，瓦石变为和玉，使百姓渴无所饮，饥无所食。虽皇羲之纯德，唐虞之文明，犹不能以保萧墙之内也。盖民可百年无货，不可一朝有饥，故食为至急也。”而“欲民殷财阜”，就要“使男不逋田，女不下机”，“要在止役禁夺，则百姓不劳而足”。③ 这种要求轻徭薄赋，保证农民生产时间的主张，尽管没有超出先前儒家要求缓和矛盾的传统思想，但毕竟是有进步意义的。

东汉末年，农民起义接二连三地在各地爆发，最后酿成了促使东汉皇朝走向覆灭的黄巾大起义。对于农民因遭受惨重剥削压迫铤而走险给封建统治带

① 《后汉纪·孝质皇帝纪》卷第二十。

② 《后汉书·陈蕃传》。

③ 《后汉书·刘陶传》。

来的冲击，东汉的官僚和太学生有着比较清醒的认识，并由此而促使他们对君民关系进行认真的思索。名将皇甫规已认识到，“夫君者舟也，民者水也，群臣者乘舟者也”。国君对人民好，就会福寿平安，否则就会“沦波涛”，被人民推翻。对于这种君民关系，刘陶讲得更清楚，他说：“帝非民不立，民非帝不宁，……帝之与民，犹首之于足，相须而行，混同一体，自然之势也。”[①]由此出发，他们对阶级矛盾所引起的农民暴动的原因也能进行较为实事求是的客观考察。而在如何消弭暴动的问题上，他们中的绝大部分主张以“抚”为主，即多用软的怀柔的一手。零陵桂阳蛮族起义后，陈蕃上疏，提出“更选清贤奉公之吏以爱惠之心”前去安抚。著名政论家左雄则指出，“柔远能迩，莫大宁民，宁民之务，莫重用贤”，办法是“长吏理绩有显效者，可就增秩，勿使移徙，非父母丧，不得去官。其不从王制，锢之终身，虽赦令不在齿列。必竞修善政，亲抚百姓，率土之民，各宁其所”。[②] 做到像汉宣帝所追求的“政平吏良”。尽管与坚决镇压派比较起来，他们之间的区别主要是策略性的，但是，这种缓和社会矛盾的理论毕竟是维持封建统治的重要条件，客观上对劳动人民也是有好处的。

东汉中期以后一直困扰封建统治者的羌人“叛乱”，实际上是带有国内民族斗争性质的牧民起义。宦官一派主张剿灭，官僚一派主张“恩抚”，两派在此问题上展开了极其激烈的论争。依附于党人的著名将军张奂，是恩抚派的著名代表。永寿元年(155 年)，他任安定属国都尉时，不仅协助先零羌击败了南匈奴的侵扰，而且退还其酋长献来的金、马，以诚相待，使边境一度安定下来。党于阉寺的段颎则主张坚决镇压，彻底殄灭，而其所据理论，依然还是传统的“非我族类，其心必异”的大汉族主义。另一著名将军皇甫规也主张恩抚，他揭露段颎之流的讨羌将军无事生非，凶狠残暴，“微胜则虚张首级，军败

① 《后汉纪·孝桓皇帝纪》上卷第二十一，元寿元年。

② 《后汉纪·孝顺皇帝纪》上卷第十八。

则隐匿不言,军士劳怨,困于猾吏,进不得快战以徼功,退不得温饱以全命,饿死沟渠,暴骨中原。徒见王师之出,不闻振旅之声。酋豪泣血,惊惧生变,是以安不能久,败则经年。"①可是,由于宦官当权,对羌战争还是连年进行下去。不仅给汉羌人民的生命财产造成难以估量的损失,而且加剧了东汉政府每况愈下的财政困难。永和八年(143 年),征西将军马贤在对羌战争中惨败,羌人攻烧陇西,关中惊恐不安。皇甫规再次上疏,指出讨羌战争带来的弊害:"悬师之费,且百亿计,出于平人,回入奸利。故江湖之人,群为盗贼,青徐荒饥,襁负流散。"而解决此问题的根本办法还是变剿为抚:"力求猛敌,不如清平;勤求孙吴,未若奉法。"②其他官僚如李固等人,对于周边少数民族的谋叛也不主张发兵征讨,要求选取"勇略仁惠"之人为刺史太守,"勿与争锋,以恩信招来,赦杀伤之罪,以息发军。"③

在清议集中的四个问题上,宦官集团与官僚集团都进行了针锋相对的辩论。虽然他们之间的矛盾是统治阶级的内部矛盾,目标也都是维护封建统治,在堂皇的言辞背后隐藏着各自的私利。但总起来看,官僚集团,尤其是其中的耿直派官吏,眼光比宦官们要锐敏,视野比他们要广阔,对许多问题的看法比他们要深刻和正确得多。

东汉末年统治阶级的内部斗争终于酿成了党锢之祸。宦官"挟天子以令诸侯",一面对官僚派及其知识分子进行血腥镇压,一面设鸿都门学和提拔定陵孝子对太学生进行分化。官僚及其知识分子的一部分开始转向当权者靠拢,被禁锢的"清议"也随着向"清谈"转化。从是非臧否到"发言玄远,口不臧否人物"④;从空洞无物的纲常名教到纲常名教的否定而"叛散五经,灭弃《风

① 《后汉书·皇甫规传》。
② 《后汉书·皇甫规传》。
③ 《后汉纪·孝顺皇帝纪》上卷第十八。
④ 《晋书·阮籍传》。

雅》"[①],以至圣人孔子与老庄"将无同",流为纯粹的概念游戏。这种转变在许多人身上体现出来。如周勰"少尚玄虚,……常隐处窜身,慕老聃清静。"[②]向栩"少为书生,性卓诡不伦,恒读老子,状如学道,又似狂生。"[③]这类人物,生当乱世,面对东汉皇朝江河日下的形势无可奈何,却又不愿与宦竖们同流合污,只能采取隐居不仕的办法以求免祸。郭泰作为当时的清流领袖,名士谈宗,有着很高的声名。但当宋仲劝他出仕时,他坚决不干。因为他对时局已经洞悉无余,"天之所废,不可支也",与其冒险入仕,不如隐居免祸,"未若岩岫颐神,娱心彭老,优哉游哉,聊以卒岁。"[④]他消极的人生态度,已接近魏晋玄学家,而其学术思想,也是儒道兼宗,开了魏晋玄学的先河。从周勰、向栩,尤其是郭泰身上,透出了清议向清谈,经学向玄学转化的信息。

九、佛教的传入与道教的创立

在中国宗教和文化史上,佛教的传入和道教的创立是两件影响深远的大事,这两件事都发生在两汉时期。

佛教何时传入中国?这是一个学术上尚无最后定论的问题。相比而言,东汉明帝时传入说较为可信。永平七年(64 年),明帝夜梦金人飞入殿庭,次晨问群臣,太史傅毅告诉他,梦中的金人是西方名叫佛的神。明帝于是派中郎将蔡愔、秦景、博士王遵等十八人去西域访求佛道。永平十年(67 年),蔡愔等于大月氏国遇沙门迦叶摩腾、竺法兰二人,并得佛像经卷,用白马驮归洛阳。明帝特为他们建立精舍,称白马寺。于是摩腾与竺法兰二人在寺里译出《四十二章经》。学术界对以上记载虽仍有争论,但佛教在此前后传入中国大致是可信的。此后到东汉桓、灵二帝时代,西域佛教学者相继来到中国,如安世

① 《后汉书·仲长统传》。
② 《后汉书·周勰传》。
③ 《后汉书·向栩传》。
④ 《抱朴子·正郭篇》。

高、安玄来自安息，支娄迦谶、支曜来自月氏，竺佛朔来自天竺，康孟祥来自康居，由此译者惭盛，法事也渐兴。

佛教传入中国后，先在宫廷，后在民间逐渐得到传播。据记载，楚王刘英是最早信奉佛教的诸侯王，“英好游侠，交通宾客，晚节喜黄老，修浮屠祠”。[①]到了汉桓帝时，更在宫中铸造黄金浮屠、老子像，并亲自在濯龙宫中设华盖，祭以郊天之乐。这时候，佛教在民间也逐渐传播开来，“百姓稍有奉佛者，后遂转盛”。[②] 据《后汉书·陶谦传》和《吴志·刘繇传》记载，汉献帝时，丹阳人笮融聚众数百人，往依徐州刺史陶谦，陶谦使之管理广陵、下邳、彭城三郡的粮食运输。笮融于是“断三郡委输，大起浮屠寺，上累金盘，下为重楼，又堂阁周回，可容三千人许，作黄金塗像，衣以锦采。每浴佛，辄多设饴饭，布席于路，其有就食及观者且万余人”[③]，的确盛况空前。佛教之所以在东汉末年开始传播，一方面因为它的教义被认为与黄老的“清净无为”相似，与统治者祈求长生的心理相契合，另一方面汉末动乱的社会现实又促使贫苦无告的劳动人民去寻求新的精神寄托。刚刚传入的佛教就以其新奇的教义同时获得了宫廷与民间一部分人的信仰。但是，东汉时传入中国的佛教尚处在其发展的初级阶段，这主要表现在当时从宫廷到民间，都还把佛教与黄老和神仙方术并列，还没有意识到它是独立的博大精深的宗教，而对佛教教义更缺乏深入的研究。佛教哲学在思想界还没有产生重大影响。

与佛教传入中国差不多同时，中国土生土长的道教也逐步形成。古代中国是一个多神教的世界。随着封建专制主义中央集权的形成和逐渐完备，秦汉时期出现了以天帝为首、结合四方诸神的复杂的神权等级系列。一方面，方士作为神人之间的媒介曾经哄骗秦皇、汉武这样雄视百代的封建帝王演出过

① 《后汉书·楚王英传》。

② 《后汉书·西域传》。

③ 《后汉书·陶谦传》。

一系列迷信闹剧,一方面,古老的巫、祝、卜、史在对多神的筛选改造中逐步推出了以老子为教主的道教。

黄老之学曾盛行于西汉初年并成为其时政治的指导原则。当时,它是作为一个思想学术流派而不是作为教义存在的。后来,黄老却逐渐被推上了祭坛,变成了人们顶礼膜拜的神灵。《后汉书·陈愍王宠传》最早记载了刘宠与其王国相魏愔共祭黄老君祈求长生多福的事实,说明至迟在东汉初年,黄帝和老子已经进入了祀庙。后来,楚王刘英也在宫中祭祀黄老。桓帝时,老子的祭祀已经升到国家级别。延熹八年(165 年)一月,桓帝派中常侍左悺去苦县祠老子,同年十一月,再遣中常侍管霸到苦县祠老子。第二年,又在宫中为老子设专祠。与此同时,道教经典亦在造作中。《后汉书·襄楷传》载:"初顺帝时,琅邪宫崇诣阙上其师于吉于曲阳泉上所得神书百七十卷,皆漂素朱介,青首朱目,号《太平清领书》。其言以阴阳五行为宗,而多巫觋杂语。有司奏崇所上妖妄不经,乃收藏之。后张角渐有其书焉。"显然,这个于吉是造作和传播道教经典的一个重要人物。不过,据《三国志·吴志·孙策传》注引《江表传》载,这位于吉乃是与孙策同时的琅邪道士,他"先寓居东方,往来吴会,立精舍,烧香读道书,制作符水以治病,吴会人多事之。"由于他以各种幻术迷惑官吏百姓,使孙策的宾客们如醉如痴,孙策一气之下把他杀了。

在于吉之后,道教继续流传,逐渐形成两大流派,即河北张角的太平道、汉中张鲁等的五斗米道。张角以太平道作为宣传组织发动群众的工具,掀起了黄巾大起义。五斗米道的源流有二说:一说创自张鲁的祖父张陵,《三国志·张鲁传》:"祖父陵,客蜀,学道鹄鸣山中,造作道书,以惑百姓。从受道者出五斗米,故世号米贼。陵死,子衡行其道。衡死,鲁复行之。"一说创自张修,"中平元年,秋七月,巴郡妖巫张修反,寇郡县。"①后张修在汉中起事,被张鲁击杀兼并。张鲁在汉中建立起政教合一的政权,成为三国时期一块安定的乐土。

① 《后汉书·灵帝纪》。

道教在东汉中期以后，尤其在三国时期所以得到较为迅速的传播，一是因为它给在战乱中挣扎在饥饿与死亡线上的贫苦人民以天国的理想，抚慰他们那渴望解脱的灵魂。二是用巫术和药物为贫病交加的人们治病，医治他们肉体的痛苦。曹丕《典论》："太平道者，师持九节杖为符祝，教病人叩头思过，因以符水饮之。得病或日浅而愈者，则云此人信道。其或不愈，则为不信道。"张鲁的办法大体与张角一样："而加施静室，使病者处其中思过。又使人为奸令祭酒。祭酒主以《老子》五千文使都习，号为奸令，为鬼吏，主为病者请祷。请祷之法，书病人姓名，说服罪之意，作三通：其一上之天，著山上；其一埋之地，其一沉之水，谓之三官手书。使病者家出五斗米以为常，故号曰五斗米师。实无益于治病，但为淫妄，然小人昏愚，竞共事之。"①东汉时期的道教虽已进入最高统治者的宫廷，但主要在下层民间秘密流传。它还带着原始巫术的粗疏形态，成为广大劳动人民反抗封建统治的有力武器。但是，随着历史的发展，剥削阶级知识分子也力图将其改造成对封建统治有益无害的宗教。尤其是佛教传入并广泛流行后，道教即吸收佛教的某些教义和戒律，加紧进行自我改造。经过魏晋南北朝时期在与佛教斗争中的发展完善，它俨然成为与佛教相抗衡的一大教派，不仅得到封建统治者的青睐，并且依然获得不少下层民众的信仰。

第三节　史学、文学、文字学和艺术

一、《史记》、《汉书》及其他史学著作

两汉时期的史学取得了划时代的成就。据《汉书·艺文志》记载，属西汉人写的史书就有《楚汉春秋》等六家三百四十三篇。东汉时期的史书，据清人

---

① 《三国志·张鲁传》。

考证，亦在百部左右。虽然其中的绝大部分都在战乱兵火中亡佚，但两部影响深远、流传至今的历史巨著《史记》和《汉书》，足以代表两汉史学所达到的高峰。

《史记》的作者是中国历史学之父司马迁。司马迁（前 145 年—?），字子长，西汉左冯翊夏阳（今陕西韩城）人。生卒年史传无明确记载，据王国维考证，其生年当在汉景帝中元五年（前 145 年），卒年大约与汉武帝相同，约六十岁左右。他的父亲司马谈为西汉太史令，是一位对自然科学、哲学、史学都有研究的学者，著有《论六家要旨》一文，分析战国诸子各家的长短得失，对道家特别推崇，这对司马迁产生了很大影响。司马迁少年时即随父到长安。他十岁诵古文，博览群书。二十五岁开始游历，足迹至江淮、齐、鲁等地。后任郎中，以职务之便，到过西南的巴、蜀、昆明，西方的空峒（今甘肃东南），北方的涿鹿和九原（今河北北部和内蒙南部），东临大海。广泛的读书和游历，使他获得渊博的文献资料和生动丰富的感性知识，加深了对许多社会问题的认识，为写《史记》准备了条件。元封元年（前 110 年），司马迁三十六岁时其父病逝，临终留下遗嘱要求他撰写一部通史。元封三年（前 108 年），司马迁继任太史令，开始了《史记》的写作。天汉三年（前 98 年），因他为兵败降匈奴的李陵讲了几句公道话，触怒了汉武帝，被下狱处以腐刑。面对这一奇耻大辱，司马迁隐忍苟活，把全部精力用于著书。太始四年（前 93 年），基本上完成了这部"究天人之际，通古今之变，成一家之言"①的历史巨著。

《史记》最早称《太史公书》，直到魏晋时期才以《史记》名书。《史记》记事上起传说中的黄帝，下迄西汉武帝，约三千余年的历史。全书分十二本纪、十表、八书、三十世家、七十列传，共一百三十篇，是我国第一部纪传体的通史。其中"本纪"是帝王的传记，它以事系年，成为全国性的编年大事纪，全书的总纲。"世家"是王侯封国、开国功臣和有特殊影响人物的传记。"列传"是将相

① 《史记·报任安书》。

功臣、社会各阶层代表人物的传记。"世家"、"列传"都是以事系人。"表"是以表格的形式谱列年爵、事件及人物,用以标明各主要历史事件的时间位置,以展示治乱兴亡的概略。"书"是记载典章制度、经济、天文、地理和艺术等内容,如《礼书》述礼仪,《乐书》论音乐,《律书》谈音律,《历书》记历法,《天官书》汇集古代天文知识,《封禅书》记录历代帝王对各种鬼神的祭祀,《河渠书》记载主要水利工程,《平准书》记述汉代社会经济状况,特别是汉朝经济政策的演变。

《史记》内容宏富,体大思精,不仅记述了帝王将相的活动,也写了各阶层的代表人物;不仅注意政治情况,也注意经济文化。班固说司马迁"涉猎广博,贯穿经传,驰骋古今上下数千年间"。刘知几也说:"语其通博,真作者之涵海也"。他不仅广泛搜集现存文献,还亲自到各地作实际调查。例如他为了写《孔子世家》,曾经适鲁,观仲尼庙堂;为了写《淮阴侯列传》,曾到韩信的故乡,访问淮阴父老。《史记》还是一部优美的文学作品,叙述复杂的史实,有条有理,描写人物,栩栩如生。刘向说"迁有良史之才,善序事理"。郑樵也说:"百代而下,史官不能易其法,学者不能舍其书"。鲁迅更称赞它为"无韵之离骚,史家之绝唱"。[①]《史记》表现了司马迁进步的史学思想和政治观点。他推崇发展进化,重视经济生活在历史中的发展作用,同情下层人民,承认他们在历史上的地位。造反的陈涉被列入"世家",游侠、医生、日者(占卜之人)也被立传介绍和歌颂。他还专门为农、工、商、虞四者立《货殖列传》,称颂他们从事的活动是"民所衣食之原"。同时,他敢于大胆揭露封建专制制度的罪恶,秦始皇、汉武帝等封建帝王诛杀功臣、穷奢极欲、迷信鬼神和穷兵黩武的罪行,都受到淋漓尽致的揭露与抨击。其他如酷吏的凶横贪残,奸臣的狡诈虚伪,佞臣的溜须拍马,都在司马迁笔下受到揶揄和鞭挞。班固所指责的《史

① 鲁迅:《汉文学史纲要》,《鲁迅全集》第八卷,人民文学出版社1959年版,第308页。

记》的缺陷——“其是非颇谬于圣人,论大道则先黄老而后六经,序游侠则退处士而进奸雄,述货殖则崇势利而羞贫贱”。① ——正是司马迁高明的地方。当然,司马迁也有他的历史的和阶级的局限性,例如他说秦始皇统一是“天所助焉”,刘邦的成功是“受命而帝”;他还认为“三王之道,若循环,周而复始”等等,这些都贯穿着历史唯心论和英雄史观。

司马迁死后,其书并未公开流行。直至汉宣帝时,他的外孙杨恽才将其公诸于世。但其时抄本甚少,流传不广,且散失了《孝武本纪》全篇。元帝、成帝间,博士褚少孙对《史记》加以补缺和续撰,使汉代的更多史料得以附载流传。《史记》是中国古代史籍的典范,它的出现标志了我国古代史学已走向成熟,是我国学术界划时代的大事,它不仅对中国史学的发展产生了巨大而深远的影响,而且超越国界,翻译成许多国家的文字在世界上流传,为我们的民族赢得了荣誉。

《汉书》的作者班固(32—87 年),字孟坚,东汉扶风安陵(今陕西咸阳东北)人,出身于世代显宦之家。其父班彪为儒学大师,颇有名望。班固九岁即能诵诗赋,十六岁入太学读书,二十三岁父亲死后,即着手整理其父撰写的《史记后传》,因被告“私改作国史”,被捕下狱。但汉明帝看过其书稿以后,十分欣赏其才华,当即赦其出狱,任为兰台令史,让他完成这部史书。班固经过二十余年的殚思竭虑,至建中初年基本完成,很受时人的推崇和朝廷的优渥,不久晋升司马。和帝时,随车骑将军窦宪出征北匈奴,登燕然山,刻石勒功,奉命撰写铭文,宣扬汉朝威德。后窦宪失势自杀,班固因为其幕僚被牵连免官。其仇人洛阳令种兢借机报复,将其逮捕,最后死于洛阳狱中。这时,《汉书》中的八表和《天文志》尚未完成,后经其妹班昭和马续补撰而竟其功。《汉书》虽然前后经四人之手才告完成,但班固的功劳无疑是最大的。

《汉书》全书由十二本纪、八表、十志、七十列传组成,共一百篇,八十多万

① 《汉书·司马迁传》。

字。它基本上沿袭《史记》体例而稍作变更，如改“书”为“志”，把“世家”并入“列传”。班固完全站在正统儒家的立场评判是非，竭力美化刘汉皇朝的统治，宣扬刘氏“正统”，以天人感应、符瑞迷信神化刘邦，说他做皇帝是由于“汉承尧运，德祚已盛，断蛇著符，旗帜上赤，协于火德，自然之应，得天统矣”。① 同时，却拒不承认做皇帝十多年的王莽所建立的新朝。在其有别于《史记》而独创的《五行志》中，更用天人感应的神学迷信解释春秋至两汉末年的许多不常见的自然现象，把山崩、地震与社会政治变化联系在一起。在《汉书》中已经失去了对社会现实的大胆批判精神。

不过，《汉书》在历史编纂学上的成就还是很大的，它包举一代，自成一书，创立了断代史的体例，为后来的正史所遵循，影响是深远的。同时，它在《史记》的基础上进一步整齐了纪传体，使体例更加统一，历史资料和历史知识更加丰富。如帝纪中增载了许多重要的诏令原文，传和志中也增载了许多有关政治、经济和军事的奏议原文，保存了许多重要文献。列传中或增补专传，如张骞、李陵、苏武等；或在《史记》原有人物传中增加新的资料。特别是发展了《史记》关于国内外民族历史的记载，通过《西域传》、《匈奴传》和《西南夷南粤朝鲜传》，保存了国内民族史和中亚、东南亚、西南亚民族史的重要资料。《汉书》十志比之《史记》八书，也增加了大量新内容。其中刑法、五行、地理、艺文四志为班固首创，是我国纪传体史书中关于法律史、历史地理和学术文化史的开创性之作。尤其是《艺文志》，保存了刘歆《七略》的主要内容，记录了西汉官府藏书的名称、作者、卷数，对书籍作了分类，以比较科学的态度分析了各个学科和学派的源流和短长，既是一部十分珍贵的古代学术文化史，又是我国现存最早的一部图书目录。

除《史记》《汉书》两部史学巨著外，这时期值得一提的史学著作还有《汉纪》和《东观汉纪》。《汉纪》的作者是荀悦（148—209 年），他于建安三年（198

---

① 《汉书·叙传》。

年)应汉献帝的要求,依《左传》体例改写《汉书》,“约撰旧书,通而叙之,总为帝纪,列其年月,比其时事,撮要举凡,存其大体”①,经过三年努力,把纪传体的《汉书》改写成了编年体的《汉纪》,共三十卷,约十八万字。这部书辞约事详,本末先后不失条理,既克服了《春秋》记事不记言的缺陷,又在一定程度上避免了《左传》记事零碎不连贯的弊病,首次在编年体中引进类比材料的方法,开创了编年断代史的体例,对以后负有盛名的《资治通鉴》有着直接影响。

《东观汉纪》是我国第一部官修史书。东观是洛阳宫中的殿名,章帝、和帝以后,它成为皇家藏书之所,也是修史之所。《东观汉纪》就是按照皇帝的要求,由众多的史家集体连续编撰的一部纪传体本朝史。此书的编撰历时一百多年,前后参加撰述的学者可考者近二十人。由于遵循官方观点写书,因而其中充满对东汉皇帝的大量溢美之辞,而祥瑞灾异和图谶之类的记载更比比皆是。由于该书最后的作者蔡邕被王允杀害,这部书未能最终完成。据《隋书·经籍志》记载,它共有一百四十三卷,记事起于光武帝刘秀,迄灵帝刘宏。该书在三国两晋南北朝时期比较流行,与《史记》、《汉书》并称“三史”。唐以后被《后汉书》所取代而逐渐散佚,至元朝以后失传。今本《东观汉纪》二十四卷是清朝编撰《四库全书》时从《永乐大典》等书中辑出的。

二、汉赋、乐府、五言诗和建安文学

由于秦皇朝实行钳制思想、摧残文化的专制主义政策,再加上历时短暂,在文学上,除了李斯写了诸如《谏逐客令》等有些特色的散文外,没有出现什么著名的作家和作品。

在农民战争烽烟中产生的汉皇朝接受秦亡的教训,采取了一系列减轻剥削和压迫的政策。在社会安定、经济逐步繁荣的条件下,汉代文学进入了我国文学史的第二个发展阶段。汉初随着战国诸子余绪的活跃,一批感情炽热、议

---

① 《汉纪·高祖皇帝纪》卷第一。

论风发的政论散文给文坛吹来一股清新质朴的新风。贾谊的《过秦论》、晁错的《论贵粟疏》、《贤良对策》，是这一时期的代表作。继承楚辞余绪的骚体赋和楚声短歌也出现一些佳作。贾谊的《吊屈原赋》、《鵩鸟赋》、淮南小山的《招隐士》是优秀的辞赋作品。而项羽的《垓下歌》和刘邦的《大风歌》则是传颂千古的楚声短歌。

汉赋是汉代文学的主要形式，其特点是铺陈写物，“不歌而诵”，接近于骈体文。汉初至武帝初年，“骚体赋”盛行，其作者除贾谊和淮南小山外，还有枚乘（？—140年），他流传至今的作品《七发》，在内容上暴露了上层统治者荒淫纵欲的生活，在艺术上表现了较高的写作技巧，是标志着汉赋（即散体大赋）正式形成的第一篇作品。从汉武帝至汉宣帝时期，随着汉皇朝经济的空前繁荣和国势的极度强盛，汉赋进入了它的极盛时期，赋家众多，作品丰富，气象万千，蔚为壮观。司马相如的《子虚》、《上林》等名篇，以宏伟的气势，丰富的词汇，华美绚丽的文采描绘出汉皇朝疆域的辽阔，物产的丰饶，尤其是宫苑的华丽和狩猎场面的壮观，充分展示了大汉皇朝繁荣昌盛的非凡气势。在艺术上，他“变体创新”，“不师故辙，自摅妙才，广博闳丽，卓绝汉代”①，创造了汉赋这一文体的成熟形式。“千金难买相如赋”，显示了他独步文坛、卓然不群的景况。另外，东方朔、王褒、扬雄等也是这一时期的辞赋大家，他们以其丰姿多彩而又具有共同特点的辞赋之作，铺采摛文，歌颂国势声威，美化皇帝功业，构成了西汉极盛时期辉煌壮丽的景观。

东汉中叶以后，汉赋从思想内容到体制风格都开始转变。以歌功颂德为能事的散体大赋显著减少，揭露社会黑暗现实、讥讽时事、抒情咏志的短篇小赋开始兴起。在此之前，班固的《两都赋》、张衡的《二京赋》，虽然都还紧步司马相如的后尘，成为散体大赋的杰作，但张衡的《归田园赋》，则以其对田园风

---

①　鲁迅：《汉文学史纲要》，《鲁迅全集》第八卷，人民文学出版社1959年版，第306页。

光的出色描绘和对闲情逸致的尽情抒发，开启了东汉抒情咏志赋的先河。东汉后期，赵壹的《刺世疾邪赋》，猛烈抨击当时政治的黑暗，揭露讥讽官场“舐痔结驷”，“抚拍豪强”的种种丑行，抒发了自己不满现实、愤世疾俗的反抗精神和坚持操守的坚定信念。蔡邕（132—192年）的《述行赋》、祢衡的《鹦鹉赋》等也都是抒情短赋的名篇。

以散体大赋为代表的汉赋在内容上反映了疆域辽阔、经济繁荣、物产丰足、都市繁华、宫室壮美、统一强大的汉皇朝的声威，在艺术上丰富了文学作品的词汇和技巧，“至如气貌山海，体势宫殿，嵯峨揭业，熠耀焜煌之状，光彩炜炜而欲然，声貌岌岌其将动矣”。[①] 同时，它还促进了我国文学观念的形成。东汉初年，文章已从学术中分离出来，成为一个独立的部门。当然，汉赋的局限是很大的。它的题材主要局限于宫廷都邑等上层贵族生活的描写，主导倾向是歌颂帝王的功业，艺术上以炫博斗奇为能事，起着渲染、夸耀和赞扬统治者威风和豪华生活的作用，是典型的贵族宫廷文学。

继《诗经》和《楚辞》之后，在我国诗歌史上展放异彩的是汉乐府民歌。乐府是古代音乐机构的名称，至迟到秦代已开始设置。后人把这一机构收集、编制的配乐诗歌称为“乐府诗”或“乐府歌辞”，简称“乐府”。同时把来自民间的作品称“乐府民歌”，由此乐府成为一种诗体的名称。汉朝从武帝起，设立乐府机关，以著名音乐家李延年为协律都尉，大规模采集民间歌谣。于是，北起燕、代，南至淮南、南郡，东起齐、郑，西至陇西，大量的“感于哀乐，缘事而发”[②]的民间歌谣被采集到乐府。宋人郭茂倩所编《乐府诗集》是收集乐府诗最为完备的一部总集，其中包括流传到宋代的四十多篇汉代民歌。由于这些民歌出自人民之手，因而能够真实地反映当时广阔的社会现实生活和人民的爱憎感情。如《东门行》描写一个生活濒临绝境的男子，不顾妻子的苦苦哀

① 《文心雕龙·夸饰》。
② 《汉书·艺文志》。

求，毅然拔剑出东门，走上反抗的道路。《病妇行》则写出一个贫病交加、即将死去的妇女嘱咐自己的丈夫，照顾好她留下的儿子，反映出下层人民凄苦无告的悲惨生活。《战城南》通过对士兵战死沙场、无人收葬，只有啄尸的乌鸦哀叫招魂这一凄惨战场景况的描写，揭露了穷兵黩武的战争给人民带来的沉重灾难。还有些童谣和民谣，以简洁精练的语言含蓄地揭露上层统治集团的残暴和腐朽。另外，一些反映男欢女爱的诗篇也写得真挚、细腻、动情。如《有所思》描述一个热恋中的女子在听到恋人负心后的感情变化，写得波澜起伏，跌宕有致。《上邪》则运用"奇情奇笔"写出一个痴情女子对爱情火一般的激情和坚贞不移的信念。又如《上山采蘼芜》、《白头吟》、《圹上行》等，以无限同情的笔触揭示在封建夫权制压迫下妇女悲惨的命运。在乐府民歌中，《陌上桑》和《孔雀东南飞》是最负盛名的佳作。《陌上桑》通过对美丽、坚贞而又机智的农村姑娘罗敷巧妙拒绝"使君"占有她的叙述，揭露了上流社会权贵们的荒淫和无耻，赞扬了下层劳动妇女蔑视权贵、忠于爱情的高洁品格。全诗语言洗练、明快、生动、活泼，充满喜剧色彩。《孔雀东南飞》叙述了一个催人泪下的家庭悲剧。在专制家长的淫威下，焦仲卿和刘兰芝这样一对恩爱夫妻被活活拆散，最后他们以双双殉情表示了对爱情的坚贞、对不合理制度的反抗。作者以深沉的笔墨，描述了这对青年男女之间动人的感情，歌颂了他们忠于爱情，宁死不屈的叛逆精神，并以积极浪漫主义的手法，让他们的精魂化作一对美丽的鸳鸯，实现幸福和谐的爱情。《孔雀东南飞》的出现，标志着我国古代叙事诗发展到一个新的阶段，为我国的悲剧美学艺术奠定了基础。

在两汉文学史上，五言诗的出现是诗歌艺术的重大突破。五言诗一改四言诗呆板、单调的缺陷，适应语言中双音词逐渐增多的情况，使诗歌更接近口语，更能表现越来越丰富的事物和感情。五言诗首先在民歌中采用，后来一批文人从中吸取营养，学作五言诗，班固的《咏史》，张衡的《同声歌》，秦嘉的《赠妇诗》，赵壹的《疾邪诗》等，显示了文人五言诗的起步和发展。而《古诗十九首》则代表了汉代文人五言诗的最高艺术成就。这些难于考定作者的文人诗,绝大部分是中下层知识分子的作品。其中,写求官无望、仕途失意和游子思妇离别相思之苦等内容的占了绝大部分。如《行行重行行》写思妇对久别不归的丈夫的思念和怨情。《冉冉再生竹》写出了新婚离别妻子的凄苦和隐忧。《明月何皎皎》则写了被强烈乡愁所折磨的游子不宁的心绪和悲愁。其中不少作品感情真挚、思想健康,风格朴素自然,是优美的抒情之作。不过,由于这些中下层文人在黑暗社会面前无力又看不到出路,因而不时流露出人生无常、及时行乐的消极颓废思想,是应该批判的。

东汉文学到建安时期(196—220年)出现了一个发展的高峰。这一时期,政治上经历了从军阀混战到魏、蜀、吴三国鼎立,思想文化上经历了从经学一统到儒、佛、道多元相争。文士们怀着社会和人生的双重忧患意识去从政和著文,从而促成了汉末文风的显著变化。以曹操父子、建安七子和蔡琰为代表的邺下文人集团,以其各有千秋的诗文创作,展现了慷慨悲壮、文采飞扬的时代风格,铸就了建安文学的绚丽辉煌。

曹操是建安文坛的领袖。他的诗今存二十多首,全是乐府。其诗反映了军阀混战中百姓的苦难,如《薤露》:"铠甲生虮虱,万姓以死亡。白骨露于野,千里无鸡鸣。生民百遗一,念之断人肠。"同时抒发了澄清天下的雄心壮志和积极进取的精神。如《短歌行》:"山不厌高,海不厌深,周公吐哺,天下归心。"《龟虽寿》:"老骥伏枥,志在千里,烈士暮年,壮心不已。"曹操诗的风格"气韵沉雄",苍凉悲壮,反映了一位饱经沧桑、忧国忧民、志存天下的英雄人物的理想和风貌。

曹操死后,曹丕继续为文坛领袖。曹丕酷爱文学,其现存诗约40首,内容多描写游子的羁旅乡愁、少妇思夫的怀人怅绪。题材狭窄,风格纤弱,缺乏乃父的慷慨悲壮之气。但其诗在艺术上颇有可取之处,如《燕歌行》描写一位闺中少妇在秋夜思念远方丈夫的感受,感情细腻深沉,语言清丽华美,是较成熟的七言诗。

曹氏父子中文学成就最高的是曹植(192—232年),留下九十多首诗。他是曹丕的同母弟,少年成名,才华横溢。曹丕称帝前,他满怀为国建功立业的理想和抱负,诗中充满昂扬向上、勇于牺牲的激情。如《白马篇》:“名编壮士籍,不得中顾私。捐躯赴国难,视死忽如归。”《薤露篇》:“愿得展功勤,输力于明君。怀此王佐才,慷慨独不群。”曹丕称帝后,他备受压抑和迫害,其诗主要抒发忠而见疑、信而遭谤、心雄万夫、报国无门的愤懑与悲凉。如《杂诗》:“江介多悲风,淮泗驰急流,愿欲一轻济,惜哉无方舟。”如《野田黄雀行》:“高树多悲风,海水扬其波。利剑不在掌,结交何须多?”曹植的诗风清新活泼,风流云扬,正如钟嵘在《诗品》中所评价:“骨气奇高,词彩华茂。”达到了建安文学的最高水平。

建安七子之称最早见于曹丕《典论·论文》,指孔融、陈琳、王粲、徐干、阮瑀、应玚、刘桢等七人。

孔融(153—208年),鲁国人,孔子第20世孙。曾任北海相、青州刺史、将作大匠、少府等官职。因对曹操专权啧有烦言,被诬以“大逆不道”的罪名处死。孔融当时名气很大,被尊为士林领袖,有诗、文25篇传世,曹丕甚至誉其为“扬、班俦也”。其实,孔融算不上当时第一流的文学家。其文学成就主要在散文方面。如《荐祢衡书》等,感情充沛、气势纵横、语言刚劲、议论风发、声情并茂、长于用典,有一泻千里,不可阻挡之概。他留下的七首诗中,以写儿子夭折的《杂诗》和临刑前写的《临终诗》最好。二诗都是直抒胸臆,情真意切,将失子的悲痛和生命终结时的感悟淋漓尽致地抒发出来,具有很强的感染力。

陈琳(?—217年),广陵(今江苏江都东北)人。先后在袁绍、曹操幕中任文秘之类小官。在他传世的4首诗中,以《饮马长城窟》最有名。该诗假托太原卒与长城吏和内舍妻子的对话,揭露秦朝筑长城给百姓带来的灾难,实际上控诉了封建皇朝沉重的赋役加给百姓的危害。

王粲(177—217年),山阳高平(今山东邹城南)人,先后在刘表、曹操幕中任职。他诗文俱佳,刘勰在《文心雕龙》中誉其为“七子之冠冕”。中华书局出版的《王粲集》收录诗文62篇,其中成就最高的是诗和赋。如四言诗《赠蔡子笃》抒发思乡怀友之情，“悠悠世路，乱离多阻”，“风流云散，一别如雨”，就写得十分真挚感人。一组《七哀诗》将东汉末年的战乱景象和各类人的悲惨生活遭遇真实地记录下来，“出门无所见，白骨蔽平原”，其间还有那狠心弃子的妇人，号啕无告的孩子，驱马掩面的诗人，飘泊异乡的游子，战死沙场的兄弟，仿佛一幅摄影作品展示在人们的面前。一组《从军诗》，既歌颂曹操统一北中国、恢复和平和秩序的伟绩，也抒发自己以身许国，渴望建功立业的抱负，亢奋高昂，豪情洋溢，感人肺腑。王粲的赋在当时文坛上更是独领风骚，冠绝一时。如《登楼赋》写离乱中人对太平盛世的企盼，《游海赋》写波涛汹涌的大海的恢弘气势，《羽猎赋》写曹丕出猎的宏大场景，都写得惊心动魄，气势磅礴，继承了汉代大赋铺张扬丽的风格。王粲的一些小赋也写得个性鲜明，真情浓郁。如写笼中鹦鹉对自由的向往，迟暮美人对爱情的渴望，怀念亡友的无限悲情，寡居妇人的孤独哀伤，都透露出诗人对生命的热爱和对人生的理解。王粲的诗与赋都有鲜明的艺术特点，以情取胜，真实自然，词采华美，具有撼人心魄的力量。

七子之一的徐干(171—218 年)，北海(今山东寿光)人，曾任曹操的司空军谋祭酒，曹丕的五官中郎将文学，有诗、赋、文 10 多篇传世。其诗大多写深闺贵妇的思夫之情，很少涉及重大政治社会问题，内容狭窄，思想性和艺术性都比较一般，被钟嵘列为下品。阮瑀(？—212 年)，陈留尉氏(今属河南)人，曾任军谋祭酒、仓曹掾等职。今存诗 12 首。其中，除《驾出北郭门行》写孤儿遭后母虐待有些社会意义，《杂诗》写人生飘泊之旅有些真情实感外，其余也都一般化。应玚(？—217 年)，汝南(今属河南)人。曾任丞相掾与五官中郎将文学。今存诗 6 首。其诗亦不涉重大政治社会问题，在七子中属下乘。刘桢(176—217 年)，东平宁阳(今属山东)人，曾任曹操军谋祭酒。今存诗、赋、文 20 多篇，在七子中较突出。曹丕在《与吴质书》中赞扬他的诗文“有逸气”，“妙绝时人”。钟嵘《诗品》列其为上品，称誉其诗“真骨凌霜，高风跨俗”，“自陈思以下，桢称独步”。他的诗内容丰富，涉及面广，如《公燕诗》写皇室园林的美轮美奂,《赠五官中郎将四首》写曹丕与他周围文士们水乳交融的关系,《赠从弟》写对独立人格和高洁品性的执著,《斗鸡》、《射鸢》则抒发对刚健雄奇的勇士的向往与倾慕,都写得情意绵绵,真实感人。刘桢的赋也颇有特色,气势宏伟,形象逼真,语言流畅,音韵优美,不失为汉末赋中的佼佼之作。

建安文学的代表人物除曹氏父子、七子外,还有著名女诗人蔡琰,陈留圉(今河南杞县)人,生卒年不详。她是著名文学家蔡邕之女,从小受到良好教育,"博学有才辩,又妙于音律"①。但一生多灾多难。先嫁卫仲道,夫亡无子,不久被虏入匈奴,嫁左贤王,生二子。后被曹操赎回,再嫁陈留董祀。她的诗作今存三首,即《悲愤诗》、骚体《悲愤诗》、《胡笳十八拍》,后二首的著作权是否属于蔡琰,至今无定论。五言《悲愤诗》长达540字,是一篇杰出的叙事诗,在一定意义上可以同叙事诗的杰作《孔雀东南飞》、《木兰辞》媲美。该诗通过自己一生的坎坷遭遇,反映了汉末军阀混战中广大人民尤其是妇女的悲惨命运。全诗以第一人称讲述自己的经历,娓娓道来,如泣如诉。别子一段写沦肌浃髓的骨肉亲情,难舍难分的母子别离,令人如闻其声,如临其境:"儿前抱我颈,问母欲何之?人言母当去,岂复有还时?阿母常仁恻,今何更不慈?我尚未成人,奈何不顾思?见此崩五内,恍惚生狂痴。号泣手抚摩,当发复回疑。"这里透露出的已经不是单纯个人的感受,而是具有普遍意义的人间亲情,因而具有感人至深的力量。

建安时期还有一位奇特文士祢衡(173—198年),平原般(今山东商河北)人。"少有才辩,而尚气刚傲,好矫时慢物"。② 由于他目空一切,狂傲不群,公开詈骂曹操、刘表、黄祖等人,最后被江夏太守黄祖杀害,年仅25岁。祢衡留存至今的只有一赋一文二碑文,其中写得最有特色的是《鹦鹉赋》。它描述了一只美丽高洁的鹦鹉误入网罟,失去自由,关进笼子,成了人们的玩物,离

① 《后汉书·列女传》。

② 《后汉书·文苑列传》。

开故乡和伴侣，悲痛欲绝，痛苦难耐，“眷西路而长怀，望故乡而延伫”，“痛母子之永隔，哀伉俪之生离”。但它安于命运的安排，不仅丝毫不怨恨囚它的主人，而且决心“守死报德”，以求在苟延残喘中等待生命的终结：“托轻鄙之微命，委陋贱之薄躯。期守死以报德，甘尽辞以效愚。”鹦鹉欲哭无泪的哀告乞怜，对自己悲剧命运制造者的感恩戴德，展示的是一个傲世的天才向命运低头，向周围环境、现实制度妥协的无可奈何的心态。表面上写的是鹦鹉，实际抒发的却是祢衡的内心感受。《鹦鹉赋》是汉末言情小赋的代表，它小巧玲珑，以咏物抒情见长，词采华丽酣畅，状物优美传神，抒情细腻深沉，能够引起人们心灵深处的共鸣。

三、《尔雅》、《方言》和《说文解字》

秦汉时期，为了促进全国文字的统一和各类学校文字教学的需要，字书和字典的编纂受到统治者和社会的重视，涌现出不少著作。汉武帝以后，儒学定于一尊，儒家经典成为各类学校的主要教科书。由于“五经”都是先秦时期留下的典籍，其中涉及的不少语言、习俗、制度以及各种动植物的名称，与汉代已有很大差别，因而出现了解释词意的训诂之学。

《尔雅》是我国较早出现的一部训诂书。其作者众说纷纭，刘歆《西京杂记》定其为“周公所制”。郑玄《五经异义》则认为是“孔子门人所作，以释六艺之旨”。唐朝陆德明在《经典释文》中又作了这样的解释：“《释诂》一篇，盖周公所作，《释言》以下，或言仲尼所增，子夏所足，叔孙通所益，梁文所补。”宋朝叶梦德在《石林集》中断言该书为汉人所作，其时间在毛苌以后。综观《尔雅》所涉及的内容，似非一人一时之作，它成书于西汉，总结的却是西汉以前训诂的成果。晋朝郭璞在《尔雅序》中说：“夫尔雅者所以通训诂之指归，序诗人之兴咏，总绝代之离辞，辨同实而殊号者也。诚九流之津涉，六艺之钤键，学览者之谭奥，摛翰者之华苑也。若乃可以博物不惑，多识于鸟兽草木之名。”全书共分十九篇：《释诂》、《释言》、《释训》、《释亲》、《释宫》、《释器》、《释车》、《释天》、《释地》、《释丘》、《释山》、《释水》、《释草》、《释木》、《释虫》、《释鱼》、《释鸟》、《释兽》、《释畜》，内容涉及语言、风俗、宗亲、宫室、器物、乐器等各种文物制度以及天文、地理、动植物等等，共二千九十一事，成为西汉以前古书训诂的总汇。它不仅提供了阅读先秦典籍的一把钥匙，而且确立了训诂学的最基本的原则，如文同训异、文异训同、训同义异、训异义同、相反为训、同字为训、同声为训、展转相训等，为后世训诂学所遵循。东汉以后至清代，注《尔雅》者代不乏人，模仿《尔雅》的训诂学著作更多，形成了源远流长、蔚为大观的训诂学上的尔雅派。

《方言》，是汉代另一语言学和训诂学的著作。应劭《风俗通义》最早指出其为扬雄所作。因《汉书·扬雄传》和《汉书·艺文志》皆不载，不少人对此提出疑义。但清代戴震、卢文弨、王先谦等又直认为扬雄所作。从该书内容所展示的时代特点看，它成书于扬雄所处的两汉之际是没有问题的。扬雄作为一位淡泊名利、沉潜于学术研究的学者，他总结历代语言学成果著作此书并非不可能。《方言》一书所搜集的方言资料，从时间上看，上溯自西周，历春秋战国秦朝两汉。所囊括的地区，林语堂概括为十四部分：秦晋、梁及楚之西部、河北之赵魏、宋魏及魏之一部、郑卫周、齐鲁、燕代北鄙朝鲜洌水、淮泗、陈汝颍江淮、南楚、吴扬越、西秦、秦晋北鄙。《方言》是我国历史上第一部方言著作，它包括了秦汉时期中原王朝势力所及的广大地区，以汉语为主，兼及淮夷、南蛮、西羌、北狄等少数民族语言，资料丰富。明朝陈与郊曾将其比照《尔雅》，分为十六类：释诂、释言、释人、释衣、释食、释宫、释器、释兵、释车、释舟、释水、释土、释草、释兽、释鸟、释虫，共六百六十九事。每释一事物，一般都以无地域性之普通话，通行区较广之方言，一地之方言，古今变化以及其在时间与地域上的变化互相对照，成为当时的一部方言大全、语言学史上的一部划时代的著作。同时，因为该书以两汉之际的语言为主，并兼及周秦，所以秦汉以后又成为一部训诂的书，对于阅读先秦和秦汉时期的著作，可以提供其他著作不可替代的帮助。它不仅可以解决该书之前典籍中因方言产生的大部分理解上的障碍,而且也能解决该书之后一些著作中涉及的方言问题,还可以利用它来考释假借字并证读今文。因此,自晋郭璞以后,不少学者对该书进行注释和后续工作。在该书影响下,有关方言的著作累计出现三十六种,地方志中关于方言的记载多达六十六种。一方面积累了大量方言资料,同时也形成了训诂学上的方言派。

文字学在中国古代一直是重要的教学内容,孔子六艺中的"书"即是指此。秦统一全国以后,厉行"书同文",改变了战国时期"文字异形"的局面。李斯作《仓颉篇》、赵高作《爰历篇》、胡母敬作《博学篇》,这些小篆体的字书成为秦朝的文字学课本。汉初,合以上三篇为一,分五十章,三千三百字。用以课学童。汉武帝时,司马相如作《凡将篇》;元帝时,史游作《急就篇》;成帝时,李长作《元尚篇》;平帝时,扬雄作《训纂篇》,字数增至五千三百多,是西汉时期的主要文字学课本。在此基础上,东汉后期出现了最有权威的文字学与训诂学专著,这就是许慎的《说文解字》。许慎(约58—约147年),字叔重,汝南召陵(今河南郾城)人。他师事贾逵,曾任太尉南阁祭酒、校长等职,博学经籍,很受大经学家马融的推崇,被当时人誉为"五经无双"。[①] 除《说文解字》外,还著有《五经异义》,早佚。《说文解字》写成于永元十二年(100年),建光元年(121年)由其子许冲奏上朝廷。全书十四篇(加序十五篇),共分五百四十部,收录九千三百五十三字,其中重一千一百六十三字,解说十三万三千四百四十一字。这是我国第一部字典,其资料来源除《仓颉篇》等字书外,还广泛搜集了金文和当时的通人学者所积累和掌握的文字。这部书根据"同条牵属,共理相贯,杂而不越,据形系联"[②]的原则,首创部首之例,将九千多字分别统摄于五百四十部,第一次对中国文字进行大分类。同时,它在第一次使中国文字在字形上达到划一的前提下,又以"六书"作为整理文字的条例,对每个

---

① 《后汉书·儒林传·许慎传》。
② 《说文解字·后叙》。

字的形、声、义加以说明，虽然其中不无牵强附会之处，但大多数是讲得通的。他创立的"据形系联"的编写字书的基本原则，一直沿用到明朝。在文字学史上具有不可磨灭的功绩。《说文解字》保存了超过《诗经》的大量古音资料，清代学者正是根据其中七千多形声字，在古音的研究上开拓出新天地。又因为小篆与古籀文相通，它又成为研究先秦古文字的桥梁。更因为它是古义之总汇，对于解开先秦典籍之谜有着其他著作不可替代的作用，因而在训诂学上也是一部承前启后的重要著作，受到了时人的尊重。后汉末学者郑玄注《周礼》、《礼记》，应劭撰《风俗通义》等，都引用了这部书。后世不少学者纷纷模仿这一体裁编书，有些人甚至将其看做与经书一样重要。到清代更是受到乾嘉学派的推崇。作为一部工具书，对于研究先秦两汉的语言文字、音韵训诂、文物典章制度至今仍有重要意义。正如段玉裁所说："无《说文解字》，则仓籀造字之精义，周、孔传经之指，藐藐不传于终古矣。"①这一评价是相当中肯的。

四、书画、音乐和舞蹈

中国的汉字是由劳动人民创造、使用，又经过所谓仓颉等"巫"或"史"的搜集、整理、加工和推广，它以象形为基础，由图画符号演进而来。其萌芽可以追溯到六千年前母系氏族公社时期，西安半坡出土的陶器上的不规则刻划和山东大汶口的陶文，应该视为最古文字的遗存。不过，严格地说，只有产生了甲骨文才称得上有了书法，因为甲骨文已具备了用笔、结字和章法这些中国书法的三要素。其后，西周、春秋和战国时期出现的大量金文标志了书法艺术的巨大进步，而优秀书法作品《石鼓文》的产生，则是先秦书法的一个划时代的标志。秦皇朝建立以后，在沿袭西周文字的秦系文字的基础上统一了全国的文字。"（李）斯作仓颉篇，中车府令赵高作爰历篇，太史令胡母敬作博学篇，

① 《说文注》。

皆取史籀、大篆,或颇省改,所谓小篆者是也”。[1] 小篆书写线条圆匀,结构统一定型,是汉字发展史上的一大进步。流传至今的《泰山刻石》、新郪虎符以及秦始皇时期的大量诏权、诏量和诏版,都是篆书中的珍品。据许慎研究,秦代书体有八种:“秦书八体,一曰大篆,二曰小篆,三曰刻符,四曰虫书,五曰摹印,六曰署书,七曰殳书,八曰隶书。”[2]其实最重要的是大、小篆书和隶书。传说程邈是隶书的创造者。这种书体笔道方折,结构简易,成为秦时最为通行的文字。湖北云梦睡虎地秦墓出土的竹简,就是这种隶书的典型。

两汉是汉字书法发展史上关键时期。在这四百二十多年间,虽然小篆仍在应用,但趋向定型化的隶书已占统治地位,而后世通行的草书、行书、楷书也应运而生。隶书在两汉之际的定型化过程叫隶变,它是汉字书法史上最伟大的变革。定型后的隶书,冲破了造字的“六书”本意,有了标准的波、磔笔画。《流沙坠简》、山东临沂银雀山汉墓出土的《孙子》、《孙膑兵法》,长沙马王堆汉墓出土的《老子》甲、乙本帛书,都是变化中的隶书精品。东汉桓、灵之世,用定型的隶书书写的碑版、金文、砖文、印章文字传世者更是琳琅满目。其中《裴岑纪功碑》、《郙阁颂》、《耿勋碑》、《赵圉令碑》、《尹宙碑》等,体方笔拙,笔力遒稳,气派宏大,浑厚雍容;《张迁碑》、《张寿碑》等方整劲挺,斩截爽利;《熹平石经》、《曹全碑》、《乙瑛碑》、《史晨碑》、《孔宙碑》等法度森严,左规右矩,立汉碑风范;《石门颂》、《杨准表记》、《沈府君神道阙》等,则舒展峭拔,灿烂多姿。

为适应两汉时期“诸侯争长,简檄相传”[3]的需要,便于飞快书写的行、草书应时而生。《武威医简》、《居延汉简》以及《流沙坠简》中就不乏行书和草书。楷书此时也已萌芽,《流沙坠简》中的“神爵四年简”即为“今楷之滥

① 《说文解字·叙》。
② 《说文解字·叙》。
③ 卫恒:《四体书势》。

觞”①,“千秋万岁”瓦当文中的“千秋”二字已经纯系楷书了。但总起来看,两汉四百年间是篆书让位于隶书的时代,草书、行书和楷书的兴盛还要延至魏晋之际。

绘画也起源于原始社会。大量出土的新石器时期陶器上的各种美丽的图案、花纹、彩绘,是原始祖先留下的绘画珍品。进入阶级社会后,绘画进一步发展。秦朝宫室壮丽,画栋雕梁,一定十分壮观,可惜毁于兵燹。两汉绘画较前更为发展。文帝时画承明殿,武帝时画甘泉宫。当时的黄门之署,养着一大批专业画家。宣帝时,将霍光、张安世与苏武等十一人之像画于麒麟阁,加以表彰。元帝时又特置上方画工于宫廷,让其为后宫美女画图形。其时,在宫殿、庙宇作壁画已蔚然成风,曲阜灵光殿内“图画天地,品类群生,杂物奇怪,山神海灵”。② 广川惠王的殿门上也开始作画。在民间,“画鸡于牖”,开后代画门神之端。东汉一朝,特注重礼仪教化,曾于宫室中画上大量古代圣帝贤后图像。明帝别立画官,为宫廷服务。永平中,在南宫云台画前世邓禹等二十八功臣肖像。此时,佛教传入中国,明帝命建白马寺于洛阳,寺中壁上画千乘万骑群像绕塔图。西域来汉土的二僧人画《二十五观之图》于保福院。桓帝立老子庙于苦县,画孔子像于壁。灵帝光和元年(178 年),置鸿都门学,其中画孔子及七十二弟子像。地方郡守郡尉府舍中,都绘有壁画。陵墓中以及不少建筑物也绘有不少壁画。另外,除壁画外,画于缣帛者亦不少,元帝时的《后宫图》,明帝时的《释迦像》等皆是,可惜都毁于战乱。两汉绘画大量流传至今者为石壁碑刻。山东肥城孝堂山郭巨祠、山东嘉祥武梁祠为其中的著名代表。石刻中的人物、车马、鬼神、珍禽、异兽、楼台殿阁等各具情态,栩栩如生,战争、狩猎、娱乐、饮宴以及煮盐、冶铁、牛耕、纺织等各种活动场面,也都形象逼真,再现当时的情景。由于当时绘画发展,因而画家辈出,人才济济,毛延寿、张

① 王国维:《流沙坠简考释》。

② 王延寿:《鲁灵光殿赋》。

衡、蔡邕、赵岐、刘褒等是其中的佼佼者。

秦汉时期的音乐在先秦音乐发展的基础上也出现了多姿多彩的局面。民间音乐继续发展，出现了职业的吹鼓手，如周勃"尝为人吹箫给丧事"。① 职业歌手秦青的歌声使林木振摇，行云欲止。秦汉时期，国家设立了专门的音乐舞蹈机构。西汉管理演奏雅乐舞的是"太乐署"，东汉时期改为"大予乐署"，属太常寺领导，有吏员、乐工和舞人约四百人。西汉时管理俗乐舞的机构是"乐府"，东汉时期改称"黄门鼓吹署"，极盛时期有吏员乐工舞人八百多。西汉"乐府"在汉武帝时达到鼎盛时期，著名音乐家李延年为协律都尉。乐府搜集和保存了大量民间音乐舞蹈，创作了不少新曲和二十八解伴奏歌唱的"相和歌"以及适应歌舞的比较复杂的《汉代大曲》，为汉代音乐的繁荣做出了重要贡献。这一时期，乐器独奏有所发展，《广陵散》与《胡笳十八拍》就是其中的名曲。乐器制造和创新也有显著成绩，管乐中的排箫、笛、羌笛、筚篥、笳、角，弦乐中的箜篌、琵琶等都是大量应用的乐器。与此同时，音律的研究也为人们所注意，出现了京房的六十律。乐谱也出现了，《汉书·艺文志》记载的"河南周歌声曲折七篇"的"声曲折"，据王先谦等解释，就是中国最早见于记载的乐谱。

与音乐相比，两汉时期的舞蹈和杂技留下的资料更加丰富，众多的文献和画像石展示了它们灿烂缤纷的盛况。由于两汉社会经济都有其高度发展的时期，大小统治者和地主富豪追求奢侈享乐生活的需要促进了音乐、舞蹈和杂技艺术的发展。更由于国内各民族间以及中外经济文化交流的不断发展，大量传入的"四夷"和外国的乐舞、胡乐、胡舞等，进一步丰富了汉民族的音乐和舞蹈。

秦汉时期的汉族人民与周边少数民族一样，在日常生活或宴饮中有舞蹈的习惯。如高祖刘邦回故乡时乘酒兴击筑高唱自撰的《大风歌》，令一百二十

---

① 《史记·绛侯世家》。

个儿童合唱，并起舞。在立刘如意为太子一事失败后，刘邦唱歌令戚姬起舞，表达了他无可奈何的心情。杨恽失爵归田后，也时常以歌舞消磨时光，“酒后耳热，仰天拊缶，而呼呜呜”，“拂衣而喜，奋袖低仰，顿足起舞。”①

宴饮百戏图（成都市郊出土画像石）

两汉有着五彩缤纷的民间乐舞，如以手、袖为容的《长袖舞》、《对舞》、《中舞》和《七盘舞》，手执武器的《剑舞》、《棍舞》、《刀舞》、《干舞》、《戚舞》，手执乐器的《铎舞》、《鞞舞》、《建鼓舞》、《鼗舞》、《磬舞》以及故事情节曲折跌宕的载歌载舞等展现了民间舞蹈绚丽多姿、奇异烂漫的风貌。把戏曲、舞蹈和杂技结合在一起的“角抵”、“百戏”在两汉时期有着长足的发展。汉武帝为招待来京的四夷宾客，曾举行盛大的演出，“作巴俞、都卢、海中、砀极、漫衍、鱼龙、角抵之戏”。② 东汉时期，角抵之戏内容更加丰富，场面更加宏伟。据张衡《西京赋》记载，每次演出可分五场，每场又分许多小场。例如第一场的“百戏”就包括“乌获扛鼎”、“都卢寻橦”、“冲狭燕濯”、“胸突铦锋”、“跳丸跳剑”、“走索”

① 《汉书·杨敞传》。
② 《汉书·西域传》。

等,基本上都是杂技节目。其他场次,大都是不同形式的歌舞。角抵和百戏使两汉舞蹈吸收了大量杂技、武术的技巧和程式,使舞蹈更加丰富多彩。两汉时期,汉民族与周边少数民族以及中外乐舞得到广泛交流,优美的西域乐舞,别具一格的西南夷的《羽舞》、《干戚舞》、《弓舞》、《盘舞》、《祝酒舞》、《鼓舞》、《芦笙舞》、《巫舞》、《踏歌》、《巴俞舞》等,极大地丰富了两汉的舞蹈内容。秦汉两朝都建立起规模空前、强盛繁荣的大帝国,秦始皇、汉武帝等人的侈靡享乐又创造了惊人的历史纪录。两朝后宫中那数以千万计的女乐,达官贵人与豪富吏民中那数以千百计的妻妾和歌舞者,其中不少人在舞技方面有着较高的专业水平,她们在丰富和提高秦汉的舞蹈艺术方面起了一定的作用。如秦始皇的母亲曾是邯郸舞姬,汉高祖的宠姬戚夫人、汉武帝的李夫人、汉成帝的皇后赵飞燕、燕刺王的华容夫人等,都是首先以她们梦幻般迷人的舞姿赢得君王青睐的。各地的乐舞经过长期流传、选择、淘汰、提高,逐渐形成了不同的地方风格。如南都有齐僮、赵女,坐南歌,起郑舞;蜀都有巴姬、汉女,弹弦,击节;吴都有荆艳,楚舞,吴歈,越吟,都各具特色,竞放奇葩,汇成百花灿烂的局面。傅毅的《舞赋》,以其生花妙笔,描绘了《盘鼓舞》那千姿百态的舞步和令人如醉如痴的场景。

宴饮百戏图(山东微山出土画像石)

第四节　科学和技术

一、数学

秦汉时期,出现了我国最早的一批数学专著《许商算术》、《杜忠算术》和《九章算术》。前二者已佚,只有《九章算术》流传下来。这些数学专著的问世,是我国以算筹为计算工具、具有独特风格的数学体系形成的标志。《九章算术》不是一人一时之作。大概产生于周代,经过后世许多人补充修改,最后完成于西汉时期的张苍和耿寿昌。其九章是:第一章"方田"(38 个问题)讲田亩面积的计算。第二章"粟米"(46 个问题)讲交换谷物的比例计算。第三章"衰分"(20 个问题)讲分配物资和摊派税收的比例计算。第四章"少广"(24 个问题)讲开平方和开立方的方法。第五章"商功"(28 个问题)讲各种体积的计算。第六章"均输"(28 个问题)讲按人口多少、物价高低、路途远近等条件合理摊派税收和民工的计算。第七章"盈不足"(20 个问题)讲"双设法"的运算。第八章"方程"(18 个问题)讲一次联立方程计算。第九章"勾股"(24 个问题)讲利用勾股定理进行测量和绘制地图的计算。《九章算术》包括了现代小学算术的大部分和中学数学的一部分内容,其先进的筹算算法远远超过古希腊的数学体系,在当时世界上处于领先水平。此后,它一直是 16 世纪前历代中国人学习数学的主要教科书。许多数学家正是通过对它的注释工作,不断引入新的观念和方法,推动着中国数学的发展。作为举世公认的数学名著之一,在世界数学史上也占有重要地位。它关于分数概念及其运算、比例问题的计算、正负数的加减运算等等,都比印度早八百年左右,比欧洲早千余年左右。《九章算术》在隋唐时期传入朝鲜、日本,被定为教科书。又通过印度和阿拉伯辗转传入欧洲,对文艺复兴前后数学的发展起了促进作用。

二、天文历法

地动仪模型

两汉时期关于天体的理论有三家:盖天说、浑天说和宣夜说,其思想渊源可以追溯到春秋战国时代。成书于公元前一世纪的《周髀算经》是盖天说的代表作。它认为天为半圆形,地成拱形,日月星辰附着于天地平转。这一学说建立在人们感性视觉的基础上,在汉代已为越来越多的天文观测所否定。东汉前期的郄萌是宣夜说的代表,他认为"天了无质,仰而瞻之,高远无极",根本不存在一个固体的天球,日月众星在充满气的物质的无限宇宙空间运动。他虽然对天体运动的规律没有作具体论述,但这一思辨性的对天体本质的近似猜测,仍然表明了人类对宇宙认识的深化。浑天说的势力在两汉时期最大,著名学者落下闳、鲜于妄人、耿寿昌、扬雄等都坚持这一学说,东汉杰出的科学家张衡则是这一学说的集其大成者。张衡(73—139 年),字平子,河南南阳人。是著名的科学家、文学家和画家,先后担任太史令达十四年之久。他绘制了我国历史上第一张地图,对圆周率的计算得出了 $\pi=\sqrt{10}=3.16$V 值,其《二京赋》曾传颂一时。他的《浑天仪图注》全面总结和论述了浑天说的理论,认为"浑天如鸡子,天体圆如弹丸,地如鸡中黄,孤居于内,天大而地小,天表里有水,天之包地,犹壳之裹黄。天地各乘气而立,载水而浮"。这显然是以地球为中心的宇宙理论。在当时的条件下,由于它能够近似地说明天体的运动,所以影响很大。张衡还写了《灵宪》一文，系统完整地描述了天地万物生成变化发展的过程，提出了五星视运动的理论，探索了五大行星运动快慢及其与地球运动的关系。他对日月蚀的成因也有初步的认识，并测得日月视直径为$\frac{365.25}{730}$度，与今测值很相近。他制造的水运浑天仪，以漏水为原动力，通过齿轮系的转动，近似正确地把天象演示出来。他还于132年首创世界上第一架地震仪——地动仪，并准确地记录了138年在甘肃发生的强震。

秦汉时期，我国独特的历法体系已经形成。秦时颁行的颛顼历到汉初还在沿用。到汉武帝时，由于其缺陷日益明显，遂在公元前104年下令由公孙衍、壶遂、司马迁等人"改造汉历"，并征募民间著名天文学家唐都、洛下闳、邓平、司马可、侯宜君等二十余人参加。经过对各种方案的实测检验和比较推算，最后选定了邓平的方案，命名为太初历。这部历书原著已佚，西汉末年刘歆采用其数据，制定三统历，收在《汉书·律历志》中。太初历已具备了气朔、闰法、五星、交食周期等内容，首次提出以没有中气（即雨水、春分等十二节气）的月份为闰月的原则，使季节与月份的关系趋于合理，在农历中一直延用到现在。太初历还第一次明确提出135个朔望月中有23个食季的食周概念，提高了五星会合期的精度，建立了一套推算五星位置的方法。太初历规定一年为$365\frac{185}{1539}$日，一月是$29\frac{43}{81}$日，十九年有七个闰月，成为当时最精密的历法。

东汉早期天文学家李梵、苏统等人发现了月亮视运动的不均匀性。东汉晚期的刘洪在其创立的乾象历中，首先将这一成果用于交食的推算，提高了预测日月蚀发生的准确度。他还使用较前准确的回归年和朔望月长度的新数据，对后世产生了积极的影响。

我国古代对天象观测和记录的传统在秦汉时期得到发扬。河平元年（前28年）三月己未，第一次对太阳黑子做了准确的记录。此后二十四年，黑子的记录超过百次。元光元年(前134年)六月,在世界天文史上,《汉书·天文志》第一次记载了一颗新星。中平二年(185年)十二月癸亥,《后汉书·天文志》又在世界上最早记录了超新星。其他关于日月蚀、彗星、流星雨、极光等,也都有着十分准确、丰富的记录。这些资料对我国近现代天文气象学的研究提供了重要帮助。

三、化学

中国化学的萌芽与发展是与金丹术联系在一起的。金丹术分为炼金和炼丹两部分。炼金是制造金银等贵重金属,炼丹是制造使人长生不老的所谓仙丹。在相当长的历史时期,金丹术是与宗教迷信联系在一起的。还在秦始皇时期,金丹术已经萌芽。到了醉心于神仙、长生之术的汉武帝时代,关于金丹术就有了比较明确的记载。汉武帝曾听信方士李少君的诳言,命人用丹砂配以别种药剂炼制黄金。李少君死后,他又命宽舒来收取李少君的方子。而齐、燕的不少方士也都竞相向他兜售金丹术。与汉武帝同时的淮南王刘安也热心金丹术。在他邀集宾客所写的《淮南子》和《淮南万毕术》中,就提到汞(水银)、铅、丹砂、曾青(铜矿)、雄黄(砷的硫化物)等药物及其在炼制过程中的变化。西汉末年的王莽与东汉末年的曹操父子也都喜欢金丹术,与方士关系十分密切。东汉末年,号称中国炼丹术始祖的魏伯阳写了《周易参同契》一书,为现今世界上所存最早的关于金丹术的著作。在该书中,他总结了当时炼金炼丹的技术和知识,反映了我国化学的发展水平。例如,该书描述了炼金炼丹的重要设备“丹鼎”的形状、尺寸,使后人对中国最早的化学反应器有所认识。该书还介绍了水银与铅、硫黄等的化学反应,记载了汞、硫、铅、丹砂等炼丹、炼金的药物,另外还提到胆矾、云母、礜石、氯化铵、铜、金等东西,说明当时已经获得了不少元素的知识。《周易参同契》一书还不能将化学同迷信分开,但它毕竟有了科学的萌芽。

四、农学

据《汉书·艺文志》记载，两汉时期的农学著作多达七家，百卷左右。反映了农学发展的盛况。可惜这些著作基本上都散失了，仅存的《氾胜之书》也是辑佚本。氾胜之是汉成帝时的议郎，他记载和总结了关中地区农民提高单位面积产量的经验和发明创造，从中可以窥见汉代农业的新发展。它提出了农业生产的六个基本环节，即及时耕作的“趋时”，土地利用和改良的“和土”，适度施肥的“务粪”，保墒灌溉的“泽”，及时中耕锄草的“早锄”和及时收获的“早获”，实际上提出了作物从播种到收获的系统工程。其中根据不同的土壤和气候条件，制定了对每一环节的技术要求。以施肥为例，书中不仅详细记载和总结了前人分期使用基肥和追肥的技术，而且提出了使用种肥的新方法“溲种法”，即在种子外裹上一层以蚕粪、羊粪为主要原料的粪壳，为幼苗的生长发育提供足够的营养。它记载的“区种法”是一种在干旱地区精耕细作，合理密植，有效利用水肥，加强管理，最大限度利用土地潜能，取得稳产高产的耕作方法。特别适用于中国北方干旱地区人多地少的小农使用，对发展农业生产起了很好的作用。

五、医学

秦汉时期的医学取得了巨大的成就。仓公淳于意的“诊籍”、医学理论专著《黄帝内经》、药物学专著《神农本草经》和张仲景的病理学、医疗学专著《伤寒杂病论》以及华佗使用麻醉药物的外科手术是这个时期医学成就的主要代表。

《黄帝内经》是我国现存最早的一部较完整的医学理论性论著，它阐发“人与天地相应”的思想，运用“五行”的理论，对脏腑的生理病理、经络学说、精、神、气、血、津液等概念，诊断治疗法则，针灸以及诊治学上的整体观念等，进行了初步系统的论述，为祖国医学的发展奠定了基础。

淳于意，西汉临淄人，曾为齐国太仓长，人称仓公。他拜名医公乘阳庆、公孙光为师，首创“诊籍”即病历，对病者姓氏、居里、职业、病状、诊断、方药皆作详细记录。起着总结临床经验，提高治病效率的作用。对后世医家重视医案记录有着积极影响。淳于意还精通脉法，并精心向自己的学生传授医术和临床经验。他是当时医学上齐学派的创始人，在医学史上占有重要的地位。

《神农本草经》是我国现存最早的药物学专著，它不是成于一时一人之手，而是秦汉以来药物学知识的总结。《神农本草经》共收入药物 365 种，其中植物药 252 种，动物药 67 种，矿物药 46 种。它不仅对这些药物按上、中、下三品进行了分类，而且对每一种药物的主治、性味、产地、采集时间、入药部分、异名等也做了详细的说明。书中记载的病名多达 170 余种，包括内科、外科、妇科以及五官科的不少疾病，所载用药也大都正确。《神农本草经》还提出了当时药物学的基本理论，如主药和配药间的“君、臣、佐、使”关系以及四气（寒、热、温、凉）五味（酸、咸、甘、苦、辛）说等，反映了当时药物学所达到的较高水平。

据《汉书·艺文志》记载，侍医李柱国在河平三年（前 26 年）校订国家所藏医书时，共得“医经七家，二百一十六卷”，“经方十一家，二百七十四卷”，说明当时病理学与治疗学已达到相当高的水平。在此基础上，东汉末年出现了张仲景和他的《伤寒杂病论》，奠定了我国中医治疗学的基础。张仲景（约 150—219 年），名机，南阳郡（今河南南阳市）人。他“勤求古训，博采众方”，“精究方术”①，在继承前人成果的基础上，通过认真总结自己的医疗实践，写出了光耀千古的《伤寒杂病论》。这部书后来被西晋医学家王叔和整理成《伤寒论》和《金匮要略》二书。前者论述伤寒一类急性传染病，后者则论述内科、外科和妇科等杂病。《伤寒论》总结出诊治急性传染病的六经辨证原则，将其区分为太阳病、阳阴病、少阳病、太阴病、少阴病、厥阴病六大类，详细记载每类

① 《伤寒杂病论·自序》。

病候的临床症状、体征和脉象，要求从病情变化中掌握病候的实质，分清疾病的主次、轻重、缓急，以做出切合实际的诊断。《伤寒杂病论》已具备八纲——阴、阳、表、里、虚、实、寒、热——辨证的雏形，这种对疾病诊治的纲领性认识方法，对后世中医的发展产生了深远影响。它从伤寒和杂病的各类病症中，总结出许多治疗方法，后人将其归纳为“八法”：邪在肌表用汗法，邪壅于上用吐法，邪在半表半里用和法，寒症用温法，热症用清法，虚症用补法，积滞、肿块用消法。此外，该书还记述了许多行之有效的医疗方法，直到今天仍有实用价值。其中选好的三百多位药方，用药灵活，疗效显著，既有煎、服（温服、冷服、分服、顿服等）法的详细规定，又有不同剂型的分类说明（如汤、丸、散、酒、软膏、醋、洗、浴、熏、滴耳、灌鼻、吹鼻、灌肠、肛门栓、阴道栓等），还有创造性的制作工艺的完整论述，是一笔珍贵的治疗学遗产。总之，《伤寒杂病论》从辨症、立法、拟方、用药等各个环节，建立了一整套辨证治疗的医疗原则，奠定了我国中医治疗学的基础，标志了我国中医理论走向成熟。

与张仲景差不多同时的华佗（约公元 2 世纪中叶至 3 世纪初），字元化，沛国谯（今安徽亳县）人。他以精到的外科手术、先进的麻醉术和传奇式的经历赢得了不朽的声名。华佗已经掌握了当时先进的麻醉术、解剖术、诊断术和止血术，能成功地进行腹腔外科手术：“若疾发结于内，针药所不能及者，乃令先以酒服麻沸散，既醉，无所觉，用刳破腹背，抽割积聚。若在肠胃，则断截湔洗，除去疾秽，既而缝合，敷以神膏，四、五日创愈，一月之间皆平复。”[①]在中国医学史上，华佗还是较早提倡用医疗体育锻炼的方法治疗疾病，延年益寿的人。他模仿禽兽的动作设计了一套“五禽之戏”，其弟子吴普遵照此法进行锻炼，年过九十还“耳目聪明，齿牙完坚。”[②]在医药学方面，华佗也有许多建树，对脉象有深入研究，善于察声望色，又“精于方药”，在针灸方面特别注意选用

① 《后汉书·华佗传》。

② 《后汉书·华佗传》。

穴位,他创设的“华佗夹脊学”至今还在临床中应用。华佗还十分注意医药技术的传授,他的弟子樊阿、吴普、李当之继承其学问而又有所创造,各自在针灸、药物学等方面为医学的发展做出了贡献。

六、造纸术的发明及其传播

在造纸术发明以前,龟甲、兽骨、金石、竹简、木牍和缣帛等都曾作为记事和书写的材料。由于甲骨、金石作为书写和记事的材料阅读、使用都不太方便,因而自周代末期,就比较多地使用竹简、木牍和缣帛了。用竹片写的书叫“简策”:一根竹片叫“简”,许多“简”编连在一起称“策”,编简成册的绳子或皮带称“编”。长沙马王堆汉墓和山东临沂银雀山汉墓中,都发现了大量的有珍贵价值的竹简。用木片写的书叫“木牍”。一块木版叫做“版”,写了字的叫做“牍”,亦称木简,像竹简一样用绳子或皮带编成册。著名的居延汉简就是“木牍”。缣帛即素绢,写在缣帛上的书称帛书。缣帛柔软光润,携带方便,易于收藏,用于写书,大大优于竹木。但因价格昂贵,普及还是相当困难的。长沙马王堆汉墓出土的帛书是迄今发现的最珍贵的帛书实物资料。直到两汉时期,书籍、文告等依然使用着笨重的简牍和昂贵的缣帛,这对文化的发展和交流显然形成重大的障碍。因此,寻找价廉、易得和制作方便的新型书写材料就成为社会发展的迫切需要。这种社会需要最后促成了我国四大发明之一的造纸术在两汉的诞生。

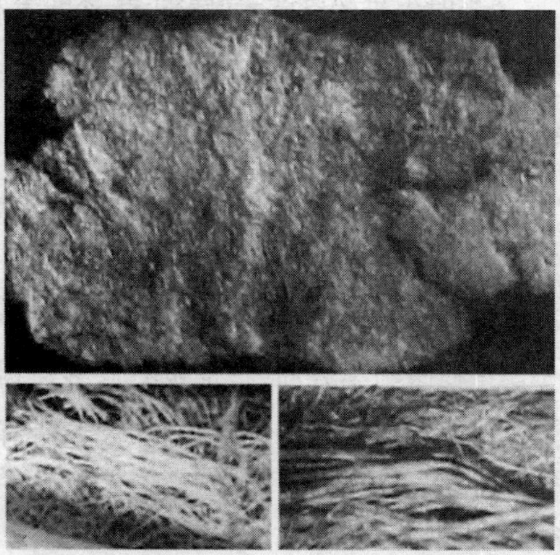

灞桥麻纸残片及显微分析(西安灞桥出土)

1957 年,在西安市东郊的灞桥出土了公元前二世纪的纤维碎片,最大的长宽各约10厘米。它究竟是不是人工制造的纸,学术界尚有不同的看法。1977年,甘肃居延肩水金关西汉烽塞遗址中,发现麻纸二块,其一长宽为12厘米×19厘米,色泽白净,质地细密,大约是汉宣帝前后的东西。1978年,陕西扶风亦发掘出同时代的麻纸。在内蒙古额济纳河旁,又掘得公元前2世纪初年的纸,上有六七行残字,这是迄今为止得到的最早用纸书写的实物。这些实物表明,造纸术在西汉时期已经发明出来并开始应用于书写。但是,由于这时期造纸的主要原料是大麻,造价仍然昂贵。更因为工艺落后,纸的质量也较粗劣,还无法代替简牍和缣帛。直到蔡伦对造纸工艺进行较大改革之后,纸才真正进入实用阶段。蔡伦(?——121年),字敬仲,桂阳(今湖南郴县)人。章帝时为小黄门,和帝即位后,转任中常侍,参于帷幄,后加位尚方令。曾"监

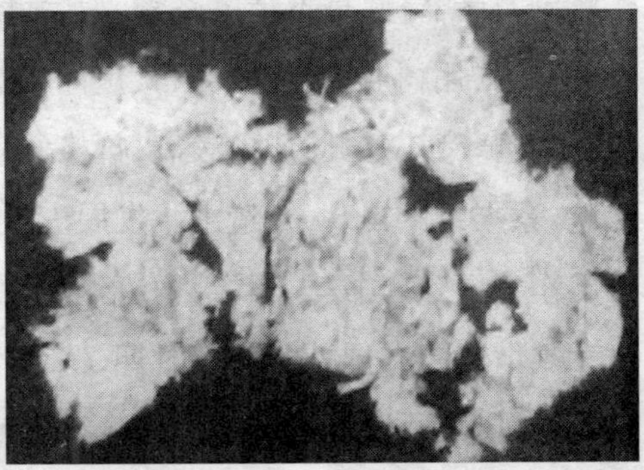

居延麻纸残片(甘肃居延汉代遗址出土)

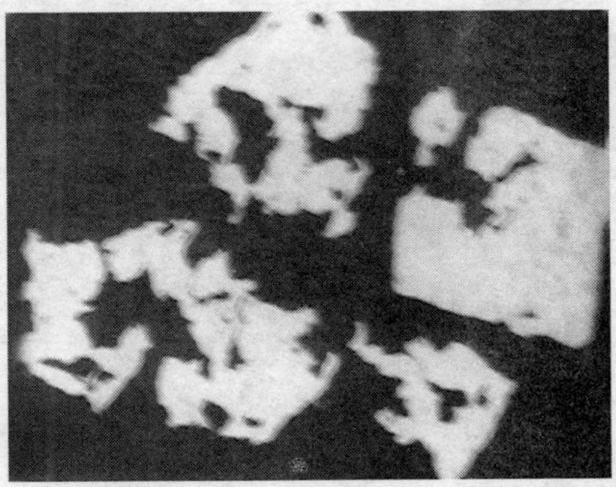

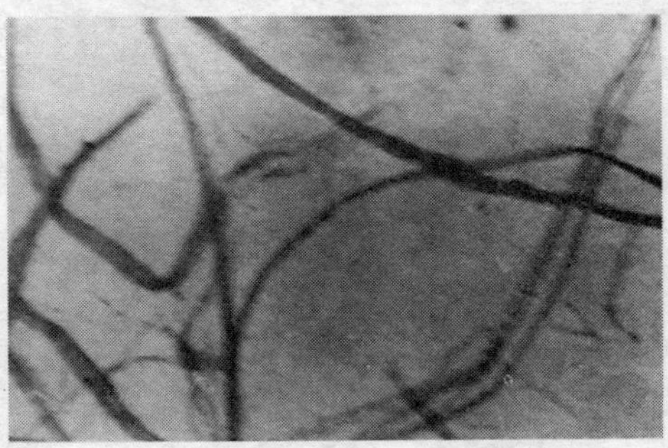

扶风麻纸残片及显微分析

(陕西扶风中颜村出土)

作秘剑及诸器械，莫不精工坚密，为后世法”。[1] 后潜心于造纸工艺的改造，终于创造了“用树肤、麻头及弊布、鱼网以为纸”[2]的新工艺，并于元兴元年（105年）上奏皇帝。从此，质量较高、价格便宜的纸张开始大量生产，被喻为“蔡侯纸”。蔡侯纸的出现，是造纸术发展史上关键性的转折。从此，纸张开始取代竹帛作为主要的书写工具，为科学文化知识的传播和推广创造了有利条件。公元8世纪当中国处于盛唐时期，造纸术通过西域传到中亚。12世纪当中国宋代之时，又通过西亚越地中海传到欧洲，从而在全世界范围得到推广。这是中华民族对全人类文明发展做出的巨大贡献。

---

① 《后汉书·蔡伦传》。

② 《后汉书·蔡伦传》。

后记

本书原稿经过反复修改,大体上总算可以定下来了。改定之后,仍感不能尽如人意,有必要做一些交代,提请读者和师友们考虑。

本书是一部断代史,断代史实际上是一代通史。作为断代通史,怎样编写才好,是一个颇费考虑的问题。一种是现在的写法:对政治、经济、军事、民族、阶级关系,等等,分段分类进行综合叙述,而将思想文化单列出来。这种方法的好处是:每段历史的基本轮廓比较清楚,全书头绪大体上也能连贯起来;缺点是:面面俱到,许多重要问题讲得不深不透,而且不能完全揭示出历史发展的内在有机联系。另一种写法是:除分段分类进行综合叙述外,分别加写典章制度和人物传记。这种写法接近于传统的纪传体。其好处是:典章制度的沿革比较清楚,重要人物也有其历史位置。缺点是:篇幅加大,字数增多,难以避免相互重复,而且也不能充分揭示历史发展的内在有机联系。所以,无论怎样编写,都难以尽如人意。

之所以出现这种情况,想来想去,恐怕还是由于对一些关键性的问题研究得不深不透,又缺乏系统的专史研究,因而不能充分揭示秦汉历史的真实面貌。所以,认为秦汉史这块阵地耕来耙去,已经没有什么好研究的了,这是不对的。以往的历史学充其量不过是历史现象学,而没有、也不可能发现历史发展的内在社会基因,并将重要的历史事件和历史人物有机地联系起来。这些问题只有用马克思主义的观点和方法才能很好地解决。认为马克思主义已经不灵了,要另寻师门,这是根本错误的。过去我们应用马克思主义研究历史之所以收获不大,其主要原因在于对马克思主义只做简单的理解,犯有概念化和公式化的毛病，而不是由于马克思主义本身有什么先天的不可克服的缺陷。只要我们善于总结经验，克服自身运用马克思主义研究历史的毛病，把马克思主义与中国历史实际相结合，我们肯定是会有所创获的。当然，马克思主义要发展，随着时代的发展而发展，不能停滞不前。特别是要吸收现代科学成果，发展马克思主义，例如系统论、信息论、控制论，等等。要知道，马克思主义绝对没有和现代科学不相容的东西，现代科学只不过进一步证明了马克思主义观点和方法的正确性而已。拿系统论来说，人类社会的发展是一个自然历史过程，难道我们不能将历史研究作为系统工程进行吗？我想，对任何一段历史或其某个方面，都是可以进行系统研究的。所以，将现代科学和马克思主义对立起来，是非常幼稚的。我们的任务只能是：以马克思主义为指导，吸收现代科学成果，丰富马克思主义的历史观和方法论，把历史研究提高到一个新的水平。举例来说：

建国后我们讨论过古史分期问题，但讨论的重点仅限于秦汉社会中在多大的程度上存在着奴隶制度，而忽略了对奴隶社会整体结构的研究，因而得不出科学的结论。事实上，如果不从全方位、多层次、多角度去研究奴隶制社会形态，而仅仅抓住奴隶制度，不管是用所谓历史编年学去套，还是用城市国家和帝国时期两阶段论去套，都是不能解决问题的。更何况这种论点的前提，即对先秦社会的研究，也是用某种先验的简单的模式套出来的呢！

再以秦汉时期的社会阶级关系而论，我们不少人是强调阶级观点的，这个问题的发展线索搞清楚了没有呢？我看没有。之所以如此，在于我们总是认为秦国自商鞅变法以后就出现了通过土地买卖和兼并而形成的宗法豪强地主和租耕其土地的佃农，然而事实上自秦国商鞅之后至西汉前期，在社会上占有统治地位的却是贵族、官僚和军功地主，即汉代所说的“封君”；宗法豪强地主是西汉文、景之后才崭露头角，成为政府的打击对象的。至于经营农业的商人奴隶主，在战国时期很难找到，西汉前期仍然微乎其微。汉武帝打击商人奴隶主，所没收的土地也不过“大县数百顷，小县百余顷”。可是按提封田的标准，大县可有田六万顷,小县减半也有三万顷。对比之下,数百顷和百余顷能占几何呢?汉武帝消灭私人工商奴隶主,迫使商业高利贷资本向土地转移,于是出现了以官商为代表的商人地主势力和以经师为代表的宗法地主势力。在他们的争夺中,西汉社会陷入严重的危机。经过农民起义的冲击,他们在封建朝廷的倡导下逐步合流,形成以经师为代表的豪族门阀,成为倾动朝野的社会势力和东汉末年封建割据的社会基础。这就是秦汉封建统治阶级的演变过程。至于农民阶级,他们也不是一成不变的。在战国时期,他们一般都是封建国家的授田农民,担负着沉重的赋役,实际上是类似于农奴的国家课役农民。只是经过秦末农民起义之后,封建赋役大为减轻,他们才真正成为封建社会中的自耕农,即所谓"编户齐民"。但为时不久,随着土地私有制和土地买卖的发展,他们中的不少人就由于各种原因而破产流亡,沦为佃客、雇佣以至奴婢。这样,除了对封建政府的臣属关系之外,不少农民又和豪强地主发生了依附关系。封建依附关系在战国时期甚至更早一些即已出现,但那主要是"附托有威之门以避徭赋",和后来依附于豪强地主的佃客是不尽相同的。正如最初的食客是依托于权门,后来的宾客主要依附于豪强一样。封君的权威已经转移给豪族门阀了。只有把握住秦汉时期社会阶级关系的发展线索,我们才能理解为什么汉武帝之前突出的社会问题是商人兼并农人,而此后的一段时间则是要不要限田限奴婢的问题。所以,限田限奴婢并不是什么打击奴隶主,而是限制那些强宗豪右的,其中当然也包括王公贵族。因为,他们原本是编户齐民中的平头百姓,不像贵族官僚和军功地主那样具有明确的等级身份和政治地位,让他们为所欲为,不加限制,是不行的。限制的方法不外晓之以礼,绳之以法,儒学由此而兴焉。

秦汉社会阶级关系的演变和土地占有关系的变化是分不开的,这个问题就更加不清楚了。一般认为,自春秋后期鲁宣公十五年"初税亩",井田制开始破坏。商鞅废井田,开阡陌,土地私有,从而形成了地主阶级和农民阶级。这是根本错误的。实则,井田制在春秋时期依然存在,只是"藉田"(亦即大田、甫田)这种劳役剥削方式逐渐被废弃了,转而按农夫的生活份地进行剥削而已,而份地仍然是按井田制计量的。井田制是一种计量土地与赋役的制度,不能视之为土地所有制。古代社会中存在的是多层次的宗族国家土地所有制。由于宗族封国封邑的灭亡,土地转归封建国家所有,以县为单位实行提封,进行再分配,从而产生了授田农民和官僚军功地主。这就是最初的农民阶级和地主阶级。农民受田之后要担负沉重的赋役,只有积功积劳才可以减免。贵族、官僚、军功地主的主要特征不是占有土地,而是食邑户数的多寡和可供役使的劳力数量。尽管秦始皇三十一年"使黔首自实田",明令废除授田制,土地可以私有和买卖,但直到汉初的统治阶级仍然是以其食邑户数来计算的。所以,司马迁在衡量人们的财富时,以食邑千户的封君为标准。等而上之,至于万户侯;等而下之,如湖北凤凰山汉墓,墓主五大夫遂生前所食不过二十五户。他们就是当时的统治阶级。当然,此外还有食俸禄的大小官僚,但官僚的俸禄开始也是以封君的收入为标准而制定的。如秦人爵一级者益田一顷,欲为官者为百石之官,就因为百亩之收可致百石。实际上,食邑和食俸都来自国家税收,只是名目有别而已。

有趣的是,最初的土地买卖也是从一些封君开始的。如用赵王赏赐的金帛购置善田良宅的赵括,就是赵国的大将。汉初丞相萧何和大中大夫陆贾均置买土地。这说明,封建社会中的土地买卖自始就不是纯经济性质的自由买卖,而是和政治权势以及各种封建社会关系分不开的,因而最早出现的是贵族官僚地主。他们一方面食邑食俸,另方面又购买甚至霸占土地以为私产。在整个汉代,这种贵族官僚地主是为数不少的。不过,在汉代社会中占优势的还是从编户齐民中涌现出来的豪强地主,他们通常只有私人田庄,靠役使贫民进行经营,即所谓"或耕豪民之田,见税什五"。这帮豪强是怎么起家的呢?从种种情况判断,他们的出现和政府的政策不无关系。如文景时奖励孝悌、力田、三老的政策,优待贤良文学的政策,特别是入粟拜爵的政策,以及武帝时的入羊入奴婢为郎和马复令,等等,都是为豪强地主开道的。因为,得到这种待遇的,少则可以免除本身或全家的赋役,多者也可享受食邑。尽管其中封侯者甚少,但像五大夫遂那样以至更高级一些的食邑主,是为数不少的。此外,他们中的有些人还拥有自己的宗族,或从事商业活动。这样,他们也就有钱有势,能够进行土地买卖和兼并了。于是,在文、景之治的封建盛世中就涌现出一批雄张闾里的豪强地主。他们“役财骄溢”,“田宅逾制”,“武断乡曲”,扰乱吏治,到武帝时已非予以限制不可了。所以,武帝时在全国设十三州部刺史以六条检查地方,第一条就是“强宗豪右,田宅逾制”。

汉初的土地兼并之所以通过买卖途径,无疑是受了商品货币关系的影响,因而有“以末致财,用本守之”的现象。不过城市商人购买土地使用奴隶经营者并不太多,这一方面是由于赢利微薄,另方面是政府禁止商人购置土地。只是到了武帝之后,由于官商取代了私商,商人地主势力才发展起来。所以,武帝之前出现了土地兼并的第一次浪潮,武帝之后,特别是西汉晚期,出现了土地兼并的第二次浪潮。影响所及,在商业领域就出现了“辜榷”。所谓“辜榷”,就是从政府那里取得专卖权,故亦称“榷辜”。在农业中则出现了“分田劫假”。所谓“分田”,或系租佃土地;“劫假”是指政府假予贫民的国有土地,现在也被这些势利之家夺去了。在汉代土地私有化之后,仍然有相当可观的国有土地,有时政府沿袭战国时的授田制,将“公田”赋予贫民;有时则“假予贫民”。赋即授田,是无偿的。假为租赁,是要交假税的。土地兼并发展到了劫夺政府假予贫民之田,可见其严重程度已到了何等地步了。

官、商勾结或合而为一,商业高利贷资本转移于土地,引起了许多有识之士、特别是贤良文学的忧虑和不满。这倒不是因为他们都是清贫之士,在他们当中也有资累巨万的豪富。例如,首倡限田限奴婢之议的董仲舒就因为家资雄厚后来被迁于茂陵(武帝陵墓)。他们的忧虑和不满,无非是由于:这样会逼得农民破产流亡,导致严重的社会危机;同时也损害了他们自身的利益。而他们所说的限田限奴婢,不外乎按照封建等级占有田宅和奴婢。这里边没有涉及众多租种土地的依附农民,因为他们是不归、也不允许归私人占有的。但是,所有这方面的建议均归无效,土地兼并愈演愈烈,甚至连整座山林都被买去了。结果,在此基础上形成了封建田庄经济。封建田庄在文、景之治下已经出现,而其最后形成则在西汉末期,这和两次土地兼并的浪潮是基本一致的。这里要指出的是:一、由于这种封建田庄经济的形成与商业高利贷资本是分不开的,所以它自始就不是脱离商业的纯自然经济。如刘秀的舅家樊宏,就不仅是家"世农稼",而且"善货殖",同时经营商业。其他的田庄主也多是"馆舍布于州郡","车船贾贩,周于四方"。二、在这种田庄内部固然是各业俱全,但田庄之外还有大量的农田,"田亩连于方国",由在籍农民租种,是不可能集中在一起的。所以,这种封建田庄不过是豪族门阀的统治中心,他们在这里"室庐舆服僭上无限",是不受封建等级约束的。建武十五年,刘秀因郡国"垦田多不以实",下令"度田",引起了"大姓营长"的武力反抗,只得不了了之。垦田数额不实,户口自然也不实。东汉的户口与垦田数字波动很大,其最高数额也未超过西汉,原因之一就在这里。

土地问题和赋役制度是有关联的,起码就田赋来说是如此。这个问题过去好像已经清楚了,但近年的出土材料说明,这也是一个没有解决的问题。例如,过去我们都以为汉初的农户是一夫百亩,然而湖北江陵凤凰山的出土材料上写着二十五户共有田六百多亩,平均每户只有二十四亩多。出入这么大,如何解释?实际上,所谓一夫百亩是按提封田计算的,其面积仍是百步为亩,即:宽一步,长百步。真正耕作时则以大亩计,大亩的亩积不一,其中有四百八十步者。湖北江陵张家山的出土材料就记有这种大亩。小亩百亩折合这种大亩,正好是二十四亩多。临沂银雀山汉墓出土竹简《田法》中所说"一人而耕大亩二十四亩者王",指的也是这种大亩。再如,我们过去总以为,周制六尺为步,步百为亩;商鞅改制,以二百四十步为亩,行之于秦;汉武帝将之推行于关东,自此亩积统以二百四十步计算。实际上这也是靠不住的。说来话长,从略。这里要指出的是:提封田中之百亩约合今三十一亩多,就秦汉时的生产条件和技术水平而言,每户农民也只能耕种这么多土地。所以说,每户农民"其服役者不下二人,其能耕者不过百亩”。如这百亩为大亩,别说是四百八十步为亩,就是二百四十步为亩,除非实行休耕轮作,一个农户无论如何是耕种不了的。

有了上述理解,我们才能弄清楚秦汉的田赋问题。因为,田赋征收的主要是粮食,而粮食是按亩产量计算的。如凤凰山出土廪簿所记田赋每亩约合三至四升,按亩产一石计算,大致为三十税一。但这里的亩产量只能是“百亩之收不过百石”的小亩,而非二百四十步或四百八十步之大亩。如为四百八十步之大亩,百亩之田只合二十四亩多,亩产仍按一石计,则一个农户只能收二十四石粮,连口粮都远远不足,还拿什么交税呢?可见,秦汉的垦田数是按提封田计算的,田赋也是按提封田计算的。当然,大亩的田赋也可以用同样的税率,但亩产量就不能按一石计算了。

提封田中的垦田亩数还只是字面上的,需要有人耕作,才能成为事实上的垦田。所以,实际上的垦田数额又是参照人户的多少定下来的。例如,地方百里提封九万顷,其中农田为六万顷,就要有六万农户来耕作。如少于六万户,假设为五万户吧,则实际垦田只能定为五万顷。田赋也只能按这个数额来征收。因此,秦汉政府都把户口当做很重要的事来抓。这不仅涉及口赋和算赋,而且是和田赋密不可分的。可以这样说,秦汉时的田赋表面上是按垦田数征收,实际上也是按户数征收的。“有人斯有土,有土斯有财,有财斯有用”,这是那时人们的共识。

由于田赋实际上是按户头征收的,一些无地少地的在籍农民同样要照交田赋,而他们佃耕豪强地主的土地又要交地租,所以说汉代的田赋三十税一,实际上是什税五也。三十税一,确乎不多,但对无地少地的农民来说,是没有什么实惠的;而对那些收取地租的豪强地主来说,即使他们按自己所占有的土地如实交税,也是十分优惠的。所以说,不解决农民的土地问题,只在减免田赋上下功夫,这“适足以资豪强”。但是,一切解决土地问题的方案均告无效。最后,连建武十五年“度田”时,“聚人田中”,想通过核实人口来核实垦田,也失败了。结果,伴随着三十税一的实行,豪族门阀终于发展成为支配社会的强大势力。

田赋如此,其他如口赋,算赋和献赋,兵役徭役制度,也都存在着问题。至于商业税收,或者说城市税收,就更不清楚了。

秦汉的政治制度和一些政治事件,也是说清楚就清楚,说不清楚就不清楚。例如,众所周知的"焚书坑儒"事件,解释翻来覆去,都是以儒法斗争为前提的。即:先肯定其为儒法斗争,而后予以肯定或否定的评论。但这个前提对不对?恐怕就未必然了。再以汉武帝时形成的"中朝"和"外朝"而论,这似乎是皇权和相权之争,但究其形成的原因,同什么皇权和相权都是不相干的。何况在中朝形成之后,大司马大将军或领、或兼、或录尚书事,这还不是变相的相权吗?类似的问题还有不少,不赘举。总之,秦汉政治问题,有不少实际上是不清楚的。

秦汉思想文化的研究,更是一个薄弱环节。在哲学思想方面尤其如此。一般说来,我们是这样安排秦汉思想的发展线索的:秦始皇尊法反儒,至汉初而崇黄老,汉武帝则独尊儒术而罢黜百家;儒学有今、古文之争,至东汉而逐步合流。对秦汉思想尽管有各种不同的意见和争论,也有一些不同的安排,但大体上都超不出这个线索。如称汉初黄老为新道家,并未改变黄老思想;对董仲舒的评价有高有低,甚至截然相反,等等。这样安排秦汉社会思想的发展线索,当然不无道理,但也存在着一些重大的缺陷。例如说,汉代儒学和魏晋玄学之间就出现了断裂现象。过去有一种说法,认为经学成了烦琐的章句之学,令人厌倦,故一转而尚玄学。这种说法实际上是难以服人的,如然,玄学又是怎样发展而来的呢?说是来源于人品学吧!玄学的本质在于它的天道观,这是人品学所包容不了的。再如说,秦始皇尊法反儒,从"以法为教,以吏为师"和焚书坑儒来说,似乎很有道理。然而事实上这里说的"以法为教"指的是当朝律令,而"以吏为师"则指狱吏,和法家是不能等同的。而且,秦汉法律一脉相承,这样,汉初岂不是也尊崇法家吗?可见,秦汉社会思想的上限也有断裂现象。

这样安排出来的体系不仅上下不通,其本身也有值得研究的地方。别的不说,按照这个线索,秦汉时期的哲学思想就只有粗俗的神学天命论和平庸的自然天道观。显然,这和那时的政治经济状况以及科学技术水平,都是不相称的。照此看来,秦汉时期的天道观较之先秦时期的,不是前进而是倒退了。而这是不可思议的。如然,其原因又是什么呢?

为什么有这么多以及类似的问题不得解释?看来是我们对秦汉时期的思想文化还缺乏全面的系统的研究,因而还没有理出真正的头绪来。的确,在秦汉思想文化的不少领域都有待于开发。比如,秦汉时期的《易》学,特别是《周易》,过去就鲜为人所重视。近年来虽有所研究,但进展不大,还有待于继续开拓。《易》属于卜筮之书,在秦始皇下令焚书时,医药卜筮种树之书是不在其列的。所以,各种《易》书如《周易》、《连山》、《归藏》,均被保留下来。《周易》有经有传,在《周易大传》中包含着先秦的天道观。秦汉《易》学上承先秦而有所发展,在天道观方面提出了一些新观点。例如,对天地万物和人类起源的某些观点,就是先秦《易》学所没有的。魏晋玄学承袭了这些观点,将天地万物和人类的起源归结为太玄。不管说这个太玄是"有"是"无",反正它是先于天地而生的东西。

还有,在以往的研究中,我们只注意到方士和儒生的关系,而忽略了方士和黄老的关系。其实,后者更值得注意。因为,不少黄老之士和方士是合二为一,一身二任的。方士与儒生合流,势必将儒家宗教化,结果是产生了汉代的宗教儒学。方士与黄老合一,势必将道家宗教化,而其结果是形成了道教。当然,这二者也有相通之处,但彼此的源流是不尽相同的。

说这二者有相通之处,主要是指它们都吸收了阴阳五行思想。不过,就其渊源来说,儒家是承袭于道家的。这不仅因为先秦道家的阴阳观念为儒家所采纳,而且汉儒的三纲之说也是来自黄老之学的。在长沙马王堆汉墓出土帛书中有一篇题名为《称》的黄老之作,其中明确提出"君阳臣阴,父阳子阴,夫阳妇阴”,后来董仲舒在其所著《春秋繁露》中也是这样说的。董仲舒生当黄老之学占统治地位之际,对黄老之学不可能毫无接触并从中吸取思想营养,只是他的宗教天命论与道家有别而已。这大概是受了方士的影响吧!

说到阴阳五行思想,人们往往只注意它和汉代儒家的联系,殊不知它和道家也是有联系的。而且,这种联系是以道家的天道观为指导的,因而更少禁忌迷信成分,更富于客观哲理性。结果,阴阳五行思想就分属儒、道两家。其区别是:前者推阴阳而言灾异,令人拘而生畏;后者只推阴阳而不言灾异,适应自然之化而为治。只是随着道家的宗教化,这种区别才逐渐趋于消失。

就阴阳五行思想来说,秦汉是一脉相承的。秦始皇统一六国后,下令群臣“议尊号”。群臣上尊号为“太皇”,说是“古有天皇,有地皇,有太皇。太皇最贵”。为什么?就因为太皇是先天地而生的东西。所以,它高于天地,尊贵无比。这个太皇不正是道家之道的人格化吗?不过,秦始皇终究是人间帝王,因此他要“去太著皇”,兼采五帝之号,合称皇帝。在五帝之中,秦国又是尊奉颛顼的。颛顼又称黑帝或北方之帝,北方属阴属水,故秦始皇推五德终始之运,以周为火德,秦代周为水德,改河水名德水。其他如色尚黑,数用六,定十月朔为岁首,无不与此有关系。就说数用六吧,天地东西南北用数字表示,北方不正合于六吗?六为足数,加前五位数,故总称六合。“六合之内,皇帝之土”,又说明了号为皇帝的含义。天地四方都由皇帝统贯起来了。

当然,这不是说秦汉时代只有阴阳五行思想了,而只是说阴阳五行思想是联系着秦汉思想文化的方方面面,贯通于秦汉思想文化之中的。例如,秦始皇可以宗天道阴阳五行思想,执术而任法,以法为教,以吏为师,而外求神仙。汉初黄老之道既“因阴阳之大顺”,又“采儒、墨之善,撮名、法之要”。而儒学则把墨家的天道观和阴阳五行思想结合起来,成就其宗教天命论和社会伦理学说。至于方士与黄老合一而形成道教,也是由于吸收了阴阳五行思想。其中的奥妙就在于:方士说的仙人在早是居住于海外的,后来的仙人是修炼而成的。修道成仙,一是炼气,二是炼丹,都是离不开阴阳五行的。他如医学之与阴阳五行之关系,就更明显了。下至巫视卜筮,算命看相,视日相宅以及各种工伎,无不涉及阴阳五行。阴阳五行思想渗透到秦汉思想文化和社会生活的各个领域,这是确定无疑的。其中的是是非非,姑存而不论。究其原因,无非是人们认为:天地万物、地上人间、天时人事,都是按阴阳五行而运转而变化的。秦始皇的统一,结束了百家争鸣的时代,但社会思想文化并未因此而停止其发展。封建的大一统需要统一的思想文化。统一的思想文化不会从天上凭空掉下来,只能从先秦思想文化的总结中产生出来。诸子百家在这种总结中消失,而统一的思想文化又含有诸子百家。因此,这种统一的思想文化既似诸子百家,又非诸子百家;既吸收了诸子百家,又高于诸子百家。在这里,无论天道和人道,还是天人之道,都发展到了一个新的历史阶段。即:以阴阳五行思想为其共性的秦汉时期的思想文化。

综上所述,在秦汉史的研究中确实存在着不少有待解决的课题。何况,上面所列不过是几个例证,没有提到的问题还多着哩!问题这么多,自然很难编写出一部令人满意的秦汉史。

然而,秦汉史的专题研究还是以往注意得比较多的,在专史研究方面就更加逊色了。诸如秦汉经济史、政治史、军事史、文化史、法制史、商业史、城市史、乡村史、社会史、民族关系史、对外关系史等,不仅过去少有,近年来也是不多见的。可以说,目前在这方面的研究还刚刚起步,尚有待于进一步大力开拓。专史和专题研究是编写通史的基础,基础如此薄弱,实难编写出一部令人满意的秦汉史。

还有史料方面的整理与研究,也是不能令人满意的。研究历史,离不开史料,而史料本身只有经过整理与研究,加工成初级产品,才能供研究之用。没有经过整理加工的史料,要想得到高水平的研究成果,是不可能的。专题研究如此,专史研究也如此,通史同样如此。诚然,在秦汉史料方面过去是做过不少工作的,特别是史籍整理和出土资料的整理,但按重大专题和各种专史整理加工出来的材料就少得可怜了。这样,我们对秦汉史的研究就只能大而化之,很难深入下去,把秦汉历史的真实面貌充分揭示出来。

马克思主义的基本要求是实事求是,从历史实际出发,理论联系实际,找到历史发展的规律。史料并不等于历史实际,即使是整理加工过的史料也是如此。所以,说史料即史学,是错误的。但要了解历史实际,就必须对史料进行分析与研究,离开对史料的分析与研究,只凭主观想象,是无法找到历史实际的。人们自己创造自己的历史,但人们并不见得能充分认识自己创造的历史。历史不会随着人的认识而改变,但人的认识却可以揭示尚未被认识的历史。历史的发展永远不会终结,人们对历史的认识也是不会终结的。历史学家的任务,就在于认识历史,恢复历史的本来面貌。

基于上述理由,我们只能在秦汉史研究的现有水平上有所突破,而不可能全部刷新秦汉史研究的历史纪录。所以,本书尽管远不能尽如人意,我们还是把它抛了出来。抛出来有助于进一步开展秦汉史的研究,我们也就心满意足了。但愿本书出版之后有更多的研究成果问世,在不远的将来有一部更新的《秦汉史》取而代之。

本书是一部集体著作,参加人员的业务素质、理论修养、主要观点、文字风格,各有千秋,要共同编写一部书,是不容易的。因此,本书只能在基本观点、整体结构、编写体例和文风方面大体上取得一致,小有出入就在所难免了。现将本书的编写工作交代如下:编写大纲由安作璋起草,绪论由田昌五起草,第一、三两章由张金光起草,第二章由臧知非起草,第四、八两章由孟祥才起草,第五章由陈乃华起草,第六章由张汉东起草,第七章由晁岳佩起草。初稿全部完成后,经安作璋、田昌五看过并交换了意见,由安作璋做了统一修改和文字加工。人民出版社萧远强同志又提出一些意见,最后由田昌五修改定稿。两次修改稿均未交原撰稿人审改,最后的修改稿也未交安作璋过目。所以,本书如有可取之处,则是由于集众人之长;而其中的缺点与错误则应由田昌五、安作璋,特别是田昌五来负责。

本书编写得虽然不能尽如人意,但完成之后仍然令人欣慰。之所以感到欣慰，主要地还不是完成了一部著作，而是参加人员的众志一心，通力合作。我本人从他们特别是从安作璋同志那里学到了很多东西。之所以感到欣慰，还由于人民出版社的朋友张作耀、乔还田、吕异方等同志给我以机会、督促和帮助，让我在秦汉史这块阵地上有所进取和开拓。希望本书出版之后，能得到师友们和读者更多的批评和帮助，促使我和我的同事们在秦汉史这块阵地上继续开拓前进。学而后知不足，干而后更知不足，知不足才是真正值得欣慰的。所以，本书编完后连我自己都感到不满意，而令人欣慰的恰恰又是这种不满意。谨为此记，以自激励。

田昌五

1992. 3. 20.

再版后记

这篇后记，主要是在我以前写的两篇文章的基础上整理合并而成的。一篇是《关于秦汉史的学习与研究》（原载《东岳论丛》1984 年第 3 期），一篇是《关于秦汉史研究的若干问题》（原载中华书局《文史知识》2005 年第 5 期）。在《秦汉史》修订本即将付梓之际，曾经读过这两篇文章的史学界朋友认为两文对初学或有兴趣研究秦汉史的读者，尤其是青年学生，应有所裨益，建议作为本书的后记，附于书后。因不揣浅陋，略加整理付印，以供参考。如有不当之处，请批评指正。

一

秦汉这一段历史是中国两千年封建社会的奠基时代。无论是按照西周封建论的说法，还是战国封建论的说法，封建地主经济基础的最后巩固和全部封建上层建筑的最后完成，都是在这个历史时期。

首先，从经济基础方面看，虽然从春秋战国时期开始，封建地主土地所有制和封建剥削方式就已经开始萌芽，但作为一种经济制度，却是一直到秦汉时期才最后确定了下来。例如“富者田连阡陌，贫者亡立锥之地”，“耕豪民之田，见税什五”这种生产关系，即是由汉武帝时董仲舒首先提出而明白地记载于《汉书·食货志》的。自此以后，这种生产关系直到清朝灭亡，甚至一直到共产党领导的土地改革之前，都是作为主导的经济形式存在于中国广大农村社会之中。

其次，从政治制度来看，基于封建地主土地所有制这一经济基础之上的上层建筑，如以皇帝为首的封建专制主义中央集权制度，也是在这一时期形成的。虽然这种制度早在战国时期各诸侯国所进行的政治、经济改革中就已经开始萌芽并趋于成熟，但是作为一种稳定、系统、有序的政治制度，可以说自秦始皇开始直到汉武帝才最后巩固下来。因而秦汉时期是中国封建社会历史上的一个划时代的历史时期，这一时期确定下来的封建专制主义中央集权的官僚制度和郡县制度，在以后中国封建社会的发展历程中，虽名称有所变化，但实质上并无太大的变化。

再从意识形态领域看，作为封建地主阶级统治的指导思想，也并不是一蹴而成的，它也经历了一个不断探索的过程。这里还涉及到如何评价春秋战国时期百家争鸣的问题。百家争鸣无疑是中国古代社会的一次重要的思想解放运动，但更重要的是它还是一次对新兴的封建地主阶级如何治理国家的探索活动。如儒家主张实行仁政，道家主张无为而治，法家主张法、术、势结合的法治等，他们探索的无一不是治国方略，这一探索过程，可以说一直持续到西汉武帝时期。如果说百家争鸣是从理论上对封建社会的治国方略进行探索的话，那末，秦朝和汉朝就可以说是已经进入了实施阶段的探索。秦统一中国后，秦始皇专任法家，实行以法为教，以吏为师，这可以说是秦朝的经验。但秦始皇把法治（实际是刑治）绝对化了，法治搞过了头，结果成了暴力统治，故引起人民的强烈反抗，结果秦朝二世而亡。在秦末的战火馀烬中建立起来的西汉皇朝，开始时统治阶层中有很多人曾亲身经历过秦朝的暴虐统治，接受了秦朝灭亡的教训，一改秦朝在治国方略上专任法家的策略，转而改用道家黄老的思想，实行无为而治、与民休息的治国方略。这在当时无疑是适应了汉初经济恢复、发展和政治稳定的需要，但它的弊端很快暴露出来了。一方面汉初的经济确实得到了恢复和发展，政局也比较稳定；另一方面也出现了豪强地主的土地兼并和诸侯王割据势力发展壮大的势头。由此看来，黄老无为而治的治国方略也不足以更好地治理国家。所以，到了汉武帝时期，就接受了董仲舒的建议，实行“罢黜百家，独尊儒术”，确定了儒家思想作为封建皇朝统治的指导思想。但是实际上，这一时期所谓“儒术”，并非全用儒家，而是外儒内法。所以,后来的汉宣帝在谈到汉朝的制度时说:“汉家自有制度,霸王道杂之。”实际上也就是,在统治方略上刚柔相济两手交替运用的有机结合。这种以儒家思想为主体的统治指导思想,到了汉武帝时期就已经全面确定下来了,并一直贯穿于整个中国封建社会的始终。

此外,如连续一、二、三次全国性大规模农民战争的发生和农民战争后封建皇朝政策的调整,统一的以汉族为主体的多民族国家的形成,中外关系的沟通,文字、货币、度量衡、法令的统一等等,也无不由秦汉开其端绪。由此可见,秦汉史在中国历史上占有何等重要的地位,对后世产生何等深远的影响! 如果说,秦汉以后封建社会的历史是“流”,那末,秦汉时期的历史就是“源”。因此,从这个意义上说,没有秦汉,也就没有两千年的封建社会。如果我们对秦汉这段历史搞不清楚,就势必要影响对整个封建社会历史的认识。

所以,关于秦汉史的研究,历来就受到学者们的重视。远的姑且不说,新中国建立以后,史学界讨论的五个重大历史问题,号称“五朵金花”,即古史分期问题、封建土地制度问题、农民战争问题、汉民族形成问题、资本主义萌芽问题,其中有四个问题涉及秦汉时期。此外,还有的学者认为,中国资本主义萌芽于战国秦汉。这就说明,秦汉历史的重要性及其所受到重视的程度。所以,在以往的断代史研究中,有关秦汉史的论文和论著特别多,不仅大陆史学界是如此,港、台地区也如此,甚至邻近的日本、韩国也在秦汉史研究方面做出了显著的成绩,并且建立了专门研究秦汉史的学术机构。

总起来看,关于秦汉史的研究,无论在国内还是国外,无论从哪一方面看,都不断有新的研究成果;在深度和广度上,也不断有新的开拓和进展。于是就出现了这样一种情况:有人说秦汉史这个领域好比是经过许多年经营的一片熟地,犁来耙去,似乎再没有什么搞头了。以致选题艰难,或选题陈旧,即使写出文章,也缺少新意,这是一个较为普遍的也是较为突出的问题。因此有些人不愿意在秦汉史方面再多下功夫,甚至本来是研究秦汉史的学者也转移了阵地,向着另一个领域发展去了,或者仅仅把它当成一种客串的副业。其实这是一种误解，秦汉史和中国历史上其他几个历史阶段比较起来，的确研究的基础较好，成果较多，正因如此，其难度也较大。过去研究虽然成绩很大，但存在的问题也还不少，有些问题我们还没有接触到，有些问题虽然有过研究但没有解决，有的还有很大的分歧，甚至在过去被大家公认的结论，也还需要进行重新审查，重新做出符合客观历史实际的结论。再加上"文化大革命"时期，"四人帮"为了篡党夺权，大搞影射史学，对秦汉史这个领域干扰破坏特别严重，被视为史学界的重灾区，其流毒尚有待进一步肃清，也就是说秦汉史的研究还有一个拨乱反正的问题。所以严格来说，作为一门历史科学，秦汉史这个领域，还大有用武之地。

二

研究秦汉史，有哪些值得注意的课题呢？

(一)关于秦汉社会性质的研究　这是属于中国古史分期中的一个问题。有的学者主张秦开始进入封建社会，有的主张汉武帝时才最后完成封建社会的变革，有的主张东汉，有的主张魏晋。因而秦汉时代的中国社会究竟是奴隶社会，还是封建社会，就成了争论不决的问题。这个问题是秦汉史研究中的一个关键性问题(当然其中还涉及到许多具体问题)，很显然，如果这个问题搞不清楚，对其他问题也很难做出正确的回答。

(二)关于秦汉经济史的研究　这方面的问题和上述问题有直接关系，要解决社会性质问题，首先应从经济基础的研究入手。如当时农业、牧业和手工业生产力究竟达到什么样的水平？土地所有制有什么变化？占主导地位的是土地国有制还是地主土地私有制？租税、兵徭役征发的种类、时间、数量和对象问题？租佃关系在生产关系中究竟占多大比重，属于什么性质？奴隶劳动在社会经济生活中占什么地位？如何看待秦汉的商品经济和国家工商业政策？以及城市的发展、乡村的变化与城市和农村的关系等等，都是有待于进一步研究的问题。

（三）关于秦汉阶级关系与阶级斗争史的研究 秦汉社会性质问题之所以未能得到解决，阶级关系复杂，也是重要原因之一。例如，秦汉时期的封君、豪族是奴隶主还是封建地主？秦汉的大工商业主即司马迁称之为“素封”者，是不是奴隶主？秦汉的奴婢是不是奴隶？秦汉的自耕农、佃农、雇佣劳动者的阶级属性和社会属性是什么？这些都要从他们的经济地位、政治地位和社会地位去考察，实事求是地去分析。尤其是对政治上、经济上，乃至思想上处于支配地位甚至影响历史发展进程的统治阶级上层集团有必要进行重点的研究。另外，对于秦汉时期的农民起义和农民战争的性质、特点以及历史作用等问题，还需要在原来研究的基础上再做深入的探讨。

（四）关于秦汉政治制度史的研究 秦汉时期我国已形成专制主义中央集权制的封建国家，而西方一些国家则是到十五六世纪封建社会末期，为适应原始资本积累才建立起来的。为什么中国形成这么早？它的基础是什么？有什么特点？起过什么作用？这些都是有争议的问题。另外，还有诸侯王国的问题，外戚宦官的问题，官制、兵制、法制等问题及其利弊得失，也值得作为重点去进行研究。

（五）关于秦汉思想史、文化史和社会史的研究 这也是秦汉史研究中的一个重要方面，例如，在秦汉思想文化中影响较大的阴阳五行家思想、法家思想、黄老思想、儒家思想与经学、汉赋与乐府、农业手工业中生产技术的革新、天文历算医药学以及其他自然科学的成就，秦汉石刻艺术的研究等等。值得特别提出的是秦汉人的日常生活包括衣、食、住、行以及宗族家庭、社会风俗、道德观念、宗教信仰（包括道教的形成、佛教的传人）等，过去是一个比较薄弱的方面，今后应当予以较多的注意。

（六）关于秦汉少数民族史与民族关系史的研究 秦汉时期我国已形成一个多民族的国家，每个民族都有自己发展的历史和特点，他们都和汉族之间有着不可分割的联系，对祖国都做出了应有的贡献。例如，匈奴、西域、西羌、西南夷、群蛮、百越以及东北的乌桓、鲜卑等族，都是在中国历史上起过相当作用的民族。各族之间有和平往来(包括和亲),也有战争,有的曾经建立过自己独立的政权,有的变成了秦汉皇朝的郡县,如何正确对待这些问题,需要进行慎重地、仔细地研究,因为它不仅是属于历史上的民族关系问题,而且还涉及现实的民族关系问题。这就是说,既不能违背今天我们国家的民族政策,又要符合客观的历史实际,我认为这应当是研究历史上民族关系的一个准则。

(七)关于秦汉时期中外关系史的研究　秦汉是中外关系史的开端,朝鲜、韩国、越南、缅甸、印度、日本以至于中亚、西亚、北非、欧洲各国在那时都和中国有了外交上的来往,相互间进行了一些经济文化的交流。尤其是中国与朝鲜和韩国、中国与越南的关系最为密切,如何正确对待秦汉皇朝在朝鲜半岛、越南设郡,双方战争以及历史的疆界,都是值得研究的严肃问题。

(八)关于秦汉历史人物的研究　秦汉,尤其是汉武帝时期,号称"人才辈出、文武并兴",对历史有影响的人物很多,如秦始皇、吕不韦、李斯、蒙恬及蒙氏家族、王翦及王氏家族、项羽、刘邦、吕雉、冒顿单于、刘恒、刘启、萧何、曹参、张良、陈平、韩信、叔孙通、陆贾、贾谊、晁错、刘彻、桑弘羊、董仲舒、公孙弘、刘安、司马相如、司马迁、李广、卫青、霍去病、苏武、李陵、刘向、刘歆、扬雄、赵充国、呼韩邪单于、王昭君、冯嫽、王莽、刘缜、刘秀、桓谭、王充、班固、班昭、班超、许慎、马融、郑玄、何休、蔡伦、张衡、张仲景、华佗、崔寔、王符、仲长统、蔡邕、张鲁、檀石槐等等,对以上这些历史人物,有的虽有评论文章,甚至不止一篇,也有的已写成专著,但是看法并不完全一致,而且在研究的深度和广度上差别也很大,还需要再做进一步的分析研究。即以大家熟知的"千古一帝"秦始皇的评价而论,仁者见仁,智者见智,两千年来几乎史不绝书,我们在最近出版的《秦始皇帝大传》一书的最后一节也不免留下"盖棺难论定"的一点遗憾。

(九)关于秦汉史的文献整理与研究　在这方面,前人特别是清乾嘉以来直到最近几年,学者们已经做了很多工作,其中包括标点、校勘、注释、辑佚、考证、辨伪以及索引等等,但这还不够,例如最重要的一部史籍——《史记》,直到现在还没有我们自己的一部详细的会注或集解(用的还是日本学者泷川资言的会注考证本)。有的没有注释,或虽有注释,但还不够详细精确;有的没有新式标点,或虽有标点,但错误之处也还不少。即使在总结和继承前人特别是清代学者研究成果方面,也还有大量的工作需要我们去做。当然,这样的工作,并不是治史的目的,却是一项不可少的为人作梯的工作,也是一项很艰苦的工作。虽不必大家都去做,但总得有人去做。

(十)关于秦汉考古和文物的研究 这也是一项很有意义的工作。研究秦汉史,仅仅依靠为数有限的文献资料是不够的,还需要结合考古和文物研究,与文献互相参证补充,才能得出比较符合历史实际的结论。就目前来说,如秦简研究、汉简研究、汉碑研究等等,都还仅仅是开始,方兴未艾。日本史学界近年来就很重视秦简、汉简的研究,很多学者都投入了这项工作,并且在很短的时间内,在解读、译注和研究方面,取得了显著的成绩。预计简牍学研究,在将来也可能和敦煌学一样发展成为一门显学。

以上我只是用举例的方法从几个主要方面提出一些问题,供对秦汉史有兴趣并愿意学习和研究的同志们参考,难免挂一漏万,甚至是肤浅,不准确。但我认为不管怎样,上述十个方面的问题,都是秦汉历史上值得注意,并且有待深入研究的问题,其中有些问题,还是中国古代史研究中共同存在的问题。

三

研究秦汉史,比研究秦以前的古史,有利条件较多,主要是有丰富的文献资料可资依据。属于这个时期的史料,大别之,可以分为四类,即以人物为主的纪传体历史,按年代顺序写的编年体历史,以事件为中心的纪事本末体历史,以及专记典章制度的政书体历史。纪传体的史籍,主要有西汉司马迁的《史记》、东汉班固的《汉书》、刘宋范晔的《后汉书》和晋司马彪的《续汉志》(中华书局本并入《后汉书》)、晋陈寿的《三国志》,以上各书,通常称之为"前四史",是研究秦汉史的最基本的史籍。

《史记》上起传说中的黄帝,下迄汉武帝,上下三千年,是中国第一部通史。书中包括十二本纪（以帝王为中心的大事记）、十表（有世表、年表、月表）、八书（主要记各种制度和文化）、三十世家（主要记各诸侯国的历史）、七十列传（各种历史人物传记，也有少数民族和邻国的历史），共百三十篇。是中国古代史籍的典范。司马迁是古代伟大的历史学家，他写《史记》不仅记述帝王将相的活动，也写各阶层的代表人物；不仅注意政治情况，也注意经济文化。他知识渊博，掌握史料极为丰富，班固说他“所涉猎广博，贯穿经传，驰骋古今上下数千年间”。刘知儿也说“语其通博，真作者之渊海也”。他不仅广泛搜集现存文献，还亲自到各地作实际调查，例如他为了写《孔子世家》曾经“适鲁，观仲尼庙堂”；为了写《淮阴侯列传》，曾到韩信的故乡，访问淮阴父老。《史记》还是一部优美的文学作品，叙述复杂的史实，有条有理，描写人物，栩栩如生。刘向说“迁有良史之才，善序事理。”郑樵也说“百代而下，史官不能易其法，学者不能舍其书。”这些评语都是基本符合实际的。当然，司马迁也有他的历史的和阶级的局限性，例如他说秦始皇统一是“天所助焉”，刘邦的成功是“受命而帝”；他还认为“三王之道，若循环，周而复始”等等，这些都贯穿着历史唯心论和英雄史观。

《汉书》创始于班彪，以后又由班固主编，班昭和马续补写而成的。其书体裁大致仿照《史记》，但改书为志，不立世家，其所记事，仅限于西汉，是我国第一部断代史史书。班氏父子深受儒家正宗思想的影响，在学识方面比不上司马迁，不过《汉书》毕竟有很多优点，例如书中多载当代有用的文献，贾谊、晁错、董仲舒等人的议论，即因《汉书》的收录而得以保存下来。尤其是《汉书》的十志，其翔实程度，在《史记》八书之上。再者，《史记》只写到汉武帝，司马迁死后，武帝以后的历史缺而不载。因此，研究西汉一代的历史，不能不读《汉书》。

《后汉书》是范晔未成之作，后人以司马彪的八志合于范书，即今日通行的《后汉书》。《后汉书》特为宦者、独行、逸民、党锢、文苑、方术、列女等人物立传，说明作者很能注意当代社会和政治生活的特征，这些体例，都为后来史家所仿效。但因作者的时间较晚,不可能直接掌握东汉史事,故其书主要是参考了官修《东观汉记》,并取材各家《后汉书》以成为一家之言。今天除袁宏《后汉纪》外,其他各家《后汉书》均已散佚(清汪文台辑的《七家后汉书》、当代学者周天游的《八家后汉书辑注》也可参考)。我们研究东汉史,不得不主要依靠范晔的《后汉书》。

《三国志》为记魏蜀吴三国的史籍,其中也包括东汉末年的历史,这部书取材比较严谨,对三国时的重大史事,一般还能据事直书,但由于文字过于简略,不少重要史实言之不详,甚至被遗漏。宋人裴松之据汉晋史籍二百余种为之作注,其价值不亚于陈寿原书。

以上各书文字都比较古奥简略,读时需要依靠注解,现行较好的注本有日人泷川资言的《史记会注考证》、清人王先谦的《汉书补注》、《后汉书集解》,《三国志》除裴注外,还有近人卢弼的《三国志集解》。这些注本集后代研究史汉的大成,也是我们学习和研究秦汉史的必读参考书。

编年体的著作,较早的有东汉荀悦的《汉纪》、东晋袁宏的《后汉纪》,荀书的史料价值不大,袁书有些地方还可以补范书的不足,两书都断代为史。至于编年通史,就要数宋代司马光的《资治通鉴》了。《通鉴》是一部宏伟的史学名著,虽然作者受到封建地主阶级立场和正统观点的局限,但其按年代顺序排比史事,前后贯通,考订异同,功力极深,特别对朝代兴替、政治得失,记载比较详细。若从史料角度来看,秦汉部分新的史料不多,但从时间观念、事件的相互联系以及史料的考订等方面看,也不失为史汉书的辅助读物。《通鉴》胡三省注,详于地理沿革、政治制度,对研究《通鉴》有很大帮助。南宋袁枢根据《通鉴》,以大事为中心,详其始终,改编为《通鉴纪事本末》,创立了纪事本末体。其书内容较《通鉴》为少,可供临时查阅之用。

政书体的史籍以记载政治制度、社会经济和文化为主。这类史籍较重要的有会要、三通诸书。唐杜佑的《通典》、宋郑樵的《通志》、元马端临的《文献通考》,即所谓“三通”,三通的性质大同小异,资料来源多抄自正史,重新加以分类。《通典》中有一些重要材料,《通考》中多载重要论述,《通志》则较逊于前二书,但它的《图谱略》、《金石略》和《校雠略》对历史文献的整理研究还是有一定参考价值的。会要和三通属于同一史体,前者是断代专史,后者是专门通史。秦汉部分已成书的有清孙楷的《秦会要》(近人徐复订补),宋徐天麟的《西汉会要》、《东汉会要》,清杨晨的《三国会要》。这几种书都是直接抄录各史,可供查阅之用。

为了进一步深入广泛地学习和研究,还必须对秦汉时期各种文献的全貌有一个基本的了解,以开阔眼界,以弥补正史之不足。

有关社会经济史料,则多载于各史食货志、货殖列传中,前四史只《汉书》有《食货志》,《史记》虽然没有《食货志》,但有《平准书》。《后汉书》、《三国志》则有近人陶元珍的《三国食货志》、黎子耀的《补后汉书食货志》。三通、会要诸书也有关于经济史的专门记载,《通考》分类尤详,可供临时检索,但引用时仍需查阅原书。

关于政治制度史的资料,有卫宏的《汉旧仪》、应劭的《汉官仪》、蔡质的《汉官典职仪式选用》,王隆撰、胡广注《汉官解诂》、丁孚的《汉仪》,以上诸书均佚,有清人孙星衍辑校本。此外,孙星衍等又辑有《汉官六种》,周天游点校,1990 年由中华出局出版。

关于思想史的资料,多集中于经学家的传记——史汉书的《儒林传》中,重要的经学大师皆有专传。凡研究经学传授源流及经师生平者,应该看这些传记。两汉经师的学说,则多见于他们对经书的笺注之中,比较重要的有何休的《公羊传解诂》、郑玄的《三礼注》,郑注多以汉代制度解经,是研究汉代文物制度的有用资料。此外,如《商君书》、《韩非子》、《吕氏春秋》以及陆贾《新语》、贾谊《新书》、刘安《淮南子》、董仲舒《春秋繁露》、刘向《说苑》、《新序》、桓宽《盐铁论》、扬雄《法言》、桓谭《新论》、班固《白虎通义》、王充《论衡》、崔寔《政论》、王符《潜夫论》、仲长统《昌言》、荀悦《申鉴》、徐干《中论》、应劭《风俗通义》、蔡邕《独断》,以及《太平经》等书,不仅是研究秦汉思想史的资料，也是研究秦汉政治经济以及社会生活方面的重要资料。以上诸书，除属于秦的几种外，多数收于汉魏丛书之中。

纬书也是值得注意的汉代思想史资料，《隋书·经籍志》著录有十三部，今天大多散失，明孙瑴加以辑集，载入《古微书》。

关于文学史的资料，主要是清严可均辑的《全上古三代秦汉三国晋南北朝文》，这部书包罗万象，举凡当时人的文章，不论是长篇巨制，还是断简残篇，一概收录，是一部比较完备的文章汇编，也是研究秦汉史的重要参考书。近人丁福保又辑《全汉三国晋南北朝诗》。可以说有这两部书，当时诗文大致没有多少遗漏了。与以上二书性质相近的还有明张溥编的《汉魏六朝百三家集》，内容不如前二书丰富，它所选仅限于重要作家作品，且诗文兼录，如研究秦汉文学史，也可以参考此书。

关于语言文字方面的资料，主要有许慎的《说文解字》（段玉裁注）、扬雄的《方言》（清戴震疏证）、刘熙的《释名》（清江声疏证，王先谦复作疏证补）、史游的《急就篇》（颜师古注）以及无名氏的《尔雅》，这些书不仅对研究语言文字有用，对于汉代历史研究也有参考价值，是研究汉史的工具书。

关于科技史的资料，在史汉书中有关书和志的部分有较详细的记录，而且著名的科学家如仓公、华佗、张衡、蔡伦、王景等又往往立有专传。农业科学著作有氾胜之《农书》、崔寔《四民月令》，数学著作有《九章算术》，医学著作有张仲景的《伤寒杂病论》（后人分别整理成《伤寒论》和《金匮要略》二书）。这些书都是科学史的重要著作。有的著作如《四民月令》对研究汉代的田庄经济，还有重要的参考价值。

读史当知地理。有关地方史和地理沿革的书，自东汉以来逐渐盛行，著名的有东汉赵岐的《三辅决录》、无名氏的《三辅黄图》、《三辅故事》、《三辅旧事》、辛氏《三秦记》、晋葛洪的《西京杂记》诸书，这些书都是记载长安一带的风土人物以及城市建筑的史料。此外，还有东晋常璩的《华阳国志》记川滇史地、汉宫旧事；梁宗懔的《荆楚岁时记》记湖北一带的历史和风俗；北魏郦道元的《水经注》以水道为纲，记述全国都邑风物、古遗址遗迹等，是研究中国古代地理沿革的必读之书。

总之，上列诸书，都是学习研究秦汉史的参考资料（当然还不限于这些），但若仅仅依靠这些资料，还很不够。学习研究秦汉史，除了充分利用这些文献资料外，还应尽可能地运用考古学上所提供的新史料，把历史学和考古学结合起来，用马克思主义的观点和方法作指导，才能开创秦汉史研究的新局面，这是有志于治秦汉史的同志们的一项重要任务。

从三十年代开始，半个多世纪以来，由于中外考古学者们的努力，秦汉时代的遗址和遗物，在黄河流域、长江流域，乃至西北甘肃、蒙古、新疆一带都有发现，这些新的发现，使秦汉的历史比较更加接近于本来的面目。

秦汉的遗址有住宅、墓葬、城堡、烽燧台、手工作坊、沟渠等；遗物有简牍、金石、丝织品、陶器、漆器等，几乎应有尽有，许多历史上的空白，不见于文献记载的问题，都可以用它们作补充和修正。例如汉长城的发现，即指明长城并不止于甘肃的嘉峪关，而是延长到今日敦煌的西北，于是《汉书·西域传》所载"自敦煌西至盐泽（今罗布泊），往往起亭"；法显《佛国记》中所谓"修敦煌旧塞"，均可由此得到证明。这一段长城，不是用砖石建筑，而是用苇秆挟泥土砌成的，从而《后汉书·班超传》中所谓"焉耆国有苇桥之险"的"苇桥"才能得到正确解释。又根据考古发现，居延障塞四周皆埋有尖木桩作障碍物，我们才知道《汉书·晁错传》晁错上兵事疏中所说的"虎落"是什么东西。从楼兰、于阗附近汉代住宅的发现，又使我们了解到汉代西域官府活动的情况。尤其是乌孙墓葬和汉代屯田遗迹的发现，可以确切证明，早在两汉时代巴尔喀什湖地区就属于中国的版图，并且在经济文化等方面和内地有着不可分割的联系。这个地区现在分属前苏联的几个加盟共和国，完全是旧俄时代老沙皇侵略的结果。

更重要的是居延、武威、敦煌和罗布淖尔等地发现的汉简。解放前有王国维整理的《流沙坠简》、劳榦整理的《居延汉简考释》以及沙畹、马伯禄分别整理的《中国古文书》。解放后,在这些地区又不断有汉简的发现,尤其是近年来在居延发现的汉简,其数量之多,内容之丰富,远远超过了解放前的发现。这些汉简都是文字的记录,有文书、簿录、信札、经籍、杂记等,有了这些发现,汉代河西地区的政治经济文化以及汉朝和西域的关系,才呈现出较为清晰的轮廓。当然,它的意义绝不限于河西一隅,即使对整个汉代史的研究,也是非常珍贵的资料。

此外,一九七四年在湖北江陵凤凰山汉墓出土的一批汉简(文景时代临江王遗物),也给我们解决了过去研究中的一些疑难问题。例如廪簿所记民户共二十五户,田地六一七亩,平均每户才有土地二四亩多,即证明了《汉书·食货志》晁错所提供的当时农民五口之家有耕地不过百亩的情况是靠不住的。廪簿又记每亩租谷为三至四升,按平均亩产一石来计算,约为一石的三十分之一,这不仅证实了"三十税一"之说,而且也使我们知道"三十税一"的剥削量究竟是多少。过去有人认为献费是算赋以外的一种赋,还有人认为献费是封国自定的赋,说法不一,现在根据廪簿所记,上述意见都不准确,献费应是地方政府从取之于民的算赋中提取六十三文上交中央的一部分算赋。过去有的人不承认汉代奴婢从事农业生产,现在从遗策竹简上"田者男女各四人,大奴大婢各四人"的记载以及出土的持锸和持锄的奴婢俑来看,可知汉代农业生产中还保留着一定数量的奴隶劳动。至于这种奴隶劳动在生产关系中究竟占有多大比重,能否据此判断汉代是否为奴隶社会,那就是另外的问题了。

在这里值得特别一提的就是一九七五年在湖北云梦睡虎地秦墓中发现的一批秦简,这是考古学上一次空前的重大收获。大家知道,秦代历史很短,几乎没有留下多少文献资料,有了这批秦简的发现,就可以使我们对于秦代的政治、经济、文化方面的情况有一个较为具体的了解。即使单从秦简的书写文字来看,十多年前郭老在《古代文字之辩证法的发展》一文中所提出的秦代通行文字不是小篆而是隶书的推断,借此得到了证实。有的学者说,可以根据秦简写一部秦代史,虽不免有些夸张,但由此也可以说明这批秦简发现的重大意义。

继上述发现的秦简、汉简之后，又于1983年、1993年、2002年先后在湖北江陵张家山汉墓、江苏连云港尹湾汉墓和湖南龙山里耶古城址等处发现了大批汉简和秦简，这些带有文字的遗物，也都是我们研究秦汉史极为珍贵的资料。例如《史记》、《汉书》均提到秦时“发闾左之戍”，以形容徭役之繁重。历代注释家对此解释不一。今据里耶秦简，“闾左”当即“里佐”，为里正之副职。这句话的意思是说当时国家规定应服役的人都征发完了，“后入闾，取其左”，即在基层工作已被免除徭役的“里佐”也被征发了，所以汉人晁错指责其“发之不顺，行者深怨，有背叛之心”。关于汉代“亭”的性质，历来说法也多有分歧。尹湾汉简的发现，证实“亭”和“乡”没有隶属关系，都是县以下的地方基层组织，唯其职掌不同，前者主要负责地方治安，后者则主要负责地方行政事务。又如张家山汉简所载吕后《二年律令》中的一些内容，更是近年来秦汉史学界十分关注的研究课题。

除遗址、遗物和简牍外，汉代的石碑和石刻画像，也提供了不少新的史料。例如河南偃师出土的《汉侍廷里父老僤买田约束石券》和四川郫县犀浦出土的《东汉簿书碑》，即分别记有“父老僤”这一社会组织情况、土地和奴婢占有情况，对研究汉代社会组织、土地制度和奴婢制度均有十分重要的价值。再如汉画像石上所刻画的宅院楼阁图像，和桓宽所说的汉代贵人之家“兼并列宅，隔断闾巷，阁道错连足以游观，凿池曲道足以驰骛”（《盐铁论·刺权》）的情景正相符合。而汉代乐舞画像也可证明仲长统所说的豪人之室“妖童美妾，填乎绮室；倡讴伎乐，列乎深堂”（《昌言》）的话，并非虚语。此外，还有许多描写牛耕、纺织、煮盐、冶铁等劳动人民的生产活动、社会风俗、历史神话传说以及宣扬封建道德、宗教信仰等石刻画像，可以说当时人们的衣、食、住、行、日常生活，应有尽有，在此不能一一备举。总之，如果把这些石刻画像加以系统地汇编，再配以文字说明，简直可以成为一部文图并茂的汉代社会史。

四

总上所述,可以看出,秦汉虽然只有四百多年的历史,但是内容十分丰富,值得研究的问题很多,可以凭借的有利条件也不少。不过要想完全占有这个领域,也不是那么简单的事。有些前辈学者穷毕生的精力,还不能说达到精通的境界。当然,要想在这个领域获得若干研究成果,也并不困难。即使如此,初学者还需要在一些基本功方面下一番功夫,才能有所成就。

首先,要认真学习马克思主义,并努力把马克思主义的基本原理和秦汉的历史实际相结合,这是学习和研究秦汉史的最根本的途径。例如秦汉时期到底是奴隶社会还是封建社会?对此,我们就不能单纯地停留在史料的考证和罗列上,因为秦汉的史料(包括文献资料和考古资料)总是有限的,大家都容易看到,并且在引用;即使偶尔发现一批新史料,如秦简、汉简之类,也逃不过大家的眼睛,但是得出的结论却迥然不同,这是为什么?也有人重视运用马克思、恩格斯关于希腊、罗马的个别结论作指导来研究秦汉历史,但也往往得出不同的结论,这又是为什么?我认为主要原因在于把马克思主义当作教条,生搬硬套,犯有概念化和公式化的毛病,归根到底,还是一个怎样"结合"的问题。党的十一届三中全会后,我们党所以能找到了一条建设有中国特色的社会主义现代化的正确道路,就是善于把马克思主义的基本原理和中国的具体国情相结合。我们研究历史包括秦汉史也应如此。

其二,治史贵在博大精深。没有渊博的历史知识,要达到精深的地步是不可能的。所谓渊博,也不是无所不知,无所不晓,再高明的医生也不能包治百病,但对其所学的专业和研究方向来说,不但要精通,扩而大之,凡是与研究方向有关的知识都应该通晓。所谓"竭泽而渔",用在生产上,固不可取;但用于详细占有资料,则是必要的。北齐学者颜之推《颜氏家训·勉学》篇中有一句话说:"观天下书未遍,不得妄下雌黄。"当然,要说读遍天下书,在颜之推那个时代容或可能,而在唐宋印刷术发明以后,书籍浩如烟海的情况下,就不大可能了。但在自己研究的领域内，如秦汉史，还是要把应该读的书如前四史、《资治通鉴》、诸子书以及新发现的秦简、汉简之类，都是要读完的，也是能够读完的。不仅要读完，还要达到十分熟练的程度。什么是熟练程度？虽不一定像前人形容的那样，倒背如流，但至少要做到不论遇到什么问题，不用查书，就能够知道它的来源出处；提到某个人物、事件或某项制度，都应该知道它们和前后或同时另外一些人物、事件、制度的相互关系。如此方能上下贯通，左右逢源，发现问题，解决问题。

其三，没有继承，就没有发展和创新。要继承，就要对秦汉史这一领域研究的过去、现状及未来发展的趋向有所了解，包括国内外学术界的情况，这叫了解“行情”。了解行情的方法，除了充分利用前人所做的与本行有关的书目、论文索引等工具书以外，还要亲自动手编制一些适合自己需用的索引（包括资料、摘要、书目、论文），并随着研究的深入不断加以补充，以便按图索骥，及时掌握学术界前沿动态、问题的意义和价值（包括学术价值和现实意义）。现在利用计算机网络固然是现代化先进手段，用起来十分便捷，但也不可能完全代替上述的手工操作。通过以上手段和方法，就可以了解到秦汉史研究领域内有哪些新的研究成果？有哪些有争议的或没有弄清楚的问题？有哪些失误？还有哪些被忽视的问题等等。了解这些，就可以科学地确定选题，集中精力，把主要力量放在前人还没有涉及或没有解决的问题上，从而在这个领域努力向前推进一步，这就是创新。

其四，要在研究视角上有所更新。研究秦汉史从何处入手才能有所创新？如前所述，秦汉史是古往今来中国学者特别重视研究的一段历史，这个时期的人物、事件、典章制度等主要内容，前人差不多都做过研究，有些问题很难再有什么新的突破。一般说来，衡量一篇学术论文或一部学术著作有无价值，或价值大小，主要看是否具备以下三项要素，即新资料、新视角、新观点。新观点是前二者结合自然产生的结果，不必多说。新资料当然重要，但目前的实际情况是除了新出土的秦简、汉简之类的考古资料外，要寻找秦汉文献典籍中未经人们发现和使用过的资料并非易事。所以要改变传统的直线和单向思维方式，选择新视角就成为首先要考虑的问题了。苏东坡《题西林壁》诗有云:“横看成岭侧成峰,远近高低各不同。不识庐山真面目,只缘身在此山中。”说的就是一个转换视角问题。秦汉史研究也是如此,例如秦汉有一种学官,叫作“博士”,博士制度前人已做了若干研究,几乎没有什么更多的疑难问题了。但是如果把博士制度与秦汉政治、教育、学术、文化等方面的关系结合起来看,就可以发现新的课题。博士制度还可以与其他问题相联系,如秦汉的博士大多出自齐鲁,那末,“秦汉博士与齐鲁文化”也是一个值得研究的新课题。以上仅是一个具体的小问题,大之如秦汉史与先秦、魏晋南北朝等前后历史阶段的关系,与世界史的关系,与其他学科的关系以及秦汉史研究如何古为今用的问题等等,它们之间也有一个结合点或视角的问题,找准结合点,转换新视角,在秦汉史研究中就可能有更大的突破和创新。

五

最后说到这本《秦汉史》,该书作为高等学校中国古代史教学参考书于1993 年出版以来,据初步调查了解,无论在秦汉史教学或研究中,都起到了应有的作用,可以说基本上没有背离我们编写此书的初衷。但是随着教学内容改革不断地深入发展以及新出土文献资料的不断发现和科研成果的不断刷新,不仅是作者和出版者,还有一些同行专家学者,也都认为有必要对本书作一次全面的修订,以正误补阙,使其更能适应秦汉史教学与研究的需要。

这次修订的主要内容:一是改正错别字与个别引用史料的失误;二是吸收新的研究成果,增加新的资料,特别是新出土的秦简、汉简等资料;三是增补原书中遗漏的重要内容,如《秦汉社会生活》单列一章(由陈乃华起草),为第八章,原第八章改为第九章。其他各章根据需要也都增加了一些新的内容;四是增补地图、实物等各种有关图片,共约 150 余幅(我的研究生李建业协助搜集整理)。

这里还应提到本书的另一位主编田昌五同志。昌五同志于2001年不幸染病逝世,这是史学界的一大损失。我们这次修订,也是秉承昌五同志的遗志,希望此书的再版,更“有助于进一步开展秦汉史的研究”,并“愿出版之后有更多的研究成果问世”。

这次修订,得到人民出版社历史编辑室主任乔还田同志的大力支持和帮助,谨在此表示衷心的感谢。

安作璋

2007.11.25.

责任编辑:乔还田
版式设计:陈　岩

图书在版编目(CIP)数据

秦汉史(修订本)/田昌五 安作璋 主编. -北京:人民出版社,2008.5
(人民文库)
ISBN 978-7-01-005519-0

Ⅰ.秦…　Ⅱ.①田… ②安…　Ⅲ.中国-古代史-秦汉时代　Ⅳ.K232

中国版本图书馆 CIP 数据核字(2006)第 040592 号

秦汉史(修订本)
QINHAN SHI

田昌五 安作璋　主编

人民出版社 出版发行
(100706　北京朝阳门内大街 166 号)

北京集惠印刷有限责任公司印刷　新华书店经销

2008 年 5 月第 2 版　2008 年 5 月北京第 2 次印刷
开本:710 毫米×1000 毫米 1/16　印张:47.75　插页:14
字数:640 千字　印数:0,001-5,000 册

ISBN 978-7-01-005519-0　　定价:88.00 元

邮购地址 100706　北京朝阳门内大街 166 号
人民东方图书销售中心　电话 (010)65250042　65289539